国家卫生健康委员会"十三五"规划教材

全国高等学历继续教育（专科）规划教材

供临床、预防、口腔、护理、检验、影像等专业用

病 理 学

第4版

主　编　阮永华　赵卫星

副主编　赵成海　姚小红

人民卫生出版社

图书在版编目（CIP）数据

病理学/阮永华,赵卫星主编. —4版. —北京：
人民卫生出版社,2018
全国高等学历继续教育"十三五"（临床专科）规划
教材
ISBN 978-7-117-27005-2

Ⅰ.①病…　Ⅱ.①阮…②赵…　Ⅲ.①病理学－成人
高等教育－教材　Ⅳ.①R36

中国版本图书馆 CIP 数据核字（2018）第 210192 号

人卫智网	www.ipmph.com	医学教育、学术、考试、健康， 购书智慧智能综合服务平台
人卫官网	www.pmph.com	人卫官方资讯发布平台

病　理　学
第 4 版

主　　编：阮永华　赵卫星
出版发行：人民卫生出版社（中继线 010-59780011）
地　　址：北京市朝阳区潘家园南里 19 号
邮　　编：100021
E - mail：pmph @ pmph.com
购书热线：010-59787592　010-59787584　010-65264830
印　　刷：保定市中画美凯印刷有限公司
经　　销：新华书店
开　　本：850×1168　1/16　印张：27　插页：10
字　　数：797 千字
版　　次：2000 年 7 月第 1 版　2018 年 11 月第 4 版
　　　　　2018 年 11 月第 4 版第 1 次印刷（总第36次印刷）
标准书号：ISBN 978-7-117-27005-2
定　　价：62.00 元

数字负责人　阮永华　赵卫星

编　　者（以姓氏笔画为序）

马秀梅 / 内蒙古医科大学

邝晓聪 / 广西医科大学

刘鲁英 / 滨州医学院

江　瑛 / 首都医科大学

阮永华 / 昆明医科大学

苏　蔚 / 新乡医学院

李夏青 / 山西医科大学

杨金霞 / 大庆医学高等专科学校

张　玲 / 沈阳医学院

张　煦 / 兰州大学

张　磊 / 哈尔滨医科大学

张宏颖 / 大连医科大学

周铁军 / 西南医科大学

庞丽娟 / 石河子大学医学院

赵卫星 / 新乡医学院

赵成海 / 中国医科大学

姚小红 / 陆军军医大学

唐　群 / 湖南中医药大学

桑　慧 / 泰山医学院

谢　兰 / 清华大学

编 写 秘 书　杨志鸿 / 昆明医科大学

数 字 秘 书　杨志鸿 / 昆明医科大学

第四轮修订说明

随着我国医疗卫生体制改革和医学教育改革的深入推进，我国高等学历继续教育迎来了前所未有的发展和机遇。为了全面贯彻党的十九大报告中提到的"健康中国战略""人才强国战略"和中共中央、国务院发布的《"健康中国 2030"规划纲要》，深入实施《国家中长期教育改革和发展规划纲要（2010-2020 年）》《中共中央国务院关于深化医药卫生体制改革的意见》，贯彻教育部等六部门联合印发《关于医教协同深化临床医学人才培养改革的意见》等相关文件精神，推进高等学历继续教育的专业课程体系及教材体系的改革和创新，探索高等学历继续教育教材建设新模式，经全国高等学历继续教育规划教材评审委员会、人民卫生出版社共同决定，于 2017 年 3 月正式启动本套教材临床医学专业（专科）第四轮修订工作，确定修订原则和要求。

为了深入解读《国家教育事业发展"十三五"规划》中"大力发展继续教育"的精神，创新教学课程、教材编写方法，并贯彻教育部印发《高等学历继续教育专业设置管理办法》文件，经评审委员会讨论决定，将"成人学历教育"的名称更替为"高等学历继续教育"，并且就相关联盟的更新和定位、多渠道教学模式、融合教材的具体制作和实施等重要问题进行探讨并达成共识。

本次修订和编写的特点如下：

1. 坚持国家级规划教材顶层设计、全程规划、全程质控和"三基、五性、三特定"的编写原则。

2. 教材体现了高等学历继续教育的专业培养目标和专业特点。坚持了高等学历继续教育的非零起点性、学历需求性、职业需求性、模式多样性的特点，教材的编写贴近了高等学历继续教育的教学实际，适应了高等学历继续教育的社会需要，满足了高等学历继续教育的岗位胜任力需求，达到了教师好教、学生好学、实践好用的"三好"教材目标。

3. 本轮教材从内容和形式上进行了创新。内容上增加案例及解析，突出临床思维及技能的培养。形式上采用纸数一体的融合编写模式，在传统纸质版教材的基础上配数字化内容，以一书一码的形式展现,包括 PPT、同步练习、图片等。

4. 整体优化。注意不同教材内容的联系与衔接,避免遗漏、矛盾和不必要的重复。

本次修订全国高等学历继续教育"十三五"规划教材临床医学专业专科教材 25 种,于 2018 年出版。

第四轮教材目录

序号	教材品种	主编	副主编
1	人体解剖学（第4版）	张雨生　金昌洙	武艳　姜东　李岩
2	生物化学（第4版）	徐跃飞	马红雨　徐文华
3	生理学（第4版）	肖中举　杜友爱	苏莉芬　王爱梅　李玉明
4	病原生物与免疫学（第4版）	陈廷　李水仙	王勇　万红娇　车昌燕
5	病理学（第4版）	阮永华　赵卫星	赵成海　姚小红
6	药理学（第4版）	闫素英　鲁开智　王传功	王巧云　秦红兵　许键炜
7	诊断学（第4版）	刘成玉	王欣　林发全　沈建箴
8	医学影像学（第3版）	王振常　耿左军	张修石　孙万里　夏宇
9	内科学（第4版）	杨立勇　高素君	于俊岩　赖国祥
10	外科学（第4版）	孔垂泽　蔡建辉	王昆华　许利剑　曲国蕃
11	妇产科学（第4版）	王晨虹	崔世红　李佩玲
12	儿科学（第4版）	方建培	韩波
13	传染病学（第3版）	冯继红	李用国　赵天宇
14*	医用化学（第3版）	陈莲惠	徐红　尚京川
15*	组织学与胚胎学（第3版）	郝立宏	龙双涟　王世鄂
16*	皮肤性病学（第4版）	邓丹琪	于春水
17*	预防医学（第4版）	肖荣	龙鼎新　白亚娜　王建明　王学梅
18*	医学计算机应用（第3版）	胡志敏	时松和　肖峰
19*	医学遗传学（第4版）	傅松滨	杨保胜　何永蜀
20*	循证医学（第3版）	杨克虎	许能锋　李晓枫
21*	医学文献检索（第3版）	赵玉虹	韩玲革
22*	卫生法学概论（第4版）	杨淑娟	卫学莉
23*	临床医学概要（第2版）	闻德亮	刘晓民　刘向玲
24*	全科医学概论（第4版）	王家骥	初炜　何颖
25*	急诊医学（第4版）	黄子通	刘志　唐子人　李培武
26*	医学伦理学	王丽宇	刘俊荣　曹永福　兰礼吉

注：1. * 为临床医学专业专科、专科起点升本科共用教材

2. 本套书部分配有在线课程，激活教材增值服务，通过内附的人卫慕课平台课程链接或二维码免费观看学习

3.《医学伦理学》本轮未修订

评审委员会名单

顾　　问	郝　阳　秦怀金　闻德亮	

主任委员　　赵　杰　胡　炜

副主任委员（按姓氏笔画排序）

龙大宏　史文海　刘文艳　刘金国　刘振华　杨　晋

佟　赤　余小惠　张雨生　段东印　黄建强

委　　员（按姓氏笔画排序）

王昆华　王爱敏　叶　政　田晓峰　刘　理　刘成玉

江　华　李　刚　李　期　李小寒　杨立勇　杨立群

杨克虎　肖　荣　肖纯凌　沈翠珍　张志远　张美芬

张彩虹　陈亚龙　金昌洙　郑翠红　郝春艳　姜志胜

贺　静　夏立平　夏会林　顾　平　钱士匀　倪少凯

高　东　陶仪声　曹德英　崔香淑　蒋振喜　韩　琳

焦东平　曾庆生　虞建荣　管茶香　漆洪波　翟晓梅

潘庆忠　魏敏杰

秘 书 长　　苏　红　左　巍

秘　　书　　穆建萍　刘冰冰

前　言

全国高等学历继续教育临床医学专业(专科)《病理学》第4版是国家卫生健康委员会"十三五"规划教材,由全国高等医学院校工作在教学第一线、有影响力的病理学专家潜心编写而成。本教材紧扣高等学历继续教育培养目标,遵循高等学历教育教学规律,针对高等学历继续教育非零起点性、学历需求性、职业要求性和模式多样性的特点编写。教材编写的原则是"内容适用、特色突出,着眼教学,不断优化",编写中坚持三基(基本理论、基本知识、基本技能)、五性(思想性、科学性、先进性、启发性、适用性)、三特定(特定的对象、特定的要求、特定的限制)的原则要求,同时强调内容要安排合理,深浅适宜,适应高等学历教育教学的需求,体现专业培养目标和专业特点,贴近高等学历继续教育学生的知识水平,力求论述严谨,语言流畅,层次分明,图文并茂。

病理学是研究疾病发生、发展及转归规律,进而阐明疾病本质的医学科学,其中病理(解剖)学主要从形态学变化阐述疾病发生发展的特点和规律,病理生理学主要从功能代谢变化的角度分析疾病发生发展的规律和机制,病理学在整个医学教育的教学内容和课程体系中起到重要的桥梁作用。本教材共27章,病理学部分占2/3,病理生理学部分占1/3,病理学总论4章,各论8章,病理生理学15章。主要突出临床上的常见病、多发病及严重危害人类健康的疾病,适当增加某些研究领域的新进展,注意学科间的交叉和融合,特别是两门课程的融合,减少不必要的重复。

本次修订保留了第3版教材编写中每章必备的"学习目标""学习小结"及"复习参考题",根据各章内容特点选择性加入"问题与思考""理论与实践""相关链接"及"案例",在继承第3版教材优秀成果的基础上,本次编写的第4版教材主要进行了以下6方面修订:①以纸质教材为载体,通过"一书一码"的方式,将传统纸媒内容与数字内容有机融合,读者通过扫描教材每章的二维码,获取与教材配套的教学PPT及同步练习,对知识进行系统梳理和总结,检测学习效果;②突出基础知识、新知识、实用性知识的有效组合,对内容适当增减;③注重三结合:结合新进展、结合临床及结合职称考试,明确要点,突出重点,讲清难点;④PPT中大量彩色图片弥补纸质教材中大体图片黑白印刷的缺憾,增加了少量免疫组化及荧光原位杂交照片;⑤图表及模式图解力求有原创性,且简洁、总结性强、易于领会,比较特点、寻找规律、引出结论;⑥编写注重条目化,避免大段内容的叙述,层次分明,易学好用。

本教材21位编者来自19所医学院校,除有多年的病理学教学经验外,对当今国内、外医学教育动态及改革趋势也有深入的了解,他们都身兼教学、科研和临床诊断等各项工作,在时间紧、任务重的情况下,殚精竭虑,不遗余力地完成了编写工作,同时,参编院校给予了大力支持,保证了教材按计划圆满完成,在此一并表示诚挚的敬意和衷心的感谢!

由于我们的学术水平和编写能力有限,难免有纰缪之处,恳请使用本教材的老师、同学和读者不吝赐教,提出宝贵意见,以利于本书日臻完善。

阮永华

2018年9月

目　录

第二十三章　缺血-再灌注损伤 • 325

附录一　临床诊断病理学基础

附录二　人体正常器官的重量及大小

参考文献

索引

绪　　论

病理学(pathology)是医学学科中最重要的主干学科之一,其任务是研究疾病发生的原因(etiology,病因学)、在病因作用下疾病发生发展的过程(pathogenesis,发病学)、机体在疾病过程中发生的细胞与组织的形态学变化(pathological change,病理变化)、由于这些变化引起的临床表现以及转归和结局(clinical pathological correlation,临床病理联系)等,从而阐明疾病的本质及发生发展规律,为掌握疾病的诊断、治疗和预防奠定科学的理论基础。同时,诊断病理学是重要的临床学科,做出疾病的病理学诊断和鉴别诊断,直接为临床防治疾病服务。

一、病理学的内容

全国高等学校医药学成人学历教育(专科)病理学内容包括病理解剖学(anatomicopathology)和病理生理学(physiopathology)两部分。病理解剖学部分,侧重从形态结构变化阐明疾病的本质;病理生理学部分,侧重从代谢和功能变化阐明疾病的本质。在疾病的发生发展过程中,机体的形态结构、功能及代谢的变化相互影响,紧密联系。本书共27章和2个附录。病理解剖学部分共12章。其中1~4章为总论,主要阐述不同疾病的共同病变与疾病发生发展的共同规律,包括细胞和组织的损伤与修复、局部血液循环障碍、炎症和肿瘤。5~12章为各论,以各系统疾病为序,阐述各个疾病的概念、病因、发病机制、病理变化、转归及临床病理联系,分别讨论具体疾病的特点。病理学总论与各论之间、病理学总论与各论的各章节之间、理论知识与实践环节之间、各种病理学现象与临床病理联系之间、局部静态变化与整体动态疾病之间,虽然教学内容和实习角度可各有侧重,但都有着不可分割的内在联系,同学们学习时应相互参照,不可割裂或偏废。病理生理学部分共15章。其中,第13章为疾病概论,主要论述疾病的病因、病因与机体相互作用的一般规律,以及疾病的转归等。14~23章阐述疾病的基本病理过程,即存在于各种不同疾病中的共同的、规律性的病理生理学变化,包括水和电解质代谢紊乱、水肿、酸碱平衡紊乱、发热、缺氧、应激、细胞凋亡与疾病、休克、弥散性血管内凝血、缺血再灌注损伤;24~27章论述重要系统器官功能障碍的一般规律,即重点讨论心、肺、肝、肾等重要器官功能不全或衰竭的发生机制和机体的功能与代谢变化。附录一讲述临床诊断病理学基础。附录二介绍人体正常器官的重量及大小。通过学习和掌握病理学的基本概念和基本理论,将为临床医学的学习和临床实践奠定必备的基础。

二、病理学在医学中的地位

(一)病理学是基础医学与临床医学之间的桥梁

病理学是医学学科和医疗实践的主干课程和重要内容。病理学的学习,需要应用人体细胞、组织、器官的形态、功能、代谢等各种知识,综合分析,融会贯通,才能掌握疾病发生发展的规律。病理学以生物学、解剖学与组织胚胎学、生物化学与分子生物学、生理学、病原生物学、免疫学、遗传学等为基础,同时,病理学也是医学院校课程中第一门讲授疾病的学科,它又为药理学、寄生虫学等其他基础医学学科,以及临床诊断学、医学影像学、外科学、内科学、妇产科学、儿科学、精神病学与神经病学等临床医学学科提供不可或缺的背景知识。因此,病理学是基础医学和临床医学间相互连接的桥梁,可以汇集和联系基础医学和临床医学各学科的知识内涵,深化培养医学生综合、科学、全面地认识疾病及其特征的思维能力和分析能力。

(二)病理学(诊断)在医学诊断中具有权威性

病理学还是一门具有极强实践性和应用性特点的学科。一方面,实验环节教学,如病理实习课和临床病理讨论等,在病理学教学占据了相当的时数;另一方面,病理学知识和病理学诊断是临床诊治疾病的根本依据。例如有关损伤、修复、血液循环障碍、炎症和肿瘤等基本病理现象,是临床上许多症状、体征和综合征产生的基础和原因,不了解这些知识,就不能正确理解和把握疾病诊治的脉络。又如内窥镜、影像学、功能学和生化学检查,虽然在发现和诊断疾病中起到重要作用,但病理组织学和细胞学诊断,仍是许多疾病特别是肿瘤的最后确诊手段。正因为如此,临床疑难病例、医院医疗纠纷和某些司法裁定等,都离不开病理学诊断这个权威依据。

三、病理学的研究方法

按照研究对象的不同,病理学的研究方法可分为三类:人体病理学研究方法、实验病理学研究方法、临床实验与流行病学研究方法。

(一)人体病理学研究方法

以病人或从病人体内得到的细胞、组织、器官等为对象的研究方法,称为人体病理学研究方法。人体病理学研究方法不仅是医学生学习病理学知识的最重要方法,而且是临床对疾病进行病理学诊断的最常用方法。

1. 尸体解剖(autopsy) 简称尸检,即在具有合法性或医学需要的前提下,对死亡者的遗体进行病理剖验。尸检的作用主要有:①查明病因和病变,确定死因,分析各种病变的主次和相互关系,协助临床总结疾病诊断和治疗的经验教训;②发现和确定某些传染病、地方病、流行病和新疾病病种;③积累各种疾病的病理资料,用于医疗、教学和科研之用,或为医疗事故鉴定收集证据;④有助于推进器官组织移植手术的开展。

2. 活体组织检查(biopsy) 简称活检,即采用局部手术切除、内窥镜钳取、细针穿刺、搔刮等方法,取得患者活体病变组织,在显微镜下进行病理组织学检查。活检的目的在于:①取得新鲜标本,在活体情况下对患者疾病性质作出诊断,并提示病情的分期和分级状况;②活体组织快速冷冻切片法,可对手术中的患者做出即时诊断,协助术中选择术式和范围;③多次定期活检,可随诊观察病情演变,判断治疗效果;④新鲜活体组织检查还有利于对病变部位蛋白质、酶、糖、核酸等物质的构成和功能进行实时测定。活检是外科病理学(又称诊断病理学)最基本的检查方法。

3. 细胞学检查(cytology) 又称脱落细胞学,是指采集病变处脱落细胞或用细针吸取细胞,涂片染色后进行诊断。优点是方法简单、病人痛苦小,可重复,适合大样本人群普查。缺点是没有组织结构,细胞分散且常有变性,可能会出现假阴性的结果,有时需要活检进一步证实。

国外把autopsy、biopsy和cytology喻为病理科室和病理医生的"ABC"。

(二)实验病理学研究方法

以疾病的动物模型或在体外培养的细胞、组织或器官为对象的研究方法,称为实验病理学研究方法,主要用于验证和补充人体病理学研究方法的不足。

1. 动物实验 包括急性和慢性动物实验。主要目的是:①复制人类疾病模型,通过复制过程和人为干预,研究疾病病因、发病和转归的规律,建立疾病现象的动物模型;②利用动物自发性疾病,人为控制某些条件,对疾病发生发展过程和实验治疗结果进行观察;③进行一些不宜在人体上进行的研究,如致癌、致畸和毒物致病等。但动物实验的结果不能机械地套用于人体,必须比较分析整合后,才能作为人体疾病研究的补充。

2. 细胞、组织和器官培养 将细胞、组织或器官在适宜条件下进行体外培养,可研究不同病因作用下病变发生发展的过程。其优点是周期短、条件单一、干预因素易于控制;缺点是离开了复杂的体内整体环境,其结果必然与体内疾病过程有别。如可利用体外培养的人体和动物的正常细胞系或肿瘤细胞系,观察病毒感染或其他致癌因素作用下,细胞如何发生恶性转化,发生了哪些分子生物学改变,以及有无可能利用抗癌药物、免疫因子、射线等抑制或逆转其转化过程等。

（三）临床实验与流行病学研究方法

采用个体或群体临床流行病学方法,对患者作周密细致的临床病理过程的观察和实验性疗效的随诊,可探索疾病动态发展的趋势,分析判断在分子水平、细胞水平、器官水平以及个体水平、群体水平等不同层面所获得疾病资料间的相互关系,为人类疾病的诊断和治疗提供综合性信息。

四、病理学的观察方法

肉眼和光镜形态学观察技术,是病理学学习和研究的最基本技术。免疫组织化学技术、电镜技术、计量分析技术及分子生物技术等一些新方法,也越来越成为病理学学习和研究的常用观察技术。

（一）大体观察

运用肉眼或辅以放大镜和度量衡工具,可观察测量被检物体及其病变的大小、形状、重量、色泽、质地、界限、表面与切面状况、位于器官什么部位及与周围组织和器官的关系等。许多疾病具有明显的肉眼变化,大体观察可见到病变的整体形态和病变所处哪一阶段,是病理医师的基本功,也是医学生学习病理学的主要方法之一。

（二）组织学与细胞学观察

取病变组织制成切片或细胞学涂片、染色,经不同染色后,用光学显微镜(光镜)观察,通过分析、综合病变特点,可做出疾病的病理诊断。组织病理学和细胞病理学诊断技术对于判断病变性质(如炎症或肿瘤)、提供肿瘤分级分期情况、决定手术切除范围等极为重要,是诊断和研究疾病的最基本的病理学方法。组织切片最常用的苏木素-伊红染色(HE 染色)法是迄今为止最常用的基本方法。如仍不能做出诊断,需要辅以特殊染色和新技术。

（三）超微结构观察

电子显微镜(electron microscope,电镜)较光镜的分辨率要高几百倍至数万倍,因此利用透射电镜、扫描电镜可对细胞内部或表面超微结构和成分进行观察,不仅可将亚细胞(如细胞器、细胞骨架)或大分子(如蛋白质、核酸)的形态结构联系起来研究,还可在超微结构水平进行组织发生、细胞类型、分化程度及功能产物的观察。免疫电镜、电镜细胞化学技术、电镜图像分析技术及全景显微摄影技术等,都是电镜技术的进一步发展与拓延。但由于放大率太高、太局限,故仍需要结合肉眼及光镜检查才能发挥作用。

（四）组织化学和细胞化学观察

组织化学(histochemistry)和细胞化学(cytochemistry)技术又称为特殊染色技术,是利用某种显色剂能与不同化学成分特异性结合的特性,通过光镜或电镜观察,显示组织细胞结构中蛋白质、酶类、核酸、糖类、脂类等化学成分。如利用过碘酸雪夫染色(periodic acid-schiff stain,PAS 染色)可显示糖原,苏丹Ⅲ和苏丹Ⅳ可显示中性脂肪等。

（五）免疫组织化学和免疫细胞化学观察

免疫组织化学(immuno-histochemistry)和免疫细胞化学(immuno-cytochemistry)技术是近年发展并普遍应用的技术,其原理是利用已知抗原与抗体的特异性结合,经光镜或电镜观察,来检测组织细胞中未知的抗体或抗原,借以判断被测抗原或抗体的有无、部位及含量,确定正常或肿瘤组织及细胞的来源、分化方向和功能产物。组织细胞化学和免疫组织细胞化学方法,已常规用于临床对多种疾病进行病理学诊断和鉴别诊断。一种较新的此类技术是激光扫描共聚焦显微镜技术,可对细胞涂片和冷冻切片中的细胞进行免疫荧光和荧光原位杂交观察,实现对细胞和亚细胞结构的断层扫描,定量测定细胞内酸碱度、细胞离子含量、细胞间通信、细胞膜流动性等,被形象地称为"细胞 CT"。

此外电子显微镜技术、核酸杂交技术、PCR 技术、显微切割技术、共聚焦显微技术、流式细胞技术、FISH 技术及生物芯片和组织芯片技术等参见附录一"临床诊断病理学基础"。

五、病理学的发展

病理学是最古老的研究疾病病因和发病机制的医学学科。无论是西方现代医学中的病理学科,还是中国传统医学中的病因病机学说,都在医学发展的最初阶段就得到建立,并随着科学的发展和人类对于疾病认识的深化,不断地得到充实、更新和发展。

西方医学是以病理学为最终客观依据的医学。古希腊医师 Hippocrates(公元前 460 年—公元前 375 年)很早就提出了"体液论"学说,认为疾病是由于体内血液、黏液、黄胆汁、黑胆汁分泌的失衡所致。18 世纪之后,由于解剖学、微生物学、病理学的重大发现,医学进入了现代时代。18 世纪中叶,意大利医学家 Morgagni 发表了《疾病的位置和原因》一书,详细记录了疾病时器官发生的大体形态变化,提出了器官病理学(organ pathology)的概念,开创了现代病理学研究的先河。19 世纪初,意大利的 Rokitansky 写出了巨著《病理解剖学》,编绘了大量器官病变的精细图谱,极大地丰富和发展了器官病理学。与此同时,法国生理学家 Bernard 首先倡导了以研究活体疾病为对象的实验病理学(experimental pathology),开始在动物身上复制人类疾病,孕育了现代实验病理学的雏形。此后,德国病理学家 Virchow 提出,细胞的改变和功能障碍是一切疾病的基础,致病因子引起人体病变具有局部性、定位性和独立性的特点,由此创立了有划时代意义的细胞病理学(cellular pathology)。器官病理学和细胞病理学学说,特别是细胞病理学学说,不仅为现代病理学,而且为所有的医学学科奠定了基础。

20 世纪中叶以来,由于电镜技术的出现,特别是近 30 年来现代免疫学、现代遗传学和分子生物学的兴起,免疫组织化学、形态计量和图像分析技术、核酸蛋白质分子生物学等新技术的应用,逐渐产生了新的病理学分支,如超微病理学(ultrastructural pathology)、免疫病理学(immunopathology)、遗传病理学(genetic pathology)、定量病理学(quantitative pathology)、分子病理学(molecular pathology)等。病理学的发展,使疾病的病因与病变、形态与功能、定性与定量、静态与动态、基础与临床等多方面研究,更加有机地结合起来,具有了更好的客观性、重复性和可比性,也拓宽了现代病理学的研究领域。

在我国,中国医药学有着十分悠久的历史。春秋战国至三国时期(公元前 770—公元 265 年),《黄帝内经》、《难经》、《神农本草经》、《伤寒杂病论》等著作相继问世,其中有关病因病机的阐述与现代病理学学科知识已有一些相关之处。例如《黄帝内经》(秦汉时期)、《诸病源候论》(隋唐时代)等,都曾对疾病发生的原因和机理提出过理论探讨。战国时期阴阳五行学说得到了引申和发展,借以解释说明人体的生理病理现象。该学说认为世界由木、火、土、金、水等五种基本物质组成,由于"六淫"(风、寒、暑、湿、燥、火)和"七情"(喜、怒、忧、思、悲、恐、惊)损伤机体而致病。宋元时期医家们对儿科疾病病理特点的阐明和"六气皆从火化"论点的提出,继承、丰富和发展了中医病因病理理论体系。而南宋时期宋慈的《洗冤集录》,更是详细地记录了伤痕病变、尸体剖验、中毒鉴定等案例,孕育了早期病理解剖学特别是法医病理学的萌芽。

我国现代病理学始于 20 世纪初。尤其是新中国成立以来,我国病理学家编著出版了许多具有我国特色的病理学教科书和参考书,并注意吸收国外的先进技术及理论,结合他们在教学、科研及尸检和活检诊断工作中积累的宝贵经验,反复修订、再版,培养出一批又一批病理学专业队伍和医学专业人才,并建立了独立的病理学教学体系和教学机构,在肿瘤(如肝癌、食管癌、鼻咽癌)、传染病和寄生虫病(如血吸虫病、黑热病)、地方病(如克山病、大骨节病)、心血管疾病(如动脉粥样硬化、冠心病和高血压)等方面,都取得了可喜的研究成果。同时在我国,病理尸检、活检、细胞学检查等,也得到广泛推动与开展,为临床疾病的诊治提供了理论指导。今天,我们要进一步全面理解人体病理学与实验病理学、病理学与其他医学学科之间既分工又合作的关系,加快基础和临床各学科知识的融会贯通,发挥各自专业的特色,推动我国病理学科和整个医学学科教学、科研和临床工作的不断进展。

(张宏颖)

病理学是研究疾病的病因、发病机制、形态结构、功能和代谢等方面的改变，揭示疾病的发生发展规律，从而阐明疾病本质的医学科学。本教材包括病理解剖学和病理生理学两部分。病理解剖学部分侧重从形态结构变化阐明疾病的本质；病理生理学部分，侧重从代谢和功能变化阐明疾病的本质。通过学习和掌握病理学的基本概念和基本理论，将为临床医学的学习和临床实践奠定必备的基础。

1. 何为病理学？它包含哪些内容？

2. 病理学在医学中的地位如何？

3. 病理学的主要研究方法有哪些？

4. 何为活检？它与细胞学检查有何不同？

细胞和组织的损伤与修复

1

学习目标

掌握	适应、萎缩、肥大、增生、化生和损伤的基本概念、病理变化及类型；细胞水变性、脂肪变性、玻璃样变性、病理性钙化和凝固性坏死、液化性坏死的基本概念、类型、病理变化；肉芽组织和瘢痕组织的基本概念、形态特点及功能。
熟悉	可逆性损伤、不可逆性损伤的病因及分类。
了解	各种组织的再生能力和过程；创伤愈合的过程；骨折愈合的过程。

正常的细胞和组织、器官能对不断变化的体内外环境做出及时的反应，表现为代谢、功能和结构的适应性调整，以适应环境的改变，抵御刺激因子的损害。这种适应性反应不仅能保证细胞和组织的正常功能，且能维护细胞、器官乃至整个机体的生存。当细胞和组织不能耐受有害因子的刺激，可引起细胞、组织的损伤。轻度的细胞损伤是可逆的，当刺激因子消除后，受损伤的细胞形态结构和功能仍可恢复正常。严重损伤是不可逆的，最终引起细胞死亡。一种具体的刺激引起细胞发生适应性反应还是可逆性损伤或不可逆性损伤，不仅由刺激的性质和强度决定，还与细胞的易感性、分化、血供、营养及以往的状态有关。

第一节　细胞、组织的适应性反应

当细胞所处的内环境发生了改变，或在轻微的损伤因素持久作用下，可通过细胞自身的代谢、功能和结构改变加以调节，这个过程称适应（adaptation）。在适应性反应过程中，形态结构可以出现多种改变，如细胞的体积增大或变小、细胞的数目增多或减少、细胞和组织类型发生转变等。但适应能力是有限度的，当损伤因素超过了一定的强度和时间，细胞和组织将受到损伤甚至死亡。适应实质上是细胞生长和分化受到调整的结果，可以认为它们是介于正常与损伤之间的一种状态（图1-1）。

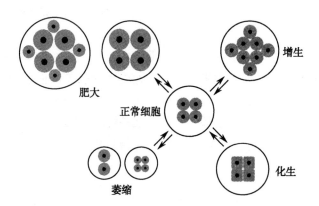

图1-1　细胞和组织的适应模式图

一、肥大

由于功能增加，合成代谢旺盛，使细胞、组织或器官体积增大称肥大（hypertrophy）。细胞肥大的基础是细胞器增多，因而使蛋白质合成增加和功能加强，以适应改变了的内外环境需要。肥大的常见类型有：

（一）**生理性肥大**

1. **代偿性肥大**　如生理状态下，举重运动员上肢骨骼肌的增粗肥大。

2. **内分泌性肥大**　内分泌激素作用于效应器使之肥大，以适应功能的要求。如哺乳期的乳腺肥大。组织和器官肥大时常伴有细胞增生，如老年男性的前列腺肥大。

（二）**病理性肥大**

1. **代偿性肥大**　多是因器官和组织的工作负荷增加而引起，具有功能代偿作用。如高血压病人左心室心肌肥大；心瓣膜病患者由于瓣膜开闭失效，心肌工作负荷增加，也会引起心肌肥大。上述代偿作用适应了工作负荷的需要，暂时维持循环功能，但代偿性肥大是有限度的，当超过代偿限度时，终将发展为心功能不全，称失代偿。

2. 内分泌性肥大 甲状腺功能亢进时,甲状腺素分泌增多,引起甲状腺滤泡上皮细胞肥大;垂体嗜碱性细胞腺瘤促肾上腺激素分泌增多,导致肾上腺皮质细胞肥大。

二、增生

细胞有丝分裂活跃而导致组织、器官实质细胞数目增多的现象称为增生(hyperplasia)。细胞增生时也常伴有细胞肥大。增生的常见类型有:

(一) 生理性增生

1. 代偿性增生 如部分肝脏被切除后残存肝细胞的增生;高海拔地区空气氧含量低,机体骨髓红细胞前体细胞和外周红细胞代偿增多。

2. 内分泌性增生 如正常女性青春期乳房小叶腺上皮以及月经周期中子宫内膜腺体的增生。

(二) 病理性增生

1. 代偿性增生 在组织损伤后的创伤愈合过程中,成纤维细胞和毛细血管内皮细胞,因受到损伤处增多的生长因子刺激而发生增生;慢性炎症刺激或长期暴露于理化因素,也常引起组织细胞特别是皮肤和某些脏器被覆细胞的增生。

2. 内分泌性增生 如雌激素过多时的子宫内膜过度增生;甲状腺功能亢进病人的甲状腺滤泡上皮增生。

3. 再生性增生 见于肝细胞坏死后局部肝细胞增生;慢性溃疡周围上皮细胞的增生;皮肤手术创口处的肉芽组织和上皮增生,这种增生一般具有修复作用。此外,致炎因子和致病因子也可引起细胞增生,但不具有适应意义。

案例 1-1

心肌细胞的代偿性肥大与失代偿

患者,男性,51 岁,高血压病史 12 年,近段时间稍微活动即感到心慌、闷气。心电图示左室高电压。心脏彩超示左心室壁、室间隔肥厚,左心腔稍扩张。

思考:试用病理知识解释上述异常改变属于何种适应性反应?病变特点是什么?

三、萎缩

已发育正常的组织、器官,体积缩小称萎缩(atrophy),其根本除了自身实质细胞体积缩小外,常伴有实质细胞数量减少。组织器官的未发育或发育不全不属于萎缩范畴。萎缩细胞的细胞器减少,以降低细胞对氧和代谢物质的需求,适应降低了的血液供应、神经内分泌刺激和工作负荷。组织器官的实质细胞发生萎缩的同时,常伴有间质的增生,有时使组织、器官的体积比正常还大,称为假性肥大。

(一) 分类

萎缩可分为生理性和病理性两类。

生理性萎缩常与年龄有关,是生命过程中的正常现象。例如青春期胸腺开始萎缩,生殖系统中卵巢、子宫、睾丸在更年期后开始萎缩,老年人几乎所有器官都发生不同程度的萎缩。

病理性萎缩按病因可分为以下类型:

1. 营养不良性萎缩 慢性结核、恶性肿瘤、消化道慢性梗阻、糖尿病等,因蛋白质等营养物质过度消耗或摄入不足而引起的全身性营养不良性萎缩,称为恶病质。动脉粥样硬化和高血压时,因慢性供血不足可导致脑萎缩及肾萎缩等。

2. 失用性萎缩　因器官组织长期功能和代谢低下所致,如久病卧床,下肢肌肉因长期不活动,功能减退而造成萎缩。

3. 去神经性萎缩　因运动神经元或轴突损害引起的效应器萎缩,如脊髓灰质炎患者因脊髓前角运动神经元损伤导致所支配的肢体肌肉发生麻痹,而后逐渐萎缩。

4. 压迫性萎缩　器官组织长期受压可致萎缩。如尿路阻塞时尿液潴留,可引起肾盂积水压迫肾实质使之萎缩(图 1-2),动脉瘤压迫脊椎引起脊椎萎缩,脑膜瘤引起局部颅骨的萎缩等。压迫性萎缩引起压迫的压力并不需要过大,关键在于持续的时间。

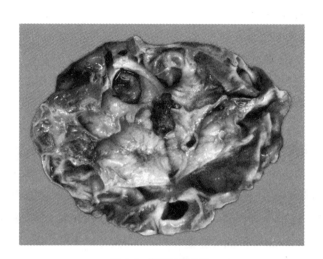

图 1-2　肾压迫性萎缩
肾盂肾盏积水、扩张,肾皮质髓质受压萎缩,肾盏内可见结石

5. 内分泌性萎缩　内分泌功能紊乱(主要为功能低下)可引起相应靶器官的萎缩。如甲状腺功能低下时,皮肤、毛囊、皮脂腺等萎缩;垂体功能低下时,可使甲状腺、肾上腺和性腺等器官萎缩。

(二)病理变化

萎缩的器官体积变小,重量减轻,色泽变深。萎缩的细胞内,细胞器减少,自噬溶酶体增多,细胞内常可见许多未被彻底消化的富含磷脂的细胞器残留小体,即光镜下萎缩细胞胞质内的脂褐素颗粒,尤以心肌细胞和肝细胞内常见。当细胞内脂褐素颗粒明显增多时,整个器官因色泽变深呈棕褐色,称褐色萎缩(brown atrophy)。

萎缩是一种适应性反应,当损伤原因去除后,萎缩的细胞、组织仍可恢复正常。如病变持续发展,萎缩的细胞可消失。

四、化生

一种分化成熟的细胞或组织转化为另一种分化成熟细胞或组织的过程,称为化生(metaplasia)。化生并不是由成熟的细胞直接转化,而是由具有分裂增殖和多向分化能力的幼稚未分化细胞或干细胞分化的结果,可能与干细胞调控分化的基因重新编程有关。化生只发生在同源细胞之间,即上皮细胞之间或间叶细胞之间,如呼吸道的柱状上皮细胞可转变成鳞状上皮细胞,而不能转变为结缔组织的细胞。常见的化生有:

1. 上皮组织化生　①鳞状上皮化生:气管和支气管黏膜上皮因慢性刺激损害时(如慢性支气管炎,吸烟等），由鳞状上皮替代假复层纤毛柱状上皮，即鳞状上皮化生。慢性宫颈炎时的宫颈黏膜上皮、慢性胆囊炎时的柱状上皮及肾盂结石时的尿路上皮等均可出现鳞状上皮化生（文末彩插图1-3）；②柱状上皮化生：慢性萎缩性胃炎时，部分胃黏膜上皮被肠型黏膜上皮所取代，即为肠上皮化生。严重而广泛的肠上皮化生可能是胃癌发生的基础。若胃窦，胃体部腺体由幽门腺所取代，则成为假幽门腺化生。慢性反流性食管炎时，食管下段鳞状上皮也可化生为胃型或肠型柱状上皮。慢性子宫颈炎时，宫颈鳞状上皮被子宫颈管黏膜柱状上皮取代，形成肉眼所见的宫颈糜烂。

2. 间叶组织化生　间叶组织内存在未分化的间叶细胞，它能多向分化为骨、软骨、脂肪等组织。如结缔组织在持久的压力作用下形成透明软骨组织；横纹肌组织在某些因素影响下形成骨组织。纤维组织化生为软骨组织或骨组织，称为软骨或骨化生，如骨化性肌炎时骨组织的形成。

化生的生物学意义利害兼有，如呼吸道黏膜上皮鳞状化生后，虽对慢性刺激有了较强抵抗能力，但却减弱了黏膜的自净功能。当病因持续存在时化生的上皮可以恶变，如被覆腺上皮的黏膜可发生鳞状细胞癌，胃黏膜可发生肠型腺癌。

相关链接

上皮-间质转化是指上皮细胞通过特定程序转化为具有间质细胞表型的生物学过程，在胚胎发育、慢性炎症、组织重建、肿瘤生长转移和多种纤维化疾病中发挥重要作用。上皮细胞转化为间质细胞的主要特征有上皮细胞黏附分子表达减少，转录因子水平升高，细胞骨架中角蛋白转化为波形蛋白，上皮细胞极性与基底膜连接丧失等，体现出明显的迁移、抗凋亡和降解细胞外基质等间质细胞表型特征。

第二节　细胞和组织的损伤

一、损伤的原因及发生机制

引起细胞和组织损伤的原因很多，归纳如下：

1. 缺氧　缺氧（hypoxia）是指细胞不能获得足够氧或是氧利用障碍，是引起细胞损伤最常见和最重要的原因。缺氧大致有三方面的原因：①血管性疾病或血栓导致动脉供血和静脉引流障碍，使血供减少或丧失，如缺血；②心肺功能衰竭导致的氧合不足；③血液携氧的能力降低或丧失，如贫血、CO中毒。缺氧导致线粒体氧化磷酸化受抑制，ATP合成减少，细胞膜钠-钾泵、钙泵功能低下；蛋白合成、脂肪代谢障碍；氧自由基等活性氧类物质增多，从而引起组织细胞损伤。缺氧造成损伤的后果，取决于缺氧的严重程度、持续时间以及体内受累组织和细胞对缺氧的不同耐受性等，如神经细胞于缺血后数分钟即可死亡，纤维细胞对缺氧的耐受性较长。

2. 生物因素　包括细菌、病毒、真菌、原虫、立克次体和寄生虫等，它们引起组织、细胞损伤的机制不同。细菌通过其释放的内、外毒素引起损伤。病毒可整合入宿主DNA，扰乱细胞功能，可通过复制繁殖破坏细胞，或通过免疫反应对细胞造成损伤。真菌、原虫、寄生虫等常通过代谢产物、分泌物引起直接损伤或变态反应。

3. 物理因素　包括机械性、高温、低温、电流、射线、激光、超声波、微波、噪声及气压的变化等都可引起范围广泛的细胞和组织损伤。机械性损伤可使组织断裂或细胞破裂；高温使细胞内蛋白质变性；低温能引起血管收缩，血流停滞而致组织缺血，使组织细胞发生冻结损伤；电流通过组织可致烧伤，并直接刺激神经，引起心功能紊乱而致死；电离射线可直接或间接性损伤生物大分子或使细胞内的水电离，产生自由基造成细胞损伤。持续低气压也可因缺氧造成组织细胞的损伤。

4. 化学因素 包括化学物质和药物的毒性作用在内的化学因素,日益成为引起细胞损伤的重要因素。能够与细胞和组织发生反应并且引起细胞损伤的物质称为毒物。由毒物引起的损伤可为全身性损伤(如氰化物中毒),或局部性损伤(如强酸、强碱),或器官特异性损伤(如有机磷、四氯化碳对肝的损害等)。此外,体内的某些代谢产物,如尿素及自由基等,也成为内源性化学性致病因素。化学性损伤和药物损伤细胞的途径包括:直接的细胞毒性作用、代谢产物对靶细胞的细胞毒性作用、诱发免疫性损伤和 DNA 损伤。

5. 其他 食物中某些必需物质如维生素、蛋白质、微量元素等的缺乏或营养过剩都可因营养素失衡而致细胞损伤;变态反应、遗传性缺陷等也可以造成组织细胞损伤。

二、损伤的类型和形态学变化

细胞和组织损伤后,会产生一系列形态和功能改变。首先表现为代谢的变化,然后呈现组织化学和超微结构的变化,最后出现光镜和肉眼可见的形态学改变。根据损伤程度的轻重,可分为可逆性损伤和不可逆性损伤两大类:

(一)可逆性损伤

可逆性损伤(reversible injury)的形态学变化称为变性(degeneration),是物质新陈代谢障碍所引起的一类形态学改变,表现为细胞内或细胞间质出现异常物质或正常物质异常蓄积的现象。变性大多为可复性改变,但病变细胞的功能下降。当病变原因消除后,其形态和功能一般可以恢复,只有当病变严重时才导致细胞死亡。

常见的变性有以下几种:

1. 细胞水肿(cellular swelling) 或称水变性,是细胞损伤最常见的一种早期表现,主要见于线粒体丰富、代谢活跃的肝、心和肾等器官的实质细胞。

【原因】

细胞水肿常见于缺氧、感染、中毒等。由于上述因素的影响,使细胞的内环境受到干扰,线粒体损伤,ATP 产生减少,细胞膜钠-钾泵功能障碍,或因细胞膜直接损伤,使之通透性增高,导致细胞内水、钠离子增多积聚。

【病理变化】

肉眼观,发生细胞水肿的器官体积增大,重量增加,包膜紧张,切面可见实质隆起,间质凹陷,边缘外翻,颜色苍白,失去正常光泽。镜下可见细胞体积增大,胞质内出现许多细小的淡红色颗粒。如细胞水肿进一步发展,可使胞体肿胀更明显,胞质透亮、淡染。当细胞发生重度水肿时,细胞膨大如气球,称为气球样变(ballooning degeneration)。常见于病毒性肝炎(文末彩插图 1-4)。电镜观察证实,胞质内的颗粒实为肿大的线粒体和扩张的内质网。

【结局】

细胞水肿是一种轻度损伤,当致病原因去除后可恢复正常。但较严重的细胞水肿使细胞功能下降,如心肌细胞水肿致收缩力减弱;肾小管上皮细胞水肿时,除功能受影响外,在尿中可检测到少量蛋白,这是由于病变细胞的细胞膜发生破裂,细胞内蛋白成分进入管腔所致。如病因继续发展,可使细胞发生坏死。

2. 脂肪变性 正常情况下,除脂肪细胞外,其他细胞内一般不见或仅见少量脂滴。由于细胞损伤导致脂肪代谢障碍而引起非脂肪细胞内出现脂滴或脂滴明显增多,称脂肪变性(fatty degeneration)或脂肪沉积。常发生在肝细胞、心肌细胞、肾小管上皮细胞。

【原因】

引起脂肪变性的原因有:严重感染、长期贫血、缺氧、四氯化碳、有机磷中毒以及营养不良等。脂肪变性是上述致病因素干扰或破坏细胞脂肪代谢的结果。以肝细胞为例，进入肝内的脂肪来自两方面，一是由肠内吸收的乳糜微粒，被水解后成为脂肪酸；一是贮存在身体内的脂肪。这些脂肪除一部分在肝内进行氧化产生能量加以利用外，大部分与蛋白质结合以脂蛋白的形式运出肝外，供其他组织利用或再转变为体脂贮存，或组成细胞结构。造成肝脂肪沉积的因素有：①进入肝的脂肪酸过多：如摄入脂肪过多或饥饿状态及糖尿病病人对糖的利用障碍时，贮存脂肪分解加强，以脂肪酸形式通过血液进入肝，若超过肝细胞的氧化利用和合成脂蛋白能力时，合成的中性脂肪便在肝内堆积；②脂肪酸氧化障碍：见于缺氧、白喉外毒素中毒，此时线粒体受损，影响了 β 氧化，导致 ATP 生成减少，使进入肝的脂肪酸不能充分氧化，于是脂肪在肝细胞内沉积；③脂蛋白合成障碍：肝内脂肪酸必须和蛋白质结合形成脂蛋白后才能运出肝，以供机体需要。当合成脂蛋白的磷脂或组成磷脂成分的胆碱缺乏时，不能将脂肪运出肝，便在肝细胞内沉积。有毒物质如酒精、四氯化碳等可破坏粗面内质网的结构或抑制酶的活性，使脂蛋白合成障碍，肝细胞内脂肪沉积。

【病理变化】

肉眼观，脂肪变性的器官体积增大，包膜紧张，呈淡黄色，切面触之有油腻感。镜下见，脂肪变性的细胞体积变大，胞质内出现大小不等的脂滴。脂滴主要是中性脂肪，在石蜡切片中，被酒精、二甲苯等有机溶剂溶解而呈空泡状。大者充满整个细胞，将胞核挤到细胞的一边，似脂肪细胞（文末彩插图 1-5）。因有时与水变性难以区别，可用特殊染色技术加以鉴别。在冷冻切片上，用苏丹Ⅲ染色脂肪为橘红色，锇酸将其染成黑色。

肝细胞是脂代谢的部位，最常发生脂肪变性。当肝组织中出现显著弥漫肝细胞脂肪变性时，称为脂肪肝（fatty liver）。肝脂肪变性时，肝小叶内脂滴的分布与病因有一定关系。例如肝淤血时，小叶中央区缺氧较重，故脂肪变性首先发生在中央区。但长期淤血后，肝小叶中央区的细胞大多萎缩、消失，于是周边区肝细胞也因缺氧而发生脂肪变性。有机磷中毒时肝细胞脂肪变性则主要发生在小叶周边区，可能与该区细胞代谢活跃、对有机磷中毒更敏感有关。

慢性中毒缺氧可引起心肌脂肪变性，常累及左心室内膜下和乳头肌部位，脂肪变心肌呈黄色，与正常心肌的暗红色相间，形成黄红色斑纹，称为虎斑心。这种分布可能与乳头肌内的血管分布有关。心外膜处脂肪组织显著增多，可沿心肌间质向心腔方向伸入，称为心肌脂肪浸润（fatty infiltration），并非脂肪变性。重度心肌脂肪浸润可致心肌破裂、出血，引发猝死。

【结局】

脂肪变性也是可逆性病变，病因去除后，可逐渐恢复正常。严重的脂肪变性可致器官功能障碍，如肝严重脂肪变性，可使肝细胞逐渐坏死，纤维组织增生，进而发展为肝硬化。

3. 玻璃样变性（hyaline change） 又称透明变性（hyaline degeneration），是指细胞或细胞间质中出现 HE 染色为均质红染的玻璃样半透明的蛋白质蓄积。常见的玻璃样变性有以下几种：

（1）细动脉壁玻璃样变性：常发生于原发性高血压时的肾、脑、脾及视网膜的细小动脉。细小动脉因持续痉挛，使血管内膜通透性增加，血浆蛋白渗入内膜，并在内膜下凝固成红染均质的无结构物质，进而累及血管壁全层，使管壁增厚、变硬，弹性下降，脆性增加，管腔狭窄甚至闭塞，即细小动脉硬化。易继发扩张、破裂、和出血。

（2）结缔组织玻璃样变性：是胶原纤维老化的表现，常发生在瘢痕组织及纤维化的肾小球等。病变处的胶原纤维增粗，互相融合成梁状或片状的均质性玻璃样物质，血管和纤维细胞明显减少（文末彩插图 1-6），其结果造成纤维组织弹性降低，质韧呈灰白色、半透明状。

（3）细胞内玻璃样变性：是多种原因引起的细胞胞质内出现大小不等均质无结构、红染的圆形小体。如肾小球肾炎或其他疾病伴有明显蛋白尿时，可见肾小管上皮细胞胞质内出现许多大小不等的圆形、红染小滴，这是肾小球毛细血管通透性增高时滤出的大量蛋白，又被肾小管上皮细胞吞饮并与溶酶体融合形成。慢性炎症灶内的浆细胞胞质内亦可出现红染、圆形玻璃样小体（称 Russell 小体），为细胞中粗面内质网中蓄积的免疫球蛋白。酒精性肝病时肝细胞胞质中的 Mallory 小体等。

4. 淀粉样变性（amyloidosis） 是在细胞外的间质内，尤其小血管的基底膜处有蛋白质黏多糖复合物沉积，并呈淀粉样显色反应，即遇碘后呈棕褐色，再加稀硫酸时变为深蓝色。这种淀粉样物质在 HE 染色中呈粉红色，但被刚果红染成红色、甲基紫染成紫红色。

淀粉样变可为局部性和全身性。局部性淀粉样变发生于皮肤、结膜、舌、喉、肺等处，也可见于阿尔茨海默病的脑组织及霍奇金病、多发性骨髓瘤、甲状腺髓样癌等肿瘤的间质中。全身性淀粉样变可分为原发性和继发性两类，前者主要来源于血清免疫球蛋白轻链，累及肝、肾、脾和心等多个器官。后者来源不明，主要成分为肝脏合成的非免疫球蛋白，见于老年人和结核病人等慢性炎症及某些肿瘤的间质中。

5. 黏液样变性（mucoid degeneration） 为间质内黏多糖（透明质酸等）和蛋白质的蓄积。常见于风湿病、动脉粥样硬化及间叶组织肿瘤等。镜下见间质疏松，星芒状纤维细胞散在于灰蓝色黏液样基质中。甲状腺功能低下时，黏液样物质积聚于患者皮肤和皮下的间质中，形成黏液性水肿，常见于胫骨前区和颜面部。

6. 病理性钙化（pathologic calcification） 正常机体只有骨和牙有固态钙盐大量沉积，如在骨与牙之外的其他部位有固态的钙盐沉积，则称病理性钙化。沉积的钙盐主要是磷酸钙，其次为碳酸钙。钙化处为白色坚硬物，因机体对钙盐难以吸收而长期存在，可刺激周围纤维组织增生将其包裹，X 线下显示不透光的高密度阴影。少量钙化仅能在显微镜下发现。病理性钙化因其发生原因不同分为两类：

（1）营养不良性钙化（dystrophic calcification）：指钙盐沉积于变性、坏死的组织中，如坏死灶（多见于结核病、胰腺炎时）、血栓、寄生虫和虫卵、动脉粥样硬化的纤维斑块、瘢痕组织等。患者血钙不升高，无钙磷代谢障碍，可能与局部碱性磷酸酶（来自坏死灶及其周围组织）升高有关，此酶水解坏死组织所释放的有机磷酸酯使局部磷酸升高，再与血清中钙离子结合成磷酸钙沉淀。坏死组织钙化常是病灶愈合的表现，但血管壁钙化会使管壁丧失弹性，容易破裂出血。

（2）转移性钙化（metastatic calcification）：由于全身性钙、磷代谢失调，血钙和（或）血磷升高，因而细小的钙盐颗粒沉积在正常组织内。如甲状旁腺功能亢进、骨肿瘤造成骨质严重破坏时，大量钙盐进入血液，血钙升高，在肾小管、上皮细胞、胃黏膜、肺泡间隔等处形成转移性钙化灶。当接受超剂量维生素 D 而引起肠管对钙、磷吸收明显增加时，也可发生钙化。

7. 病理性色素沉着 细胞和组织内有色物质（色素）在细胞内、外的异常蓄积，称病理性色素沉着（pathologic pigmentation）。常见的病理性色素有：

（1）含铁血黄素（hemosiderin）：为血红蛋白代谢的衍生物，是一种棕黄色、具有折光性的较粗大颗粒，由铁蛋白微粒聚集而成。生理情况下，红细胞在肝、脾内破坏，可有少量含铁血黄素形成。当局部组织有出血或心功不全引起的慢性淤血时，红细胞从血管内漏出进入组织，被巨噬细胞吞噬并由其溶酶体降解后形成含铁血黄素。

（2）黑色素（melanin）：是黑色素细胞内酪氨酸在酪氨酸酶的作用下氧化、聚合而成的深褐色颗粒。垂体分泌的促肾上腺皮质激素（adrenocorticotropic hormone，ACTH）能刺激黑色素细胞，促进黑色素的形成。局部性黑色素增多见于色素痣、恶性黑色素瘤等。肾上腺皮质功能低下时，全身皮肤黑色素增多，是由于肾上腺皮质激素分泌减少，对垂体的反馈抑制减弱，致使 ACTH 分泌增多导致。

（3）脂褐素（lipofuscin）：为一种内含 50% 左右脂质的黄褐色微细颗粒，是细胞中自噬溶酶体内未被消化的细胞碎片残体。通常见于老年、营养不良性慢性消耗性病人的肝细胞、心肌细胞和神经元内，故又有老年性色素和消耗性色素之称。正常人的附睾上皮细胞、精囊上皮、睾丸间质细胞及某些神经元内也可见含有脂褐素。

（二）不可逆性损伤

细胞、组织因遭受持续或严重损伤因子作用时，可致新陈代谢停止、细胞结构破坏和功能丧失等不可逆变化,此即细胞死亡(cell death)。按其发生机制及细胞死亡后所出现形态结构改变的不同,可将细胞死亡分为坏死和凋亡两大类型。

1. 细胞坏死　指以酶溶性变化为特点的活体内局部组织细胞的死亡,并出现形态改变,称为坏死(necrosis)。坏死的细胞质膜崩解,结构自溶并引发急性炎症反应。炎症时渗出的中性粒细胞释放溶酶体酶,可促进坏死。一般情况下,坏死是由可逆性损伤逐渐发展而来,个别情况下,由于致病因素极为强烈,坏死可立即发生。

【基本病变】

细胞核的改变是细胞坏死在形态学上的主要标志,表现为:①核固缩(pyknosis):由于细胞核内水分脱失使 DNA 浓聚、皱缩,染色加深,核体积变小,提示 DNA 停止转录;②核碎裂(karyorrhexis):核染色质崩解为小碎片并分散在细胞质中,核膜溶解;③核溶解(karyolysis):在 DNA 酶和蛋白酶作用下,DNA 和核蛋白被分解,细胞核失去对碱性染料的亲和力,核淡染,只能见到核的轮廓,继而核完全消失(文末彩插图 1-7)。

坏死细胞的细胞质在初期出现蛋白颗粒和脂肪滴,进而发生凝固或溶解。由于胞质内嗜碱性的核糖体减少或消失,使胞质与碱性染料苏木素的结合减少,对酸性染料伊红的亲和力增加而使胞质红染呈嗜酸性。最后细胞外基质在各种酶的作用下崩解液化,逐渐融合成一片模糊的颗粒状无结构的红染物质。

坏死细胞膜通透性增加,胞质中的一些酶可释放入血,临床上可作为诊断某些部位细胞坏死性疾病的参考指标,如心肌梗死时血液肌酸激酶、谷草转氨酶、乳酸脱氢酶升高;肝细胞坏死时血液中谷草转氨酶、谷丙转氨酶升高;胰腺坏死时血液淀粉酶升高。

【坏死的类型】

引起细胞坏死的形态改变主要通过两个过程,一是细胞的酶性消化(主要来自细胞本身溶酶体——自溶和来自中性粒细胞的溶酶体——异溶);二是坏死后细胞内酸度增加引起蛋白质变性、凝固。这两个过程强弱的不同,取决于引起坏死的原因和坏死组织的特性。坏死的类型有:

(1)凝固性坏死(coagulative necrosis):组织、细胞坏死后,细胞内的蛋白质与细胞器凝固,形成灰白色、干燥的坏死灶,称为凝固性坏死。凝固性坏死常见于心、肾、脾等器官的缺血性坏死(梗死)。肉眼观,坏死灶干燥,呈灰黄或灰白色,与健康组织分界清楚,坏死灶周围出现一暗红色出血带(图 1-8)。镜下见,坏死灶内的组织、细胞结构消失,但组织轮廓仍可保留一段时间。凝固性坏死的发生可能与坏死组织中蛋白质变性和崩解时,释放的蛋白凝固酶的作用有关。

干酪样坏死(caseous necrosis)是凝固性坏死的一个特殊类型,是结核病的特征性病变。坏死组织分解彻底,组织结构很快被破坏。肉眼观,由于坏死灶中含脂质较多,色微黄,质地松软,状似干酪,故名干酪样坏死。镜下见,看不到组织轮廓,坏死组织呈一片红染无结构颗粒状物质。

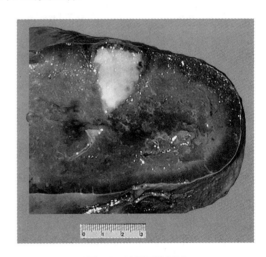

图 1-8　脾凝固性坏死
坏死灶干燥,呈灰白色,与周围分界清楚

(2)液化性坏死(liquefactive necrosis):坏死组织中可凝固的蛋白质少,组织富含水分和磷脂,坏死细胞自身及浸润的中性粒细胞等释放的大量水解酶,则细胞组织易发生溶解液化,称液化性坏死。例如脑组织因蛋白含量少,水及磷脂较多,坏死过程中常形成囊状软化灶,故脑液化性坏死亦称脑软化。急性胰腺炎时,胰脂酶外溢消化胰周围脂肪组织也可形成液化性坏死。

(3)纤维素样坏死(fibrinoid necrosis):发生于结缔组织和血管壁的坏死,是风湿病、类风湿关节炎、系统性红斑狼疮和急进性高血压的特征性病变。镜下可见坏死组织呈细丝状、颗粒状的红染的纤维素样结构。纤维素样坏死物质的成分是肿胀、崩解的胶原纤维,或者是沉积于结缔组织中的免疫球蛋白。

(4)坏疽(gangrene):较大范围组织坏死合并不同程度的腐败菌感染,并出现特殊的形态学改变称为坏疽。坏死组织被腐败菌分解产生硫化氢，与血红蛋白分解的铁相结合，形成黑色的硫化亚铁，故坏死组织呈现黑色，并有臭味。根据发生的原因及形态特点，坏疽分为三种类型：①干性坏疽（dry gangrene）：常发生于四肢末端，坏死组织干燥，腐败菌感染较轻。见于血栓闭塞性脉管炎、四肢动脉粥样硬化及冻伤等疾病时，因动脉阻塞而静脉回流通畅，故坏死的部位水分含量少，病变局部呈黑褐色、干燥、皱缩，与正常组织间有明显的分界线（图1-9）。②湿性坏疽（moist gangrene）：多见于动脉闭塞、静脉淤血的肢体，以及与外界相通的内脏器官（如肺、肠、阑尾、子宫、胆囊）。由于此时坏死组织水分含量多，适合腐败菌生长，故腐败菌感染较重。腐败菌分解蛋白质时产生吲哚、粪臭素等，造成恶臭。局部组织呈深蓝、暗绿或污黑色，肿胀明显。因炎症弥漫，病变发展快，故坏死组织与健康组织之间分界线不明显（图1-10）。有毒的分解产物及细菌毒素被吸收后，患者可出现明显中毒症状。③气性坏疽（gas gangrene）：主要见于深达肌肉的开放性创伤，合并厌氧菌（如产气荚膜杆菌、恶性水肿杆菌等）感染。细菌分解坏死组织产生大量气体，使坏死组织含气泡而呈蜂窝状，压之有捻发音，污秽暗棕色。病变迅速沿肌束蔓延，患者可因出现严重中毒性休克而危及生命。

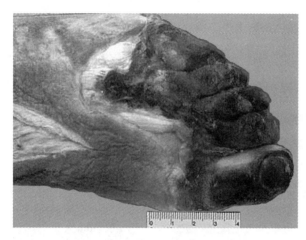

图1-9　足干性坏疽

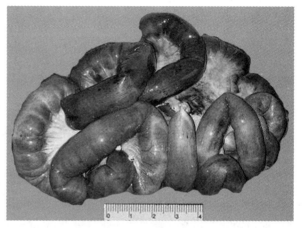

图1-10　肠湿性坏疽

肠管下方仍保持出血性梗死特征，上方已发生坏疽改变，明显肿胀、发黑

【坏死的结局】

（1）溶解吸收：坏死组织及周围中性粒细胞释放的各种水解酶，将坏死组织分解或液化，经淋巴管或血管吸收。不能吸收的碎片由巨噬细胞吞噬、消化，坏死液化范围较大不易完全吸收时，可形成囊腔。

（2）分离排出：较大的坏死灶周围发生炎症反应，中性粒细胞释放的蛋白溶解酶加速了坏死灶边缘的组织溶解、吸收，使坏死组织和健康组织分离。如果坏死组织位于皮肤黏膜层，坏死组织脱落后形成组织缺损，浅者称为糜烂（erosion），深达皮下和黏膜下层者称为溃疡（ulcer）；组织坏死后形成的开口于皮肤黏膜表面的深在性盲管称为窦道（sinus），两端开口的通道样缺损称为瘘管（fistula）。肾、肺的坏死组织液化后，可经气管或输尿管排出，残留的空腔称为空洞（cavity）。

（3）机化：较大范围的坏死组织，不能完全溶解或分离排除，则由新生毛细血管及成纤维细胞组成的肉芽组织长入，逐渐溶解吸收和取代，最后变为瘢痕组织。这种肉芽组织替代坏死组织（或其他异物）的过程，称为机化（organization）。

（4）包裹或钙化：较大的坏死灶不能吸收、机化时，则由纤维组织将坏死组织包围，使病变局限，称为包裹。坏死组织内可有钙盐和其他矿物质沉积而发生营养不良性钙化。

【坏死对机体的影响】

取决于坏死的范围和部位。大面积和重要器官的坏死可导致机体死亡。坏死对机体的影响主要有：

（1）炎症反应：坏死组织在体内作为一种刺激物，可引起炎症反应；坏死物又常导致微生物感染而加重炎症。如肠套叠后肠壁坏死又有腐败菌感染，形成湿性坏疽；褥疮溃烂后形成慢性溃疡常继发多种细菌感染。临床上对于久病卧床患者要坚持定时翻身，按摩、擦洗受压部位，促进局部血液循环并保持清洁，以防止褥疮发生。

（2）免疫反应：坏死分解物作为一种抗原成分，有时会出现机体的免疫反应。"心肌梗死后综合征"出现在心肌梗死后数月，是机体对坏死物的过敏反应；眼球穿通伤后，大量脉络膜组织和视网膜色素进入血流成为自身抗原，引起自身免疫反应，导致对侧健康眼发生交感性眼炎。

（3）疾病扩散和传播：坏死组织液化后，通过自然管道排出过程中，可把坏死组织中的病原菌带到身体其他部位。如肺结核病干酪样坏死中的结核分枝杆菌可借助自然管道在肺内、泌尿道、消化管等处扩散，也可侵入血流向全身扩散；肺内干酪样坏死中的细菌还可通过咳嗽时的飞沫和随地吐痰传播结核病，对于此类患者要严格隔离并及时将其痰液等分泌物认真消毒处理。

（4）产生相应临床症状：组织坏死可累及局部血管引起出血，肺结核、胃十二指肠溃疡病、肠伤寒时的坏死可导致大出血。消化管局部坏死会引起穿孔，常见于溃疡病、阑尾炎、肠梗阻、肠伤寒等疾病的并发症。坏死组织分解后毒素吸收入血，则引起全身反应如发热、白细胞增高、代谢障碍等。

（5）器官组织功能障碍：实质细胞坏死后可造成器官、组织的功能障碍。心肌坏死引起收缩障碍、心律失常甚至心力衰竭；肝大块坏死导致肝功能紊乱和衰竭；脑坏死造成瘫痪、昏迷；垂体坏死（见于肿瘤和产后大出血）可发生肾上腺、甲状腺等器官内分泌功能不足。

（6）器官硬化：组织坏死后，坏死区常有纤维组织增生（机化），最后瘢痕形成。广泛的坏死可致器官硬化，如慢性肺结核致肺硬化；弥漫性肝坏死致肝硬化；心肌的广泛小灶性坏死致心肌硬化。硬化器官功能减退。

2. 细胞凋亡（apoptosis） 是活体内单个细胞或小团细胞的死亡，死亡细胞的质膜不破裂，不引发死亡细胞的自溶，不引起急性反应。凋亡的发生与基因调节有关，故也称程序性细胞死亡（programmed cell death，PCD）。它是一连续的不伴有炎症反应的细胞形态变化。凋亡是细胞自然死亡的一种主要形式，在某些生理或病理情况下均可发生，它在形态学和生化特征上不同于经典的细胞坏死。

凋亡细胞的早期形态学改变，在电镜下表现为细胞变小皱缩，细胞器密集，质膜内陷，微绒毛丧失，细胞核染色质浓缩，形成形状不一、大小不等的斑块聚集到核膜周边，进而胞核裂解成数个分散的碎片，最终自行分割为多个外有质膜包绕、内含物不外溢的凋亡小体（apoptosis body）。凋亡小体迅速被局部巨噬细胞吞噬降解。光镜下凋亡小体呈圆形或卵圆形，大小不等，胞质浓缩，嗜酸性增强。细胞凋亡与细胞坏死的区别在于前者的质膜不发生破裂，不引发死亡细胞的自溶性改变，也不引起周围的急性炎症反应。

相关链接

细胞的寿命与端粒

端粒（telomere）是真核细胞染色体末端的特殊结构。人端粒是由6个碱基重复序列（TTAGGG）和结合蛋白组成。端粒有重要的生物学功能，可稳定染色体的功能，防止染色体DNA降解、末端融合，保护染色体结构基因DNA，调节正常细胞生长。新细胞中，细胞每分裂一次，染色体顶端的端粒就缩短一次，当端粒不能再缩短时，细胞无法继续分裂，染色体就会相互末端融合，导致细胞死亡或触发染色体组产生与癌症早期症状相关的重排。端粒长短和稳定性决定了细胞寿命，并与细胞衰老和癌变密切相关。细胞愈老，其端粒长度愈短；细胞愈年轻，端粒愈长，端粒与细胞老化有关系。衰老细胞中的一些端粒丢失了大部分端粒重复序列。当细胞端粒的功能受损时，出现衰老。而当端粒缩短至关键长度后，衰老加速，临近死亡。细胞中有种酶负责端粒的延长，其名为端粒酶。端粒酶可以把DNA复制损失的端粒填补起来，通过把端粒修复延长，可以让端粒不会因细胞分裂而有所损耗，使得细胞分裂的次数增加。这种控制细胞衰老过程的方法，最终是否能同样有效地延缓人体的衰老，迄今尚无人提议在大家的日常饮食中添加端粒酶。实际上，这种酶也有令人忧虑之处：人们发现它也存在于85%的肿瘤之中，可能是造成癌细胞无节制增生的元凶。尽管如此，只要研究人员充分认识其作用原理，就完全可能开发出既可防止衰老，又能制服癌症的新技术。

第三节　损伤的修复

细胞和组织损伤后，机体对缺损部分在结构和功能上进行恢复，这一过程称修复（repair）。修复是通过细胞的再生来实现的，因此，修复以细胞的再生为基础，细胞再生的结果常是损伤组织的修复。修复包括两种形式：一是由损伤周围的同种细胞来完成修复，称为再生；二是由肉芽组织来修复，称为纤维性修复。多数情况下损伤由两种修复共同参与。

一、再生

组织缺损后，由邻近细胞分裂增殖以恢复原有组织的结构和功能的过程，称再生（regeneration）。

（一）再生的类型

再生分为生理性再生和病理性再生两种类型：

1. **生理性再生**　生理过程中，有些细胞、组织不断衰老死亡，由新生的同种细胞不断再生代替，始终保持细胞、组织原有的结构与功能，如血细胞衰老死亡后，骨髓造血干细胞不断产生新的血细胞予以补充，皮肤的表层角化细胞不断脱落，而基底层细胞不断增生、分化予以补充等。

2. **病理性再生**　病理情况下，组织、细胞受损后的再生，称病理性再生。病理性再生根据能否恢复原有的结构和功能，又分完全性再生和不完全性再生。如再生修复能完全恢复原有组织结构与功能，称完全性再生；由再生能力较强的肉芽组织增生修复，不能恢复原有组织结构与功能，称为纤维性修复，最后形成瘢痕组织，故也称瘢痕修复，属不完全性再生。大多数情况下，机体遭受创伤或疾病时，有多种组织发生损伤，故以上再生、纤维性修复过程常同时存在。

（二）各种细胞的再生能力

机体各种细胞再生能力不一，一般而言，分化程度低，平时易受损伤的组织以及生理过程中经常更新的组织，再生能力较强；反之则较弱。根据细胞再生能力的强弱，可将机体各种细胞分为以下三类。

1. **不稳定细胞**（labile cells）　又称为持续分裂细胞，这类细胞再生能力相当强。在生理情况下不断地进行着更新，以代替衰亡的细胞。如呼吸道、消化道黏膜被覆细胞，表皮细胞，造血细胞以及泌尿生殖器官黏膜的被覆细胞等。

2. **稳定细胞**（stable cells）　又称静止细胞，有潜在再生能力，即长期处于G_0期（静止期）的细胞。这类细胞在生理情况下一般较稳定，无明显再生更新现象。一旦受到刺激或损伤后，则表现出较强的再生能力，细胞重新返回增殖周期。属于这类细胞的有各种腺体或腺样器官的实质细胞，如肝、胰、内分泌腺、汗腺、皮脂腺和肾小管上皮细胞等；还有原始间叶细胞及其衍生细胞，如成纤维细胞、内皮细胞、软骨细胞及骨细胞等，间叶细胞还有较强的分化能力。由这些细胞构成的组织损伤后，常发生完全性再生，但如损伤范围较大，也可发生不完全性再生。平滑肌细胞也属于稳定细胞，但一般情况下再生能力较弱。

3. **永久性细胞**（permanent cells）　又称非分裂细胞，这类细胞基本上无再生能力或再生能力非常微弱。如神经细胞（包括中枢及周围神经的神经节细胞）完全无再生能力，一旦遭受破坏常由胶质细胞增生修复形成胶质瘢痕，但这不包括神经纤维，在神经细胞存活的前提下，受损的神经纤维有着活跃的再生能力。骨骼肌及心肌纤维的再生能力非常微弱，损伤后常由纤维组织增生来修复，最后形成瘢痕。

（三）各种组织的再生过程

1. 被覆上皮的再生　皮肤鳞状上皮损伤后，由损伤边缘的基底细胞层细胞分裂增生进行修补，先形成单层的上皮细胞覆盖缺损表面，然后分化成复层扁平上皮并出现角化，形成典型的鳞状上皮。胃肠黏膜被覆的柱状上皮缺损后，同样由邻近健康的腺颈部上皮细胞再生增殖，沿基底膜向表面推移，逐渐覆盖缺损，初为立方形，然后分化为柱状或纤毛柱状上皮细胞。

2. 腺上皮的再生　腺体上皮损伤后，如基底膜未破坏，残存的上皮细胞分裂补充，可完全性再生修复。如腺体构造被完全破坏，则难以再生，如皮肤附属器汗腺完全破坏后不能再生，仅能以结缔组织代替。但子宫内膜腺和肠腺因结构比较简单，损伤后可从残留处细胞再生。

3. 血管的再生　在组织修复过程中，血管能否再生至关重要，因为再生血管要为修复组织提供足够的营养物质。毛细血管再生以出芽的方式进行。毛细血管内皮细胞肥大、分裂、增生，向外突起形成单层的内皮细胞幼芽，这些幼芽开始为实性条索，在血液冲击下出现管腔，形成新生毛细血管，继而相互吻合构成毛细血管网（图 1-11）。增生的内皮细胞逐渐分化成熟，分泌的 IV 型胶原和纤维连接蛋白等形成基底膜。因新生毛细血管基底膜不完整，内皮细胞间空隙较大，故通透性较高。为适应功能需要，新生毛细血管可进一步分化，形成小动脉或小静脉。较大血管损伤后，必须经手术连接缝合后才能再生愈合。首先吻合处的内皮细胞分裂、增殖、连接，恢复原来内膜结构，离断的肌层由结缔组织再生形成瘢痕性愈合。

4. 纤维组织的再生　纤维组织受损伤后，由成纤维细胞进行分裂、增生。成纤维细胞可由局部静止状态的纤维细胞转变而来，或由未分化的间叶细胞分化而来。幼稚的成纤维细胞体积较大，胞质嗜碱性，两端常有突起，胞核大、淡染，呈椭圆形或梭形，可见 1～2 个核仁。当成纤维细胞停止分裂后，开始合成并分泌前胶原蛋白与基质，在细胞周围形成胶原纤维，细胞逐渐成熟，细胞及胞核逐渐变小变细长，成为长梭形的纤维细胞（图 1-12）。

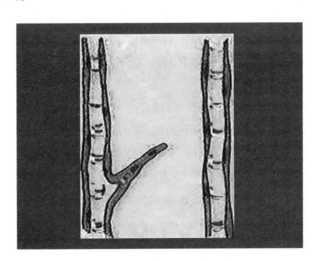

图 1-11　毛细血管再生模式图

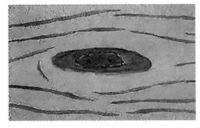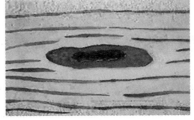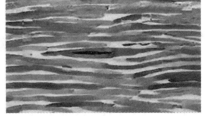

图 1-12　成纤维细胞再生模式图

5. 软骨组织和骨组织的再生　软骨组织再生起始于软骨膜的增生，这些新的细胞形似成纤维细胞，以后逐渐变为软骨母细胞，并形成软骨基质，细胞被埋在软骨陷窝内而变为静止的软骨细胞。软骨再生力弱，软骨组织缺损较大时由纤维组织参与修补。骨组织再生力强，骨折后可完全修复。

6. 神经组织的再生　脑及脊髓内的神经细胞破坏后不能再生，由神经胶质细胞及其纤维修补，形成胶质瘢痕。外周神经受损时，如果与其相连的神经细胞仍然存活，则可完全再生。首先，断处远侧段的神经纤维髓鞘及轴突崩解，并被吸收；近侧段的数个 Ranvier 节神经纤维也发生同样变化。然后由两端的神经鞘细胞增生，形成带状的合体细胞，将断端连接。近端轴突以每天约 1mm 的速度逐渐向远端生长，穿过神经鞘细胞带，最后达到末梢鞘细胞，鞘细胞产生髓磷脂将轴索包绕形成髓鞘。

此再生过程常需数月才能完成。若断离的两端相隔太远（超过 2.5cm 时），或者两端之间有瘢痕或其他组织阻隔，或者因截肢失去远端，再生轴突时不能达到远端，而与增生的结缔组织混合在一起，卷曲成团，成为创伤性神经瘤并引起顽固性疼痛。为防止上述情况发生，临床常施行神经吻合术或对截肢神经断端作适当处理。

二、纤维性修复

各种疾病或创伤引起的组织、器官损伤，包括实质细胞和间质细胞的损伤。即使损伤的器官的实质细胞具有再生能力，其修复也不能单独由实质细胞的再生完成，这种修复首先通过肉芽组织增生，溶解、吸收损伤局部的坏死组织及异物，并填补组织缺损，以后肉芽组织转化成胶原纤维为主的瘢痕组织。

（一）肉芽组织

1. 肉芽组织的形态　肉芽组织（granulation tissue）主要由新生薄壁的毛细血管、成纤维细胞及各种炎性细胞组成。肉眼观呈颗粒状、鲜红色、柔软、湿润、触之易出血。形似鲜嫩的肉芽，故名肉芽组织，因无神经纤维，而没有疼痛。镜下见，由内皮细胞增生形成的实性细胞索及扩张的毛细血管平行排列向着创面垂直生长，以小动脉为轴心，在创伤的表面处互相吻合成袢状弯曲的毛细血管网，并突出于创面。新生毛细血管间有大量增生的成纤维细胞及少量炎性细胞，肉芽组织中一些成纤维细胞的胞质内含有肌细丝，此种细胞除有成纤维细胞的功能外，还有平滑肌的收缩功能，因此称其为肌成纤维细胞（文末彩插图 1-13）。

2. 肉芽组织的功能

（1）抗感染保护创面：在伤口有感染的情况下，肉芽组织可对感染物及异物进行分解、吸收。如伤口中一些可溶性物质、细菌、细小的异物或少量坏死组织，可通过中性粒细胞、巨噬细胞的吞噬、细胞内水解酶的消化作用使之分解，通过毛细血管吸收，以消除感染，清除异物，保护伤口洁净，以利愈合。

（2）机化血凝块和坏死组织：肉芽组织在向伤口生长的同时也是对伤口中的血凝块、坏死组织等异物的置换过程，只有当血凝块、坏死物被肉芽组织完全机化后，才能给伤口愈合创造良好的条件，否则将会影响愈合过程。

（3）填补缺损：当创口感染被克服，异物被吸收后，良好的肉芽组织才能生长，将创口填补，缺损连接。

3. 肉芽组织的演变　肉芽组织在创伤后 2～3 天内即可出现，从体表创口自下而上或从创缘向中心生长，以填补缺损的组织。随着时间的推移，肉芽组织逐渐成熟，炎细胞逐渐减少并消失；间质内水分亦逐渐减少；部分毛细血管管腔闭塞并逐渐消失，部分毛细血管演变为小动脉和小静脉；成纤维细胞产生胶原纤维后，逐渐变为纤维细胞。至此，肉芽组织成熟变为纤维结缔组织，并发生玻璃样变老化为瘢痕组织。

（二）瘢痕组织

1. 瘢痕组织的形态　瘢痕（scar）组织是指肉芽组织经改建成熟形成的纤维结缔组织。瘢痕组织内血管较少，纤维细胞少，而胶原纤维增粗且互相融合，平行或交错分布成束，均质红染状即玻璃样变性。外观呈苍白色或灰白色，半透明，质地坚实而缺乏弹性。

2. 瘢痕组织的作用及影响

（1）对机体有利的一面：瘢痕组织的形成，可使损伤的创口或缺损的组织长期牢固地连接起来，并能保持组织器官的完整性及坚固性。

（2）对机体的不利影响：①由于瘢痕组织弹性较差，抗拉力的强度弱，如局部承受过大的压力，可使愈合的瘢痕组织向外膨出，如腹壁瘢痕处因腹压增大可形成腹壁疝，心肌梗死形成的瘢痕向外凸出则形成室壁瘤；②瘢痕组织可发生收缩，可导致有腔器官管腔狭窄、关节活动障碍、器官粘连或硬化等；③少数患者瘢痕组织过度增生形成隆起的斑块，称瘢痕疙瘩；其发生机制不清，一般认为与体质有关。经过较长一段时间后，瘢痕组织内的胶原纤维在胶原酶的作用下，分解吸收，使瘢痕缩小、变软。胶原酶主要来自巨噬细胞、中性粒细胞和成纤维细胞等。

三、创伤愈合

创伤愈合（wound healing）是指机体遭受外力作用后，损伤的组织出现断离或缺损，通过再生进行修复的过程。创伤愈合包括了各种组织的再生和肉芽组织增生、瘢痕形成等，表现出各种过程的协同作用。

（一）创伤愈合的基本过程

1. 伤口的早期变化 为急性炎症反应，伤口局部血管断裂出血并有不同程度的组织坏死，出现炎症反应，表现为充血，浆液渗出及白细胞（主要为中性粒细胞等炎性细胞浸润）游出，故局部红肿。伤口中血液和渗出物内的纤维蛋白原很快凝固，形成的血凝块填充在伤口内，伤口表面干燥形成的痂皮，对伤口有保护作用。

2. 伤口收缩 2～3天后，边缘的整层皮肤及皮下组织向中心移动，于是伤口迅速缩小，直到14天左右停止。伤口收缩的意义在于缩小创面。伤口收缩是由伤口边缘新生的肌成纤维细胞的牵拉作用引起。

3. 肉芽组织增生和瘢痕形成 创伤后第3天开始，从伤口底部和边缘长出肉芽组织将伤口填平。第5～6天起成纤维细胞产生并分泌胶原纤维与基质，其后一周胶原纤维形成十分活跃，以后逐渐缓慢下来。伤后数小时上皮细胞也增生，增生的上皮开始呈单层上皮细胞，覆盖于肉芽组织的表面，当增生上皮完全覆盖伤口表面时，则停止增生，并分化成鳞状上皮。如伤口直径大于20cm时，则再生表皮很难将创口完全覆盖，往往需要植皮。经过上皮增生及肉芽组织的形成，伤口已达初步愈合。随着胶原纤维大量增生，毛细血管及纤维细胞减少，逐渐形成瘢痕组织。

（二）皮肤和软组织的创伤愈合

根据损伤程度及有无感染，将创伤愈合分为以下三种类型：

1. 一期愈合（healing by first intention） 见于损伤范围小，组织坏死、出血、渗出物少，创缘整齐，对合严密，无感染的伤口。如皮肤的无菌手术的切口愈合，就是典型的一期愈合。创伤后，伤口内仅有少量血凝块，故炎症反应轻。肉芽组织从伤口边缘长入将创缘连接起来，创缘表皮再生将创口覆盖。约1周左右伤口达临床愈合，可拆除缝线，留下一条线状瘢痕（图1-14）。

2. 二期愈合（healing by second intention） 见于组织缺损大，创缘不整齐，无法整齐对合或伴有感染的伤口。这种伤口坏死组织多，炎症反应明显，只有在坏死组织被清除，感染被控制后，再生才能开始。并且需要多量的肉芽组织和上皮才能将伤口填平覆盖，所以伤口愈合时间长，形成的瘢痕大（图1-15）。

（三）骨折愈合

骨组织再生能力较强，骨折发生后，可由两断端的骨组织再生修复。经过良好复位及固定的单纯性外伤性骨折，几个月内可完全愈合，恢复正常的结构和功能。骨折愈合（fracture healing）过程可分为以下几个阶段（图1-16）。

1. 血肿形成 骨折时因周围组织及骨组织损伤，造成局部血管破裂出血形成血肿。数小时后血肿发

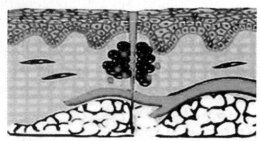

1. 创缘整齐，组织破坏少

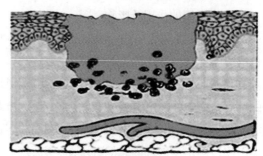

1. 创口大，缺损多，创缘不整

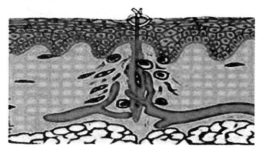

2. 经缝合，创缘对合整齐，炎症轻微

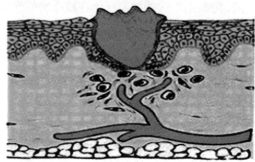

2. 创口收缩，炎症反应重

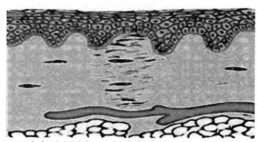

3. 表皮再生覆盖，少量瘢痕形成

图 1-14　一期愈合示意图

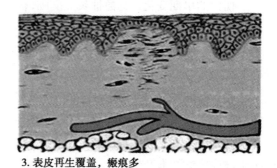

3. 表皮再生覆盖，瘢痕多

图 1-15　二期愈合示意图

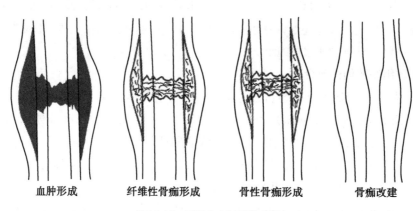

| 血肿形成 | 纤维性骨痂形成 | 骨性骨痂形成 | 骨痂改建 |

图 1-16　骨折愈合过程模式图

生凝固，将两断端连接起来。以后局部出现炎症反应，故外观红肿。渗出的白细胞清除坏死组织，为肉芽组织的长入与机化创造了条件。

　　2. 纤维性骨痂形成　骨折后 2～3 天，骨外膜及骨内膜处的骨膜细胞增生成为成纤维细胞及毛细血管、炎性细胞构成的肉芽组织，向血凝块中长入，逐渐将其取代，形成质软、局部呈梭形肿胀的纤维性骨痂，或称临时骨痂，将两断端连接起来，但此时的连接并不牢固。此过程约需 2～3 周。

　　3. 骨性骨痂形成　在纤维性骨痂基础上，成纤维细胞逐渐分化为成骨细胞和成软骨细胞。成骨细胞分泌大量的骨基质，沉积于细胞间，成骨细胞逐渐成熟变为骨细胞，形成骨样组织。骨样组织的结构似骨，但无钙盐沉着，以后钙盐沉积变为骨性组织。成软骨细胞也经过软骨化骨过程变成骨性组织，形成骨性骨痂。此时骨折的两断端牢固地结合在一起，但骨小梁排列紊乱，结构较疏松，比正常骨脆弱。故仍达不到正常骨组织的功能要求。此期需4～8周。

4. 骨痂改建　上述骨性骨痂虽达到临床愈合阶段，但根据功能的要求，骨性骨痂还需进一步改建成板层骨。在改建过程中，是通过破骨细胞与成骨细胞的协同作用完成的。破骨细胞可将不需要的骨组织吸收、清除，而成骨细胞可产生新的骨质逐渐加强负荷重的部位，使骨小梁逐渐适应力学排列方向，经过一定时间，可以完全恢复正常骨的结构和功能。

（四）影响创伤愈合的因素

创伤愈合是否完全及时间的长短，除与组织损伤的程度、组织的再生能力、伤口有无坏死和异物及有无感染等因素有关外，还受机体全身性和局部性因素的影响。影响再生修复的因素包括以下两个方面。

1. 全身因素　包括年龄、营养状况及药物的使用等。

（1）年龄因素：婴幼儿及青少年的组织再生能力强，愈合快；老年人因组织、细胞的再生能力弱，愈合慢，可能与老年人血管硬化，血液供应不足有关。

（2）营养状况：各种原因引起的营养不良，特别是蛋白质及维生素等的缺乏时易影响组织的再生。蛋白质缺乏，尤其是含硫氨基酸（如甲硫氨酸、胱氨酸）缺乏时，胶原纤维形成不良，伤口愈合延缓。其他如维生素C、微量元素锌缺乏也会延缓愈合。因此，给较大手术后患者补充必要的营养，有利于手术后创伤的愈合。

（3）激素或药物的作用：机体的内分泌状态或一些药物对再生修复有重要影响。如垂体的促肾上腺皮质激素与肾上腺糖皮质激素，能抑制炎症的渗出、巨噬细胞的吞噬及肉芽组织的形成，且能加速胶原纤维分解，故在炎症创伤愈合过程中要慎重使用此类激素。某些药物，如青霉胺能抑制结缔组织的再生及胶原的合成。

2. 局部因素　局部很多因素可影响局部组织或细胞的再生，常见的局部因素有下列几种：

（1）感染与异物：伤口感染时，局部渗出物多，伤口张力大易使伤口裂开；细菌毒素、酶可引起组织坏死及胶原纤维与基质溶解，使感染扩散，致伤口愈合延缓。异物（如死骨片、丝线、纱布等）既是一种刺激物，同时也加重炎症反应，只有对异物清除后，伤口才能愈合。

（2）局部血液供应：局部血液供应良好能保证组织再生所需的氧和营养，同时也有利于对坏死组织的吸收及控制局部感染，反之则影响愈合。

（3）神经支配：局部神经受到损伤时，因神经营养不良可导致局部受累组织难以愈合。如麻风引起的溃疡不易愈合。自主神经损伤，血管的舒缩调节失衡使血液循环障碍，也不利于再生修复。

骨折愈合时，上述影响创伤愈合的全身及局部因素对骨折愈合都起作用。如骨折断端间有异物或有其他组织嵌塞，断端活动、对位不良等，也会影响骨折的愈合。

理论与实践

机体从受损到康复是个连续而复杂的生物学过程，其中某些环节起着十分重要的作用，随着高新生物技术在医学领域的广泛应用，人们对创伤与修复的探索已深入到分子与基因水平，在不断揭示奥秘的同时，促进了临床治疗的进步。近年，我国科学家在组织修复研究领域，已生产出国际上第一个用于创面修复的基因工程国家一类新药，在大型哺乳动物模型中，成功构建出骨、软骨、肌腱、皮肤、血管、角膜和外周神经等组织。

（苏　蔚）

学习小结

机体适应性变化包括肥大、增生、萎缩及化生。肥大和增生可为生理性、病理性、代偿性和内分泌性；萎缩及其包含类型一般属于病理性的；化生是病理状态，是一种分化成熟细胞类型被另一种分化成熟细胞类型所取代，以鳞状上皮化生和肠上皮化生常见。可逆性损伤的形态学变化为变性，是细胞和（或）细胞间质出现异常物质或正常物质过度蓄积。细胞水肿为细胞水钠潴留；脂肪变是非脂肪细胞甘油三酯蓄积；玻璃样变为变性胶原蛋白、血浆蛋白等蓄积，可位于细胞内、结缔组织和血管壁；病理性钙化系骨骼和牙齿之外组织钙盐沉积，分营养不良性和转移性；病理性色素沉着指病理情况下细胞或间质色素增多。

不可逆性损伤包括细胞坏死和凋亡。坏死是活体局部组织细胞死亡并出现形态改变。凝固性坏死特征是组织基本轮廓可保存数天，但细胞微细结构丧失；液化性坏死以细胞组织溶解为特征；纤维素样坏死是结缔组织及小血管壁常见的坏死类型；干酪样坏死是凝固性坏死的特殊类型，常见于结核病；坏疽是伴腐败菌感染的大块组织坏死，分为干性、湿性和气性。凋亡是活体局部组织单细胞死亡形式，其机制、诱因等多方面与坏死不同。

损伤修复是机体对所形成的缺损进行修补恢复的过程，包括细胞再生和纤维性修复。在组织缺损修复过程中，根据受损组织再生能力的不同，既有细胞再生的完全修复，也有肉芽组织参与的不完全修复，大多种情况下，上述两种修复常同时存在，对于丧失再生能力的组织细胞，则完全依赖于纤维性修复。

复习参考题

1. 肥大、增生、萎缩及化生在人体病理过程中的意义是什么？

2. 细胞内脂肪变性与水变性如何鉴别？

3. 高血压患者的左心室肥大，试用已学知识作解释。

4. 如何理解人体疾病或病理过程中的细胞变性与坏死？

5. 试述坏死类型及形态学特点。

6. 干性坏疽、湿性坏疽和气性坏疽各有何特点？

7. 如何充分发挥肉芽组织在创伤修复过程中的正面作用，同时减少其负面影响？

第二章　局部血液循环障碍

2

学习目标	
掌握	充血、淤血、血栓形成、栓塞和梗死的概念；肺、肝淤血的病理变化；血栓形成的条件，血栓的类型；栓子运行途径；梗死的形态特点。
熟悉	血栓、栓子和出血的概念；血栓对机体的影响，血栓的结局；栓塞的类型；梗死的类型，梗死的原因及条件。
了解	淤血的原因和后果；梗死对机体的影响。

机体所有细胞和组织的功能活动和新陈代谢均依赖正常的血液循环系统。通过血液循环不断地向组织和器官输送氧和各种营养物质，同时运走组织中的二氧化碳和各种代谢产物，正常的血液循环是维持机体正常新陈代谢及内环境稳定的重要保证。一旦血液循环发生障碍，就会导致相应组织或器官的功能、代谢异常和形态结构改变，并出现各种临床表现，严重者甚至导致机体死亡。

血液循环障碍可分为全身性和局部性两种，它们之间既有联系又有区别。整个心血管系统功能障碍，可引起全身性血液循环障碍，常见于心力衰竭、休克等情况；局部性血液循环障碍则发生于个别器官和组织，主要表现有充血、出血、血栓形成、栓塞和梗死等。局部血液循环障碍是疾病的重要基本病理改变，常出现在许多疾病过程中。

本章主要阐述局部血液循环障碍：①局部组织血液含量的异常（充血、淤血）；②血液性状和血管内容物的异常（血栓形成、栓塞以及由此引起的梗死）；③血管壁完整性的改变（出血）（图2-1）。在临床上，血液循环障碍是常见的基本病理过程。心脏病患者多因肺水肿死亡。各种损伤、感染或血管病变常导致出血。心肌梗死、肺栓塞、脑出血等已成为现代社会人类死亡的重要原因。

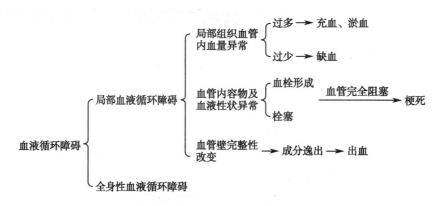

图2-1 局部血液循环障碍内容总结

第一节 充血和淤血

局部组织的血管内血液含量增多称为充血（hyperemia），分为动脉性充血（简称充血）和静脉性充血（简称淤血）两类（图2-2）。

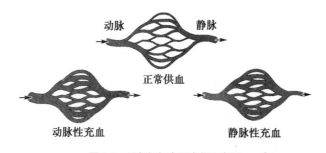

图2-2 局部组织血量变化示意图

一、充血

局部组织或器官由于动脉血输入量增多而发生的充血，称为动脉性充血（arterial hyperemia），又称主动性充血（active hyperemia），简称充血。充血是一个主动过程。

（一）原因及类型

凡能引起细小动脉扩张的任何原因，都可引起局部组织和器官的充血。细小动脉扩张是神经体液因素作用于血管，使血管舒张神经兴奋性增高或血管收缩神经兴奋性降低的结果。常见的充血可分为：

1. 生理性充血 为适应组织器官的生理需要或机体代谢增强而发生的充血，称之为生理性充血，如进食后的胃肠道黏膜充血，运动时的骨骼肌充血以及情绪激动时的面颈部充血，妊娠时的子宫充血等。

2. 病理性充血 指各种病理情况下的充血。①炎症性充血：在炎症早期，由于致炎因子的作用引起神经轴突反射和血管活性胺的作用使细小动脉扩张导致局部充血。②减压后充血：局部组织或器官长期受压（如绷带包扎肢体或腹水压迫腹腔器官），一旦压力突然解除，受压组织、器官内的细小动脉发生反射性扩张引起的充血，由于体内血液重新分配可导致脑缺血和晕厥。

（二）病理变化及后果

由于微循环内血液灌注量增多，动脉性充血的器官或组织体积轻度增大。体表充血时，由于局部微循环内氧合血红蛋白增多，局部呈鲜红色，并因代谢增强使局部温度升高，触之有搏动感。镜下见局部组织内小动脉和毛细血管扩张。

充血是短暂的血管反应，原因消除后，局部组织即恢复正常，不遗留不良后果，对机体无重要影响。充血时局部血液循环加快，氧和营养物质增多，促进物质代谢，使组织器官的功能增强，因此，在多数情况下充血对机体是有利的，但是在患有动脉粥样硬化等疾病的基础上，如因情绪激动等可导致脑血管破裂、出血，造成严重后果。

二、淤血

局部组织或器官由于静脉血液回流受阻使血液淤积于小静脉和毛细血管内而发生的充血，称为静脉性充血（venous hyperemia），又称被动性充血（passive hyperemia），简称淤血（congestion）。淤血远较动脉性充血多见，具有重要的病理和临床意义。淤血是一个被动过程。

（一）病因和发病机制

淤血的病因很多，可归纳为以下三类：

1. 静脉受压 静脉受压使其管腔发生狭窄或闭塞，血液回流受阻可导致相应部位的器官和组织发生淤血。如妊娠子宫、肿瘤、炎症包块等均可压迫局部静脉引起淤血；肠套叠、肠扭转和肠疝可使肠系膜静脉受压引起局部肠壁淤血。

2. 静脉腔阻塞 如静脉内血栓形成、栓塞可阻碍静脉血液回流，导致局部淤血。但由于静脉的分支多，只有当静脉腔阻塞而血流又不能充分地通过侧支回流时，才发生静脉性充血。

3. 心力衰竭 心瓣膜病、原发性高血压或心肌梗死等引起左心衰竭时，可导致肺淤血；肺源性心脏病等引起右心衰竭时，可导致体循环淤血。

（二）病理变化

淤血的组织和器官，由于血液的淤积而体积增大。体表淤血时，由于血流缓慢，血液中氧消耗过多，使氧合血红蛋白减少，还原血红蛋白增多，故淤血的局部皮肤呈紫蓝色，称为发绀（cyanosis）。局部血流淤滞，毛细血管扩张，使得散热增加，该处的体表温度降低。

镜下：淤血的组织内小静脉、细静脉及毛细血管扩张，管腔内充满血液，有时还伴有组织水肿和出血。出血灶内红细胞碎片被吞噬，血红蛋白被溶酶体分解，析出含铁血黄素，堆积在巨噬细胞胞质内，这种细胞称为含铁血黄素细胞（hemosiderin cell）。

（三）结局

临床上淤血较充血更为常见，因而意义更为重要。淤血对机体的影响取决于组织或器官的性质、淤血的程度、淤血发生的速度（急性或慢性）以及侧支循环建立的状况等因素。全身性淤血影响许多重要器官的功能，可出现相应的功能障碍（如肾、肝、肺），局部性淤血则主要影响局部器官的功能。长期淤血由于局部组织缺氧、营养物质供应不足和中间代谢产物堆积，引起毛细血管壁损害，血管通透性增加，加之淤血的细静脉和毛细血管流体静压升高，可使局部组织出现：

1. **水肿及积液**　淤血导致毛细血管内流体静压升高及组织慢性缺氧，血管壁受损、通透性增高，血管内的液体漏出，潴留在组织内引起淤血性水肿。这种液体含蛋白质少，细胞数目少，称为漏出液。漏出液也可以潴留于浆膜腔形成积液。

2. **出血**　严重淤血时，组织重度缺氧，血管壁的通透性明显增高，红细胞也可漏出，发生淤血性出血。

3. **实质细胞损伤**　长期淤血引起组织的氧和营养物质供应不足及代谢产物堆积，可使实质细胞发生萎缩、变性，甚至坏死。

4. **间质纤维组织增生**　由于长期淤血，实质细胞萎缩消失，氧化不全的代谢产物堆积，刺激间质纤维组织增生，加上组织内网状纤维胶原化，使淤血的组织、器官质地变硬，称为淤血性硬化（congestive cirrhosis）。

5. **侧支循环的建立**　静脉阻塞时其吻合支的血管扩张，形成侧支循环（collateral circulation）及静脉曲张，发生破裂时可引起大出血。如肝硬化时，食管静脉曲张，因食物的摩擦使静脉破裂而大出血。

（四）重要器官的淤血

临床上常见且重要的器官淤血为肺淤血和肝淤血，其主要病理变化如下：

1. **肺淤血**　常见于左心衰竭，因左心压力增高，肺静脉回流受阻而造成。肉眼：肺体积增大，重量增加，呈暗红色，质地较实，切面可有暗红色或淡红色泡沫状液体流出。镜下：肺细小静脉及肺泡壁毛细血管高度扩张充血（文末彩插图2-3A），肺泡壁增厚，部分肺泡腔内充满水肿液，其内可见少量红细胞和巨噬细胞。随着病变的发展，红细胞被巨噬细胞吞噬，血红蛋白转变为含铁血黄素。此时在肺内出现的吞噬有含铁血黄素的巨噬细胞，称为心力衰竭细胞（heart failure cell）（文末彩插图2-3B）。心力衰竭细胞可见于肺泡腔内、肺间质内，也可出现于患者的痰内。

长期严重的慢性肺淤血，肺间质纤维组织增生，使肺质地变硬，加上含铁血黄素的沉积，肺肉眼呈棕褐色，称为肺褐色硬化。肺淤血患者临床上可出现呼吸困难、发绀、咳粉红色泡沫样痰等症状，肺部听诊可闻及湿性啰音。

2. **肝淤血**　常见于右心衰竭，因肝静脉回流受阻而造成。肉眼：肝脏体积增大，包膜紧张。急性淤血时肝脏呈暗红色，慢性淤血时肝脏切面呈红色（淤血区）与黄色（脂肪变性区）相间的花纹状结构，状似槟榔的切面，称为槟榔肝（nutmeg liver）（图2-4）。镜下：肝小叶中央静脉及其附近的肝窦高度扩张淤血，肝小叶中央静脉周围的肝细胞发生萎缩甚至消失，肝小叶周边的肝细胞可发生脂肪变性（文末彩插图2-5）。

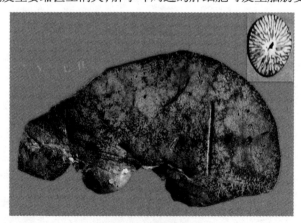

图2-4　槟榔肝
大体可见肝切面红（淤血区）黄（脂肪变性）相间条纹，状如槟榔，
右上角为槟榔横切面图

长期的慢性肝淤血,由于肝组织缺氧,肝细胞坏死,肝内纤维组织增生,使肝质地变硬,称为淤血性肝硬化。临床上患者可有肝区疼痛或压痛等症状。

第二节　血栓形成

在活体的心脏和血管内,血液发生凝固或血液中的某些有形成分析出、凝集形成固体质块的过程,称为血栓形成(thrombosis),所形成的固体质块称为血栓(thrombus)。与凝血不同的是,血栓是在血液流动状态下形成的。

血液中存在着相互拮抗的凝血系统和抗凝血系统(纤维蛋白溶解系统)(图2-6)。在生理状态下,血液中的凝血因子不断地被激活,从而产生凝血酶,形成微量纤维蛋白,沉着于血管内膜上,但这些微量的纤维蛋白又不断地被激活了的纤维蛋白溶解系统所溶解,同时被激活的凝血因子也不断地被单核-巨噬细胞系统所吞噬。上述凝血系统和纤维蛋白溶解系统的动态平衡,既保证了血液有潜在的可凝固性又始终保证了血液的流体状态。然而,有时在某些能促进凝血过程的因素作用下,打破了上述动态平衡,触发了凝血过程,血液便可在心血管腔内凝固,形成血栓。

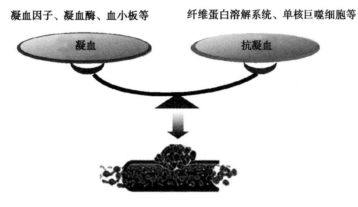

图2-6　正常血液凝固过程示意图

一、血栓形成的条件和机制

血栓形成是血液在流动状态,由于血小板被活化和凝血因子被激活而发生的异常凝固。其形成条件目前公认是由魏尔啸(Virchow)提出的三个条件:

(一)心血管内膜损伤

正常的心血管内膜光滑,使血小板不易黏附,同时心血管内皮细胞具有一系列的防止血液在心血管内凝固的功能,如抗凝血物质可抗血小板黏集。因此,完整的心血管内皮是防止血栓形成的重要因素。

心血管内膜损伤是血栓形成的最重要和最常见的原因。内膜损伤导致内皮细胞变性、坏死及脱落,内皮下胶原暴露,激活血小板和凝血因子Ⅻ,启动内源性凝血途径,同时促使血小板易于黏附在损伤的内皮表面,黏附的血小板可释放出内源性腺苷二磷酸(ADP),促使更多的血小板黏附及凝集,并使血小板发生释放反应,释放出多种促凝物质,促进凝血过程。此外,损伤的内皮还可释放组织因子,启动外源性凝血途径,引起血液凝固,形成血栓。

引起心血管内膜损伤的因素很多,包括各种物理、化学和生物性因素,如高血压时对血管的机械冲击力、烟草中的尼古丁、细菌、毒素及免疫复合物等均可损伤心血管内膜引发血栓形成。

临床上心血管内膜局部受损的常见疾病有风湿性心内膜炎、感染性心内膜炎、动脉或静脉内膜炎、动脉粥样硬化和心肌梗死等,在内膜损伤部位可引起血栓形成。

（二）血流状态的改变

由于比重的关系,在正常流速和正常流向的血液内,处于层流状态,红细胞和白细胞在血流的中轴(轴流),其外是血小板,流动得较红、白细胞缓慢,最外层是血浆带(边流)。血浆将血液的有形成分和血管壁隔绝,阻止血小板和内膜接触。当血流缓慢或血流产生漩涡时,血小板得以进入边流,增加了和血管内膜接触的机会,血小板粘连于内膜的可能性必然增大。此外,血流缓慢和血流产生漩涡时,被激活的凝血因子和凝血酶能在局部达到凝血过程所必需的浓度。尽管在光学显微镜下,血流缓慢并不造成可以察觉的内膜变化,但电镜下却可发现血流缓慢。严重缺氧时,内皮细胞胞质出现空泡,最后整个细胞变成无核结构的物质,由此不难推论,内皮细胞的变性坏死,不但丧失了上述的抗凝血因子的合成和分泌,而且内皮下胶原也得以暴露于血流,这样,即可触发内源性和外源性凝血途径。不少事实表明血流缓慢是血栓形成的重要因素,例如静脉发生血栓约比动脉发生血栓多四倍,静脉血栓常发生于久病卧床的患者和静脉曲张的静脉内等。静脉比动脉容易发生血栓,除了血流缓慢因素外,还因静脉有静脉瓣,静脉瓣内的血流不但缓慢,而且呈漩涡,因此静脉血栓形成往往以瓣膜囊为起始点;此外,静脉不似动脉那样随心脏搏动而舒张,其血流有时甚至可出现短暂的停滞;静脉壁较薄,容易受压;血流通过毛细血管到静脉后,血液的黏性有所增加等因素。心脏和动脉内的血流快,不易形成血栓,但在血流较缓出现漩涡时,也会有血栓形成,如二尖瓣狭窄时左心房血流缓慢并出现漩涡,动脉瘤内的血流呈漩涡状流动,这时均易并发血栓形成。

（三）血液凝固性增强

血液凝固性增高常由于血液中的血小板和凝血因子增多或纤维蛋白溶解系统的活性降低所引起,可见于遗传性和获得性疾病。在遗传性高凝状态的原因中,凝血因子V基因突变的出现率高达60%。获得性疾病中的高凝状态可由于凝血因子合成增加及抗凝血酶Ⅲ减少,或促凝物质入血等引起。临床上可见于严重创伤、产后或大手术后,由于严重失血,血液中补充了大量幼稚的血小板,其黏性较大,易发生黏集;同时纤维蛋白原、凝血酶原以及凝血因子Ⅵ、Ⅶ等的含量也相应增多,易形成血栓。某些恶性肿瘤(如肺癌、乳腺癌、肾癌及前列腺癌等)可释放大量组织因子入血,激活机体的外源性凝血途径,导致多发性血栓形成。另外,吸烟、妊娠、动脉粥样硬化、高脂血症及肥胖症等也可引起血小板增多和黏性增加。

血栓形成往往是上述几个因素综合作用的结果。各因素之间相互影响,在不同情况下,往往是其中某一因素起主要作用。例如手术后卧床、创伤、晚期癌全身转移时的血栓形成,既由于血液的凝固性增加,又由于静卧时血流缓慢和下肢静脉(尤其是腓肠肌内的静脉)受压。

二、血栓形成过程及血栓的形态

（一）血栓形成过程

无论心或动脉、静脉内的血栓,其形成过程是从血小板黏附于内膜损伤后裸露的胶原开始的。当血小板黏附于内膜损伤处时,血小板被激活,发生变形,释放出大量的内源性ADP,合成血栓素A₂,两者共同作用于血流中的血小板,促进更多血小板不断地在局部黏集,形成血小板黏集堆。最初的血小板黏附是可逆的,可以被血流冲走,但当机体的凝血途径启动后,在凝血酶作用下产生大量纤维蛋白,后者再与受损内膜基质中的纤维连接蛋白结合,使黏集的血小板牢固地黏附于受损血管内膜表面。此时血小板不再离散,形成灰白色的血小板血栓,并作为血栓的起始点。此后血栓的发展以及血栓的形态、组成和大小则取决于血栓发生的部位和局部血流速度等因素。

（二）血栓的类型和形态

1. 白色血栓(pale thrombus)　白色血栓又称血小板血栓或析出性血栓。多发生于血流较快的心瓣膜、心腔内以及动脉内或静脉血栓的头部。如在风湿性心内膜炎瓣膜上的赘生物(图2-7)。

肉眼:呈灰白色小结节状或者赘生物状,表面粗糙有波纹,质硬,与心血管壁紧密黏着不易脱落。镜下:白色血栓主要由血小板及少量的纤维蛋白构成。

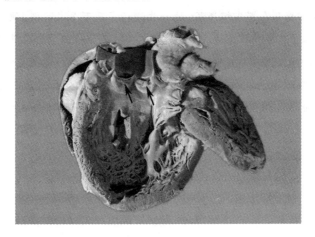

图2-7 心内膜疣状赘生物

风湿性心内膜炎时,瓣膜上形成的白色血栓赘生物(箭头所示),与
瓣膜黏附紧密,不易脱落

2. 混合血栓(mixed thrombus) 混合血栓多见于血流缓慢的静脉,构成延续性血栓体部。白色血栓的体积进一步增大,引起下游血流减慢并发生涡流,从而再形成新的血小板堆,如此反复进行,逐渐形成珊瑚状小梁。在血小板小梁之间,血液发生凝固,纤维蛋白形成网状结构,网内充满大量红细胞,此过程交替进行,形成肉眼上由血小板梁(白色)及血小板梁间的红细胞(红色)交替的层状结构称为混合血栓或层状血栓,成为静脉延续性血栓的体部。肉眼:呈灰白色和红褐色相间的层状结构,表面粗糙,干燥,与血管壁粘连紧密。在心脏(心肌梗死区内膜处)和动脉内(动脉瘤)的混合血栓,常因血栓底部与心壁或血管壁相连,称为附壁血栓(mural thrombi)。扩张的左心房因形成的混合血栓常呈球形,称为球状血栓。镜下:主要由粉红色无结构的分支状(珊瑚状)血小板小梁及充填于血小板小梁间纤维蛋白网中的红细胞组成,血小板梁边缘可见中性粒细胞附着(文末彩插图2-8)。

3. 红色血栓(red thrombus) 红色血栓为阻塞性血栓,主要见于静脉。当混合血栓逐渐增大并阻塞血管腔时,下游局部血流停止,血液发生凝固,形成暗红色凝血块,称为红色血栓,构成延续性血栓的尾部,并可沿血流方向即朝向心脏的方向延伸。红色血栓形成过程与血管外凝血过程相同。肉眼:呈暗红色,新鲜时湿润,有一定的弹性,经过一段时间后,由于水分被吸收,变得干燥、易碎、失去弹性,容易脱落进入血流造成血栓栓塞。镜下:见纤维蛋白网中充满红细胞。

在静脉内,常依次形成由白色血栓(头部),混合血栓(体部)和红色血栓(尾部)构成的延续性血栓(propagating thrombus)(文末彩插图2-9)。

4. 透明血栓(hyaline thrombus) 透明血栓又称微血栓,发生于微循环血管内,主要见于毛细血管,只能通过显微镜才能观察到(文末彩插图2-10)。镜下主要由均匀粉染的纤维蛋白构成,又称纤维素性血栓。常见于弥散性血管内凝血(disseminated intravascular coagulation, DIC)。

相关链接

鲁道夫·魏尔啸(Rudolf L.K. Virchow, 1821—1902),德国病理学家、政治家和社会改革家。1858年出版了重要著作《细胞病理学》,被誉为"病理学之父",系统论述了细胞病理学理论,强调"疾病皆源于细胞",所有的疾病都是细胞的疾病,与当时占统治地位的体液病理学决裂,极大地推动了病理学的发展,对疾病的诊断治疗具有不可估量的影响。

但魏尔啸过分强调局部细胞的病变，忽视整体和局部的统一性，割裂了机体与环境之间的相互关系，忽视了神经系统的作用。对于疾病的全身性反应和发展过程缺乏了解。这种形而上学的思想方法不能把握疾病的本质。近代病理学奠基人罗吉坦斯基，他一生进行了三万多次解剖，他认为人体的液体成分的障碍是疾病的基本原因，创立了体液病理学说，后遭到魏尔啸批判而收回了自己见解。其实着眼于体液的异常变化和扩及全身的病理变化也很重要。今天有关内分泌、物质代谢和免疫的病理学以及血液病理学，应该说是继承和发展了体液病理学说。魏尔啸的细胞病理学对现代医学的发展不论从积极方面还是从消极方面来说，均产生了巨大的影响。

三、血栓的结局

1. **溶解、吸收或脱落** 血栓形成后，血栓内的纤溶酶和白细胞崩解释放出的蛋白水解酶，可使血栓软化并发生溶解，小的新鲜血栓可被完全溶解吸收，而较大的血栓只能被部分溶解，在血流冲击下，整个或部分血栓脱落进入血流，随血流运行阻塞其他部位的血管，造成血栓栓塞。陈旧性血栓因含较多纤维蛋白多聚体，不易溶解吸收，故临床上用纤维蛋白溶解剂 t-PA 治疗时可能仅对新鲜血栓有效。

2. **机化与再通** 若纤维蛋白溶解系统的活力不足，血栓形成后的 1～2 天，在血栓附着处的血管壁开始有肉芽组织形成，逐渐长入并取代血栓，此过程称为血栓机化（thrombus organization）。较大的血栓完全机化约需两周左右。机化的血栓和血管壁紧密相连，不易脱落。在机化过程中，血栓发生收缩及部分溶解，血栓内部或血栓与血管壁之间出现裂隙，新生血管内皮细胞长入并被覆于裂隙表面形成新的血管腔，并互相吻合沟通，在被阻塞的血管内重建血流，这一过程称为再通（recanalization）（文末彩插图 2-11）。

3. **钙化** 如血栓不能被溶解吸收或完全机化时，钙盐沉积于血栓内，称为血栓钙化，完全钙化的血栓质硬如石。依据受累血管不同又称为静脉石（phlebolith）或动脉石（arteriolith）。

四、血栓对机体的影响

血栓形成对机体的影响分为有利和不利两个方面。血栓形成可以对破裂的血管起到止血的作用，在某些病变情况下，如胃和十二指肠溃疡或肺结核空洞，其病变处血管被侵蚀后，局部血管内的血栓形成，可以防止大出血的发生。炎症病灶周围的小血管内血栓形成，可以防止病原体蔓延扩散。这些是对机体有利的方面。但在多数情况下，血栓对机体有不同程度的不利影响，影响的严重程度与血栓的部位、大小、阻塞管腔的程度以及侧支循环建立等情况有关。

1. **阻塞血管** 动脉血栓形成未完全阻塞血管腔时，可导致局部器官和组织缺血，引起组织细胞萎缩或变性；如完全阻塞动脉管腔，且未能建立有效的侧支循环，则可引起局部组织坏死（梗死）。如脑动脉血栓形成引起的脑梗死；冠状动脉血栓形成引起心肌梗死；血栓闭塞性脉管炎引起患肢坏疽等。静脉血栓形成后，若未能建立有效的侧支循环，则引起局部淤血、水肿、出血，甚至坏死。如肠系膜静脉血栓可导致出血性梗死；肢体浅表静脉血栓，由于静脉有丰富的侧支循环，通常不引起临床症状。

2. **栓塞** 在血栓未与血管壁牢固黏着之前，血栓的整体或部分可以脱落，形成栓子，随血流运行，引起栓塞。如栓子内含细菌，可引起栓塞组织的败血性梗死或栓塞性脓肿。

3. **心瓣膜变形** 心瓣膜血栓机化，可引起瓣膜粘连，造成瓣膜狭窄，如在机化过程中纤维组织增生而后瘢痕收缩，可造成瓣膜关闭不全，见于风湿性心内膜炎和亚急性细菌性心内膜炎。

4. **微循环的广泛性微血栓形成** 即 DIC 时，凝血因子和血小板大量消耗，造成血液的低凝状态，可引起全身广泛性出血和休克。

1. 静脉血栓与凝血块有什么区别？
2. 附壁血栓和混合血栓有何关系？

案例 2-1

李某，女，60 岁，5 年前已确诊为脑动脉粥样硬化（血管内膜受损害），4 天前早晨醒来自觉头晕并发现右侧上、下肢不能自如活动，且病情逐渐加重，至次日上午，右侧上、下肢麻痹。

思考：

1. 结合解剖学知识，考虑患者病变部位可能在何处？
2. 根据提供的简要病史，考虑患者的诊断是什么？并提出诊断的根据。

第三节 栓塞

在循环血液中出现不溶于血液的异常物质，随血液运行阻塞血管腔的现象，称为栓塞（embolism）。阻塞血管的异常物质称为栓子（embolus）。栓子可以是固体、液体或气体。其中最常见的是血栓栓子，其他物质如脂肪、空气、羊水和肿瘤细胞团等也可以作为栓子引起栓塞。

一、栓子运行途径

栓子运行的途径一般与血流方向一致，最终阻塞于口径与其大小相当的血管。来自不同血管系统的栓子，其运行途径不同（文末彩插图 2-12）。

1. **左心或体循环动脉内的栓子** 随动脉血流运行，嵌塞于口径与其相当的动脉分支，常见于脑、脾、肾、下肢。

2. **静脉系统及右心的栓子** 可栓塞肺动脉干或其分支。某些体积小而又富于弹性的栓子（如脂肪栓子）可通过肺泡壁毛细血管经左心进入体循环系统，阻塞动脉分支。

3. **肠系膜静脉的栓子** 可引起肝内门静脉分支的栓塞。

4. **交叉性栓塞** 在有房间隔、室间隔缺损或动静脉瘘的患者，栓子可由压力高的一侧通过缺损进入压力低的另一侧，再随动脉栓塞相应的动脉分支。

5. **逆行性栓塞** 罕见的情况下可发生栓子逆向运行，即下腔静脉内的栓子，由于胸、腹腔内压骤然剧增（如咳嗽、呕吐），可逆血流方向栓塞下腔静脉所属的分支。

二、栓塞类型及其对机体的影响

根据栓子的种类不同，栓塞可分为以下几种类型：

（一）血栓栓塞

由血栓或者血栓一部分脱落引起的栓塞，称为血栓栓塞（thromboembolism），是栓塞中最常见的一种，占栓塞的 99%。由于血栓栓子的来源、大小、数目、栓塞的部位和侧支循环的建立情况不同，对机体产生的影响也不同。

1. 肺动脉栓塞 引起肺动脉栓塞的血栓栓子 95% 以上来自下肢深部静脉,特别是腘静脉、股静脉和髂静脉,偶尔来自盆腔静脉、子宫静脉等。根据栓子的大小不同,对机体造成的影响也不同。如果栓子较小且栓塞肺动脉的少数小分支,一般不产生严重后果,因为肺具有肺动脉和支气管动脉的双重血液供应,当肺动脉小分支阻塞时,相应的肺组织可以通过支气管动脉得到血液供应。但是,如果栓塞前肺已有严重淤血,因肺循环内的压力增高,与支气管动脉之间的侧支循环难以建立,则可引起肺组织出血性梗死。如果栓子体积较大,栓塞于肺动脉主干或大分支,或者血栓栓子数量较多并广泛栓塞于多数肺动脉分支时,患者可出现气促、发绀、休克等症状,甚至急性呼吸循环衰竭而猝死(图 2-13)。巨大的血栓栓子主要来源于下肢静脉,有时来自右心附壁血栓。特别长的栓子可形成骑跨性栓塞阻塞左右肺动脉干。

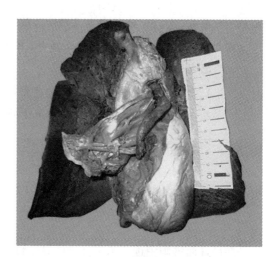

图 2-13　肺动脉栓塞

肺动脉栓塞引起猝死的具体机制目前仍不完全清楚。一般认为,①肺动脉主干或大分支栓塞时,肺动脉内阻力急剧增加,致急性右心衰竭;②同时,肺缺血、缺氧,左心回心血量减少,冠状动脉灌注不足,导致急性心肌缺血;③肺动脉反射性收缩和血栓栓子内血小板释出的 5- 羟色胺和凝血烷 A2 引起的支气管和肺泡导管痉挛和肺动脉、心冠状动脉、支气管动脉痉挛,因而引起急性右心衰竭及窒息,导致猝死。

2. 体循环动脉栓塞 引起动脉系统栓塞的血栓栓子,大多数(80%)来自左心及动脉系统,如亚急性感染性心内膜炎时心瓣膜上的赘生物、二尖瓣狭窄时左心房的附壁血栓以及动脉粥样硬化溃疡或动脉瘤的附壁血栓。动脉栓塞的部位以下肢、脑、肾、脾为常见。动脉栓塞后局部组织是否发生坏死与栓子的大小、栓塞的部位以及局部侧支循环建立的情况有关。当栓塞动脉缺乏有效的侧支循环时,局部组织可发生缺血性坏死(梗死)。上肢动脉吻合支丰富,肝脏有双重血液供应,故很少发生梗死。例如脑底 Willis 环栓塞,其环状的动脉联系可保证该部任何阻塞皆不导致脑的梗死。但 Willis 环远端栓塞时,则必然发生脑梗死。

(二)脂肪栓塞

循环血流中出现脂肪滴并阻塞血管,称为脂肪栓塞(fat embolism)。长骨骨折、严重脂肪组织挫伤或烧伤,骨髓或脂肪组织的脂肪细胞破裂,脂肪游离形成脂滴,脂滴通过破裂的静脉血管进入血流,引起栓塞。脂肪栓子从静脉进入右心,再到达肺引起肺动脉脂肪栓塞。直径小于 20μm 的脂肪滴可通过肺泡壁毛细血管经肺静脉进入动脉系统,引起体循环动脉系统栓塞,如脑、肾、皮肤等处的栓塞。

脂肪栓塞的后果,取决于栓塞的部位和脂滴的多少。少量脂滴入血,可由巨噬细胞吞噬或被血液中的脂酶分解清除,对机体无不良影响。如大量的脂滴(9～20g)或较大的脂滴进入肺循环,致肺部 75% 以上的肺血液循环受阻,可引起急性右心功能衰竭甚至死亡。脂滴还可损伤肺小血管内皮细胞,使血管通透性升高,引起肺水肿,严重时影响气体交换导致呼吸困难、窒息和死亡。

(三)气体栓塞

大量气体进入血流或原溶解于血液中的气体迅速游离,形成气泡并阻塞心血管管腔,称为气体栓塞(gas embolism)。

1. 空气栓塞 多因静脉受损破裂,外界空气通过破裂口进入血流所致。常见于头颈部、胸壁和肺手术或创伤致颈静脉、锁骨下静脉和胸腔内大静脉损伤时。当吸气时胸腔负压增高,静脉内也呈负压,大量空气可由破裂处进入静脉管腔,并随血流到达右心;在分娩或流产时,由于子宫强烈收缩,子宫腔内压力升高可将空气挤入开放的子宫静脉内并随血流到达右心。空气栓塞还可以发生在加压输液、人工气胸等医疗操作的意外事故中。

少量空气进入血液,可被溶解,不引起严重后果。大量空气(多于100ml)快速入血,随血流进入右心,因为心脏搏动,气体与血液在右心内被搅拌成可压缩的泡沫血。由于气泡具有可压缩性,随心脏的收缩与舒张而被压缩或膨胀,不易排出,阻碍静脉血液回流和向肺动脉输出血液,造成严重的循环障碍。此时,患者出现呼吸困难、重度发绀,甚至猝死。部分气泡可进入肺动脉,引起肺动脉分支栓塞。体积较小的气泡还可以通过肺泡壁毛细血管进入左心和体循环的动脉系统,引起体循环系统一些器官的栓塞。

2. 氮气栓塞 又称减压病(decompression sickness)、沉箱病(caisson disease)或潜水员病(diver's disease)。人体从高气压环境急速进入常气压或者低气压环境时,原已溶解于血液中的气体包括氧气、二氧化碳和氮气迅速游离形成气泡,氧和二氧化碳很快被溶解或经肺呼出,而氮气溶解缓慢,可在血液内形成无数气泡,造成广泛性气体栓塞。因气泡所在部位不同,其临床表现不同,可引起皮下气肿,骨、四肢、肠道等末梢血管阻塞出现痉挛性疼痛,严重时出现昏迷,如阻塞冠状动脉常引起迅速死亡。减压病是潜水运动第二常见的死亡原因(第一位是溺水)。有效治疗方法之一是高压氧疗法。

(四)羊水栓塞

羊水栓塞(amniotic fluid embolism)指含有胎儿细胞等成分的羊水进入母体血液循环引起的栓塞,是分娩过程中一种罕见的严重并发症(发病率1/50 000)。在分娩过程中,如羊膜破裂,尤其又有胎儿头阻塞阴道口时,子宫强烈收缩,宫腔内压增高,可将羊水挤入子宫壁破裂的静脉窦,羊水随血流进入母体的体循环静脉系统,经右心到达肺动脉,在肺动脉分支及肺泡壁毛细血管内引起羊水栓塞。少量羊水成分可以通过肺泡壁毛细血管到达左心,并引起心、肾、脾、脑等体循环器官的栓塞。

本病发病急,常在分娩过程中或分娩后短时间内发生。产妇突然出现呼吸困难、发绀、休克,甚至死亡。其发生机制一般认为与羊水中的血管活性物质使母体发生过敏性休克、DIC等有关。在显微镜下见到肺动脉小分支及肺泡壁毛细血管中有羊水成分,如角化的鳞状上皮、胎毛、胎脂、黏蛋白及胎粪等,据此可以作为诊断羊水栓塞的依据。

(五)其他栓塞

恶性肿瘤细胞侵入血管和淋巴管造成肿瘤细胞栓塞,可引起恶性肿瘤转移;细菌或真菌团、寄生虫及其虫卵侵入血管发生栓塞,常可引起病变的扩散。

案例 2-2

钟某,男,56岁,因支气管扩张行部分肺叶切除术,术后卧床休息一月,昨日起床活动时突然呼吸困难,发绀、休克,急送医院,抢救无效死亡。尸检:右下肢明显肿胀,肤色暗红;肺动脉主干腔内见长条状内容物,镜下,此内容物显示红白相间的层状结构。

思考:用所学病理知识分析病变发生、发展过程及发生死亡的可能原因。

第四节 梗死

机体局部组织器官因血流阻断而引起的缺血性坏死,称为梗死(infarction)。梗死一般由动脉阻塞引起局部组织缺血、缺氧而坏死,静脉阻塞引起局部血流停滞导致的缺血、缺氧,亦可引起梗死。

一、梗死的原因和形成条件

任何能造成血管管腔阻塞,导致组织血液供应阻断和缺血的原因均可引起梗死。

(一)原因

1. 血栓形成 是梗死的最常见原因,如冠状动脉和脑动脉粥样硬化继发血栓形成可引起心肌梗死和脑梗死,趾、指的血栓闭塞性脉管炎可引起趾、指梗死(坏疽)等。

2. 动脉栓塞 也是梗死的常见原因,多见于血栓栓塞。常可引起肾、脾、脑和肺的梗死。

3. 血管受压闭塞 当动脉受到压迫(如肿瘤)时,管腔闭塞,可引起局部组织缺血、缺氧而坏死。在肠扭转、肠套叠时肠系膜动脉和静脉均受压迫而引起肠梗死,卵巢囊肿蒂扭转及睾丸扭转时血管受压使血流阻断也可引起梗死。

4. 动脉痉挛 单纯动脉痉挛一般不会引起梗死,但在血管已有病变的基础上如冠状动脉粥样硬化,在情绪激动、过度劳累、寒冷等诱因的影响下,引起病变血管持续性痉挛,可引起心肌梗死。

(二)梗死形成的影响因素

血流阻断是否引起梗死,还取决于以下因素:

1. 供血血管类型 有效侧支循环的建立是血管阻塞后是否发生梗死的决定因素。具有双重血液循环的肝、肺,在一般情况下某一支动脉阻塞不易引起梗死。肠、前臂和手的动脉有着丰富的吻合支,当某一支血管阻塞后,可以尽快建立有效的侧支循环,一般也不至于引起梗死。有些器官动脉吻合支较少,如脾、肾及脑等,一旦这些器官的动脉阻塞,不易建立有效的侧支循环,常易发生梗死。

2. 组织器官对缺血缺氧的耐受性和全身血液循环状态 机体不同部位的组织细胞对缺氧的耐受性不同,脑组织与心肌组织对缺氧敏感,短暂的缺血(神经元 3~4 分钟或心肌细胞 20~30 分钟)就可引起梗死。纤维结缔组织和骨骼肌的耐受性较强,一般不易发生梗死。此外,全身血液循环障碍,如贫血或心功能不全时,可促进梗死的发生。

二、梗死的病变及类型

(一)梗死的一般形态特征

1. 梗死灶形状 取决于该器官的血管分布。多数器官的血管呈锥形分支,如脾、肾、肺等,故其梗死呈锥形,切面呈扇面形,其尖端位于血管阻塞处,底部则为该器官的表面(图 2-14)。心冠状动脉分支不规则,故心肌梗死形状亦不规则或呈地图状。

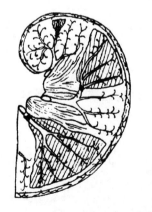

图 2-14　梗死灶示意图

梗死灶呈锥形,切面呈扇面形,其尖端位于血管阻塞处,底部为该器官的表面

2. 梗死灶质地 取决于其坏死的类型。梗死灶为凝固性坏死者(肾、脾、心肌),新鲜时由于组织崩解,局部胶体渗透压升高而吸收水分,使局部肿胀,略向表面隆起,切面可略凸出。陈旧性梗死则较干燥,质硬,表面下陷。脑梗死为液化性坏死,新鲜时质地软、疏松,日久液化成囊。

3. 梗死灶颜色 取决于病灶内的含血量。含血量少者,颜色灰白;含血量多者,颜色暗红。

(二)梗死类型

根据梗死灶内血量的多少和是否合并感染,将梗死分为,贫血性梗死、出血性梗死和败血性梗死。

1. 贫血性梗死(anemic infarct) 发生于组织结构致密、侧支循环不充分的器官,如肾、脾、心肌。由于组织致密限制了病灶边缘侧支血管内血液进入坏死组织,梗死灶缺血呈灰白色,故称为缺血性梗死。在梗死的早期,梗死灶与周围正常组织交界处因炎症反应形成充血出血带,呈暗红色,数日后该出血带内的红细胞被巨噬细胞吞噬而转变为含铁血黄素,变成褐黄色。晚期由于坏死组织机化,形成瘢痕,病灶表面下陷,质地变坚实,出血带消失。

镜下,早期的梗死灶内尚见核固缩、核碎裂和核溶解等变化,细胞质则均匀一致,组织结构轮廓尚保存(如肾梗死)(文末彩插图 2-15)。晚期坏死病灶呈红染均质状,边缘有肉芽组织和瘢痕形成,最终被瘢痕组织取代。

脑梗死一般为贫血性梗死,但因其组织含脂质和水分较多,蛋白质较少,不易凝固,坏死组织变软、液化,结构消失,形成囊腔。

2. 出血性梗死(hemorrhagic infarct) 发生于肺、肠等具有双重供血、组织结构疏松伴有严重淤血的情况下,因梗死灶内有大量的血液,故称为出血性梗死。

(1)出血性梗死发生的条件

1)严重淤血:这是出血性梗死形成的重要先决条件。在肺淤血情况下,肺静脉和毛细血管内压增高,肺动脉阻塞后不能建立有效的肺动脉和支气管动脉侧支循环,肺出现梗死,为出血性梗死;卵巢囊肿或肿瘤在蒂扭转时,由于静脉回流受阻,影响动脉供血,甚至血流停止,致卵巢囊肿或肿瘤发生梗死。

2)组织疏松:可以让血液汇集于梗死区,例如肠和肺的组织较疏松,梗死初起时在组织间隙内可容多量出血,当组织坏死而膨胀时,也不能把漏出的血液挤出梗死灶外,因而梗死灶为出血性。但如肺先因肺炎而实变,则所发生的肺梗死一般为贫血性而非出血性。

需指出的是,肺淤血是肺梗死发生的先决条件。这是因为肺有肺动脉和支气管动脉双重血液供应,两者之间有丰富的吻合支,当肺循环正常时,肺动脉分支栓塞不会引起梗死,因为支气管动脉通过吻合支供血于该区肺组织;但如肺已有淤血,致肺静脉压增高,当肺动脉分支栓塞时,支气管动脉的压力不足以克服局部范围内的肺静脉阻力,局部肺组织发生梗死。这便是肺梗死常见于二尖瓣病变且是出血性的原因。

(2)出血性梗死常见器官

1)肺出血性梗死:常见于肺下叶、肋膈缘,病灶大小不一,呈锥形,底部靠肺膜、尖端朝向肺门,暗红色,略向表面隆起(图 2-16);后期肉芽组织长入机化后,梗死灶变成灰白色,由于瘢痕挛缩使局部下陷。镜下:梗死灶呈凝固性坏死伴弥漫性出血;晚期可见修复反应。临床上可出现胸痛、咳嗽、咯血、发热及白细胞总数升高等。

2)肠出血性梗死:多见于肠系膜动脉栓塞、肠套叠、肠扭转、嵌顿疝、肿瘤压迫等,肠梗死呈节段性,肠壁因淤血、水肿、出血而明显增厚,呈暗红色(图 2-17)。肠壁坏死后质脆易破裂,肠浆膜面有可见纤维素性脓性渗出物。临床上,因血管阻塞、平滑肌痉挛可出现剧烈腹痛、呕吐、组织坏死后出现麻痹性肠梗阻、肠穿孔及腹膜炎。

3. 败血性梗死(septic infarct) 当含有细菌的栓子阻塞血管时,发生败血性梗死。如急性感染性心内膜炎时,含细菌的栓子脱落,随血流运行造成动脉阻塞,梗死灶内可见细菌团及大量炎细胞,引起栓塞性脓肿。

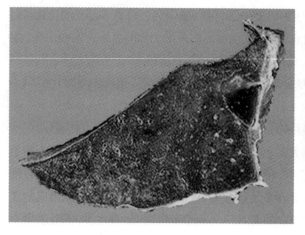

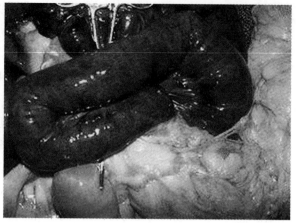

图 2-16 肺出血性梗死	图 2-17 肠出血性梗死
肺梗死灶呈锥形,底部靠肺膜、尖端朝向肺门,暗红色,略向表面隆起	肠梗死呈节段性,肠壁因淤血、水肿、出血而明显增厚,呈暗红色

三、梗死对机体的影响和结局

1. **梗死对机体的影响** 梗死对机体的影响取决于发生梗死的器官、梗死灶的大小和部位等因素。重要器官的梗死常导致功能障碍,如心肌梗死可影响心肌收缩功能,严重者可致心功能衰竭甚至死亡;脑梗死出现其相应部位的功能障碍,梗死灶大者也可导致死亡;肾、脾的梗死一般影响较小,仅引起局部症状,如肾梗死出现腰痛和血尿,但不影响肾功能;脾梗死有胸痛和咯血;肠梗死出现剧烈腹痛、呕血、血便和腹膜炎的症状;四肢的梗死如继发腐败菌感染可造成坏疽,后果严重,必要时需截肢。

2. **梗死的结局** 小的梗死灶可被肉芽组织完全机化,最后形成瘢痕;大的梗死灶不能完全机化时,形成纤维包裹,病灶内部发生钙化。脑梗死小病灶由胶质瘢痕修复,大的梗死灶液化形成囊腔,由增生的胶质瘢痕包裹。

第五节 出血

血液自心脏、血管腔逸出的现象称为出血(hemorrhage)。血液流向体腔或组织间隙,称为内出血;血液直接从体表外伤或者间接经支气管、气管咯出,称为外出血。

一、类型

出血可分为生理性出血和病理性出血两类。前者如正常月经的子宫内膜出血;后者多由创伤、血管病变及出血性疾病等引起。按血液逸出的机制可分为破裂性出血和漏出性出血。

1. **破裂性出血** 由心脏或血管壁破裂引起,血液通过心、血管的破裂口直接流出。主要原因有:血管各种机械损伤,如割伤,刺伤等;心、血管壁病变,如动脉瘤、室壁瘤破裂等;血管壁周围病变侵蚀,如肿瘤、胃及十二指肠溃疡等对血管壁的侵蚀。

2. **漏出性出血** 由于血管壁的通透性增高,导致血液通过扩大的内皮细胞间隙和受损的血管基底膜而漏出于管腔外。主要原因有:淤血和缺氧;严重的感染和中毒;过敏反应;维生素 C 缺乏;血液性质的改变等。

二、病理变化

1. **内出血**　内出血可发生于体内任何部位。血液积聚于体腔内者称为体腔积血,如胸腔、腹腔和心包腔积血等;发生于组织内的出血,量大时形成血肿(hematoma),如脑血肿、皮下血肿等;量少时仅镜下始能察觉,在组织内有多少不等的红细胞或含铁血黄素的存在。皮肤、黏膜、浆膜的少量出血在局部形成瘀点(petechia);较大的出血灶形成瘀斑(echymosis);介于瘀点和瘀斑之间的,称为紫癜(purpura)。红细胞被巨噬细胞吞噬,血红蛋白呈紫红色,随后转变为胆红素呈蓝绿色,最后成为棕黄色的含铁血黄素,因此皮肤、黏膜出血局部颜色呈现典型的程序性变化:紫红色 - 蓝绿色 - 棕黄色。

2. **外出血**　外出血时血液常经自然管道排出体外。鼻黏膜出血经鼻腔排出体外称鼻出血;肺和支气管出血经口腔咳出者称为咯血(hemoptysis);消化道出血经过口腔排出者称呕血(hematemesis)、经肛门排出体外称便血,上消化道出血的血液经消化液作用后呈黑色,因此可出现黑便(也称柏油样便)。泌尿道出血经尿液排出称血尿。

三、后果

出血的后果取决于出血量、出血速度和出血部位。一般的进行缓慢的破裂性出血,多可自行停止。其机制是局部受损的细动脉发生痉挛,小静脉形成血栓,从而阻止血液继续流失。局部组织内的血肿或体腔内的血液,可通过吸收、机化或纤维包裹而逐渐清除。

漏出性出血过程比较缓慢、出血量较少时,一般不会引起严重后果;广泛的漏出性出血,如肝硬化门静脉高压时,胃肠黏膜广泛性漏出性出血,可因一时的多量出血导致失血性休克。破裂性出血的出血过程迅速,如在短时间内丧失循环血量的 20% ~ 25% 时,即可发生失血性休克。发生在重要器官的出血,即使出血量少,亦可引起严重后果,如心脏破裂引起心包内出血,由于心包填塞,可导致急性心功能不全。脑出血,尤其是脑干出血,压迫重要的神经中枢可致死亡。局部的出血,可导致相应的功能障碍,如脑内囊出血引起对侧肢体偏瘫,视网膜出血引起视力减退或失明。慢性出血可引起贫血。

(姚小红)

学习小结

　　局部血液循环障碍表现为：局部组织或器官血管内血液含量的异常，包括充血、淤血和缺血；血液性状和血管内容物的异常，包括血栓形成、栓塞和梗死；局部血管壁通透性和完整性的异常，即出血。①淤血较充血多见，长期淤血可导致局部水肿、出血、细胞损伤和器官硬化。②血栓形成以静脉尤其是下肢静脉最多见，多发生在心血管内膜损伤、血流缓慢、血液凝固性增高时。③栓塞可分为血栓栓塞、脂肪栓塞、气体栓塞、羊水栓塞、瘤细胞栓塞、细菌栓塞、寄生虫栓塞等。以肺动脉血栓栓塞最常见，其栓子多来自下肢深静脉。④梗死按含血量多少分为贫血性梗死和出血性梗死，按有无细菌感染而分为败血性梗死和单纯性梗死。⑤出血分为破裂性出血和漏出性出血。破裂性出血以机械性创伤最常见，漏出性出血多见于缺氧、感染、中毒、过敏等。

复习参考题

1. 临床上慢性肺淤血、肝淤血的常见原因有哪些？病变进一步演进又会导致哪些后果？

2. 阐述血栓形成、栓子、栓塞及梗死的概念，并试述它们之间的因果关系。

3. 阐述贫血性梗死和出血性梗死的异同。

4. 用本章的内容阐述大手术后的患者可能出现哪一种血液循环障碍，其发生原因有哪些？是如何发生的？

第三章　炎　症

3

第一节　炎症概述

炎症（inflammation）是十分常见而又重要的基本病理过程。发生于体表的外伤感染和各内脏器官的大部分常见病和多发病（如疖、痈、肺炎、胃炎、胆囊炎、阑尾炎、肝炎、肾炎等）都属于炎症性疾病。炎症名称由来已久，原意是指患病部位发热，好似火焰燃烧。早在公元前 30 年，古罗马学者塞尔萨斯（Aulus Cornelius Celsus）在他所著《医术》中就已提出，炎症主要表现为患病部位发红、肿胀、发热和疼痛等四大症候。直到 1858 年，德国著名病理学家魏尔啸（Rudolf Virchow）才把局部功能障碍列为炎症的第五个症候。现代病理学与免疫学研究表明，炎症既是机体的适应性过程，亦是机体包括免疫系统在内所实施的一种防御性过程。

一、炎症的概念

炎症（inflammation）是具有血管系统的活体组织对损伤因子所发生的防御反应，具有减轻机体受损程度，限制损伤因子在体内扩散和对损伤组织进行修复的作用。其中局部血管反应是这种防御反应的中心环节。血管反应导致血管内的血浆成分和白细胞渗出，渗出的白细胞激活后在损伤部位发挥稀释、中和、局限和杀灭损伤因子的作用，并清除、吸收坏死组织，同时，机体通过实质细胞和间质细胞的再生，修复损伤组织。炎症实质上是以损伤起始、愈复告终的复杂病理过程，损伤和抗损伤贯穿炎症反应的始终。

炎症是多种疾病的基本病理过程，没有炎症的防御性反应，感染将无法控制，创伤不能愈合，器官和组织的损伤将不断加重。但是在某些情况下，炎症反应对机体也具有不同程度的危害。如药物和毒物所致的严重过敏反应可危及患者的生命；纤维素性心包炎引起的心包纤维性粘连会影响心脏的收缩和舒张功能；喉部急性炎症水肿可引起窒息等等。因此，了解炎症的两面性，对于正确认识炎症的本质和特征进而指导临床实践具有重要的意义。

二、炎症的原因

凡能造成组织损伤而引起炎症的因素，统称为致炎因子（inflammatory agent）。致炎因子种类很多，一般可归纳为以下几类：

1. **生物性因子**　最常见且最重要，包括细菌、病毒、立克次体、原虫、真菌、螺旋体和寄生虫等病原体。由生物性因子引起的炎症又称感染（infection）。细菌产生的内毒素和外毒素可直接损伤细胞和组织；病毒在被感染的细胞内复制导致细胞坏死；某些具有抗原性的病原体感染后通过诱发的免疫反应而损伤组织，如寄生虫感染和结核。

2. **物理性因子**　高温、低温、放射线、紫外线、电击及机械性创伤等。

3. **化学性因子**　包括外源性和内源性化学物质。外源性化学物质有强酸、强碱、强氧化剂和一些重金属，以及芥子气等。内源性化学物质有组织坏死所产生的分解产物，蓄积于体内的代谢产物（如尿素、尿酸）等。

4. **免疫性因子**　当机体免疫反应状态异常时，可引起不适当或过度的免疫反应，造成组织和细胞损伤而导致炎症。如不同类型变态反应引起的过敏性炎（鼻炎、荨麻疹）、肾小球肾炎、结核和伤寒等；以及自身免疫反应异常导致的疾病，如类风湿性关节炎和系统性红斑狼疮等。

5. **组织坏死**　缺血或缺氧等原因可引起组织坏死，坏死组织是潜在的致炎因子，在新鲜梗死灶的边缘所出现的充血出血带和炎性细胞浸润都是炎症的表现。

6. 异物 通过各种途径进入机体的异物,如各种金属、木材碎屑、尘埃颗粒及手术缝线等,由于其抗原性的不同,可引起不同程度的炎症反应。

损伤因子作用于机体是否引起炎症,以及炎症反应的强弱不仅与损伤因子的性质、强度及作用时间等有关,还与机体的防御机能状态及对致炎因子的敏感性有密切关系。

第二节　炎症局部的基本病理变化

任何炎症性疾病,不论其发病原因、发生部位如何,炎症的局部都有着共同的病理变化,即变质(alteration)、渗出(exudation)和增生(proliferation)三种改变。在炎症过程中,这些病理变化可同时存在,但基本上是按照一定的先后顺序发生的。病变早期多以变质和渗出为主,病变后期多以增生为主。但变质、渗出和增生是相互联系的,且在一定条件下可以互相转化(图 3-1)。一般说来变质是损伤过程,而渗出和增生是抗损伤和修复过程。

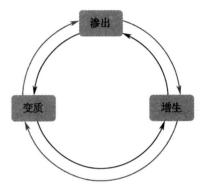

图 3-1　炎症基本病变及相互关系

一、变质

炎症局部组织、细胞发生的变性和坏死改变统称为变质。变质既可发生于实质细胞,也可发生于间质。实质细胞常出现的变化为细胞水肿、脂肪变性、凝固性坏死或液化性坏死等,间质结缔组织可发生黏液样变性和纤维素样坏死等。变质可由致炎因子直接作用所致,也可由血液循环障碍和免疫机制介导发生,还可以由炎症反应产物的间接作用引起。因此变质的程度取决于致炎因子和机体的反应状态两个方面。

二、渗出

炎症局部组织血管内的液体和细胞成分通过血管壁进入组织间隙、体腔或抵达体表、黏膜表面的过程称为渗出。所渗出的液体和细胞总称为渗出物或渗出液(exudate)。需要说明的是,炎区组织、细胞的变质是炎症的起始病变,但不占主要地位,而以血管反应为中心的液体和细胞渗出则构筑了机体对损伤因子的首道防线,是炎症的重要标志,也是炎症最具特征性的变化。渗出过程包括血流动力学改变、血管壁通透性增高和液体渗出、白细胞渗出及吞噬作用等。

(一)血流动力学改变

在急性炎症,当致炎因子作用于局部组织后,局部微循环很快发生以血流量和血管口径为主要表现的血流动力学改变,这种改变一般按下列顺序发生(图 3-2)。

1. 细动脉短暂痉挛 损伤因子作用于机体后,机体通过神经反射或产生各种炎症介质作用于局部血管,首先产生细动脉短暂痉挛。

2. 血管扩张和血流加速 短暂的细动脉痉挛后,动脉端毛细血管括约肌舒张,毛细血管床开放,血流加速,血量增加,导致局部动脉性充血,此时炎症病灶内组织代谢增强,温度升高,是局部发红和发热的原因。血管扩张的发生机制与神经和体液因素有关,神经因素即轴突反射,体液因素包括组胺、一氧化氮(NO)、缓激肽和前列腺素类化学介质。血管扩张持续时间取决于致炎因子损伤的时间长短、损伤的类型和程度。

3. 血流速度减慢 动脉性充血发生数分钟后,静脉端毛细血管和小静脉也随之发生扩张,血流逐渐减慢,导致静脉性充血。随着充血的发展,小静脉和毛细血管的通透性增高,富含蛋白质的液体向血管外渗出导致血管内红细胞浓集,血液黏稠度增加,血流阻力增高,血液回流受阻甚至发生淤滞(stasis)。血流停滞为白细胞的黏附创造了有利条件。

(二)液体渗出

血管内液体成分通过细静脉和毛细血管壁到达血管外的过程,称为液体渗出,渗出的液体成分称为渗出液。渗出液积存于组织间隙,称为炎性水肿。如液体积存于浆膜腔(胸腔、腹腔、心包腔)或关节腔,则称为炎性积液。

血管通透性升高是导致炎症局部液体渗出的最重要原因。正常的液体交换和血管通透性的维持主要依赖于血管内皮细胞的完整性,炎症时血管通透性升高主要与血管内皮细胞的如下改变有关(图3-3):

1. 小静脉内皮细胞收缩 是血管通透性升高最常见的发生机制,组胺、缓激肽、P物质等炎症介质可诱发此反应。这些介质作用于内皮细胞受体使内皮细胞迅速发生收缩,导致内皮细胞间出现0.5~1.0μm的缝隙。由于这些炎症介质的半衰期较短仅15~30分钟,故称为速发短暂反应(immediate transient response)。此反应仅累及20~60μm管径的静脉,毛细血管和小动脉一般不受累,其原因可能与内皮细胞表面不同的介质受体密度有关。抗组织胺药物可抑制此反应。

细胞骨架的结构重组是内皮细胞收缩的另一机制,但其发生主要与细胞因子类化学介质(如IL-1、TNF、γ-干扰素)以及内皮细胞缺氧等因素有关。相对而言,这一反应出现较晚,发生于损伤后4~6小时,持续时间一般超过24小时,故称为迟发持续反应(delayed prolonged response)。

2. 穿胞作用(transcytosis)增强 正常内皮细胞胞质内存在着一些囊泡性细胞器,即散在或成簇分布的不连接小泡或小囊,并多位于内皮细胞之间的连接处。当血管内皮细胞受到刺激后,在诸如血管内皮生长因子(VEGF)等的诱导下,这些小囊泡连接成贯穿胞质的通道,且数量显著增多,管径增大,导致血管壁通

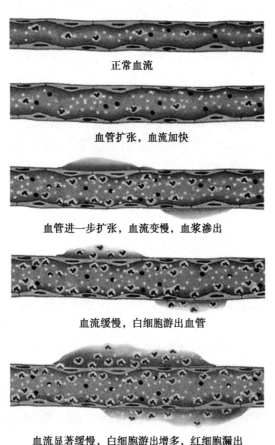

正常血流

血管扩张,血流加快

血管进一步扩张,血流变慢,血浆渗出

血流缓慢,白细胞游出血管

血流显著缓慢,白细胞游出增多,红细胞漏出

图3-2 炎症发生时血流动力学变化模式图

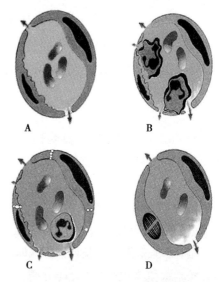

图3-3 血管通透性升高的主要机制模式图
A. 内皮细胞收缩;B. 白细胞介导的内皮细胞损伤;
C. 穿胞作用增强;D. 新生毛细血管的高通透性

透性升高,使富含蛋白的液体渗出。这种富含蛋白质的液体通过穿胞通道穿越内皮细胞的过程称为穿胞作用,是血管通透性增加的另一机制。另外,组胺和大多数化学介质也可以通过此途径增加血管通透性。

3. 内皮细胞的损伤 包括直接损伤和白细胞介导的损伤。

(1)内皮细胞的直接损伤:严重的烧伤、化脓菌感染等可直接损伤内皮细胞,使之坏死脱落,导致血管通透性迅速升高,并可持续几小时至数天,直至受损血管内形成血栓或受损血管被修复,此过程称为速发持续反应(immediate sustained response)。小动脉、毛细血管和小静脉等各级微循环血管均可受累。

(2)白细胞介导的内皮细胞损伤:黏附于血管内皮的白细胞激活后释放毒性氧代谢产物和蛋白水解酶,导致内皮细胞损伤和脱落,使血管通透性增加。这种损伤主要发生在小静脉和肺、肾等脏器的毛细血管。

4. 新生毛细血管的高通透性 在炎症修复过程中形成的新生毛细血管,其内皮细胞连接不健全,因而具有高通透性。此外,某些血管生长因子(如 VEGF)也有增加通透性的作用,而新生毛细血管的内皮细胞又含有较多此类因子的受体。新生毛细血管的这些特点是炎症修复阶段出现局部水肿的重要原因。

尽管上述机制互不相同,但对某一刺激作出反应时可协同发挥作用。如热损伤的不同阶段,在化学介质引起的内皮细胞收缩、内皮细胞的直接损伤和白细胞介导的损伤以及新生毛细血管的高通透性等的共同影响下,导致血管壁通透性持续升高,大量液体外渗。这足以解释严重烧伤患者为什么会发生致命的液体丢失。

血管壁通透性升高导致血管内含大量蛋白质的液体通过血管壁到达血管外,这是急性炎症过程中液体渗出的主要原因。此外,血液中大量蛋白质的渗出,造成血管内胶体渗透压降低,血管外组织液的胶体渗透压升高,以及炎性充血所引起的流体静压升高等,都是导致急性炎症时液体渗出的原因。

临床上所见的胸腔积液、腹水和心包积液可为渗出液,也可为心衰、低蛋白血症或其他原因形成的漏出液(transudate)。区别渗出液和漏出液,对于临床某些疾病的诊断与鉴别诊断有一定帮助(表3-1)。

表3-1 渗出液与漏出液的比较

	渗出液	漏出液
原因	炎症	非炎症
蛋白量	30g/L 以上	30g/L 以下
相对密度	>1.018	<1.018
有核细胞数	>1000×10⁶/L	<300×10⁶/L
Rivalta 试验	阳性	阴性
凝固性	能自凝	不自凝
外观	混浊	澄清

炎性渗出是急性炎症的重要特征,对机体具有积极意义:①局部炎症水肿可稀释毒素,减轻毒素对局部的损伤作用;②为局部浸润的白细胞带来营养物质和运走代谢产物;③渗出物中所含的抗体和补体有利于消灭病原体;④渗出物中的纤维素交织成网,不仅可限制病原微生物的扩散,还有利于白细胞吞噬、消灭病原体,在炎症的后期纤维素网可成为修复的支架,并有利于成纤维细胞产生胶原纤维;⑤渗出物中的病原微生物和毒素随淋巴液回流被带到所属淋巴结有利于产生细胞和体液免疫。

但过多的渗出液则对机体产生不利影响。组织水肿可加剧局部血液循环障碍,严重的喉头水肿可引起窒息,心包腔大量积液可致心脏舒缩受限,胸腔积液压迫肺组织可导致呼吸困难;渗出物中的纤维素若不能溶解吸收则发生机化,如引起肺肉质变、浆膜粘连或浆膜腔闭锁。

(三)细胞渗出

白细胞经血管壁游出到血管外的过程称为白细胞渗出(leukocyte extravasation)。渗出的白细胞也称为炎性细胞((inflammatory cell)。炎性细胞进入组织间隙称为炎性细胞浸润(inflammatory cellular infiltration),这是炎症反应最重要的组织形态学特征,是炎症防御反应的中心环节。

白细胞的渗出及其在局部发挥的防御作用是极为复杂而连续的主动过程,依次经历附壁、黏附和游出,并在趋化因子的作用下游走到炎症病灶,在局部发挥重要的吞噬和免疫作用(图3-4)。

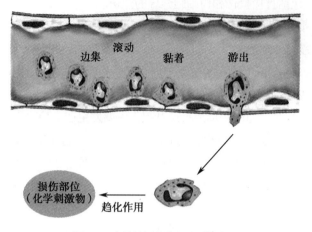

图3-4　中性粒细胞渗出过程模式图

1. 白细胞边集和滚动　正常情况下,血细胞主要在血液的轴流中。炎症早期,由于血管扩张、血管通透性增高和血流缓慢,毛细血管后静脉中的血细胞从轴流进入边流,由于盘状红细胞体积较小,运动较白细胞快,这样体积较大的球形白细胞到达血管的边缘部,称为白细胞边集(leukocytic margination)(文末彩插图3-5)。随后在内皮细胞表面滚动,并不时黏附于内皮细胞,称为白细胞滚动(leukocytic rolling)。

2. 白细胞黏附和游出　白细胞在滚动过程中与内皮细胞的黏附并不牢固,可重新被血流冲走。只有当白细胞牢固地黏附在内皮细胞表面,才能以阿米巴运动方式通过内皮细胞缝隙,最终穿过基底膜到血管外(游出)(图3-6)。这种黏附靠存在于内皮细胞和白细胞的胞质和(或)胞膜表面的细胞黏附分子(免疫球蛋白超家族分子和整合蛋白类分子)特异性结合而实现。

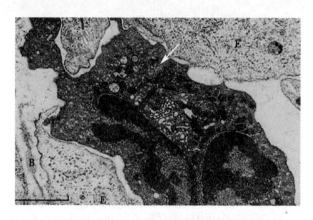

图3-6　白细胞游出(↑所示,E为内皮细胞,B为基底膜)

急性炎症的不同阶段出现的白细胞种类有所不同,其主要原因在于激活的黏附分子及激活过程中的诸多影响因素(如细胞因子、化学介质)的差异;而不同类型的炎症因致炎因子及诱导、参与黏附和游出过程的分子不同,浸润的白细胞的类型也不相同。葡萄球菌和链球菌感染以中性粒细胞浸润为主,病毒感染以淋巴细胞浸润为主,一些过敏反应则以嗜酸性粒细胞浸润为主。

3. 白细胞在损伤部位聚集(accumulation)　炎症反应的一个关键性功能是将白细胞输送到损伤部位。白细胞游出后向炎症病灶集结是受趋化作用影响的,其贯穿白细胞聚集的全过程,在炎症反应中具有特殊的意义。

趋化作用(chemotaxis)是指白细胞沿着炎症区域的化学刺激物浓度梯度定向移动。这些具有吸引白细胞定向移动的化学刺激物称为趋化因子（chemotactic agents）。趋化因子的作用是有特异性的，即不同的趋化因子只对某一种或几种炎细胞有趋化作用，如金黄色葡萄球菌分离出的多肽只吸引中性粒细胞。此外，不同细胞对趋化因子的反应能力也不同，粒细胞和单核细胞对趋化因子的反应较强，而淋巴细胞对趋化因子的反应则较弱。

许多趋化因子在刺激白细胞产生定向移动的同时，对白细胞也有激活作用，包括白细胞黏附作用的增强、某些重要化学介质的产生和释放（脱颗粒作用）等。

4. 白细胞在炎症局部的作用 聚集于炎症病灶的白细胞在防御反应中主要发挥吞噬作用和免疫作用，另一方面白细胞也可对局部组织造成损伤和破坏。

（1）吞噬作用（phagocytosis）：是指白细胞吞入并杀伤、降解病原体及组织碎片的过程，是炎症防御反应中极为重要的环节。吞噬作用是白细胞除了释放溶酶体酶之外的另一种杀伤病原体的途径。

1）吞噬细胞的种类：人体的吞噬细胞主要有两种，即中性粒细胞和巨噬细胞，二者都具有吞噬功能且吞噬过程也基本相同，但由于结构和功能的差异，它们在吞噬过程中发挥的作用也有所不同。

中性粒细胞又称小吞噬细胞，常出现于炎症早期、急性炎症和化脓性炎症，构成炎症反应的主要防御环节。

巨噬细胞又称大吞噬细胞，常见于炎症后期、慢性炎症和非化脓性炎症（结核、伤寒等）及由病毒、真菌、寄生虫引起的感染，参与特异性免疫反应。炎症灶中的巨噬细胞多来自血液的单核细胞，亦可由定居局部组织内的巨噬细胞（组织细胞）增生而来（表3-2）。

表3-2 单核巨噬细胞的来源及分布

组织部位	细胞名称
骨髓	造血干细胞→单核母细胞→前单核细胞→进入血液
骨髓和血液	单核细胞→进入组织
各种组织	巨噬细胞：组织细胞（结缔组织）、库普弗（kupffer）细胞（肝）、破骨细胞（骨）、肺泡巨噬细胞（肺）、游走及固定巨噬细胞（淋巴结、脾）、小胶质细胞（神经组织）、固定巨噬细胞（骨髓）、腹腔巨噬细胞（腹膜腔）、胸腔巨噬细胞（胸膜腔）、组织细胞（皮肤）、滑膜A型细胞（关节）

2）吞噬过程：包括识别和黏着、吞入、杀伤和降解三个阶段（图3-7）。

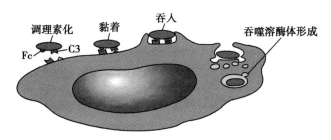

图3-7 白细胞吞噬过程模式图

（2）免疫作用：有特异性和非特异性免疫两个方面，参与免疫过程的细胞主要有淋巴细胞、浆细胞和巨噬细胞。淋巴细胞多见于慢性炎症或病毒感染，主要来源于血液或局部淋巴组织的增生。巨噬细胞经吞噬、吞饮或被动吸收等方式摄取抗原，并对其加工、处理后将抗原信息递呈给T或B淋巴细胞，T淋巴细胞受到抗原刺激后转变为致敏淋巴细胞。当其再次与相应抗原接触时，致敏淋巴细胞可产生并释放一类称为淋巴因子（lymphokines）的免疫活性介质，发挥细胞免疫作用。如淋巴毒素（LT）能直接杀伤带有特异性抗原的靶细胞；趋化因子如IL-8能吸引巨噬细胞和中性粒细胞；吞噬细胞移动抑制因子（MIF）可抑制巨噬细胞和中性粒细胞的移动分散，使其聚集于炎症病灶内；吞噬细胞激活因子（MAF）可增强巨噬细胞的吞噬和杀菌功能；有丝分裂素可致其他淋巴细胞分化、增殖；干扰素（IFN）可阻滞病毒的复制。B淋巴细胞在抗原刺激下，可以增殖转化为浆细胞，浆细胞能产生抗体，引起体液免疫反应。

自然杀伤细胞（natural killer cell，NK细胞）是机体重要的免疫细胞，约占外周血循环中淋巴细胞的10%～15%，不具有T细胞受体，不依赖抗体，因此具有自然杀伤活性。其胞质内含有丰富的嗜天青颗粒，故也称大颗粒淋巴细胞，颗粒的含量与NK细胞的杀伤活性呈正相关，颗粒中含穿孔素（perforin）、NK细胞毒因子（NK cytotoxic factor，NKCF）和TNF等杀伤靶细胞的介质。NK细胞作用于靶细胞后，杀伤作用出现较早，在体外1小时、体内4小时即可见到杀伤效应。NK细胞不仅与抗肿瘤、抗病毒感染和免疫调节有关，而且在某些情况下参与超敏反应和自身免疫性疾病的发生。

（3）组织损伤作用：白细胞在趋化、激活和吞噬过程中，可向细胞外以脱颗粒形式释放酸性和中性水解酶、蛋白溶菌酶、活性氧自由基、弹性硬蛋白酶、胶原酶及花生四烯酸代谢产物（前列腺素和白细胞三烯）等细胞产物，这些物质可强烈介导内皮细胞和组织损伤。此外，坏死、崩解的白细胞也能释放大量损伤性物质。在有中性粒细胞参与的急性肾小球肾炎、急性免疫性滑膜炎及Arthus反应中的血管炎，大部分损伤可能是由这种中性颗粒的外放作用所致。因此，在临床治疗此类疾病时适当控制白细胞的渗出具有一定意义。

（四）炎症介质在炎症过程中的作用

炎症介质（inflammatory mediator）又称化学介质（chemical mediator），是参与并介导炎症反应的化学活性因子，这些化学因子具有引起血管扩张、通透性增高和白细胞渗出的功能，在炎症的发生发展中起重要作用。

炎症介质一般具有以下特点：①炎症介质可分为细胞源性和血浆源性，前者通常存在于细胞内颗粒中，在炎症刺激下分泌或体内合成后发挥作用；后一类介质一般以前体形式存在，经一系列蛋白水解酶裂解后激活；②大多数炎症介质通过与靶细胞表面的特异性受体结合发挥其生物活性，但有些炎症介质本身具有酶活性或能介导氧代谢产物而造成组织损伤；③炎症介质作用于靶细胞可使细胞产生次级炎症介质，后者的作用可与初级炎症介质相同或相反，使初级炎症介质的作用得以放大或抵消；④一种炎症介质可作用于一种或多种靶细胞，并且可对不同的细胞和组织产生不同的生物学效应；⑤多数炎症介质半衰期很短，一旦被激活或释放，将迅速被降解、灭活或清除，机体就是通过这种调控体系或自稳机制使体内介质处于动态平衡；⑥大多数炎症介质具有潜在的致损伤能力。

1. 细胞释放的炎症介质

（1）血管活性胺（vasoactive amines）：包括组胺和5-羟色胺，储存在细胞的分泌颗粒中，一旦受刺激即可迅速释放并产生作用，故常是炎症过程中第一批释放的介质。

组胺（histamine）主要存在于血管周围结缔组织中的肥大细胞内，也存在于血液中的嗜碱性粒细胞和血小板的颗粒中，当受到刺激时即以脱颗粒方式释放。其作用主要表现为支气管和血管平滑肌收缩，也可使血管内皮收缩，血管通透性升高，还对嗜酸性粒细胞有趋化作用。

5-羟色胺（5-hydroxytryptamine，5-HT）：又称血清素（serotonin），主要存在于血小板和肠嗜铬细胞中。胶原纤维、凝血酶、ADP、血小板活化因子（PAF）和免疫复合物可刺激血小板发生凝集而释放5-HT。5-HT作用与组胺相似，主要与血管通透性升高有关。

（2）花生四烯酸（arachidonic acid，AA）代谢产物：AA是一种不饱和脂肪酸，广泛存在于体内多种器官如前列腺、脑、肾、肺和肠等的细胞膜磷脂内。在致炎因子（化学、物理因子及补体C5a等）作用下，细胞的磷脂酶A$_2$（phospholipase A$_2$，PLA$_2$）被激活，使AA从膜磷脂中释放。AA本身无炎症介质作用，释放后经环氧化酶途径和脂质氧化酶途径分别产生前列腺素、白细胞三烯和脂质素而发挥炎症介质作用。PLA存在于所有细胞的胞质内，巨噬细胞中的含量最多。

1）前列腺素（prostaglandin，PG）：前列腺素是AA通过环氧化酶途径生成的代谢产物，与炎症过程有关的重要前列腺素有PGE$_2$、PGD$_2$、PGF$_2$、PGI$_2$（前列环素）和血栓素A$_2$（thromboxane A$_2$，TXA$_2$）。它们分别由特异性酶合成,例如,血小板含有血栓素合成酶,因此,TXA$_2$主要由血小板产生,能使血小板聚集和血管收缩。又如,血管内皮含有前列环素合成酶,它能合成 PGI$_2$ 及其稳定的终产物 PGF$_2$。PGI$_2$ 是一种血管扩张剂和有效的血小板凝集抑制剂,并能明显地增强血管通透性和其他介质的趋化作用。PGE$_2$ 是痛觉过敏物质,通过增强皮肤对疼痛的敏感性而导致炎症过程中的疼痛。PGE$_2$ 也是强致热剂,致热原即是通过它们发挥作用的。临床上应用的解热镇痛类药物如阿司匹林、吲哚美辛等就是通过抑制环氧化酶途径,阻止 PG 的合成而达到治疗目的。PGE$_2$、PGD$_2$ 和 PGF$_2$ 均可引起血管扩张和促进水肿发生。

2)白细胞三烯(leukotriene,LT):LT 是 AA 通过脂氧化酶(lipoxygenase,LOX)途径生成,LOX 有三种,分别存在于不同类型细胞中。AA 在不同的 LOX 作用下产生一组过氧化衍生物,如在中性粒细胞内,AA 在 5-脂氧化酶(5-LOX)作用下产生 5-过氧羟基花生四烯酸(5-HPETE),进而还原为 5-羟基花生四烯酸(5-HETE),5-HETE 再生成一系列的 LT,包括 LTA$_4$、LTB$_4$、LTC$_4$、LTD$_4$ 和 LTE$_4$。LTB$_4$ 是中性粒细胞的趋化因子和白细胞功能反应(黏附于内皮细胞、产生氧自由基和释放溶酶体酶)的激活因子;LTC$_4$、LTD$_4$ 和 LTE$_4$ 能引起强烈的血管收缩、支气管痉挛和血管通透性增高。临床使用类固醇激素类药物可抑制 AA 从膜磷脂中释放,从而减轻炎症反应。

3)脂质素(lopoxin,LX):也是 AA 的活性代谢产物,主要是通过转细胞生物合成机制形成的,具有抑制和促进炎症的双重作用。在中性粒细胞所产生的 LTA$_4$ 基础上,血小板在 12-脂氧化酶(12-LOX)的作用下可产生 LXA$_4$ 和 LXB$_4$。LX 抑制中性粒细胞的化学趋化反应,但可促进单核细胞的黏附。LXA$_4$ 有刺激血管扩张作用从而抵消 LTC$_4$ 引起的血管收缩。因而认为 LX 可能是体内 LT 活动的负调节因子。

(3)白细胞产物:主要包括中性粒细胞和单核细胞释放的活性氧代谢产物如超氧负离子(O$_2^-$)、过氧化氢(H$_2$O$_2$)、羟自由基(OH)等氧自由基(oxygen-derived free radicals),及其胞质内溶酶体成分如酸性蛋白酶、中性蛋白酶等。

1)活性氧代谢产物:它们在细胞内可与一氧化氮(NO)结合形成活性氮中间产物,如 OONO 和 NO$_2$,它们具有炎症介质的作用,这些介质少量释放到细胞外时就能使 IL-8、某些细胞因子及内皮细胞和白细胞黏附分子的表达增加,引发炎症的级联反应并产生放大效应。而如果这些活性物质大量释放将对机体产生损害。

人体血清、组织液和宿主细胞自身存在抗氧化机制,能够保护机体免受潜在的氧自由基的损害。这些抗氧化剂包括血浆铜蓝蛋白、血浆中游离的转铁蛋白、超氧化物歧化酶、过氧化氢酶及谷胱甘肽过氧化物酶等。炎症反应过程中氧自由基是否引起损伤取决于氧自由基与抗氧化剂二者的平衡。

2)溶酶体成分:吞噬细胞的死亡及吞噬过程中的酶类外溢均可导致溶酶体内酶的释放。溶酶体酶种类多,作用广泛,如中性蛋白酶(弹力蛋白酶、胶原酶、组织蛋白酶等)可降解各种细胞外成分,包括胶原纤维、纤维蛋白、基底膜、弹性蛋白及软骨等,在化脓性炎的组织破坏中起重要作用。中性蛋白酶还可直接裂解 C3 和 C5,释放过敏毒素和激肽。

同样,人体的血清和组织液中也存在抗蛋白酶系统,如 a$_1$-抗胰蛋白酶,主要对中性粒细胞的弹性蛋白酶起抑制作用。如果肺脏中 a$_1$-抗胰蛋白酶缺乏,则不能抑制中性蛋白酶对肺组织的破坏作用,最终导致全小叶性肺气肿的发生。

(4)细胞因子(cytokines):是指由免疫细胞(淋巴细胞和单核巨噬细胞)和某些非免疫细胞(内皮细胞、上皮细胞和成纤维细胞)合成分泌的能调节细胞生理功能、参与免疫应答和介导炎症反应等多种生物学效应的小分子多肽或糖蛋白,是不同于免疫球蛋白和补体的又一类免疫分子(图 3-8)。这些细胞因子在免疫和炎症反应过程中产生,并通过与靶细胞上特异性受体结合而发挥作用。它们除参与免疫反应外,还可以影响和调节其他炎性细胞的功能,从而在急、慢性炎症中发挥重要作用。

(5)血小板激活因子(platelet-activating factor,PAF):是一种强效生物活性磷脂,来源于血小板、嗜碱性粒细胞、肥大细胞、中性粒细胞、单核细胞和内皮细胞,包括分泌型和细胞膜结合型。PAF 通过与靶细胞膜上

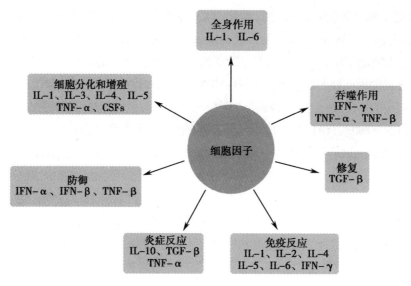

图3-8 细胞因子参与多种生物学效应示意图

的 PAF 受体结合而发挥作用,可引起血小板聚集及中性粒细胞聚集、黏附和释放,并可直接作用于靶细胞或刺激白细胞合成其他炎症介质(如活性氧、白三烯等)。临床上 PAF 受体阻断药能阻止 PAF 与受体结合,因此对与 PAF 生成过量有关的疾病如哮喘、败血性休克等应当具有治疗意义。

(6)一氧化氮(nitric oxide, NO):由 L-精氨酸、分子氧、NADPH 及其他辅助因子在不同类型一氧化氮合酶(NOS)的作用下形成,其衍生细胞包括内皮细胞、巨噬细胞和脑内的特异性神经细胞等。NO 作为炎症介质的主要作用是松弛血管平滑肌,使血管扩张。此外,还可减少血小板的凝集和黏附,抑制肥大细胞诱发的炎症反应等。

(7)神经肽(neuropeptide):是泛指存在于神经组织并参与神经系统功能作用的内源性活性物质,是一类特殊的信息物质。如 P 物质(substance P),存在于肺和胃肠道的神经纤维内,其功能包括痛觉信号的传递、血压的调节及免疫细胞和内分泌细胞的激活,但更突出的则是在炎症初始阶段对血管壁通透性升高方面的作用。G 蛋白(G-protein)是 P 物质特异性受体,缺乏该受体的小鼠当受到足以引起肺毛细血管渗透性增加的刺激后,小鼠可不发生相应反应。

2. 体液源性的炎症介质

(1)激肽系统:该系统中的最终产物为缓激肽(bradykinin)是在激肽原酶作用下所形成的重要的炎症介质,其主要作用是使细动脉扩张,血管通透性增加,血管以外的平滑肌(如支气管平滑肌)收缩,并可引起疼痛。激肽原酶有血浆型和组织型两种,其分子量、生理学功能、理化性质和免疫学特性都各不相同。血浆型激肽原酶以非活化形式的前激肽原酶存在于循环血流中,其激活的中心环节是XII因子的活化,首先XII因子被胶原和基底膜激活,使前激肽原酶转变成激肽原酶,激肽原在激肽原酶作用下最终裂解为有生物活性的缓激肽;组织型激肽原酶存在于各种分泌液(唾液、胰液、泪液)以及尿和粪便中,它能水解激肽原形成舒血管肽,后者经氨基肽酶转化为缓激肽。此外,激肽原酶也对第XII因子有较强的激活作用,从而使原始刺激得以放大。激肽原酶本身还具有趋化活性,且能直接将 C5 转化为 C5a。

(2)补体系统:是由存在于血清和组织液中的一系列具有酶活性的蛋白质构成,是机体重要的免疫效应系统之一,具有使血管通透性增加、化学趋化作用和调理素化作用。补体在血浆中的浓度最高,大部分由肝细胞合成,而炎症组织中的补体主要来源于巨噬细胞。血浆中的补体以未活化的形式存在。补体系统中以 C3 和 C5 的激活最为重要,其裂解片段 C3a、C5a 和 C3b 在炎症过程中发挥重要的介质作用。

(3)凝血系统和纤溶系统:活化的XII因子在启动激肽系统的同时,还可启动凝血和纤溶两个系统。凝血系统被激活后可产生具有炎症介质活性的凝血酶、纤维蛋白多肽和Xa因子;纤溶酶溶解纤维蛋白所形成的纤维蛋白降解产物(fibrin degradation product, FDP)具有增加血管通透性的作用;纤溶酶可激活XII因子启动凝血系统。

主要炎症介质的种类及其生物学作用归纳于表3-3。

表3-3　主要炎症介质及其作用

作用	主要炎症介质
扩张血管	组胺、5-HT、缓激肽、PGE_2、PGE_1、PGD_2、PGI_2、NO
增加血管通透性	组胺、5-HT、缓激肽、C3a、C5a、LTC_4、LTD_4、LTE_4、PAF、P物质、活性氧代谢产物
趋化作用	C5a、LTB_4、细菌产物、阳离子蛋白、细胞因子(IL-8和TNF等)
发热	IL-1、IL-6、TNF-α、PGE_2
疼痛	PGE_2、缓激肽
组织损伤	氧自由基、溶酶体酶、NO

三、增生

在致炎因子、组织崩解产物或某些理化因素的刺激下,炎症局部组织细胞的再生与增殖称为增生。一般以血管内皮细胞、巨噬细胞和成纤维细胞等间质细胞增生为主,其中成纤维细胞增生可产生大量胶原纤维,形成炎症性纤维化。某些情况下,炎症灶周围的上皮细胞或实质细胞也可发生增生,如鼻黏膜慢性炎症时上皮细胞和腺体的增生,慢性肝炎时肝细胞的增生等。在炎症早期,增生改变常较轻微,而在炎症后期或慢性炎症时,增生改变则较明显。少数炎症虽然是急性炎症或炎症初期却以增生为主,如伤寒、急性弥漫性增生性肾小球肾炎等。

综上所述,任何炎症的局部都有变质、渗出和增生三种改变,这三者既有区别又互相联系、互相影响,在一定条件下可相互转变,组成复杂的炎症过程。损伤与抗损伤反应对立统一,贯穿炎症过程的始终,而且以抗损伤反应为主,故炎症本质是以防御为主的病理过程。临床较重的炎症疾病会给机体带来一定的损伤和危害,所以抗炎的原则是限制炎症的发展。

第三节　炎症的病理类型

炎症反应的发展过程复杂且具有多样性,但任何炎症都在一定程度上包括变质、渗出和增生三种基本病变。根据炎症局部基本病变中以何种病变占优势,将炎症概括地分为变质性炎、渗出性炎和增生性炎三种类型。

一、变质性炎

变质性炎(alterative inflammation)是以组织细胞的变性、坏死为主要病变,而渗出和增生性改变比较轻微的炎症。常见于重症感染、中毒及变态反应等。主要发生于肝、肾、心、脑等实质器官。因病变器官的实质细胞变性、坏死的变化突出,故这类炎症常导致相应器官出现明显的功能障碍。例如流行性乙型脑炎时,神经细胞变性、坏死及脑软化灶形成,引起严重的中枢神经系统功能障碍;由白喉外毒素引起的中毒性心肌炎,心肌细胞变性、坏死,造成严重的心功能障碍;急性重型病毒性肝炎时,肝细胞广泛坏死,导致严重的肝功能障碍等。

二、渗出性炎

渗出性炎（exudative inflammation）这类炎症最为常见，且种类较多。病变以渗出性改变为主，炎症灶内有大量渗出物形成为主要特征。由于致炎因子和机体反应性的不同，渗出物的成分也往往不同。根据渗出物的主要成分和病变特点，一般将渗出性炎分为浆液性炎、纤维素性炎、化脓性炎和出血性炎等类型。

1. 浆液性炎（serous inflammation） 以浆液渗出为主的炎症。渗出物主要是血清，其中白蛋白的浓度较高（3%～5%），球蛋白的含量较低，电解质的量则与血液相同，其中混有少量中性粒细胞、纤维素及脱落的上皮细胞。物理性因素（如高温）、化学性因素（如强酸强碱）、生物性因素（如细菌毒素）以及蛇毒、蜂毒等均可引起浆液性炎，亦可见于急性炎症早期。浆液性炎常发生于浆膜（胸膜、腹膜和心包膜）、黏膜、滑膜、疏松结缔组织和皮肤。如毒蛇咬伤或蜂蜇伤后，渗出的浆液聚集于结缔组织间隙形成局部炎性水肿；结核病、风湿病累及浆膜或滑膜时，大量浆液渗出可致胸腔、腹腔、心包腔或关节腔积液；皮肤Ⅱ度烧伤出现的水疱也是由浆液性渗出物聚积于表皮内和表皮下所形成；黏膜的浆液性炎又称浆液性卡他性炎，如感冒初期鼻黏膜排出大量浆液性分泌物。卡他（catarrh）一词源于希腊语，是向下滴流的意思，用来形容渗出液沿黏膜表面向外排出，故卡他性炎（catarrhal inflammation）是指黏膜组织发生的一种较轻的渗出性炎。

浆液性炎预后良好，病因消除后，渗出的浆液可由淋巴管和血管吸收，局部轻微的上皮组织损伤也易于修复，一般不留痕迹。浆液渗出过多可产生不利影响，甚至引起严重后果。如喉头浆液性炎造成的喉头水肿，严重时可引起窒息；胸腔或心包腔大量浆液渗出可影响肺、心功能。

2. 纤维素性炎（fibrinous inflammation） 是以渗出物中含有大量纤维素为特征的炎症。多由细菌毒素（如白喉杆菌、痢疾杆菌和肺炎双球菌的毒素）或各种内源性、外源性毒素（如尿毒症时的尿素和升汞中毒）所引起。此类致炎因子对血管壁的损伤较为严重，导致大量纤维蛋白原渗出到血管外，在坏死组织释出的组织因子作用下，转化为纤维素。常规 HE 切片中纤维素呈红染颗粒状、条索状或交织成网状，其中混有中性粒细胞和坏死组织碎片。纤维素性炎常发生于黏膜（咽、喉、气管、肠）、浆膜（胸膜、腹膜和心包膜）和肺脏（文末彩插图 3-9）。

发生于黏膜的纤维素性炎（如白喉、细菌性痢疾），渗出的纤维素、白细胞和坏死的黏膜组织及病原菌等可形成一层覆盖于黏膜表面的灰白色膜状物（假膜），故又称为"假膜性炎"（pseudomembranous inflammation）。白喉时，咽及气管黏膜表面都可形成白色假膜（图 3-10）。

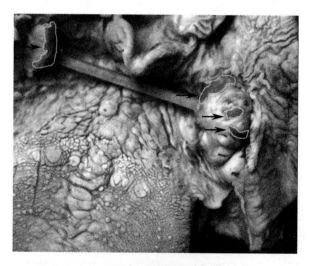

图 3-10 扁桃体白喉
咽扁桃体表面可见不规则斑片状灰白色假膜（↑所示）

由于局部组织结构的不同，咽白喉假膜与深部组织结合较牢固，不易脱落（固膜性炎），而气管白喉假膜与黏膜损伤部连接松散，容易脱落（浮膜性炎），假膜脱落可阻塞支气管引起窒息。浆膜的纤维素性炎常见于胸膜和心包膜，如结核性纤维素性胸膜炎和风湿性心包炎。后者心外膜大量渗出的纤维素在心脏搏动的影响下形成无数绒毛状物，覆盖于心包膜的表面，称为"绒毛心"。肺的纤维素性炎见于大叶性肺炎红色和灰色肝样变期，肺泡腔内有大量纤维素渗出，使肺实变。

渗出物中纤维素量少时，可由中性粒细胞释放的蛋白水解酶溶解液化后被吸收或排出，如细菌性痢疾和大叶性肺炎的痊愈。若纤维素渗出过多、中性粒细胞渗出过少或组织内与之拮抗的抗胰蛋白酶活性增高，均可致纤维素吸收不良而发生机化，造成浆膜的纤维性粘连或大叶性肺炎肉质变。

3. 化脓性炎（purulent inflammation） 是以中性粒细胞大量渗出并伴有不同程度的组织坏死和脓液形成为特征的炎症。多由化脓菌（如葡萄球菌、链球菌、脑膜炎双球菌、大肠杆菌等）感染所致，少数化脓性炎也可因某些化学物质（如松节油、巴豆油）和机体的坏死组织引起，称无菌性化脓。化脓是炎症灶内中性粒细胞崩解后释放的溶酶体酶将坏死组织溶解液化的过程，所形成的液状物称为脓液（pus），其内主要含大量渗出的中性粒细胞、脓细胞（变性、坏死的中性粒细胞）、少量浆液、液化的坏死组织和细菌。化脓性炎由于病因、发生部位和病变特点的不同，可形成以下三种类型。

（1）脓肿（abscess）：器官或组织内的局限性化脓性炎症，其主要特征是组织发生液化坏死，形成充满脓液的腔（脓腔）（图3-11）。

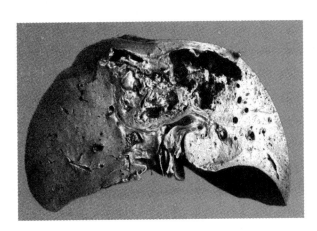

图3-11　肝脓肿
肝右叶近穹窿处见一较大脓肿形成，腔内残留坏死组织

脓肿好发于皮肤和内脏（如肺、肝、肾、脑等），主要由金黄色葡萄球菌引起，该细菌产生的血浆凝固酶使渗出的纤维蛋白原转变成纤维素，阻止病原菌的扩散，因而病变较局限且与周围组织分界清楚。早期脓肿，细菌产生毒素使局部组织坏死，继而大量中性粒细胞浸润并崩解释放蛋白水解酶，使坏死组织液化并形成脓腔。经历一段时间后，脓肿周围可出现肉芽组织增生并包绕脓肿形成所谓脓肿壁，具有吸收脓液、限制炎症扩散的作用。如果病原菌被消灭，则渗出停止，脓液逐渐被吸收，由肉芽组织填补而愈合；如果脓肿经久不愈，其周围多量纤维组织增生而形成厚壁的慢性脓肿，常需切开排脓后方能修复愈合。

脓肿向外扩展时，常可形成溃疡、窦道和瘘管等并发症。皮肤、黏膜或关节滑膜等的化脓性炎，由于局部组织坏死、崩解脱落可形成局限性较深的病理性缺损，称为溃疡（ulcer）；深部组织脓肿向体表或向自然管道穿破，形成一个有盲端的排脓管道，称为窦道（sinus）；而瘘管（fistula）是指体外与有腔器官之间，或两个有腔器官之间形成有两个以上开口的病理性管道。例如，肛管直肠周围脓肿向皮肤穿破，形成肛旁脓性窦道；如同时向内穿破直肠壁，使肠腔与体表皮肤相通，则形成脓性瘘管（图3-12）。

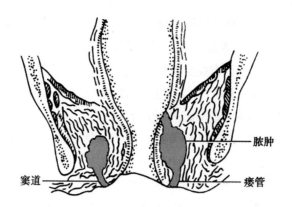

图3-12 肛门直肠周围脓肿形成窦道、瘘管模式图

疖(furuncle)和痈(carbuncle):前者是单个毛囊及其所属皮脂腺和周围组织所发生的脓肿,好发于毛囊和皮脂腺丰富的部位(如颈、头、面部及背部等);后者是多个疖的融合,在皮下脂肪、筋膜组织中形成多个相互沟通的脓肿,多见于后颈部、背部和腰臀部等皮肤厚韧处,常需多处切开引流排脓后才能修复愈合。

(2)蜂窝织炎(phlegmonous inflammation):是指发生于皮下、黏膜下、肌肉和阑尾等疏松组织内的弥漫性化脓性炎。常由溶血性链球菌引起,该菌能分泌透明质酸酶,分解结缔组织中的透明质酸,使基质崩解;还能分泌链激酶,可溶解纤维素,故细菌易于通过组织间隙和淋巴管向周围蔓延扩散,表现为组织高度水肿和大量中性粒细胞弥漫性浸润,与周围组织界限不清,局部组织一般不发生明显的坏死和溶解(文末彩插图3-13),故蜂窝织炎轻者可完全吸收消散而不留痕迹,而严重者病变扩散快、范围广且全身中毒症状重。

(3)表面化脓和积脓:表面化脓是指发生于黏膜或浆膜表面的化脓性炎,其特点是中性粒细胞主要向黏膜或浆膜的表层渗出,深部组织的炎性细胞浸润不明显。黏膜的化脓性炎又称脓性卡他性炎。例如,化脓性尿道炎和化脓性支气管炎时,渗出的脓液通过尿道、气管排出。当化脓性炎发生于浆膜或胆囊、输卵管、阑尾黏膜时,脓液不能排出则在相应部位的腔内蓄积,称为积脓(empyema)。

4. 出血性炎(hemorrhagic inflammation) 是以渗出物中含大量红细胞为特征的炎症。常发生于某些传染病,如炭疽、鼠疫、钩端螺旋体病和流行性出血热等。

上述各型炎症可单独发生,亦可同时并存,如浆液性纤维素性炎、浆液性出血性炎、纤维素性化脓性炎等。在炎症的发展过程中,不同类型之间还可互相转化,如浆液性炎可转变成纤维素性炎或化脓性炎。

三、增生性炎

增生性炎(proliferative inflammation)大多数急性炎症是以变质和渗出为主,但也有少数急性炎症是以细胞增生改变为主,而变质和渗出相对轻微。病变主要表现为血管内皮细胞、组织细胞和成纤维细胞增生。例如,链球菌感染后的急性肾小球肾炎,病变以肾小球的血管内皮细胞和系膜细胞增生为主;伤寒病时,病变以单核巨噬细胞增生为主。由于病因和病变特点不同,增生性炎可分为以下两种。

(一)一般增生性炎

一般增生性炎也称非特异性慢性炎,主要是以成纤维细胞和血管内皮细胞增生为主,伴有淋巴细胞、浆细胞和巨噬细胞等慢性炎细胞浸润,亦可伴有局部被覆上皮、腺体和实质细胞的增生,但病变弥漫,不具有特殊的形态表现,如慢性扁桃体炎、慢性胆囊炎和慢性支气管炎等。

非特异性慢性炎在某些特定部位可形成特殊的形态表现:①炎性息肉(inflammatory polyp)是在致炎因子长期作用下,局部黏膜上皮、腺体及肉芽组织增生而形成的突出于黏膜表面的带蒂肿块。其发生于腔道器官,常见于鼻黏膜、子宫颈和胃肠道黏膜。炎性息肉一般体积较小,直径多在2cm以下;镜下可见黏膜上皮、腺体和肉芽组织明显增生,间质水肿伴慢性炎细胞浸润。②炎性假瘤(inflammatory pseudotumor)是由组织慢性炎性增生形成的境界清楚的肿瘤样团块,常发生于肺和眼眶。影像学检查时,其形态与肿瘤相似,故有炎性假瘤之称。组织学上炎性假瘤由肉芽组织、纤维组织、炎性细胞和增生的实质细胞构成。肺的炎性假瘤在组织结构上较为复杂,显著的各类慢性炎细胞浸润、肺泡上皮和纤维组织增生及不同程度的纤维化是其重要的组织学特征。临床上肺部炎性假瘤易与肺的肿瘤性疾病混淆,部分病例只能通过病理检查确诊。

(二)肉芽肿性炎

肉芽肿性炎(granulomatous inflammation)是一种以肉芽肿形成为主要特征的慢性增生性炎症。所谓肉芽肿是由巨噬细胞局限浸润和增生形成的境界清楚的结节状病灶。肉芽肿的本质是迟发超敏反应所致的炎症,免疫应答中起主要作用的细胞是巨噬细胞和上皮样细胞。因此,肉芽肿可定义为巨噬细胞及其衍生细胞(如上皮样细胞、多核巨细胞等)的聚集,伴随或不伴随其他炎症细胞的出现。各种肉芽肿的特殊形态学表现具有重要的病理诊断价值。

1. 肉芽肿性炎的常见病因

(1)细菌感染:包括结核病、麻风和伤寒,分别由三大杆菌引起。

(2)螺旋体感染:梅毒螺旋体引起梅毒。

(3)真菌感染:包括念珠菌病、毛霉菌病、隐球菌病、放线菌病和组织胞质菌病。

(4)寄生虫感染:包括血吸虫病、丝虫病和蛔虫病。

(5)异物:包括内源性和外源性两大类。前者指人体内生异物,如痛风结节中的尿酸盐;而后者包括从外部进入人体的各种金属或非金属性物质,如铍、锆、手术缝线、滑石粉、木刺、铁屑、粉尘、石棉、硅胶和矿物油等。

(6)原因不明:如结节病。

2. 肉芽肿的类型

(1)感染性肉芽肿(infective granuloma):是指由细菌、梅毒螺旋体、真菌和寄生虫等生物病原体感染引起的肉芽肿。能形成具有特殊结构的细胞结节,对病因诊断有一定的意义。例如,结核病是由结核分枝杆菌引起的肉芽肿性炎,其病变特征是形成典型的结核性肉芽肿,该结节的中央为干酪样坏死,周围有增生的上皮样细胞和郎罕氏多核巨细胞,并有淋巴细胞和成纤维细胞围绕(文末彩插图3-14);而伤寒性肉芽肿则主要由增生吞噬伤寒杆菌的巨噬细胞(伤寒细胞)构成。

(2)异物性肉芽肿(foreign body granuloma):是指由外科缝线、粉尘、滑石粉、木刺等异物引起的肉芽肿。病变以异物为中心,周围有多量巨噬细胞、异物巨细胞、成纤维细胞和淋巴细胞等包绕,形成结节状病灶。

(3)结节病肉芽肿(sarcoidosis granuloma):是指结节病时发生的非坏死性上皮样细胞肉芽肿。结节病是一种尚未明确病因的全身性疾病,累及多个系统和器官,如淋巴结、皮肤、上呼吸道、肺、眼、肝、心、神经系统、涎腺、肌肉和骨骼等,其中淋巴结、肺和皮肤为较常受累部位,主要认为是免疫功能障碍所致。该肉芽肿主要由上皮样细胞、多核巨细胞和淋巴细胞构成,无干酪样坏死。

3. 肉芽肿的主要细胞成分

(1)上皮样细胞:肉芽肿内的上皮样细胞较其前身细胞大,胞质丰富,细胞界限不清;胞核淡染,圆形或卵圆形,可有1～2个小核仁。电镜下,细胞核内常染色质增多,核仁增大并靠近核膜;胞质富于线粒体、内质网、核糖体、高尔基复合体和溶酶体等。虽然细胞膜的Fc和C3b受体明显减少,吞噬功能大大降低,但可向细胞外分泌降解酶和细胞因子(TNF、IL-1等),形成杀菌性环境。

(2)多核巨细胞:肉芽肿内的多核巨细胞由上皮样细胞融合而来,其胞体巨大(40～50μm),胞质丰富嗜酸,胞核数十至数百不等。根据其胞核分布特点,可将多核巨细胞分为规则型和杂乱型两大类。前者为朗汉斯(Langhans)巨细胞,其细胞核排列在细胞周边部,依切面不同,可呈花环状或马蹄形,常见于感染性肉芽肿;后者细胞核在胞质内的分布杂乱无序,常见于异物性肉芽肿,故名异物巨细胞。

抗感染免疫

作为机体免疫的三大功能之一,抗感染免疫(免疫防御)是机体免疫系统识别和清除病原体的一系列生理性、病理性免疫应答的总和。病原体在入侵机体形成感染的同时,也被机体免疫系统所识别,依次诱导固有免疫和适应性免疫。前者通过泛特异性识别病原体共有成分,启动分泌炎症性细胞因子,增强吞噬细胞功能;而后者通过特异性识别病原体抗原表位,通过抗体和效应 T 细胞清除病原体。

抗感染免疫机制因病原体的胞内、胞外寄生性质而显著不同。胞外病原体的清除主要依赖于抗体应答及其调理吞噬作用;而胞内病原体则必须由特异性 T 细胞予以杀伤。抗感染免疫的结局取决于病原体毒力和机体免疫力的力量抗衡:入侵病原体适量、毒力弱,则固有免疫可早期控制感染;若病原体毒力强,机体免疫力不足,则可能发生持续性感染;病原体低剂量持续存在,诱导免疫耐受,可导致疾病反复发作。阐明不同病原体的感染机制和机体抗感染免疫保护机制,是有效控制感染、防治感染性疾病的前提。

第四节　炎症的局部表现和全身反应

一、炎症的局部表现

包括红、肿、热、痛和功能障碍。炎症局部发红和发热是由于局部血管扩张、血流加快以及代谢增强、产热增多所致。炎症局部肿胀与局部充血、渗出,特别是炎性水肿有关。渗出物的压迫、炎症介质的作用以及局部病灶内氢离子、钾离子积聚可刺激神经末梢引起疼痛。功能障碍发生与否及严重程度视炎症的部位、性质和反应的强度而不同。例如上呼吸道感染时,鼻黏膜的肿胀可致鼻塞;急性关节炎时,关节的肿胀和疼痛可限制患者的行走和运动。

二、炎症的全身反应

炎症的全身急性期反应包括发热、睡眠增加、厌食、肌肉酸痛,以及末梢血白细胞数目的改变和血沉增快,其中发热和外周血白细胞数量变化,是临床判断炎症性疾病,特别是感染性炎症疾病的两项重要指征。

发热是下丘脑的体温调节中枢受外源性和内源性致热原刺激的结果。其中内源性致热原白细胞介素 1(IL-1)、白细胞介素 6(IL-6)和肿瘤坏死因子(TNF)是介导急性期炎症反应最重要的细胞因子。IL-1 和 TNF 作用于下丘脑的体温调节中枢,通过在局部产生前列腺素 E 引起发热,因而阿司匹林和非甾体类抗炎药物可退热。一定程度的发热,可促进抗体的形成、单核巨噬细胞系统增生和吞噬作用加强,从而增强机体的防御功能。但是,过高热(如体温达 41.1℃时)会影响机体的正常代谢过程,导致各系统的功能紊乱,特别是神经系统的功能障碍而发生严重后果,甚至危及生命。在某些严重感染性疾病时,由于抵抗力低下,机体反应状态极差,体温可以不升高。

在急性炎症,尤其是细菌性感染时,患者外周血白细胞数量增多,总数常为 $(4 \sim 10) \times 10^9/L$,若达到 $(25 \sim 200) \times 10^9/L$,称为类白血病反应。同时由于白细胞生成和释放加速,外周血中较不成熟的杆状核中性粒细胞所占比例增加,即临床所谓的"核左移"现象。末梢血白细胞计数增加主要是由于 IL-1 和 TNF 所引起白细胞从骨髓贮存库释放加速的结果。白细胞数的增多是机体防御机能的一种表现,往往可反映患病机体的抵抗力和感染的严重程度。多数细菌感染引起中性粒细胞增加;寄生虫感染和过敏反应引起嗜酸性粒细胞增加;一些病毒感染选择性地引起淋巴细胞增加,如单核细胞增多症、腮腺炎和风疹等。但某些病毒、立克次体、原虫和细菌（如伤寒杆菌）感染则引起末梢血白细胞减少。

IL-1 和 TNF 可诱导 IL-6 的产生，而 IL-6 能刺激肝脏合成纤维蛋白原等血浆蛋白，血浆纤维蛋白原水平增高促进红细胞凝聚，使血沉加快。

严重的全身感染，特别是败血症，可引起全身血管扩张、血浆外渗、有效循环血量减少和心脏功能下降而出现休克。如有凝血系统的激活可引起弥散性血管内凝血。

相关链接

全身炎症反应综合征

全身炎症反应综合征（systemic inflammatory response syndrome，SIRS）是指因感染或非感染病因作用于机体而引起的机体失控的自我持续放大和自我破坏的全身性炎症反应。它是机体修复和生存而出现过度应激反应的一种临床过程。当机体受到外源性损伤或感染毒性物质的打击时，可促发初期炎症反应，同时机体产生的内源性免疫炎性因子而形成"瀑布效应"，危重患者因机体代偿性抗炎反应能力降低以及代谢功能紊乱，最易引发 SIRS，严重者可导致多器官功能障碍综合征（MODS）。此概念最早于 1991 年由美国胸科医师学会和急救医学会（ACCP/SCCM）在芝加哥召开的联合会议上提出，并于第 2 年在 Critical Care Med 上发表。

第五节　炎症的临床分型与结局

一、炎症的临床分型

一般根据炎症持续时间（病程）的长短将其分为超急性炎症、急性炎症、亚急性炎症和慢性炎症四类。

1. **超急性炎症（peracute inflammation）**　超急性炎症起病急，呈暴发性经过，持续时间仅数小时至数天。炎症反应剧烈，往往以变质和渗出性改变为主，组织和器官在短期内发生严重的损害，甚至导致机体死亡。此类炎症多属变态反应性损害，如青霉素药物过敏反应，若处理不及时，严重病人可在发病数分钟内死亡；又如器官移植超急性排斥反应，一般于接通血管后数分钟即可引起移植器官或组织严重坏死，导致移植失败。

2. **急性炎症（acute inflammation）**　急性炎症病程较短，往往持续数天，一般不超过一个月。起病较急，局部病变常以变质和渗出为主，炎症灶内浸润的细胞主要是中性粒细胞，如急性阑尾炎、急性扁桃体炎等。发生于体表的急性炎症，红、肿、热、痛和功能障碍等局部临床表现明显。全身症状主要表现为发热（体温可高达 40℃）和外周血白细胞计数升高（伤寒和少数病毒、原虫感染除外），其中以中性粒细胞计数升高尤为显著，且"核左移"明显。

3. **慢性炎症（chronic inflammation）**　慢性炎症的病程较长，可达数月至数年。可由急性炎症迁延而来，或由于低毒力的致炎因子长期刺激，一开始即成慢性经过，如结核病或自身免疫性疾病等。慢性炎症时，局部病变多以增生性改变为主，变质和渗出较轻，炎细胞浸润多以淋巴细胞、巨噬细胞和浆细胞为主，组织的再生修复明显，甚至可以引起组织、器官的改建和畸形。临床上病人的全身症状不明显，但常继发有严重的功能障碍，例如类风湿性关节炎的关节畸形和肝硬化的肝功能衰竭。外周血白细胞总数一般不增多，但淋巴细胞常增多。慢性炎症也可加剧，转化为急性炎症，称慢性炎症急性发作，如慢性胆囊炎急性发作。必须指出，有少数急性炎症是以细胞增生性改变为主，如链球菌感染后的急性肾小球肾炎，病变以肾小球的血管内皮细胞和系膜细胞增生为主；伤寒病时，病变以单核-吞噬细胞增生为主。

4. **亚急性炎症（subacute inflammation）**　某些炎症的临床经过介于急性炎症与慢性炎症之间，病程在一至数月,称为亚急性炎症。此类炎症大多数由急性炎症转化而来,如急性重型肝炎,是以肝细胞大量坏死为特征的炎症,病人常因肝功能迅速衰竭而死亡。若经过一至数月时间,通过残存肝细胞的再生,病变肝脏除有大片肝细胞坏死外,还会形成多量肝细胞再生结节,即转化为亚急性重型肝炎。亚急性炎症也可一开始病变就较缓和,呈亚急性经过,如亚急性心内膜炎。

二、炎症的结局

炎症过程中,既有损伤又有抗损伤。致炎因子引起的损伤与机体抗损伤反应决定着急性炎症的发生、发展和结局。若抗损伤反应占优势,则炎症趋向痊愈;若损伤过程占优势,则炎症逐渐加重并向全身扩散;若损伤因子持续存在,或机体的抵抗力较弱,则急性炎症迁延为慢性。

(一)痊愈

在炎症过程中致炎因子被清除,坏死组织和渗出物被溶解吸收,通过周围健康细胞的再生性修复,完全恢复原来组织的结构和功能,称为完全痊愈。如炎症病灶内坏死范围较广,或渗出的纤维素较多,不容易完全溶解、吸收,则由肉芽组织增生修复形成瘢痕或粘连,不能完全恢复原来组织的结构和功能,称为不完全痊愈。

(二)迁延不愈或转为慢性

如果致炎因子持续或反复作用于机体,机体抵抗力低下或治疗不彻底,使炎症迁延不愈,急性炎症转化为慢性炎症,病情可时轻时重。

(三)蔓延播散

在病原微生物毒力强、数量多且机体抵抗力低下的情况下,病原微生物可不断繁殖并沿组织间隙或脉管系统向周围和全身的组织、器官蔓延播散。

1. **局部蔓延** 炎症局部的病原微生物可经组织间隙或器官的自然管道向周围组织和器官蔓延、扩散。例如,结核分枝杆菌可沿组织间隙向周围组织蔓延,使病灶扩大;亦可沿支气管播散,在肺的其他部位形成新的结核病灶。

2. **淋巴道扩散** 病原微生物经组织间隙侵入淋巴管,随淋巴液进入局部淋巴结,引起局部淋巴结炎。例如,足部化脓性炎可引起腹股沟淋巴结炎,肺结核播散引起肺门淋巴结结核。

3. **血道扩散** 炎症病灶内的病原微生物侵入血循环或其毒素被吸收入血,可引起菌血症、毒血症、败血症和脓毒败血症等,严重者可危及患者生命。

(1)菌血症(bacteremia):炎症病灶的细菌侵入血流,无全身中毒症状,但从血液中可查到细菌,称为菌血症。一些炎症性疾病的早期都有菌血症,如伤寒、流行性脑脊髓膜炎和大叶性肺炎等。

(2)毒血症(toxemia):细菌的毒素及其代谢产物被吸收入血,引起寒战、高热等全身中毒症状,称为毒血症。常伴有心、肝、肾等实质细胞的变性或坏死,但血培养找不到细菌。

(3)败血症(septicemia):侵入血液中的细菌大量生长繁殖并产生毒素,引起全身中毒症状,称为败血症。临床上患者常有寒战、高热、皮肤黏膜多发性出血斑点、脾大及全身淋巴结肿大等,严重者可并发中毒性休克。血培养常可找到病原菌。

(4)脓毒败血症(pyemia):是由化脓菌引起的败血症,临床上除了有败血症的表现外,化脓菌可随血流到达全身各处,常在肺、肝、肾、脑和皮肤等处形成多发性迁移性小脓肿,称为脓毒血症或脓毒败血症。这些脓肿体积小,分布较均匀,其中央及小血管内常见细菌菌落。该脓肿是由于化脓菌团块栓塞组织器官内的毛细血管引起,故又称栓塞性脓肿(embolic abscess)。

(张 煦)

炎症是具有血管系统的活体组织对损伤因子所发生的防御反应，其中局部血管反应是这种防御反应的中心环节，炎症是机体十分常见而又重要的病理过程，即平时人们常说的"发炎"。各种损伤因素作用下和炎症介质的介导引起血管反应，表现为炎性充血、渗出和浸润，结果抗体和白细胞等被运送到病灶局部，以稀释和消除损伤因子，同时通过再生修复受损的组织结构，恢复器官功能，所以本质上是一种防御性反应。每种炎症虽都有其特殊性，但又有共同点，在病理上主要表现为变质、渗出和增生三种基本变化，临床上局部可见红、肿、热、痛和功能障碍。急性病毒性肝炎和流行性乙型脑炎等属于变质性炎；渗出性炎包括浆液性炎（如皮肤浅Ⅱ度烧伤形成的水疱和感冒初期的清鼻涕）、纤维蛋白性炎（如细菌性痢疾、纤维蛋白性心包炎和大叶性肺炎）、化脓性炎（如流行性脑脊髓膜炎、蜂窝织炎性阑尾炎、脓肿）和出血性炎（如流行性出血热和鼠疫）；增生性炎包括一般增生性炎（如慢性扁桃体炎和慢性胆囊炎）和肉芽肿性炎（如结核、伤寒等引起的感染性肉芽肿和由异物等引起的异物性肉芽肿）。

1. 为什么说炎症是机体的防御性反应？

2. 炎症的防御性反应表现在哪些方面？

3. 炎症的基本病变表现为哪几个方面？

4. 常见渗出性炎症有哪些？各有何特点？

5. 何谓肉芽肿性炎？有几种常见类型？各型有何主要特点？

第四章　肿　瘤

4

肿瘤（neoplasia）已成为多发病与常见病，全身各种组织几乎均可发生肿瘤。按其生物学特性可分为良性和恶性两大类肿瘤。恶性肿瘤一般称为癌症（cancer），是目前严重危害人类健康与生命的一大类疾病。

自20世纪70年代以来，我国癌症死亡率一直呈持续增长趋势，20世纪70年代、90年代和21世纪初每年死于癌症的人数分别约为70万、117万和150万。目前恶性肿瘤按死亡率排序依次为：肺癌、肝癌、胃癌、食管癌、大肠癌、乳腺癌、白血病和淋巴瘤、子宫颈癌、膀胱癌和鼻咽癌等。

虽然世界各国每年都在投入大量人力、物力对肿瘤进行全方位研究，并取得了较大成就，但迄今为止肿瘤发生的本质及治疗方法仍未取得突破性进展。因此，进一步加强对肿瘤的防治研究，是当今生物医学领域的重大研究课题和紧迫的战略任务。本章主要介绍肿瘤的概念、形态学特征、生物学特性、肿瘤的命名与分类以及肿瘤的病因和发病机制等肿瘤的基础知识与基本理论，掌握这些基础知识是正确诊断肿瘤、进行合理治疗的基础。

第一节　肿瘤的概念

肿瘤是机体细胞异常增殖而形成的新生物，常形成局部肿块。其形成是机体细胞在各种致瘤因素作用下，生长调控及分化发生严重紊乱所致。

肿瘤细胞由正常细胞转变而来，当它变为肿瘤细胞后，就具有异常的形态、代谢和功能，并在不同程度上失去了分化成熟的能力。其生长旺盛，相对无限制、自主性生长，且与整个机体不协调，去除致瘤因素后仍能继续生长。这种细胞的增生称为肿瘤性增生，为"单克隆"性，即由单个发生了肿瘤性转化的亲代细胞经过反复分裂产生的子代细胞组成。

机体在生理状态下及损伤时的病理状态下也有组织细胞的增生，称为非肿瘤性增生。这种增生是针对一定的刺激因素作出的反应性增生，此时增生的组织、细胞分化成熟，具有原组织的结构和功能，去除原因，增生即告停止，受机体生长调控基因所控制，并与机体相协调。区分肿瘤性与非肿瘤性细胞增生具有重要临床意义。

第二节　肿瘤的形态学特征

一、肿瘤的大体形态和结构

肿瘤的大体形态多种多样，肉眼观察时，应注意肿瘤的大小、形态、质地、数目和颜色等方面的特征，这些在一定程度上反映了肿瘤的良恶性。

（一）肿瘤的大体形态

1. **形状**　因部位、肿瘤性质、生长方式不同而不同。发生于皮肤与黏膜的良性肿瘤可呈乳头状、息肉状、绒毛状，而该部位的恶性肿瘤常呈菜花状、蕈伞状，当发生缺血坏死、脱落时可形成溃疡状。发生于皮下及实质性器官的良性肿瘤多呈结节状、分叶状或囊状等，而该部位的恶性肿瘤则像树根扎入泥土一样，似树根状或蟹足状（图4-1）。

2. **大小**　肿瘤的大小与其性质、生长时间和发生部位有关。肿瘤的大小不一，差别很大。小者肉眼难以观察，仅在显微镜下才能发现，如原位癌、微小癌。大者可达数千克乃至数十千克。发生于体表或体腔内的肿瘤，可以长得很大，如发生于卵巢的巨大囊腺瘤。发生于狭小腔道（如颅腔、椎管）内的肿瘤，体

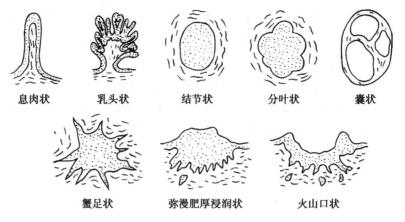

| 息肉状 | 乳头状 | 结节状 | 分叶状 | 囊状 |

| 蟹足状 | 弥漫肥厚浸润状 | 火山口状 |

图 4-1 肿瘤的常见形状模式图

积一般较小。恶性肿瘤生长速度快,短期内即可形成肿块,造成严重后果;而良性肿瘤生长缓慢,若长时间生长,体积常较大。

3. **颜色** 一般指肿瘤切面的颜色,多呈灰白或灰红色,但可因其含血量多少、肿瘤的成分不同以及有无出血坏死等而呈不同的颜色。如血管瘤多呈紫红色,脂肪瘤则呈淡黄色,黏液瘤呈灰白色半透明胶冻状,色素痣及黑色素瘤则呈黑色,绿色瘤呈绿色等。因此,有时可从肿瘤的颜色大致推测其为何种肿瘤。

4. **质地** 肿瘤的硬度与肿瘤的组织来源、肿瘤实质与间质的比例以及有无继发性改变等有关。如骨瘤很硬,脂肪瘤质软;实质多于间质的肿瘤一般较软,反之则较硬;组织发生坏死时变软,有钙质沉着(钙化)或骨质形成(骨化)时则变硬。

5. **数目** 肿瘤的数目通常为单个,也可多个。多个肿瘤可发生于同一器官如子宫多发性平滑肌瘤(图 4-2),也可先后在不同器官发生不同性质的肿瘤(如多原发癌)。

6. **包膜** 良性肿瘤常有完整的包膜,与周围组织分界清楚,手术时易于完整切除;而恶性肿瘤一般无包膜或包膜不完整,常常与周围组织粘连,手术时不易完整切除。

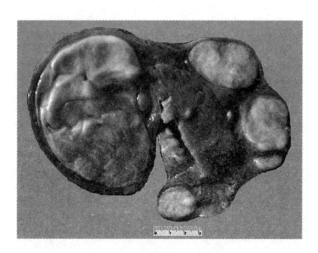

图 4-2 子宫多发性平滑肌瘤

(二)肿瘤的组织结构

肿瘤组织结构多种多样,但几乎所有的肿瘤其基本结构可分为实质和间质两部分。

1. **肿瘤的实质(parenchyma)** 肿瘤实质即肿瘤细胞,又称为肿瘤的主质,是肿瘤的主要成分。肿瘤的实质决定了肿瘤的生物学特性以及每种肿瘤的特殊性,无论从排列方式或者功能上,肿瘤细胞往往不同程度的保留其来源细胞的特点。因此，通常根据肿瘤实质的形态来判断肿瘤的组织来源、分类、命名和组织学诊断，并根据分化程度和异型性大小来确定肿瘤的良性、恶性及恶性肿瘤的恶性程度等。

一般来说，一种肿瘤只有一种实质，但少数肿瘤可由两种或多种实质，如乳腺纤维腺瘤由增生的腺体和其周围特化性纤维组织两种实质构成；畸胎瘤是来源于有多向分化潜能的生殖细胞向多个胚层分化的肿瘤，由两个以上胚层的多种组织成分构成肿瘤的实质。

2. 肿瘤的间质（mesenchyma, stroma） 肿瘤的间质一般由结缔组织和血管组成，有时还可有淋巴管，对实质起着支持连接和营养的作用。肿瘤间质内可有多少不等的炎细胞浸润，是机体对肿瘤组织的免疫反应。近年来在肿瘤结缔组织间质中除见成纤维细胞外，尚可见肌成纤维细胞（myofibroblast）。由于此种细胞的增生、收缩和胶原纤维形成包绕肿瘤细胞，可能使肿瘤细胞的浸润过程有所延缓，并限制瘤细胞的活动和遏止瘤细胞侵入血管或淋巴管，从而减少播散机会。

二、肿瘤的异型性

肿瘤组织在细胞形态和组织结构上，都与其来源的正常组织有不同程度的差异，这种差异称为异型性（atypia）。肿瘤组织异型性的大小反映了肿瘤组织的成熟程度，即分化程度，它是指肿瘤细胞与来源的正常细胞在形态和功能上的相似程度。异型性小者，说明它和来源的正常细胞、组织相似，肿瘤组织成熟程度高，即分化程度高或分化好（well differentiated）；异型性大者，表示肿瘤细胞与其来源的正常细胞、组织相似性小，成熟程度低，即分化程度低或分化差（poorly differentiated）。区别这种异型性的大小是诊断肿瘤，确定其良、恶性的主要组织学依据。如果肿瘤细胞缺乏分化，则称为间变（anaplasia）。由这种缺乏分化的瘤细胞构成的肿瘤称为间变性肿瘤，瘤细胞具有极显著的异性型，往往难以确定其组织来源。间变性肿瘤几乎都是高度恶性肿瘤。

（一）组织结构的异型性

肿瘤组织结构的异型性是指肿瘤组织的排列方式与其来源的正常组织的差异。良性肿瘤的组织结构与其来源的组织相似，如子宫的平滑肌瘤，其细胞与正常的平滑肌细胞很相似，只是排列方式与正常的平滑肌组织不同，呈编织状。而恶性肿瘤的组织结构与其来源的组织差异性大，具有明显的异型性，表现为瘤细胞排列紊乱，失去正常的结构和层次，极向消失。

（二）细胞形态的异型性

良性肿瘤细胞的异型性小，常与其起源的正常细胞相似；恶性肿瘤细胞异型性大，与其起源的组织细胞形态相差甚远，表现为以下特点：

1. 肿瘤细胞的多形性（pleomorphism） 表现为肿瘤细胞的形态不规则，大小不一，有时可出现形态各异的瘤巨细胞（文末彩插图4-3）。少数分化很差的肿瘤，其瘤细胞反较正常细胞小，圆形，且大小较一致，常为缺乏分化的高度恶性肿瘤。

2. 肿瘤细胞核的多形性 表现为细胞核增大，胞核直径与细胞直径的比例较正常细胞为大（由正常的1:4~6增至1:1）；核大小、形状不一，可出现巨核、双核或畸形核；核染色质变深且呈粗颗粒状，分布不均匀，多分布在核膜下，致核膜增厚；核仁变大，数目增多（可达3~5个）；核分裂象增多，尤其是病理性核分裂象对恶性肿瘤的判断有重要意义。正常情况下为对称性双极性核分裂，恶性肿瘤不仅这种对称性双极性核分裂增多，而且出现不对称性、多极性及顿挫性等病理性核分裂象（文末彩插图4-4）。

3. 瘤细胞胞质的改变 肿瘤细胞代谢旺盛，胞质内核糖体增多，故胞质多呈嗜碱性。肿瘤细胞可向不同方向分化而产生不同的分泌物，胞质内可见黏液、糖原、脂质、角蛋白和色素等。

瘤细胞的异型性，尤其是胞核的异型性是恶性肿瘤的主要特征，在区别良恶性肿瘤中有重要意义，也是脱落细胞学诊断恶性肿瘤的形态学依据。

为什么恶性肿瘤在形态上具有多形性？其对我们认识肿瘤的性质有何意义？

第三节　肿瘤的生物学特征

肿瘤的生物学特征包括生长、浸润及转移。恶性肿瘤不仅在局部浸润生长、破坏组织结构，而且可转移到远隔部位组织、器官继续生长，此为导致患者死亡的最重要原因。因此对肿瘤生物学特征的研究已成为肿瘤病理学的重要内容。

一、肿瘤的生长

（一）肿瘤的生长方式

肿瘤的生长方式可以呈膨胀性、外生性和浸润性生长。

1. 膨胀性生长　这是良性肿瘤的生长方式。由于瘤细胞生长缓慢，不侵袭周围正常组织，随着肿瘤体积的逐渐增大，有如逐渐膨胀的气球，将四周组织推开或挤压。因此肿瘤往往呈结节状，周围常有完整的包膜，与周围组织分界清楚（图4-5）。临床检查时肿块活动，手术容易切除，术后也不易复发。

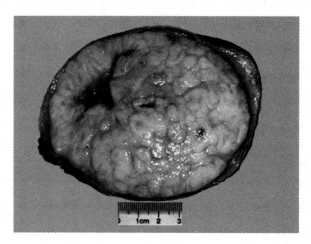

图4-5　良性肿瘤的膨胀性生长

2. 外生性生长　发生在皮肤、黏膜或空腔器官（如消化道，泌尿生殖道等）的肿瘤，常向表面生长或突向管腔，形成乳头状、息肉状、蕈状或菜花状的肿物，这种生长方式称为外生性生长。良恶性肿瘤均可呈外生性生长，但恶性肿瘤在外生性生长的同时，还伴有基底部的浸润性生长，且常由于生长快，血液供应相对不足，表面与中心的瘤组织坏死、脱落，而形成火山口状的癌性溃疡。

3. 浸润性生长　这是大多数恶性肿瘤的生长方式。瘤细胞分裂增生，侵入周围组织、淋巴管或血管内，像树根长入泥土一样或蟹足状（文末彩插图4-6），浸润并破坏周围组织，无包膜，与邻近的正常组织分界不清。触诊时，肿瘤固定，不活动。手术不易彻底切除，切除范围应比肉眼所见肿瘤范围要大，即采取扩大根治切除。即使如此，术后还易复发，往往于术后补加放疗或化疗等，以杀死残存的瘤细胞。

（二）肿瘤的生长速度

肿瘤是由一个转化细胞不断分裂、增生形成的，属于单克隆性增生。由于肿瘤性质的不同，其生长速度差别很大。良性肿瘤生长缓慢，一般数年或数十年形成肿块。恶性肿瘤生长较快，特别是分化程度低的恶性肿瘤，在短期内即可形成明显肿块，并易发生出血、坏死、囊性变等继发改变。肿瘤生长速度与以下三个因素有关：

1. 倍增时间 即一个细胞分裂为两个子代细胞所需的时间。恶性转化细胞的生长周期与正常细胞一样分为 G_0、G_1、S、G_2 和 M 期。多数恶性肿瘤细胞的倍增时间并不比正常细胞更快，而是与正常细胞相似或比正常细胞慢。所以，恶性肿瘤生长迅速可能并非肿瘤细胞倍增时间缩短引起的。

2. 生长分数（growth fraction） 生长分数指肿瘤细胞群体中处于增殖阶段（S 期 + G_2 期）的细胞的比例。在细胞恶性转化的初期，绝大多数的细胞分裂活跃，所以生长分数很高。但是随着肿瘤的持续生长，不断有瘤细胞发生分化，离开增殖阶段的细胞越来越多，使得大多数肿瘤细胞处于 G_0 期。即使是生长迅速的肿瘤其生长分数也只是在 20% 左右。

3. 瘤细胞的生成与丢失 肿瘤是否能进行性生长及其生长速度决定于瘤细胞的生成大于丢失的程度。由于营养供应不足、坏死脱落以及机体抗肿瘤反应等因素的影响，有相当一部分瘤细胞失去生命力，并以凋亡的形式发生。肿瘤细胞的生成与丢失的程度共同影响着肿瘤生长。在生长分数相对较高的肿瘤（如急性白血病和小细胞肺癌），瘤细胞的生成远大于丢失，其生长速度要比那些细胞生成稍大于丢失的肿瘤（如结肠癌）快得多。

肿瘤的生长速度取决于生长分数和肿瘤细胞的生成与丢失之比，而与倍增时间关系不大，这在肿瘤的化学治疗上有重要的意义。目前几乎所有的抗癌药物均是针对处于增殖期的细胞。因此高生长分数的肿瘤（如高度恶性的淋巴瘤）对于化学治疗特别敏感；常见的实体瘤（如结肠癌）生长分数低，故对化学治疗不够敏感。临床上治疗这些肿瘤的策略是先用放射或手术治疗将肿瘤缩小或去除，让残存的瘤细胞从 G_0 期进入增殖期后再用化学治疗，以增加肿瘤对化学治疗的敏感性。

（三）肿瘤血管形成

临床与动物实验都证明，如果没有新生血管形成来供应营养，肿瘤在达到 1～2mm 的直径或厚度后将不再增大。因此诱导血管的生成能力是恶性肿瘤能生长、浸润与转移的前提之一。现已发现肿瘤细胞本身和浸润到肿瘤组织内的巨噬细胞能产生一类血管生成因子（angiogenesis factor），如血管内皮细胞生长因子、碱性成纤维细胞生长因子等，能促进血管内皮细胞分裂和毛细血管出芽生长。新生的毛细血管既为肿瘤的生长提供了营养，又为肿瘤的转移准备了通道。

理论与实践

肿瘤的增殖与生存必须依赖肿瘤新生血管的生成，没有肿瘤血管，肿瘤就休眠而不会增大；肿瘤血管是肿瘤细胞的主要转移通道，肿瘤细胞从长出肿瘤性血管的时刻起，就具备了向远处转移的潜在可能性，因此阻断肿瘤血管，不仅能切断瘤体的营养供给源，抑制其增殖，而且能最大限度地阻断癌细胞的扩散和转移；目前肿瘤血管阻断疗法，主要是通过肿瘤血管抑制剂来抑制肿瘤新生血管增生因子 VEGF 的形成，从而诱发血管内皮细胞凋亡，阻止肿瘤新生血管形成而达到治疗肿瘤的目的。

（四）肿瘤的演进与异质性

恶性肿瘤在生长过程中，变得越来越具有侵袭性的现象称为肿瘤的演进（progression），包括生长加快、浸润周围组织和发生远处转移等。这些生物学现象的出现与肿瘤的异质性（heterogeneity）有关。肿瘤的异质性是指由一个克隆来源的肿瘤细胞在生长过程中形成在侵袭能力、生长速度、对激素的反应、对抗癌药的敏感性等方面有所不同的亚克隆的过程。其原因是在单克隆性肿瘤的生长过程中，可能有附加基因突变作用于不同的瘤细胞，使得瘤细胞的亚克隆获得不同的特性。例如需要较多生长因子的亚克隆可因生长因子缺乏而不能生长;机体的抗肿瘤反应可杀死那些具有较高抗原性的亚克隆,而抗原性低的亚克隆则可以躲过机体的免疫监视。由于这些选择,肿瘤在生长过程中就保留了那些适应存活、生长、浸润与转移的亚克隆。

相关链接

低氧诱导因子 -1(HIF-1)是诱导低氧基因和修复细胞氧内环境的一核心调节因子,在肿瘤中表达谱相当广泛,其中 HIF-1α 在肿瘤的演进中扮演重要角色,表现于肿瘤细胞永生化、基因组不稳定性、肿瘤血管生成、肿瘤细胞能量代谢、肿瘤自分泌生长因子信号转导、肿瘤侵袭转移以及肿瘤耐药等各层面。HIF-1α 已被列为肿瘤分子靶向治疗的重要目标蛋白之一。

二、肿瘤的扩散

恶性肿瘤不仅在原发部位浸润性生长,而且还可通过各种途径扩散到身体的其他部位继续生长。肿瘤的扩散包括直接蔓延和转移。

(一)直接蔓延

随着肿瘤的不断长大,瘤细胞连续不断地沿着组织间隙、淋巴管、血管或神经束衣侵入和破坏邻近正常器官或组织,并继续生长,称为直接蔓延。例如晚期肺癌可蔓延到胸膜及胸壁,造成胸膜的癌性粘连;晚期子宫颈癌可蔓延到直肠或膀胱。

(二)转移

转移(metastasis)是指恶性肿瘤细胞从原发部位侵入淋巴管、血管或体腔,迁徙到他处而继续生长,形成与原发瘤同样类型的肿瘤的过程。所形成的肿瘤称为转移瘤或继发瘤。转移是恶性肿瘤最主要的生物学特性之一,也是恶性肿瘤难以根治的主要原因。良性肿瘤不转移,只有恶性肿瘤才可能发生转移。

常见的转移途径有以下几种:

1. **淋巴道转移(lymphatic metastasis)** 淋巴道转移主要是癌的转移方式。癌细胞侵入淋巴管后,随淋巴液首先到达局部淋巴结,先聚集于边缘窦(文末彩插图 4-7),逐渐累及整个淋巴结,使淋巴结肿大,质地变硬,切面常呈灰白色。有时转移的淋巴结由于瘤组织侵及被膜而相互融合成团块。局部淋巴结发生转移后,可继续转移至下一站的其他淋巴结,最后可经胸导管进入血流再继发血道转移。

2. **血道转移(hematogenous metastasis)** 血道转移主要是肉瘤的转移方式,癌的晚期及少数以血管为主要间质的癌也以血道转移为主。瘤细胞经毛细血管及小静脉入血,少数也可经淋巴管入血。血道转移的运行途径与血栓栓塞过程相似,即侵入体循环静脉的肿瘤细胞经右心到肺,在肺内形成转移瘤;侵入门静脉系统的肿瘤细胞,首先发生肝转移;侵入肺静脉的原发性肺肿瘤细胞,以及肺内转移瘤通过毛细血管而进入肺静脉的瘤细胞,可经左心随主动脉血流到达全身各器官,常转移到脑、骨、肾及肾上腺等处。此外,侵入胸、腰、骨盆静脉的肿瘤细胞,也可以通过吻合支进入脊椎静脉丛(Baston 脊椎静脉系统),例如前列腺癌就可通过此途径转移到脊椎,进而转移到脑,这时可不伴有肺转移。

血道转移最常见的器官是肺,其次是肝。故临床上判断有无血道转移,以确定患者的临床分期和治疗方案时,作肺及肝的影像学检查是非常必要的。转移瘤的形态特点是呈边界清楚的结节状,灰白色,并常为多个,散在分布,多接近于器官的表面(图 4-8)。如转移的瘤结节靠近器官的表面,由于瘤结节中央出血、坏死而下陷,可形成所谓"癌脐"。

3. **种植性转移(seeding, implantation metastasis)** 系指体腔内器官的恶性肿瘤蔓延至器官的表面时,肿瘤细胞可以脱落,并像播种一样种植在体腔内各器官的表面而继续生长,形成转移瘤。这种转移的方式称

图 4-8 肿瘤血道转移

肝内散在分布多个大小较为一致的圆形、椭圆形瘤结节

为种植性转移。种植性转移常见于胸腔或腹腔器官的癌瘤。如胃肠道黏液癌侵及浆膜后,可种植到大网膜、腹膜、腹腔内器官表面甚至卵巢等处。肉眼观双侧卵巢体积增大,镜下见富于黏液的印戒细胞癌弥漫分布,这种来源于胃肠道的卵巢转移性黏液癌称为 Krukenberg 瘤。Krukenberg 瘤不一定都是种植性转移,也可通过淋巴道和血道转移而来。

问题与思考

试想治愈恶性肿瘤的关键问题是什么?应从哪些方面着手?

(三)恶性肿瘤浸润和转移的机制

肿瘤浸润和转移的机制比较复杂,以癌为例大致可分以下四个步骤:①癌细胞表面黏附分子减少:可使癌细胞彼此分离;②癌细胞与基底膜的紧密黏着:正常上皮细胞与基底膜的附着是通过上皮细胞基底面的一些分子介导的,如层粘连蛋白(laminin, LN)受体。癌细胞表面有许多 LN 受体,并分布于癌细胞的表面,使癌细胞与基底膜的黏着增加;③细胞外基质的降解:癌细胞产生蛋白酶(如Ⅳ型胶原酶),溶解细胞外基质成分,使基底膜产生局部缺损,有利于癌细胞通过;④癌细胞迁移:癌细胞借阿米巴样运动通过基底膜缺损处移出。癌细胞穿过基底膜后,进一步溶解间质结缔组织,在间质中移动,到达血管壁时,又以相似的方式穿过血管的基底膜进入血管。

入血的瘤细胞并不意味着一定会发生血道转移,大多数单个的瘤细胞会被自然杀伤细胞消灭。只有和血小板凝集成血栓团块的瘤细胞才不易被消灭,并且得以进一步的增殖,然后瘤细胞从黏附处穿过血管内皮和基底膜,形成转移瘤。

三、肿瘤的分级与分期

肿瘤的分级(grading)和分期(staging)是两个不同的概念,一般都用于恶性肿瘤。恶性肿瘤的分级是病理上根据其分化程度的高低、异型性的大小及核分裂数的多少来确定恶性程度的级别。一般采用简明较易掌握的三级分级法,即Ⅰ级为高分化(well differentiated),分化良好,属低度恶性;Ⅱ级为中分化(mode-rately differentiated),属中度恶性;Ⅲ级为低分化(poorly differentiated),属高度恶性。这种分级法虽有其优点,对临床治疗和判断预后也有一定意义,但缺乏定量标准,也不能排除主观因素。因此,如何建立精确的分级标准还待进一步研究。

肿瘤的分期主要是临床上根据原发肿瘤的大小，浸润的深度、范围以及是否累及邻近器官，有无局部和远处淋巴结的转移，有无血源性或其他远处转移等来确定肿瘤发展的程度或早晚。国际上广泛采用TNM 分期系统。T 指肿瘤的原发瘤，随着肿瘤的增大和邻近组织受累范围的增加依次用 $T_1 \sim T_4$ 来表示；N指局部淋巴结受累情况，淋巴结无受累时用 N_0 表示，随着淋巴结受累的程度和范围的加大，依次用 $N_1 \sim N_3$ 表示；M 指远处转移（通常是血道转移），无远处转移者用 M_0 表示，有远处转移者用 M_1 或 M_2 表示。

肿瘤的分级和分期对临床医师制定治疗方案和估计预后有一定参考价值，特别是肿瘤的分期更为重要，但是必须结合各种恶性肿瘤的生物学特性以及病人的全身情况等综合考虑。

第四节　肿瘤对机体的影响

一、局部影响

1. **压迫和阻塞**　无论良性或恶性肿瘤，长到一定体积，均可压迫周围组织或器官，也可阻塞某些器官的腔道，引起相应的功能障碍。如体积较大的肿瘤可压迫血管或神经；颅内肿瘤压迫脑组织；胰头癌常压迫胆总管引起阻塞性黄疸；食管癌可引起吞咽困难等。

2. **破坏器官的结构和功能**　恶性肿瘤的侵袭可破坏正常的组织结构和功能，出现并发症。如肝细胞癌可广泛破坏肝细胞导致肝功能障碍；骨肉瘤可破坏正常骨质导致病理性骨折。

3. **出血与感染**　恶性肿瘤常因瘤细胞的侵袭破坏作用或缺血性坏死而发生出血。如鼻咽癌出现血涕、肺癌出现痰中带血等。肿瘤组织坏死、出血可继发感染，常排出恶臭分泌物，如晚期子宫颈癌等。出血和感染也可见于某些良性肿瘤，如内脏血管瘤易发生破裂出血；鼻腔乳头状瘤和结肠腺瘤等可因局部机械性摩擦或继发感染引起出血。

4. **疼痛**　癌症晚期可因癌组织侵袭或压迫神经引起顽固性疼痛，常需哌替啶、吗啡类药物控制疼痛。

二、全身性影响

1. **恶病质**　恶性肿瘤晚期，患者出现食欲低下、极度消瘦、严重贫血等进行性全身衰竭的状态，称为恶病质（cachexia）。其发生机制可能与多种因素有关，如恶性肿瘤迅速生长消耗机体大量营养物质；肿瘤分解的毒性产物引起机体代谢紊乱；患者的精神负担以及发热、疼痛、影响进食和睡眠等。

2. **内分泌激素的影响**　一些内分泌细胞起源的肿瘤可产生相应的激素，出现相应的临床表现。如垂体嗜酸性腺瘤可分泌促生长激素，引起巨人症或肢端肥大症；胰岛素瘤可引起低血糖综合征等。

3. **副肿瘤综合征**　少数肿瘤患者，可因肿瘤产生"异位激素"和其他生物活性物质或受不明原因的毒性及免疫性因素作用，使机体出现内分泌症状和神经、肌肉、骨关节、皮肤及肾等损害，并伴有血液、代谢和免疫功能异常等一系列复杂的临床表现，称为副肿瘤综合征（paraneoplastic syndrome, PNS）。这些症状不能用肿瘤的扩散或以肿瘤起源组织所产生的激素来解释，但可随肿瘤的缓解而减轻，也可因肿瘤复发而加剧。其机制与瘤细胞内基因异常表达有关。副肿瘤综合征有助于肿瘤的早期发现，因此有重要临床意义。

第五节　良性肿瘤与恶性肿瘤的区别

良性肿瘤易于治疗，一般对机体危害性较小。而恶性肿瘤对机体危害性大，难以治疗，可危及病人的生命。因此,对一个肿瘤必须在治疗前确定其性质和类型,这是合理选择治疗方案的前提,对于患者的预后十分重要。正确区分良、恶性肿瘤,必须根据肿瘤的病理形态改变及生物学特点,进行综合分析,才能作出客观、正确的诊断。现将良、恶性肿瘤的区别简要归纳为表4-1。

表4-1 良性肿瘤与恶性肿瘤的区别

	良性肿瘤	恶性肿瘤
分化程度	分化程度高,异型性小,接近正常组织形态	分化程度低,异型性大,与来源组织形态差别大
核分裂象	无或稀少,不见病理性核分裂	多见,常见病理性核分裂
生长方式	膨胀性或外生性生长,前者常有包膜形成,与周围组织分界清	浸润性生长为主,无包膜,一般与周围组织分界不清
生长速度	缓慢	较快
继发改变	很少发生	常发生出血、坏死、感染
复发	很少复发	易复发
转移	不转移	常有转移
对机体影响	小,主要为局部压迫或阻塞作用	较大,除压迫或阻塞作用外,还可破坏组织,引起坏死、出血、合并感染,晚期常出现恶病质

　　肿瘤虽有良、恶性之分,但其间并无截然界限。从良性到恶性呈一种移行渐进关系,两者之间客观存在一灰色区域的肿瘤,处于这一区域的肿瘤在形态学和生物学行为上介于良性与恶性之间,称之为交界性肿瘤(borderline tumor)。如膀胱乳头状瘤、卵巢交界性浆液性或黏液性囊腺瘤等。

　　有些良性肿瘤,未得到及时治疗或经多次复发后,可转变为恶性肿瘤,称为恶性变,如结肠息肉状腺瘤等;相反,偶见恶性肿瘤未经治疗,却部分或全部自发性消退,如恶性黑色素瘤、神经母细胞瘤等,一般认为与机体免疫功能增强有关。

　　必须指出,良、恶性肿瘤之间的区别是相对的。如血管瘤虽为良性,但无包膜,常呈侵袭性生长;生长在要害部位(如颅内)的良性肿瘤也可危及患者的生命;有些肿瘤形态学上分化甚好,但可发生侵袭和转移,如甲状腺滤泡性腺癌等;转移率低的恶性肿瘤,其生物学行为接近良性,如皮肤基底细胞癌;复发率高的良性肿瘤,其生物学行为接近恶性,如涎腺多形性腺瘤。各种恶性肿瘤的恶性程度也有差异,有的易早期侵袭转移,如鼻咽癌;有的则转移较晚,如子宫体腺癌。

第六节　肿瘤的命名与分类

一、肿瘤的命名原则

　　人体任何组织几乎都可发生肿瘤,其肿瘤组织学类型复杂多样。因此,必须对肿瘤进行科学的命名和分类,以保证肿瘤防治工作的规范化。

　　(一)一般命名原则

　　1. 良性肿瘤的命名　一般根据肿瘤的组织学来源和生物学行为来命名。良性肿瘤的命名是肿瘤的发生部位和组织学来源后加一"瘤"字。如子宫平滑肌组织来源的良性肿瘤称为子宫平滑肌瘤;腺上皮来源的良性肿瘤称为腺瘤。

　　2. 恶性肿瘤的命名　通常所说的癌症(cancer),泛指所有的恶性肿瘤。一般根据其组织来源命名,有两种命名,即癌和肉瘤。

　　(1)癌(carcinoma):上皮组织发生的恶性肿瘤统称为癌。命名时在其来源组织名称之后加一"癌"字,如来源于鳞状上皮的恶性肿瘤称为鳞状细胞癌;如果肿瘤内具有腺癌和鳞状细胞癌成分,称为腺鳞癌;如肿瘤细胞缺乏特定类型上皮分化时，称为未分化癌。

（2）肉瘤（sarcoma）：间叶组织（包括纤维结缔组织、脂肪、肌肉、脉管、骨、软骨组织等）发生的恶性肿瘤统称为肉瘤。其命名方式是在来源组织名称之后加"肉瘤"二字，例如纤维肉瘤、横纹肌肉瘤、骨肉瘤等。

恶性肿瘤的外形具有一定的形态特点时，则又结合形态特点来命名，如形成乳头状及囊状结构的腺癌，则称为乳头状囊腺癌。如一个肿瘤中既有癌又有肉瘤成分，则称癌肉瘤（carcinosarcoma）。

（二）特殊命名

有少数肿瘤不按上述原则命名，如来源于幼稚组织的肿瘤称为母细胞瘤，有良恶性之分。恶性者如神经母细胞瘤、髓母细胞瘤和肾母细胞瘤等；良性者如骨母细胞瘤、软骨母细胞瘤和脂肪母细胞瘤等。有些恶性肿瘤成分复杂或由于习惯沿袭，则在肿瘤名称前加"恶性"二字，如恶性畸胎瘤、恶性脑膜瘤、恶性神经鞘瘤等。有些恶性肿瘤以人名命名，如尤文（Ewing）肉瘤、霍奇金（Hodgkin）淋巴瘤；或按肿瘤细胞的形态命名，如透明细胞肉瘤、肺燕麦细胞癌。至于白血病、精原细胞瘤等则是少数采用习惯名称的恶性肿瘤，虽称为"病"或"瘤"，实际上都是恶性肿瘤。"瘤病"多用于多发性良性肿瘤，如神经纤维瘤病、脂肪瘤病等。

二、肿瘤的分类

肿瘤的分类通常是以它的组织发生为依据。每一类别又按肿瘤的成熟程度及对机体影响的不同而分为良性与恶性两大类。肿瘤分类见表4-2。

表4-2　肿瘤的分类

组织来源	良性肿瘤	恶性肿瘤
一、上皮组织		
鳞状上皮	乳头状瘤	鳞状细胞癌
基底细胞		基底细胞癌
腺上皮	腺瘤	腺癌
	乳头状瘤	乳头状癌
	囊腺瘤	**囊腺癌**
	多形性腺瘤	恶性多形性腺瘤
尿路上皮	乳头状瘤	尿路上皮癌
二、间叶组织		
纤维结缔组织	纤维瘤	纤维肉瘤
脂肪组织	脂肪瘤	脂肪肉瘤
平滑肌组织	平滑肌瘤	平滑肌肉瘤
横纹肌组织	横纹肌瘤	横纹肌肉瘤
血管组织	血管瘤	血管肉瘤
淋巴管组织	淋巴管瘤	淋巴管肉瘤
骨组织	骨瘤	骨肉瘤
软骨组织	软骨瘤	软骨肉瘤
滑膜组织	滑膜瘤	滑膜肉瘤
间皮	间皮瘤	间皮肉瘤
三、淋巴造血组织		
淋巴组织		淋巴瘤
造血组织		各种白血病
四、神经组织		
神经鞘膜组织	神经纤维瘤	神经纤维肉瘤
神经鞘细胞	神经鞘瘤	恶性神经鞘瘤

组织来源	良性肿瘤	恶性肿瘤
胶质细胞	胶质细胞瘤	恶性胶质细胞瘤
原始神经细胞		髓母细胞瘤
脑膜组织	脑膜瘤	恶性脑膜瘤
交感神经节	节细胞神经瘤	神经母细胞瘤
五、其他肿瘤		
黑色素细胞	色素痣	黑色素瘤
胎盘滋养叶细胞	葡萄胎	恶性葡萄胎
		绒毛膜上皮癌
生殖细胞		精原细胞瘤
		无性细胞瘤
		胚胎性癌
性腺或胚胎剩件中全能细胞	畸胎瘤	恶性畸胎瘤

第七节　常见肿瘤举例

一、上皮组织肿瘤

上皮组织发生的肿瘤最常见,有良性和恶性肿瘤,其中恶性上皮性肿瘤对人类危害最大,人类的恶性肿瘤大部分来源于上皮组织。

(一)良性上皮组织肿瘤

1. 乳头状瘤(papilloma) 由被覆上皮来源的良性肿瘤,向表面呈外生性生长,形成乳头状突起,或绒毛状外观。肿瘤的根部常变细呈蒂状与正常组织相连。镜下,每一乳头表面被覆增生的瘤细胞,中央为纤维脉管束间质构成其轴心(文末彩插图4-9)。乳头状瘤依据发生的部位不同,被覆的瘤细胞各异。发生于外耳道、阴茎、膀胱和结肠等处的乳头状瘤较易发生恶变。

2. 腺瘤 是由腺上皮来源的良性肿瘤,发生部位广泛,可发生于腺器官及腺上皮。如乳腺、甲状腺和胃肠道等,腺器官内的腺瘤多呈结节状或分叶状,有完整包膜,与周围正常组织分界清楚。黏膜发生的腺瘤多呈息肉状,称为息肉状腺瘤。

根据腺瘤的发生部位、组成成分或形态特点,又可将其分为囊腺瘤、纤维腺瘤、多形性腺瘤和息肉状腺瘤等类型。

(1)囊腺瘤(cystadenoma):是由于腺瘤组织中的腺体分泌物淤积,腺腔逐渐扩大形成大小不等的囊腔而得名。囊腺瘤常发生于卵巢、甲状腺及胰腺。

(2)纤维腺瘤(fibroadenoma):除腺上皮细胞增生形成腺体外,同时伴随有疏松黏液样的特化纤维组织,共同构成肿瘤的实质(文末彩插图4-10)。最常发生于女性乳腺,肉眼见瘤体呈结节状或分叶状,包膜完整。

(3)多形性腺瘤(pleomorphic adenoma):常发生于唾液腺,特别常见于腮腺。由腺组织、黏液样及软骨样组织等多种成分混合组成。瘤组织内散在分布的肌上皮细胞之间可出现黏液样基质,并可化生为软骨样组织,从而构成多形性特点(文末彩插图4-11)。肉眼见瘤体呈结节状或分叶状,界限清楚,包膜有时不完整,切除后较易复发。

(4)息肉状腺瘤(polypous adenoma):又称腺瘤性息肉。好发生于消化道黏膜,尤其是结、直肠黏膜,肉眼呈息肉状,有蒂与黏膜相连,也可呈乳头状或绒毛状,又称绒毛状腺瘤,后者恶变率较高。息肉状腺瘤可单发或多发,结肠多发性腺瘤性息肉病常有家族遗传性,不但癌变率很高,并易早期发生癌变(图4-12)。

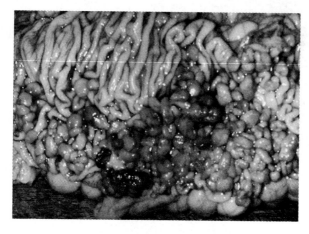

图 4-12 家族性多发性腺瘤性息肉病

直肠及部分乙状结肠，黏膜面布满 0.5～1cm 大小的腺瘤性息肉

（二）恶性上皮组织肿瘤

由上皮组织发生的恶性肿瘤统称为癌，多见于 40 岁以上的人群，是人类最常见的一类恶性肿瘤。肉眼观，发生于被覆上皮的常呈蕈伞状或菜花状，表面常有坏死及溃疡形成；发生在器官内的常呈树根状或蟹足状向周围组织浸润，质地较硬，切面常为灰白色、干燥。镜下，癌细胞呈巢状排列，与间质分界清楚。网状纤维染色时，网状纤维只见于癌巢的周围。转移一般多经淋巴道转移，晚期可发生血道转移。

常见类型有以下几种：

1. 鳞状细胞癌（squamous cell carcinoma） 简称鳞癌，常发生在原有鳞状上皮被覆的部位，也可发生于鳞状上皮化生的黏膜处。肉眼观常呈菜花状，也可坏死脱落而形成溃疡。癌组织同时向深层呈浸润性生长。镜下在分化好的鳞状细胞癌的癌巢中，细胞间可见细胞间桥，癌巢中央可出现层状的角化物，称为角化珠（keratin pearl）或癌珠（文末彩插图 4-13）。分化较差的鳞状细胞癌无角化珠形成，甚至也无细胞间桥，瘤细胞呈明显的异型性，并见较多的核分裂象。

2. 基底细胞癌（basal cell carcinoma） 多见于老年人面部如眼睑、面颊及鼻翼等，由该处表皮原始上皮芽或基底细胞发生。癌巢主要由浓染的基底细胞样的癌细胞组成。本癌生长缓慢，表面常形成边缘不规则的溃疡，并可浸润破坏深层组织，但很少发生转移，对放射治疗很敏感，临床上呈低度恶性的经过。

3. 尿路上皮癌（transitional cell carcinoma） 由泌尿道尿路上皮发生，好发于膀胱、肾盂，少数发生于输尿管。肉眼常呈乳头状，单发或多发性，可溃破形成溃疡或广泛浸润膀胱壁。镜下，癌细胞似尿路上皮，多层排列，有不同程度的异型性。

4. 腺上皮癌 是从腺上皮发生的恶性肿瘤。常见于胃肠、乳腺等处。多呈菜花状、蕈状、溃疡状或不规则结节状浸润性生长，与周围组织分界不清。根据其形态结构和分化程度，可分为高分化的、具有腺体结构的腺癌（文末彩插图 4-14）和低分化的、形成实体癌巢的实性癌，以及介于两者之间的中分化腺癌等。有的腺癌分泌较多的黏液，称为黏液腺癌。

（三）癌前病变、非典型性增生及原位癌

一般而言，肿瘤的形成，尤其是恶性肿瘤，要经过癌前病变、原位癌、浸润性癌几个阶段。这些阶段并非一朝一夕发生，而是需经历一个漫长逐渐演进的过程，平均为 15～20 年。但并非所有癌前病变都必然转变为癌，也并非所有的癌都有明确的癌前病变，这方面的研究在肿瘤预防上具有重要意义。

1. 癌前病变（precancerous lesions） 癌前病变是指某些具有癌变潜在可能性的良性病变，如长期存在即有可能转变为癌。因此，早期发现与及时治愈癌前病变，对肿瘤的预防具有重要的实际意义。癌前病变可分为遗传性和获得性的。常见的癌前病变有以下几种：

（1）黏膜白斑（leukoplakia）：常发生在口腔、外阴和阴茎等处黏膜。主要病理改变是黏膜的鳞状上皮过

度增生和过度角化,并出现一定的异型性。肉眼上呈白色斑块,故称白斑。如长期不愈就有可能转变为鳞状细胞癌。

(2)慢性子宫颈炎:是已婚妇女常见的疾患。慢性子宫颈炎时,宫颈阴道部的鳞状上皮被来自子宫颈管内膜的单层柱状上皮所取代,称为子宫颈糜烂(目前宫颈糜烂的病名已被取消,而用宫颈柱状上皮异位取代)。而后由于邻近鳞状上皮贮备细胞增生,代替了柱状上皮,称为糜烂愈复。如果上述过程反复进行,少数病例中增生的鳞状上皮经过非典型性增生,可发展为原位癌。

(3)乳腺囊性增生症:本病由内分泌失调引起,常见于 40 岁左右的妇女,主要表现为乳腺小叶导管和腺泡上皮细胞的增生、顶泌汗腺化生及导管囊性扩张伴有导管内乳头状增生,间质纤维组织也有增生。据统计本病癌变者比一般的妇女多 1.23 ~ 4.50 倍。

(4)结、直肠息肉状腺瘤:较为常见,可以单发或多发,均可发生癌变(尤其是绒毛状腺瘤)。多发性家族性腺瘤性息肉病,更易发生癌变。

(5)慢性萎缩性胃炎及胃溃疡:慢性萎缩性胃炎时,胃黏膜腺体可有肠上皮化生,这种肠上皮化生,尤其是大肠型上皮化生与胃癌的发生有一定关系,如久治不愈可发生癌变。

(6)慢性溃疡性结肠炎:肠黏膜广泛反复溃疡,溃疡边缘的黏膜呈假息肉样增生,可发生非典型性增生,而后发生结肠腺癌。

(7)皮肤慢性溃疡:经久不愈的皮肤溃疡和瘘管,特别是小腿的慢性溃疡,由于长期慢性刺激,边缘鳞状上皮增生,有的可发生癌变。

(8)肝硬化:由慢性病毒性肝炎所致的肝硬化病人,假小叶内的肝细胞反复增生、非典型性增生、进一步可发展为肝细胞肝癌。

2. **非典型性增生(dysplasia, atypical hyperplasia)** 指上皮细胞异乎常态的增生,但还不足以诊断为癌。这个术语主要应用于被覆上皮。镜下表现为增生的细胞大小不一,形态多样;核大浓染,核浆比增大;核分裂增多,但多属正常核分裂象;细胞排列较乱,极向消失。根据其异型性程度和累及范围可分为轻、中、重三级。轻度和中度的非典型性增生分别累及上皮层的下 1/3 和 2/3 处,在病因消除后可恢复正常。而累及上皮 2/3 以上尚未达到全层者为重度非典型性增生,很难逆转,常转变为癌。上述癌前病变多通过非典型增生而发生癌变。

3. **原位癌(carcinoma in situ)** 指黏膜上皮层内或皮肤表皮层内细胞全层癌变,但尚未突破基底膜(文末彩插图 4-15)。原位癌是一种早期癌,其诊断主要依赖于组织病理学检查。临床或肉眼检查往往见不到明显肿块,或仅见局部糜烂、潮红等改变。对原位癌如能早期发现和积极治疗,可防止其发展为浸润性癌,从而提高癌瘤的治愈率。

近年来提出的上皮内瘤变(intraepithelial neoplasia)的概念,描述的是上皮从非典型性增生到原位癌这一连续的过程,将轻度和中度非典型增生分别称为低级别上皮内瘤变,重度非典型性增生和原位癌称为高级别上皮内瘤变,重度非典型性增生和原位癌两者常常难以截然划分,其处理原则基本一致。

问题与思考

上皮内瘤变一般发生于哪些组织器官,其在肿瘤防治中的意义是什么?

二、间叶组织肿瘤

间叶组织包括结缔组织、脂肪组织、肌肉组织、脉管组织、滑膜组织、骨与软骨组织、黏液组织等,这些组织发生的肿瘤种类较多,有良性与恶性两大类。

（一）良性间叶组织肿瘤

间叶性良性肿瘤，分化成熟程度高，其组织结构、细胞形态、颜色等均与其发源的正常组织相似。肿瘤生长缓慢，呈膨胀性生长，一般都具有包膜。常见的类型如下：

1. 纤维瘤（fibroma） 由纤维组织来源的良性肿瘤。肉眼多为单个，呈结节状或分叶状，与周围组织分界明显，有包膜。切面灰白色，可见编织状的条纹，质地韧硬，常见于四肢及躯干的皮下。镜下肿瘤组织由成纤维细胞、纤维细胞及胶原纤维排列成束状，互相编织。纤维瘤生长缓慢，手术摘除后一般不再复发。

2. 脂肪瘤（lipoma） 脂肪组织来源的良性肿瘤。主要发生于成人，是最常见的间叶性肿瘤。好发的部位为背、肩、颈及四肢的皮下组织。肉眼为扁圆形或分叶状肿块，有包膜，质地柔软，切面色淡黄，似正常的脂肪组织。镜下结构与正常脂肪组织很相似。手术易切除，术后不易复发。

3. 脉管瘤 是由血管组织和淋巴管组织发生的非真性肿瘤，其本质属于血管、淋巴管先天性发育畸形，属于错构瘤性病变，故常见于儿童。多数于出生时即有，或在出生后不久发生。一般随着身体的发育而长大，成年后肿瘤即停止发展，而且可看到自然消退现象。脉管瘤可分为血管瘤（hemangioma）及淋巴管瘤（lymphangioma）两类，其中以血管瘤最为常见。

（1）血管瘤：血管瘤可以发生在任何部位，但以皮肤多见。肉眼上无包膜，呈浸润性生长。主要可分为毛细血管瘤、海绵状血管瘤及混合型血管瘤三种。①毛细血管瘤：由增生的毛细血管构成。病变可呈灶性或广泛分布于受累的组织内，在皮肤或黏膜可形成蕈状突起的鲜红色肿块，或仅呈暗红或紫红色斑。镜下，由许多毛细血管构成，内皮细胞增生形成实性团，管腔狭小。②海绵状血管瘤：由扩张的血窦构成，瘤组织切面可见大小不等的血窦，其间有薄层间隔，似海绵，腔内充满血液（文末彩插图4-16）。③混合型血管瘤：由毛细血管瘤和海绵状血管瘤混合构成。

（2）淋巴管瘤：由增生的淋巴管构成，内含淋巴液。好发于颈部、唇等处，肿瘤呈结节状或弥漫性增大，与周围界限不清。切面可见多个小管腔或较大的囊腔，内有清亮的液体流出。镜下，为多数大小不等的管腔或裂隙组成，腔内含有淡粉红色淋巴液和一些淋巴细胞；淋巴管可呈囊性扩大并互相融合，内含大量淋巴液，称为囊状水瘤，此瘤多见于小儿。

4. 平滑肌瘤（leiomyoma） 最多见于子宫。肉眼呈结节状，单发或多发，边界清，可有或无包膜，切面呈灰白色，编织状。镜下，瘤组织由形态比较一致的梭形平滑肌细胞构成。细胞排列成束状，互相编织，核呈长杆状，两端钝圆，同一束内的细胞核有时排列成栅状，核分裂象少见（文末彩插图4-17）。

5. 软骨瘤（chondroma） 自骨膜发生并向外突起者，称外生性软骨瘤。发生于手足短骨和四肢长骨等骨干的骨髓腔内者称为内生性软骨瘤。肉眼观前者常呈分叶状自骨表面突起；后者使骨膨胀，外有薄骨壳。切面呈淡蓝色或银白色，半透明，可有钙化或囊性变。镜下见瘤组织由成熟的透明软骨组成，呈不规则分叶状。肿瘤位于盆骨、胸骨、肋骨、四肢长骨或椎骨时易恶变；发生在指（趾）骨者极少恶变。

（二）恶性间叶组织肿瘤

来源于间叶组织的恶性肿瘤统称为肉瘤。多发生于青少年。肉眼观呈结节状或分叶状，周围可有假包膜；切面多呈灰红色，均质性，湿润，呈鱼肉状，故称为肉瘤。易发生出血、坏死、囊性变等继发性改变。镜下，肉瘤细胞大多弥漫排列，实质与间质分界不清，网状纤维染色可见肉瘤细胞间存在网状纤维。肉瘤多经血道转移。上述各点均与癌的特点有所不同。正确掌握癌与肉瘤的特点，区分癌与肉瘤对临床诊断和治疗均有实际意义，见表4-3。

1. 纤维肉瘤（fibrosarcoma） 是肉瘤中常见的一种，其发生部位与纤维瘤相似，以四肢皮下和深部组织多见。肉眼肿瘤呈巨块型或结节状，可形成假包膜。切面灰红色或灰白色，均质细腻似鱼肉。镜下瘤组织由大小不一的梭形或短梭形细胞构成，瘤细胞产生胶原纤维，并呈编织状或漩涡状排列。瘤细胞分化差异很大，分化好的纤维肉瘤与纤维瘤相似，但核分裂象多见；分化差的纤维肉瘤，瘤细胞异型性明显。

表 4-3　癌与肉瘤的区别

	癌	肉瘤
组织来源	上皮组织	间叶组织
发病率	较为常见,约为肉瘤的9倍	较少见
发病年龄	多见于40岁以上成人	多见于青少年
大体特点	灰白色,质地硬、较干燥	灰红色,质较软,湿润、鱼肉状
组织学特点	癌细胞聚集成巢,实质与间质分界清楚	肉瘤细胞弥漫分布,不成巢,实质与间质分界不清,间质血管丰富
网状纤维染色	癌巢周围可见网状纤维,单个癌细胞之间无网状纤维	肉瘤细胞间有网状纤维
免疫组化染色	上皮标记阳性,如CK、EMA	间叶标记阳性,如Vim
转移	多经淋巴道转移	多经血道转移

2. **未分化肉瘤**(undifferentiated sarcoma)　亦称恶性纤维组织细胞瘤,是老年人最常见的软组织肉瘤。肿瘤最好发于下肢,其次是上肢的深部软组织和腹膜后等处。肉眼肿瘤呈结节状,切面灰白色或灰黄色,常有出血、坏死、囊性变。镜下,瘤细胞可有多种类型及多型性,主要见成纤维细胞和组织细胞,另外尚见原始间叶细胞、肌成纤维细胞、含有细小脂滴的黄色瘤细胞和多核瘤巨细胞等。异型性往往十分明显,核分裂象多见。绝大多数肿瘤间质可见中等量到多量炎性细胞浸润。此瘤的恶性程度较高,切除后易复发和转移。

3. **脂肪肉瘤**(liposarcoma)　本瘤多见于40岁以上成人。为肉瘤中较常见的一种类型。多发生于大腿、腘窝、腹膜后,也见于肾周和深部的软组织,极少发生于皮下脂肪层,与脂肪瘤的分布不同。肉眼观大多数肿瘤呈结节状或分叶状,表面常有一层假包膜,可似一般的脂肪瘤,亦可呈黏液样外观,或均匀一致呈鱼肉样。镜下本瘤的瘤细胞形态多种多样,但脂肪母细胞和黏液是其基本成分。病理上根据主要细胞成分可分为以下四型:①分化良好型脂肪肉瘤:其组织结构与脂肪瘤相似,仅部分瘤细胞核较大、深染,有时出现瘤巨细胞;②黏液样型脂肪肉瘤:此型最多见,瘤细胞呈星形或小梭形,胞质内有细小的脂肪滴,瘤细胞间有大量的黏液样基质及丰富的血管网形成(文末彩插图 4-18);③圆形细胞型脂肪肉瘤:分化较差,主要由小圆形细胞构成,其中可见含有脂滴的脂肪母细胞;④多形性脂肪肉瘤:最少见,瘤细胞有明显的多形性,并有较多的瘤巨细胞。后两者恶性程度高,易复发和转移。

4. **横纹肌肉瘤**(rhabdomyosarcoma)　是较常见而且恶性程度很高的肉瘤。主要发生于10岁以下的儿童和婴幼儿。最好发于头、颈、泌尿生殖道及腹膜后,偶可见于四肢。肿瘤由不同分化阶段的横纹肌母细胞组成。根据瘤细胞的分化程度、形态特点可分为三型:①胚胎性横纹肌肉瘤:是最常见的一种,常见于小儿,好发于膀胱、阴道等处,肉眼常呈葡萄状,故称为葡萄状肉瘤。镜下,瘤组织主要由未分化的梭形细胞和小圆形细胞构成;②腺泡状横纹肌肉瘤:瘤组织由未分化的小圆形细胞组成,瘤细胞被含血管的纤维组织分隔成腺泡状;③多形性横纹肌肉瘤:以四肢多见,肉眼见肿瘤常位于深部肌肉内或其附近。镜下,瘤细胞高度异型性,可见圆形、多边形、带状、网球拍形或蝌蚪状横纹肌母细胞,胞质丰富,有明显的嗜酸性颗粒,并见横纹和纵纹,核分裂象较多(文末彩插图 4-19)。各型横纹肌肉瘤均生长迅速,易早期发生血道转移,约90%以上病人在五年内死亡。

5. **平滑肌肉瘤**(leiomyosarcoma)　较多见于子宫,偶可见于腹膜后、肠系膜、大网膜及皮下软组织。患者多为中老年人。肉眼呈结节状肿块,可有假包膜;切面呈灰红色或灰棕色的鱼肉状或编织状。镜下,高分化者,主要由编织状的梭形细胞束构成,可见核分裂象;低分化者,瘤细胞弥漫成片,多形性明显,核分裂象多见。核分裂象的多少对判断其恶性程度有重要意义。

6. **血管肉瘤**(hemangiosarcoma)　血管肉瘤起源于血管内皮细胞,可发生于各器官和软组织,发生于软组织者多见于皮肤,尤以头面部为多见。肿瘤多隆起于皮肤表面,呈丘疹或结节状,暗红或灰白色。肿瘤内部易有坏死出血。有扩张的血管时,切面可呈海绵状。镜下,分化较好者,瘤组织内形成不规则的血管腔,内皮细胞有不同程度的异型性,可见核分裂象。分化差的血管肉瘤,细胞常呈片团状增生,血管腔形成不明显、不典型或仅呈裂隙状。瘤细胞异型性明显,核分裂象多见。血管肉瘤的恶性程度一般较高,常转移至局部淋巴结、肝、肺和骨等处。

7. 骨肉瘤(Osteosarcoma) 为骨恶性肿瘤中最常见的类型。常见于 10~19 岁的青少年。以股骨下端最常见,其次为胫骨上端和肱骨上端。肉眼观肿瘤侵犯骨髓腔,破坏骨皮质,致骨呈梭形膨大;切面灰白色鱼肉状,常见出血坏死。在肿瘤上下两端的骨皮质和掀起的骨外膜之间可形成三角形隆起,在 X 线上称为 Codman 三角(Codman triangle)。由于骨膜被掀起,在骨外膜和骨皮质之间可形成与骨表面垂直的放射状反应性新生骨小梁。在 X 线上表现为日光放射状阴影。镜下见肿瘤由明显异型性的梭形或多边形肉瘤细胞组成,瘤细胞直接形成肿瘤性骨样组织或骨组织(tumor bone)是诊断骨肉瘤的最重要的组织学证据。骨肉瘤呈高度恶性,生长迅速,常在发现时已经有血行转移至肺。

8. 软骨肉瘤(chondrosarcoma) 发病率仅次于骨肉瘤。年龄多在 40~70 岁。发病部位多见于盆骨,也可发生在股骨、胫骨等长骨和肩胛骨处。肉眼肿瘤位于骨髓腔内,呈灰白色、半透明的分叶状肿块,其中可见黄色的钙化和骨化灶。镜下见软骨基质中散布有异型性的软骨细胞,表现为核大深染,核仁明显,核分裂象多见,出现较多的双核、巨核和多核瘤巨细胞。软骨肉瘤一般比骨肉瘤生长慢,转移也较晚。血道可转移至肺、肝、肾及脑等处。

三、淋巴组织肿瘤

淋巴瘤(lymphoma),亦称恶性淋巴瘤(malignant lymphoma),是原发于淋巴结和结外淋巴组织的一组恶性肿瘤,起源于 T、B 淋巴细胞、NK 细胞和组织细胞等,以 B 细胞来源者最多见。淋巴瘤为 B 细胞或 T 细胞分化过程中的某一阶段淋巴细胞的单克隆性增生所致。根据恶性淋巴瘤的细胞特征和组织结构,可分为霍奇金淋巴瘤(Hodgkin lymphoma, HL)和非霍奇金淋巴瘤(non-Hodgkin lymphoma, NHL)两大类。

1. 霍奇金淋巴瘤(HL) 约占所有淋巴瘤的 10%~20%,好发于 15~27 岁的青年人,男性多于女性。主要累及浅表淋巴结,以颈部和锁骨上最多见,也可累及腋窝、腹股沟、纵隔等处。

肉眼观,受累淋巴结肿大,常相互粘连形成不规则结节状巨大肿块。质地较硬,切面灰白色,有时可见灰黄色坏死区。镜下见,淋巴结正常结构被破坏,由肿瘤组织取代。HL 的组织结构主要由两部分细胞组成。

(1)肿瘤细胞:即 R-S(Reed-Sternberg)细胞,按其形态特征可分为典型(诊断性)R-S 细胞(Reed-Sternberg cell)及变异性 R-S 细胞。典型的 R-S 细胞体积大,直径约 20~50μm,胞质丰富,多呈嗜酸性。双核或多核,核大,圆形或卵圆形,核膜厚,核内见大而圆的嗜酸性核仁。由于两个核在细胞内并列,形如"镜影",故又称镜影细胞(mirror image cell),对 HL 是有确诊意义的细胞(文末彩插图 4-20)。变异性 R-S 细胞包括单核 R-S 细胞、多形性 R-S 细胞、陷窝型 R-S 细胞和 L/H 型 R-S 细胞等,不具有诊断意义,常见于 HL 的某些亚型。

上述典型的 R-S 细胞和变异性 R-S 细胞,常散布于淋巴细胞为主的多种炎性细胞浸润的背景中,构成了 HL 的组织学特征。

(2)非肿瘤细胞:即反应性与间质性细胞,主要包括 T、B 淋巴细胞、嗜酸性粒细胞、组织细胞、中性粒细胞和增生的成纤维细胞及小血管,它们共同构成了 HL 的炎症性背景。

(3)组织学类型:现分为经典型霍奇金淋巴瘤和结节性淋巴细胞为主型霍奇金淋巴瘤两大类,其中经典霍奇金淋巴瘤又分为结节硬化型、淋巴细胞为主型、混合细胞型和淋巴细胞消减型四个亚型。

2. 非霍奇金淋巴瘤(NHL) NHL 约占所有淋巴瘤的 80%~90%,70% 起源于 B 细胞,其次是 T 细胞,起源于 NK 细胞和组织细胞者很少见。在我国,好发年龄为 40~60 岁,仅个别类型以青少年多见,男性多于女性。约 65% 的病例累及颈部、纵隔、腋窝、腹股沟及腹腔等处的淋巴结,35% 的病例发生于淋巴结外的黏膜相关淋巴组织(见于胃肠道、呼吸道、涎腺、胸腺、泌尿生殖道等处)和脾、骨髓、皮肤和乳腺等处。

（1）基本病变：NHL 的肉眼观与 HL 类似，有明显的侵袭扩散倾向，当瘤细胞侵入外周血液后，与白血病累及淋巴结难以区别。镜下共同特征是：①增生的瘤细胞破坏、代替淋巴结或结外淋巴组织的正常结构，并可破坏淋巴结被膜；②瘤细胞呈相对单一性，有病理性核分裂象；③肿瘤的基本组织结构呈滤泡型或弥漫型，一般前者预后较好。

（2）B 细胞淋巴瘤的组织学特点：①可出现多少不等的滤泡样结构；②常见浆细胞样分化，瘤细胞内外可见到 Russell 小体，位于细胞内者常将细胞核挤到一边，酷似印戒样细胞；③瘤细胞(裂细胞型除外)均呈圆形或卵圆形，较一致。核膜厚，染色质粗，沿核膜分布，核仁明显，靠近核膜。

（3）T 细胞淋巴瘤的组织学特点：可分为两型。①中枢型：瘤内无分支状小血管，瘤细胞胞质淡染，核膜薄，染色质细，核仁不明显，核分裂象多见；②外周型：瘤细胞和核均有一定程度的多形性，核可呈脑回状、分叶状、麻花状等。瘤组织中有较多分支状毛细血管后微静脉穿插、分割瘤组织，其内皮细胞肿胀。常伴有较多反应性细胞成分，如组织细胞、指突状网状细胞及嗜酸性粒细胞等。

（4）组织学分类：现分为前 B 细胞肿瘤、前 T 细胞肿瘤、成熟(外周)B 细胞肿瘤、成熟(外周)T 细胞和 NK 细胞肿瘤四大类，其中后两大类又分别包括若干相应的组织学亚型。

四、其他肿瘤

1. 畸胎瘤(teratoma)　起源于性腺或胚胎剩件中具有向体细胞分化潜能的生殖细胞，由来自两个胚层以上的多种组织成分混杂构成的肿瘤，如同一个畸形胎儿，故称畸胎瘤。女性多见。好发于卵巢和睾丸，也可见于纵隔、腹膜后、骶尾部等处。畸胎瘤有良、恶性之分。

（1）成熟型畸胎瘤：常见于卵巢，多呈囊性，囊壁常见结节状的头节，其中含有骨、软骨组织或牙齿，囊腔内充满黄色黏稠的皮脂及毛发(图 4-21)。镜下见，最常见的成分是分化成熟的皮肤及其附件，也可见其他胚叶分化来的成熟组织。少数病程长者其中某种成分可恶变。

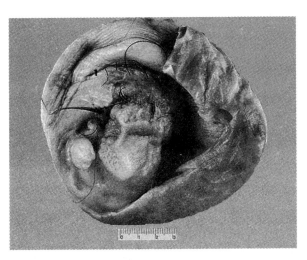

图 4-21　成熟性畸胎瘤
囊腔内头节处见皮脂、毛发及牙齿

（2）未成熟型畸胎瘤：常见于睾丸，多为实性。主要由分化不成熟的胚胎样组织构成，如分化不成熟的神经外胚层成分(原始神经管和菊形团)、骨或软骨组织等。分化差者易远处转移，预后差。

2. 视网膜母细胞瘤(retinoblastoma)　起源于神经外胚层的视网膜核层原始干细胞，为高度恶性肿瘤。40% 的病例有家族性和遗传倾向。好发于 1～7 岁的婴幼儿，3 岁以下最多见，成人少见。双眼受累者约占

30%。肉眼观,眼内见扁平或结节状灰白色肿瘤组织,常侵入玻璃体内,并破坏眼球侵入眶内。镜下见,由大小较一致的小圆形或小梭形未分化型细胞构成,胞质少,核深染,核分裂象易见。分化型由低柱状细胞构成,瘤细胞常围绕一腔隙呈放射状排列,形成菊形团。本瘤预后差,患者常死于颅内或全身转移。

3. 黑色素瘤(melanoma) 又称恶性黑色素瘤(malignant melanoma)。是来源于黑色素细胞的高度恶性肿瘤,部分源于黑痣恶变。病人年龄多在 30 岁以上,常发生于头颈部、足底、外阴及肛门周围。肉眼观,肿瘤边缘不整齐,外形不规则,粗糙,呈棕黑色,常伴有溃烂、出血。镜下见,瘤细胞大小较一致,呈圆形或梭形,胞质丰富红染,常含有不等量黑色素。核大深染,常见嗜酸性核仁,可见病理性核分裂象。瘤细胞排列成索状、巢状或腺泡状。如胞质内不见黑色素,则诊断较困难,可借助免疫组化染色或电镜观察胞质内的黑色素小体辅助诊断。易经淋巴道或血道广泛转移,预后差。

第八节 肿瘤的病因学和发病学

肿瘤病因学研究引起肿瘤的始动因素,肿瘤发病学则研究肿瘤的发病机制与肿瘤发生的条件。要治愈肿瘤和预防肿瘤的发生,关键问题是查明肿瘤的病因及其发病机制。虽经多年的综合学科的广泛研究,已确立某些因素在肿瘤发生中的肯定作用,但与肿瘤相关的绝大多数因素仍未明了,有待多方面进一步研究探讨。

近年来分子生物学的迅速发展,特别是对癌基因和肿瘤抑制基因的研究,已初步揭示了某些肿瘤的病因与发病机制。目前的研究表明,肿瘤从本质上来说是基因病。各种环境的和遗传的致癌因素可能以协同或贯序的方式引起细胞的非致死性的 DNA 损害,从而激活原癌基因或灭活肿瘤抑制基因,加上凋亡调节基因和(或)DNA 修复基因的改变,使细胞发生转化(transformation)。转化的细胞可先呈多克隆性的增生,经过一个漫长的多阶段的演进过程,其中一个克隆相对无限制的扩增,通过附加突变,选择性地形成具有不同特点的亚克隆(异质化),从而获得浸润和转移的能力(恶性转化),形成恶性肿瘤。

一、肿瘤的病因

外界环境中的致癌因素是肿瘤发生的主要原因。近年肿瘤发病率的逐年升高,主要与环境污染、致癌因素增加有关,主要有化学、物理、生物等因素。

(一)化学致癌因素

现已确知的对动物有致癌作用的化学致癌物约有 1000 多种,与人类恶性肿瘤关系密切者达 30 余种,可分为直接致癌剂和间接致癌剂两类。直接致癌剂较少见,主要为烷化剂与酰化剂类,如环磷酰胺、氮芥、亚硝基脲等,可在其与机体直接接触部位引起肿瘤。间接致癌剂多见,它们以前致癌物形式进入机体,经过代谢、转化,使之成为活化的终致癌物,才对靶细胞具有致癌作用。化学致癌物大多数是致突变剂,它们以其亲电子基团与细胞大分子的亲核点形成共价结合,导致 DNA 突变。某些化学致癌物质的致癌作用,可经其他无致癌作用的物质协同作用而增大,这种能增加致癌效应的物质称为促癌剂,而其协同作用称为促癌作用。以下介绍的主要为间接致癌剂。

1. 多环芳烃 广泛存在于空气中。致癌作用强的有 3,4-苯并芘、1,2,5,6-双苯并蒽、3-甲基胆蒽等。主要来自煤烟、内燃机排出的废气、沥青烟雾和烟草燃烧的烟雾,与肺癌等肿瘤的发生有关。烟熏和烧烤的鱼、肉等食品中也含有 3,4-苯并芘,可能与胃癌的发生有关。

2. 芳香胺类 如乙萘胺、联苯胺,与印染厂工人和橡胶工人的膀胱癌发生率较高有关。氨基偶氮类化合物含有氨基偶氮基团"—N＝N—",如奶油黄(二甲基氨基偶氮苯)、猩红等,因有颜色,曾被用作纺织品染料和饮料、食品的着色剂。它们与肝癌、膀胱癌的发生有关。

3. 亚硝胺类 是具有强烈致癌作用的化合物,其致癌谱很广。合成亚硝胺的前体物质,如硝酸盐、亚硝酸盐普遍存在于水和食物中,在变质的蔬菜和食物中含量更高,通常也作为肉类食品的保存剂与着色剂。在胃内的酸性环境下,亚硝酸盐与来自食物的二级胺合成亚硝胺。不同结构的亚硝胺有特异的器官亲和性,如二甲基亚硝胺主要引起肝癌,不对称二甲基亚硝胺主要引起食管癌。我国河南林州市的流行病学调查表明,该地食管癌高发病率与食物中的高含量亚硝胺有关。

4. 真菌毒素 黄曲霉菌广泛存在于高温潮湿地区的霉变食品中,尤以霉变的花生、玉米及谷类含量最多。黄曲霉毒素有许多种,其中黄曲霉毒素 B_1 的致癌性最强,主要诱发肝细胞癌。其致癌作用主要是使肿瘤抑制基因 *p53* 发生点突变而失去活性,HBV 感染所致的肝细胞慢性损伤为黄曲霉毒素 B_1 的致突变作用提供了有利的条件。因此,HBV 感染与黄曲霉毒素 B_1 的协同作用是我国肝癌高发地区的主要致癌因素。

(二)物理致癌因素

物理致癌因素主要是离子辐射,包括 X 射线、亚原子微粒的辐射以及紫外线照射。大量事实证明,长期接触 X 射线及镭、铀、氡、钴、锶等放射性核素,可引起各种癌症。例如放射工作者长期接触 X 射线而又无必要的防护措施时,可发生手部放射性皮炎以致皮肤癌,其急性和慢性粒细胞性白血病的发生率亦较一般人高 10 倍以上。电离辐射能使染色体断裂、易位和发生点突变,因而激活癌基因或者灭活肿瘤抑制基因。

(三)生物致癌因素

1. 病毒 可引起人或动物肿瘤或体外能使细胞发生转化的病毒均称为肿瘤病毒,1/3 是 DNA 病毒,2/3 为 RNA 病毒。它们常通过转导或插入突变等机制,整合到宿主细胞 DNA 中,导致细胞癌基因(如 *c-ras*、*c-myc* 等)激活和异常表达,使细胞发生恶性转化和失控性增生而形成肿瘤。到目前为止,发现的与人类肿瘤关系比较密切的病毒有:人乳头状瘤病毒(human papilloma virus,HPV)与子宫颈癌的发生有关;乙型肝炎和丙型肝炎病毒(HBV 和 HCV)与肝细胞癌的发生有关;EB 病毒(Epstein-Barr virus,EBV)与鼻咽癌和 Burkitt 淋巴瘤的发生有关;人类 T 细胞白血病 / 淋巴瘤病毒 1(human T-cell leukemia/lymphoma virus,HTLV-1)与人类 T 细胞白血病 / 淋巴瘤的发生有关。

2. 幽门螺旋杆菌(helicobacter pylori,HP) 许多研究指出,HP 感染引起的慢性胃炎与胃黏膜相关淋巴瘤的发生有关。也有大量研究认为,HP 感染可能与胃癌的发生有关,尚需进一步确证。

3. 寄生虫 已知日本血吸虫病与结肠癌的发生有关;埃及血吸虫病与膀胱癌的发生有关;华支睾吸虫病与胆管细胞性肝癌的发生有关。

(四)肿瘤发生的内在因素

1. 遗传因素 大量流行病学和临床资料显示,5%~10% 的人体肿瘤的发生与遗传因素有关。但在大多数肿瘤的发生中是指对致癌因子的易感性和倾向性而言,与直接遗传有关的只有少数不常见的肿瘤。

(1)呈常染色体隐性遗传的肿瘤:如着色性干皮病,患者受紫外线照射后易患皮肤癌;共济失调性毛细血管扩张症易发生淋巴组织肿瘤;Fanconi 贫血(先天性再生不良性贫血)易发生白血病等。其发生的分子基础与从事 DNA 修复的基因突变,导致 DNA 修复缺陷有关。

(2)呈常染色体显性遗传的肿瘤:如视网膜母细胞瘤、家族性多发性结肠息肉病、Wilms' 瘤、神经纤维瘤病等。其发生的分子基础与肿瘤抑制基因(如 *Rb*、*p53*、*APC* 等)的失活有关。

(3)遗传因素与环境致癌因素起协同作用的肿瘤:如鼻咽癌、食管癌、胃癌、大肠癌、肝癌、乳腺癌、黑色素瘤等,虽有家族史或遗传倾向,但环境致癌因素的作用更为重要。

2. 免疫因素 机体免疫功能状态在肿瘤的发生、发展中起着十分重要的作用。大量临床和实验证据表明,免疫功能低下易患肿瘤。如免疫(尤其是细胞免疫)缺陷或大量使用免疫抑制剂者,其肿瘤发病率明显升高;幼儿期(免疫功能不成熟)和老年期(免疫功能衰退)肿瘤发生率高于其他年龄组;临床病理观察也发现癌间质中淋巴细胞浸润较多者预后较好。机体的抗肿瘤免疫以细胞免疫反应为主：一是通过免疫监视作用清除肿瘤细胞；二是通过 T 细胞活化、释放淋巴因子或介导细胞毒活性杀伤肿瘤细胞，其杀瘤效应细胞主要有 CD8$^+$ 的细胞毒性 T 细胞、NK 细胞和巨噬细胞。

3. 激素因素 内分泌功能紊乱与某些肿瘤的发生、发展有一定关系。如乳腺癌、子宫内膜腺癌等与雌激素过多有关；腺垂体激素可促进肿瘤的发生和转移；肾上腺皮质激素则可抑制某些造血系统恶性肿瘤的生长与扩散。

问题与思考

自然环境中，最重要的致癌因素是什么？在预防肿瘤方面，我们应该做些什么？

二、肿瘤的发生机制

原癌基因、癌基因，肿瘤抑制基因等实际上是对细胞生长、分化起正向或者反向调节的基因。在保持机体的正常功能方面起重要的作用。如果发生异常改变，则可能引起细胞的转化和肿瘤的发生。

（一）癌基因

1. 病毒癌基因、原癌基因、癌基因（oncogene） 现代分子生物学研究发现，某些逆转录病毒能在动物体内迅速诱发肿瘤并能在体外转化细胞，其含有的能够诱发肿瘤并能转化细胞的特定 RNA 片段并不为病毒复制所必需，故称之为病毒癌基因（viral oncogene, v-onc）。后来在正常细胞的 DNA 中也发现有与病毒癌基因几乎完全相同的 DNA 序列，称为细胞癌基因（cellular oncogene, c-onc），如 c-ras, c-myc 等。由于细胞癌基因在正常细胞中以非激活的形式存在，故又称为原癌基因，其编码的产物为细胞生长增殖所必需的生长因子、受体、信号转导蛋白和转录因子等。原癌基因可因多种因素的作用而被激活成为癌基因，使细胞发生恶性转化。

2. 原癌基因的激活 原癌基因转变为癌基因的过程，称为原癌基因的激活。有以下几种方式：①点突变：如 ras 原癌基因第 1 外显子的第 12 号密码子从 GGC 突变为 GTC，相应编码的氨基酸从甘氨酸变为缬氨酸，转录产生异常蛋白；②染色体转位：如伯基特淋巴瘤的 t(8;14) 使得 c-myc 基因和 IgH 基因拼接，造成 c-myc 基因的过度表达；③基因扩增：基因拷贝数增加，称为基因扩增。促进细胞生长的基因扩增，导致基因产物过量表达。如神经母细胞瘤的 N-myc 原癌基因可复制成多达几百个拷贝，在细胞遗传学上表现为染色体出现双微小体和均染区。

（二）肿瘤抑制基因

与原癌基因的激活不同的是，肿瘤抑制基因（tumor suppressor gene）的失活多数是通过等位基因的两次突变或缺失（纯合子）的方式实现的。目前了解最多的两种肿瘤抑制基因是 Rb 基因和 p53 基因。它们的产物都是以转录调节因子的方式调节核转录和细胞周期的核蛋白。

1. Rb 基因 Rb 基因是在对视网膜母细胞瘤的研究中发现的一种肿瘤抑制基因。定位于染色体 13q14，编码一种核磷酸蛋白（pRb）。活化的 Rb 蛋白对于细胞从 G0/G1 期进入 S 期有抑制作用。当细胞受到刺激开始分裂时，Rb 蛋白被磷酸化失活，使细胞进入 S 期。当细胞分裂成两个子细胞时，失活的（磷酸化）Rb 蛋白通过脱磷酸化再生使得子细胞处于 G1 期或 G0 期的静止状态。当由于点突变或 13q14 的缺失使 Rb 基因失活，则 Rb 蛋白表达出现异常，受累细胞就无障碍地进入 S 期，而可能由此恶变。Rb 的两个等位基因必须都发生突变或缺失才能产生肿瘤，因此，Rb 基因也被称为隐性癌基因。

2. p53 基因 p53 基因定位于染色体 17p13.1。编码的正常 P53 蛋白（野生型）存在于核内，是一种核结合蛋白。正常的 P53 蛋白在 DNA 损伤或缺氧时活化，使依赖 DNA 的周期素依赖激酶（CDK）抑制剂 P21 和

DNA 修复基因上调性转录,细胞在 G₁ 期出现生长停滞,进行 DNA 修复。如修复成功,细胞进入 S 期;如修复失败,则通过活化 Bax 蛋白基因使细胞进入凋亡,以保证基因组的遗传稳定。因此,正常的 P53 蛋白又称为"分子警察"。而在 p53 基因缺失或发生突变的细胞,DNA 的损伤后不能通过 p53 的介导进入 G₁ 停滞和 DNA 修复,因此遗传信息受损的细胞可以进入细胞周期而增殖,最终发展为恶性肿瘤。

(三)凋亡调节基因和DNA修复基因

除了原癌基因的激活与肿瘤抑制基因的失活外,近年来还发现调节细胞进入程序性细胞死亡的基因及其产物在某些肿瘤的发生上也起着重要作用。如 B 细胞淋巴瘤 / 白血病(B-cell lymphoma/leukemia, bcl)家族的 Bcl-2 蛋白可以抑制凋亡,而 Bax 蛋白可以促进细胞凋亡。正常情况下,Bcl-2 和 Bax 在细胞内保持平衡。如 Bcl-2 蛋白过多,细胞则长期存活;如 Bax 蛋白过多,细胞则进入凋亡。此时,野生型 P53 蛋白可以诱导 Bax 的合成,而促进 DNA 受损的细胞进入凋亡。在 85% 的滤泡型恶性淋巴瘤有 Bcl-2 过度表达,使 B 淋巴细胞免予凋亡而长期存活,并可能附加其他基因的突变而发展成淋巴瘤。

在生活中,人们接触到许多致癌物,如电离辐射、化学物质等。这些致癌物引起的 DNA 损伤如果超过细胞能够忍受的范围,受损细胞会以凋亡形式死亡;如果引起较轻的 DNA 损伤,正常细胞内的 DNA 修复基因启动进行及时修复,这对维持遗传基因组的稳定非常重要,当 DNA 修复机制异常时可发展为肿瘤。

(四)端粒、端粒酶和肿瘤

现在已知细胞的复制次数是由一种位于染色体末端的叫作端粒(telomeres)的 DNA 重复序列控制的。细胞复制一次,其端粒就缩短一点,细胞复制一定次数后,端粒缩短使得染色体相互融合,导致细胞死亡。肿瘤细胞几乎能够无限制地复制,与恶性肿瘤细胞都有一定程度的端粒酶活性有关。因此,端粒的缩短也可以看成是一种肿瘤抑制机制。对于肿瘤细胞的端粒酶抑制的研究可能为肿瘤的治疗开辟一个新的途径。

(五)表观遗传调控与肿瘤

除经典的 DNA 碱基序列改变所致的癌基因激活、抑癌基因失活外,近年发现癌基因的低甲基化、抑癌基因的过甲基化以及组蛋白修饰异常也在肿瘤发生中发挥重要作用,但这些遗传变化并无 DNA 碱基序列改变,称之为表观遗传学改变。

(六)多步癌变的分子机制

恶性肿瘤的发生是一个长期的多因素形成的分阶段的过程。正常细胞内原癌基因与肿瘤抑制基因相互平衡,相互制约,共同调节着细胞的分裂、增生、分化和凋亡,当原癌基因被激活和肿瘤抑制基因失活时,便导致细胞的增生和分化调控失常,使细胞发生失控性增生和分化障碍,最终发生恶性肿瘤。这是细胞内多种基因突变积累的结果,此过程涉及原癌基因、肿瘤抑制基因、细胞凋亡调节基因和 DNA 修复基因等关键基因的异常。

相关链接

时至今日,肿瘤的发生机制仍未被完全揭示,多年来经多学科的综合研究,其发生机制有以下几方面已被人们所接受:①肿瘤从遗传学的角度上讲是一种基因病;②肿瘤的形成是瘤细胞单克隆性增生的结果;③环境和遗传的致癌因素引起细胞遗传物质改变的主要靶基因是原癌基因和肿瘤抑制基因,原癌基因激活和(或)肿瘤抑制基因失活可导致细胞的恶性转化;④肿瘤的发生不只是单个基因突变的结果,而是一个长期的、分阶段的、多种基因突变积累的过程;⑤机体的免疫监视体系在防止肿瘤发生上起重要作用,肿瘤的发生与免疫监视功能丧失有关。

(赵卫星)

肿瘤是机体细胞在基因水平上失去对其生长的正常调控，而呈异常增生和分化所形成的新生物，有良、恶性两大类。肿瘤性增生与机体损伤时的反应性增生最关键的区别是呈单克隆性增生。

肿瘤的异型性从形态上反映了肿瘤的分化程度，分化程度的高低决定了异型性的大小，异型性是判定肿瘤性质最重要的形态学依据。

决定肿瘤生长速度的关键因素是生长分数的高低和肿瘤细胞的生成与丢失的比例以及肿瘤内血管形成的多少。肿瘤生长、浸润及发生远处转移的特性与肿瘤演进过程中出现异质性有关。肿瘤通过直接浸润周围组织和脉管与体腔向全身扩散，此点为恶性肿瘤突出的生物学特性，也是导致患者死亡的最重要原因。

良性肿瘤对机体的影响主要是压迫与阻塞，恶性肿瘤除此之外，还有侵蚀破坏组织结构、出血感染、疼痛、恶病质及分泌激素样物质导致代谢紊乱等不良影响。一般可依据肿瘤的形态特征、生物学特性及对机体的影响明确分为良、恶性两大类。但在良恶性肿瘤中间有一个过渡的灰色区域，其生物学行为介乎于良恶性肿瘤之间，即交界性肿瘤。

肿瘤的命名原则为：所有良性肿瘤是组织起源加瘤；上皮源性恶性肿瘤是组织来源加癌；间叶源性恶性肿瘤是组织来源加肉瘤。还有一些特殊的恶性肿瘤以人名、习惯及形态来命名。机体的常见肿瘤一般按组织起源可分为上皮组织、间叶组织、淋巴造血、神经组织及其他几大类，每一大类又有良恶之分。

在化学、物理、生物及遗传与免疫等致瘤因素中，研究最深入以及最重要的致瘤因素是间接化学致癌物，其在体内转化后具有亲电子结构的基团，能与细胞大分子的亲核基团共价结合，形成加合物，导致 DNA 的突变；肿瘤的形成是一个长期的多因素分阶段积累过程，此过程牵涉到了原癌基因、肿瘤抑制基因、细胞凋亡调节基因、DNA 修复基因等关键基因的异常以及表观遗传调控异常。

1. 何为肿瘤？肿瘤性增生与机体损伤时的反应性增生有何区别？

2. 肿瘤的形态特征与生物学特性之间是什么关系？

3. 恶性肿瘤对人体主要的危害表现在哪些方面？

4. 肿瘤是什么样性质的一大类疾病？其发生分为哪些步骤与阶段？

5. 肿瘤可以预防吗？

第五章　心血管系统疾病

5

学习目标

掌握　动脉粥样硬化的基本病变及继发性病变；冠状动脉粥样硬化症的基本病变及后果；心绞痛、心肌梗死的概念，心肌梗死的类型、病变及并发症；良性高血压的各期病变，恶性高血压的病变特点；风湿病的基本病变及风湿性心脏病的病变。

熟悉　心外各器官风湿病的病理变化；急性感染性心内膜炎和亚急性感染性心内膜炎的病理变化；慢性心瓣膜病的概念，二尖瓣狭窄、二尖瓣关闭不全的血流动力学变化。

了解　动脉粥样硬化、高血压和风湿病的病因和发病机制；心绞痛的病因和分型；急性、亚急性感染性心内膜炎的病因及临床病理联系；各型心肌病的病变特点；急性心包炎、慢性心包炎的病变、临床病理联系及结局。

心血管系统疾病是当今对人类健康与生命威胁最大的一组疾病。在人类各种疾病的发病率和死亡率中，心血管系统疾病占第一位，特别是高血压、脑卒中和冠心病。本章主要介绍最常见的心脏与动脉疾病。

第一节　动脉粥样硬化

动脉粥样硬化（atherosclerosis，AS）是心血管系统中最常见的疾病之一。AS主要累及大动脉和中动脉，基本病变是动脉内膜的脂质沉积、内膜灶状纤维化和粥样斑块形成，使动脉壁变硬、管腔狭窄，并引起一系列继发性改变，常导致心、脑等器官缺血性病变。本病多见于老年人和中年人，其发病率随年龄增长而增高。在我国，AS的发病率有明显上升的趋势。

AS属于动脉硬化性疾病的一种。动脉硬化（arteriosclerosis）是指一组以动脉壁增厚、变硬和弹性减退为特征的动脉硬化性疾病，主要包括三种类型：①动脉粥样硬化（AS），发生于大、中动脉，最常见与最重要；②动脉中层钙化（Mönckeberg medial calcific sclerosis），较少见，好发于50岁以上人群的中等肌型动脉，表现为中膜的钙盐沉积，并可发生骨化；③细动脉硬化（arteriolosclerosis），常与高血压和糖尿病有关，其基本病变主要是细动脉的玻璃样变与小动脉纤维性硬化。

一、病因和发病机制

（一）危险因素

AS的病因至今仍不十分清楚，下列因素被视为危险因素。

1. **高脂血症（hyperlipidemia）**　是指血浆总胆固醇（total cholesterol，TC）和（或）甘油三酯（triglyceride，TG）的异常增高。高胆固醇血症（hypercholesterolemia）和高甘油三酯血症（hypertriglyceridemia）是AS的最主要危险因素。对高脂血症没有绝对的定量标准，一般以超过所在人群总体平均值5%～10%为异常增高。实验证明，高脂饮食可诱发动物实验性AS斑块形成。流行病学研究表明，AS的严重程度随血浆胆固醇水平的升高呈线性加重；血浆胆固醇浓度与冠心病（coronary heart disease，CHD）危险程度及其死亡率呈正相关。长期控制血胆固醇在合适的水平，可预防AS；降低血胆固醇可以减少动脉粥样斑块的形成。血脂以脂蛋白（lipoprotein，Lp）的形式在血液循环中进行转运，脂蛋白分为乳糜微粒（chylomicron，CM）、极低密度脂蛋白（very low-density lipoprotein，VLDL）、低密度脂蛋白（low-density lipoprotein，LDL）、中等密度脂蛋白（intermediate density lipoprotein，IDL）和高密度脂蛋白（high-density lipoprotein，HDL），因此高脂血症实际上是指高脂蛋白血症。目前认为，低密度脂蛋白（LDL）或低密度脂蛋白胆固醇（LDL-cholesterol，LDL-C）是AS和CHD的主要致病因素。此外，极低密度脂蛋白（VLDL）和乳糜微粒（CM）也与AS的发生有密切关系。而高密度脂蛋白（HDL）或高密度脂蛋白胆固醇（HDL-cholesterol，HDL-C）具有抗AS和CHD发病的作用。近年来研究发现，LDL被动脉壁内细胞氧化修饰（ox-LDL）后，具有促进粥样斑块形成的作用。

2. **高血压（hypertension）**　是AS的主要危险因素。高血压患者与同年龄、同性别的无高血压者相比，AS发病较早，病变较重。AS发生于大、中型动脉，尤其在血管分叉口及弯曲处病变出现早而且严重，这些部位承受的血流压力较高。高血压时，血流对血管壁的机械性压力和冲击作用较强，可引起内皮损伤和（或）功能障碍，使内膜对脂质的通透性增加。与高血压发病有关的肾素、儿茶酚胺和血管紧张素等可改变动脉壁代谢，导致血管内皮损伤，从而造成脂蛋白渗入内膜增多、血小板和单核细胞黏附、中膜平滑肌细胞（smooth muscle cells，SMCs）迁入内膜等变化，促进AS发生和发展。另一方面，高血压患者常有高胰岛素血症及胰岛素抗性，均可促进AS发生。

3. **吸烟**　是AS的一个确定的危险因素，是心肌梗死主要的独立的危险因子。大量吸烟导致内皮细胞损伤和血内一氧化碳(carbon monoxide,CO)浓度升高,碳氧血红蛋白增多。血中CO的升高刺激内皮细胞释放生长因子,促使中膜SMCs向内膜迁入、增生。大量吸烟可使血中LDL易于氧化,氧化LDL(oxidized LDL,ox-LDL)有更强的致AS的作用。吸烟可引起血管壁SMCs增生、增强血小板聚集功能,升高血中儿茶酚胺浓度及降低HDL水平。这些都有助于AS发生。

4. 致继发性高脂血症的疾病 ①糖尿病患者血中TG、VLDL水平明显升高,而HDL水平降低。高血糖可致LDL糖基化和高甘油三酯血症,后者易产生小颗粒致密低密度脂蛋白(sLDL)并被氧化,促进血中单核细胞迁入内膜而转化为泡沫细胞。②高胰岛素血症(hyperinsulinemia)可促进动脉壁SMCs增生,使血中HDL含量降低,CHD发病率和死亡率增高。③甲状腺功能减退和肾病综合征均可引起高胆固醇血症,使血浆LDL明显增高。

5. 遗传因素 CHD的家族聚集现象提示遗传因素是AS发病的危险因素。家族性高胆固醇血症、家族性脂蛋白脂酶缺乏症等患者AS的发病率较高。已知有400多种突变的等位基因与家族性高胆固醇血症有关,影响LDL受体蛋白的合成、运输、结合、集聚和受体的再循环,导致血浆LDL极度升高,年龄很小就可发病。

6. 其他因素 ①年龄:动脉内膜随着年龄增长而逐渐增厚。AS检出率和病变程度的严重性随年龄增加而增高,并与动脉壁的年龄性变化有关。②性别:女性绝经前HDL水平高于男性,LDL水平低于男性,患CHD概率低于同龄组男性。绝经后,两性间发病率差异消失。这可能与雌激素可使HDL水平增高有关;③肥胖:肥胖人群易患高脂血症、高血压和糖尿病,从而间接促进AS的发生;④感染:血清流行病学研究指出,病毒可能是AS发生的一个因素。

(二)发病机制

AS的发病机制尚未完全阐明,学说很多,目前倾向于认为AS是一种由动脉内皮细胞损伤启动的动脉壁的慢性炎症反应,主要表现为:①慢性内皮损伤:通常轻微,结果使内皮细胞功能丧失,通透性增强,白细胞黏附,血栓形成;②脂蛋白,主要是LDL-C渗入动脉壁;③病灶处的脂蛋白氧化修饰;④血液中的单核细胞(和其他白细胞)黏附于内皮,随后移入内膜,转化为巨噬细胞和泡沫细胞;⑤血小板黏附;⑥活化的血小板、巨噬细胞或者血管细胞释放因子引起中膜SMCs移入内膜;⑦SMCs在内膜增生并合成细胞外基质,导致胶原和蛋白聚糖积聚;⑧脂质在巨噬细胞和SMCs内和外进一步积聚(图5-1)。

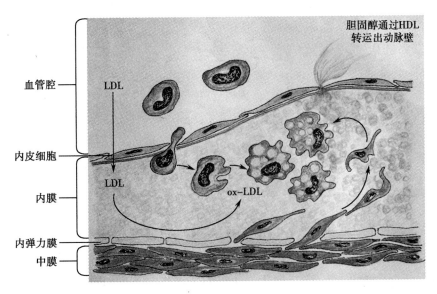

图5-1 动脉粥样硬化发病机制模式图

LDL:低密度脂蛋白;VLDL:极低密度脂蛋白;ox-LDL:氧化的LDL;HDL:高密度脂蛋白。内皮细胞损伤,LDL渗入内皮下间隙并氧化修饰成ox-LDL;单核细胞移入内膜,转化为巨噬细胞;血小板和单核细胞释放生长因子,导致中膜SMCs迁移入内膜与增生,产生细胞外基质;巨噬细胞通过VLDL受体和清道夫受体,SMCs通过LDL受体,识别、摄取ox-LDL,形成泡沫细胞

脂蛋白在 AS 发病中的作用

LDL 或 LDL-C 是 AS 和 CHD 的主要致病因素,至少有 15 种 LDL 亚型,尤其是 LDL 亚型中小颗粒致密低密度脂蛋白(small dense low-density lipoprotein, sLDL)水平被认为是判断 CHD 的最佳指标。此外,VLDL 和 CM 也与 AS 的发生有密切关系。而 HDL 或 HDL-C 可通过胆固醇逆向转运机制清除动脉壁的胆固醇,将其转运至肝进行代谢并排出体外;同时,HDL 具有防止 LDL 氧化的作用,并可通过竞争性抑制阻抑 LDL 与内皮细胞的受体结合而减少其摄取。因此,HDL 和 HDL-C 具有抗 AS 和 CHD 发病的作用。此外,脂蛋白(a)〔lipoprotein(a), Lp(a)〕在血浆中的浓度与 AS 发病率呈正相关,它是一种变异 LDL,在尸检材料中已证实 AS 的病灶中有 Lp(a)的沉积。家族和孪生子研究证明 Lp(a)血浆水平有高度的遗传性,因此有人认为 Lp(a)的增加是 AS 病因中的一个遗传性危险因子。

不同脂蛋白在 AS 发病中的作用不同,这与其结构蛋白质——载脂蛋白(apolipoprotein, apo)有关。CM、VLDL、LDL、中间密度脂蛋白(IDL)的主要载脂蛋白为 apoB-48 或 apoB-100,HDL 的主要载脂蛋白为 apoA-Ⅰ。目前认为 LDL、IDL、VLDL、TG 和 apoB 的异常升高与 HDL、HDL-C 及 apoA-Ⅰ 的降低同时存在,是高危险性的血脂蛋白综合征,可称为致 AS 性脂蛋白表型,对 AS 发生发展具有极为重要的意义。

二、病理变化

(一)基本病变

AS 主要发生于大(如主动脉)、中动脉(如冠状动脉、脑基底动脉、肾动脉和四肢动脉),最常见于腹主动脉,其次依次为冠状动脉、降主动脉、颈动脉和脑底 Willis 环,以这些动脉的分叉、分支开口、血管弯曲凸面为好发部位。AS 的典型病变的发生发展可分为四个阶段。

1. **脂纹、脂斑(fatty streak)** 是 AS 肉眼可见的最早病变。肉眼观,为帽针头大小斑点及宽约 1～2mm、长短不一的黄色条纹,平坦或稍微隆起于内膜表面,常见于主动脉后壁及分支开口处(图 5-2)。光镜下,脂纹处内皮细胞下有大量泡沫细胞(foam cell)聚集。泡沫细胞圆形或椭圆形,体积较大,胞质内有大量小空泡(为在制片过程中被溶解的脂质)(文末彩插图 5-3)。此外,可见少量淋巴细胞,中性粒细胞等。泡沫细胞来源于巨噬细胞和 SMCs,吞噬渗入内膜的脂质后形成,苏丹Ⅲ染色脂质呈橘红色。

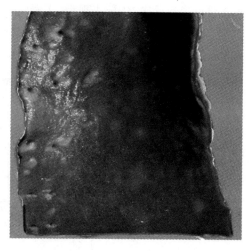

图 5-2 主动脉粥样硬化
主动脉粥样硬化,黄色脂纹脂斑在分支开口处明显

脂纹与脂斑阶段的病变对机体无明显影响,而且尚未发生纤维组织增生,故当病因去除后病变可消退。这种病变十分常见,据尸检观察,9 岁以下儿童的主动脉脂纹检出率约 10%。

2. **纤维斑块(fibrous plaque)** 泡沫细胞的坏死导致细胞外脂质形成,加之 SMCs 大量增生,产生胶原、弹性纤维及蛋白多糖,使病变演变为纤维斑块。肉眼观,为隆起于内膜表面的不规则斑块,随着斑块表层的胶原纤维不断增加及玻璃样变,斑块由灰黄色逐渐变为瓷白色,如蜡滴状。光镜下,病变表层为纤维帽,由密集的胶原纤维并发生玻璃样变、SMCs、巨噬细胞以及少量弹力纤维和蛋白聚糖组成。在纤维帽之下可见数量不等的泡沫细胞、细胞外脂质、SMCs 和炎细胞。

3. **粥样斑块(atheromatus plaque)** 亦称粥瘤(atheroma),纤维斑块纤维帽之下泡沫细胞坏死崩解后,其胞质内的脂质被释放出来，成为富含胆固醇酯的脂质池，并释放出许多溶酶体酶，促进其他细胞坏死崩解，纤维斑块逐渐演变为粥样斑块。肉眼观，为明显隆起于内膜表面的灰黄色斑块。切面，表层的纤维帽呈瓷白色质较硬，深部为由脂质和坏死崩解物质混合而成质软的黄色粥糜样物质（图5-4）。光镜下，表层纤维帽的胶原纤维玻璃样变，SMCs被分散埋藏于细胞外基质之中。深部为大量无定形坏死物质，其内富含细胞外脂质、胆固醇结晶、钙化等，斑块底部和边缘可见肉芽组织、少许泡沫细胞和淋巴细胞（文末彩插图5-5）。胆固醇结晶在HE片中为针形或梭形空隙（文末彩插图5-6）。病变严重者中膜SMCs因斑块压迫而萎缩变薄。外膜可见新生毛细血管、结缔组织增生及淋巴细胞、浆细胞浸润。

图5-4　主动脉粥样斑块（粥瘤）
隆起于内膜表面的灰黄色斑块，切面，表层的纤维帽呈瓷白色质较硬，深部为质软的黄色粥糜样物质

4. **复合性病变**（complicated lesion）　是指在纤维斑块和粥样斑块的基础上继发的病变，包括：

（1）斑块破裂：斑块破裂常形成溃疡（粥瘤性溃疡）及并发血栓形成；坏死性粥样物质可排入血流而造成胆固醇栓塞。斑块破裂常见于腹主动脉下端、髂动脉和股动脉。

（2）斑块内出血：斑块内新生的毛细血管破裂或斑块纤维帽破裂可形成斑块内血肿，使斑块迅速增大并突入管腔，甚至完全闭塞血管腔，导致急性供血中断引起器官梗死，如冠状动脉粥样硬化伴斑块内出血可致心肌梗死（文末彩插图5-7）。

（3）血栓形成：为最危险的并发症，表浅的或由于斑块破裂造成的较深的内膜损伤，使动脉壁胶原暴露，引起血小板聚集形成血栓，从而加重病变动脉的狭窄，甚至阻塞管腔导致梗死形成，如心和脑的梗死。如血栓脱落，可导致栓塞。

（4）动脉瘤形成：严重的粥样斑块由于其底部中膜平滑肌受压萎缩变薄，弹性减弱，不能承受血流压力而向外局限性扩张，形成动脉瘤（aneurysm），典型的见于腹主动脉。动脉瘤破裂可致大出血。另外，血流可从粥瘤溃疡处内膜侵入主动脉中膜，或中膜内的血管破裂出血，均可造成中膜撕裂，形成夹层动脉瘤（dissecting aneurysm）。

（5）钙化：钙盐多沉着在纤维帽及粥瘤灶内，导致动脉壁变硬变脆，易于破裂。

AS的病变、发病机制、并发症和自然发展史总结见图5-8。

（二）主要的动脉粥样硬化病变及后果

在大的动脉，粥样斑块的形成一般不会影响血流，主要的危害是动脉管壁的破坏，但在中等肌型动脉，如冠状动脉及脑动脉，斑块及其复合性病变可使管腔狭窄甚至闭塞，引起组织缺血坏死，如心肌梗死、脑软化、足坏疽等，略述如下：

1. **主动脉粥样硬化**　病变好发于主动脉后壁和其分支开口处，病变严重程度依次为腹主动脉、胸主动脉、主动脉弓和升主动脉。严重者主动脉内膜广泛受累，弥漫分布不同发展阶段的病变，常见溃疡、血栓形成、钙化及出血等继发性改变。由于主动脉管腔大，粥样斑块所致管腔狭窄的症状并不明显，但复合病变常可导致严重的后果。坏死性粥样物质和血栓脱落可引起栓塞；主动脉瘤主要见于腹主动脉，破裂可发生致命性大出血。有时可发生夹层动脉瘤。有的病例主动脉根部内膜病变严重，累及主动脉瓣，使瓣膜增厚、变硬，甚至钙化，形成主动脉瓣膜病。

2. **冠状动脉粥样硬化**（详见本章第二节）

3. **颈动脉及脑动脉粥样硬化**　最常见于颈内动脉起始部、基底动脉、大脑中动脉和Willis环（图5-9）。纤维斑块和粥样斑块常导致管腔狭窄，并可因复合性病变加重狭窄甚至形成闭塞。脑部动脉粥样硬化比

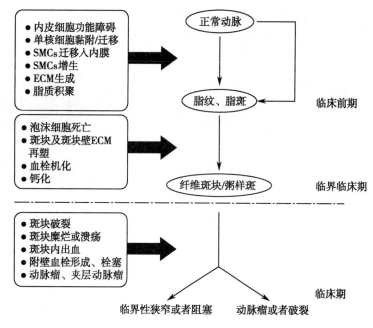

图5-8 AS的病变、发病机制、并发症和自然发展史总结

SMCs：平滑肌细胞；ECM：细胞外基质。斑块通常起始于少年时代，缓慢和隐匿性
发展许多年，或者在此后的短期内快速发展，在中年或者老年出现临床症状。病变
从脂纹／脂斑发展到纤维斑块与粥样斑块，然后出现斑块并发症引起疾病

冠状动脉粥样硬化发生晚，一般在40岁以后才出现。长期供血不足可致脑萎缩，表现为脑回变窄，脑沟变宽、变深，脑实质变薄，重量减轻。患者记忆力和智力减退，精神变态，甚至痴呆。急速供血中断可致脑梗死（脑软化）。脑软化灶多发生在颞叶、内囊、尾状核、豆状核和丘脑等处，严重时可引起患者失语、偏瘫、甚至死亡。当血压突然升高时Willis环部小动脉瘤可破裂出血。

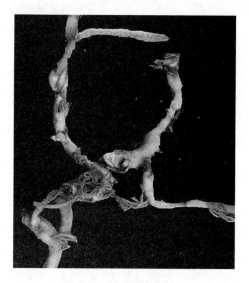

图5-9 脑动脉粥样硬化

脑基底动脉和Willis环管壁节段性增厚、管腔狭窄、变硬

4. **肾动脉粥样硬化** 最常累及肾动脉开口处或主干近侧端，严重者可导致肾动脉高度狭窄，甚至因并发血栓形成而完全阻塞。前者引起肾血管性高血压；后者引起受累动脉供血区域的梗死，梗死灶机化后形成较大块的凹陷瘢痕，多个瘢痕可使肾缩小，称为动脉粥样硬化性固缩肾。

5. **四肢动脉粥样硬化** 下肢动脉粥样硬化较上肢为常见，且较严重。股浅动脉在内收肌腱裂孔水平处最常发生阻塞。当较大动脉管腔明显狭窄时,可因肢体缺血在行走时引起疼痛,休息后好转,再走时出现剧痛,即所谓间歇性跛行(intermittent claudication)。当动脉管腔严重狭窄,继发血栓形成而侧支循环又不能代偿时,可发生供血局部的缺血性坏死(梗死),发展为干性坏疽。

问题与思考

何谓动脉粥样硬化?它对人类健康有何影响?怎样预防动脉粥样硬化的发生?

第二节　冠状动脉粥样硬化及冠状动脉性心脏病

一、冠状动脉粥样硬化

冠状动脉粥样硬化(coronary atherosclerosis)是 AS 中对人类构成威胁最大的疾病,是最常见的狭窄性冠状动脉疾病。其好发部位及严重程度以左冠状动脉前降支最高,其余依次为右主干、左主干或左旋支、后降支。病变常呈节段性,多发生于血管的心壁侧,斑块多呈新月形,使管腔呈偏心性狭窄(图 5-10)。按管腔狭窄程度可分为 4 级:Ⅰ级,≤25%;Ⅱ级,26%~50%;Ⅲ级,51%~75%;Ⅳ级,>76%。冠状动脉粥样硬化常伴发冠状动脉痉挛,痉挛可使原有的管腔狭窄程度加剧,甚至导致供血的中断,引起心绞痛、心肌梗死等心肌缺血性心肌病变,并可成为心源性猝死的原因。

图 5-10　冠状动脉粥样硬化
冠状动脉(↑)内膜不规则增厚,呈偏心性狭窄

二、冠状动脉性心脏病

冠状动脉性心脏病(coronary heart disease,CHD),简称冠心病,是指因狭窄性冠状动脉疾病而引起的心肌供血不足所造成的缺血性心脏病。由于其最常见的病因是冠状动脉粥样硬化引起的冠状动脉管腔狭窄,因此把 CHD 视为冠状动脉粥样硬化性心脏病(coronary atherosclerotic heart disease)的同义词。所谓缺血性心脏病(ischemic heart disease,IHD)是指一组与心肌需氧供氧失衡密切相关的临床病症。冠心病时心肌缺血缺氧的原因表现在两个方面:冠状动脉供血不足和心肌需氧量增加。现将能引起冠状动脉供血不足的疾病分述如下:

1.冠状动脉粥样硬化　严重和慢性的冠状动脉粥样硬化引起一支或一支以上的冠状动脉的狭窄是冠

心病的发病基础。当受累的冠状动脉管腔狭窄≥75%，冠状动脉扩张不能满足心肌需氧量增加时，就会导致经典的心绞痛。因此，冠状动脉管腔狭窄≥75%被定义为"临界性狭窄"。但是，冠心病的发生与预后不仅取决于受累的冠状动脉的狭窄程度，而且与冠状动脉斑块的动态变化密切相关，它包括：斑块的急性复合性病变、冠状动脉血栓形成、冠状动脉痉挛。

2. 斑块的急性复合性病变 经常发生在狭窄程度小于临界的75%的冠状动脉，表现为斑块破裂、斑块增大和继发血栓形成，脱落的粥瘤碎屑可造成远端的冠状动脉血管栓塞，引起急性心肌梗死。

3. 冠状动脉血栓形成 如果血管被完全阻塞，则发生急性心肌梗死；如果血管阻塞是不完全和动态变化的，则患者发生不稳定性心绞痛或者致命的心律不齐，后者可以引起心源性猝死（sudden cardiac death）。

4. 冠状动脉痉挛 心血管造影技术证明，冠状动脉痉挛可引起心绞痛和心肌梗死。冠状动脉痉挛的机制尚不完全清楚。

5. 其他因素 较少见的有主动脉瓣或者二尖瓣的赘生物脱落引起的冠状动脉的栓塞，冠状动脉血管炎症所致血管狭窄。严重的高血压也与冠状动脉血流减少和心肌缺血有关，特别是在先前已有冠状动脉粥样硬化的患者。

除了冠状动脉血流减少，心肌需氧量的增加也可引起心肌缺血的发展，通常见于左心室肥大、血压骤升、情绪激动、体力劳累、心动过速等导致的心肌负荷增加，冠状动脉相对缺血。CHD临床上主要表现为心绞痛、心肌梗死、心肌纤维化和冠状动脉性猝死。

（一）心绞痛

心绞痛（angina pectoris，AP）是冠状动脉供血不足和（或）心肌耗氧量骤增致使心肌急性、暂时性缺血、缺氧所引起的临床综合征。典型表现为阵发性胸骨后部位压榨性或紧缩性疼痛，常放射至左肩和左臂。每次发作3~5分钟，可数日一次，也可一日数次。可因休息或用硝酸酯剂而缓解消失，亦可因体力活动、暴饮暴食、情绪激动而诱发。

AP的发生是由于缺血缺氧造成心肌内代谢不全的酸性产物或多肽类物质的堆积，刺激心脏局部的交感神经末梢，信号经1~5段胸交感神经节和相应脊髓段传至大脑，在相应脊髓段的脊神经所分布的皮肤区域产生不适感，表现为憋闷或紧缩感。

根据引起心绞痛的原因和疼痛的程度，临床上心绞痛分为三种主要类型：

1. 稳定性心绞痛（stable angina pectoris） 又称典型心绞痛或轻型心绞痛，仅在体力活动过度增加、心肌耗氧量增多时发作，临床表现为典型症状。病情可稳定1~3月。通常伴有固定性的一支或一支以上的冠状动脉粥样硬化性狭窄（≥75%）。

2. 不稳定性心绞痛（unstable angina pectoris） 也称进行性加重性心绞痛（crescendo angina），以心绞痛疼痛频率增加为特征。在负荷或休息时均可发作，症状更强烈，持续时间长于稳定性心绞痛，是心肌梗死的前兆，被归于心肌梗死前心绞痛。此类患者大多至少有一支冠状动脉大支近侧端高度狭窄，由于斑块的急性变化合并血栓形成、远端冠状动脉血栓栓塞和（或）血管痉挛而发作。镜下可见由于弥漫性心肌细胞坏死引起的弥漫性心肌纤维化，常伴有左心室扩张及心力衰竭。

3. 变异性心绞痛（variant angina pectoris） 又称prinzmetal心绞痛，常在休息或从梦中惊醒时发作，主要由冠状动脉发作性痉挛引起。此型心绞痛对血管扩张药反应良好。

（二）心肌梗死

心肌梗死（myocardial infarction，MI）是指由冠状动脉供血中断引起的急性、持续性局部缺血缺氧引起的较大范围心肌坏死。典型的临床表现为剧烈而持久的胸骨后疼痛，休息及硝酸甘油类药物不能完全缓解，可并发心律失常、休克或心力衰竭。本病多发生于中老年人，40岁以上占87%~96%。冬春季多发，发病时大多无明显诱因，在安静或睡眠时发病，部分病人发病前有剧烈体力劳动、精神紧张、饱餐、饮酒等诱因。急性MI大约一半病例在未到达医院前就死去。

【病因】

MI 大多数由冠状动脉粥样硬化引起。在此基础上并发血栓形成、斑块内出血或持续性痉挛使冠状动脉血流进一步减少或中断，或过度劳累使心脏负荷加重，导致心肌缺血。

【好发部位和范围】

MI 的部位与冠状动脉供血区域一致。MI 多发生在左心室，其中约 50% 发生左冠状动脉前降支供血区的左心室前壁、心尖部及室间隔前 2/3；约 25% 发生于右冠状动脉供血区的左心室后壁、室间隔后 1/3 及右心室大部；此外，可见于左冠状动脉旋支供血的左室侧壁（图 5-11）。心肌梗死极少累及心房。

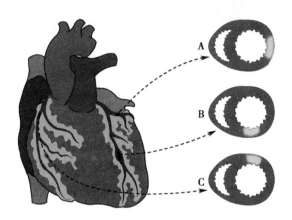

图 5-11　心肌梗死的好发部位与冠状动脉供血区域的关系

A 示因左冠状动脉旋支阻塞而引起的左室侧壁心肌梗死；B 示左冠状动脉前降支阻塞而引起的左室前壁、心尖部及室间隔前 2/3 心肌梗死；C 示右冠状动脉阻塞而引起的左心室后壁、室间隔后 1/3 及右心室大部心肌梗死

【类型】

根据梗死灶的范围和累及心室壁的厚度将 MI 分为两型：

1. 心内膜下心肌梗死（subendocardial myocardial infarction）　指梗死仅累及心室壁内层 1/3 的心肌，并波及肉柱和乳头肌。常为多发性、小灶状坏死（直径 0.5～1.5cm），不规则地分布于左心室四周，严重者融合或累及整个左心室内膜下心肌引起环状梗死（circumferential infarction）。心内膜下心肌是心室壁灌流最差的部位，典型的 MI 常首发于心内膜下心肌。

2. 透壁性心肌梗死（transmural myocardial infarction）　亦称区域性心肌梗死（regional myocardial infarction），累及心室壁全层，梗死面积大小不一，多在 2.5～10cm² 之间。该型梗死远比心内膜下梗死常见。如梗死未累及全层而深达室壁 2/3 以上则称厚壁梗死。

【病理变化】

MI 多为贫血性梗死，形态学表现决定于梗死的时间，一般梗死发生 6 小时后肉眼才能辨认。基本的病变过程是凝固性坏死合并炎症反应、肉芽组织形成、坏死心肌被重吸收、肉芽组织机化形成瘢痕组织。肉眼观，梗死灶形态不规则，8～72 小时颜色苍白，3～7 天时，梗死灶变软，呈淡黄色或黄褐色，梗死灶外周出现充血出血带。几周到几个月后，肉芽组织增生，机化形成地图形白色瘢痕，称为陈旧性心肌梗死。镜下，早期表现为凝固性坏死。4～12 小时，心肌纤维出现凝固性坏死，间质水肿伴有出血，中性粒细胞开始浸润；8～24 小时，梗死边缘的心肌纤维变长呈波浪状，梗死的心肌肌浆明显红染、凝集；24～72 小时，整个心肌纤维凝固性坏死，核消失，横纹消失，肌浆变成不规则粗颗粒状，梗死区炎症反应明显，中性粒细胞浸润达高峰；3～7 天时，心肌纤维肿胀、空泡变，胞质内出现颗粒及不规则横带（收缩带）。在梗死灶周边带肉芽组织增生，开始机化梗死区；10 天时，在梗死灶边缘可见有显著的肉芽组织；几周到几个月后，肉芽组织机化形成瘢痕组织（文末彩插图 5-12、图 5-13）。

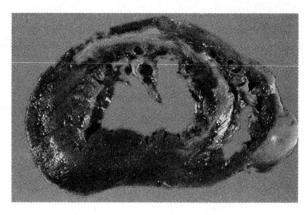

图 5-13　心肌梗死、机化
左心室前壁及室间隔心肌梗死,心肌变薄,梗死灶机化成白色瘢痕

【并发症】

1. 心力衰竭　梗死的心肌收缩力显著减弱以至丧失,可引起左心、右心或全心衰竭,是患者死亡最常见的原因之一,约占 MI 的 60%。

2. 心源性休克　约占 MI 的 10%~20%。MI 面积 > 40% 时,心肌收缩力极度减弱,心输出量显著减少,可引起心源性休克,导致患者死亡。

3. 心脏破裂　是急性透壁性 MI 的严重合并症,约占致死病例 3%~13%,常发生在 MI 后前 2 周内,特别是 4~7 天内。好发部位:①左心室前壁的下 1/3 处破裂,血液流入心包腔,造成急性心包填塞而致病人死亡;②室间隔破裂,左心室血液流入右心室,导致急性右心衰竭;③左心室乳头肌断裂,致使急性二尖瓣关闭不全、急性左心衰竭。原因是梗死灶内中性粒细胞和单核细胞释放水解酶溶解坏死心肌,而肉芽组织和纤维化生成较弱。

4. 乳头肌功能失调(papillary muscle dysfunction)　在 MI 的患者中经常发生,多发生在 MI 后的 3 天内,主要累及二尖瓣乳头肌。梗死的乳头肌可发生破裂,结果腱索与乳头肌分离、二尖瓣关闭不全,可引起急性左心室衰竭。

5. 室壁瘤(ventricular aneurysm)　约占 MI 的 10%~38%。可发生于 MI 的急性期,但常见于大的透壁性 MI 的愈合期。由于梗死区坏死组织或瘢痕组织在室内血液压力作用下,局部组织向外膨出而成。多发生于左心室前壁近心尖处,常合并血栓、心律失常和心力衰竭。

6. 附壁血栓形成　在梗死病灶上可有附壁血栓形成,特别常见于室壁瘤形成的患者。血栓脱落可引起动脉系统栓塞,血栓机化导致内膜纤维性增厚。

7. 心律失常　约占 MI 的 75%~95%。MI 累及传导系统,引起传导紊乱,有些可导致心跳急停、猝死。

8. 急性心包炎　常在透壁性 MI 后 2~4 天,发生浆液性或浆液纤维素性心包炎,为非感染性无菌性炎症。约占 MI 的 15%。

【生化改变】

一般心肌缺血 30 分钟内,心肌细胞内糖原减少或消失。此后,肌红蛋白逸出,血和尿中肌红蛋白升高。心肌细胞坏死后,谷氨酸 - 草酰乙酸转氨酶(glutamic oxaloacetic transaminase, GOT)、谷氨酸 - 丙酮酸转氨酶(glutamic pyruvic transaminase, GPT)、肌酸磷酸激酶(creatine phosphokinase, CPK)及乳酸脱氢酶(lactate dehydrogenase, LDH)透过细胞膜释放入血,引起相应酶的血浓度升高。其中尤以 CPK 和 LDH 对 MI 的临床诊断有一定参考意义。近年来,又发展起来在血清中检测肌酸激酶的异构体 MB(CK-MB)、心肌肌钙蛋白 T 和 I(cTnT, cTnI)等血清心肌蛋白质作为心肌坏死的证据。

(三)心肌纤维化

心肌纤维化(myocardial fibrosis)是指由于冠状动脉有中~重度的粥样硬化,引起心肌持续性和(或)反复加重的缺血缺氧，随后逐渐发展为以心力衰竭为症状的慢性缺血性心脏病（chronic ischemic heart disease），或称缺血性心肌病（ischemic cardiomyopathy）。许多病例有心绞痛或心肌梗死的病史。肉眼观，心脏体积增大，心腔扩张；心壁有多灶性纤维化，经常可见透壁性瘢痕。光镜下，广泛心肌纤维化，伴邻近心肌纤维萎缩和（或）肥大，有时可见机化的附壁性血栓。临床上可表现为心律失常或进行性淤血性心力衰竭。

（四）冠状动脉性猝死

冠状动脉性猝死（sudden coronary death）是心源性猝死（sudden cardiac death）中最常见的一种。多见于40～50岁患者，男性比女性多3.9倍。可发生于某种诱因后，如饮酒、劳累、吸烟、运动、争吵等，患者突然昏倒、四肢抽搐、小便失禁，或突然发生呼吸困难、口吐泡沫、大汗淋漓，迅速昏迷。可迅即死亡，或在一至数小时后死亡。但有不少病例，在无人察觉的情况下，死于夜间。

病理学检查，多数病例见一支或两支以上冠状动脉有狭窄性动脉粥样硬化，有的病例有继发病变（血栓形成或斑块内出血）或者冠状动脉痉挛。主要原因是心肌急性缺血触发心室颤动等严重心律失常，故而引起猝死。此外，冠状动脉畸形、梅毒性主动脉炎等所致的冠状动脉口狭窄或闭塞以及感染性心内膜炎时瓣膜上的血栓脱落所致冠状动脉栓塞等，均可引起猝死。

相关链接

急性心肌梗死的临床表现及诊断

急性心肌梗死（AMI）通常突然发作，表现为严重的胸骨下或者心前区压榨样疼痛。疼痛像上腹区燃烧样或者放射到颌部或者手臂内侧。经常伴随大汗、恶心、呕吐和呼吸急促。有些急性MI发作前几天表现为不稳定性心绞痛的症状。1/4～1/2的非致死性MI发生时没有任何症状。

急性MI的诊断要点：确诊需符合下述3项标准中的2项：①持续性缺血性胸痛；②心电图出现心肌缺血、坏死的ST段抬高与异常Q波形成动态变化图形；③心肌酶谱、心肌损伤标志物肌钙蛋白I或T升高且有动态变化。心肌酶谱CPK、GOT、LDH升高，其中CPK的同工酶CPK-MB和LDH的同工酶LDH1的诊断特异性较高。测定血清肌红蛋白（myoglobin, Myo）可作为急性心肌梗死（AMI）诊断的早期（6～7小时达高峰）最灵敏的指标，但特异性差，一般可用于早期排除AMI诊断的重要指标。心肌肌钙蛋白T和I具有对心肌损伤敏感性高、特异性强、发病后出现较早，并持续时间较长的特点（5～7天），是目前AMI早期诊断、预后评价最有利的标志物。

第三节　高血压

高血压（hypertension）是以体循环动脉血压持续升高为主要表现的疾病，一般成人收缩压≥140mmHg（18.6kPa）和（或）舒张压≥90mmHg（12.0kPa），可诊断为高血压。收缩压和舒张压均随年龄的增长而升高，但舒张压升高不明显，因此舒张压升高是判断高血压的重要依据。高血压可分为原发性（essential）和继发性（secondary）两类。原发性高血压（占90%～95%）是一种原因未明的、以体循环动脉血压持续升高为主要表现的独立性全身性疾病，又称高血压病（hypertensive disease）。继发性高血压（占5%～10%）是指患有某些疾病时出现的血压升高，如慢性肾疾病、肾动脉狭窄所引起的肾性高血压，肾上腺和垂体的肿瘤等所引起的内分泌性高血压。这种血压升高只是某种疾病的症状之一，因此也称为症状性高血压（symptomatic hypertension）。

原发性高血压是人类最常见的心血管疾病之一，多见于中、老年人，增高的血压对血管的功能和结构都造成影响，基本病变为细、小动脉硬化，常引起心、脑、肾及视网膜等脏器病变，并伴有相应的临床表现。

多数病程漫长，症状显隐不定，常在不被重视的情况下发展至晚期。晚期发生左心室肥大、双肾弥漫性颗粒性固缩、脑出血等严重并发症。本节仅叙述原发性高血压。

高血压的诊断标准见表5-1。

表5-1　高血压的分期（美国全国联合委员会2003/中国2005）

分期	收缩压（mmHg）	舒张压（mmHg）
正常血压	<120	<80
高血压前期（或正常高值）	120~139	80~89
高血压I期	140~159	90~99
高血压II期	160~179	100~109
高血压III期	≥180	≥110
单纯收缩期高血压	≥140	<90

注：1mmHg = 1.333kPa

一、病因和发病机制

（一）病因

原发性高血压病因尚未完全清楚，目前比较明确的致病因素有如下几种：

1. 遗传因素　遗传是高血压发病的重要因素，约75%的高血压患者有遗传素质（genetic predisposition）。双亲均有高血压病史者与无高血压家族史者相比，高血压患病率高出2~3倍，单亲有高血压病史者高血压患病率高出1.5倍。高血压患者、有高血压家族史而血压正常者及有高血压倾向者，血清中有一种激素样物质，可抑制细胞膜的 Na^+/K^+ ATP酶的活性，导致细胞内 Na^+、Ca^{2+} 浓度升高，肾上腺素能受体密度增加，血管反应性加强，细、小动脉壁平滑肌收缩加强，促使血压升高。尚未发现特殊的基因缺陷可引起高血压，但有三种遗传型高血压被认定是由单基因突变导致：①糖皮质激素可治性醛固酮增多症（GRA），具有常染色体显性遗传性高血压；②真性盐皮质激素过多综合征（AME），具有常染色体隐性遗传性高血压；③Liddle综合征（Liddle syndrome），具有常染色体显性遗传性高血压。目前认为高血压极可能是多基因遗传病。血管紧张素基因多态性与原发性高血压有关。

2. 环境因素

（1）膳食电解质因素：摄 Na^+ 过多可引起高血压。日均摄盐量高的人群高血压患病率明显高于日均摄盐量低的人群，减少日均摄盐量或用药物增加 Na^+ 的排泄均可降低高血压的发病率。WHO建议每人每日摄盐量应控制在5g以下，可起到预防高血压作用。K^+ 和 Ca^{2+} 摄入不足也易导致高血压。多食蔬菜（富含 K^+）和高钙饮食可降低高血压患病率。

（2）职业和社会心理应激因素：精神长期或反复处于紧张状态的职业，高血压病患病率比对照组高。能引起严重心理障碍的社会应激因素，如暴怒、过度惊恐和忧伤等，可改变体内激素平衡，从而影响所有代谢过程，导致高血压的发生发展。

（3）其他因素：超重或肥胖、吸烟、年龄增长和缺乏体力活动等，也是血压升高的重要危险因素。肥胖儿童高血压的患病率是正常体重儿童的2~3倍，高血压患者中，约1/3有不同程度肥胖。阻塞性睡眠呼吸暂停综合征（obstructive sleep apnea，OSA）的患者60%~80%有高血压。

（二）发病机制

关于原发性高血压的发病机制曾有许多学说，如精神神经源学说、内分泌学说、肾源学说、遗传学说和摄钠过多学说等。但是没有哪一个学说能完全解释高血压的发病，表明高血压的发病机制是复杂的，可能该病是由彼此相互影响的多种因素共同作用的结果，这些因素包括遗传、环境、神经内分泌、体液等。

动脉血压等于心输出量和外周阻力的乘积。心输出量受心率、心收缩力及血容量的影响；外周阻力受神经、体液因素及局部自动调节因素的影响。因此，任何能引起血容量、心率、心收缩力、外周阻力增加的因素，都可能使动脉血压升高。肾在血压调解中起重要的作用，通过肾素-血管紧张素系统，肾脏影响外周阻力和钠平衡，从而调节血压。

肾素是一种蛋白酶，可以将血管紧张素原裂解为血管紧张素 I，在内皮细胞表面的血管紧张素转化酶（ACE）的作用下，血管紧张素 I 转变为血管紧张素 II。血管紧张素 II 在高血压发病中是中心环节，血管紧张素 II 可直接引起细、小动脉强烈收缩，引起血压升高。血管紧张素 II 也作用于中枢神经系统的中心，控制交感神经兴奋和刺激肾上腺皮质分泌醛固酮。醛固酮作用于肾小管，增加钠离子的重吸收，增加全身体液容量。因此，肾素-血管紧张素-醛固酮系统（RAAS）升高血压的三种主要机制包括：①增加交感神经的兴奋性；②增加肾上腺皮质激素的分泌；③引起血管收缩。细、小动脉的收缩，还可因血管平滑肌对血管收缩物质敏感性的增加而引起，如平滑肌细胞 Na^+、Ca^{2+} 跨膜转运的遗传缺陷，可致细胞内 Ca^{2+} 增加，平滑肌收缩，使血压升高。原发性高血压的发病机制主要涉及三条相互重叠的途径：

1. 钠水潴留　该机制的核心是各种原因引起 Na^+ 潴留，从而引起水潴留，使血浆和细胞外液容量增加，致心输出量增加，血压升高。此外，外周血管具有自动调节心输出量的机制，因为血管壁平滑肌内 Na^+、Ca^{2+} 浓度增高，使动脉壁平滑肌收缩性增强，以限制组织灌注。随着血管收缩，外周阻力增加，也可引起血压升高。前述的发病因素中，遗传因素与摄钠过多的结果都是导致钠水潴留，使血压升高。丘脑-垂体-肾上腺活动增强时，肾上腺皮质分泌醛固酮增多，使肾排 Na^+ 减少，导致钠水潴留，升高血压。

2. 功能性血管收缩　该途径是指外周血管（细、小动脉）的结构无明显变化，仅平滑肌收缩使血管口径缩小，从而使外周阻力增加，导致血压升高。凡能引起血管收缩物质增多的因素，都可通过这条途径引起血压升高。如精神心理上的长期过度紧张、焦虑、烦躁等，可致大脑皮质高级中枢功能失调，对皮质下中枢调控能力减弱以致丧失，当血管舒缩中枢产生以收缩为主的冲动时，交感神经节后神经纤维则分泌多量的去甲肾上腺素，作用于细小动脉平滑肌 α 受体，引起细小动脉收缩或痉挛，致血压升高。另外，交感神经兴奋可导致肾缺血，刺激球旁装置的 ε 细胞分泌肾素。

3. 结构性血管壁增厚　该途径是指外周血管（细、小动脉）的增厚主要是由于血管平滑肌细胞的增生与肥大所致。遗传性的血管平滑肌生长和结构缺陷，是血管平滑肌细胞的增生与肥大的原因。血管收缩因子（如血管紧张素 II）还可作为生长因子而起作用，引起平滑肌细胞增生、肥大和基质的沉积。

此外，高血压患者存在血管内皮功能紊乱，表现为内皮 NO 水平或活性下降、局部 RAAS 过度激活及类花生四烯酸物质代谢异常。50% 的高血压患者具有胰岛素抵抗和高胰岛素血症，高胰岛素血症通过引起钠水潴留、内皮细胞功能紊乱、提高 RAAS 的兴奋性及刺激血管 SMCs 增殖等机制使血压升高。

二、类型和病理变化

原发性高血压（高血压病）分为良性高血压和恶性高血压两类。

（一）良性高血压

良性高血压（benign hypertension）也称缓进型高血压（chronic hypertension），约占原发性高血压的 95%。一般起病隐匿，病程长，进展缓慢，可达十数年甚至数十年，多见于中、老年人，最终常死于心、脑病变，死于肾衰者少见。根据病变进程可将本病分为三期。

1. 功能紊乱期　为高血压早期病变，表现为全身细、小动脉间歇性痉挛，血管痉挛时血压升高，当血管痉挛缓解后，血压可恢复到正常水平。血压处于波动状态，呈间歇性增高，一般舒张压常在 90～100mmHg。细、小动脉无明显结构改变，心、肾、脑、眼底均无明显器质性损害。患者可有头痛、头昏。此期如及时采取治疗措施，血压可恢复正常。

2. 动脉病变期　此期主要表现为细动脉玻璃样变、小动脉纤维硬化。

（1）细动脉硬化（arteriolosclerosis）：表现为细动脉玻璃样变，是良性高血压最主要的病变特征，最易累及肾小球入球动脉和视网膜动脉。细动脉是指中膜仅有 1~2 层 SMCs 的或直径 <0.3mm 的最小动脉。由于细动脉反复或持续性痉挛，管壁缺氧，加之增高血压的机械性刺激，内皮细胞和基底膜受损而使内膜通透性升高，血浆蛋白漏入内皮下间隙。同时内皮细胞及中膜 SMCs 分泌 ECM 增多，继而 SMCs 因缺氧而凋亡，血管壁逐渐被血浆蛋白和 ECM 所代替，发生玻璃样变性。随疾病发展，内皮下方的玻璃样物质积聚越来越多，细动脉管壁增厚呈红染均质的玻璃样，管腔变小，弹性减弱、变脆（文末彩插图 5-14）。

（2）小动脉硬化（arteriosclerosis）：由于持续性动脉压升高，肌性小动脉内膜亦有血浆蛋白漏入，内膜胶原纤维及弹力纤维增生，内弹力膜分裂。中膜 SMCs 增生、肥大，胶原纤维和弹性纤维增多（见文末彩插图 5-15）。最终导致血管壁增厚，管腔缩小，管壁弹性减弱。主要累及肾弓形动脉、小叶间动脉及脑的小动脉等。

（3）中动脉及大动脉：这些动脉内膜弹力纤维增生，中膜 SMCs 增生、肥大，血管壁增厚，可伴 AS 性病变。

此期患者血压进一步升高，失去了波动性，一般舒张压持续超过 110mmHg。心电图显示左心室轻度肥大，尿中可有少许蛋白。患者常有眩晕、头痛、疲乏、心悸等症状。

3. 内脏病变期　为高血压后期病变，由于细、小动脉硬化的进一步发展，许多内脏器官均可受累，其中最主要的是心脏、肾脏、脑和视网膜。

（1）心脏：主要病变是代偿性左心室肥大。由于细、小动脉硬化，外周阻力增加，血压持续性升高，左心室需加强收缩力以克服外周阻力，左心室发生代偿性肥大。心脏重量增加，超过 400g（正常男性 260g，女性 250g）。左心室游离壁及室间隔均质性增厚，可达 1.5~2.5cm（正常 ≤1cm），乳头肌和肉柱增粗、变圆，但心腔不扩张，称为向心性肥大（concentric hypertrophy）（图 5-16）。光镜下，心肌细胞变粗、变长，核大、深染呈矩形。病变继续发展，间质毛细血管与每一个肥大的心肌纤维中心的距离增大，肥大心肌纤维逐渐出现供血不足，心肌收缩力减弱，左心室失代偿，心腔扩张，称为离心性肥大（eccentric hypertrophy）。心脏舒张功能障碍是最常见的由高血压引起的功能异常，它可以导致淤血性心力衰竭，是高血压患者最常见的死亡原因之一。

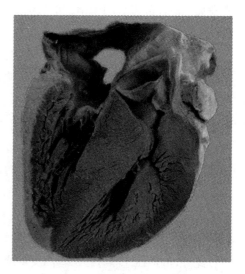

图 5-16　高血压心脏病代偿期
左心室向心性肥大，心腔不扩张，主动脉瓣与二尖瓣无明显变化

单独由高血压引起的心脏病称为高血压性心脏病（hypertensive heart disease）。患者收缩压常在 180mmHg 以上，舒张压可达 120mmHg。叩诊左心界向左向下扩大，ECG 及 X 线显示左心室肥大。

（2）肾脏：病变表现为原发性颗粒性固缩肾，又称为细动脉性肾硬化（arteriolar nephrosclerosis）。肉眼观，双肾对称性体积缩小，质地变硬，重量减轻，一侧肾重量一般小于 100g（正常成年约 150g）。表面布满无数均匀的红色细颗粒。切面，肾皮质变薄，一般在 2mm 左右（正常厚 3~5mm）。皮髓质界限模糊，肾盂和肾周围脂肪组织明显增生。光镜下，肾脏细、小动脉硬化明显。肾小球入球小动脉玻璃样变，小叶间动脉及弓形动脉内膜增厚。病变严重区域的肾小球因缺血发生萎缩、纤维化和玻璃样变，相应的肾小管因缺血而萎缩和消失。肾间质结缔组织增生及淋巴细胞浸润。肾实质萎缩，纤维化和增生的间质纤维结缔组织收缩，使肾脏表面呈现凹陷。健存的肾小球发生代偿性肥大，所属肾小管代偿性扩张，使局部肾组织向表面突起，形成肉眼所见的肾脏表面的弥漫性的细小颗粒状。晚期由于病变的肾单位越来越多，肾血流量逐渐减少，肾小球滤过率逐渐降低。患者可发生水肿、蛋白尿及管型。严重者可出现尿毒症的临床表现。

（3）脑：由于脑细小动脉痉挛和硬化，患者可出现一系列脑部变化。①高血压脑病：由于脑内细、小动脉痉挛和硬化，脑组织缺血，毛细血管通透性增加，发生脑水肿和颅内高压，导致以中枢神经功能障碍为主要表现的综合征，称为高血压脑病（hypertensive encephalopathy）。患者可出现头痛、头晕、眼花等症状。有时在短期内病情显著恶化，血压急剧升高，收缩压可上升 80～100mmHg，舒张压可增高 30～50mmHg，称为高血压危象（hypertensive crisis）。患者有意识模糊、剧烈头痛、恶心、呕吐、视力障碍及抽搐等症状。②脑软化：常发生于壳核、丘脑、脑桥和小脑。由于脑的细、小动脉硬化、痉挛，导致其供血区域脑组织发生多数的小坏死灶（直径＜1.5cm），即微梗死灶（microinfarct）。光镜下，梗死灶组织液化坏死，形成质地疏松的筛网状病灶，称之为脑软化（cerebral softening）。最终坏死组织被吸收，由周围胶质细胞产生胶质，形成胶质瘢痕。③脑出血（cerebral hemorrhage）：俗称卒中（stroke），是高血压最严重的并往往是致命性的并发症。多为大出血灶，常发生在基底核、内囊，其次为大脑白质、脑桥和小脑。出血区域脑组织完全被破坏，形成囊腔状，其内充满坏死组织和凝血块（图 5-17）。有时，出血范围甚大，可破裂入侧脑室。患者常骤然发生昏迷、呼吸加深和脉搏加快。严重者可出现陈-施（Cheyne-Stokes）呼吸、瞳孔与角膜反射消失、肢体弛缓、腱反射消失、大小便失禁等。内囊出血者可引起对侧肢体偏瘫和感觉丧失。出血灶破入脑室时，患者发生昏迷，常导致死亡。左侧脑出血常引起失语。脑桥出血可引起同侧面神经麻痹及对侧上、下肢瘫痪。脑出血可因血肿占位及脑水肿引起颅内高压，并发脑疝形成。多数脑出血导致患者死亡，尤其是内囊和脑桥的出血。小的血肿可被吸收，胶质瘢痕修复。中等量的出血灶可被胶质瘢痕包裹，形成血肿或液化成囊腔。

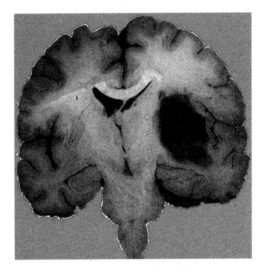

图 5-17　高血压之大脑出血（冠状切）
大脑左侧基底核区域出血，同侧侧脑室被挤压变得偏位、狭窄

引起脑出血的原因可归纳为三种情况：①脑细、小动脉硬化、痉挛，局部脑组织缺血，细、小动脉通透性增加，引起漏出性出血；脑细、小动脉硬化，血管壁变脆，血压升高时可破裂出血；②脑血管硬化致使其管壁弹性下降，局部膨出可形成微小动脉瘤（microaneurysm），伴有 AS 的高血压患者脑内也可发生微小动脉瘤，由于血压不断升高，可致微小动脉瘤破裂出血；③脑出血多见于基底核区域，尤以豆状核最常见。因为供应该区域血液的豆纹动脉从大脑中动脉呈直角分出，受到大脑中动脉压力较高的血流冲击，易使已有病变的豆纹动脉破裂出血。

（4）视网膜：视网膜中央动脉亦常发生硬化。眼底血管是人体内唯一能被窥视的小动脉。高血压眼底改变包括血管和视网膜病变，按 Keith-Wagener 分类法分为四级，即 I 级为视网膜小动脉轻度狭窄和硬化，动脉变细；II 级为小动脉中度硬化和狭窄，动静脉交叉压迫现象，动脉反光增强呈银丝状；III 级为视网膜水肿、渗出和出血；IV 级为视乳头水肿。因视乳头水肿，视网膜渗出和出血，患者视物模糊。

（二）恶性高血压

恶性高血压（malignant hypertension）也称急进型高血压（accelerated hypertension），较少见，仅占原发性高血压的 5% 左右，多发生于青壮年。起病急，血压显著升高，常超过 230/130mmHg，病变进展迅速，可发生高血压脑病，或较早即出现肾功能衰竭。恶性高血压多为原发性，部分可继发于良性高血压。

恶性高血压特征性病变是坏死性细动脉炎（necrotizing arteriolitis）和增生性小动脉硬化（hyperplastic arteriolosclerosis）。内皮细胞完整性丧失，细动脉和小动脉通透性增高，血浆蛋白进入血管壁，纤维素沉积，形成纤维素样坏死，周围单核细胞和中性粒细胞浸润，即为坏死性细动脉炎。小动脉内膜增厚伴 SMCs 增生，胶原等基质增多，使血管壁呈同心层状增厚，如洋葱皮样（onion-skin），即为增生性小动脉硬化。病变主要累及肾和脑血管，常致肾、脑发生缺血性坏死和出血等，严重损害肾、脑功能。患者大多死于尿毒症、脑出血或心力衰竭。

问题与思考

原发性高血压可分为几种类型？各自具有什么病变特征？

案例 5-1

病史摘要：杨某，男，50 岁，工人。患高血压已 20 余年，常觉头晕头痛，血压波动于 200/100 ～ 250/110mmHg 之间。医生嘱其积极治疗并适当休息，但他坚持工作。近两年来，感觉劳累后心慌气短，体力减退。一年来每于工作后出现呼吸困难，不能平卧，咳嗽、吐泡沫状痰等症状，并发现尿少、双下肢水肿。半年来感觉双下肢发凉、发麻、行动时腿痛明显，休息后好转，上述症状逐渐加重。近几天来右脚剧痛，足背动脉搏动消失。皮肤逐渐变黑。完全不能活动，作右小腿截肢术。最后病人因心功能不全抢救无效死亡。

尸检摘要：心脏肥大，左心室壁片状灰白色瘢痕灶。主动脉及冠状动脉硬化。慢性肺淤血、肝淤血及肝脂肪变性。双肾缩小变硬，肾表面呈弥漫的细颗粒状。脾淤血及脾细动脉透明变性。

右足胫前动脉内血栓形成，右足坏疽。

思考：

1. 心脏产生病变的原因是什么？
2. 病人近一年来发生呼吸困难、吐泡沫痰、尿少、双下肢水肿如何解释？
3. 肝脂肪变性的原因是什么？
4. 右足胫前动脉内为什么有血栓形成？
5. 为什么右足发生坏疽？该坏疽多可能属于哪一种类型？

第四节　风湿病

风湿病（rheumatism）是一种与 A 组乙型溶血性链球菌感染有关的多系统变态反应性炎症疾病。病变累及全身结缔组织，最常侵犯心脏、关节，其次是皮肤、滑膜、血管和脑，以心脏病变最为严重。主要病变为胶原纤维的变性和坏死。急性期称为风湿热（rheumatism fever，RF），除有心脏和关节症状外，常伴有发热、皮疹、皮下结节、小舞蹈症等症状和体征；血液检查，抗链球菌溶血素 O 抗体滴度增高，血沉加快等。风湿热常反复发作，急性期过后，可造成轻重不等的心脏病变，特别是心瓣膜的器质性病变，形成慢性心瓣膜病，可带来严重后果。

风湿病可发生于任何年龄，但多发生于5~15岁儿童，发病高峰为6~9岁。男女发病率大致相等。是不发达地区5~25岁人群心脏病性死亡的主要原因。心瓣膜病常出现在20~40岁。

一、病因和发病机制

（一）病因

风湿病的发生与咽喉部A组乙型溶血性链球菌感染有关。其根据是本病多发生于链球菌感染盛行的冬、春季节及咽喉部链球菌感染好发的寒冷潮湿地区。在某些链球菌性咽炎的流行区，咽炎患者的风湿热发病率高达3%。抗生素广泛使用后，不但能预防和治疗咽峡炎、扁桃体炎，而且也明显地减少了风湿病的发生和复发。虽然在风湿病患者血液中发现了高效价的抗链球菌抗原的抗体，但在局部（心、血管、关节等处）却无这种细菌感染，炎性病变也非化脓性，说明此病不是细菌直接作用所致。

（二）发病机制

风湿病的发病机制尚不完全清楚，多认为是A组乙型溶血性链球菌某些成分的分子结构和人体组织的分子结构相同或相似，因而产生抗原抗体交叉反应所致。曾提出以下几种学说：

1. **链球菌感染学说** 认为本病是链球菌直接感染所致，但从病灶中未能检测或分离出链球菌。

2. **链球菌毒素学说** 认为病变是由链球菌毒素（如链球菌溶血素S、链球菌溶血素O、链球菌蛋白酶、C-多糖等）所引起。链球菌的溶血素O可在咽部感染后10~15天诱导机体产生抗O抗体，与风湿病的发病时间相一致。因此，临床检测血中抗O抗体作为风湿病的血清学的诊断指标。

3. **自身免疫学说** 目前支持者最多，认为风湿性心肌炎与自身免疫相关，对抗链球菌抗原的抗体与心脏抗原有免疫交叉反应。在结构上与心脏抗原相似的链球菌抗原包括细菌外壳的透明质酸、与心瓣膜糖蛋白的碳水化合物成分相似的细菌细胞壁多聚糖C抗原、与心肌内膜（心肌纤维胞膜外被的基底膜成分）和平滑肌成分共用抗原决定簇的细菌细胞膜M抗原。风湿热症状在咽部感染乙型链球菌后2~3周出现以及在病灶中查不到细菌，均支持风湿病是机体对抗感染细菌的自身免疫反应的结果。在活动性风湿性全心炎患者，免疫荧光检查证明心肌内有弥漫的免疫球蛋白沉积；心瓣膜（主要在闭锁缘）有IgG沉积。总之，体液因素（Ⅲ型超敏反应、自身免疫）、细胞免疫及毒素作用都可能参与发病环节。

4. **遗传易感性** 近年来发现，B细胞表面标记CD3在风湿热患者中的表达明显高于正常人群，风湿病患者亲属患病风险比无风湿病的家庭高，风湿病患者60%~70%为人类白细胞抗原HLA-DR$_4$，而非风湿病者仅为10%~15%。

二、基本病理变化

风湿病的病变可累及全身结缔组织，最常侵犯心脏、关节。特征性病变为风湿小体，即Aschoff小体。在浆膜、皮肤、脑、肺等部位，少数病变为非特异性炎，表现为充血、浆液或浆液纤维素渗出，胶原纤维可能发生黏液样变性和纤维素样坏死，并有淋巴细胞浸润。大多数病变为肉芽肿性炎，典型病变分为三期：

1. **变质渗出期** 病变部位结缔组织基质黏液样变性和胶原纤维的纤维素样坏死。同时有充血、浆液、纤维素渗出，少量淋巴细胞、浆细胞、中性粒细胞和单核细胞浸润，病灶中含少量免疫球蛋白。此期持续约1个月。

2. **增生期** 亦称为肉芽肿期（granulomatous phase），其特点是形成具有特征性的风湿性肉芽肿，即Aschoff小体，对本病具有诊断意义。

Aschoff 小体(Aschoff body)又称风湿小体，体积颇小，多发生于心肌间质、心内膜下和皮下结缔组织。在心肌间质内者多位于小血管旁，略带圆形或梭形。Aschoff 小体的中心是红色肿胀的胶原变性或纤维素样坏死，周边围绕数量不等的风湿细胞、淋巴细胞、浆细胞和 Aschoff 巨细胞(文末彩插图 5-18)。风湿细胞也称 Aschoff cell，由增生的巨噬细胞吞噬纤维素样坏死物质转变而来。典型的风湿细胞称为 Anitschkow 细胞，体积较大，圆形、卵圆形，胞质丰富，略嗜碱性，核大圆形或卵圆形，核膜清晰，核染色质集中于中央，横切面呈枭眼状，纵切面呈毛虫状(文末彩插图 5-19)。Anitschkow 细胞变成多个核的巨细胞后，称作 Aschoff 巨细胞。此期病变持续约 2～3 个月。

3. 纤维化期(瘢痕期) 风湿小体发生纤维化是此期的特点。纤维素样坏死物质逐渐被吸收，细胞成分减少，出现成纤维细胞，产生胶原纤维，并变为纤维细胞。整个小体变为梭形小瘢痕。此期经过约 2～3 个月。

整个病程约经 4～6 个月。由于风湿病常有反复急性发作，因此受累器官或组织中有新旧病变并存。病变反复发展，纤维化和瘢痕不断形成，导致器官功能障碍。

三、风湿病各器官的病变

(一)风湿性心脏病

风湿性心脏病(rheumatic heart disease，RHD)包括急性期的心脏炎(carditis)和慢性风湿性心脏病(chronic rheumatic heart disease，CRHD)。风湿性心脏病若累及心脏的三层结构，则称是风湿性全心炎(rheumatic pancarditis)，包括风湿性心内膜炎、风湿性心肌炎和风湿性心外膜炎。儿童风湿病患者中，65%～80% 有急性风湿性心脏炎的临床表现。

1. 风湿性心内膜炎(rheumatic endocarditis) 主要侵犯心瓣膜，也可累及腱索和左心房壁内膜。其中二尖瓣最常受累，其次为二尖瓣和主动脉瓣同时受累，三尖瓣和肺动脉瓣极少被累及。病变早期表现为浆液性心内膜炎，瓣膜肿胀、透亮。镜下，瓣膜因浆液性渗出物而变得疏松，巨噬细胞浸润，纤维肿胀，黏液样变性及纤维素样坏死。其后，坏死灶周围出现 Anitschkow 细胞，严重病例可有 Aschoff 小体形成。几周后，在瓣膜闭锁缘上形成单行排列的，直径为 1～2mm 的疣状赘生物(verrucous vegetation)。此种心内膜炎又称为疣状心内膜炎(verrucous endocarditis)。这些疣赘物呈灰白色半透明，附着牢固，一般不易脱落而易发生机化(图 5-20)。镜下，疣赘物为由血小板和纤维素构成的白色血栓。疣赘物主要发生于二尖瓣的心房面和主动脉瓣心室面，因为此处瓣膜闭锁缘处内膜经常受到摩擦和血流冲击而容易损伤。有时，左心房内膜亦有血栓形成。病变后期，心内膜下病灶发生纤维化，疣赘物亦发生机化。心壁内膜可因机化增厚、粗糙和皱缩，尤以左心房后壁更为显著，称为 McCallum 斑(McCallum's patch)。

心瓣膜由于病变反复发作和机化，大量结缔组织增生，致使瓣膜增厚、卷曲、缩短以及钙化，瓣叶之间可发生粘连和纤维性愈着，腱索增粗和缩短，终致形成慢性心瓣膜病，引起血流动力学改变甚至心力衰竭。

2. 风湿性心肌炎(rheumatic myocarditis) 风湿小体是风湿性心肌炎的特征性病变，主要见于心肌间质结缔组织，特别是小血管周围。心肌小动脉近旁的结缔组织发生纤维素样坏死，继而形成 Aschoff 小体。小体呈弥漫性或局限性分布，大小不一，多呈梭形，最常见于左心室

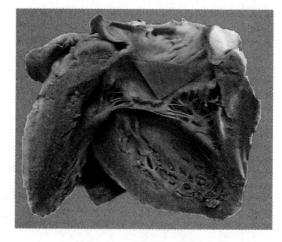

图 5-20　风湿性心内膜炎
在二尖瓣闭锁缘上心房面见粟粒样大小疣赘物呈单行排列，灰白色半透明，大小比较一致

后壁、室间隔、左心房及左心耳等处。后期，小体发生纤维化，形成梭形小瘢痕。

有时在儿童，渗出性病变特别明显，心肌间质发生明显水肿及弥漫性炎性细胞浸润，以淋巴细胞和巨噬细胞为主。严重者胶原纤维素样坏死，心肌纤维肿胀、断裂、嗜酸性粒细胞浸润，心脏扩张，常引起心功能不全导致死亡。

风湿性心肌炎常可影响心肌收缩力，临床上表现为心搏加快，第一心音低钝，累及传导系统时，可出现传导阻滞，严重者可导致心功能不全，心电图常见 P-R 间期延长。

3. 风湿性心外膜炎（rheumatic pearicarditis） 其病变特点是心包膜脏层和壁层浆液和（或）纤维素渗出，有时可见风湿小体形成。心外膜大量浆液渗出时，心包腔内可见大量液体潴留，形成心包积液。大量纤维素渗出时，覆盖于心外膜表面的纤维素可因心脏不停搏动和摩擦而形成无数的绒毛状物质，覆盖在心脏表面，称为绒毛心（cor villosum）。恢复期，浆液逐渐被吸收，纤维素也大部分被溶解吸收。临床上，听诊可闻及心包摩擦音，但很少影响功能和导致缩窄性心包炎（constrictive pericarditis）。常伴有风湿性心内膜炎和风湿性心肌炎。

（二）风湿性关节炎

约 75% 风湿热患者早期出现风湿性关节炎（rheumatic arthritis），常累及大关节，最常见于膝和踝关节，其次是肩、腕、肘等关节。各关节常先后受累，反复发作。病变特征是关节和关节周围软组织的慢性炎性浸润和水肿，出现关节游走性红、肿、热、痛和局部活动障碍。镜下，病变主要为浆液性炎，并有少量淋巴细胞和纤维素渗出，有时在关节周围结缔组织内可有少数 Aschoff 小体形成。愈复时，浆液性渗出物被完全吸收，一般不留后遗症。

（三）皮肤的风湿性病变

急性风湿病时，皮肤出现环形红斑和皮下结节，具有诊断意义。

1. 环形红斑（erythema annulare） 为渗出性病变，是皮肤的风湿性病变中最多见的病变，多见于躯干及四肢皮肤，为淡红色环状红晕，直径约 3cm，中央皮肤色泽正常。镜下，红斑处真皮浅层血管扩张充血，血管周围组织水肿，淋巴细胞、单核细胞及少许中性粒细胞浸润。病变常在 1~2 天内消失。

2. 皮下结节（subcutaneous nodules） 为增生性病变，多见于肘、腕、膝、踝等大关节附近的伸侧面皮下，结节直径 0.5~2cm，圆形或椭圆形，质地较硬，境界清楚，活动，压之不痛。镜下，结节中央为大片的纤维素样坏死，周围可见 Anitschkow 细胞和增生的成纤维细胞呈栅栏状排列，伴有以淋巴细胞为主的炎细胞浸润。数周后，结节逐渐纤维化，形成小瘢痕。风湿热时，皮下结节并不经常出现，但有诊断意义。皮下结节的出现常与风湿性心脏病的发生有关。

（四）风湿性动脉炎

风湿性动脉炎（rheumatic arteritis）大、小动脉均可受累，如冠状动脉、肾动脉、肠系膜动脉、脑动脉及肺动脉等，但以小动脉受累较多见。急性期血管壁发生黏液样变性、纤维素样坏死和炎细胞浸润，可有 Aschoff 小体形成，并可继发血栓形成。后期，血管壁因瘢痕形成而呈不规则增厚，管腔狭窄。风湿性冠状动脉炎时，临床上可出现与冠心病相似的心肌缺血症状。

（五）风湿性脑病

多见于 5~12 岁儿童，女孩多见。病变主要累及大脑皮质、基底核、丘脑及小脑皮层。主要病变为脑的风湿性动脉炎和皮质下脑炎，可有神经细胞变性、胶质细胞增生及胶质结节形成。当锥体外系受累较重时，患儿可出现面肌和肢体的不自主运动，称为小舞蹈症（chorea minor）。

问题与思考

风湿性心脏病病变表现如何？后期可导致什么后果？

第五节 感染性心内膜炎

感染性心内膜炎(infective endocarditis, IE)是指由病原微生物直接侵犯心内膜而引起的炎症性疾病。病原微生物主要是细菌,故常称细菌性心内膜炎(bacterial endocarditis, BE)。本病可分为急性和亚急性两种。

一、急性感染性心内膜炎

急性感染性心内膜炎(acute infective endocarditis)主要是由毒力较强的化脓菌引起,其中大多数为金黄色葡萄球菌,其次是溶血性链球菌、肺炎球菌。因心内膜病变溃烂或脱落,又称溃疡性心内膜炎。通常病原菌先在机体局部引起化脓性炎症,如化脓性骨髓炎、痈、产褥热等,当机体抵抗力降低时,病原菌则侵入血流引起败血症、脓毒血症,并侵犯心内膜。此类心内膜炎多发生于正常心内膜上,多单独侵犯二尖瓣或者主动脉瓣,引起急性化脓性心内膜炎,瓣膜可被破坏,坏死组织脱落后形成溃疡,其底部多有血栓形成。血栓、脓性渗出物、坏死组织和大量细菌菌落混合在一起,形成赘生物。赘生物体积较大,呈灰黄或灰绿色,质地松脆,易脱落形成含菌栓子,可引起心、脑、肾、脾等器官的梗死和多发性小脓肿(败血性梗死)。严重者,可发生瓣膜破裂、穿孔或腱索断裂,导致急性心瓣膜关闭不全。

此病起病急,病程短,病情严重,患者多在数日或数周内死亡。近年来由于广泛应用抗生素,使本病的死亡率大大下降。但因瓣膜破坏严重,治愈后可形成大量瘢痕,可引起瓣膜口关闭和(或)瓣膜口开放发生障碍,导致慢性心瓣膜病。

二、亚急性感染性心内膜炎

亚急性感染性心内膜炎(subacute infective endocarditis)通常由毒力相对较弱的细菌感染所引起,最常见的是草绿色链球菌(约占75%),此外有肠球菌、肺炎球菌、淋球菌或真菌等。一般病原菌从感染病灶(牙周炎、扁桃体炎、咽喉炎、骨髓炎等)侵入血液;也可在拔牙、静脉导管及心脏等手术时细菌入血,引起败血症,并侵犯心内膜。此病常发生于已有病变的瓣膜(如风湿性心内膜炎)或并发于先天性心脏病(如室间隔缺损、Fallot四联症等)。此型心内膜炎最常侵犯二尖瓣和主动脉瓣,并可累及其他部位心内膜。病程经过6周以上,可迁延数月乃至1~2年。

1. **心脏** 肉眼观,病变特点是常在原有病变的瓣膜上形成赘生物。赘生物大小不一,单个或多个,呈息肉状或鸡冠状,灰黄色或灰绿色,干燥质脆,易破碎和脱落(图5-21)。受累瓣膜增厚、变形,常发生溃疡和穿孔,腱索可断裂。镜下,赘生物由血小板、纤维素、坏死组织、炎细胞、细菌菌落构成。细菌菌落常被包裹在血栓内部。瓣膜溃疡底部可见不同程度的肉芽组织增生和淋巴细胞、单核细胞及少量中性粒细胞浸润。有时还可见到原有的风湿性心内膜炎病变。

瓣膜的损害可造成瓣口狭窄和(或)关闭不全。少数病例可由于瓣膜穿孔或腱索断离而导致致命性急性瓣膜功能不全。临床上可听到相应部位杂音,但杂音的性质和强弱常发生变化,这与赘生物的多变有关。严重者,可出现心力衰竭。

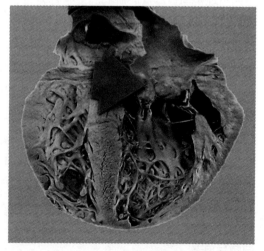

图5-21 亚急性细菌性心内膜炎

二尖瓣瓣膜上形成灰黄色赘生物,大小不一,呈息肉状。左心室肌源性扩张

2. **血管**　由于赘生物破碎脱落和细菌毒素作用,引起动脉性栓塞和血管炎。栓塞最多见于脑动脉,其次为肾动脉、脾动脉和心脏,并可引起相应部位的梗死。由于栓子来自赘生物的最外层,不含或极少含细菌,加之细菌毒力弱,因此一般不引起败血性梗死和脓肿形成。由于细菌毒素和(或)免疫复合物的作用,微小血管壁受损,发生漏出性出血,表现为皮肤、黏膜和眼底部有出血点。部分病人,由于皮下小动脉炎,于指、趾末节腹面、足底或大、小鱼际处,出现红紫色、微隆起、有压痛的小结,称 Osler 小结。

3. **肾**　可因微栓塞发生局灶性肾小球肾炎,或因免疫复合物的形成而导致弥漫性肾小球肾炎。

4. **败血症**　由于细菌和毒素的持续作用,患者有长期发热、皮肤、黏膜出血点、脾大、白细胞增多、贫血和血培养阳性等表现。

第六节　心瓣膜病

心瓣膜病(valvular heart disease)是指心瓣膜受各种致病因素作用损伤后或先天性发育异常所造成的器质性病变,表现为瓣膜口狭窄和(或)关闭不全,最后常导致心功能不全,引起全身血液循环障碍。为常见的慢性心脏病之一。

瓣膜口狭窄(valvular stenosis)是指因相邻瓣膜之间(近瓣联合处)互相粘连、瓣膜纤维性增厚、弹性减弱或丧失、瓣膜环硬化和缩窄等引起瓣膜口在开放时不能充分张开,造成血流通过障碍。

瓣膜关闭不全(valvular insufficiency)是指由于瓣膜增厚、变硬、卷曲、缩短,或由于瓣膜破裂和穿孔,亦可因腱索增粗、缩短和与瓣膜粘连,引起心瓣膜关闭时不能完全闭合,使一部分血液反流。

心瓣膜病大多为风湿性心内膜炎、感染性心内膜炎的结局,其次是主动脉粥样硬化和主动脉梅毒累及主动脉瓣,少数病例发生于瓣膜的钙化或先天发育异常。瓣膜狭窄和瓣膜关闭不全可单独发生,但通常为二者合并存在,若一个瓣膜兼有狭窄和关闭不全,称为瓣膜双病变。病变可累及一个瓣膜或多个瓣膜,若病变同时累及两个以上瓣膜或先后受累,称为联合瓣膜病。

心瓣膜病主要为二尖瓣受累,约占 70%,二尖瓣合并主动脉瓣病变占 20%~30%,单纯主动脉瓣病变占 2%~5%,三尖瓣和肺动脉瓣病变少见。心瓣膜病可引起血流动力学变化,早期,由于心肌代偿肥大,收缩力增强,可克服瓣膜病带来的血流异常,一般不出现明显血液循环障碍症状,称为代偿期。后期,瓣膜病逐渐加重,最后出现心功能不全,发生全身血液循环障碍,称为失代偿期,此时心脏发生肌源性扩张,心腔扩大,肉柱扁平,心尖变钝,心肌收缩力降低。

一、二尖瓣狭窄

二尖瓣狭窄(mitral stenosis)大多数由风湿性心内膜炎反复发作所致,少数由亚急性细菌性心内膜炎(SBE)引起。正常成人二尖瓣口开大时,其面积大约 5cm²,可通过两个手指。瓣膜口狭窄时,可缩小到 1~2cm²,甚至 0.5cm²,或仅能通过医用探针。腱索和乳头肌明显粘连缩短时,常合并关闭不全。

二尖瓣狭窄的程度可分三种类型:①隔膜型,病变最轻,瓣膜轻度增厚,仍有弹性,瓣叶轻度粘连,瓣膜轻度狭窄;②增厚型,病变较重,瓣膜增厚显著,弹性明显减弱,瓣叶间显著粘连,瓣膜口狭窄明显;③漏斗型,病变最严重,瓣膜极度增厚、变硬,瓣叶间严重纤维性粘连,失去活动性,瓣膜口缩小且固定呈鱼口状。

1. **血流动力学和心脏变化**　早期,左心房发生代偿性扩张和肥大。由于二尖瓣狭窄,舒张期左心房血液流入左心室受阻,以致舒张末期仍有部分血液滞留于左心房内,加上肺静脉来的血液,致左心房血液量比正常增多,左心房发生代偿性扩张和肥大。后期,左心房收缩力减弱而呈高度扩张(肌源性扩张),致左心房失代偿,引起左心房严重淤血,肺静脉回流受阻,从而导致肺静脉压升高,随即引起肺淤血、肺水肿或漏出性出血。由于肺静脉压升高及肺淤血，可通过神经反射引起肺内小动脉收缩，使肺动脉压升高（正常 15mmHg，可升高到 40 ~ 50mmHg）。长期肺动脉压升高致使右心室代偿性扩张、肥大。以后，右心室发生肌源性劳损，出现肌源性扩张。继而出现右心室淤血。右心室高度扩张时，右心室瓣膜环随之扩大，出现三尖瓣相对关闭不全，收缩期，右心室部分血液反流入右心房，加重了右心房负担，可致右心功能不全，引起体循环淤血。

二尖瓣口狭窄时，左心室内流入血量减少，心室腔一般无明显变化。当狭窄非常严重时，左心室可出现轻度缩小（图 5-22）。

图 5-22　二尖瓣狭窄
二尖瓣瓣膜明显增厚、缩短，瓣叶间显著粘连，瓣膜口狭窄明显，
固定呈鱼口状

2. 临床病理联系　二尖瓣狭窄，听诊时在心尖区可闻及舒张期隆隆样杂音。这主要是由于左心房发生代偿性扩张和肥大，使血液在加压情况下快速通过狭窄的二尖瓣口，引起涡流与震动所致。X 线检查，显示左心房增大，左心室无变化或轻度缩小，呈梨形心。左心房高度扩张时，可引起心房纤维性颤动。左心房血液出现涡流，易于继发附壁血栓，多见于左心房后壁及左心耳内。血栓脱落后可引起栓塞。由于肺淤血、水肿及漏出性出血，肺内气体交换受到影响，患者出现带血的泡沫痰，呼吸困难、发绀及面颊潮红（二尖瓣面容）。右心衰竭时，体循环淤血，出现颈静脉怒张，肝淤血肿大，下肢水肿，浆膜腔积液等。

二、二尖瓣关闭不全

二尖瓣关闭不全（mitral insufficiency）也是风湿性心内膜炎的常见后果，其次可由亚急性感染性心内膜炎等引起。

1. 血流动力学和心脏变化　二尖瓣关闭不全时，收缩期左心室一部分血液反流到左心房内，加上肺静脉输入的血液，左心房血容量较正常增加，压力升高。久之，左心房代偿性肥大。在心舒张期，大量的血液涌入左心室，使左心室因收缩加强而发生代偿性肥大。以后，左心室和左心房均可发生代偿失调（左心衰竭），从而依次出现肺淤血、肺动脉高压、右心室和右心房代偿性肥大、右心衰竭及体循环淤血。后期，瓣膜口狭窄和关闭不全常合并发生（图 5-23）。

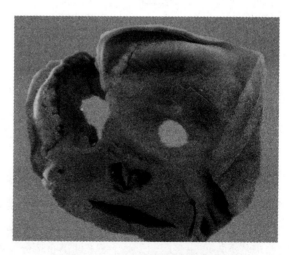

图 5-23　二尖瓣狭窄合并关闭不全
二尖瓣瓣膜明显增厚、粘连，瓣膜口既狭窄又关闭不全，固定呈鱼口状，左心房扩张

2. 临床病理联系 听诊时心尖区可闻及吹风样收缩期杂音，因为左心室的部分血液通过未关闭的瓣膜口反流到左心房所致。X线检查，左心室肥大，心脏呈球形。

三、主动脉瓣狭窄

主动脉瓣狭窄(aortic stenosis)主要是慢性风湿性主动脉瓣病变的后果，常与风湿性二尖瓣病变合并发生。少数由于先天性发育异常，或动脉粥样硬化引起主动脉瓣钙化所致。

1. 血流动力学和心脏变化 主动脉瓣狭窄时，收缩期左心室血液排出受阻，久之，左心室出现代偿性肥大，左心室壁肥厚，但心腔不扩张(向心性肥大)。后期，左心室代偿失调而出现肌源性扩张，左心室血量增加，继之出现左心房淤血。依次出现左心房衰竭、肺淤血、肺动脉高压及右心衰竭和体循环淤血。

2. 临床病理联系 听诊时，主动脉瓣听诊区可闻吹风样收缩期杂音。严重狭窄者，心输出量极度减少，血压降低，内脏，特别是冠状动脉供血不足，出现心绞痛，严重时可引起猝死。也可因脑缺血而发生头昏和晕厥。X线检查，由于其主要病变为左心室肥大，故心脏呈靴形。

四、主动脉瓣关闭不全

主动脉瓣关闭不全(aortic insufficiency)主要由风湿性主动脉炎引起，也可由感染性心内膜炎、主动脉粥样硬化和梅毒性主动脉炎等引起。此外，类风湿性主动脉炎及Marfan综合征均可引起瓣膜环扩大而造成相对性主动脉瓣关闭不全。

1. 血流动力学和心脏变化 由于瓣膜口关闭不全，在左心室舒张期，主动脉部分血液反流至左心室，使左心室血容量增加而逐渐发生代偿性肥大。久之，左心室发生失代偿性肌源性扩张，导致二尖瓣相对关闭不全，加重左心房的负荷，依次引起肺淤血、肺动脉高压、右心肥大、右心衰竭、体循环淤血。

2. 临床病理联系 听诊主动脉瓣区可闻舒张期叹气样杂音。由于左心室血容量增多，心输出量也增多，收缩压升高，但舒张期由于部分血液迅速反流入左心室，致使舒张压急剧下降，脉压增大。患者可出现颈静脉搏动、水冲脉、股动脉枪击音及毛细血管搏动现象。由于舒张压降低，冠状动脉供血不足，有时可出现心绞痛。

第七节 心肌病

心肌病(cardiomyopathy)为一类原因不明而又非继发于全身或其他器官系统疾病的心肌原发性损害，与高血压、冠心病、风湿性心脏病等无关。原发性心肌病主要分为三种类型：扩张性、肥厚性和限制性，主要表现为心肌变性，部分心肌细胞肥大，纤维组织增生的非炎症性病变。通常将我国的一种地方性心肌病——克山病也列入心肌病叙述。

一、扩张性心肌病

扩张性心肌病(dilated cardiomyopathy, DCM)是以进行性心脏肥大、心腔扩张和收缩能力下降为特征的一类心肌病，也称充血性心肌病(congestive cardiomyopathy)。约占心肌病的90%，发病年龄在20～60岁，男性多于女性。

【病因及发病机制】

本病的病因及发病机制尚不清楚，免疫介导的心肌损害可能起重要作用，抗心肌抗体，如抗腺嘌呤核苷易位酶（ANT）抗体、抗 B1 受体（B1-r）抗体及抗肌球蛋白重链抗体等被公认是 DCM 的免疫标记物。DCM 可能与病毒感染、大量酗酒、毒物损害、遗传等因素有关。病毒感染提示一部分扩张性心肌病表现为心肌炎晚期病变。大量酗酒可引起乙醛中毒或者继发营养紊乱，从而引起心肌损害。毒物损害主要由钴和阿霉素等化学治疗药物引起。近几年来，已经明确 20%～30% 扩张性心肌病有基因突变和家族遗传背景。

【病理变化】

肉眼观，心脏体积增大而松弛，重量增加，常超过正常人 50%～100% 以上。各心腔均明显扩张，心肌肥大，心尖部肌壁变薄呈钝圆形，状如牛心（图 5-24）。因心腔扩张，可致二尖瓣和三尖瓣相对性关闭不全。镜下部分心肌细胞不均匀性肥大，间质纤维化和波状纤维改变。波状纤维改变表现为心肌纤维不同程度的伸长，核大、浓染，核型不整；肌浆发生空泡变性、嗜碱性变及小灶状液化性肌溶解，失去收缩成分。病变以左室为重，肉柱间隐窝内可见附壁血栓。

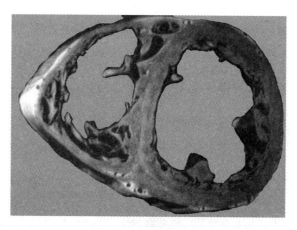

图 5-24　扩张性心肌病
左、右心室均明显扩张，心肌肥大

【临床病理联系】

扩张性心肌病的心肌收缩无力，临床上特发性病例通常是致死性的，死于严重和难处理的进行性充血性心力衰竭、栓塞或心律不齐。心脏移植可以挽救扩张性心肌病患者的生命。

二、肥厚性心肌病

肥厚性心肌病（hypertrophic cardiomyopathy，HCM）是以左心室显著肥大、室间隔不对称性肥厚、舒张期充盈受损及左心室流出道受阻为特征的一类心肌病。与扩张性心肌病患者无力收缩的心脏不同，肥厚性心肌病以有力的、运动机能亢奋的收缩为特征，可以快速排出心室腔的血液。是青年猝死的常见原因之一。此病以流出道受阻明显与否分为梗阻性和非梗阻性两型。

本病大约 50% 呈常染色体显性遗传，编码肌小节收缩蛋白的基因异常在肥厚性心肌病的形成中起关键作用。

【病理变化】

肉眼观，HCM 最基本的特征是心肌肥大，以非对称性室间隔肥厚和左心室肥厚最为显著。心脏重量增加常超过 800g。在大多数病例中室间隔厚度超过左心室游离壁（两者之比 >1.3，正常为 0.95），通常以主动脉下区最为显著，凸向左心室腔。肥厚的室间隔与二尖瓣前叶接触可以引起左心室流出道受阻（图 5-25）。

因为增厚变硬的左心室在心舒张期充盈损害,所以可见左心房扩张。二尖瓣和主动脉瓣下方之心内膜纤维化增厚。镜下,HCM的特征是肥大的、分支异常的心肌细胞排列紊乱,周围结缔组织增生,尤以室间隔最为显著。病变后期,可以发生显著的心肌纤维化。

【临床病理联系】

肥厚性心肌病最基本的功能异常是肥大的左心室在心舒张期不能充盈,导致左心室血容量显著减少,射血虽然有力但是无效。此外,肥厚的室间隔与二尖瓣前叶接触可以引起左心室流出道受阻。心输出量减少和继发性肺动脉压增高可致用力时呼吸困难。也可见心绞痛、心室性心律失常和猝死。肥厚性心肌病是年轻运动员不能解释的猝死最常见原因之一。在疾病晚期,进行性心肌纤维化可引起充血性心力衰竭。

图 5-25　肥厚性心肌病
左心室和室间隔显著增厚,室间隔厚度超过左心室游离壁。肥厚的室间隔凸向左心室腔,与二尖瓣前叶接触。左心房扩张

三、限制性心肌病

限制性心肌病(restrictive cardiomyopathy)是以心肌顺应性原发性降低导致心脏舒张期心室充盈受限为特征的心肌病。比扩张性心肌病和肥厚性心肌病少见。最常见的病因是心内膜心肌纤维化,其次是心脏淀粉样变、心内膜纤维弹性组织增生症、血色沉着病和心脏放射性损伤。典型病变为心室内膜和内膜下心肌进行性纤维化,导致心肌顺应性降低,心腔狭窄。

【病理变化】

心脏的病变因病因不同而变化。典型病变为心内膜心肌纤维化。肉眼观,心房扩张。心内膜纤维性增厚,可达 2~3mm,呈灰白色,左心室病变显著。常以心尖部为重,向上蔓延累及心瓣膜增厚(可引起关闭不全),可见附壁和瓣膜血栓,心室容积顺应性因而下降。镜下,心内膜致密纤维化并延伸进心肌、玻璃样变,可见钙化及附壁血栓。内膜下心肌常萎缩、变性。

【临床病理联系】

限制性心肌病的功能异常是心室僵硬与失去弹性,心脏收缩无力。临床症状有疲乏、用力时呼吸困难及胸痛。病变后期,发生充血性心力衰竭。限制性心肌病的血流动力学障碍与缩窄性心包炎的非常相似,因为原发性心包疾病适合外科手术治疗,所以鉴别这两类疾病非常重要。

四、克山病

克山病(Keshan disease,KD)是一种以心肌损伤为主的地方性心肌病(endemic cardiomyopathy),因 1935 年在我国黑龙江省克山县的一次大流行而得名。本病主要流行于我国东北、西北、华北及西南一带的山区或丘陵地带。病理学上以心肌的变性、坏死及修复后瘢痕形成为特点。临床上常有急性或慢性心功能不全表现。

【病因发病机制】

本病有多种病因假说,但至今尚无定论。有人认为本病是一种地区流行性病毒性心肌炎,可能与柯萨奇 B 族(Coxsakie B)病毒感染有关,但病毒分离和血清学检测未获规律性阳性结果。一些学者倾向于把病毒感染作为一个参与发病的附加因子。在非生物性病因方面,发现本病主要分布于低硒地区,病区人群头发、血液及病区粮食、土壤中的硒含量明显低于非病区,服用亚硒酸钠可控制一部分克山病的发作。多数学者认为，低硒可能是本病的基本致病因素。

【病理变化】

根据起病急缓、病程长短及心肌代偿情况，临床上把本病分四型：急性型、亚急性型、慢性型（或称痨型）和潜在型。但其病变均主要累及心肌。心肌的发病为成批出现的变性、坏死和瘢痕形成。通常急性型以变性、坏死为主；亚急性型以变性、坏死和瘢痕相混合为多见；慢性型以机化、瘢痕为主；潜在型各种病变均较轻微。

肉眼观，除潜在型和少数急性型外，心脏均有不同程度的增大和增重。大者可达正常心脏的 2~3 倍以上，左、右室均呈肌源性扩张，心腔扩大，心室壁变薄，尤以心尖部为重，肉柱和乳头肌变扁，使心脏呈球形，或心脏横径大于纵径，使心脏呈扁桃形。慢性型病例心脏可超过 500g。心室切面可见多数散在分布的变性、坏死及瘢痕病灶。病灶在分布上，通常是心室重于心房，左室及室间隔重于右室，心室壁内侧重于外侧。另外，在心室肉柱或心耳内可见附壁血栓或血栓机化后形成的附壁瘢痕（图 5-26）。心瓣膜及冠状血管常无明显变化。镜下，主要表现为心肌细胞成片灶状变性和坏死。变性主要为心肌的颗粒变性、空泡变性和脂肪变性；坏死主要为凝固性坏死和液化性坏死，肌浆溶解残留心肌细胞膜空鞘。坏死灶常围绕冠状动脉呈袖套状分布。坏死灶最终被机化而形成瘢痕。

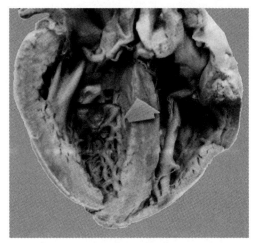

图 5-26　克山病
左心室呈肌源性扩张，心室壁不增厚，心尖部变薄，使心脏略呈球形。心室切面可见多数散在分布的变性、坏死及瘢痕病灶。在心室肉柱内可见附壁血栓

第八节　心肌炎

心肌炎（myocarditis）是指各种原发性心肌局限性或弥漫性炎症，但不包括继发于梗死等的炎症反应。心肌炎可由病毒、细菌、真菌、寄生虫、免疫反应以及物理、化学因素等引起，最常见者为病毒性及细菌性心肌炎，孤立性心肌炎因易漏诊而更应加以注意。

一、病毒性心肌炎

病毒性心肌炎（viral myocarditis）是由嗜心肌病毒引起的原发性心肌炎症，常累及心包，引起心包心肌炎。

【病因和发病机制】

引起心肌炎的最常见病毒是柯萨奇病毒（Coxsackie viruses）A 组和 B 组、埃可病毒（echovirus）和流行性感冒病毒（influenzavirus）。病毒可直接损伤心肌或启动与心肌细胞起交叉反应的免疫反应。最近证据表明肠道病毒感染可以引起心肌细胞骨架蛋白异常。

【病理变化】

按 Dallas 标准，心肌炎应同时具备心肌间质内炎细胞浸润和心肌细胞变性坏死两个特征。本病病变依患者年龄不同而有所不同。初生儿的病毒性心肌炎，初期可见心肌细胞变性、坏死及间质内中性粒细胞浸润。其后，代之以淋巴细胞、巨噬细胞、浆细胞浸润及肉芽组织形成。在成人，多累及心房后壁、室间隔及心尖区，有时可累及传导系统。镜下，主要病变为坏死性心肌炎。晚期，可见到明显的心肌间质纤维化，伴有代偿性心肌肥大及心腔扩张。

二、细菌性心肌炎

细菌性心肌炎（bacterial myocarditis）是由细菌引起的心肌炎症。可由细菌直接感染、细菌毒素或细菌产物所致的变态反应引起。

【病理变化】

1. 心肌脓肿　常由化脓菌引起，如葡萄球菌、链球菌、肺炎双球菌、脑膜炎双球菌等。化脓菌来源于脓毒败血症时的转移性细菌菌落，或来自细菌性心内膜炎时的化脓性血栓栓子。肉眼观，心脏表面及切面可见多发性黄色小脓肿，周围有充血带。镜下，脓肿内心肌细胞坏死液化，脓腔内有大量脓细胞及数量不等的细菌集落。脓肿周围心肌有不同程度的变性、坏死，间质内有中性粒细胞及单核细胞浸润。

2. 白喉性心肌炎　白喉杆菌可产生外毒素，一方面可阻断心肌细胞核蛋白体的蛋白质合成，另一方面可阻断肉碱介导的长链脂肪酸运入线粒体，导致心肌细胞脂肪变性和坏死。镜下，可见灶状心肌变性坏死，心肌细胞出现嗜酸性变、肌浆凝聚、脂肪变性及肌浆溶解。病灶内可见淋巴细胞、单核细胞及少数中性粒细胞浸润。病灶多见于右心室壁，愈复后形成细网状小瘢痕。有的病例出现弥漫性心肌坏死，可导致心性猝死。

3. 非特异性心肌炎　在上呼吸道链球菌感染（急性咽峡炎、扁桃体炎）及猩红热时，可并发急性非风湿性心肌炎。其发病机制尚未明了，可能是由链球菌毒素引起。病变是间质性心肌炎。镜下，心肌间质结缔组织内及小血管周围有淋巴细胞、单核细胞浸润，心肌细胞有程度不等的变性、坏死。

三、孤立性心肌炎

孤立性心肌炎（isolated myocarditis）亦称特发性心肌炎（idiopathic myocarditis），至今原因不明，又称 Fiedler 心肌炎。多见于 20～50 岁的青、中年人。急性型常导致心脏扩张，可突然发生心力衰竭致死。

【病理变化】

组织学变化分为两型：

1. 弥漫性间质性心肌炎（diffuse interstitial myocarditis）　镜下，心肌间质和小血管周围有多量淋巴细胞、浆细胞和巨噬细胞浸润。可伴有多少不一的嗜酸性粒细胞和中性粒细胞浸润。心肌细胞较少发生变性、坏死。

2. 特发性巨细胞性心肌炎（idiopathic giant cell myocarditis）　病变特点是心肌内有局灶性坏死及肉芽肿形成。病灶中心部可见红染、无结构的坏死物，周围有淋巴细胞、浆细胞、单核细胞和嗜酸性粒细胞浸润，混有许多多核巨细胞。巨细胞的形态、大小各异，可为异物型或朗汉斯巨细胞。

第九节　心包炎

心包炎（pericarditis）是指心外膜脏、壁层发生的炎症反应，故又称心外膜炎。心外膜炎原发性很少见，可由病毒，也可由化脓菌、分枝杆菌、真菌感染引起。绝大多数继发于尿毒症、急性心肌梗死、心脏手术或者胸膜放射术后以及风湿热、系统性红斑狼疮和转移的恶性肿瘤等。按临床病理过程，心包炎可分为急性和慢性两类。上述发病因素中，大多数引起急性心包炎，仅少数如结核和真菌等可引起慢性心包炎。

一、急性心包炎

急性心包炎（acute pericarditis）通常为急性渗出性炎症，常形成心包积液，按渗出的主要成分可分为以下几类。

（一）浆液性心包炎

浆液性心包炎（serous pericarditis）是指以浆液渗出为主的急性心外膜炎症。主要由非感染性疾病如风湿热、系统性红斑狼疮、硬皮病、恶性肿瘤和尿毒症等引起，也见于病毒感染。心外膜脏壁两层小血管扩张、充血，有少量中性粒细胞、淋巴细胞和单核细胞浸润。心包腔内可见中等量（如50~200ml）淡黄色浆液性渗出物。

临床上，浆液性心包炎也称湿性心包炎，可表现为胸闷不适。体检可有心浊音界扩大，听诊心音弱而遥远。X线检查心影增大，立位时状如烧瓶，平卧后形状及大小发生变化。

（二）纤维素性及浆液纤维素性心包炎

纤维素性及浆液纤维素性心包炎（fibrinous and serofibrinous pericarditis）是指以纤维素或浆液与纤维素渗出为主的急性心外膜炎症，是最多见的类型。可由风湿热、系统性红斑狼疮、尿毒症、结核、心肌梗死后综合征、胸腔放射、心脏手术和创伤等累及心包而引起。纤维素性心包炎在心外膜可见多量纤维素性渗出物，其间夹杂少量的炎性细胞和变性坏死的间皮细胞。心外膜大量渗出的纤维素在心脏搏动的影响下被牵拉成无数绒毛状物，覆盖于心脏表面，称为"绒毛心"。浆液纤维素性心包炎，除有绒毛心改变外，心包腔内还可有多少不等黄白色（含纤维素及白细胞）或带血色（混有红细胞）的浓稠渗出液。在结核性纤维素性心包炎中，在心外膜可见结核结节或干酪样坏死。

临床上急性发病，有发热、胸骨后疼痛，听诊可闻及心包摩擦音和典型的心电图改变。心包脏壁两层粘连，可形成缩窄性心包炎。

（三）化脓性心包炎

化脓性心包炎（purulent pericarditis）是指以大量中性粒细胞渗出为主的心外膜表面化脓性炎症。是由化脓菌，特别是链球菌、葡萄球菌和肺炎球菌等侵袭心包所致。由于在细菌感染的早期大量应用抗生素，其发病率明显降低，约占所有心包炎的0.5%。

肉眼观，可见整个心外膜表面被一层厚的纤维素性脓性渗出物覆盖，常呈灰绿色、浑浊而黏稠的泥膏状。当脓性渗出物较多且稀薄时，积聚于心包腔内，称心包积脓（pyopericardium）。镜下，心外膜充血、水肿，大量的中性粒细胞浸润；表面有大量红染的片状或网状纤维素渗出。当纤维素量较多时，可称为纤维素性脓性心包炎（fibrinopurulent pericarditis）。

临床上，化脓性心包炎除表现出感染症状以外，还可出现前述的浆液性心包炎或纤维素性心包炎的症状和体征。

（四）出血性心包炎

出血性心包炎（hemorrhage pericarditis）是指纤维素性和（或）脓性渗出物中，混有多量红细胞的心包炎。多见于结核或恶性肿瘤累及心包，也可见于细菌感染和有出血素质的心包炎。另外，心脏手术可致出血性心包炎，出血量大时可致心包填塞（tamponade）。

二、慢性心包炎

慢性心包炎（chronic pericarditis）是指持续3个月以上的心包炎症，此前多有急性心包炎，特别是心包积液病史。可分为非特殊类型和特殊类型两类。非特殊类型慢性心包炎是泛指心包炎症性病变较轻或发展缓慢，仅限于心包本身，对心脏活动影响轻微，故临床上亦无明显表现。其常见的病因有结核病、尿毒症、胶原病和真菌病等。病变可表现为持续性心包积液或心包脏、壁两层表面局灶性纤维化或弥漫性纤细而菲薄的纤维化粘连。特殊类型慢性心包炎常继发于化脓性或干酪样心包炎、心脏手术等。其特点是由于渗出物机化和瘢痕形成而导致心包压力持续性升高。根据病变是否累及纵隔而分为两种类型。

1. **缩窄性心包炎**（constrictive pericarditis） 病变主要局限于心包本身。由于心包腔内渗出物的机化和瘢痕形成、玻璃样变、钙化等,使心包腔完全闭锁,形成一个硬而厚(常达 0.5~1.0cm)的灰白色、半透明的纤维组织囊包绕住心脏,使心脏舒张严重受限,与前述的限制性心肌病临床表现相似。

2. 粘连性纵隔心包炎(adhesive mediastinopericarditis) 在上述病因较重或纵隔放射情况下发生,主要病变为心包慢性炎症病变和纤维化引起心包腔粘连、闭锁,并与纵隔及周围脏器粘连,形成巨大肿块。这给心脏活动造成很大负担,每次收缩都要拉动这一团块甚而肋骨,久之将引起心脏肥大、扩张,与前述的扩张性心肌病临床表现相似。

(阮永华)

动脉粥样硬化（AS）主要发生在大、中动脉，基本病变是动脉内膜的脂质沉积、内膜灶状纤维化和粥样斑块形成，可发生斑块破裂、斑块内出血、血栓形成、动脉瘤或夹层动脉瘤形成及钙化的继发性改变，常导致心、脑等器官缺血性病变。

冠心病最常见病因是冠状动脉粥样硬化引起的冠状动脉管腔狭窄，最常发生于左冠状动脉的前降支，引起心绞痛、心肌梗死等，并可成为心源性猝死的原因，心肌梗死的并发症有心力衰竭、心源性休克、心脏破裂、乳头肌功能失调、室壁瘤、附壁血栓形成、心律失常及急性心包炎。

高血压的主要表现是体循环动脉血压持续升高。良性高血压病分为功能紊乱期、动脉系统病变期和内脏病变期，病变特征是细动脉玻璃样变和小动脉纤维性硬化，后期病变表现为左心室肥大，原发性颗粒性固缩肾，高血压脑病，脑软化和脑出血和视网膜中央动脉硬化。最常见的死亡原因是淤血性心力衰竭和脑出血。

风湿病是一种变态反应性炎症，累及全身结缔组织，最常侵犯心脏，主要病变为胶原纤维的变性和坏死。急性期称为风湿热，除有心脏和关节症状外，常伴有发热、皮疹、皮下结节、小舞蹈症等症状和体征。晚期形成慢性心瓣膜病。基本病理变化为变质渗出期、增生期（肉芽肿期）、纤维化期（愈合期）。特征性病变是风湿性肉芽肿。

感染性心内膜炎分为急性和亚急性。急性感染性心内膜炎主要由毒力较强的化脓菌引起，引起败血症、脓毒血症、急性化脓性心内膜炎，瓣膜可被破坏，坏死组织脱落后形成溃疡，易脱落形成含菌栓子，可引起心、脑、肾、脾等器官的梗死和多发性小脓肿（败血性梗死）。瓣膜破裂、穿孔或腱索断裂，导致急性心瓣膜关闭不全。亚急性感染性心内膜炎通常由毒力相对较弱的细菌感染引起，引起败血症，并侵犯已有病变的瓣膜，形成赘生物，瓣膜的损害可造成瓣口狭窄和（或）关闭不全，动脉性栓塞和血管炎，皮下小动脉炎（Osler 小结）、弥漫性肾小球肾炎和败血症。

二尖瓣口狭窄时，左心室腔一般无明显变化，其余三个心腔均扩张；二尖瓣关闭不全时四个心腔全扩张。

1. 动脉粥样硬化有哪些基本病理变化？可发生哪些复合性病变？复合性病变会导致什么后果？

2. 引起心肌梗死的常见病因是什么？心肌梗死好发于哪些部位？心肌梗死可见哪些病理变化？心肌梗死可导致哪些合并症？

3. 原发性高血压晚期心、脑、肾会发生什么病变？简述其病变特点。

4. 简述风湿病的基本病变。

5. 试述二尖瓣狭窄的心脏血流动力学改变及临床表现。

第六章　　呼吸系统疾病

6

呼吸系统包括鼻、咽、喉、气管、支气管和肺，以喉环状软骨为界将呼吸道分为上、下两部分。气管分叉后成左右主支气管，入肺前再分成叶支气管（左肺两叶，右肺三叶），其分布的肺组织即肺大叶；第一次分支成段支气管，之后在肺内分支9～12次至内径<1mm，软骨和腺体消失的终末细支气管，至此为导气部；终末细支气管以下为肺小叶，支气管再分支2～3次，称呼吸性细支气管。呼吸性细支气管、肺泡管、肺泡囊和肺泡构成的末梢肺组织，称为肺腺泡（acinus），是肺的基本功能单位，气体交换的场所。

呼吸系统的主要功能是进行机体与外界的气体交换，在人体的各个系统中与外环境接触最频繁。呼吸道具有很强的自净和防御功能，除由气管、支气管黏膜上皮细胞、杯状细胞和腺体构成的纤毛-黏液排送系统外，分泌的黏液中含溶菌酶、补体、干扰素和分泌型的 IgA、IgM、IgG 等免疫活性物质，与支气管黏膜和肺巨噬细胞共同构成强有力的防御系统。当呼吸道的自净和防御功能削弱或侵入的致病物质（如病原生物、有害粉尘）数量过多和毒力过强或肺处于高敏状态时，将导致呼吸系统疾病的发生。

第一节　慢性阻塞性肺疾病

慢性阻塞性肺疾病（chronic obstructive pulmonary disease，COPD）是各种原因引起的，以肺实质和小气道受损，导致慢性不可逆性的气道阻塞、呼吸阻力增加和肺功能不全为特点的一组慢性气道阻塞性疾病的统称，主要包括慢性支气管炎、肺气肿和支气管扩张症等疾病。

一、慢性支气管炎

慢性支气管炎（chronic bronchitis）是发生于气管黏膜及其周围组织的慢性非特异性炎症，是一种常见病，中老年多见。临床特征为反复发作的咳嗽、咳痰或伴有喘息症状，且症状每年至少持续约3个月，连续两年以上。病情持续多年者，常并发严重影响健康的肺气肿及慢性肺源性心脏病。

【病因及发病机制】

慢性支气管炎是多种因素长期综合作用所致，主要包括：①病毒和细菌感染：慢性支气管炎的发病与感冒密切相关，多发于冬春季，凡能引起感冒的病毒和细菌在慢性支气管炎的发病和复发中都起重要作用。鼻病毒、腺病毒和呼吸道合胞病毒是致病的主要病毒，而上呼吸道常驻菌中，肺炎球菌、肺炎克雷伯杆菌、流感嗜血杆菌等则可能是导致本病急性发作的主要病原菌；②吸烟：据统计，吸烟者患病率较不吸烟者高2～10倍，香烟烟雾中含有焦油、尼古丁、镉等有害物质能损伤呼吸道黏膜，削弱呼吸道的自净和免疫功能，烟雾又可刺激小气道痉挛而使气道阻力增加；③空气污染：工业烟雾、粉尘等造成的大气污染与慢性支气管炎有明显的因果关系；④过敏因素：喘息型慢性支气管炎患者往往有过敏史，以脱敏为主的综合治疗，可取得较好的治疗效果，说明过敏性因素与慢性支气管炎也有一定关系；⑤其他因素：机体内在因素如机体抵抗力降低、呼吸系统防御功能受损及内分泌功能失调等也与本病的发生发展密切相关。

【病理变化】

病变早期常局限于较大的支气管，之后可累及较小的支气管和细支气管。主要病变为：①呼吸道黏液-纤毛排送系统受损：炎性渗出和黏液分泌增多，使纤毛粘连、倒伏甚至脱落，纤毛柱状上皮变性、坏死脱落，再生的上皮杯状细胞增多，上皮反复损伤修复，可发生鳞状上皮化生。②黏膜下腺体增生、肥大，浆液性上皮发生退变和黏液化生：病变早、中期，上述各种病因刺激均可引起气管、支气管腺体的变化，引发黏液分泌亢进，是引起患者咳痰症状的病理学基础。病变后期，受损黏膜细胞逐渐退变，表现为黏膜变薄、腺泡萎缩、消失，黏液分泌逐渐减少。③气管壁及周围炎：气管壁充血水肿，淋巴细胞、浆细胞浸润，病变严重时，炎症可波及周围肺组织。④气管壁结构破坏：晚期支气管壁平滑肌萎缩（喘息型者，平滑肌束增生、肥大）、断裂,软骨可变性、萎缩或骨化（文末彩插图 6-1）。

【临床病理联系】

慢性支气管炎患者因支气管黏膜的炎症刺激和黏液分泌增多而出现咳嗽、咳痰的症状。痰液多呈白色黏液泡沫状或浆液泡沫状,较黏稠不易咳出。急性发作时,痰量增多,并可出现黏液脓性痰,肺部可闻及干、湿性啰音。支气管的痉挛狭窄及黏液和渗出物阻塞管腔常致喘息。喘息型患者发作期间,呼吸困难不能平卧,双肺满布哮鸣音。某些患者可因支气管黏膜和腺体萎缩,分泌物减少而痰量减少或无痰。长期小气道狭窄和阻塞可引起阻塞性通气功能障碍,呼气阻力增加,可并发阻塞性肺气肿和慢性肺源性心脏病。又因患者多年老体弱、机体抵抗力低下,易并发支气管肺炎,严重者可危及生命。

二、肺气肿

肺气肿（pulmonary emphysema）是末梢肺组织（呼吸性细支气管、肺泡管、肺泡囊和肺泡）因含气量过多而呈持久性扩张并伴有肺泡间隔破坏的一种病理改变,是支气管和肺疾病最常见的并发症。

【病因及发病机制】

肺气肿多继发于慢性支气管炎、频繁发作的支气管哮喘等疾病。吸烟、空气污染和肺尘埃沉着症等可引起肺气肿。另外,α_1- 抗胰蛋白酶（α_1-AT）缺乏也与肺气肿发生关系密切。肺气肿的发生有两个基本环节:

1. 阻塞性通气障碍 慢性支气管炎时,慢性炎症使细小支气管壁结构遭受破坏及以纤维化为主的增生性改变导致气管壁增厚、变硬、管腔狭窄;管腔内的炎性渗出物及黏液形成的黏液栓使气道发生不完全阻塞。两者均导致小气道的通气障碍,久之则肺组织残气量增多,形成肺气肿。因通气障碍而引起的肺气肿又称为阻塞性肺气肿。

2. 呼吸性细支气管和肺泡壁弹性降低 细支气管壁和肺泡壁的弹力纤维具有支撑作用,并通过其回缩力排出末梢肺组织内的残余气体。长期慢性炎症损伤了大量弹力纤维时,细支气管因失去支撑,致使管腔塌陷,引起阻塞性通气障碍,而阻塞性通气障碍又使细支气管和肺泡长期处于高张力状态,肺组织弹性逐渐下降,肺内残气量增多而形成肺气肿。

【类型及病理变化】

肺气肿的分类方法很多,一般按解剖组织学部位将肺气肿主要分为肺泡性肺气肿与间质性肺气肿两种类型。

1. 肺泡性肺气肿 病变发生于肺腺泡内,常合并有小气道的阻塞性通气障碍,故也称为阻塞性肺气肿（obstructive emphysema）。根据发生的部位和范围,又可分为腺泡中央型肺气肿、腺泡周围型肺气肿和全腺泡型肺气肿三种。

2. 间质性肺气肿 肋骨骨折、胸壁穿透伤或剧烈咳嗽等引起肺内压突然升高,可造成肺泡过度扩张、破裂,空气进入肺间质从而引起间质性肺气肿。气体出现在肺膜下、肺小叶间隔,也可扩散至肺门、纵隔等。本型肺气肿呈别针头至豌豆大的小泡状,沿肺的间隔呈串珠状排列。

3. 其他类型肺气肿 ①代偿性肺气肿:是指肺萎陷、肺叶切除后剩余肺组织或肺实变病灶周围肺组织的肺泡代偿性过度充气,通常不伴气道和肺泡壁破坏;②老年性肺气肿:是由于老年人肺组织弹性回缩力逐渐减小,呼吸时肺泡不能充分扩展和回缩,终因储气过多而引起的肺膨胀。

肉眼观,肺气肿呈弥漫性,肺显著膨大,边缘钝圆,颜色苍白,肺组织柔软而缺少弹性,压后遗留压痕,触之捻发音增强（图 6-2）。

图 6-2 肺气肿

肺组织膨大,呈蜂窝状

镜下见,末梢肺组织膨胀,肺泡间隔变窄、断裂,互相融合成大小不一的气囊腔(文末彩插图6-3)。细小支气管可有慢性炎症性改变。肺泡壁毛细血管床减少,肺小动脉内膜因纤维组织增生而增厚。

【临床病理联系】

本病进展缓慢。除原发病症状外,常因阻塞性通气障碍而出现呼气性呼吸困难、胸闷、气促、发绀等缺氧症状。当合并呼吸道感染时,症状加重,并可出现酸中毒,这是由于大量肺泡间隔的变窄、断裂,使呼吸膜面积和肺泡壁毛细血管床大为减少,造成通气和换气的严重障碍,出现缺氧和二氧化碳潴留所致。重度肺气肿患者,长期处于过度吸气状态使肺容积增大,肋骨上抬,肋间隙增宽,横膈下降,胸廓前后径增大,形成肺气肿患者特有的体征——"桶状胸"。听诊时呼吸音减弱,呼气延长。X线检查示两侧肺野透明度增加。病变后期,肺泡间隔毛细血管床越来越少,肺循环阻力越来越大,长期肺动脉高压,最终导致慢性肺源性心脏病。

三、支气管扩张症

支气管扩张症(bronchiectasis)是以肺内支气管因炎性破坏而发生持久性不可复性扩张伴管壁纤维性增厚为特征的慢性呼吸道疾病。临床表现有咳嗽、大量脓痰和反复咯血等症状。本病多见于中老年人,但起病多在儿童和青少年期。

【病因及发病机制】

支气管扩张症多继发于慢性支气管炎、麻疹和百日咳后的支气管肺炎及肺结核病等。支气管壁的炎症破坏和支气管腔阻塞是本病的发病基础。因反复感染,特别是化脓性炎症常导致管壁平滑肌、弹力纤维和软骨等支撑结构破坏,削弱了支气管的回缩力量;同时受支气管壁外周肺组织慢性炎症所形成的纤维瘢痕组织的牵拉,以及咳嗽时支气管腔内压增加的影响,最终导致支气管壁持久性扩张。当肿瘤或异物压迫或阻塞支气管时,肺切面见多数显著扩张的支气管,阻塞远端的支气管腔内因有分泌物潴留,常继发感染,使支气管壁进一步遭受炎性破坏而继发扩张。

支气管扩张症还可见于先天性支气管发育不良者,因支气管的平滑肌、弹力纤维和软骨薄弱或缺失,管壁弹力降低易致支气管扩张。

【病理变化】

肉眼观,病变支气管呈管状及囊状扩张(图6-4)。常累及段以下的中、小支气管,可单发或多发,可累及一侧或双侧肺,以下叶背部多见,左肺多于右肺。严重者可累及肺内各级支气管,使肺呈蜂窝状。扩张的支气管腔内常含有黏液脓性分泌物,偶见血性渗出物,如继发腐败菌感染可散发臭味。扩张支气管周围肺组织常有程度不等的萎陷、纤维化和肺气肿。囊状扩张常发展为肺脓肿。炎症如波及胸膜,可引起纤维蛋白性胸膜炎或化脓性胸膜炎。

镜下见,病变处显示损伤及急、慢性炎症特点。支气管壁明显增厚,黏膜上皮增生伴鳞状上皮化生,可有糜烂和小溃疡形成。黏膜下充血水肿,淋巴细胞、浆细胞或中性粒细胞浸润,支气管壁腺体、平滑肌、弹性纤维和软骨不同程度萎缩或消失,由肉芽组织或纤维组织取代。邻近肺组织常发生纤维化及淋巴组织增生。

图6-4 支气管扩张症
切面见较多明显扩张的支气管

【临床病理联系】

因支气管长期扩张或合并感染,炎性渗出物和黏液分泌均增多,患者表现为频发咳嗽、咳大量脓痰。

如支气管壁血管遭破坏可咯血,大量咯血可致失血过多或血凝块阻塞气道,严重者危及生命。患者常因支气管引流不畅而感胸闷、憋气,累及胸膜者可出现胸痛。肺部化脓可引起发热、盗汗、食欲缺乏、消瘦等全身症状。慢性重症患者常伴严重的肺功能障碍,出现气促、发绀和杵状指(趾)等,晚期可并发肺动脉高压和慢性肺源性心脏病。多数患者最终死于肺炎的反复发作。

第二节　肺炎

肺炎(pneumonia)是肺部急性渗出性炎症的统称,是呼吸系统的常见疾病。病因繁多,分类方法亦多。①病因分类:感染性肺炎包括细菌性、病毒性、支原体性、真菌性肺炎等,理化性肺炎包括放射性、类脂性、吸入性和过敏性肺炎等;②发生部位分类:肺泡性和间质性肺炎;③累及范围分类:大叶性、小叶性和节段性肺炎;④炎症性质分类:浆液性、纤维素性、化脓性、出血性、干酪性及肉芽肿性肺炎等。临床通常选用能反映肺炎特性和本质的名称。本节主要介绍较为常见的细菌性肺炎、病毒性肺炎和支原体性肺炎。

一、细菌性肺炎

(一)大叶性肺炎

大叶性肺炎(lobar pneumonia)是主要由肺炎链球菌引起的以肺泡内纤维蛋白弥漫渗出为主要病变特征的急性炎症。病变始于局部肺泡,迅速扩展到一个肺段甚至整个大叶。起病急骤,以寒战、高热开始,继而胸痛、咳嗽、呼吸困难和咳铁锈色痰,可有肺实变体征,病程5~10天,多见于青壮年,男女之比为(3~4):1。近年来由于抗生素的广泛应用,发生率大幅下降,典型病变亦少见。

【病因及发病机制】

大叶性肺炎90%以上是由肺炎链球菌引起,溶血性链球菌、肺炎杆菌、金黄色葡萄球菌偶尔也可引起。肺炎链球菌寄生于正常人的鼻咽部,当过度疲劳、受寒、胸廓外伤、麻醉、酗酒等诱因存在时,呼吸道防御功能骤然减弱,寄生的细菌易侵入肺泡引起发病。侵入肺泡的细菌迅速繁殖并引发肺组织的急性变态反应,肺泡间隔毛细血管扩张、通透性增强,浆液和纤维蛋白大量渗出,并与细菌一起通过肺泡间孔或呼吸性细支气管向邻近肺组织蔓延,细菌还可以随渗出液经肺叶支气管播散,引起数个肺大叶的病变。

【病理变化及临床病理联系】

大叶性肺炎主要病理变化为肺泡内纤维蛋白性炎,渗出物集中于肺泡腔内,肺组织结构少有破坏。病变多见于左肺或右肺下叶,典型发展过程为以下四期:

1. 充血水肿期　发病第1~2天,此期主要表现为浆液性炎症。病变肺叶肿胀,呈暗红色。镜下见肺泡壁毛细血管弥漫充血,肺泡腔内多量的浆液性渗出物,并有少量的红细胞、中性粒细胞和巨噬细胞。渗出液中常可检出细菌。

此期患者可有寒战、高热、咳嗽、咳痰症状,由于肺泡内充满浆液性渗出物,故患者咳稀薄样痰。临床检查可闻及湿性啰音,白细胞计数升高和胸部X线显示片状模糊阴影。

2. 红色肝样变期　发病后3~4天,此期病变逐渐发展为纤维素性炎症。病变肺叶肿胀、暗红,质地变实,切面粗糙呈颗粒状,似肝脏,故称之为"红色肝样变期"。镜下见肺泡壁毛细血管进一步扩张充血,肺泡腔内充满大量的红细胞和纤维素,少量的中性粒细胞、巨噬细胞。纤维素交织成网,并穿过肺泡间孔与相邻肺泡内的纤维蛋白网相连接。渗出物中仍可检出多量细菌。

此期病变广泛者,因肺泡通气换气功能明显下降而使动脉血氧分压降低,可出现呼吸困难和发绀等缺氧症状。肺泡腔内的红细胞被巨噬细胞吞噬崩解后,形成含铁血黄素随痰液咳出,故患者常咳铁锈色痰。

病变累及胸膜时，患者可出现胸痛及胸膜摩擦音，并随呼吸和咳嗽而加重。X线检查，病变肺叶呈现大片致密阴影。

3. 灰色肝样变期 发病后5~6天，病变肺叶仍明显肿胀，充血消退，颜色由暗红逐渐变为灰白，质实如肝脏（图6-5）。镜下见肺泡壁内毛细血管因受到纤维素性渗出物的压迫而呈贫血状，肺泡腔内纤维蛋白渗出进一步增多，相邻肺泡内的纤维素互相连接现象更为明显（文末彩插图6-6）。纤维素网中有大量中性粒细胞，红细胞则已大多溶解消失。渗出液中不易检出细菌。

此期患者肺内气血发生重分布，故缺氧情况有所改善，但肺实变体征仍基本同红色肝样变期，毒血症症状有所缓解，患者其他症状也开始减轻。

图6-5 大叶性肺炎灰色肝样变期
病变肺组织肿胀，灰白色，质实如肝

4. 溶解消散期 发病后一周左右进入此期。随着特异性抗体形成和白细胞、巨噬细胞吞噬作用的增强，机体防御功能逐步加强，病原菌被消灭。中性粒细胞变性坏死，释放出大量蛋白溶解酶将渗出的纤维素溶解，坏死物由气道咳出或经淋巴管吸收。实变病灶逐渐消失，肺质地逐渐变软，肺组织逐渐恢复正常结构和功能。胸膜渗出物被机化或吸收。

大叶性肺炎各期病变之间无绝对界限，同一肺叶不同部位可见不同病变，由于抗生素的广泛应用，典型病变已不多见，病变往往表现为节段性肺炎。

【并发症】

由于多数患者能得到及时治疗，目前大叶性肺炎并发症已少见。

1. 肺肉质变（pulmonary carnification） 少数患者由于机体反应性较差，中性粒细胞渗出过少而致蛋白溶解酶生成不足时，肺泡内渗出的纤维素不能被完全溶解，而由肉芽组织取代、机化，使肺组织实变，又称为机化性肺炎。因病变肺组织呈褐色肉样，故称肺肉质变。肺组织的功能将永久性丧失。

2. 胸膜肥厚粘连 大叶性肺炎累及胸膜且渗出较多纤维素时，如不能完全溶解吸收可发生纤维化，最后导致胸膜增厚或粘连。

3. 肺脓肿及脓胸 当患者抵抗力低下，毒力较强的肺炎球菌或伴有金黄色葡萄球菌感染而引起，受累的肺组织易形成肺脓肿，甚至伴有脓胸。

4. 中毒性休克 由严重的毒血症所致，是大叶性肺炎严重的并发症，表现为全身中毒症状和微循环衰竭，又称中毒性肺炎。如不及时有效的抢救，可以致命。

（二）小叶性肺炎

小叶性肺炎（lobular pneumonia）是主要由化脓性细菌引起的，以肺小叶为病变单位的急性化脓性炎症，病变常起始于细支气管，故又称支气管肺炎。多见于小儿、年老体弱及久病卧床者。

【病因及发病机制】

许多引起支气管炎的细菌均能导致本病发生，最常见的病原菌为肺炎球菌，还有葡萄球菌、链球菌、嗜血流感杆菌和大肠杆菌等。病原菌大多数是经呼吸道侵入肺组织，极少数经血道感染引起本病。这些病原菌通常是口腔或上呼吸道内致病力较弱的常驻菌，在某些诱因作用下可致肺炎的发生，如传染病（麻疹、百日咳、白喉、流感等）或营养不良、恶病质、受寒、麻醉和手术后等因素使机体抵抗力下降，呼吸道的防御功能受损，这些常驻菌侵入细支气管远端及末梢肺组织生长繁殖，引起肺炎的发生。小叶性肺炎常以某些疾病的并发症出现，如麻疹后肺炎、手术后肺炎、吸入性肺炎、坠积性肺炎等。

【病理变化】

小叶性肺炎的病理特征是以细支气管为中心的肺组织化脓性炎症。肉眼见肺表面和切面散在的实变病灶，通常两肺同时受累，以下叶及背侧较重，病灶中央常可见病变细支气管的横断面，病灶大小不一，直径在0.5～1cm（相当于肺小叶范围），形状不规则，色暗红或带黄色（图6-7）。严重病例可见若干病灶相互融合，形成融合性支气管肺炎，有时甚至累及整个肺段或肺大叶，但一般不累及胸膜。

镜下见不同发展阶段、严重程度不同的病变。早期，细支气管黏膜充血、水肿并附有黏液性渗出物，周围肺泡间隔轻度充血。随病变发展出现典型化脓性支气管肺炎病变：①支气管、细支气管管腔及其周围肺泡内出现较多量的中性粒细胞、脱落的上皮细胞及浆液，可见少量红细胞和纤维素（文末彩插图6-8）；②支气管管壁充血水肿，中性粒细胞弥漫浸润；③病灶外围肺组织充血、浆液渗出，部分肺泡扩张呈代偿性肺气肿。严重时，支气管和肺组织均遭破坏，呈无明显结构的化脓改变。

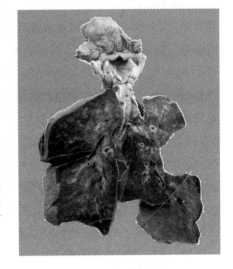

图6-7　小叶性肺炎

肺切面见散在分布，以细支气管为中心的大小不一、形状不规则的灰白色病灶

【临床病理联系】

虽然小叶性肺炎常为一些疾病的并发症，其临床症状常被原发疾病掩盖，但发热、咳嗽和咳痰仍是通常最常见的症状。气管黏膜受炎症及渗出物刺激而咳嗽，痰液常为黏液脓性。因病灶较小且散在分布，除融合性小叶性肺炎病例外，一般无肺实变体征。因病变细支气管及其所属肺泡内含有渗出物，故听诊可闻及湿性啰音。X线检查可见散在的、不规则斑点状或片状阴影。

【结局及并发症】

如得到及时有效治疗，本病大多能痊愈。但在幼儿和年老体弱者，特别是并发于其他严重疾病时，预后不良。

小叶性肺炎的并发症较大叶性肺炎多且危险性大，较常见的有呼吸衰竭、心力衰竭、脓毒血症、肺脓肿和脓胸等。大叶性肺炎和小叶性肺炎的区别要点见表6-1。

表6-1　大叶性肺炎与小叶性肺炎比较

	大叶性肺炎	小叶性肺炎
病因	肺炎链球菌	混合感染
好发人群	青壮年	小儿、年老体弱者
病变范围	波及部分或整个大叶	以肺小叶为单位散在分布，严重者病灶可相互融合
病变性质	纤维素性炎	化脓性炎
大体特征	受累局部肺组织实变，肿胀	双肺背部及下部散在灰黄色边界较清的小病灶
镜下特征	肺泡内大量纤维素、中性粒细胞渗出	细支气管及其周围肺组织中大量中性粒细胞渗出
临床表现	咳嗽、胸痛、毒血症表现、咳铁锈色痰、肺局部实变	咳嗽、咳黏液脓痰、发热、肺实变体征不明显
X线表现	大片致密阴影	散在小片状模糊阴影
并发症	肺肉质变、胸膜增厚或粘连、肺脓肿及脓胸、败血症及脓毒败血症、感染性休克	呼吸衰竭、心力衰竭、脓毒败血症、肺脓肿及脓胸

二、病毒性肺炎

病毒性肺炎（viral pneumonia）是上呼吸道病毒感染向下蔓延所致的以肺间质受累为主的急性非化脓性

炎。常见的病毒主要为流感病毒、腺病毒、副流感病毒、呼吸道合胞病毒、麻疹病毒、巨细胞病毒及单纯疱疹病毒等,除流感病毒、副流感病毒外,其余病毒性肺炎多见于儿童。单一病毒可引起发病,多种病毒混合感染或继发细菌感染引起肺炎者也不少见,病毒性肺炎的病变严重程度及临床表现常有很大差别。

【病理变化】

因炎症一般从支气管、细支气管开始,沿肺间质发展蔓延,故病毒性肺炎主要表现为肺间质的炎症。肉眼除因间质充血水肿而致肺轻度肿大外,无明显其他改变。镜下可见肺泡间质明显增宽,间质(支气管管壁、小叶间隔和肺泡壁)水肿充血、淋巴细胞、单核细胞浸润,肺泡腔内一般无渗出物或仅有少量浆液。严重病例,肺泡腔内出现非化脓性渗出物,由一定量浆液和少量的巨噬细胞、纤维素及红细胞组成,甚至出现肺组织的坏死。

由流感病毒、麻疹病毒和腺病毒引起的肺炎,肺泡腔内浆液性渗出物常在腔面形成一层红染的膜状物,即透明膜形成。一些肺炎类型尤其是麻疹病毒性肺炎,细支气管及肺泡上皮细胞常明显增生、肥大并融合形成多核巨细胞,因而又有巨细胞性肺炎之称。在增生的上皮细胞和巨噬细胞内还可见病毒包涵体,包涵体可见于细胞的胞核和胞质,圆形或椭圆形,周围常有一清晰的透明晕(文末彩插图 6-9)。检见包涵体是病理组织学诊断病毒性肺炎的重要依据。流感病毒性肺炎不易检出病毒包涵体。

混合病毒感染或继发细菌感染时,病变更为严重和复杂,病变可呈小灶性、节段性或大叶性分布,支气管及肺组织可出现明显的坏死、出血,或混杂有化脓性病变。

【临床病理联系】

由于病毒血症,可引起发热及全身中毒症状。因炎症刺激支气管壁可出现剧烈咳嗽。由于呼吸膜增厚影响气体交换导致缺氧,可出现呼吸困难及发绀等症状。严重病例,肺部可出现实变体征,甚至导致心力衰竭和中毒性脑病。

相关链接

严重急性呼吸综合征(severe acute respiratory syndrome, SARS)

该病于 2002—2003 年冬春之交首次暴发,是一种严重的病毒性肺炎,传染性极强,以近距离空气飞沫传播为主,直接接触感染者的粪便、尿液和血液等也可引起感染,发病有家庭和医院聚集现象。发病机制尚未明了,可能与病毒直接损害呼吸系统和免疫器官有关。

肺和免疫系统病变最为突出。肺病变:肉眼观:双肺呈斑块状实变,重者双肺完全实变,表面暗红色,切面可见肺出血灶及出血梗死灶。镜下以弥漫性肺损伤为主。肺组织重度充血、水肿及出血,肺泡腔充满大量脱落和增生的肺泡上皮细胞及渗出的单核细胞、淋巴细胞和浆细胞。部分肺泡上皮胞质内见到典型的病毒包涵体。肺泡腔内广泛透明膜形成,部分病例肺泡腔内渗出物机化呈肾小球样。肺小血管壁可见纤维蛋白样坏死伴血栓形成,微血管内可见透明血栓。

脾和淋巴结病变:脾体积略缩小且质软。镜下见脾小体高度萎缩,脾动脉周围淋巴鞘内淋巴细胞减少,红髓内淋巴细胞稀疏。白髓和被膜下淋巴组织大片出血坏死。肺门及腹腔淋巴结固有结构消失,皮髓质分界不清,皮质区淋巴细胞数量明显减少,淋巴组织灶状坏死多见。心、肝、肾、肾上腺等实质器官除有小血管炎症病变外,均呈现不同程度的变性、坏死和出血。

主要临床表现:起病急骤,多以发热为首发症状,体温高于38℃,可伴有头痛、肌肉和关节酸痛。干咳少痰,严重者表现为呼吸窘迫。外周血白细胞计数多降低或不升高,常有淋巴细胞计数减少。X 线肺部可见不规则的片状浸润阴影。

本病如能及时发现并有效治疗多数可治愈,约 5% 的严重病例主要因呼吸衰竭而死亡。

三、支原体性肺炎

支原体性肺炎（mycoplasmal pneumonia）是由肺炎支原体感染引起的一种间质性肺炎。儿童和青少年发病率高，主要经飞沫传播，常为散发，以发热、顽固而剧烈咳嗽但痰少为主要症状。

【病理变化】

肺炎支原体侵犯呼吸道可引起上呼吸道、气管及支气管炎和肺的炎症。肺内病变常累及一个肺叶，呈灶状分布，下叶多见。肉眼常呈暗红色，切面可有少量红色泡沫状液体流出，气管、支气管内有少量黏液性渗出物，一般不累及胸膜。镜下见病灶内肺泡间隔、细支气管壁及周围间质明显增宽，血管充血，间质水肿伴大量淋巴细胞、单核细胞和少量浆细胞浸润。肺泡腔内无渗出或仅见少量混有单核细胞的浆液。细支气管黏膜上皮常保持完好。严重病例，支气管上皮和肺组织可明显坏死、出血，此时往往伴有中性粒细胞浸润。

【临床病理联系】

患者起病较急，多有发热、头痛、咽喉痛等症状。突出的表现是支气管和细支气管的急性炎症引起的剧烈咳嗽、气促和胸痛，痰量不多。听诊可闻及干、湿性啰音，胸部X线显示阶段性纹理增强及网状、斑片状阴影。本病临床不易与病毒性肺炎鉴别，可由分泌物培养出支原体而确诊。本病预后良好，死亡率0.1%～1%。

第三节　肺硅沉着症

肺硅沉着症（silicosis）简称硅肺，是长期吸入含游离二氧化硅（SiO_2）粉尘所引起的一种常见职业病。从事开矿、采石及在石英粉厂、玻璃厂、耐火材料厂生产作业的工人易患本病。患者多在接触硅尘10年后发病，病变进展缓慢，脱离硅尘环境后，肺部病变仍继续发展。

【病因及发病机制】

空气中游离二氧化硅粉尘是本病病原，发病与否与二氧化硅数量、颗粒大小及形状密切相关。当吸入量超过肺的清除能力时，粉尘便沉于肺内。硅尘微粒的大小是致病的又一重要因素，微粒愈小，在空气中的沉降速度愈慢，被吸入的机会就愈多，小于$5\mu m$的硅尘才能被吸入肺泡而引起硅肺病变，其中尤以$1～2\mu m$的硅尘粒子致病力最强。还有研究表明虽然不同形状的二氧化硅结晶都可致病，但以四面体的石英结晶作用最强。

硅肺的发生机制目前认为主要与SiO_2的化学性质以及巨噬细胞有关。硅尘微粒吸入到肺泡，被聚集于肺泡间隔或支气管周围间质的巨噬细胞吞噬后，SiO_2与水聚合成硅酸，硅酸是一种强的成氢键化合物，其羟基与吞噬溶酶体膜上的磷脂或脂蛋白上的氢原子形成氢键，使溶酶体膜的通透性升高或膜的稳定性遭破坏，溶酶体破裂后释出硅尘和细胞崩解产物，这些释出物一方面引起肺组织的炎症反应、成纤维细胞增生和肺纤维化；另一方面又吸引更多的巨噬细胞聚集，巨噬细胞进行再吞噬并形成结节。这种过程不断重复，使病变不断发展、加重。此外，免疫因素在硅肺发病中也可能起作用，有证据表明玻璃样变的硅结节内含有较多的免疫球蛋白，患者血清也有IgG、IgM及抗核抗体等的异常。

【病理变化】

硅肺的基本病变是硅结节形成和肺组织弥漫性纤维化（图6-10）。

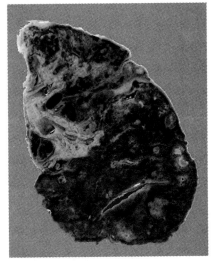

图6-10　硅肺

肺内散在的灰白色圆形结节

硅结节一般直径 2～5mm，圆形或类圆形且边界清楚，灰白色，触之有砂粒感。随着病变的发展，硅结节可逐渐增大或互相融合成团块状，其中央常因缺血发生坏死、液化，形成硅肺性空洞。

镜下见早期为由吞噬硅尘的巨噬细胞局灶性聚集而形成的细胞性结节。随病变进展，成纤维细胞增生逐渐形成纤维性结节，结节内胶原纤维呈同心圆或漩涡状排列，结节内部分胶原纤维发生玻璃样变（文末彩插图6-11）。结节中央有时可见管壁增厚、管腔狭窄的小血管。

除硅结节形成外，肺组织内可见不同程度的弥漫纤维化，晚期患者纤维化范围可累及 2/3 以上的肺组织，胸膜也因纤维组织增生而增厚，严重时胸膜的厚度可达 1～2cm。

【分期及病变特征】

根据肺硅沉着病的肺部病变程度和范围，可将本病分为三期（表6-2）。

表6-2 硅肺三期病变特点

分期	硅结节数量	大小(cm)	分布范围	肺纤维化程度	X线	胸膜
一期	少，局限于淋巴系统	0.1～0.3	两肺中、下叶近肺门	轻	肺野内可见一定数量的类圆形或不规则形小阴影，其分布范围不少于两个肺区	增厚不明显
二期	较多	<1	全肺，但仍密集在中、下肺叶近肺门区 <1/3 全肺	明显	肺野内有较多量直径不超过 1cm 的小阴影，分布范围不少于四个肺区	明显增厚
三期	很多，硅结节密集融合成块	>2	>2/3 全肺	明显伴钙化	胸透表现有大的团块阴影出现	显著增厚

【并发症】

硅肺晚期较易合并以下疾病：

1. **肺结核病** 硅肺患者最易并发肺结核病，称硅肺结核病，Ⅲ期硅肺患者并发率可高达 70% 以上。此种结核病变的发展速度和累及范围均比单纯肺结核病者更快、更广，也更易形成空洞，可因大出血而致死亡。

2. **慢性肺源性心脏病** 晚期硅肺患者并发肺源性心脏病者占 60%～75%。主要由于弥漫性肺间质纤维化等病变引起的肺动脉高压所致，严重者可因右心衰竭而死亡。

3. **肺感染** 由于硅肺患者抵抗力较低，易并发感染而诱发呼吸衰竭。

第四节 慢性肺源性心脏病

慢性肺源性心脏病（chronic cor pulmonale）是因慢性肺疾病、肺血管及胸廓病变引起肺循环阻力增加而致以肺动脉压力升高和右心室肥厚、扩张为特征的心脏病，简称肺心病。

【病因】

肺心病最常见病因是慢性支气管炎并发阻塞性肺气肿（占 80%～90%），因胸廓运动受限引起的限制性通气障碍也可以引起，少数因肺血管疾病导致。但都有一个共同的病理过程即肺动脉高压。

【病理变化】

肺心病的病变包括肺组织和右心的改变。

1. **心脏病变** 右心室因肺动脉压升高而发生代偿性肥厚，这是肺心病最主要的病理形态改变。肉眼见心体积明显增大，重量增加可达 800g 以上，肺动脉圆锥显著膨隆，心尖钝圆。通常以肺动脉瓣下 2cm 处右心室壁厚度超过 0.5cm 作为诊断肺心病的病理学标准。镜下见心肌细胞肥大，核大浓染，还可见缺氧导致部分心肌纤维萎缩、肌浆溶解、横纹消失，间质水肿和胶原纤维增生等。

2. 肺组织病变　慢性肺心病多是各种慢性肺疾病的晚期并发症,这些肺疾病均以弥漫性肺纤维化或肺气肿为共同结局,除此之外是肺小动脉的变化,尤其是肺小血管重建,包括无肌型细动脉肌化及肌型小动脉中膜增生、肥厚,内膜下出现纵形平滑肌束等。还可见肺小动脉炎、腔内血栓形成及肺泡间隔毛细血管床减少。

【临床病理联系】

临床发展缓慢,除原有肺疾病的临床表现外,逐渐出现呼吸衰竭和右心功能衰竭的临床表现。主要有心悸、气急、发绀、肝脾大、下肢水肿等。病情严重尤其继发肺感染者,由于缺氧和二氧化碳潴留、呼吸性酸中毒等可引起脑水肿或并发肺性脑病,可出现头痛、烦躁不安、抽搐、嗜睡甚至昏迷等症状。

第五节　呼吸系统常见肿瘤

一、鼻咽癌

鼻咽癌(nasopharyngeal carcinoma)是起源于鼻咽黏膜和腺体的恶性肿瘤。我国以广东、广西、福建等地发病率较高,亦被称为"广东癌"。发病年龄多在 40~50 岁之间,男性多于女性。主要症状有鼻塞、鼻出血以及耳鸣、复视和颈部淋巴结肿大等。鼻咽癌对放射治疗较敏感,其中以泡状核细胞癌最为敏感。

【病因】

鼻咽癌的病因尚未完全清楚,可能与病毒、遗传等因素有关。

1. EB 病毒感染　目前已知 EB 病毒与鼻咽癌关系密切。已发现癌细胞内有 EBV-DNA 和核抗原。90% 以上的患者血清中可检出 EB 病毒核抗原、膜抗原和壳抗原等多种成分的相应抗体。但 EB 病毒引起癌变的机制还不清楚。

2. 遗传因素　流行病学调查表明鼻咽癌不仅有明显的地域性,一些病例还有明显的家族性。高发区居民移居外地或国外,其后裔发病率也远远高于当地居民。

3. 化学致癌物质　有些化学物质如多环芳烃类、亚硝胺类、微量元素镍等与鼻咽癌发病有一定关系。

【病理变化】

鼻咽癌最多见于鼻咽顶部,其次为外侧壁和咽隐窝,前壁最少见。早期表现为局部黏膜粗糙或微隆起,或呈颗粒状小结节。癌组织继续发展可形成结节型、菜花型、黏膜下浸润型及溃疡型肿块,结节型最多见。黏膜下浸润型者往往黏膜尚完好时癌组织早已浸润和转移,常以颈部淋巴结肿大为最早出现的临床症状。

多数鼻咽癌起自鼻咽黏膜柱状上皮,少数发生于鳞状上皮。主要组织学类型为角化型鳞状细胞癌,非角化性癌,基底细胞样鳞状细胞癌,乳头状腺癌和涎腺型癌。

1. 角化型鳞状细胞癌　为高分化鳞状细胞癌,多见于老年人,与 EB 病毒关系不大。肿瘤细胞呈巢团样排列,可见细胞内角化,细胞间可见细胞间桥,癌巢中央可见癌珠。

2. 非角化性癌　分为未分化型和分化型两种。未分化型旧称泡状核细胞癌,较多见,癌巢不规则,癌细胞胞质丰富,境界不清楚,往往呈合体状,胞核大,圆或卵圆形且呈空泡状,染色质少,有 1~2 个肥大核仁,核分裂像不多见,在癌细胞间多见淋巴细胞浸润(文末彩插图 6-12)。分化型癌细胞小、圆或短梭形,胞质少,无明显巢状结构,易与恶性淋巴瘤及其他小细胞性肿瘤混淆。

3. 基底细胞样鳞状细胞癌、乳头状腺癌和涎腺型癌　均较少见。

【蔓延和扩散】

1. 直接蔓延　肿瘤向上蔓延可破坏颅底骨侵入颅内,易使第Ⅱ~Ⅵ对脑神经受损。肿瘤向外侧蔓延,可侵犯咽鼓管而进入中耳。亦可向前进入鼻腔,甚至侵入眼眶。

2. 淋巴道转移　癌细胞早期经淋巴道转移,先经咽后淋巴结至颈上深淋巴结。颈淋巴结转移多在同侧,后期可双侧都受累,只转移到对侧者极少。患者常在颈上部胸锁乳突肌上端出现无痛结节,一半以上患者以此为首发症状。肿大的淋巴结可互相粘连,形成颈部大而硬的肿块,可压迫Ⅳ~Ⅵ对脑神经和颈交感神经而引起相应症状。

3. 血道转移　以肝、肺、骨转移常见,亦可转移至肾、肾上腺和胰腺等处。

二、肺癌

肺癌(lung cancer)是起源于支气管和肺泡上皮细胞的常见恶性肿瘤。半个世纪以来我国肺癌的发病率和死亡率一直呈明显上升趋势。90%以上发病年龄在40岁以后,女性肺癌的患病率呈较快的上升趋势。

【病因】

目前认为吸烟、某些环境致癌因素与肺癌的发生关系密切。

1. 吸烟　国际上公认吸烟是引起肺癌的最重要危险因素。许多研究证实吸烟者肺癌发病率比普通人高20~25倍,吸烟量及烟龄与肺癌发病率呈正相关。烟雾中含多种有害的化学物质,尤其3,4-苯并芘、尼古丁、焦油是确定的致癌物质。降低焦油含量或加用过滤嘴改变烟草中致癌成分,则肺癌的组织学类型也发生变化,证明吸烟与肺癌的发生密切相关。

2. 环境致癌因素　由于工业排放废气、粉尘及家庭排烟等使空气中3,4-苯并芘、二乙基亚硝胺和砷等致癌物质的含量较高,故大城市和工业区肺的发生率和死亡率均较高。长期接触放射性物质(铀)或吸入含有石棉、铬、镍等化学致癌粉尘的工人,肺癌发生率明显增高。目前还有资料显示,吸入家居装饰材料散发的氡等物质也是肺癌发病的危险因素。

【病理变化】

绝大多数肺癌起源于支气管黏膜上皮,源于肺泡上皮细胞者极少。

1. 大体类型　根据肿瘤在肺内分布特点,将其分为中央型、周围型和弥漫型三种主要类型。

(1)中央型:癌组织位于肺门部,发生于主支气管或肺叶支气管,约占肺癌总数的60%~70%。癌组织常破坏支气管向周围浸润,以致在肺门或其附近逐渐形成与肺门淋巴结融合的形态不规则的灰白色巨大肿块(图6-13)。

(2)周围型:癌组织发生于肺段及段以下支气管,占肺癌总数的30%~40%。在靠近胸膜的肺周边部形成单发的境界不甚清楚的球形结节,直径常在2~8cm之间(图6-14)。

(3)弥漫型:此型仅占全部肺癌的2%~5%,癌组织起源于末梢肺组织,沿肺泡管及肺泡呈弥漫浸润生长,侵犯肺大叶的一部分或整个肺大叶,也可在多个肺叶形成多发结节,易与肺转移癌混淆。

关于早期肺癌和隐匿肺癌,国际尚无统一标准。早期肺癌是指癌灶局限于支气管管壁内,无管壁外侵袭,或癌灶直径在2cm以内,均无淋巴结转移者。隐性肺癌是指痰液检查找到癌细胞,X线胸片未发现癌灶,手术切除经病理证实为原位癌或早期浸润癌,无淋巴结转移者。

2. 组织学类型　肺癌组织学表现复杂,目前多采用1999年由世界卫生组织(WHO)提出的肺癌的6个基本类型分类法。实际上,部分肺癌并非表现单一的组织学形态,而是多种组织学形态混合存在,此类病例常以其主要组织学表现归类,近年来由于分子生物学和肺癌个体化治疗的高速发展,对肺癌病理学分类也提出了更高的要求。

(1)鳞状细胞癌:为肺癌常见类型之一,多为中央型。中老年患者居多且多有吸烟史。因该型多发生于段以上大支气管,纤维支气管镜检查易被发现。依据癌组织的分化程度可分为高、中和低分化鳞癌三型。高分化鳞癌的癌巢中有角化珠形成;中分化时可见细胞角化现象,但无角化珠形成;低分化鳞癌癌巢界限不明显,细胞异型性大,无细胞角化及角化珠形成。

图6-13 肺癌(中央型)
主支气管壁增厚,可见灰白色癌组织

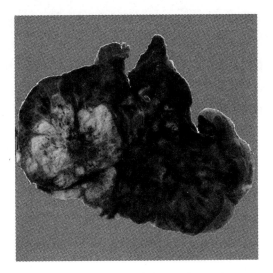

图6-14 肺癌(周围型)
肺周边部可见边界清楚的肿块

(2)腺癌:近年发生率有明显上升趋势,已接近或超过鳞状细胞癌,女性患者多见。多为周围型,肿块常累及胸膜。分化程度亦可表现为高、中和低分化三种形式。分化最好者为细支气管肺泡癌,此型肉眼形态多为弥漫型或多结节型,镜下可见癌细胞沿肺泡管壁、肺泡壁或细支气管壁单层或多层柱状生长,形成腺样结构并常有乳头形成,大部分肺泡间隔仍保存;中分化腺癌特点是有腺管或乳头形成及黏液分泌;低分化腺癌常无腺腔结构,呈实心条索状且很少见分泌现象,细胞异型明显。

(3)小细胞癌(小细胞神经内分泌癌):过去称为小细胞未分化癌,本型占肺癌的10%~20%,是肺癌中恶性程度最高的一型,生长迅速并易早期转移,存活期大多不超过一年,手术效果差,癌细胞呈小圆形或梭形,胞质少,似裸核,深染,弥漫分布或呈巢状、条索状。但对放疗及化疗敏感。小细胞癌多为中央型肺癌,迅速向肺实质浸润形成巨块。镜下,癌细胞呈较小的圆形或卵圆形,也可呈梭形或燕麦形,细胞弥漫分布或呈巢状、条索状或菊花形排列,胞质少,似裸核,核深染,核分裂像多见,燕麦形、短梭形细胞较多时称之为燕麦细胞癌。

(4)大细胞癌:又称大细胞未分化癌,约占肺癌总数的10%。本型恶性程度高,转移早且广泛,生存期多在一年以内。大细胞癌半数以上为中央型,肿块常较大。镜下主要特点为癌细胞体积大,胞质丰富,均质淡染,癌细胞具有高度异型性。

(5)腺鳞癌:占肺癌总数的10%以下。癌组织内含有腺癌和鳞癌大致相等的两种成分。此型肺癌的发生一般认为是源于支气管上皮具有多种分化潜能的干细胞,可分化形成不同类型的癌组织。

(6)肉瘤样癌:为近年WHO新列出的一种少见、高恶性肺癌类型。癌组织分化差,根据细胞形态和成分又可将其分为多形性癌、梭形细胞癌、巨细胞癌等多种亚型。

【蔓延和扩散】

①直接蔓延:中央型肺癌常直接侵入纵隔、心包及周围血管,或沿支气管蔓延。周围型肺癌可直接侵犯胸膜并侵入胸壁。②转移:肺癌常较早、较快地发生淋巴道转移,一般首先转移至支气管旁、肺门淋巴结,再扩散至纵隔、锁骨上及颈淋巴结。周围型肺癌癌细胞还可进入胸膜下淋巴丛,形成胸膜下转移灶并引起血性胸腔积液。血道转移常见于脑、肾上腺、骨等器官和组织,也可转移至肝、肾、胰、甲状腺和皮肤等处。

【临床病理联系】

多数患者早期无明显临床症状。部分患者出现咳嗽、痰中带血、胸痛及咯血等症状,而此时多已进入晚期。患者的症状和体征与肿瘤的部位及扩散范围有关,肺癌可刺激、破坏气管壁引起呛咳及痰中带血甚至咯血等症状；癌组织压迫支气管可引起远端肺组织局限性肺不张或肺气肿；癌组织侵犯胸膜可引起胸痛及血性胸腔积液；侵入纵隔压迫上腔静脉可导致面、颈部水肿；位于肺尖的癌组织常侵犯交感神经，引起病侧眼睑下垂、瞳孔缩小和胸壁皮肤无汗等交感神经麻痹症状，称 Horner 综合征；侵犯臂丛神经可出现上肢疼痛和肌肉萎缩等；侵犯喉返神经可引起声音嘶哑。

神经内分泌癌可有异位内分泌症状。尤其是小细胞肺癌可因分泌 5- 羟色胺过多而引起类癌综合征，表现为由支气管痉挛引起的哮鸣样喘息，伴有阵发性心动过速、水样腹泻、皮肤潮红等。

（周铁军）

学习小结

呼吸系统疾病是临床的常见病，多发病，最容易患各种炎症性疾病。慢性阻塞性肺病是一组以气道部分或完全阻塞为特征的疾病。各种原因导致气道的功能和结构改变，最终引起呼吸功能障碍，甚至心功能障碍，最终引发肺源性心脏病。

肺炎是病原微生物引起的肺组织急性炎症，因病原体的不同导致出现不同的好发人群、病理和临床表现等。大叶性肺炎与小叶性肺炎两者既有区别也有联系。病毒和支原体肺炎主要累及肺泡壁，引起间质性肺炎。

肺硅沉着症是吸入游离二氧化硅颗粒所形成的慢性职业病，以硅结节形成和肺纤维化为其病变特点，脱离硅尘后病变继续发展。

鼻咽癌是我国常见恶性肿瘤之一，珠江三角洲和西江流域为高发地域，与EB 病毒感染关系密切，放射治疗敏感。肺癌是肺组织的原发性恶性肿瘤，可分为中央型、周围型和弥漫型三种。组织学类型包括鳞癌、腺癌、小细胞癌、大细胞癌、腺鳞癌、肉瘤样癌等。早期肺癌是指癌灶局限于支气管管壁内，无管壁外侵袭，或癌灶直径在 2cm 以内，均无淋巴结转移者。隐性肺癌是指痰液检查找到癌细胞，X 线胸片未发现癌灶，手术切除经病理证实为原位癌或早期浸润癌，无淋巴结转移者。中晚期肺癌的大体分型与病理分型有联系，扩散主要通过局部浸润和淋巴道转移，可并发血道转移。

复习参考题

1. 试述慢性支气管炎、肺气肿及肺源性心脏病的病变特点及相互关系。

2. 简述病毒性肺炎的基本病理变化。

3. 简述肺硅沉着症的发生机制及硅结节的病变特点。

4. 试述中晚期肺癌的大体分型与病理分型及其之间的关系。

第七章　消化系统疾病

7

消化系统(digestive system)由消化管和消化腺组成。消化管分为口腔、咽、食管、胃、小肠和大肠六部分;消化腺包括大消化腺(唾液腺、肝、胰)和消化管管壁内散在分布的小消化腺(胃腺、肠腺等)。消化系统是体内易于发生疾病的部位,尤其是炎症和肿瘤。慢性胃炎、消化性溃疡病、病毒性肝炎、肝硬化及消化系统恶性肿瘤是本章学习重点。

第一节　胃炎

胃炎(gastritis)是各种原因导致的胃黏膜炎症。一般可分为急性胃炎(acute gastritis)和慢性胃炎(chronic gastritis)两大类。

一、急性胃炎

急性胃炎是发生于胃黏膜的急性炎症,多由理化因素刺激或微生物感染引起,常见以下四种类型。

1. **急性刺激性胃炎(acute irritated gastritis)**　多因暴饮暴食或食入刺激性食物等原因引起。胃镜可见胃黏膜充血、水肿,表面覆盖黏液,上皮细胞坏死可形成糜烂。

2. **急性出血性胃炎(acute hemorrhagic gastritis)**　多由服药不当(如阿司匹林)以及过度饮酒、急性应激(大手术、严重创伤等)有关。病变胃黏膜以出血、糜烂为主,因形成多发性糜烂,又称急性糜烂性胃炎。

3. **腐蚀性胃炎(corrosive gastritis)**　吞服强酸、强碱或其他腐蚀性化学物所致。病变胃黏膜坏死,糜烂、溃疡形成甚至穿孔,病变多较严重。

4. **急性感染性胃炎(acute infective gastritis)**　少见,病情严重,多由化脓菌通过血液循环或胃外伤直接感染所致。病变为胃壁的急性蜂窝织炎或局限性脓肿。

二、慢性胃炎

慢性胃炎(chronic gastritis)是胃黏膜的慢性非特异性炎症,其发病率高,病因和发病机制目前尚未完全阐明,可由急性胃炎反复发作、长期吸烟饮酒、幽门螺旋杆菌(helicobacter pylori, Hp)感染、十二指肠液反流或自身免疫损伤等所致。根据胃黏膜的病理变化可分为以下几种类型。

1. **慢性浅表性胃炎(chronic superficial gastritis)**　是胃黏膜最常见的病变之一,胃镜检出率高达20%～40%,常发生于胃窦部。

胃镜可见病变黏膜充血、水肿,表面覆盖灰黄或灰白色黏液性渗出物,可伴有点状出血或糜烂。镜下病变以黏膜浅层炎细胞浸润及固有腺体保持完整为特点,病变黏膜浅层固有膜中以淋巴细胞、浆细胞浸润为主,有时可见少量嗜酸性粒细胞或中性粒细胞,血管扩张充血,上皮细胞可坏死脱落。

2. **慢性萎缩性胃炎(chronic atrophic gastritis)**　慢性萎缩性胃炎可分为A、B两型。B型多见,我国患者大多数属于B型,其发生可能与吸烟饮酒、Hp感染、用药不当等因素有关,病变多发生于胃窦部。A型与自身免疫有关,患者血中可检测出抗壁细胞自身抗体和抗内因子自身抗体,多伴有恶性贫血,病变主要位于胃体和胃底。A、B两型萎缩性胃炎的病理变化基本相同。

胃镜可见胃黏膜色泽由橘红色变为灰色,变薄,黏膜皱襞变平甚至消失,黏膜下血管清晰可见(图7-1)。镜下,病变黏膜全层淋巴细胞、浆细胞等浸润,常有淋巴滤泡形成;病变区固有腺体数目减少,体积变小,部分囊性扩张;病变黏膜常发生肠上皮化生或假幽门腺化生(文末彩插图7-2)。发生肠上皮化生的胃黏膜上皮中出现杯状细胞、吸收细胞或潘氏细胞等,根据化生细胞分泌黏液的不同可分为完全型(Ⅰ型)和不完全型(Ⅱ型)肠上皮化生,目前认为不完全型肠上皮化生与胃癌发生有关。假幽门腺化生发生于胃体或胃底,壁细胞和主细胞被黏液分泌细胞所取代。

3. **肥厚性胃炎**(hypertrophic gastritis) 又称 Menétrier 病。病因与发病机制尚不清楚,病变好发于胃底和胃体,沿胃大弯分布,黏膜层增厚、黏膜皱襞肥大加深似脑回状(图 7-3),镜下胃小凹增生,黏膜表面黏液分泌细胞增多,壁细胞和主细胞可减少,黏膜固有层内炎细胞浸润不明显。

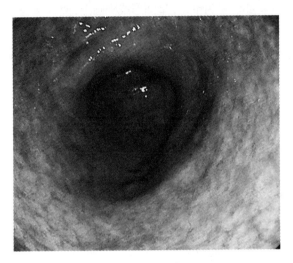

图 7-1 慢性萎缩性胃炎

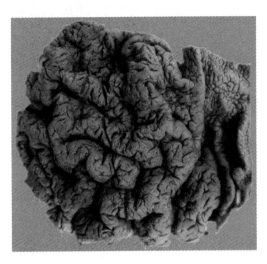

图 7-3 肥厚性胃炎

4. **疣状胃炎**(verrucous gastritis) 病因不明。病变多见于胃窦部,胃黏膜表面见多个结节状、痘疹样突起,常伴有中央凹陷、糜烂。镜下可见病灶中央凹陷处胃黏膜上皮细胞变性、坏死、脱落,覆以急性炎性渗出物。

第二节 消化性溃疡

消化性溃疡(peptic ulcer disease)是指胃或十二指肠黏膜形成慢性溃疡为特征的疾病,简称溃疡病,因溃疡的发生与胃液的消化作用有关,又称消化性溃疡。本病为临床常见病,多见于 20~50 岁的成人,男性多于女性。十二指肠溃疡(duodenal ulcer, DU)多见,约占 70%,胃溃疡(gastric ulcer, GU)约占 25%,两者并存的复合性溃疡约占 5%。临床主要表现为周期性上腹部疼痛、反酸、嗳气等症状,常反复发作,呈慢性经过。

【病因及发病机制】
消化性溃疡的病因及发病机制复杂,尚未完全阐明。

1. **胃、十二指肠黏膜屏障受损** 胃、十二指肠黏膜防御屏障的破坏,导致胃酸、胃蛋白酶自我消化是形成溃疡的主要原因。

正常黏膜防御屏障包括:①黏液屏障:黏液覆盖于黏膜表面,为碱性,避免胃酸、胃蛋白酶与黏膜直接接触,还具有中和胃酸作用;②黏膜上皮屏障:由再生能力旺盛,保持完整的黏膜上皮细胞及其脂蛋白构成;③黏膜充足的血液供应:充足的黏膜血流可清除损伤因子,提供再生的营养物质。

导致黏膜屏障破坏的常见原因有:Hp 感染、长期服用非固醇类抗炎药、胆汁反流、吸烟和不良饮食习惯等。

2. **胃液的消化作用** 当黏膜屏障作用受损或胃液分泌超过黏膜屏障的保护与中和作用时,胃液对胃、十二指肠壁自我消化导致溃疡形成。氢离子由胃腔进入胃黏膜的弥散能力在胃窦部为胃底部的 15 倍,而十二指肠又是胃窦部的 2~3 倍,溃疡好发于十二指肠和胃窦部可能与此有关。

3. 神经、内分泌功能失调 长期精神紧张或忧虑，可引起大脑皮质功能失调，自主神经功能紊乱。迷走神经功能亢进可促进胃酸分泌，与十二指肠溃疡发生有关，而迷走神经兴奋性降低，胃蠕动减弱，则与胃溃疡的形成有关。

4. 遗传因素 溃疡病有家族高发倾向，O型血者高发，提示本病的发生可能与遗传因素有关。

【病理变化】

肉眼观，胃溃疡多位于胃小弯近幽门处，尤多见于胃窦部。常为单发，呈圆形或椭圆形，直径多在2cm以内。溃疡边缘整齐，状如刀切，底部平坦、干净，多深达肌层或浆膜层（图7-4）。溃疡周围黏膜皱襞受溃疡底部瘢痕组织收缩的牵拉作用呈放射状。由于胃的蠕动，一般溃疡的贲门侧较深，呈潜掘状，幽门侧较浅，呈阶梯状，溃疡切面呈斜漏斗状。十二指肠溃疡的形态与胃溃疡相似，多位于十二指肠球部的前壁或后壁，较胃溃疡小而浅，直径常在1cm以内。

图7-4 胃溃疡并穿孔

镜下，可见溃疡底部由内向外分为四层（文末彩插图7-5）：①炎性渗出层：为溃疡最表层少量渗出的白细胞和纤维素；②坏死层：位于渗出层的下方；③肉芽组织层：位于坏死层的下方，为较新鲜的肉芽组织；④瘢痕层：位于溃疡底部的最下层，由肉芽组织移行为瘢痕组织。

溃疡边缘常可见黏膜肌层与肌层粘连。位于瘢痕层内的小动脉因受炎症刺激而发生增生性动脉内膜炎，使管壁增厚、管腔狭窄或有血栓形成，这种变化一方面导致局部血供不足，影响溃疡愈合；另一方面可防止血管破裂出血。溃疡底部的神经节细胞及神经纤维常发生变性、断裂，断端神经纤维小球状增生（创伤性神经瘤）（文末彩插图7-6），可能是导致溃疡病患者疼痛的原因。

【临床病理联系】

溃疡病患者的主要临床表现为周期性上腹部疼痛，胃溃疡与十二指肠溃疡患者的疼痛规律不同，胃溃疡患者的疼痛多在餐后1小时发生，经1~2小时后逐渐缓解，这是由于进食后胃泌素分泌增加，胃酸分泌增多，刺激溃疡创面局部神经末梢及胃壁平滑肌收缩或痉挛导致。十二指肠溃疡表现为疼痛在两餐之间发生（饥饿痛）或午夜发生（夜间痛），持续至进食后缓解，这是由于迷走神经功能亢进，胃酸分泌增多有关，进食后食物中和稀释胃酸，疼痛即缓解。患者还可伴有反酸、嗳气、上腹胀等症状。

【结局及并发症】

1. 愈合 溃疡表层渗出物及坏死组织被逐渐吸收、排出，缺损由肉芽组织填充后形成瘢痕，周围黏膜上皮再生覆盖溃疡表面而愈合。

2. 并发症 ①出血，是消化性溃疡最常见的并发症，发生率可达10%~35%。如溃疡底部毛细血管破裂可发生少量出血，临床表现为大便潜血试验阳性；如溃疡底部较大血管被侵蚀破裂，可发生大出血，临床表现为呕血及便血（柏油样便），甚至发生失血性休克。②穿孔，发生率约5%，十二指肠前壁溃疡更易发生。急性穿孔后胃或十二指肠内容物漏入腹腔，引起急性弥漫性腹膜炎，临床表现为剧烈、持续的腹痛，腹肌紧张，有压痛及反跳痛。慢性穿孔时，因溃疡浆膜面已与周围组织粘连、包裹，可形成局限性腹膜炎。③幽门梗阻，约见于3%的患者。溃疡周围组织水肿或反射性痉挛可引起功能性梗阻，因溃疡愈合、瘢痕形成与收缩可引起器质性梗阻，即幽门狭窄。临床可出现呕吐，严重者可致水、电解质失衡和代谢性碱中毒。④癌变，约有1%胃溃疡发生癌变，多发生在病程较长、经久不愈的患者。十二指肠溃疡癌变则罕见。

相关链接

　　幽门螺旋杆菌（Hp）是目前已知唯一能够在人胃内定植、生存的微需氧革兰氏阴性菌，是世界性分布的病原菌，全世界范围内感染率超过50%。澳大利亚科学家巴里·马歇尔和罗宾·沃伦因发现了Hp以及该细菌对消化性溃疡病的致病机理而获得2005年度诺贝尔生理或医学奖。Hp依靠其螺旋形菌体结构和鞭毛穿过胃黏液层，定植于黏液层与上皮细胞表面，但较少侵入胃腺和固有层。目前认为Hp感染是消化性溃疡病和慢性胃炎的重要病因，并与胃癌和胃黏膜相关淋巴样组织淋巴瘤的发病密切相关。1994年世界卫生组织已将其列为Ⅰ类致癌原。

　　Hp致胃黏膜损伤的机制有：①Hp产生尿素酶分解尿素形成氨，氨既有利于Hp生存，又对上皮细胞产生毒性作用；②促进上皮细胞和炎症细胞产生各种细胞因子与炎症介质；③产生毒素，如cag致病岛编码的Ⅳ型分泌系统是幽门螺旋杆菌的一个重要致病因素，通过此分泌系统，cag致病岛可将其效应分子细胞毒素相关蛋白（CagA）、空泡毒素A（VacA）转运至宿主细胞并发挥其毒性作用；④Hp感染后宿主免疫应答介导的胃黏膜损伤；⑤Hp感染后胃泌素和生长抑素调节失衡所致的胃酸分泌异常。

案例7-1

　　患者，男，32岁，近2年来经常感觉上腹部疼痛，夜间明显，进食后疼痛缓解。X线（钡餐）检查发现：食管、胃正常，十二指肠球部变形，见圆形龛影，大小约1.5cm×1.2cm，边缘尚光滑。胃镜检查发现：胃窦部皱襞减少，平坦，红白相间，黏膜下血管清晰可见，部分区见轻度糜烂。幽门变形，开放欠佳，十二指肠球部发现一处黏膜缺损，大小约1.5cm×1.2cm，椭圆形，边缘整齐，缺损周围黏膜轻度充血水肿，无明显隆起。

　　思考：

　　1. 该患者可能患有什么疾病（包括胃窦部、十二指肠球部）？

　　2. 对该患者胃窦部、十二指肠球部病损分别进行病理活检，其镜下诊断的要点有哪些？

　　3. 十二指肠球部病损常见的并发症有哪些？

第三节　病毒性肝炎

　　病毒性肝炎（viral hepatitis）是由肝炎病毒引起的以肝细胞变性坏死为主要病变的传染病。本病在全世界发病和流行，我国是病毒性肝炎的高发区，男女发病率差别不大，各个年龄均可发病，严重危害人类健康。

【病因】

　　肝炎病毒是引起病毒性肝炎的病原体。目前已证实引起病毒性肝炎的常见病毒有甲、乙、丙、丁、戊及庚六型，各型肝炎病毒的生物学特性、传播途径都有着明显的差异（表7-1）。

表7-1　各型肝炎病毒及其相应肝炎的特点

病毒名称	病毒性质	传播途径	转为慢性肝炎
甲型肝炎（HAV）	RNA	消化道	无
乙型肝炎（HBV）	DNA	输血、注射、密切接触	5%～10%
丙型肝炎（HCV）	RNA	同上	>70%
丁型肝炎（HDV）	RNA缺陷病毒	同上（只感染HBsAg阳性者）	共同感染<5% 重叠感染80%
戊型肝炎（HEV）	RNA	消化道	无
庚型肝炎（HGV）	RNA	输血、注射	无

共同感染：指HDV与HBV同时感染；重叠感染：指在慢性HBV感染的基础上重叠感染HDV

【发病机制】

肝炎病毒引起肝损伤的机制尚未完全阐明，不同的肝炎病毒导致肝损伤的机制不尽相同。①甲型肝炎病毒可能通过细胞免疫机制导致肝细胞损伤。②乙型肝炎病毒在肝细胞内复制和繁殖后，在感染的肝细胞表面可分泌大量HBsAg，使机体免疫系统细胞识别并杀伤感染细胞以清除病毒，同时导致肝细胞坏死或凋亡，进一步研究认为细胞免疫和体液免疫相互配合发挥免疫作用。乙型肝炎表面抗原携带者和慢性肝炎患者的肝组织在HE染色光镜下常可见毛玻璃样肝细胞，此种细胞为感染的肝细胞内质网池中大量HBsAg颗粒聚集，使胞质不透明似毛玻璃样，免疫组织化学染色和免疫荧光检查HBsAg反应阳性。③丙型肝炎病毒可直接破坏肝细胞，实验证明免疫因素也是肝细胞损伤的重要原因。④丁型肝炎病毒必须依赖HBV复合感染才能致病。⑤戊型肝炎一般不导致携带者状态和慢性肝炎。⑥庚型肝炎病毒在单核细胞中复制，此型病毒是否为肝炎病毒尚有争议。

【基本病理变化】

各型病毒性肝炎病变基本相同，均以肝细胞变性、坏死为主，同时伴有不同程度的炎细胞浸润、肝细胞再生和纤维组织增生。

1. 肝细胞变性

（1）细胞水肿：为最常见的病变。镜下见肝细胞体积增大，胞质疏松呈网状、半透明，称为胞质疏松化。如水分进一步增多，肝细胞高度肿胀呈球形，胞质几乎完全透明，称气球样变。

（2）嗜酸性变：光镜下见病变肝细胞胞质水分脱失、浓缩，肝细胞体积变小，胞质嗜酸性增强。一般仅累及单个或数个肝细胞，散在于肝小叶内。

2. 肝细胞凋亡与坏死

（1）肝细胞凋亡：由嗜酸性变发展而来，胞质进一步浓缩，核也浓缩消失，最终形成深红色均一浓染的圆形小体，称为嗜酸性小体（Councilman body）。

（2）溶解性坏死：由严重的细胞水肿发展而来，属液化性坏死。根据肝细胞坏死的范围、分布特点不同可分为：①点状坏死（spotty necrosis）：指单个或数个肝细胞的坏死，该处伴有炎细胞浸润；②碎片状坏死（piecemeal necrosis）：指肝小叶周边界板肝细胞的灶性坏死和崩解；③桥接坏死（bridging necrosis）：指中央静脉与汇管区之间、两个中央静脉之间或两个汇管区之间出现相互连接的肝细胞坏死带；④大片坏死（massive necrosis）：指几乎累及整个肝小叶的大范围的肝细胞坏死。

3. 炎细胞浸润　主要为淋巴细胞和单核细胞在汇管区或肝小叶内浸润。

4. 再生与增生

（1）肝细胞再生：在坏死的肝细胞周围出现肝细胞的分裂而进行再生性修复，再生的肝细胞体积较大，核大、深染，可有双核。若坏死严重，肝小叶内的网状纤维支架塌陷，则再生的肝细胞因失去支架不能排列成条索状，而呈团块状，称为结节状再生。

（2）小胆管增生：坏死较严重的慢性肝炎，在汇管区或大片坏死灶内，可见小胆管增生。

（3）间质反应性增生和纤维化：①Kupffer细胞活化、增生，并可脱入窦腔内变成游走的吞噬细胞，参与炎症反应；②肝星状细胞受刺激后活化形成肌成纤维细胞，产生大量胶原纤维沉积在Disse腔内；③间叶细胞和静止的纤维细胞被激活转变为肌成纤维细胞，后者合成胶原纤维并参与修复。如纤维组织大量增生可导致肝纤维化及肝硬化。

【临床病理类型】

病毒性肝炎根据病程、病变程度以及临床表现的不同，从临床病理角度分为普通型和重型两大类，普通型肝炎可分为急性和慢性，重型肝炎可分为急性和亚急性。

1. 急性（普通型）肝炎 本型是病毒性肝炎中最常见的类型。临床根据患者有无黄疸分为黄疸型和无黄疸型。我国以无黄疸型肝炎居多，且多属于乙型肝炎。黄疸型与无黄疸型肝炎病变基本相同。

（1）病理变化：肉眼观，肝体积增大，被膜紧张，质地较软。镜下，肝细胞广泛变性，以细胞水肿为主，表现为胞质疏松化和气球样变，肝窦受压变窄；肝小叶内坏死轻微，主要为点状坏死，嗜酸性小体尚不常见（文末彩插图7-7）。坏死灶内及汇管区有淋巴细胞、巨噬细胞为主的炎细胞浸润。黄疸型者病变稍重，坏死灶稍多，可见胆汁淤积。

（2）临床病理联系：①肝细胞水肿，使肝体积增大，被膜紧张，患者常出现肝大、肝区疼痛或叩击痛等临床表现；②肝细胞损伤，胆汁分泌异常，患者可出现食欲下降、厌油腻、呕吐等消化道功能紊乱的表现；③肝细胞损伤影响胆红素代谢，患者血清内胆红素升高，出现黄疸；④肝细胞坏死后细胞内的酶释放入血，引起血清转氨酶升高；⑤病原学检测可检出特异性抗原或抗体。

（3）结局：结局较好，多数患者在半年内可治愈，特别是甲型肝炎预后最好，99%可痊愈。但乙型、丙型肝炎恢复较慢，其中约5%～10%的乙型肝炎、约70%的丙型肝炎转变为慢性。

2. 慢性（普通型）肝炎 病毒性肝炎病程持续半年以上者即为慢性肝炎。

（1）病理变化：根据肝脏发生炎症、坏死、纤维化程度，将慢性肝炎分为轻、中、重度三型：①轻度慢性肝炎：肝小叶结构完整，界板无破坏，病变特点为点状坏死，偶见轻度碎片状坏死，汇管区见慢性炎细胞浸润，周围有少量纤维组织增生；②中度慢性肝炎：病变特点是肝细胞变性、坏死较明显，出现中度碎片状坏死及特征性的桥接坏死，小叶内有纤维间隔形成，但小叶结构大部分保存；③重度慢性肝炎：病变特点是肝细胞坏死严重，出现重度碎片状坏死与大范围的桥接坏死，坏死区可见肝细胞不规则再生，纤维间隔分割肝小叶结构，导致小叶结构紊乱。

（2）临床病理联系：慢性肝炎轻者症状、体征轻微，肝功能检查仅见轻度异常，重者肝炎症状明显或持续，患者除有肝大、肝区疼痛及黄疸等临床表现外，可伴有肝病面容、脾大等体征，血清转氨酶反复或持续升高。

（3）结局：轻度的慢性肝炎可以痊愈或病变相对静止。晚期逐步转变为肝硬化。如在慢性肝炎的基础上发生新鲜的大片坏死，即转变为重型肝炎。

3. 急性重型肝炎 少见，临床经过凶险，以HBV感染引起者为多，当合并HDV感染时更易发生。

（1）病理变化：肉眼观，肝体积显著缩小，尤以左叶为重，重量可减轻至600～800g（正常成人肝脏重1300～1500g），被膜皱缩，质地柔软。切面呈黄色或红褐色，又称急性黄色肝萎缩或急性红色肝萎缩（图7-8）。镜下，肝细胞广泛大片坏死，坏死面积超过肝实质的2/3，肝索解离，肝细胞溶解。坏死多从肝小叶中央开始并迅速向四周发展，仅在小叶周边部残留少数变性的肝细胞。肝窦明显扩张充血甚至出血，Kupffer细胞肥大增生，吞噬活跃。肝小叶内及汇管区有大量淋巴细胞和巨噬细胞浸润。残留的肝细胞再生现象不明显。

（2）临床病理联系：由于大量肝细胞迅速溶解坏死，患者可出现：①胆红素代谢障碍，血清胆红素升高而出现黄疸；②凝血因子合成障碍导致出血倾向，如皮肤或黏膜出现瘀点、瘀斑、呕血、便血等；③肝脏对体内代谢产物的解毒功能障碍，导致毒性物质未经肝脏解毒直接经血液循环到达脑部，引起肝性脑病；

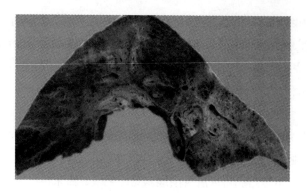

图 7-8 急性重型肝炎

④由于胆红素代谢障碍及血液循环障碍等使肾血管强烈持续收缩,肾血流量减少,滤过率降低,可诱发急性肾功能衰竭(肝肾综合征)。

（3）结局：本型肝炎起病急,病变重,进展迅速,预后极差,死亡率高。死亡原因主要为急性肝功能衰竭(肝性脑病),其次为消化道大出血、急性肾功能衰竭、DIC等。少数幸存者可转为亚急性重型肝炎。

4. 亚急性重型肝炎　多数由急性重型肝炎转变而来或病变一开始就呈亚急性经过,少数病例由急性普通型肝炎恶化进展而来。病程可达一至数月。

（1）病理变化：肉眼观,肝体积缩小,重量减轻,被膜皱缩,呈黄绿色(亚急性黄色肝萎缩),病程较长者可见大小不一的结节,质地略硬。切面可见交错存在的坏死区(土黄色或红褐色)及小岛屿状结节。镜下,既有肝小叶亚大块坏死,又可见残留的肝细胞发生结节状再生,原有肝小叶结构消失。坏死区有大量炎细胞浸润,纤维组织增生。肝小叶周边部小胆管增生,可有胆汁淤积形成胆栓。

（2）临床病理联系：患者表现为较重的肝功能不全的症状,实验室检查多项指标异常。

（3）结局：如治疗得当且及时,病变可停止进展并有治愈的可能。多数常继续发展而演变为坏死后性肝硬化。

第四节　肝硬化

肝硬化(liver cirrhosis)是由多种原因导致肝细胞弥漫性变性、坏死,继而出现纤维组织增生及肝细胞结节状再生,这三种改变反复交错进行,使肝小叶结构被破坏,肝内血液循环发生改建,肝变形、变硬而形成。肝硬化是一种常见的慢性肝病,早期可无明显症状,晚期则出现不同程度的门静脉高压和肝功能障碍。

由于导致肝硬化的病因及发病机制较为复杂,至今尚无统一的分类方法。一般按照病因或依据形成结节的形态进行分类。国际形态分类将肝硬化分为小结节型、大结节型、大小结节混合型及不全分割型。我国常采用的是结合病因、病变特点及临床表现的综合分类方法,分为门脉性肝硬化、坏死后性肝硬化、胆汁性肝硬化、淤血性肝硬化、寄生虫性肝硬化和色素性肝硬化等。下面介绍我国分类法中常见的三种类型。

一、门脉性肝硬化

门脉性肝硬化(portal cirrhosis)是最常见的肝硬化类型,相当于国际形态分类中的小结节性肝硬化。
【病因及发病机制】
门脉性肝硬化的常见病因包括：

1. 病毒性肝炎　是我国肝硬化发生的主要原因,主要是乙型和丙型病毒性肝炎。

2. **慢性酒精中毒** 长期酗酒是欧美国家肝硬化发生的主要原因,酒精代谢产生的乙醛对肝细胞有直接损伤作用。

3. **营养缺乏** 食物中长期缺乏蛋氨酸或胆碱类物质时,肝脏合成磷脂障碍,导致肝细胞经脂肪变性发展成肝硬化。

4. **毒性物质损伤** 许多毒性物质(如四氯化碳、磷、砷等)和一些药物对肝有损伤,长期作用可引起肝硬化。

上述各种因素均可造成肝细胞反复变性、坏死、炎症和修复。肝内纤维组织增生,增生的纤维来源于成纤维细胞、贮脂细胞和肝细胞坏死后塌陷融合的网状纤维。增生的纤维组织形成间隔,逐渐穿插分割肝小叶,包绕结节状再生的肝细胞团,形成假小叶(pseudolobule),最终肝内血液循环改建、肝变形、变硬而发生硬化。

【病理变化】

肉眼观,肝硬化早期,肝体积和重量可正常或稍增加,质地正常或稍硬,表面光滑。晚期肝体积明显缩小,重量减轻,硬度增加。肝表面及切面呈弥漫性颗粒状或小结节状。结节大小较为一致,直径多在 0.1～0.5cm 之间,最大结节直径一般不超过 1.0cm。结节周围有纤维间隔包绕,间隔较窄,厚薄比较均匀(图 7-9)。镜下见:正常肝小叶结构被破坏,被假小叶所取代(文末彩插图 7-10)。假小叶是指由广泛增生的纤维组织分割包绕肝小叶及肝细胞再生结节,形成大小不等、圆形或类圆形的肝细胞团。这是肝硬化的重要形态学标志。假小叶内肝细胞索排列紊乱,肝细胞可有变性、坏死及再生现象,假小叶内中央静脉偏位、缺如或多个,有时汇管区也被包绕在内。假小叶周围增生的纤维间隔一般较窄且比较一致,其内有少量淋巴细胞和单核细胞浸润,增生的纤维组织常压迫、破坏小胆管,引起小胆管内(肝细胞间)淤胆;同时也可见到新生的细小胆管和无管腔的假胆管。

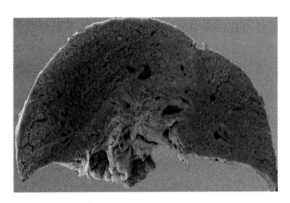

图 7-9 门脉性肝硬化

【临床病理联系】

1. **门脉高压症** 门静脉内压力升高主要是因为肝的正常结构被破坏,肝内血液循环被改建引起,其发生机制主要为:①窦性阻塞:肝内广泛的纤维组织增生,使肝血窦闭塞或窦周纤维化,导致门静脉循环受阻;②窦后性阻塞:假小叶及纤维结缔组织压迫小叶下静脉,使肝窦内血液流出受阻,继而阻碍门静脉血流流入肝血窦;③窦前性阻塞:肝动脉小分支与门静脉小分支在汇入肝窦前形成异常吻合支,使压力高的动脉血流入门静脉,导致门静脉压力升高。

门静脉高压使门静脉所属器官的静脉血回流受阻,患者出现一系列的症状和体征。主要表现如下:

(1)慢性淤血性脾大:门静脉高压时使脾静脉回流受阻,导致脾慢性淤血,结缔组织增生。脾体积增大,重量增加,一般在 500g 以下(正常 140～180g),少数可达 1000g。脾大后可引起脾功能亢进,血细胞破坏增多,患者可出现贫血及出血倾向。

（2）胃肠道淤血、水肿：门静脉高压使胃肠静脉回流受阻，导致胃肠壁淤血、水肿，患者可出现食欲减退、腹胀和消化不良等症状。

（3）腹水：腹水形成的原因主要有：①门静脉压力升高使门静脉系统的毛细血管流体静压升高，管壁通透性增大，液体漏入腹腔；②肝细胞受损后，肝合成白蛋白的功能降低，同时蛋白类食物的摄入不足和消化吸收障碍以及血浆白蛋白不断漏入腹腔，导致血浆胶体渗透压下降，与腹水的形成有关；③假小叶压迫小叶下静脉或小叶中央静脉导致肝窦内压力升高，液体自窦壁漏入腹腔；淋巴液生成增多，超过了胸导管的回流能力，使淋巴液通过肝被膜及肝门淋巴管漏出入腹腔；④肝灭活醛固酮、抗利尿激素能力减弱，导致水钠潴留，加重腹水形成。腹水多发生于肝硬化晚期，为淡黄色、透明的漏出液。量较大时，患者腹部明显膨隆。

（4）侧支循环形成：因门静脉内压力升高，部分门静脉血经门 - 体静脉吻合支不入肝脏直接通过上、下腔静脉回流至右心房。主要的侧支循环及并发症有：①食管下段静脉丛曲张：大量门静脉血经胃冠状静脉→食管静脉丛→奇静脉→上腔静脉，导致食管下段静脉丛曲张，如发生破裂可引起致命性大呕血；②直肠静脉丛（痔静脉）曲张：门静脉血经肠系膜下静脉→直肠静脉丛（痔静脉）→髂内静脉→下腔静脉，引起直肠静脉丛曲张，形成痔，破裂可发生便血；③脐周及腹壁静脉曲张：门静脉血经附脐静脉→脐周静脉网，向上经胸腹壁静脉→上腔静脉，向下经腹壁下静脉→下腔静脉，引起脐周浅静脉高度扩张，形成"海蛇头"现象。

2. 肝功能障碍 肝细胞长期反复损伤导致。主要表现为：

（1）血浆白蛋白降低、白/球蛋白比值下降或倒置：肝硬化时肝细胞被大量破坏，合成白蛋白减少；另一方面从胃肠道吸收的一些抗原性物质不经肝细胞处理，直接经过侧支循环进入体循环，刺激免疫系统合成球蛋白增多，导致患者血浆白蛋白降低且白/球蛋白比值下降或倒置。

（2）黄疸：肝细胞坏死及胆汁淤积导致胆色素代谢障碍，患者常有黄疸表现。

（3）出血倾向：因肝合成凝血物质减少，脾功能亢进导致血小板破坏过多，患者出现出血倾向，可有鼻出血、牙龈出血、黏膜和浆膜出血或皮下瘀斑等临床表现。

（4）对激素的灭活作用减弱：肝细胞受损使肝对雌激素灭活作用减弱，导致雌激素水平升高，患者体表的小动脉末梢扩张形成蜘蛛状血管痣和肝掌。女性患者可出现月经不调、不孕，男性患者可发生睾丸萎缩、乳腺发育等。

（5）肝性脑病（肝昏迷）：肝功能极度衰竭，肠内含氮物质不能在肝内解毒而引起氨中毒，有毒物质经侧支循环直接到达脑部，导致中枢神经系统功能障碍。是肝硬化患者死亡的又一重要原因。

【结局】

肝硬化早期，如能及时消除病因，病变可相对静止甚至减轻，肝功能有所改善；即使病变发展到相当程度，只要及时、恰当的治疗，可使病变处于相对稳定或停止发展的状态；肝硬化病变如持续进展，晚期则预后不良，最终可因食管静脉曲张破裂大出血、肝性脑病、合并严重感染等而死亡。部分肝硬化患者可合并肝癌。

二、坏死后性肝硬化

坏死后性肝硬化（postnecrotic cirrhosis）相当于国际形态分类中的大结节型和大小结节混合型肝硬化，是在肝细胞发生大片坏死的基础上形成。

【病因】

1. 病毒性肝炎 多由乙型、丙型肝炎病毒感染所致的亚急性重型肝炎迁延而来；少数慢性肝炎反复发作并且坏死严重时也可发展为坏死后性肝硬化。

2. 药物及化学物质中毒 某些药物或化学物质中毒可引起肝细胞弥漫性坏死,导致坏死后性肝硬化。

【病理变化】

肉眼观,肝体积不对称缩小,以左叶为重,变形明显,质地变硬。肝表面及切面呈弥漫性结节状,结节大小悬殊,最大结节直径可达 5~6cm。切面纤维结缔组织间隔宽,且厚薄不均。镜下,假小叶大小不等、形状极不一致,较大的假小叶内有时可见数个完整的肝小叶,有时可见残存的汇管区集中现象,肝细胞有不同程度的变性和坏死。假小叶之间的纤维间隔较宽且厚薄不均,其内有多量炎细胞浸润和小胆管增生。

【结局】

坏死后性肝硬化因肝细胞坏死较严重,病程较短,故肝功能障碍较门脉性肝硬化重而且出现较早,而门脉高压症较轻且出现较晚,此型肝硬化癌变率较高,预后较差。

三、胆汁性肝硬化

胆汁性肝硬化(biliary cirrhosis)相当于国际形态分类中的不全分割型。是由于胆道阻塞、胆汁淤积引起的肝硬化,较少见。可分为原发性和继发性两类。

【病因】

1. 原发性胆汁性肝硬化 在我国很少见,病因不明,可能与自身免疫反应有关。

2. 继发性胆汁性肝硬化 与长期肝外胆管阻塞和胆道上行性感染两种因素有关。长期胆管阻塞,胆汁淤积,使肝细胞变性、坏死,继而纤维结缔组织增生导致肝硬化。

【病理变化】

肉眼观,早期肝体积增大,晚期则体积缩小,但不如前两型肝硬化明显,中等硬度,颜色呈深绿色或绿褐色,表面及切面呈细小结节或无明显结节,结节间纤维间隔亦较细。镜下,原发性胆汁性肝硬化早期小叶间胆管上皮细胞水肿、坏死,周围淋巴细胞浸润,形成肝内小胆管的慢性非化脓性炎症,最后小胆管破坏而致纤维组织增生并伸入肝小叶内,不全分割肝小叶。继发性胆汁性肝硬化镜下见肝细胞明显淤胆、变性、坏死,坏死肝细胞胞质疏松呈网状,核消失,称网状或羽毛状坏死,假小叶周围纤维结缔组织分割包绕不完全。

第五节　肠道炎症

一、Crohn 病

Crohn 病即克罗恩病,又称局限性肠炎,是一种病因未明的主要累及消化道的慢性肉芽肿性疾病。临床主要表现为腹痛、腹泻、腹部肿块、肠穿孔、肠瘘形成及肠梗阻等,还可伴有肠外损害和全身表现。我国本病发病率低,呈慢性经过,有终生复发倾向。

Crohn 病病因不明,目前认为可能与遗传、免疫、感染等多种因素相关。

【病理变化】

病变主要累及回肠末端,其次为结肠、回肠近端和空肠等处。肉眼观,病变呈节段性或跳跃式分布,由正常黏膜分隔。病变肠黏膜高度水肿,肠壁增厚、变硬。黏膜呈铺路鹅卵石样改变,其中可见纵行的裂隙状溃疡,溃疡较深,可达肌层甚至浆膜层,严重者可发生肠穿孔或肠瘘。病变肠管常因纤维化而狭窄,易与邻近肠壁粘连,肠袢因粘连扭曲而形成"肿块",需与肿瘤或增生型肠结核鉴别。镜下见:①裂隙状溃疡,溃疡呈纵行裂隙,可深达肌层甚至浆膜层,常并发肠瘘;②肠壁全层炎症,肠壁各层可见大量淋巴细胞、单核细胞及浆细胞浸润，有时黏膜下层可形成淋巴滤泡；③肠壁内肉芽肿形成，由类上皮细胞、多核巨细胞构成，但无干酪样坏死，据此可与结核性肉芽肿鉴别；④肠壁水肿，以黏膜下层最为明显，其中有多数扩张的淋巴管。

二、慢性溃疡性结肠炎

慢性溃疡性结肠炎（chronic ulcerative colitis，CUC）是一种原因不明的慢性结肠炎症。发病年龄在 20～30 岁，男多于女。临床主要表现为腹痛、腹泻、黏液便和血便等症状，可伴有肠外免疫性疾病和发热等全身表现，病情轻重不一，反复发作，病程迁延数年。如溃疡穿通肠壁引起结肠周围脓肿及腹膜炎，急性严重患者结肠可因中毒发生麻痹性扩张，称为急性中毒性巨结肠。

本病的病因不明，目前多认为是一种自身免疫性疾病。

【病理变化】

病变可累及结肠各段，但以乙状结肠和直肠为主，偶见累及回肠末端。肉眼观，早期肠黏膜充血伴有点状出血，黏膜隐窝小脓肿形成，随病变进展，局部肠黏膜表层坏死脱落，形成许多糜烂及浅表小溃疡，小溃疡可相互融合扩大形成不规则大片溃疡。残存的肠黏膜充血、水肿并增生形成息肉样外观，称假息肉。镜下观，病变特点为弥漫性黏膜和黏膜下层的炎症，很少累及肌层、浆膜层。病变早期可见肠黏膜隐窝处形成隐窝小脓肿，黏膜及黏膜下层充血、水肿，大量中性粒细胞、淋巴细胞和浆细胞浸润。坏死组织脱落形成溃疡，溃疡边缘因上皮和少量纤维组织增生可形成假息肉。假息肉形成处的肠黏膜上皮可见不典型增生，提示有癌变的可能。溃疡底部可见急性血管炎、血管壁的纤维素样坏死。晚期病变区肠壁有大量纤维组织增生。

第六节　消化系统常见肿瘤

一、食管癌

食管癌（carcinoma of esophagus）是由食管黏膜上皮或腺体细胞发生的恶性肿瘤。在我国，华北地区特别是太行山区附近和河南省林县是主要高发区。男性多见，发病年龄多在 40 岁以上。早期缺乏明显症状，随病情进展出现以进行性吞咽困难为主的临床表现。中医学称本病为"噎嗝"。

【病因和发病机制】

食管癌的病因目前认为与饮食习惯、生活环境以及遗传等因素有关：

1. 饮食习惯　长期食用过热、过硬或粗糙的食物，或是长期吸烟、饮酒等易刺激和反复损伤食管黏膜，长期食用含亚硝酸盐的食品（如熏制或腌制的食品）可诱发食管癌。

2. 环境因素　我国食管癌高发区土壤中缺乏钼等微量元素，钼是硝酸盐还原酶的成分；维生素是重要的抗氧化剂，维生素的缺乏，也是食管癌的危险因素。

3. 其他因素　食管癌的发生与慢性食管炎症（如胃食管反流）刺激、真菌感染及遗传易感性有关。我国食管癌高发地区有明显的家族聚集现象。

【病理变化】

食管癌好发于食管三个生理性狭窄部，以食管中段最常见（约 50%），下段次之，上段最少，根据食管癌的发展过程，可分为早期和中晚期食管癌。

1. 早期食管癌　指癌仅累及食管黏膜层或黏膜下层，未侵犯肌层，无淋巴结转移。肉眼观，病变处黏膜呈轻度糜烂或表面呈颗粒状。镜下，绝大多数为鳞状细胞癌。

2. 中晚期食管癌 指癌侵及肌层或肌层以外。肉眼观，可分为四型（图7-11）。

（1）溃疡型：肿瘤表面形成较深的溃疡，形状不规整，边缘隆起，底部凹凸不平，有出血、坏死。

（2）蕈伞型：癌组织向食管腔内突起，呈卵圆形肿块，状似蘑菇，表面多有浅溃疡。

（3）髓质型：最多见，癌组织在食管壁内浸润性生长，累及管壁大部分或全周，使管壁增厚、管腔狭窄，表面形成深浅不一的溃疡，切面癌组织灰白，质地较软，似脑髓。

（4）缩窄型：癌组织在壁内浸润性生长，质地较硬，常累及食管全周，在食管局部形成环形狭窄，近端管腔扩张。

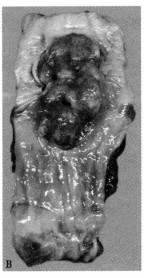

图7-11 食管癌大体类型
A. 溃疡型；B. 蕈伞型；C. 髓质型；D. 缩窄型

镜下，组织学类型以鳞状细胞癌最多见，占90%以上，腺癌次之，大部分腺癌与Barrett食管相关，偶见腺鳞癌、燕麦小细胞癌等。

【扩散】

1. 直接蔓延 癌组织穿透食管壁时可直接侵犯周围组织及器官，食管上段癌可侵及喉、气管及颈部软组织；中段癌可侵及支气管及肺等；下段癌可侵及贲门、膈肌及心包等处。

2. 淋巴道转移 为食管癌最常见的转移方式。上段食管癌可转移至颈及上纵隔淋巴结；中段食管癌常发生食管旁或肺门淋巴结转移；下段癌可累及食管旁、贲门旁及腹腔上部淋巴结。食管癌晚期，发生在各段的癌均可转移到锁骨上淋巴结。

3. 血道转移 主要见于晚期患者，常转移至肝和肺，也可转移至骨、肾或肾上腺等处。

【临床病理联系】

早期食管癌多无明显临床症状，偶有轻度噎梗感。早期食管癌手术治疗预后良好，5年生存率达90%以上。中晚期食管癌患者多表现为进行性的吞咽困难，由于进食严重受阻，加上癌组织的过度消耗，患者逐渐出现恶病质，最后机体因严重消耗和衰竭而死亡。

二、胃癌

胃癌（carcinoma of stomach）是由胃黏膜上皮或腺上皮发生的恶性肿瘤，是我国最常见的恶性肿瘤之一。好发年龄为40~60岁，男性多于女性，近年来发病趋于年轻化。

【病因及发病机制】

胃癌的发生发展是一个多因素、多步骤、多阶段的发展过程,但其病因和发病机制目前尚未阐明,目前认为可能与以下因素有关。

1. 环境与饮食因素 胃癌的发生有明显的地域性差别,如在日本、中国某些地区胃癌的发病率明显高于美国。胃癌的发生可能与环境、土壤等关系密切。饮食因素与胃癌关系密切,长期食用熏制食品、腌制食品的地区,胃癌的发病率较高。

2. 幽门螺旋杆菌感染 1994 年,世界卫生组织将 Hp 感染定为 I 类致癌原,Hp 感染患者,其胃癌发生的危险性为未感染者的 3～6 倍。Hp 在胃内产生氨中和胃酸,促使硝酸盐转化为亚硝酸盐及亚硝胺等强致癌物质,释放 VacA 及 CagA 等毒性产物,都与胃癌的发生有关。

3. 遗传因素 胃癌的发生有家族聚集倾向,胃癌患者亲属的胃癌发病率高于正常人 2～3 倍。

另外,某些长期未治愈的疾病如慢性萎缩性胃炎、胃溃疡伴肠上皮化生(大肠型)或异型增生、胃息肉等与胃癌发生关系密切。

【病理变化】

1. 早期胃癌 指癌组织局限于黏膜层或黏膜下层内,未侵及肌层,不管是否伴有局部淋巴结转移。在早期胃癌中,局限于黏膜固有层内者称黏膜内癌;浸润至黏膜下层者称黏膜下癌;病变直径 <0.5cm 者称为微小胃癌;病变直径在 0.6～1.0cm 之间者称为小胃癌。

肉眼观,可分为三种类型,即隆起型、表浅型、凹陷型。镜下,组织学类型以原位癌、高分化管状腺癌最多见,其次为乳头状腺癌,未分化癌少见。

2. 中晚期胃癌(进展期胃癌) 指癌组织浸润深度超过黏膜下层达到肌层或更深层者,常发生局部蔓延或转移,此期临床较常见。

肉眼观,可分为三型(图 7-12):

(1)蕈伞型或息肉型:癌组织向黏膜表面生长、隆起,呈息肉状、蕈伞状或菜花状突入胃腔。

(2)溃疡型:癌组织坏死脱落后形成溃疡,溃疡直径多超过 2cm,边缘堤状隆起,呈火山口状,底部污秽、凹凸不平,质脆,易出血。溃疡型胃癌(恶性溃疡)需与胃溃疡病(良性溃疡)在大体形态上进行鉴别(表 7-2)。

(3)浸润型:癌组织向胃壁内局限性或弥漫性浸润,但隆起不明显,黏膜皱襞消失,与周围正常组织分界不清,胃壁增厚、变硬,胃腔缩小,似皮革制成的囊袋,称"革囊胃(linitis plastica)"。

以上各型如因癌组织能产生大量黏液而呈半透明的胶冻状外观时,称为胶样癌。

镜下,组织学类型主要是腺癌(文末彩插图 7-13),常见类型有管状腺癌、乳头状腺癌、黏液腺癌、印戒细胞癌、未分化癌等。少见类型有鳞癌、腺鳞癌及神经内分泌癌等。

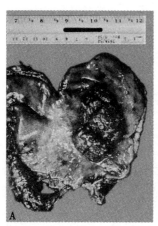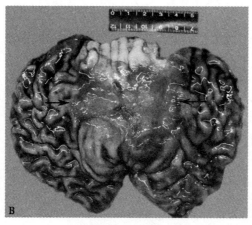

图 7-12 中晚期胃癌大体类型

A. 结节蕈伞型;B. 胃贲门癌溃疡型;C. 革囊胃

表 7-2　胃良、恶性溃疡的大体形态鉴别

	良性溃疡(胃溃疡)	恶性溃疡(溃疡型胃癌)
外形	圆形或椭圆形	不规整,皿状或火山口状
大小	溃疡直径一般<2cm	溃疡直径常>2cm
深度	较深	较浅
边缘	整齐、不隆起	不整齐,隆起
底部	较平坦	凹凸不平,有坏死,出血明显
周围黏膜	黏膜皱襞向溃疡集中	黏膜皱襞中断,呈结节状肥厚

【扩散】

1. **直接蔓延**　胃癌可向胃壁各层浸润,当癌穿透浆膜后可直接扩散至周围邻近器官或组织,如肝、胰、脾、大网膜等处。

2. **淋巴道转移**　是胃癌的主要转移途径。一般首先转移到局部淋巴结,最常见于幽门下、胃小弯侧淋巴结,进一步转移到腹主动脉旁淋巴结、肝门或肠系膜根部淋巴结。晚期癌可经胸导管转移至左锁骨上淋巴结(Virchow 淋巴结)。

3. **血道转移**　多见于胃癌晚期,常经门静脉系统转移至肝,也可转移至肺、骨、脑等器官。

4. **种植性转移**　胃癌尤其是黏液腺癌,癌细胞浸润突破浆膜后可脱落至腹腔,形成种植性转移。常在双侧卵巢形成转移性黏液癌,称 Krukenberg 瘤,该瘤也可经淋巴道或血道转移而致。

【临床病理联系】

早期胃癌患者多无明显症状,内镜结合黏膜活检有助于早期胃癌的发现,早期胃癌术后 5 年生存率可达 90%～95%。进展期胃癌可出现上腹疼痛、食欲缺乏、乏力、厌食及消瘦等,癌侵犯血管可导致呕血或便血,累及食管可导致吞咽困难,幽门部癌可引起幽门梗阻,可出现血性腹水及恶病质等。进展期胃癌术后 5 年生存率较低,预后差,提高早期诊断率是改善胃癌预后的关键。

问题与思考

幽门螺旋杆菌感染与哪些疾病发生有关?

三、大肠癌

大肠癌(carcinoma of large intestine)是大肠黏膜上皮或腺体发生的恶性肿瘤,又称结直肠癌(carcinoma of colorectal intestine)。近年来,大肠癌发病率有逐渐增加的趋势,好发于 40～60 岁,且发病年龄趋向年轻化。临床上可表现为排便习惯与大便性状改变、腹痛、腹部包块、贫血、消瘦等症状。

【病因及发病机制】

大肠癌的病因目前尚未完全清楚,目前认为其发生可能与以下因素有关:

1. **饮食习惯**　高脂肪、高蛋白和低纤维饮食与本病发生有关。

2. **遗传因素**　大肠癌具有家族聚集倾向,家族性腺瘤性息肉病患者癌变率极高,其发生与抑癌基因 APC 的突变有关;遗传性非息肉病性大肠癌发生与错配修复基因如 hMSH2、hMLH1 等突变有关。

3. **其他伴有肠黏膜增生的慢性疾病**　炎症性肠病(溃疡性结肠炎、Crohn 病)、大肠腺瘤、肠血吸虫病等均与大肠癌发生有关。

【病理变化】

大肠癌好发部位以直肠最多见(50%),其余依次为乙状结肠、盲肠及升结肠、横结肠、降结肠。根据

WHO 对大肠癌的定义,癌组织只有穿透黏膜肌层到达黏膜下层才称为癌。原来的上皮重度异型增生和原位癌都归入高级别上皮内瘤变,而黏膜内癌则称为黏膜内瘤变。

肉眼观,大肠癌可分为以下四型:

1. 隆起型 肿瘤主体呈结节状、息肉状或菜花状向肠腔内突起,表面常发生坏死、出血、感染和溃疡,多见于右半结肠。

2. 溃疡型 肿瘤表面形成较深溃疡,呈火山口状,此型多见。

3. 浸润型 癌组织向肠壁深层弥漫性浸润,常累及肠管全周,并伴有明显的纤维组织增生,导致肠壁增厚、变硬,肠腔环形狭窄,多见于左半结肠。

4. 胶样型 肿瘤细胞分泌大量黏液使肿瘤切面呈半透明胶冻状,此型预后较差。

镜下,组织学类型主要为腺癌,以高分化管状腺癌和乳头状腺癌多见,其次为低分化腺癌、黏液癌、印戒细胞癌,未分化癌和鳞癌少见。

【扩散】

1. 直接蔓延 癌组织可向大肠壁的各层浸润,穿透浆膜层后可直接蔓延到邻近器官,如前列腺、膀胱、子宫及腹膜等处。

2. 淋巴道转移 通常先转移至病变附近的淋巴结,再转移至肠系膜淋巴结、肠系膜周围及根部淋巴结,晚期可转移至腹股沟、直肠前凹和锁骨上淋巴结。

3. 血道转移 大肠癌晚期,癌可沿门静脉系统转移至肝,也可经体循环转移至肺、脑、骨等器官。

4. 种植性转移 当癌组织穿破肠壁浆膜时,癌细胞脱落播散,种植于腹腔及盆腔脏器,常见部位是膀胱直肠陷凹和子宫直肠凹。

【临床病理联系】

大肠癌的临床表现可因部位和累及范围不同而异。

1. 右侧大肠癌 右侧大肠肠腔较宽,肿瘤较少引起梗阻,常在右下腹部触及肿块。

2. 左侧大肠癌 左侧大肠肠腔较小,且癌多为浸润型,故易发生肠腔狭窄,引起急性或慢性肠梗阻,出现腹痛、腹胀、便秘等症状,肿瘤破溃出血时,大便可带鲜血。

肿瘤未突破黏膜肌层不发生转移,患者 5 年生存率高达 100%,而一旦浸润到黏膜下层,5 年生存率就明显下降。大肠癌的分期对判断预后有一定意义。目前国际上应用最广泛的是修改后的 Dukes 分期。其分期的依据是大肠癌扩散范围以及有无局部淋巴结与远隔脏器转移。详见表 7-3。

表 7-3 大肠癌 Dukes 分期与预后

分期	肿瘤生长范围	5 年生存率(%)
A	肿瘤限于黏膜层(重度上皮内瘤变)	100
B₁	肿瘤侵及肌层,但未穿透,无淋巴结转移	67
B₂	肿瘤穿透肌层,但无淋巴结转移	54
C₁	肿瘤未穿透肌层,但有淋巴结转移	43
C₂	肿瘤穿透肠壁,并有淋巴结转移	22
D	有远隔脏器转移	极低

理论与实践

目前大肠癌患者术后仍有一半左右的患者会出现局部复发和远处转移。药物治疗作为转移性大肠癌的主要治疗手段显著延长患者的生存时间,改善患者的生活质量。其中,靶向治疗药物丰富和发展了晚期大肠癌患者以化疗为主的综合治疗模式。目前已批准应用于大肠癌的靶向治疗药物,包括以表皮生长因子受体(EGFR)信号转导通路为靶点和以血管内皮生长因子(VEGF)为靶点的两类药物,包括贝伐珠单抗和西妥昔单抗、帕尼单抗等。靶向治疗药物的使用基于对大肠癌病理标本 KRAS 基因突变的检测。KRAS 基因任何突变将导致靶向治疗药物使用无效。随着研究进展,对于大肠癌的诊断单独 KRAS 基因突变已无法满足临床需求,通过多基因的检测(如 BRAF、PIK3CA、MSI)可更精准的对病人进行分子分型,开展大肠癌精准医疗之个体化用药。

四、原发性肝癌

原发性肝癌(primary carcinoma of liver)是由肝细胞或肝内胆管上皮细胞发生的恶性肿瘤,是我国常见的恶性肿瘤之一。发病年龄多在中年以上,男多于女。肝癌发病隐匿,临床发现时大多已经是晚期,近年来,由于临床广泛应用血清甲胎蛋白(AFP)检测及影像学检查,提高了早期肝癌的检出率,从而使早期肝癌能得到及时治疗。

【病因及发病机制】

原发性肝癌发病机制尚不十分清楚,目前认为与肝癌发生有关的因素有:

1. **肝炎病毒** HBV 感染是肝癌发生的重要因素,研究表明 HBV 的 DNA 可整合到肝细胞的染色体 DNA 中,HBV 基因组中的 X 基因所编码的 HBx 蛋白能抑制 P53 蛋白功能。HCV 感染也被认为与肝癌发生有关。

2. **肝硬化** 原发性肝癌合并肝硬化者约 50%～90%,其中以坏死后性肝硬化为最多,肝细胞恶变可能在肝细胞再生过程中发生异型增生。

3. **真菌及其毒素** 黄曲霉菌、青霉菌等都可以引起实验性肝癌,尤其是黄曲霉素 B_1 与肝细胞肝癌的关系密切,被认为与 p53 基因突变相关。

4. **其他因素** 酒精、亚硝胺类化合物等与肝癌发生有一定的关系。

【病理变化】

原发性肝癌可分为早期肝癌(小肝癌)和晚期肝癌。

1. **早期肝癌** 亦称小肝癌,是指单个癌结节最大直径＜3cm 或两个癌结节合计最大直径＜3cm 的原发性肝癌。肉眼观,癌结节多呈球形,与周围组织分界较清楚,切面灰白色,均匀一致,无出血坏死(图7-14)。

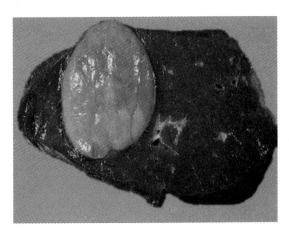

图7-14 小肝癌

2. **晚期肝癌** 肉眼观,可分为以下三型:①巨块型:肿瘤体积巨大,直径常在 10cm 以上(图7-15),多位于肝右叶,圆形,中央常有出血、坏死,瘤体周边常有卫星状癌结节,本型较少合并肝硬化。②多结节型:此型最常见,常合并有肝硬化。癌结节呈圆形或椭圆形,大小不等,散在分布(图7-16)。③弥漫型:此型少见,癌组织在肝内弥漫分布,无明显结节形成,常在肝硬化的基础上发生,易与肝硬化混淆。

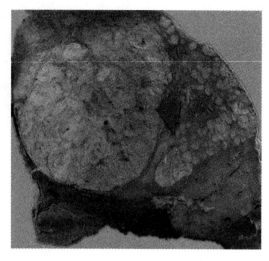

图 7-15　巨块型肝癌
在大结节(箭头处)肝癌周围有小的卫星状癌结节

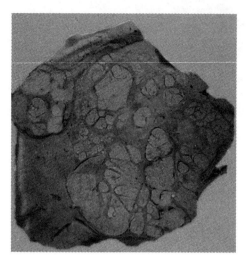

图 7-16　多结节型肝癌

镜下,有以下三种组织学类型:①肝细胞癌:最多见,起源于肝细胞。分化较高者癌细胞与肝细胞相似,异型性小,癌细胞可排列成梁索状、腺管状或巢状,癌细胞间有丰富的血窦样腔隙,间质较少,部分癌细胞能分泌胆汁(文末彩插图 7-17)。分化低者癌细胞异型性明显。②胆管细胞癌:起源于肝内胆管上皮细胞,癌细胞与胆管上皮细胞相似,常呈腺管样排列,间质较多,一般不合并肝硬化。③混合细胞型肝癌:具有肝细胞癌和胆管细胞癌两种成分,最少见。

【扩散】

原发性肝癌首先在肝内直接蔓延,近肝被膜的癌结节穿透肝被膜可扩散至相邻组织和器官。在肝内癌细胞常沿门静脉分支播散,在肝内形成多处转移癌结节,还可逆行至肝外门静脉主干,形成癌栓,阻塞管腔,导致门静脉高压。肝外转移主要通过淋巴道转移至肝门淋巴结、上腹部淋巴结和腹膜后淋巴结。晚期可通过肝静脉转移至肺、脑及骨等处。癌细胞还可从肝表面脱落,至腹膜及卵巢表面形成种植性转移。

【临床病理联系】

原发性肝癌起病隐匿,早期缺乏典型临床表现。随病情进展,患者可表现为肝进行性肿大,肝区疼痛。如肝表面癌结节自发性破裂可引起腹腔大出血,肿瘤压迫肝内外胆管使胆道梗阻及肝细胞广泛损伤引起黄疸。伴有肝硬化的肝癌可引起门脉高压症的表现。

五、胃肠间质瘤

胃肠间质瘤(gastrointestinal stromal tumors, GIST)是一类起源于胃肠道间叶组织的肿瘤,病变最常见于胃,其次是小肠,较少见于大肠与食管。

肉眼观,GIST 可位于胃肠道的浆膜、肌层或黏膜下层,肿瘤界限清楚,表面光滑,呈分叶状。大多数肿瘤没有完整的包膜,可伴囊性变、坏死和局灶性出血。其恶性程度与肿瘤大小、核分裂像及发生部位相关。直径大于 5cm 多为恶性,发生于小肠 GIST 的风险比胃部高。

镜下,70% 的胃肠道间质瘤呈现梭形细胞,20% 为上皮样细胞,免疫组织化学染色特征是细胞表面抗原 CD117 和 Dog-1 阳性,约 60%～70% 的胃肠道间质瘤中 CD34 阳性。

(刘鲁英)

消化系统疾病主要是炎症和肿瘤性疾病。

慢性萎缩性胃炎、消化性溃疡病和胃癌是发生于胃的常见病，其发生均与幽门螺旋杆菌感染有关。慢性萎缩性胃炎导致胃黏膜固有腺体减少，影响胃的消化功能；胃溃疡病需要与溃疡型胃癌进行鉴别，反复发作可造成出血、穿孔、幽门梗阻等并发症，还可发生癌变；近年来胃癌的发病人群趋于年轻化，慢性萎缩性胃炎伴肠上皮化生、异型增生与胃癌的发生关系密切。

炎症性肠病发生可能与机体免疫异常有关，Crohn 病是主要累及回肠末端的慢性肉芽肿性疾病，常发生较深的裂隙状溃疡，可导致肠穿孔。溃疡性结肠炎以直肠多见，黏膜的隐窝脓肿形成是诊断的要点。大肠癌的发病呈上升趋势，癌变细胞在穿透黏膜肌层之前不发生转移，只有穿透黏膜肌层到达黏膜下层才诊断为癌。

病毒性肝炎、肝硬化和肝癌是一组密切相关的疾病。病毒性肝炎是肝炎病毒感染所致的变质性炎，病变以肝细胞不同程度的变性坏死为主；肝硬化是肝脏反复损伤修复后的结果，患者典型的表现为门脉高压症和肝功能不全；原发性肝癌大部分为肝细胞癌，大体形态以多结节型和巨块型多见。

1. 胃良性溃疡与恶性溃疡的大体形态如何鉴别？

2. 病毒性肝炎的基本病理变化有哪些？

3. 试述肝硬化导致门脉高压症的原因及临床表现。

4. 哪些疾病能导致肠道发生溃疡性病变？

泌尿系统疾病

8

08章

学习目标	
掌握	各型肾小球肾炎的病变特点及临床表现；急、慢性肾盂肾炎的病变特点。
熟悉	肾细胞癌、肾母细胞瘤和膀胱尿路上皮癌的病变特点。
了解	肾小球肾炎的病因和发病机制。

泌尿系统包括肾、输尿管、膀胱和尿道,主要功能是将体内代谢产物排出体外,调节机体的水电解质和酸碱平衡,同时兼具内分泌功能,可分泌肾素和促红细胞生成素等生物活性物质。

肾脏是人体的重要排泄器官,每个肾约有130万个肾单位。肾单位是肾的基本结构和功能单位,由肾小球和肾小管组成。肾小球由毛细血管球和肾小囊组成。毛细血管球是一个入球小动脉不断分支、互相盘曲、折叠形成数个网状的毛细血管袢卷绕而成,最后汇成一个出球小动脉,毛细血管袢由系膜(系膜细胞和基质)连接(图8-1)。

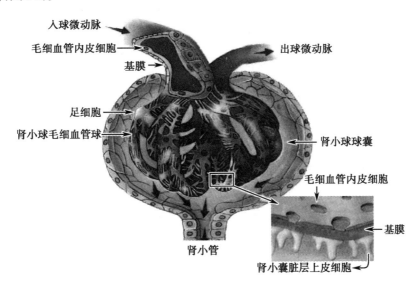

图8-1 正常肾小球结构示意图

肾小囊则是肾小管盲端凹陷形成的双层囊,囊的外层由单层扁平上皮细胞构成,外层细胞反折延续成肾小囊内层,紧包在成簇的毛细血管袢外,之间的狭腔称为肾小囊腔。脏层上皮细胞(足细胞)的胞质伸出许多分支状突起(足突)附着于侧。肾小球主要执行滤过功能,肾小管完成重吸收和浓缩功能。

电镜观察,肾小球毛细血管壁由毛细血管内皮细胞、基底膜和脏层上皮细胞构成,这三层结构组成了肾小球滤过膜,其形态结构和所带电荷(滤过膜各层均带负电荷)直接影响尿液的滤过。

第一节　肾小球肾炎

肾小球肾炎(glomerulonephritis, GN)简称肾炎,是以肾小球损伤为主的一组变态反应性疾病,主要临床表现为蛋白尿、血尿、水肿和高血压,较为常见。肾小球肾炎分原发性和继发性两大类,前者是原发于肾脏的独立性疾病,病变主要累及肾;后者的肾病变由其他疾病引起或仅是全身性疾病的一部分,如过敏性紫癜性肾炎、狼疮性肾炎、糖尿病肾病、乙型肝炎病毒相关性肾炎等,见表8-1。本节主要讲述原发性肾小球肾炎。

表8-1　肾小球疾病

原发性肾小球肾炎	引起继发性肾小球疾病的系统性疾病
急性弥漫性增生性肾小球肾炎	系统性红斑狼疮
快速进行性(新月体性)肾小球肾炎	糖尿病
膜性肾病	过敏性紫癜
轻微病变性肾小球肾炎	淀粉样变性病
局灶节段性肾小球硬化症	混合性结缔组织病的肾损害
系膜增生性肾小球肾炎	感染后肾小球肾炎
膜增生性肾小球肾炎	异常球蛋白血症肾病
IgA肾病	干燥综合征的肾损害
慢性硬化性肾小球肾炎	

一、病因和发病机制

肾小球肾炎的病因和发病机制目前尚未完全明了，但大量的临床和实验研究表明大部分肾小球肾炎是Ⅲ型变态反应或免疫复合物沉积性变态反应所致。

与肾小球肾炎有关的抗原可分为内源性和外源性两大类：

$$
\begin{cases}
\text{内源性抗原} \begin{cases} \text{肾小球性抗原：基底膜抗原、足突抗原、内皮细胞和系膜细胞的膜抗原} \\ \text{非肾小球性抗原：DNA、核抗原、免疫复合物、肿瘤抗原、甲状腺球蛋白等} \end{cases} \\
\text{外源性抗原：细菌、病毒、真菌、寄生虫等} \\
\qquad\qquad\quad \text{药物、异种血清、类毒素等}
\end{cases}
$$

抗原-抗体反应形成的免疫复合物可沉积在肾小球的各层膜上，与炎症释放的炎症介质共同构成了肾小球肾炎的两种基本发病机制。

（一）循环免疫复合物沉积

抗原-抗体反应形成的免疫复合物在血液循环中形成，随血液循环流经肾脏时沉积在肾小球内，能否引起肾小球损伤取决于复合物的大小、溶解度和携带电荷的种类等。循环免疫复合物的抗原可为外源性或内源性，但均为非肾小球性。电镜下免疫复合物为高电子密度的沉积物，可沉积在系膜区或内皮细胞与基膜之间或基膜与足细胞之间。免疫荧光检查可显示沉积物的免疫球蛋白或补体，荧光显示在肾小球内呈颗粒状。

（二）原位免疫复合物形成

抗体直接与肾小球本身的抗原或经血液循环植入肾小球的抗原结合，在肾小球内形成原位免疫复合物，引起肾小球肾炎。其抗原可以是：

1. 肾小球固有成分 肾小球基底膜抗原：①感染等因素使肾小球基底膜结构发生改变成为自身抗原，刺激机体产生抗体；②某些细菌、病毒等物质与肾小球基底膜有共同抗原性，这些抗原刺激机体产生的抗体可与肾小球基底膜起交叉反应。还有肾小管上皮细胞 Heymann 抗原、系膜细胞膜抗原 Thy-1 等也可引起肾小球原位复合物形成。

2. 植入性抗原 非肾小球抗原与肾小球固有成分结合，形成植入性抗原，刺激机体产生相应抗体，在肾小球形成原位免疫复合物。如免疫球蛋白、细菌、病毒、真菌、寄生虫等感染的产物和某些药物等。

无论是循环免疫复合物还是原位免疫复合物沉积于肾小球，均可通过多种介质（可溶性介质和细胞介质）引起肾小球损伤。

（1）可溶性介质：①补体：免疫复合物激活补体 C3a、C5a、C567 等使血管壁通透性增高，C5a 等促进中性粒细胞浸润及溶酶体酶释放导致肾小球损伤；②凝血系统：凝血系统活化可促进微血栓形成，渗出的纤维蛋白可刺激肾球囊壁层上皮细胞增生；③其他：花生四烯酸衍生物、氧自由基、一氧化氮、内皮素、白细胞介素-1（IL-1）、肿瘤坏死因子（TNF）和生长因子等可引起肾小球损伤。

（2）细胞介质：中性粒细胞、单核-巨噬细胞、T 淋巴细胞、NK 细胞、系膜细胞和血小板等也参与导致肾小球的损伤。

【临床表现】

肾小球肾炎的临床症状概括为尿的改变、水肿和高血压。尿的改变包括尿量和尿质的变化，尿量的改变分为少尿（<400ml/24h）、无尿（<100ml/24h）、多尿（>2500ml/24h）或夜尿；尿质的变化包括血尿、蛋白尿和管型尿。血尿分为肉眼血尿和镜下血尿；尿中蛋白含量 >150mg/24h 为蛋白尿，>3.5g/24h 为大量蛋白尿；管型尿则由蛋白质、细胞或细胞碎片在肾小管内凝集形成，随尿排出。

肾小球肾炎的临床表现与肾炎的类型密切相关，但并非完全对应，相似的症状可由不同的病变引起，相似的病变也可引起不同的症状。主要表现为以下类型：

1. **急性肾炎综合征（acute nephritic syndrome）** 起病急，常表现为肉眼血尿、轻至中度蛋白尿、少尿、水肿和高血压，严重者出现氮质血症。多数患者预后良好。常见于急性弥漫性增生性肾小球肾炎。

2. **急进性肾炎综合征（rapidly progressive nephritic syndrome）** 患者起病急，进展快，在出现血尿和蛋白尿后，迅速出现少尿、无尿及氮质血症，并发生急性肾功能衰竭，预后差。主要见于快速进行性肾小球肾炎。

3. **肾病综合征（nephrotic syndrome）** 临床表现为大量蛋白尿、明显水肿、高脂血症和低蛋白血症（"三高一低"）。轻微病变性肾小球肾炎、膜性肾病、系膜增生性肾小球肾炎等均可出现肾病综合征。

4. **无症状性血尿或蛋白尿** 患者出现持续或反复发作的镜下或肉眼血尿，或蛋白尿，也可两者同时发生。主要见于 IgA 肾病。

5. **慢性肾炎综合征（chronic nephritic syndrome）** 主要表现为多尿、夜尿、低比重尿、高血压、贫血、氮质血症和尿毒症。见于各型肾小球肾炎的终末阶段。

6. **肾衰竭（renal failure）** 主要为血肌酐和尿素氮升高，高血压，少尿、无尿或多尿，根据病程和临床表现分为急性和慢性肾衰竭。肾小球肾炎的主要病理类型包括新月体性肾小球肾炎、硬化性肾小球肾炎、严重的毛细血管内增生性肾小球肾炎、膜增生性肾小球肾炎和系膜增生性肾小球肾炎都可导致肾衰竭。

7. **尿毒症（uremia）** 是严重的肾衰竭导致的自身中毒状态。由于体内毒性物质的刺激使毛细血管通透性增加，导致脑水肿、心肌水肿、胃肠道水肿以及各部位水肿、积液等机体的水电解质失衡。另外，毒性物质的刺激还可以引起纤维素性小叶性肺炎、纤维素性心包炎、胸膜炎、腹膜炎肠炎等多器官的炎症，电解质失衡和代谢失调也可能出现肾性贫血和肾性骨病。

问题与思考

肾小球肾炎的临床表现与各型肾小球肾炎是如何对应的？

二、基本病变和病理分类

（一）基本病变

肾小球肾炎是以增生性炎为主的变态反应性疾病，其基本病变依然包括炎症的变质、渗出和增生。增生性病变主要体现在肾小球系膜细胞、内皮细胞和上皮细胞的增生，使肾小球内细胞数目增多，也是肾小球肾炎的特征之一；其次由于免疫复合物或淀粉样物质的沉积使肾小球的基底膜增厚、系膜基质增多，导致肾小球硬化。变质性变化主要是由于各种蛋白水解酶和细胞因子的作用，导致基底膜通透性增加、肾小球固有细胞变性、毛细血管壁发生纤维素样坏死。而渗出性变化则主要是中性粒细胞、单核细胞的渗出释放的蛋白水解酶破坏肾小球内的细胞及基底膜，偶有少许嗜酸性粒细胞的渗出。

（二）病理分类

根据肾小球肾炎主要的发病因素可分为原发性、继发性以及遗传性肾小球肾炎，其中原发性肾小球肾炎种类最多、病变最复杂。根据病变累及肾小球的数量和比例可分为弥漫性和局灶性两大类，弥漫性指 >50% 的肾小球受累，局灶性是指 <50% 的肾小球受累。根据病变累及肾小球毛细血管袢的范围，又分为球性和阶段性两大类。球性指病变累及整个肾小球，节段性是指肾小球部分小叶或毛细血管袢受累。原发性肾小球肾炎可分类如下：

$$\text{原发性肾小球肾炎}\begin{cases} \text{轻微病变性肾小球肾炎} \\ \text{局灶节段性肾小球肾炎} \\ \text{局灶节段性肾小球硬化} \\ \text{弥漫性肾小球肾炎}\begin{cases} \text{膜性肾小球肾炎} \\ \text{增生性肾小球肾炎}\begin{cases} \text{系膜增生性肾小球肾炎} \\ \text{毛细血管内增生性肾小球肾炎} \\ \text{膜增生性肾小球肾炎} \\ \text{新月体性肾小球肾炎} \end{cases} \\ \text{硬化性肾小球肾炎} \end{cases} \\ \text{IgA 肾病} \\ \text{未分类肾小球肾炎} \end{cases}$$

临床上对肾小球疾病的诊断最常用的手段是肾活检,即经皮肤肾穿刺进行的肾组织病理学检查。这种穿刺获得的肾组织标本可分别通过普通光镜、免疫荧光和透射电镜进行检查,对观察肾组织的形态和病变程度对于肾小球肾炎的诊断、治疗和预后的评估非常重要。

(三)原发性肾小球肾炎的病理类型

1. **急性弥漫性增生性肾小球肾炎** 急性弥漫性增生性肾小球肾炎(acute diffuse proliferative glomerulonephritis,GN)的病变特点是弥漫性毛细血管内皮细胞和系膜细胞增生。多发生于儿童和青年,患者常在发病前有上呼吸道感染史。此型肾炎与 A 族乙型溶血性链球菌感染有关,故又称链球菌感染后肾小球肾炎。

此型肾炎的发病机制为循环免疫复合物沉积所致的肾小球损伤。

【病理变化】

肉眼观,充血、增大、被膜紧张、表面光滑,颜色较红,有时可见散在的出血点,故又称为"大红肾""蚤咬肾"(图 8-2)。切面肾皮质两肾肿胀增厚。

光镜下,双侧肾脏多数肾小球受累,肾小球体积增大,细胞数目显著增多是其主要特征(文末彩插图 8-3)。肾小球毛细血管内皮细胞和系膜细胞明显增生、内皮肿胀,可有中性粒细胞和单核细胞浸润。增生的细胞使毛细血管管腔狭窄甚至闭塞,导致肾小球缺血。严重病例,毛细血管壁发生纤维素样坏死、出血,可伴血栓形成。近曲小管上皮细胞变性,管腔内出现蛋白管型、红细胞或白细胞管型及颗粒管型。肾间质充血、水肿和炎性细胞浸润。

免疫荧光可见 IgG 和 C3 沉积在肾小球内,呈颗粒状荧光(文末彩插图 8-4)。电镜观察,基底膜外侧上皮细胞下有驼峰状突起的电子致密物沉积。

图 8-2 急性弥漫性增生性肾小球肾炎(大红肾)

【临床病理联系】

此型肾炎主要表现为急性肾炎综合征。

(1)尿的改变:肾小球毛细血管内皮细胞和系膜细胞增生肿胀使毛细血管腔变狭窄,肾小球滤过率降低而出现少尿甚至无尿,毛细血管受损导致血尿(镜下血尿或肉眼血尿)、蛋白尿及管型尿。严重者因代谢产物潴留引起氮质血症。

(2)水肿:肾小球滤过率下降致钠水潴留,或变态反应使毛细血管通透性增高致患者出现轻到中度水肿,尤以眼睑、面部等疏松部位较明显。

（3）高血压：钠水潴留使血容量增加致高血压。

【转归】

多数儿童患者预后好，可在数周或数月内痊愈。极少数严重患儿可发展为快速进行性肾小球肾炎。少数成人患者病变可迁延不愈，逐渐发展为慢性硬化性肾小球肾炎。

2. **快速进行性肾小球肾炎** 快速进行性肾小球肾炎（rapidly progressive glomerulonephritis，RPGN）的病变特点为肾小球囊壁层上皮细胞增生形成新月体，故又称新月体性肾小球肾炎。此型肾小球肾炎多数为原发性，也可继发或伴发于其他肾小球疾病。

【分类和发病机制】

此型肾炎为一组由不同原因引起的疾病，可为原发性，也可为继发性。大多由免疫损伤引起肾小球毛细血管壁严重破坏，纤维素渗出刺激新月体形成。根据免疫学、病理学检查结果可分为五型，Ⅰ型为抗基底膜型，患者体内有 GBM 抗体；Ⅱ型为免疫复合物型，病变肾小球内有免疫复合物沉积；Ⅲ型为血管炎型，患者血内有中性粒细胞胞质抗体；Ⅳ型抗基底膜和血管炎混合型，患者血内中性粒细胞胞质抗体和抗GBM 抗体均阳性；Ⅴ型为特发型，免疫反应不明显，所有抗体均阴性。

【病理变化】

肉眼观，两肾弥漫性增大，颜色苍白。表面常见散在出血点，切面皮质增厚。光镜见，大部分肾小球球囊内有特征性的新月体（crescent）或环状体形成。新月体主要是增生的肾小球球囊壁层上皮细胞，在毛细血管球周围形成新月形小体（文末彩插图 8-5）。当增生的上皮细胞环状包绕毛细血管球时，称为环状体。新月体或环状体内还含有渗出的单核细胞、中性粒细胞、纤维蛋白等成分。早期新月体以细胞成分为主，称为细胞性新月体。以后纤维增多，转变为纤维细胞性新月体，最终成为纤维性新月体。新月体或环状体使肾球囊腔狭窄或闭塞，并压迫肾小球毛细血管丛，使其萎缩、纤维化及玻璃样变。病变严重处血管壁发生节段性纤维蛋白样坏死，可伴血栓形成。肾小管上皮变性，部分肾小管萎缩消失。

电镜观察，肾小球基底膜断裂或缺损，新月体形成。有时可见电子致密物沉积。免疫荧光见，Ⅰ型和Ⅳ型显示 IgG 和 C3 沿肾小球毛细血管壁呈线状沉积，Ⅱ型可见不同的 Ig 和 C3 在肾小球的不同部位可呈颗粒状沉积，Ⅲ型和Ⅴ型 IgG 和 C3 呈阴性。

【临床病理联系】

患者发病急、进展快，表现为急进性肾炎综合征。由于大量新月体阻塞肾球囊腔，患者迅速出现少尿、无尿。代谢物潴留导致氮质血症并快速发展为尿毒症。当毛细血管纤维蛋白样坏死时出现明显血尿。

患者的预后与新月体或环状体的数量有关，多于 80% 者预后极差，常死于尿毒症。

相关链接

肺出血肾炎综合征（Goodpasture syndrome）

肺出血肾炎综合征是一种罕见的自身免疫性疾病，发生于青年男性。发病机制目前不清，一般认为是一种抗肾小球基底膜病，产生抗肾小球基底膜抗体与肾小球基底膜结合、激活补体引起基底膜损伤。这种自身抗体还可以与肺泡毛细血管基底膜发生反应而引起肺毛细血管出血。典型的病例可见大部分肾小球内有新月体形成，电镜下发现有肾小球毛细血管基底膜的破裂，周围有红细胞和纤维蛋白的渗出和聚集，免疫荧光检查有免疫球蛋白和补体沿着肾小球毛细血管基底膜沉积，呈连续性线性荧光。临床表现为复发性血尿、轻度蛋白尿、高血压、反复咯血，偶有肾炎综合征。通常发展为快速进行性肾小球肾炎、进行性肾衰竭，预后较差。

3. **膜性肾病** 膜性肾病（membranous nephropathy）以肾小球毛细血管基底膜增厚为特点，又称为膜性肾小球肾炎,是成人肾病综合征最常见的原因。多见于中老年人,男性多于女性。此型肾病是免疫复合物缓慢沉积于肾小球,通过补体介导基底膜损伤所致。

【病理变化】

肉眼观,双肾肿大,颜色苍白,称"大白肾",切面皮质明显增厚(图8-6)。

光镜见,肾小球早期改变不明显,以后毛细血管壁弥漫性增厚、毛细血管腔变狭窄。中期膜性肾病时六胺银(PASM)染色将基底膜染成黑色,显示增厚的基底膜和与之垂直的钉突,形如梳齿。病变晚期,毛细血管壁明显增厚,管腔逐渐狭窄甚至闭塞,肾小球发生硬化及玻璃样变,多无细胞增生和炎性细胞浸润等反应。

电镜观察,上皮细胞肿胀,足突消失,基底膜与上皮细胞间大量电子致密物沉积。以后沉积物间基底膜样物质增多,形成钉状突起为特征。钉突逐渐向沉积物表面延伸将其覆盖,使基底膜明显增厚,当沉积物被溶解吸收后,形成虫蚀状空隙。根据基底膜病变的严重程度,分为四期:Ⅰ期:基底膜表面小丘状沉积物;Ⅱ期:基底膜表面形成钉状突起插入沉积物之间;Ⅲ期:沉积物被增生的基底膜包埋于其中;Ⅳ期:基底膜极度增厚,部分沉积物溶解呈虫蚀状。

免疫荧光见,IgG和补体C3沿肾小球基底膜外侧沉积,呈颗粒状荧光。

图8-6 膜性肾小球肾炎(大白肾)

【临床病理联系】

临床主要表现为肾病综合征。由于肾小球毛细血管基底膜严重损伤,滤过膜通透性明显增高,常表现为持续性、非选择性蛋白尿。

膜性肾病临床呈慢性进行性经过,约40%患者最终发展为肾功能衰竭。

4. 轻微病变性肾小球肾炎 轻微病变性肾小球肾炎(minimal change glomerulonephritis),也称微小病变性肾小球病,由于光镜下肾小球改变不明显或轻微而得名。因部分肾小管上皮细胞内可见大量脂质沉积,又称为脂性肾病。其病变特点是肾小球脏层上皮细胞足突弥漫性变扁平或融合消失。临床特点是大量蛋白尿或肾病综合征。本病是引起儿童肾病综合征的最常见原因。病因和发病机制不明,但研究表明与T淋巴细胞功能异常有关。

【病理变化】

肉眼观,双肾体积增大,颜色苍白或发黄,切面可见黄白色条纹。

光镜下见,肾小球无明显变化,肾小管上皮细胞因重吸收从肾小球滤出的大量脂蛋白而出现大量玻璃样小体和脂质空泡。肾小管腔内见蛋白管型。肾间质常见水肿。

电镜观察,肾小球基底膜和系膜无显著变化,肾小球内无电子致密物沉积,主要变化是多数肾小球脏层上皮细胞足突广泛融合消失或微绒毛样改变,故有"足突病"(foot process disease)之称。

免疫荧光检查无免疫球蛋白或补体沉积。

【临床病理联系】

本病多发生于儿童,尤其1~7岁的儿童最常见。临床表现为肾病综合征,水肿常为最早出现的症状,继而大量的选择性蛋白尿,几乎没有血尿和高血压出现,可能与滤过膜电荷屏障功能损伤有关,尿中主要为小分子蛋白。糖皮质激素治疗效果好。病变在数周内可以完全恢复正常,预后好。

5. 系膜增生性肾小球肾炎 系膜增生性肾小球肾炎(mesangial proliferative glomerulonephritis)是一种很常见的肾小球疾病,可发生于各年龄阶段。病变特点是弥漫性肾小球系膜细胞和系膜基质增生。

【病因和发病机制】

目前不明确，可能与循环免疫复合物或原位免疫复合物形成有关。免疫复合物通过介质刺激系膜细胞增生。系膜增生也可为系统性红斑狼疮、过敏性紫癜等病的继发性肾小球病变。

【病理变化】

光镜见，肾小球系膜细胞和基质不同程度增生，使系膜区增宽。电镜观察系膜细胞和系膜基质增生，系膜区电子致密物沉积。免疫荧光见 IgG 及 C3 在系膜区沉积。

【临床病理联系】

临床表现多样，可表现肾病综合征、血尿或蛋白尿等。病变程度不同的患者，预后不同。

6. 膜增生性肾小球肾炎 膜增生性肾小球肾炎（membrano-proliferative glomerulonephritis）的病变特点是肾小球毛细血管基底膜增厚，系膜细胞和系膜基质增生，由于系膜细胞明显增生又称为系膜毛细血管性肾小球肾炎。本病好发于青壮年，可引起肾病综合征，也可引起血尿和蛋白尿。

【病因和发病机制】

膜增生性肾小球肾炎可以原发也可以继发。根据超微结构和免疫荧光的特征，原发性膜增生性肾小球肾炎可分为Ⅰ、Ⅱ、Ⅲ型。Ⅰ型和Ⅲ型最常见，由循环免疫复合物沉积介导的肾小球损伤。Ⅱ型又称致密物沉积病，较少见，可能由补体替代途径异常激活所致，大多数患者伴低补体血症。

【病理变化】

肉眼观，早期双肾肿大。晚期双肾缩小、可发展为颗粒性固缩肾。

光镜见，肾小球体积增大。系膜细胞和系膜基质显著增生，沿内皮细胞下向毛细血管壁广泛插入，PASM 染色时基底膜呈双轨或多轨状；基底膜弥漫增厚，管腔狭窄；毛细血管丛呈分叶状。

电镜观察，系膜细胞和基质重度增生并向内皮下间隙插入，电子致密物沉积于系膜区及毛细血管壁。本病可分为三型，Ⅰ型为基底膜与内皮细胞之间电子致密物沉积，Ⅱ型为基底膜内条带状电子致密物沉积，Ⅲ型为内皮细胞下、上皮细胞下及基底膜两侧电子致密物沉积。

免疫荧光见，IgG 和补体 C3 在系膜区、毛细血管壁或基底膜内侧呈颗粒状、花瓣样沉积。常伴有 C1q 和 C4 的沉积。

【临床病理联系】

临床呈慢性经过，女性稍多于男性，多表现为肾病综合征，常伴有镜下血尿或无症状性血尿。约 20% 患者肾功能下降乃至肾衰竭。

7. 局灶节段性肾小球硬化 局灶节段性肾小球硬化（focal segmental glomerulosclerosis，FSGS）的病变特点为部分肾小球的部分小叶发生节段性硬化。临床主要表现为大量蛋白尿或肾病综合征。

FSGS 分为原发性和继发性两类。近年来原发性 FSGS 发病率呈上升趋势。发病机制尚不清楚，目前认为足细胞的损伤是本病发生的始动环节，足细胞损伤和剥脱使 GBM 裸露，可促进毛细血管丛与球囊粘连，同时分泌的多种生长因子和纤维化因子促进系膜细胞增生和细胞外基质增多，导致肾小球硬化。

【病理变化】

光镜见，病变呈局灶性分布，早期仅累及皮髓质交界处的肾小球，以后波及皮质全层。病变肾小球部分毛细血管袢内系膜基质增多，毛细血管基底膜塌陷、管腔闭塞，球囊粘连。

电镜观察，病变肾小球硬化节段的基底膜皱缩，毛细血管腔闭塞，系膜基质增生。肾小球上皮细胞足突广泛融合。

免疫荧光见，病变部位 IgM 和补体 C3 沉积。

【临床病理联系】

大部分患者表现为肾病综合征，少数仅表现为蛋白尿。病变缓慢进展，50% 患者在发病十年内发展为终末期肾小球肾炎。小儿患者预后相对较好。

8. IgA 肾病 IgA 肾病(IgA nephropathy)的特点是免疫荧光显示系膜区 IgA 沉积,因 Berger 首先描述又称 Berger 病。该病临床表现复杂,在全球范围内可能是最常见的肾炎类型,其发病有明显的地域性,亚洲高发,我国较常见。

该病发病机制未明,目前认为与先天或获得性免疫调节异常有关,导致 IgA 增多或含 IgA 的免疫复合物沉积于系膜区,并激活补体替代途径,引起肾小球损伤。

【病理变化】

光镜见,病变多样,病变程度轻重不一。以系膜增生最为常见,也可表现为其他类型肾小球肾炎的病变。

电镜观察,较多病例见肾小球系膜细胞增生和系膜基质明显增多,系膜区有大块的致密物沉积。

免疫荧光见,系膜区 IgA 和补体 C3 沉积。

【临床病理联系】

IgA 肾病可见于各年龄段,以儿童和青年最多见。主要表现为无症状血尿或蛋白尿伴上呼吸道感染,少数患者表现为急性肾炎综合征。临床呈慢性经过。预后与病变类型有关。

9. 慢性硬化性肾小球肾炎 慢性硬化性肾小球肾炎(chronic sclerosing glomerulonephritis)为各型肾小球肾炎发展的终末阶段。病变特点是大量肾小球发生玻璃样变和硬化。多数患者有肾炎病史,但部分患者起病隐匿,出现症状时病变已进入晚期。

【病理变化】

肉眼观,双肾体积缩小,重量减轻,质地变硬,表面呈较弥漫的细颗粒状,切面见肾皮质变薄,皮髓质界限不清,称为颗粒性固缩肾(图 8-7)。肾盂周围脂肪增多。

镜下见,大多数肾小球弥漫萎缩、纤维化、玻璃样变,所属肾小管萎缩、消失,间质纤维组织大量增生、收缩使萎缩、纤维化、玻璃样变的肾小球互相靠拢集中(文末彩插图 8-8);残存的肾小球代偿性肥大,所属肾小管扩张,腔内可见各种管型。肾间质除纤维组织增生外,有多量淋巴细胞、浆细胞浸润;肾内的细动脉和小动脉发生硬化,管腔狭窄;可见前期肾炎的改变。免疫荧光和电镜下多无特异性发现。

图 8-7 慢性硬化性肾小球肾炎(颗粒性固缩肾)

【临床病理联系】

临床表现为慢性肾炎综合征。主要表现为:

(1)多尿、夜尿和低比重尿:多数肾单位破坏,大量血液快速通过残存的肾小球,滤过率显著增加,但肾小管重吸收功能有限,导致尿浓缩功能降低。

(2)高血压:肾小球硬化和严重缺血,肾素分泌增加,导致血压增高。

(3)贫血:大量肾单位破坏、促红细胞生成素形成减少。此外,体内代谢产物堆积,抑制了骨髓造血。

(4)氮质血症、尿毒症及水、电解质和酸碱平衡紊乱:患者体内代谢产物大量堆积,造成血中非蛋白氮含量增高,称为氮质血症;严重者出现尿毒症。此外,还可出现酸中毒和钠、钾、钙、磷等电解质紊乱的表现。

【转归】

慢性硬化性肾小球肾炎病变发展缓慢,晚期预后极差。患者如不能及时进行肾透析或肾移植,多死于尿毒症或高血压引起的心力衰竭或脑出血。

患者男性，14岁。颜面水肿、少尿、浓茶色尿1天。半月前感冒咳嗽，扁桃体肿大，经服用抗生素后逐渐好转。患者入院后体检体温、脉搏正常，血压130/75mmHg。血常规检查无异常，尿常规检查显示尿蛋白（＋），红细胞（＋＋＋）。肾功能检查尿素氮5.0mmol/L，肌酐60.5μmol/L。经药物治疗两周后，水肿逐渐消失，血压115/75mmHg，尿量1500ml/24h，尿中红细胞消失。康复出院。

思考：

1. 患者患什么疾病？
2. 试从病理学角度解释患者出现的临床症状和实验室检查结果。

第二节　肾盂肾炎

肾盂肾炎（pyelonephritis）是累及肾盂、肾间质和肾小管的化脓性炎症，是肾脏最常见的疾病之一。可发生于任何年龄，患者以女性居多。

【病因及发病机制】

肾盂肾炎由细菌感染所致。引起肾盂肾炎的细菌种类很多，以大肠杆菌最为常见，其次为副大肠杆菌、变形杆菌、产气杆菌、肠球菌、葡萄球菌等，少数为铜绿假单胞菌，偶见真菌感染。急性肾盂肾炎多为单一细菌感染，慢性肾盂肾炎多为两种以上细菌的混合感染。

肾盂肾炎的感染途径主要有两条：

1. 上行性感染　是肾盂肾炎最常见的感染途径。病原菌自尿道或膀胱经输尿管或沿输尿管周围的淋巴管上行至肾盂、肾盏和肾间质。病原菌多为大肠杆菌，可累及单侧或双侧肾脏。上行性感染是女性感染的主要途径。

2. 血源性（下行性）感染　病原菌由身体某处的感染灶入血，随血流到达肾脏引起肾盂肾炎。病原菌多为金黄色葡萄球菌，常累及双侧肾脏。

正常人体的泌尿系统具有防御功能，包括尿液的冲洗作用、膀胱黏膜产生局部抗体（分泌型IgA）的抗菌作用、膀胱壁内的白细胞的吞噬和杀菌作用等。当这些防御功能削弱时，病原菌容易侵入而引起肾盂肾炎。常见的诱因有：

（1）尿路阻塞：泌尿道结石、瘢痕性狭窄、前列腺肥大、妊娠子宫或肿瘤压迫、先天畸形等均可阻塞尿路，造成尿液潴留，既影响了尿液的冲洗作用，又利于细菌生长繁殖，导致感染。

（2）医源性因素：膀胱镜检查、导尿术、泌尿道手术等可损伤尿路黏膜，或带入病原菌导致感染，诱发肾盂肾炎。长期留置导尿管是诱发本病的重要因素。

（3）尿液反流：当膀胱三角区发育不良或输尿管畸形、下尿道梗阻时，尿液可反流引起感染。

按病变特点和病程，肾盂肾炎可分为急性和慢性两种类型。

一、急性肾盂肾炎

急性肾盂肾炎（acute pyelonephritis）是由细菌感染引起的肾盂和肾间质的急性化脓性炎症，常由上行性感染引起。

【病理变化】

肉眼观,肾体积增大、充血,表面散在大小不等的黄白色脓肿,脓肿周围有充血或出血带(图 8-9)。切面见髓质内的黄色条纹延伸至皮质,病灶融合可形成大小不等的脓肿(图 8-10)。肾盂黏膜充血、水肿,可见散在的小出血点,黏膜表面覆盖脓性渗出物,病变严重者肾盂肾盏内可有积脓。

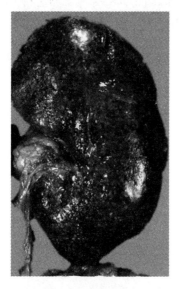

图 8-9 急性肾盂肾炎
肾体积增大,表面散在多个小脓肿

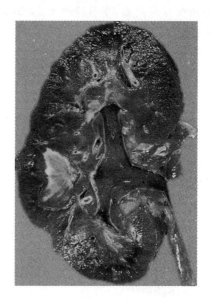

图 8-10 急性肾盂肾炎(切面)
切面见黄色条纹及脓肿

镜下见,上行性感染所致的炎症始发于肾盂,黏膜充血、水肿,大量中性粒细胞浸润(文末彩插图 8-11)。炎症沿肾小管及其周围组织扩散,引起肾间质化脓性炎及脓肿形成,脓肿破入肾小管使管腔内充满脓细胞和细菌菌落。上行性感染时肾小球通常很少受累。血源性感染所致的化脓性病变首先累及肾皮质内的肾小球、肾小管及其周围的肾间质,并向肾盂蔓延,肾组织内形成多数散在的小脓肿。

【合并症】

(1)肾盂积脓:当患者尿路阻塞,特别是高位完全性阻塞时,脓性渗出物不能排出而积聚在肾盂肾盏中。严重者肾组织受压萎缩变薄,整个肾变为充满脓液的囊。

(2)肾周围脓肿:由肾组织内的化脓性炎症穿透肾被膜扩展到周围组织所致。

(3)急性坏死性肾乳头炎:常见于有尿路阻塞或糖尿病的患者,肾乳头因缺血和化脓而发生坏死。肾乳头部缺血性凝固性坏死,坏死灶周围充血和白细胞浸润。

【临床病理联系】

(1)全身表现:患者出现发热、寒战,血中白细胞数增多等。

(2)局部表现:炎症累及肾周围组织和肾体积增大使被膜紧张导致患者腰痛及肾区叩痛。

(3)尿和肾功能的变化:患者出现尿频、尿急和尿痛等尿道刺激症状。肾盂和肾实质的化脓性炎可引起脓尿、菌尿、蛋白尿、管型尿,也可出现血尿。出现白细胞管型尿具有临床诊断意义。由于急性肾盂肾炎的病变呈不规则灶性分布,且肾小球很少受累,故一般无高血压及肾功能改变。合并肾乳头坏死时可导致急性肾功能衰竭。

【结局】

急性肾盂肾炎如能及时正确治疗,大多数病例可痊愈。如尿路阻塞不能缓解或伴糖尿病,则预后不佳或转为慢性。

二、慢性肾盂肾炎

慢性肾盂肾炎(chronic pyelonephritis)的病变特征为肾间质炎症和瘢痕形成,并伴有明显的肾盂、肾盏纤维化和变形。可由急性肾盂肾炎演变而来或开始即呈慢性经过,是慢性肾功能衰竭的常见原因之一。

慢性肾盂肾炎根据发病机制可分为慢性阻塞性肾盂肾炎和反流性肾盂肾炎。

【病理变化】

肉眼观,病变累及单侧或双侧肾。肾体积缩小、变硬,表面有不规则凹陷性瘢痕。双肾因病变分布不均匀而不对称(图8-12)。切面见肾皮、髓质界限不清,肾乳头萎缩,肾盂、肾盏因瘢痕收缩而变形;肾盂黏膜粗糙、增厚。

镜下见,肾盂黏膜大量慢性炎性细胞浸润和纤维组织增生,黏膜增厚。肾间质病变呈灶状分布,出现纤维化及淋巴细胞、浆细胞浸润。部分肾小管萎缩消失,部分扩张的肾小管内见均质红染的管型,上皮细胞因受压呈扁平状,似甲状腺滤泡。部分肾小球囊壁增厚纤维化,后期部分肾小球发生玻璃样变和硬化。小血管内膜增厚、管腔狭窄。

慢性肾盂肾炎急性发作时出现大量中性粒细胞浸润,可有小脓肿形成。

【临床病理联系】

慢性肾盂肾炎较早累及肾小管且病变较重,临床上可首先出现较明显的肾小管功能障碍。肾小管浓缩功能降低时,临床表现为多尿、夜尿;肾小管重吸收功能降低时,钠、钾和碳酸氢盐流失过多,可致低钠血症、低钾血症和代谢性酸中毒。随着肾组织发生纤维化和血管硬化,肾组织缺血使肾素-血管紧张素系统活性增强而引起高血压。病变晚期,肾单位大量破坏,导致慢性肾衰竭。

图8-12 慢性肾盂肾炎

肾盂X线造影可见肾盂、肾盏因瘢痕收缩而变形,有助于临床诊断。

【结局】

慢性肾盂肾炎病变可迁延多年,如能及时去除诱因,尽早彻底治疗,肾功能可长期处于代偿期。但病变广泛累及两肾,肾组织大量被破坏时,终致慢性肾衰竭。

第三节　泌尿系统常见肿瘤

一、肾细胞癌

肾细胞癌(renal cell carcinoma)又称肾癌,起源于肾小管上皮细胞,是肾脏最常见的恶性肿瘤。60岁以上老年人多发,男性多于女性。

【病因】

长期接触化学性致癌物质和吸烟是引起肾癌的重要原因,肥胖(特别是女性)、高血压、长期接触石棉、石油产物和重金属等也列为肾癌发生的危险因素,遗传因素特别是染色体畸变与肾癌的发生密切相关。

【病理变化】

肉眼观,肾细胞癌多发生于肾的两极,尤以肾上极更为多见。一般呈单发圆形,直径3～10cm,周围常有假包膜(图8-13)。肿瘤常伴有出血、坏死和钙化等继发性改变,因此切面可呈多彩状外观。晚期肿瘤可侵犯肾盂及输尿管,并常侵犯肾静脉,在肾静脉内形成瘤栓。

镜下见,肾细胞癌主要由透明细胞、颗粒细胞和梭形细胞等形态的癌细胞排列成巢状、梁索状、乳头状、腺管状等多种方式,因此可将肾细胞癌分为透明细胞癌、乳头状癌、嫌色细胞癌等三种类型。多数病例常有几种类型混合存在,以一种类型为主。透明细胞癌最为常见,镜下见多数癌细胞体积较大,呈圆形或多角形,轮廓清楚;胞质丰富,因富含糖原和脂质在 HE 染色时呈清亮透明状;胞核小而圆,位于细胞中央或边缘。肾细胞癌的纤维间质少,但血管丰富,常有坏死和出血等继发改变。

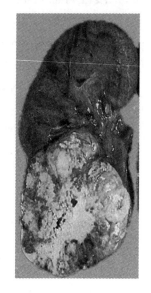

图 8-13　肾细胞癌

【扩散方式】

肾癌早期即可经血道转移,最常转移到肺、骨和对侧肾,也可转移至肝、肾上腺、脑等处。此外,癌组织也可直接蔓延侵犯周围组织器官或发生淋巴道转移。

【临床病理联系】

肾细胞癌早期常无症状,随病变进展出现血尿、肾区疼痛和肿块等典型症状。无痛性血尿是肾癌的常见症状,多因癌组织侵蚀血管或侵入肾盏、肾盂而引起。肿瘤体积大或侵犯肾被膜时引起肾区疼痛,并可触及肿块。有时患者以骨或其他部位转移癌为始发表现。

肾癌可产生多种激素和激素样物质而引起相应症状,如产生甲状旁腺样激素引起血钙增高等。

二、肾母细胞瘤

肾母细胞瘤(nephroblastoma)又称 Wilms 瘤,起源于肾内残留的后肾胚芽组织,是典型的胎儿型肿瘤。主要发生于 7 岁以下儿童,偶可见于成人。肾母细胞瘤的发生与染色体的畸变有关。

【病理变化】

肉眼观,肿瘤通常发生在单侧肾,少数双侧肾同时发生。瘤体多为单个实性肿块,体积较大,边界清楚,可形成假包膜。切面呈鱼肉状、灰白或灰红色,可有灶状出血、坏死及囊性变。随病变进展,肿瘤可破坏肾组织全部,并可穿破肾被膜侵入肾周围组织。

镜下见,肾母细胞瘤的细胞成分和组织结构较为复杂,主要有三种:①由上皮细胞组成的肾小球样和肾小管样结构;②小圆形或卵圆形的原始细胞,胞质少;③间叶组织来源的梭形细胞和黏液细胞,可出现横纹肌、软骨、骨和脂肪等分化。

【扩散方式】

肾母细胞瘤早期即可发生扩散。肿瘤可直接蔓延至邻近组织及器官;沿血道转移到肺、肝等器官;经淋巴道转移到肾门淋巴结和主动脉旁淋巴结。

【临床病理联系】

腹部包块是肾母细胞瘤最常见的症状,有些患儿表现为血尿、腹痛、肠梗阻等症状。肾母细胞瘤恶性程度高,早期即可转移到肺等处。

手术切除、化疗和放疗的综合应用具有较好的效果。

三、尿路上皮癌

肾盂、输尿管、膀胱黏膜上皮及尿道的部分上皮均为尿路上皮即移行上皮覆盖。尿路上皮癌(urothelial cell carcinoma)多起源于膀胱尿路上皮,也称为移行细胞癌(transitional cell carcinoma),是泌尿系统中最常见的恶性肿瘤,60岁左右多发,男性多于女性。

【病因】

膀胱癌的发生与苯胺染料等化学致癌物质、病毒感染、吸烟、慢性膀胱炎及结石等的长期不良刺激有关。

【病理变化】

肉眼观,肿瘤好发于膀胱侧壁和三角区近输尿管开口处。瘤体可为单个或多个,大小不等,分化好者呈乳头状或息肉状突起于膀胱黏膜表面;分化差者常呈扁平状斑块,基底宽并向膀胱壁深层浸润。

镜下见,膀胱癌以尿路上皮癌最为多见,约占总数的90%,其余为鳞状细胞癌、腺癌及未分化癌。

尿路上皮癌根据分化程度分为低级别和高级别,肿瘤呈非浸润性或浸润性生长。

低级别尿路上皮癌呈乳头状结构,癌细胞层次增多,排列保持极性。细胞分化较好,轻到中度异型,核分裂象少见(多见于基底部),少数病例可发生浸润。

高级别尿路上皮癌无乳头状结构,呈紊乱的巢状或团块状排列。癌细胞分化低,异型明显,核分裂象多见;癌组织常浸润到肌层深部,并可侵及膀胱周围组织和器官。

【扩散方式】

膀胱癌主要通过淋巴道转移,晚期可经血道转移到肝、肺、骨、肾及肾上腺等处。

【临床病理联系】

无痛性血尿是膀胱癌最常见、最突出的临床表现,可因乳头状癌的乳头断裂、癌组织坏死、溃疡形成等引起。癌组织侵犯膀胱壁、刺激膀胱黏膜及并发感染可引起尿频、尿急和尿痛。肿瘤阻塞输尿管开口可引起肾盂肾炎、肾盂积水甚至积脓。

膀胱尿路上皮癌手术切除后易复发。膀胱癌的预后与肿瘤的分化程度和浸润范围密切相关。患者常死于肿瘤广泛转移和严重感染。

(张　玲)

原发性肾小球肾炎是原发于肾脏的独立性疾病，是临床最常见的肾小球疾病，主要由循环免疫复合物或原位免疫复合物沉积于肾小球引起，抗体介导的免疫损伤是肾小球肾炎的主要发病机制。

肾小球肾炎的基本病变包括肾小球细胞增生、GBM增厚和断裂、系膜基质增多、炎性渗出和坏死、肾小球玻璃样变和硬化、肾小管和间质相应的炎性变化。

肾小球肾炎的临床表现类型有：急性肾炎综合征、急进性肾炎综合征、肾病综合征、无症状性血尿或蛋白尿、慢性肾炎综合征。

急性增生性肾小球肾炎的病变特点是弥漫性毛细血管内皮细胞和系膜细胞增生，临床表现为急性肾炎综合征；快速进行性肾小球肾炎的病变特点是新月体形成，临床表现为急进性肾炎综合征；轻微病变性肾小球肾炎和膜性肾病是引起肾病综合征常见的原因；IgA肾病的特点是免疫荧光染色显示系膜区IgA沉积，临床常表现为无症状血尿或蛋白尿；慢性肾小球肾炎为各型肾小球肾炎发展的终末阶段，病变特点是大量肾小球发生纤维化和玻璃样变，临床表现为慢性肾炎综合征。

肾盂肾炎是由细菌感染引起的、以累及肾盂、肾间质和肾小管为主的化脓性炎症。急性肾盂肾炎主要由上行性细菌感染引起，临床常表现为发热、腰痛、白细胞数量增多、脓尿和菌尿及膀胱刺激征；慢性肾盂肾炎常因反流性肾病或慢性尿路阻塞引起，病变特点为慢性间质炎症、纤维化和瘢痕形成，常累及肾盂和肾盏，可引起慢性肾功能衰竭。

肾透明细胞癌和肾母细胞瘤分别是成人和儿童肾脏最常见的恶性肿瘤。

尿路上皮癌（移行细胞癌）最常发生在膀胱，可分为低级别和高级别，肿瘤呈非浸润性或浸润性生长。

1. 肾小球肾炎的发病机制是怎样的？

2. 常见的肾小球肾炎有哪些类型，各类型的病变特点是什么？

3. 以急性弥漫性增生性肾小球肾炎为例，说明临床患者出现少尿、水肿、高血压及血尿、蛋白尿的病理学基础。

4. 请列表比较各型原发性肾小球肾炎的光镜、电镜和临床特征。

5. 肾小球肾炎常见的临床综合征有哪些？各种综合征的临床表现怎样与病理改变联系？

6. 何为肾小球集中现象？主要见于哪种肾炎？有什么特殊意义吗？

7. 急性肾盂肾炎的感染途径有几个？有哪些临床病理特征？

8. 比较急性和慢性肾盂肾炎的发病机制和病变特点。

9. 试比较慢性肾盂肾炎和硬化性肾小球肾炎的病变特征。

生殖系统及乳腺疾病

9

学习目标	
掌握	子宫颈鳞状上皮内病变、子宫颈原位癌和原位癌累及腺体的概念，子宫颈鳞状上皮内病变和子宫颈上皮内肿瘤的分级标准，子宫颈癌的病变特点、扩散和转移；葡萄胎、侵蚀性葡萄胎、绒毛膜癌的病理变化及病变特点；乳腺癌常见组织学类型、病变特点及转移途径。
熟悉	慢性子宫颈炎的常见类型及其病变特点；子宫颈癌、乳腺癌的临床病理联系。
了解	卵巢肿瘤的分类、乳腺癌的特殊类型及前列腺癌的转移特点。

女性生殖系统由卵巢、输卵管、子宫、阴道和外生殖器组成，男性生殖系统由睾丸、生殖管道、附属腺及外生殖器组成。生殖系统和乳腺受激素影响，具有特殊的病种和病理形态学改变，除了炎症和肿瘤外，还有内分泌紊乱引起的疾病及妊娠相关的疾病。本章包括女性、男性生殖系统疾病和乳腺的常见疾病，女性生殖系统肿瘤和乳腺肿瘤是本章学习重点。

第一节　子宫疾病

一、慢性子宫颈炎

子宫颈可发生急性或慢性炎症，以慢性炎症居多。慢性子宫颈炎（chronic cervicitis）是育龄期女性最常见的疾病。临床上主要表现为白带增多，偶带血性，有时伴有腹部下坠感、腰酸等。

【病因和发病机制】

慢性子宫颈炎多由急性子宫颈炎未及时治疗而反复发作演变而来，病原体常有链球菌、肠球菌、大肠杆菌和葡萄球菌等，特殊的病原微生物包括沙眼衣原体、淋球菌、单纯疱疹病毒（herpes simplex）和人类乳头状瘤病毒（human papillary virus，HPV）。分娩、机械损伤是慢性子宫颈炎的诱发因素。

【病理变化及类型】

阴道镜检查可见子宫颈黏膜充血、水肿，常伴有斑块状的宫颈内膜外翻区域，有时可见潴留性小囊肿形成或炎性息肉形成。镜下，子宫颈黏膜充血水肿，间质内有淋巴细胞、浆细胞和单核细胞等慢性炎细胞浸润。子宫颈腺上皮可伴有增生及鳞状上皮化生（文末彩插图9-1）。

根据临床病理特点，慢性子宫颈炎分为以下三种类型：

1. 子宫颈糜烂（cervical erosion） 糜烂是指子宫颈阴道部鳞状上皮坏死脱落后形成浅表的缺损，称为子宫颈真性糜烂，较少见。临床上常见的子宫颈糜烂实际上是子宫颈损伤的鳞状上皮被子宫颈管黏膜柱状上皮增生下移取代，由于柱状上皮较薄，上皮下血管较易显露而呈红色，病变黏膜呈边界清楚的红色糜烂样区，实际上不是真性糜烂。随后，柱状上皮又可被化生的鳞状上皮所替代，称为糜烂愈复。目前宫颈糜烂的病名已被取消，而用宫颈柱状上皮异位取代。

2. 子宫颈腺体囊肿（nabothian cyst） 慢性子宫颈炎时，增生的鳞状上皮覆盖和阻塞子宫颈管腺体的开口，或子宫颈腺体被增生的纤维组织压迫，使黏液潴留，腺体逐渐扩大呈囊状，称子宫颈腺体囊肿，又称纳博特囊肿。肉眼观，宫颈可见单个或多个大小不等的灰白色透明囊泡，直径一般在数毫米至数厘米。

3. 子宫颈息肉（cervical polyp） 慢性子宫颈炎时，子宫颈黏膜上皮、腺体及间质结缔组织呈局限性增生形成突出于黏膜表面的带蒂肿块，称子宫颈息肉。肉眼观，息肉常为单个，也可多发，数毫米至数厘米，质软，易出血，呈红色。镜下，息肉表面被覆柱状上皮或鳞状上皮，实质部分由增生的腺体、纤维组织和扩张充血的毛细血管构成，并伴有以淋巴细胞为主的炎性细胞浸润。一般呈良性，极少癌变。

二、子宫颈鳞状上皮内病变

近年来将子宫颈上皮异型增生至原位癌这一系列癌前病变的连续过程统称为子宫颈鳞状上皮内病变（squamous intraepithelial lesion，SIL），子宫颈上皮被不同程度异型性的细胞所取代，表现为出现凹空细胞或鳞状上皮细胞大小形态不一，核增大深染，核浆比例增大，核分裂像增多，细胞极性紊乱。依据其病变程度不同分为低级别鳞状上皮内病变（low-grade squamous intraepithelial lesion，LSIL）和高级别鳞状上皮内病变（high-grade squamous intraepithelial lesion，HSIL）。LSIL是指仅有凹空细胞或鳞状上皮层上2/3细胞成熟，表层细胞轻度异型,细胞核异型性小,可见凹空细胞。但上皮层下 1/3 细胞异型显著,可见核分裂像,病理性核分裂像罕见。HSIL 是指上皮缺乏分化成熟,异型增生的细胞达到上皮层下 2/3,可累及上皮全层,伴有核分裂像及病理性核分裂像的增加。多数 SIL 的发生与高危型 HPV 感染密切相关,免疫组化 P16 染色呈弥漫性强阳性有助于 HSIL 的辅助诊断。

以往子宫颈的 SIL 也被称为子宫颈上皮内肿瘤(cervical intraepithelial neoplasia, CIN)。CIN 分为 Ⅰ、Ⅱ、Ⅲ级。Ⅰ级,异型细胞局限于上皮层下 1/3 区;Ⅱ级,异型细胞占上皮层下 1/3~2/3,极性稍乱;Ⅲ级,异型细胞超过上皮全层的 2/3,但还未累积上皮全层,核异型性大,上皮细胞层次消失。异型增生的细胞从基底层逐渐向表层发展,若上皮全层皆为异型细胞所替代而尚未穿破基底膜者,则为原位癌(carcinoma in situ)(文末彩插图 9-2)。异型增生的细胞还可由上皮表面沿基底膜通过宫颈腺管开口进入子宫颈腺体内,取代部分或全部腺上皮,但仍未突破腺体的基底膜,称为原位癌累及腺体,仍然属于原位癌的范畴。CIN Ⅰ级相当于新分类中的 LSIL,CIN Ⅱ、Ⅲ级相当于 HSIL,CIN Ⅲ级包含了原位癌。

多无自觉症状,肉眼观无特殊改变,子宫颈鳞状上皮和柱状上皮交界处是发病的高危部位。对可疑部位用碘液实验或醋酸涂抹鉴别,正常宫颈上皮对碘着色,而 CIN 病变处对碘不着色;醋酸涂抹时 CIN 病变呈白色斑片状。脱落细胞学有助于 CIN 的筛查,确诊靠宫颈活检。未加治疗的 CIN 转归:可多年保持原来病变无变化;恢复正常;可继续发展为原位癌或浸润性癌。Ⅰ级及Ⅱ级病变,如及时正确治疗,绝大多数可以治愈,而 CIN Ⅲ级则至少有 20% 在 10 年内发展为浸润癌。

三、子宫颈癌

子宫颈癌(cervical carcinoma)是由子宫颈上皮发生的恶性肿瘤,是女性生殖系统最常见的恶性肿瘤。发病年龄以 40~60 岁多见。由于子宫颈脱落细胞学检查的推广和普及,子宫颈癌的发生率已逐年下降,许多癌前病变和早期浸润癌得到早期防治,五年生存率和治愈率显著提高。

【病因和发病机制】

子宫颈癌的病因和发病机制尚未完全阐明,一般认为与早婚、早育、多产、性生活素乱、宫颈撕裂伤,配偶的包皮垢及雌激素刺激等多种因素有关。流行病学调查显示性生活过早和性生活素乱是子宫颈癌发病的最主要原因。某些病毒,如人乳头状瘤病毒(HPV16、18、31、33 型)和单纯疱疹病毒Ⅱ型(HVS-Ⅱ)的感染与宫颈癌发病关系密切。宫颈癌的发生,目前认为在上述慢性炎症或病毒感染作用下,局部上皮反复坏死脱落和增生修复,进一步出现异型增生,最终导致癌变。

【病理变化】

子宫颈癌多发生于宫颈鳞状上皮和柱状上皮交界处。其演变过程经历了上皮异型增生 - 原位癌 - 浸润癌。肉眼观,分为四型:

1. **糜烂型** 病变处黏膜潮红、粗糙或呈微颗粒状,质脆,触之易出血。与子宫颈糜烂相似。组织学上多属原位癌和早期浸润癌,临床上往往通过脱落细胞学或活体组织检查,才能明确诊断。

2. **外生菜花型** 癌组织呈乳头状或菜花状突出于子宫颈外口,质脆易出血。常伴有继发感染,表面常有坏死和浅表溃疡形成(图 9-3)。

3. **内生浸润型** 此型多见,癌组织主要向子宫颈深部浸润生长,使宫颈前后唇增厚变硬,或有结节

图 9-3 子宫颈癌(外生菜花型)
切面见癌组织灰白色,在子宫颈内浸润生长,并向子宫颈管表面呈菜花状突起

状突起，表面常较光滑。临床检查容易漏诊。晚期可继发溃疡，伴有坏死、出血和感染。

4. 溃疡型 癌组织除向深部浸润外，表面出现大块组织坏死脱落，形成火山口样溃疡。

镜下，主要有鳞状细胞癌和腺癌两型。

1. 子宫颈鳞癌（squamous cell carcinoma of the cervix） 在子宫颈癌中最为常见，约占90%。根据其发生及进展过程，可分为以下几种病理类型：

（1）原位癌和原位癌累及腺体：原位癌指癌细胞局限于上皮层内，现归入CIN Ⅲ级。原位癌累及腺体是原位癌的癌细胞由表面沿基底膜通过宫颈腺口蔓延进入宫颈腺体，使腺上皮部分或全部被癌细胞取代，但未突破腺体基底膜，属于原位癌范畴（文末彩插图9-4）。

（2）早期浸润癌：癌细胞突破基底膜向间质内浸润，但浸润深度不超过基底膜下5mm者。肉眼检查见不到明显病变或仅见糜烂而易被漏诊，只有在显微镜下才能确诊。

（3）浸润癌：指癌组织浸润深度已超过基底膜下5mm者，按分化程度可分为高、中、低三级分化。高分化鳞癌有较多角化珠形成，癌细胞呈多角形，境界清楚，细胞间桥发育良好，病理性核分裂像少见；中分化鳞癌多为大细胞型，核大而不规则，病理性核分裂像较多见，细胞间桥不明显，无角化珠形成（文末彩插图9-5）；低分化鳞癌多为小细胞型，癌细胞小，大小较一致、癌细胞可呈短梭形，似基底细胞，或呈小圆形，缺乏角化珠和细胞间桥，病理性核分裂像明显。

2. 子宫颈腺癌（cervical adenocarcinoma） 原发性子宫颈腺癌较少见，约占子宫颈癌的10%左右。多数起源于子宫颈鳞状上皮和柱状上皮交界处，少数可来自子宫颈管黏膜的柱状上皮、腺上皮或柱状上皮下的储备细胞。年轻患者的宫颈癌大多数为腺癌。腺癌的肉眼形态与鳞癌基本相同。镜下见为一般腺癌结构，可表现为乳头状腺癌、黏液腺癌、管状腺癌。子宫颈腺癌对放射线治疗不敏感，易早期发生转移。预后较鳞癌差。

相关链接

人类乳头状瘤病毒（human papillomavirus, HPV）是一种嗜上皮性DNA病毒，目前已鉴定有130多种型别，约35种型别可感染妇女生殖道。依据不同型别HPV与肿瘤发生的危险性高低分为低危型和高危型HPV。低危型HPV包括HPV6、11、42、43、44等，常引起外生殖器湿疣等良性病变，包括宫颈上皮内低度病变（CIN Ⅰ），高危型HPV包括HPV16、18、31、33、35、39、45、51、52、56、58、59、68等，与宫颈癌及宫颈上皮内高度病变（CIN Ⅱ/Ⅲ）的发生相关，尤其是HPV16和18型，约85%的子宫颈癌及CIN Ⅲ病例中发现HPV16和18型的DNA序列，其编码的E6、E7蛋白能使抑癌基因p53和Rb失活及细胞周期素E激活，导致宫颈上皮恶性转化。德国科学家Harald Zur Hausen因发现HPV导致子宫颈癌，于2008年获得诺贝尔生理学或医学奖。2006年世界第一支HPV疫苗的问世，具有里程碑式的意义。目前已有美国加拿大等100多个国家推行接种HPV疫苗预防HPV感染，2016年HPV16、18型病毒疫苗获准在我国上市。接种HPV疫苗有效降低了宫颈癌和癌前病变发生率。

【扩散】

1. 直接蔓延 癌组织向下侵犯阴道，向上破坏整段子宫颈，向两侧可侵及宫颈旁及盆壁组织，可侵犯或压迫输尿管引起尿路感染或肾盂积水。晚期癌组织向前蔓延到膀胱，向后蔓延到直肠，可引起膀胱阴道瘘或直肠阴道瘘。最终因广泛癌性粘连导致整个子宫与骨盆固定，形成所谓的"冰冻骨盆"。

2. 淋巴道转移 是子宫颈癌最常见和最重要的转移途径，一般首先通过宫旁淋巴管转移至宫旁淋巴结，然后依次至闭孔、髂内、髂外、髂总、腹股沟及骶前淋巴结，晚期可转移至锁骨上淋巴结。

3. 血道转移 较少见。多见于晚期癌患者。最常见的转移部位是肺、骨、肝、脑等处。

【临床病理联系】

1. 早期常有白带增多,与子宫颈糜烂不易区别。

2. 不规则阴道流血及接触性出血。

3. 白带增多,有特殊腥臭味。因癌组织坏死继发感染,同时由于癌组织刺激宫颈腺体分泌亢进,使白带增多,有特殊腥臭味。

4. 晚期因癌组织浸润盆腔神经,可出现下腹部及腰骶部疼痛。

5. 当癌组织侵及膀胱及直肠时,可引起尿路阻塞,子宫膀胱瘘或子宫直肠瘘。

四、子宫内膜增生症与子宫内膜异位症

(一)子宫内膜增生症

子宫内膜增生症(endometrial hyperplasia)也称子宫内膜增生过长,是妇科常见疾病之一。临床上称为功能性子宫出血,主要表现为不规则阴道出血和月经量过多。多见于青春期或绝经期的妇女。主要是由于卵巢排卵功能紊乱引起雌激素的持续性或间断性分泌过度而黄体酮缺乏,引起子宫内膜腺体或间质增生。

【病理变化】

肉眼观,子宫内膜弥漫性增厚,厚度多大于 0.5cm,可达 1cm 以上(正常 0.1～0.8cm,随月经周期变化而变化),表面光滑,有时可伴质地柔软的息肉形成。镜下,根据细胞形态和腺体结构增生和分化程度,分为以下三种类型:

1. **单纯性增生(simple hyperplasia)** 以往称为轻度增生或囊性增生,子宫内膜腺体及间质均增生。腺体数量增多,部分腺体扩张成小囊状。腺上皮细胞呈单层或假复层,呈柱状,无异型性,但可见核分裂像。间质细胞排列紧密。约 1% 可进展为子宫内膜腺癌。

2. **复杂性增生(complex hyperplasia)** 以往称腺瘤型增生,腺体明显增生,腺体大小形态极不一致,密集靠拢,出现"背靠背"现象。增生的腺上皮可向腺腔内呈乳头状突起或向间质呈出芽样生长。腺上皮细胞呈柱状,可有复层排列,无异型性。腺体间子宫内膜间质明显减少。约 3% 发展为子宫内膜腺癌。

3. **异型性增生(atypical hyperplasia)** 在复杂性增生的基础上伴有腺上皮细胞异型增生,细胞排列呈复层,极向紊乱,核大,核仁明显,核分裂像多少不等,腺体间仍可见少量间质分隔。重度异型增生有时与子宫内膜癌较难鉴别,若有间质浸润则诊断为癌,往往需经子宫切除后全面检查才能确诊。约 1/3 可发展为腺癌。

(二)子宫内膜异位症

子宫内膜异位症(endometriosis)是指子宫内膜腺体和间质出现于子宫内膜以外的部位。如子宫内膜腺体及间质异位于子宫肌层中(至少距子宫内膜基底层 2～3mm 以上),称作子宫腺肌病(adenomyosis)。子宫外子宫内膜异位则称为子宫内膜异位症。80% 发生于卵巢,其余依次为:子宫阔韧带、直肠阴道陷窝、盆腔腹膜、腹部手术瘢痕、脐部、阴道、外阴和阑尾等。患者多为 30～40 岁妇女,临床上表现为月经失调和痛经等症状。

病因未明,目前认为是多源性的,可能与下列因素有关:月经期子宫内膜经输卵管反流至腹腔器官;子宫内膜因手术种植在手术切口或经血流播散至远方器官;异位的子宫内膜由体腔上皮化生而来;子宫内膜碎片偶尔进入淋巴管或血管而播散到其他器官。子宫内膜异位症为良性病变,但具有远处播散和种植能力。

【病理变化】

1. **子宫腺肌病** 肉眼观,分弥漫型和局限型两种。弥漫型表现为子宫均匀性增大,切面肌层明显增

厚,呈漩涡状,夹有纤维条纹及微小囊腔,其中可含有血性浆液或巧克力样液。异位的子宫内膜局限于子宫肌层呈不规则结节状,则与平滑肌瘤相似,但与周围肌层的分界不明显,称子宫腺肌瘤。镜下,在肌层内可见多少不等的子宫内膜腺体和散在间质,深度不一,呈岛状分布,异位的腺体往往呈增生期改变。但至少要深达距离正常子宫内膜基底层以下 2mm 处时,才能确定为内膜异位症。

2. 子宫内膜异位症 肉眼观,因异位子宫内膜可随着月经产生周期性反复性出血,病变处为紫红或棕黄色,结节状,质软似桑葚,由于出血而机化和周围器官可发生纤维性粘连。如发生在卵巢,反复出血可致卵巢体积增大,形成囊腔,内含黏稠的咖啡色液体,称卵巢的子宫内膜囊肿,又称巧克力囊肿。囊肿增大时,也可破裂引起腹腔出血。镜下,囊肿壁可见到与子宫内膜相似的子宫内膜腺体、间质和含铁血黄素。少数情况下,因时间较久,仅见增生的纤维组织和含有含铁血黄素的巨噬细胞。

五、子宫肿瘤

(一)子宫内膜腺癌

子宫内膜腺癌(endometrial adenocarcinoma)又称子宫体癌,是由子宫内膜上皮细胞发生的恶性肿瘤。多见于绝经期和绝经期后妇女,以 55～65 岁为发病高峰,近年来,发病率呈上升趋势。

【病理变化】

1. 子宫内膜样腺癌(endometriod adenocarcinoma) 又称 I 型子宫内膜癌,病因尚未明了,多数患者与子宫内膜增生和雌激素长期持续作用有关,肥胖、糖尿病、高血压和不孕是其高危因素。部分病例与抑癌基因 *PTEN* 的缺失和突变密切相关。此外,与微卫星不稳定、*K-RAS* 和 *β-catenin* 突变相关。

肉眼观,子宫内膜样腺癌分为弥漫型和局限型两类。弥漫型癌使子宫内膜弥漫性增厚,表面粗糙不平,可形成乳头或菜花状突起,癌组织灰白质脆,常有出血、坏死或溃疡形成,并不同程度地浸润子宫肌层。局限型癌多位于子宫底或子宫角,常呈息肉状、细颗粒状或乳头状突向宫腔,灰白色,质地脆。如果癌组织小而表浅,可在诊断刮宫时全部刮出,在切除的子宫内找不到癌组织。

镜下,以高分化腺癌居多,少数为中分化和低分化腺癌。①高分化腺癌:腺管排列拥挤、紊乱,细胞轻度异型,结构貌似增生的内膜腺体。②中分化腺癌:腺体不规则,排列紊乱,细胞向腺腔内生长可形成乳头或筛状结构,并见实性癌灶。癌细胞异型性明显,核分裂像易见(文末彩插图 9-6)。③低分化腺癌:癌细胞分化差,很少形成腺样结构,多呈实体片状排列,核异型性明显,核分裂像多见。在高分化子宫内膜腺癌中,若伴有良性化生的鳞状上皮,称腺棘皮癌;腺癌伴有鳞癌上皮成分,则称为腺鳞癌。

2. 子宫浆液性癌和透明细胞癌 又称 II 型子宫内膜癌,它的发生似乎与体内雌激素增加及子宫内膜增生无关,而是在非活动性或萎缩子宫内膜基础上发生。患者平均在 65～75 岁。肿瘤分化较差。其中某些肿瘤组织形态和卵巢浆液性囊腺癌相似,称为子宫浆液性癌,常有 *p53* 基因过度表达。其次为子宫透明细胞癌。二者预后均较与雌激素相关的子宫内膜样腺癌差。

【扩散】

子宫内膜癌生长缓慢,可局限于宫腔内多年,扩散途径以直接蔓延为主,预后与子宫壁的浸润深度相关。晚期可经淋巴道转移,血道转移比较少见。

【临床病理联系】

早期,患者可无任何症状,最常见的表现是阴道不规则流血,部分患者可有阴道分泌物增多,呈淡红色。若继发感染则呈脓性,有腥臭味。晚期,癌组织侵及盆腔神经,引起下腹部及腰骶部疼痛等症状。根据癌组织的累及范围,子宫内膜癌分期如下: I 期,癌组织限定于子宫体; II 期,癌组织累及子宫体和子宫颈; III 期癌组织向子宫外扩散,尚未侵入盆腔外组织; IV 期,癌组织已超出盆腔范围,明显累及膀胱和直肠黏膜。患者手术后的五年生存率: I 期接近 90%, II 期降至 30%～50%,晚期则低于 20%。

（二）子宫平滑肌瘤

子宫平滑肌瘤（leiomyoma of uterus）是最常见的子宫肿瘤，如果将微小的平滑肌瘤也计算在内，30 岁以上妇女的发病率高达 70%，多数肿瘤在绝经期以后可逐渐萎缩。发病有一定的遗传倾向，可能与长期过度的雌激素刺激有关。

【病理变化】

肉眼观，多数肿瘤位于子宫肌层，一部分可位于黏膜下或浆膜下。可单发或多发，大小不一，小者仅镜下可见，大者可超过 30cm。多者达数十个，称多发性子宫肌瘤。较小的肌瘤多呈球形，大的肌瘤外形不规则，质地一般比正常子宫肌壁坚硬。肿块境界分明，无明显包膜。切面瘤组织常呈灰白色，常见编织状或旋涡状纹理，有时可见黏液变性和囊性变、出血等继发改变（图 9-7）。

镜下，瘤细胞与正常子宫平滑肌细胞相似，但肌瘤细胞核比较密集，常排列成纵横交错的不规则束状，形成编织状图像。核呈长杆状，两端钝圆，核分裂像少见，缺乏异型性。在肌瘤表面可见少量疏松纤维组织包绕，并无真正包膜形成。

平滑肌瘤极少恶变，如肿瘤组织出现凝固性坏死，边界不清，细胞异型，核分裂增多，应考虑为平滑肌肉瘤（leiomyosarcoma）。

图 9-7　子宫平滑肌瘤
多个肿瘤位于子宫肌层内，境界清楚，切面灰白色

【临床病理联系】

子宫平滑肌瘤最主要的症状是由黏膜下肌瘤引起的出血，或压迫膀胱引起的尿频。血流阻断可引起突发性疼痛和不孕。其次，平滑肌瘤可导致自然流产，胎儿先露异常和绝经后流血。

第二节　滋养层细胞疾病

滋养层细胞疾病（gestational trophoblastic disease, GTD）包括一组不同的病变，其共同特征为滋养层细胞异常增生，包括葡萄胎、侵蚀性葡萄胎、绒毛膜癌及胎盘部位滋养细胞肿瘤。患者血清及尿液中人类绒毛膜促性腺激素（human chorionic gonadotropin, hCG）的含量皆高于正常妊娠。检测患者 hCG 水平，可作为临床诊断、随访观察和评价疗效的辅助指标。本章主要介绍葡萄胎、侵蚀性葡萄胎和绒毛膜癌。

一、葡萄胎

葡萄胎（hydatidiform mole）又称水泡状胎块，是胎盘绒毛的一种良性病变，可发生于育龄期的任何年龄，以 20 岁以下和 40 岁以上女性多见，这可能与卵巢功能不足或衰退有关。本病发生有明显地域性差异，东南亚地区的发病率比欧美国家高 10 倍左右，在我国亦比较常见，发病率约为 1/150 次妊娠。

【病理变化】

葡萄胎分为完全性和不完全性两种。若所有绒毛均呈葡萄状，称之为完全性葡萄胎；部分绒毛呈葡萄状，仍保留部分正常绒毛，伴有或不伴有胎儿或其附属器官者，称为不完全性或部分性葡萄胎。大多数葡萄胎发生于子宫内，偶尔也发生在子宫外异位妊娠的所在部位。

肉眼观，病变局限于宫腔内，子宫体积增大，腔内充满大小不一的、透明或半透明的水疱，内含清亮液体，有蒂相连，形似葡萄，不侵入肌层（图 9-8）。

镜下，葡萄胎主要有三个病变特征：①绒毛因间质高度水肿而增大；②绒毛间质内血管消失，或见少量无功能的毛细血管，内无红细胞；③滋养层细胞有不同程度增生，增生的细胞包括合体细胞滋养层细胞（syncytiotrophoblast）和细胞滋养层细胞（cytotrophoblast），两者以不同比例混合存在，并有轻度异型性。滋养层细胞增生为葡萄胎的最重要的特征（文末彩插图9-9）。

【临床病理联系】

1. 子宫体积明显增大、超出相应月份正常妊娠子宫大小 由于胎盘绒毛过度增生和水肿。

2. 子宫超过 5 个月妊娠大小，无胎心，亦无胎动 因胚胎早期死亡。

3. 患者血和尿中 hCG 水平明显增高，是协助诊断的重要指标 由于滋养细胞增生。

4. 子宫反复不规则流血，偶有葡萄状物流出 因为滋养层细胞侵袭血管。如疑为葡萄胎时，大多数患者可经超声检查确诊。葡萄胎经彻底清宫后，绝大多数能痊愈。约有 10% 患者可转变为侵蚀性葡萄胎，2.5% 左右可恶变为绒毛膜上皮癌。因葡萄胎有恶变的潜能，如患者不需要再生育，可考虑子宫切除。

图9-8 葡萄胎
子宫明显增大，宫腔内充满灰白透亮之水肿绒毛，大小不等，有细蒂相连成簇串状

伴有部分性葡萄胎的胚胎通常在妊娠的第 10 周死亡，在流产或刮宫的组织中可查见部分胚胎成分，其生物学行为亦和完全性葡萄胎有所不同，极少演化为绒毛膜上皮癌。

二、侵蚀性葡萄胎

侵蚀性葡萄胎（invasive mole）又称恶性葡萄胎，它是介于葡萄胎和绒毛膜上皮癌之间的交界性肿瘤。侵蚀性葡萄胎和良性葡萄胎的主要区别在于水泡状绒毛侵入子宫肌层内形成紫蓝色出血坏死结节，甚至经血管栓塞至阴道、肺、脑等远端器官。绒毛不会在栓塞部位继续生长并可自然消退，和转移有明显区别。多继发于葡萄胎之后，但也有一开始即为侵蚀性葡萄胎者。

【病理变化】

肉眼观，水泡状组织侵入子宫肌层并在肌层内形成出血坏死结节。镜下，子宫肌壁常见出血坏死，其中可查见水泡状绒毛或坏死的绒毛。滋养层细胞增生程度和异型性比良性葡萄胎显著。有无绒毛结构是本病与绒毛膜上皮癌的主要区别（文末彩插图9-10）。

【临床病理联系】

多数患者在葡萄胎刮宫术后或产后子宫复旧不全，体积仍呈不同程度增大。血或尿中 hCG 持续阳性，阴道持续或不规则流血。有时阴道可出现紫蓝色的结节，破溃时可发生大出血。若肺内有栓塞，患者可伴有咯血。大多数侵蚀性葡萄胎对化疗敏感，预后良好。

三、绒毛膜癌

绒毛膜癌（choriocarcinoma）简称绒癌，是来源于滋养层细胞的高度侵袭性恶性肿瘤，少数可发生于性腺或其他组织的多潜能细胞，如卵巢或纵隔。绝大多数与妊娠有关，约 50% 继发于葡萄胎，25% 继发于自然流产，20% 正常分娩后，5% 继发于早产和异位妊娠等。以 20 岁以下和 40 岁以上女性为高危人群。发病机制不清楚，可能源于非正常的受精卵。其生物学特征是侵袭性强，血道转移早。

【病理变化】

肉眼观，癌组织多呈结节状，因出血坏死致癌结节质软，暗红或紫蓝色，形似血肿，为其肉眼观特征。肿块位于子宫的不同部位，单个或多个，小者如息肉状，大者可突入宫腔，常侵入深肌层，甚而穿透宫壁达浆膜外（图9-11）。

镜下，可见两种具有诊断性特征的细胞，一种似细胞滋养层细胞，另一种似合体滋养层细胞，细胞异型性明显、核分裂像易见。两种细胞混合排列成巢状或条索状。肿瘤自身无血管和其他间质成分，依靠侵袭宿主血管获取营养，故癌组织和周围正常组织有明显出血坏死，有时癌细胞大多坏死，仅在边缘部查见少数残存的癌细胞。瘤组织中无绒毛结构，这一点和侵袭性葡萄胎明显不同（文末彩插图9-12）。

【扩散】

绒毛膜癌侵袭破坏血管能力很强，除在局部破坏蔓延外，极易经血道转移，以肺和阴道壁最常见，其次为脑、肝、脾、肾等。少数病例在原发灶切除后，转移灶可自行消退。

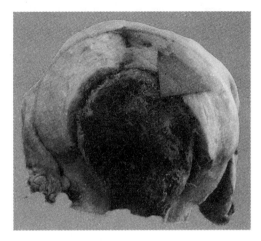

图9-11　子宫绒毛膜癌
癌组织位于子宫底部，呈暗紫红色，结节状，可见出血坏死

【临床病理联系】

临床主要表现为葡萄胎流产和妊娠数月甚至数年后，阴道出现持续不规则流血，子宫增大，血或尿中hCG持续升高。血道转移是绒毛膜癌的显著特点，出现在不同部位的转移灶可引起相应症状。如有肺转移，可出现咯血、胸痛；脑转移可出现头痛、呕吐、瘫痪及昏迷；肾转移可出现血尿等症状。

绒癌是恶性度很高的肿瘤，治疗以往以手术为主，多在一年内死亡。自应用化疗后，患者预后显著改善，即便已发生转移的病例治愈率仍可达70%，甚至治愈后可正常妊娠。

案例 9-1

绒毛膜癌的病理变化、扩散和临床病理联系

病史摘要：女性，30岁，一年前人工流产一次，近两个月来阴道不规则流血，时常有咳嗽、咯血、胸痛、头痛、抽搐等症状，伴全身乏力，食欲减退。死前一天，早晨起床后突感头痛，随即倒地，昏迷，瞳孔散大，呼吸、心跳停止。

尸检摘要：患者消瘦，贫血状，腹腔内有血性液体约400ml，双侧胸腔中也有同样性状液体100ml。

肝脏：重1300g，表面有数个1~2.4cm直径的出血性结节，结节中心出血坏死，中心凹陷，形成癌脐，切面见数个出血性结节，有融合。

肺：表面有0.8cm直径的结节出血、坏死。

脑：表面有多个出血性病灶，直径约1.2cm，脑组织水肿。

子宫：后壁见直径2.8cm的出血性结节，质脆而软，浸润子宫肌层并穿破肌壁达浆膜，在子宫或盆腔也有不规则的出血性肿块。

其余脏器未见明显病变。

镜检：取子宫、阴道、肺及脑组织病灶做切片检查，可见两种细胞异常增生，一种似细胞滋养

层细胞，另一种似合体滋养层细胞，细胞异型性明显、核分裂像易见。两种细胞混合排列成巢状或条索状。肿瘤自身无血管和其他间质成分，癌组织和周围正常组织有明显出血坏死。瘤组织中无绒毛结构。

思考：
1. 该患者的主要病理诊断是什么？
2. 该患者死亡的主要原因是什么？
3. 请结合本病的病理学知识，解释死者生前出现的一系列症状和体征。

第三节　卵巢常见肿瘤

卵巢肿瘤种类繁多，依其组织发生可分为三类：上皮性肿瘤、性索-间质肿瘤及生殖细胞肿瘤。上皮性肿瘤是最常见的卵巢肿瘤，占卵巢肿瘤的60%，恶性者占卵巢恶性肿瘤的90%，大致上分为良性、交界性和恶性。交界性卵巢上皮性肿瘤是指形态和生物学行为介于良性和恶性之间，具有低度恶性潜能的肿瘤。依据上皮的类型可将卵巢上皮性肿瘤分为浆液性肿瘤和黏液性肿瘤。

一、浆液性肿瘤

浆液性囊性肿瘤是卵巢最常见的肿瘤，其中浆液性囊腺癌占全部卵巢癌的40%。良性和交界性肿瘤多发生于30~40岁的女性，而囊腺癌患者则年龄偏大。

（一）浆液性囊腺瘤

肉眼观，切面多为单房性，囊内为清亮透明液体，囊内壁光滑，可有囊壁的上皮性增厚和乳头向囊内突起（图9-13）。镜下，囊壁内衬单层立方或矮柱状上皮，上皮细胞排列整齐，分化较好，可具有纤毛，与输卵管上皮相似，虽有乳头状结构形成，但一般乳头较宽，细胞形态较一致。乳头间质由纤维脉管束构成，乳头间质内常可见砂粒体，但无良恶性鉴别意义。

（二）交界性浆液性囊腺瘤

肉眼观，与浆液性乳头状囊腺瘤相似，但乳头状突起比良性者丰富而广泛，常布满整个囊壁内面。镜下，乳头增多，乳头上皮呈2~3层，细胞出现明显异型性，核异型和核分裂像易见，但无间质的破坏和浸润。本瘤预后较好，需长期随访。

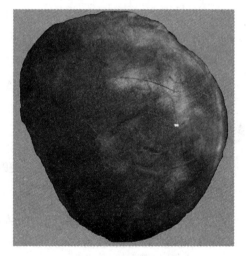

图9-13　卵巢浆液性囊腺瘤
肿瘤切面为单房性，囊内为清亮透明液体，囊内壁光滑

（三）浆液性囊腺癌

【病理变化】

肉眼观，肿瘤大小不一，直径一般5~15cm。肿瘤表面光滑或有乳头，多数为囊性，多房，囊内多含混浊液体，大部分囊壁有乳头状突起，有时见乳头状物由囊内穿出表面。镜下，最主要的特征是癌细胞破坏性间质浸润，根据乳头状结构的分化程度分为高分化、中分化和低分化三型：①高分化型：乳头分支多，纤细，癌细胞排列成复层，间质少，癌细胞大小形态不一，核分裂像易见；②中分化型：乳头结构仍存在，部分癌细胞排列成实体状，细胞异型明显，核分裂像增多；③低分化型：乳头状结构很少见，癌细胞多呈实性

巢状或条索状排列,有显著异型性。以上三型中均常见癌组织侵犯包膜和间质,并形成砂粒体。

【转移】

卵巢浆液性囊腺癌多为种植性转移,转移至腹腔、盆腔浆膜层,引起癌性腹水。部分经淋巴道可转移到腹股沟、纵隔和锁骨上淋巴结。少数晚期患者常转移到肝、胰、肺、骨等处。

【临床病理联系】

早期患者可无明显症状,因其癌组织生长较快,短期内下腹部可触及肿块,癌组织种植到腹膜时,可产生血性腹水。当癌组织蔓延到阔韧带、输卵管或子宫时,肿块固定并与子宫粘连,并可侵及直肠和膀胱。

二、黏液性肿瘤

黏液性肿瘤(mucinous tumors)指含有胃肠型黏液上皮的肿瘤,较浆液性肿瘤少见,占所有卵巢肿瘤的25%。主要发生于中年人,青春期前和绝经期后少见。其中80%是良性,交界性和恶性占20%。黏液性囊腺癌比较少见。

(一)黏液性囊腺瘤

黏液性囊腺瘤(mucinous cystadenoma)主要来源于卵巢表面上皮,与子宫颈内膜和结肠黏液上皮相似。发病多为30~50岁妇女,单侧为多,双侧少见。

【病理变化】

肉眼观,肿物呈圆形囊性,大小不一,平均直径为15~30cm,表面光滑,少见乳头形成,腔内为富含糖蛋白的黏液。镜下,囊壁内衬单层高柱状黏液上皮,胞质含黏液,核位于基底部,无纤毛,和子宫颈及小肠的上皮相似。间质为纤维结缔组织。

【临床病理联系】

早期无明显症状,当瘤体较大时,下腹部可触及肿块。较大肿瘤常有蒂,易发生扭转而出血坏死。当肿瘤破裂时,内容物流出,瘤细胞可种植在腹膜,形成腹腔内继发性黏液瘤,组织学上肿瘤虽为良性,但手术不易切除,预后较差。多数黏液性囊腺瘤手术切除即可治愈。极少数可恶变为黏液性囊腺癌。

(二)交界性黏液性囊腺瘤

肉眼观,与黏液性囊腺瘤无明显区别,约半数病例囊内壁可见乳头状突起。镜下,上皮细胞高柱状,排列成2~3层,失去极向,细胞明显异型性,见核分裂像,但无间质和被膜的浸润,预后较好。偶尔肿瘤可自行穿破,使黏液上皮种植在腹膜继续生长并分泌黏液,形成腹膜假黏液瘤(peritoneal pseudomyxoma)。

(三)黏液性囊腺癌

黏液性囊腺癌(mucinous cystadenocarcinoma)多见于40~60岁女性。肿瘤多为单侧,双侧少见。

【病理变化】

肉眼观,肿瘤体积较大,表面光滑,切面呈囊性或实性,囊性部分呈蜂巢状,内含黏液,实性区为灰白色乳头状,常伴出血、坏死(图9-14)。镜下,可查见实体性的癌巢,上皮细胞有显著异型性,可见较多病理核分裂像,细胞层次进一步增加,形成复杂的腺体和乳头结构,如能确认有间质浸润,则可诊断为癌。如间质浸润不能确定,上皮层次为四层或超过四层亦可诊断为癌(文末彩插图9-15)。

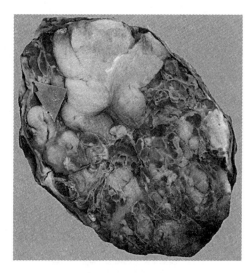

图9-14 卵巢黏液性囊腺癌

肿瘤表面光滑,切面呈囊性或实性,囊性部分呈蜂巢状,内含黏液,实性区为灰白色乳头状癌组织可直接蔓延至阔韧带、输卵管和子宫等，当卵巢黏液性囊腺癌的癌细胞破坏包膜时，可向腹腔种植或经淋巴道转移至盆腔、腹腔及各器官浆膜层。

第四节　乳腺疾病

一、乳腺增生性病变

乳腺增生性病变是以乳腺腺泡、导管的上皮细胞及结缔组织增生为基本病理变化的一类疾病的总称，是乳腺最常见的疾患。可发生于青春期后任何年龄，发病高峰为 30～40 岁。一般认为其发病与卵巢内分泌功能失调有关，主要是由于黄体酮减少而雌激素分泌过多，刺激乳腺组织不同程度增生。临床上表现为单发或双侧的乳腺肿块、与月经周期和情绪变化有关的乳房疼痛及乳头溢液。主要病变类型有乳腺纤维囊性变和乳腺硬化性腺病。

【病理变化】

1. **乳腺纤维囊性变**（fibrocystic changes of the breast）　是最常见的一种乳腺增生性病变，多发于 25～45 岁之间的女性，绝经前达发病高峰。但一般病变轻微，无任何临床症状，只有较大的囊肿才会被临床检查发现。分为非增生型和增生型两种：

（1）非增生型纤维囊性变：肉眼观，病变常为双侧，也可发生于单侧乳腺，多灶小结节性分布，边界不清，囊肿大小不一，多少不等，小的囊肿仅在显微镜下才能查见。相互聚集的小囊肿和增生的间质纤维组织相间交错，质韧。大的囊肿因含有半透明的浑浊液体，外表面呈蓝色，故称作蓝顶囊肿。镜下，囊肿被覆的上皮多数为扁平上皮，可为柱状或立方上皮。常可见顶泌汗腺化生，亦可上皮完全缺如，仅见纤维性囊壁。腔内偶见钙化。如囊肿破裂，内容物外溢进入周围的间质，可致炎症性反应和间质纤维组织增生，进一步发生玻璃样变。

（2）增生型纤维囊性变：以囊肿形成和间质纤维增生为主，伴有末梢导管和腺泡上皮的增生。上皮增生可使层次增多，并形成乳头突入囊腔，乳头顶部相互吻合，构成筛状结构。囊肿伴有上皮增生，尤其是有上皮非典型增生时，应视为癌前病变。

2. **硬化性腺病**（sclerosing adenosis）　是增生性纤维囊性变的一种少见类型，主要特征为小叶末梢导管上皮、肌上皮和间质纤维组织增生，小叶中央或小叶间的纤维组织增生使小叶腺泡受压而扭曲变形，一般无囊肿形成。肉眼观，灰白质硬，与周围乳腺组织界限不清。镜下，终末导管的腺泡数目增加，小叶体积增大，小叶的轮廓尚存，病灶中央部位纤维组织呈不同程度的增生，腺泡受压而扭曲，病灶周围的腺泡扩张。腺泡外层的肌上皮细胞明显可见。

二、乳腺纤维腺瘤

乳腺纤维腺瘤（fibroadenoma）是发生于乳腺小叶内纤维组织和腺上皮的混合性瘤，是乳腺最常见的良性肿瘤，可发生于青春期后的任何年龄，多在 20～30 岁之间。其发生与雌激素的过度刺激有关，妊娠和哺乳期，由于雌激素大量分泌，可使肿瘤迅速生长。临床上以无痛性乳房肿块为主要症状，月经周期对肿块的大小并无影响。

肉眼观，乳腺纤维腺瘤好发于乳房的外上象限。腺瘤常为单发，圆形或卵圆形结节状，直径以 1～3cm 者较为多见，偶可见巨大者。表面光滑，质地坚韧，与周围组织界限清楚，活动度大。切面灰白色，略呈分叶状,常有黏液样外观。

镜下,乳腺纤维腺瘤主要由增生的纤维间质和腺体组成。腺体呈圆形、卵圆形或不规则形,有两层上皮细胞组成,内层为单层立方状或柱状上皮,外层为胞质透亮的肌上皮。周围纤维组织增生可压迫腺管,可呈黏液样、玻璃样变性或钙化(文末彩插图9-16)。

三、乳腺癌

乳腺癌(carcinoma of the breast)是来自乳腺终末导管小叶单元上皮的恶性肿瘤。是妇女常见的恶性肿瘤之一,欧美国家常见,我国呈逐年增高,已跃居女性恶性肿瘤的第一位。常发生于40~60岁的妇女。偶尔发生于男性,约占全部乳腺癌的1%。临床上早期乳腺癌为无痛性肿块,往往不易发现。

【病因和发病机制】

乳腺癌的发病机制尚未完全阐明,可能与下列因素有关:

1. **雌激素作用**　乳腺癌的发生与雌激素水平高低有关,月经初潮早、闭经晚、生育晚或不育、长期服用雌激素等雌激素水平较高者均为乳腺癌的高危因素。雌激素水平过高,可导致乳腺上皮增生,甚至癌变。

2. **遗传因素**　某些乳腺癌患者有家族遗传倾向,有家族史的妇女乳腺癌发病率比无家族史者高2~3倍,发生年龄也较早。

3. **环境因素**　乳腺癌有明显的地理区域分布,在北美和北欧发病率最高,其次是南欧和拉丁美洲,而在多数亚洲和非洲国家则发病率较低。从乳腺癌低发区移居高发区后,其第二代或第三代后裔的乳腺癌发病率逐渐升高,因此认为可能与生活环境不同和高脂饮食有关。

4. **放射线**　长时间大剂量放射线检查和治疗被认为是乳腺癌的诱发因素,接触放射线的年龄越小,剂量越大,将来发生乳腺癌的概率越高。

5. **纤维囊性变**　非增生性纤维囊性变不会演变为乳腺癌,而导管和腺泡上皮的增生尤其是异型增生则被视为癌前病变。

6. **病毒**　自小鼠致乳腺癌病毒发现以来,大量的研究工作试图证明该病毒与人类乳腺癌发生的关系,但迄今为止仍未得到证实。

理论与实践

雌激素和孕激素受体

乳腺和子宫内膜一样,同为雌二醇和孕激素的靶器官,在正常乳腺上皮细胞的胞核内均含有雌二醇受体(estrogen receptor, ER)和孕激素受体(progesterone receptor, PR),激素在细胞核内与受体形成二聚体的激素受体-复合物,促使DNA复制,启动细胞分裂周期。阻断ER和PR的作用环节可抑制乳腺癌的生长。

一般说大多数ER和PR均为阳性的乳腺癌患者进行内分泌治疗效果显著,二者均阴性者对内分泌治疗反应较差。其次,ER和PR还与乳腺癌的预后有关,阳性者转移率低,无瘤存活时间长;反之则较差。此外,C-erbB-2肿瘤基因蛋白和ER表达有一定的相关性,前者表达阳性的,后者常常阴性,细胞增殖活性高,预后差。应用抗c-erbB-2的单克隆抗体"Herceptin"对c-erbB-2过度表达并有转移的乳腺癌采用靶向治疗已试用于临床。目前ER、PR和c-erbB-2生物学标记已成为乳腺癌的常规检测手段。

【病理变化】

乳腺癌约半数以上发生于乳腺外上象限,其次为乳腺中央区,其他部位较少。其组织形态十分复杂,类型较多,大致上分为非浸润性癌和浸润性癌两大类。

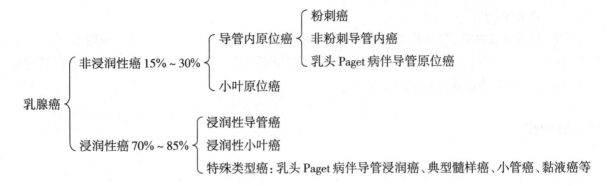

1. **非浸润性癌**（non-invasive carcinoma） 可分为导管内原位癌和小叶原位癌。

（1）导管内原位癌（intraductal carcinoma in situ, DCIS）：发生于乳腺小叶的终末导管，导管明显扩张，体积似乳腺大的导管，癌细胞局限于扩张的导管内，导管基底膜完整。根据组织学改变分为粉刺癌和非粉刺导管内癌：

1）粉刺癌（comedocarcinoma）：粉刺癌可长到相当大体积，易于触及，一半以上位于乳腺中央部位。肉眼观，切面可见扩张的导管内含灰黄色软膏样坏死物质，挤压时由导管内溢出，状如皮肤的粉刺，故称为粉刺癌。由于粉刺癌间质纤维化和坏死区钙化，质地较硬，肿块明显，容易被临床和乳腺摄片查见。镜下，癌细胞体积较大，胞质嗜酸性，分化不等，大小不一，核仁明显，伴丰富的核分裂像。癌细胞呈实性排列，中央总会查见坏死，是其特征性的改变。坏死区常可查见钙化。导管周围见间质纤维组织增生和慢性炎细胞浸润（文末彩插图9-17）。

2）非粉刺导管内癌（noncomedo intraductal carcinoma）：较粉刺癌不同的是，肉眼观，切面挤压时无粉刺样物，细胞呈不同程度异型，但不如粉刺癌明显；镜下，细胞体积较小，形态比较规则，一般无坏死或仅有轻微坏死。癌细胞在导管内排列成实性、乳头状或筛状等多种形式。导管周围间质纤维组织增生亦不如粉刺癌明显。其发展为浸润癌的概率远低于粉刺癌。

（2）小叶原位癌（lobular carcinoma in situ, LCIS）：发生于乳腺小叶的末梢导管和腺泡。临床上一般无明显肿块，常因其他乳腺疾病切除标本时发现。镜下，癌变的小叶体积变大，但小叶轮廓尚存在。扩张的末梢导管和腺泡内充满呈实体排列的癌细胞，癌细胞体积较导管内癌的癌细胞小，呈圆形，大小形状较为一致，核圆形或卵圆形，核分裂像罕见。增生的癌细胞未突破基底膜。一般无坏死，亦无间质的炎症反应和纤维组织增生。如能及时治疗，预后良好。

2. **浸润性癌**（invasive carcinoma） 分为浸润性导管癌、浸润性小叶癌和特殊类型的浸润性癌。

（1）浸润性导管癌（invasive ductal carcinoma）：由导管内癌发展而来，癌细胞突破导管基底膜向间质浸润，是最常见的乳腺癌类型，约占乳腺癌70%左右，以40~60岁女性多见。肉眼观，肿瘤呈单个结节，切面呈灰白色或灰黄色，质较硬，有沙砾感，无包膜，与周围组织分界不清，活动度差。常可见癌组织呈树根状侵入邻近组织内，呈蟹足状。如癌肿侵及乳头又伴有大量纤维组织增生时，可导致乳头下陷（图9-18）。如

图9-18 乳腺浸润性导管癌
肿瘤呈单个结节，切面呈灰白色质较硬，无包膜，癌组织呈树根状
侵入邻近组织内。乳头下陷

癌组织阻塞真皮内淋巴管，可致皮肤水肿，呈橘皮样外观。晚期形成巨大肿块，可在癌周形成多个卫星结节。癌组织也可穿破皮肤，形成溃疡。

镜下，组织学形态多种多样，癌细胞排列成巢状、团索状，无或伴有少量腺样结构。癌细胞大小形态各异，核分裂像多见，常见局部细胞坏死。癌细胞周围间质有致密的纤维组织增生（文末彩插图 9-19）。根据癌实质和纤维组织间质比例的不同，又可分为单纯癌（癌实质与间质比例大致相等）、硬癌（间质成分占优势，少量癌细胞呈条索状分布于增生的纤维组织中）和非典型髓样癌（癌实质多于间质）。

（2）浸润性小叶癌（invasive lobular carcinoma）：由小叶原位癌穿透基底膜向间质浸润所致，大约占乳腺癌的 5%~10%。临床上可触及边界不清的肿块，常为多中心性，30% 累及双侧乳腺。肉眼观，切面呈橡皮样，色灰白，质地柔韧，与周围组织无明确界限。镜下，癌细胞呈单行串珠状或细条索状浸润于纤维间质之间，或环形排列在正常导管周围。癌细胞小，大小一致，核分裂像少见，其形态和小叶原位癌的瘤细胞相似。

（3）特殊类型癌：主要有髓样癌、小管癌、黏液癌及伴有乳头 Paget 病的浸润癌。

1）髓样癌：占乳腺癌的 5%，以 50 岁以下妇女多见。肉眼观：肿瘤体积较大，直径 4~6cm 或更大，多位于乳腺中央较深处，边界较清，质软，灰白色脑髓样，常有出血、坏死。镜下，肿瘤由明显异型的大细胞组成，核大，核仁明显，核分裂像多见。细胞边界不清，相互融合成片状分布，可见广泛的坏死。间质较少，无明显的间质纤维组织反应性增生。肿瘤周围有明显的淋巴细胞浸润。

2）乳头 Paget 病（paget disease）：伴有或不伴有间质浸润的导管内癌的癌细胞沿乳腺导管向上扩散，累及乳头和乳晕，在表皮内可见大而异型，胞质透明的肿瘤细胞，这些细胞可孤立散在，或成簇分布。在病变下方可查见导管内癌，其细胞形态和表皮内的肿瘤细胞相似。乳头和乳晕可见渗出和浅表溃疡，呈湿疹样改变，因此，又称湿疹样癌。

【扩散】

1. **直接蔓延**　癌细胞沿乳腺导管直接蔓延，可累及小叶腺泡，或向周围扩散到间质，甚至可侵及胸大肌和胸壁。

2. **淋巴道转移**　乳腺癌最常见的转移途径。首先转移至同侧腋窝淋巴结，晚期可相继至锁骨下淋巴结和锁骨上淋巴结。

3. **血道转移**　晚期乳腺癌可经血道转移至肺、肝、骨、脑。

【临床病理联系】

乳腺癌患者首发症状多为乳腺无痛性包块，若肿瘤侵犯悬韧带及乳头又伴大量纤维组织增生，可引起乳头下陷；如肿瘤侵袭并阻塞皮肤真皮淋巴管时，可致皮肤水肿，而毛囊汗腺处皮肤相对下陷，呈橘皮样外观；少数患者可有乳头溢液。

案例 9-2

乳腺浸润性导管癌

女，46 岁。无意中发现右乳房无痛性肿块，以往有结核病史。查右乳房较对侧为高，外上象限皮肤凹陷（酒窝征），乳头下陷，局部可触及约 3cm 大小肿块，肿块单个，质硬，边界不清，活动度差，右腋下可触及 1cm×1cm 大小淋巴结 2 个，质稍硬、活动，X 线检查：肺部正常。

思考：

1. 患者乳腺包块，你考虑可能有哪些疾病？

2. 最可能的诊断是什么？

3. 你对此患者的治疗及预后评估怎样考虑？

第五节　前列腺疾病

一、前列腺增生症

前列腺增生症(hyperplasia of the prostate)又称结节状前列腺增生(nodular hyperplasia)或前列腺肥大(hypertrophy),以前列腺上皮和间质增生为特征,是五十岁以上男性的常见疾病,其发病率依年龄增长而增加。前列腺增生的发生和雄激素有关。此外,与年龄相关的雌激素水平升高可通过增加实质细胞二氢睾酮受体表达,增加二氢睾酮促进前列腺增生的效应。主要临床表现为尿道梗阻或尿流不畅。

【病理变化】

肉眼观,前列腺增大呈结节状,一般有核桃或鸡蛋大。颜色和质地与增生的成分有关,以腺体增生为主的呈淡黄色,质地较软,切面可见大小不一的蜂窝状腔隙,挤压可见奶白色前列腺液体流出;而以纤维平滑肌增生为主者,色灰白,质地较韧,和周围正常前列腺组织界限不清。镜下,前列腺增生的成分主要由腺体、平滑肌和纤维组织组成。依据其成分所占比例的不同分为纤维型、纤维肌型、平滑肌型、纤维腺瘤型和纤维肌腺瘤型,以后者最为常见。增生的腺体和腺泡相互聚集或在增生的间质中散在随机排列,腺体常呈囊状扩张,有的腺腔内可见红染的同心圆状分泌物,称为淀粉小体。腺体的上皮由内外两层细胞构成,内层细胞为分泌细胞呈柱状,外层细胞为基底细胞呈立方或扁平形,周围有完整的基底膜包绕。上皮细胞向腔内出芽呈乳头状或形成皱褶(文末彩插图9-20)。此外,也可见鳞状上皮化生和小灶性梗死,化生的上皮常位于梗死灶的周边。

【临床病理联系】

前列腺增生的症状可以分为两类,一类是因增生的前列腺阻塞尿路产生的梗阻性症状;另一类是因尿路梗阻引起的并发症。由于增生导致尿道前列腺部受压而产生尿道梗阻的症状和体征,患者可有排尿困难,并进行性加重,尿频和夜尿增多、排尿无力,尿流变细,滴尿等。时间久者,产生尿液潴留和膀胱扩张,进一步诱发尿路感染或肾盂积水,严重者最后可致肾功能衰竭和尿毒症。多数人认为,前列腺良性增生与前列腺癌之间没有直接关系。

二、前列腺癌

前列腺癌(prostatic cancer)是源于前列腺上皮的恶性肿瘤,是男性生殖系统常见的肿瘤。好发年龄多在50岁以上,60~85岁为发病高峰。早期症状不明显,晚期最突出的症状是疼痛,还表现为下尿路梗阻,或伴血尿及尿潴留。发病原因尚未完全明了,现有的研究表明和年龄、种族、遗传、地理环境和激素有关。一般认为激素特别是雄激素可能起重要作用。

【病理变化】

肉眼观,前列腺癌初期为单个或多个硬结节,多位于被膜下的周边部位,后叶多见。癌结节切面灰白色,夹杂以多少不等的纤维性条纹或间隔,也可呈均质性,杂以不规则的黄色区域,偶见出血坏死,与周围前列腺组织分界不清。

镜下,多数前列腺癌为腺癌,可分为高分化、中分化、低分化。多数为分化较好的腺癌,肿瘤腺泡较规则,排列拥挤,可见背靠背现象。腺体由单层立方或低柱状上皮构成,外层的基底细胞常常缺如。偶见腺体扩张,腺上皮在腔内呈乳头或筛状。细胞质一般无显著改变,但是细胞核体积增大,呈空泡状,含有一个或多个大的核仁。细胞核大小形状不一,但总体上说,多形性不是很明显。核分裂像很少见。高分化前列腺癌最可靠的恶性证据是包膜、淋巴管、血管和周围神经的浸润。在低分化癌中,癌细胞排列成条索状、巢状或片状。

【扩散】

5%～20%的前列腺癌可发生局部浸润和远处转移,常直接向精囊和膀胱底部浸润,后者可引起尿道梗阻。淋巴道转移较常见,首先至闭孔淋巴结,随之到内脏淋巴结、胃底淋巴结、髂骨淋巴结、骶骨前淋巴结和主动脉旁淋巴结。血道转移主要转移到骨,以脊椎骨最常见,其次为股骨近端、盆骨和肋骨。男性肿瘤骨转移应首先想到前列腺癌转移的可能。

【临床病理联系】

早期前列腺癌一般无症状,常在因前列腺增生的切除标本中,或在死后解剖中偶然发现。因为大多数前列腺癌呈结节状位于被膜下,肛诊检查可直接扪及。正常前列腺组织可分泌前列腺特异性抗原(prostatic-specific antigen,PSA),但前列腺癌的PSA分泌量可高出正常前列腺10倍以上,如血中PSA水平明显增高时,应高度疑为癌,必要时,可行前列腺组织穿刺,由组织病理检查确诊。

前列腺癌主要症状有:

1. **排尿障碍** 癌组织浸润膀胱引起进行性排尿困难、尿流变细、偏歪,分叉;尿频、尿急、尿痛、尿意不尽感等,严重时发生尿潴留和血尿。

2. **疼痛** 腰部、骶部、臀部、髋部疼痛,骨盆、坐骨神经痛是常见的,剧烈难忍。可能由于癌灶转移至骨骼或侵犯神经或肾积水、肾感染所致。

3. **转移症状** 很常见。多数病人在初次就医时就已有淋巴结转移。引起髂内、髂外、腰部、腹股沟等相应部位的淋巴结肿大及下肢肿胀。血行转移多见于骨骼和内脏。

4. **全身症状** 由于疼痛影响了饮食、睡眠和精神,随着肿瘤的生长,全身状况日渐虚弱,消瘦乏力,进行性贫血,恶病质或肾功能衰竭。

（张宏颖）

女性生殖系统疾病主要是炎症和肿瘤。子宫疾病分为慢性子宫颈炎、子宫颈鳞状上皮内病变、子宫颈癌、子宫内膜增生症和子宫肿瘤。慢性子宫颈炎是育龄期妇女最常见的妇科疾病，分为子宫颈糜烂、子宫颈腺体囊肿和子宫颈息肉三种类型。子宫颈鳞状上皮内病变（SIL）可分为低级别鳞状上皮内病变（LSIL）和高级别鳞状上皮内病变（HSIL）。经性传播的 HPV 感染是子宫颈 SIL 和子宫颈癌致病的主要因素。子宫颈癌以鳞状细胞癌居多，其次是腺癌。

子宫内膜样腺癌的发生与雌激素的长期作用密切相关，常伴有鳞状上皮化生，称为 I 型子宫内膜癌。另有部分子宫内膜癌的发生与体内雌激素的增加及子宫内膜增生无关，而是在非活动性或萎缩的子宫内膜的基础上发生，多发生于中老年妇女，称为 II 型子宫内膜癌，包括子宫内膜浆液性癌和子宫内膜透明细胞癌。子宫内膜癌 II 型的预后较 I 型差。

滋养层细胞肿瘤主要包括葡萄胎、侵袭性葡萄胎和绒毛膜癌，共同特征为滋养层细胞异常增生。侵袭性葡萄胎与葡萄胎的区别是，前者水泡状绒毛侵入子宫肌壁内。绒毛膜癌是由异型性明显的两种滋养层细胞构成的高度恶性肿瘤，肿瘤无绒毛结构、无血管、无间质，出血坏死明显，无绒毛结构是它与恶性葡萄胎的主要区别。分泌过高的绒毛膜促性腺激素（hCG）、阴道出血是滋养层细胞肿瘤共同的临床特征。

卵巢肿瘤依其组织发生可分为上皮性肿瘤、性索－间质肿瘤及生殖细胞肿瘤。卵巢囊腺瘤按照生物学行为和组织结构的不同分为良性、交界性和恶性。

乳腺癌常以无痛性肿块为症状，肿物边界不清，呈浸润性生长，可导致皮肤橘皮样外观、乳头下陷。乳腺癌分为乳腺原位癌（导管内原位癌和小叶原位癌）和浸润性乳腺癌（浸润性导管癌、浸润性小叶癌、胶样癌、小管癌和乳头状癌），以浸润性导管癌最多见。乳腺癌最常转移至同侧腋窝淋巴结。乳腺 X 线检查可发现触诊不到的肿瘤，与细针穿刺结合，可以提高早期乳腺癌诊断水平。

前列腺疾病是 50 岁以上男性的常见病，分为前列腺增生症和前列腺癌。前列腺增生症以前列腺上皮和间质增生为特征，以纤维肌腺瘤型最常见。前列腺癌多数为高分化腺癌，患者常有血中前列腺特异性抗原（PSA）明显增高，常见骨转移。

1. 什么是子宫颈鳞状上皮内病变（SIL）和子宫颈上皮内肿瘤（CIN）? 如何划分 SIL 和 CIN 的级别?

2. 子宫颈癌和子宫内膜癌在组织病理学改变上有何异同?

3. 一位 35 岁青年女性，停经四个月后出现阴道不规则流血，实验室检查发现尿 hCG 明显升高。可能发生的疾病有哪些? 各有何病理特点?

4. 卵巢肿瘤是怎样分类的? 什么是交界性肿瘤?

5. 简述乳腺癌的组织学分类特点，何谓粉刺癌和乳头 Paget 病?

6. 高分化前列腺癌组织病理的主要诊断依据有哪些? 前列腺癌有什么转移特点?

第十章 内分泌系统疾病

10

学习目标	
掌握	非毒性甲状腺肿、毒性甲状腺肿、甲状腺肿瘤和糖尿病病理变化。
熟悉	甲状腺疾病和糖尿病临床病理联系。
了解	甲状腺疾病和糖尿病的病因和发病机制；肾上腺疾病病理变化。

内分泌系统包括内分泌腺、内分泌组织及弥散于各系统或组织内的神经内分泌细胞和细胞群（即APUD细胞系统），他们所分泌的高效能的生物活性物质，经远距离分泌、旁分泌、自分泌或胞内分泌等方式作用于相应的靶细胞、靶组织或靶器官，这种化学物质称为激素（hormone）。按激素化学性质可分为含氮激素和类固醇激素两大类，前者主要在粗面内质网和高尔基复合体内合成，其分泌颗粒有膜包绕；后者在滑面内质网内合成，不形成有膜包绕的分泌颗粒。内分泌系统与神经系统共同调节机体的生长发育和代谢，维持体内的平衡和稳定。内分泌系统可发生增生、肿瘤、炎症、血液循环障碍、遗传性及其他很多病变，这些疾病均可引起激素分泌增多或减少，导致功能的亢进或减退，使相应靶组织或器官增生、肥大或萎缩。本章主要介绍：①甲状腺疾病；②糖尿病；③肾上腺疾病。

相关链接

APUD 细胞系统：广泛分布在全身各部位的一些弥散性内分泌细胞和细胞群，能够从细胞外摄取胺（amine）的前体（precursor），经脱羧（decarboxylation）反应而合成胺和多肽激素，故称为APUD（amine precursor uptake and decarboxylation）细胞系统；因其银染色阳性，又称嗜银细胞；目前认为他们来源于神经外胚层的神经嵴细胞或神经上皮编码的内胚层细胞，故有人又称为神经内分泌细胞。这种细胞发生的肿瘤称为APUD瘤。可根据它们分泌激素不同起用各自的名称，如ACTH瘤、胃泌素瘤、血管活性肠肽瘤等。

激素传递方式：①大多数激素经血液运输到远距离的靶组织或靶器官而发挥作用，称为远距离分泌（telecrine）；②有些激素可不经血液运输，而经组织液扩散作用于邻近细胞，称为旁分泌（paracrine）；③如果内分泌细胞分泌的激素在局部扩散，又返回作用于该细胞自身而发挥反馈作用，称为自分泌（autocrine）；④还有的内分泌细胞的信息物质不分泌至细胞外，原位作用于该细胞质内的细胞器上，称为胞内分泌（endocellular secretion）；⑤下丘脑有许多神经细胞既能产生和传导冲动，又能合成和释放激素，产生的激素可沿轴突借轴浆流动运送至所连接组织，或从神经末梢释放入毛细血管，由血液运送至靶细胞，称为神经分泌（neurosecretion）。

第一节　甲状腺疾病

一、弥漫性非毒性甲状腺肿

弥漫性非毒性甲状腺肿（diffuse nontoxic goiter）又称单纯性甲状腺肿（simple goiter），是由于一些原因使甲状腺素分泌不足，促甲状腺激素（TSH）分泌增多，甲状腺滤泡上皮增生，滤泡内胶质堆积而使甲状腺肿大。一般不伴有甲状腺功能异常。本病常呈地方性分布，也称地方性甲状腺肿，常因饮食中缺碘引起，在我国多见于远离海岸的内陆山区和半山区，也可为散发性。女性多见。

【病因及发病机制】

1. **缺碘**　地方性的水、土、食物缺碘导致机体缺碘，或生理状态下如青春期、妊娠期或者哺乳期对甲状腺素需求量的增加而导致机体相对缺碘，可使甲状腺素合成和分泌减少，负反馈作用刺激垂体前叶致促甲状腺激素分泌增多，初期，甲状腺滤泡上皮细胞增生肥大，摄碘功能增强，会合成较多甲状腺素达到缓解。如果长期持续缺碘，一方面滤泡上皮增生，另一方面所合成的甲状腺球蛋白没有碘化而不能被上皮细胞吸收利用，则滤泡腔内充满胶质，使甲状腺肿大。用碘化食盐和其他富含碘的食品可治疗和预防本病。

2. **致甲状腺肿因子的作用**　如水中大量的氟和钙能影响碘在肠道内的吸收，而且能使滤泡上皮细胞膜的钙离子增多，抑制甲状腺素的分泌；某些食物（卷心菜、菜花、大头菜和木薯等）和某些药物（硫脲类、磺胺类、锂、钴和高氯酸盐等）通过抑制碘离子运送、浓聚或有机化等环节致甲状腺素的分泌减少,从而通过负反馈导致甲状腺肿大。

3. 高碘 长期摄入碘过多,过氧化物酶的功能基团过多地被占用,影响酪氨酸氧化,造成碘的有机化障碍,可造成甲状腺代偿性肿大。

4. 遗传与免疫 主要是甲状腺素合成中有关酶的遗传性缺乏,如过氧化物酶、去卤化酶的缺乏以及碘酪氨酸耦联的缺陷。目前,也有人认为,甲状腺肿的发生与自身免疫机制的参与有关。

【病理变化】

根据非毒性甲状腺肿的发生、发展过程和病变特点,可分为三个时期。

1. 增生期 又称弥漫性增生性甲状腺肿（diffuse hyperplastic goiter）,是早期阶段。

肉眼观,甲状腺弥漫性对称性中度肿大,一般不超过150g（正常20~40g）表面光滑。

镜下观,滤泡增生,以小型滤泡为主,腔小,胶质少,滤泡上皮增生呈立方状或低柱状,可伴小假乳头形成,间质充血。

2. 胶质贮积期 又称弥漫性胶样甲状腺肿（diffuse colloid goiter）。由于持续缺碘,大量的甲状腺球蛋白贮积在滤泡腔内。

肉眼观,甲状腺弥漫性对称性显著肿大,可达200g~300g,个别可达500g,表面光滑,切面呈淡褐色或棕褐色胶冻样（图10-1）。

镜下观,少部分滤泡上皮增生,可有小滤泡或假乳头形成,大部分滤泡腔扩张,上皮复旧变扁平,腔内充满胶质（文末彩插图10-2）。

3. 结节期 又称结节性甲状腺肿（nodular goiter）。

本病后期,滤泡上皮的增生与复旧或萎缩不一致,逐渐形成不规则的结节。

肉眼观,甲状腺明显肿大,可超过2000g,两侧不对称,表面有大小不等的不规则结节,周围无包膜或包膜不完整,切面可有继发性出血、坏死、囊性变、钙化及纤维化（图10-3）。

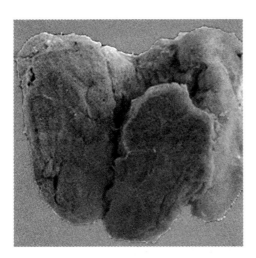

图10-1 弥漫性非毒性甲状腺肿胶质贮积期（肉眼观）
甲状腺弥漫性对称性显著肿大,表面光滑,切面呈淡褐色或棕褐色胶冻样

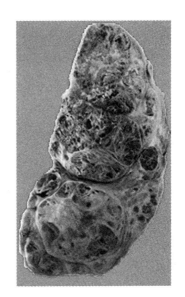

图10-3 弥漫性非毒性甲状腺肿结节期（镜下观）
甲状腺不对称性结节状肿大,结节大小不等,周围无包膜或包膜不完整,切面有继发性出血、坏死、囊性变、钙化及纤维化

镜下观,部分滤泡上皮呈柱状或乳头状增生,小滤泡形成;部分上皮复旧或萎缩,胶质贮积。间质纤维组织增生、间隔包绕形成大小不一的结节状病灶（文末彩插图10-4）。

【临床病理联系】

1. 仅有甲状腺肿大,一般甲状腺功能无明显变化。

2. 可以有甲状腺肿大引起的局部压迫症状,如压迫气管、食管及喉返神经等引起呼吸困难、吞咽困难和声音嘶哑等。

3. 癌变,占 1%~2%。

4. 少数可以引起甲状腺功能亢进或低下。

案例 10-1

王某,女,42岁,家住东北农村,颈前肿物多年,近来体积逐渐增大,并有吞咽困难、声音嘶哑等症状。查体:甲状腺弥漫性肿大,腺体两侧可扪及多个结节,无粘连,可随吞咽上下移动,检测甲状腺功能无明显变化。行甲状腺切除术,术中病理显示:甲状腺切面可见多个结节,结节境界清楚,无完整包膜,切面可见出血、坏死、钙化及囊性变。光镜下可见部分滤泡上皮增生,部分萎缩,滤泡大小不等,大滤泡内有胶质贮积,间质纤维组织增生,形成大小不一的结节。

思考:

1. 患者可能的诊断是什么?诊断依据是什么?

2. 试分析疾病发生的原因。

3. 患者为什么会出现吞咽困难、声音嘶哑等症状?

二、弥漫性毒性甲状腺肿

弥漫性毒性甲状腺肿(diffuse toxic goiter)指血中甲状腺素过多并作用于全身各组织引起的临床综合征,临床上统称甲状腺功能亢进,简称"甲亢"(hyperthyroidism),也有人将其称为 Graves 病或 Basedow 病。患者主要表现为甲状腺肿大及因甲状腺素分泌过多引起的临床综合征。约 1/3 患者伴有突眼症,故又称为突眼性甲状腺肿,本病多见于 20~40 岁女性,男女之比为 1:(4~6)。

【病因及发病机制】

本病病因尚未完全阐明,一般认为与下列因素有关:

1. 与自身免疫有关 患者血液中球蛋白增高,有多种抗甲状腺的自身抗体,且常与其他自身免疫性疾病并存。

2. 血中存在与促甲状腺激素(thyroid stimulating hormone, TSH)受体结合的抗体具有类似 TSH 的作用,如甲状腺刺激免疫球蛋白(thyroid stimulating immunoglobulin, TSI)和甲状腺生长免疫球蛋白(thyroid growth immunoglobulins, TGI), TSI 通过激活腺苷环化酶和磷脂酰肌醇通路而引起甲状腺素过多分泌, TGI 则刺激甲状腺滤泡上皮增生,两者共同作用引起毒性甲状腺肿。

3. 与遗传有关 发现某些患者亲属中也患有此病或其他自身免疫性疾病。

4. 精神创伤 因精神创伤可能干扰了免疫系统而促进自身免疫疾病的发生。

【病理变化】

肉眼观,甲状腺弥漫性对称性肿大,为正常的 2~4 倍,表面光滑,切面灰红色,分叶状,胶质含量少,质如肌肉(图 10-5)。

镜下观,①滤泡上皮细胞呈柱状或乳头状增生,突入腔内,并有小滤泡形成;②滤泡腔内胶质少而稀薄,靠近滤泡上皮处出现许多大小不等的吸收空泡;③间质血管丰富、充血,淋巴细胞浸润并可有淋巴滤泡形成(文末彩插图 10-6)。

图 10-5　弥漫性毒性甲状腺肿（肉眼观）
甲状腺弥漫性对称性肿大，胶质含量少，质如肌肉

除甲状腺病变外，全身淋巴组织可有增生；胸腺和脾脏可增大；肝细胞脂肪变性，甚至坏死和纤维化；心脏肥大扩张，心肌发生灶性坏死和纤维化，少数可因心功能衰竭而致死；部分病例伴有不同程度的眼球突出。

【临床病理联系】

1. 主要表现为甲状腺肿大。

2. 因甲状腺素分泌过多，患者出现基础代谢率增高和交感神经兴奋的症状，多汗、烦热、多食、消瘦、心悸、脉搏快、多虑、易激动和手震颤等症状。

3. 因眼部和甲状腺有相同抗原决定簇，患者眼球外肌水肿、球后纤维脂肪组织增生、淋巴细胞浸润及黏液水肿会导致眼球突出。

三、甲状腺炎

甲状腺炎（thyroiditis）是指由病原微生物、各种理化因素和自身免疫反应等引起的甲状腺炎性病变。主要有急性、亚急性和慢性三种。

（一）急性甲状腺炎

急性甲状腺炎（acute thyroiditis）常由急性咽炎和上呼吸道的炎症局部扩散或血运播散到甲状腺所致的化脓性炎症，致病菌多为金黄色葡萄球菌、溶血性链球菌和肺炎链球菌等。甲状腺肿大，有压痛，偶见脓肿形成。因甲状腺有较强抵抗力而较少见。

（二）亚急性甲状腺炎

亚急性甲状腺炎（subacute thyroiditis）又称巨细胞性或肉芽肿性甲状腺炎。目前多认为因病毒感染或病毒感染后自身免疫所致。较为常见，此病多发于中年女性。起病急，发热不适、颈部肿大、压痛，伴短暂甲状腺功能减退，病程短，常在数月内恢复正常。

肉眼观，甲状腺呈不均匀性结节状轻、中度肿大，质实，橡皮样。切面灰白色或淡黄色，可见坏死、瘢痕，常与周围组织粘连。

镜下观，病变呈灶性分布，病灶处部分滤泡破坏，胶质溢出，由巨噬细胞将其吞噬形成异物巨细胞，形成类似结核结节的异物肉芽肿，但无干酪样坏死，可有多量的中性粒细胞及不等量的嗜酸性粒细胞、淋巴细胞和浆细胞浸润，甚至形成微小脓肿。晚期滤泡上皮细胞再生，间质纤维化、瘢痕形成（文末彩插图 10-7）。

（三）慢性甲状腺炎

1. **慢性淋巴细胞性甲状腺炎**（chronic lymphocytic thyroiditis）　又称桥本甲状腺炎或桥本病（Hashimoto disease），为一种自身免疫性疾病。临床特点为，中年女性多发，甲状腺弥漫性无痛性肿大，晚期甲状腺功能减退，血中可检出抗甲状腺等多种自身抗体。

肉眼观,双侧甲状腺弥漫性对称性肿大,被膜轻度增厚,表面光滑,与周围组织无粘连,质硬韧,切面呈分叶状,边界清楚,灰白或灰黄色(图10-8)。

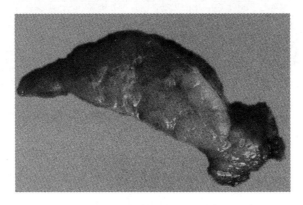

图 10-8　慢性淋巴细胞性甲状腺炎(肉眼观)
被膜轻度增厚,切面灰黄色,质硬韧,与周围组织无粘连

镜下观,甲状腺滤泡广泛破坏、萎缩,滤泡上皮嗜酸性变,淋巴细胞弥漫浸润,可合并有较多浆细胞和巨噬细胞,有淋巴滤泡形成,晚期纤维组织明显增生(文末彩插图10-9)。

2. 慢性纤维性甲状腺炎(chronic fibrous thyroiditis) 又称 Riedel 甲状腺肿或慢性木样甲状腺炎(chronic woody thyroiditis),原因不明,罕见。中年妇女为多,临床上早期症状不明显,甲状腺功能正常,晚期甲状腺功能低下,增生的纤维瘢痕组织压迫可产生声音嘶哑、呼吸及吞咽困难。

肉眼观,甲状腺呈不对称性结节状轻度肿大,质硬似木样,与周围组织紧密粘连,切面灰白色。

镜下观,甲状腺滤泡萎缩、消失,广泛纤维化、玻璃样变,少至中等量淋巴细胞浸润。

亚急性、慢性淋巴细胞性甲状腺炎与本病的主要区别见表10-1。

表 10-1　亚急性甲状腺炎、慢性淋巴细胞性甲状腺炎及纤维性甲状腺炎的比较

	亚急性甲状腺炎	慢性淋巴细胞性甲状腺炎	纤维性甲状腺炎
病变别名	肉芽肿性甲状腺炎	桥本病	慢性木样甲状腺炎
病因	病毒感染	自身免疫病	原因不明
肉眼病变	甲状腺不对称性结节状肿大、质实,见坏死、瘢痕,与周围组织粘连	双侧甲状腺弥漫性对称性肿大,表面光滑,与周围组织无粘连,质硬韧	甲状腺呈不对称性结节状肿大,质硬似木样,与周围组织紧密粘连
镜下病变	甲状腺滤泡灶性破坏,间质有异物肉芽肿形成、多种炎细胞浸润	甲状腺滤泡广泛破坏,滤泡上皮嗜酸性变,淋巴细胞弥漫浸润,有淋巴滤泡形成	甲状腺滤泡极度萎缩、消失,间质广泛纤维化、玻璃样变,少至中等量淋巴细胞浸润
甲状腺功能	短暂性低下,可恢复正常	可正常、亢进或者低下	常有低下的表现

四、甲状腺肿瘤

甲状腺发生的肿瘤和瘤样病变种类较多,现就常见的甲状腺肿瘤进行简要介绍。

(一)甲状腺腺瘤

甲状腺腺瘤(thyroid adenoma)是甲状腺滤泡上皮发生的最常见的甲状腺良性肿瘤。中青年女性多见,肿瘤生长缓慢,可随吞咽活动而上下移动。少数患者伴有甲状腺功能亢进。

肉眼观,多单发,圆或椭圆形,直径一般 1 ~ 4cm,边界清楚,有完整包膜,常压迫周围组织,切面多为实性,暗红或棕黄,可继发出血、坏死、囊性变、纤维化及钙化等(图10-10)。根据组织形态学特点,可分为:

1. 滤泡性腺瘤(follicular adenoma) 组织学形态多样,可出现:滤泡似成人正常甲状腺滤泡,大小一致,排列拥挤，内含胶质；滤泡大但不均等，富含胶质，瘤细胞扁平；滤泡小而一致，仅含少量胶质或没有胶质，瘤细胞立方形，间质疏松水肿、黏液样（文末彩插图10-11A）；瘤细胞小而一致，排列呈片状或条索状，偶见不完整的无胶质小滤泡，间质疏松水肿；瘤细胞大而多角形，核中等大小，胞质丰富，嗜酸性，排列成巢或条索，很少形成滤泡，电镜下见此类嗜酸性细胞胞质内有丰富线粒体，即许特莱（Hürthle）细胞，以此种形态为主者称嗜酸性细胞腺瘤（acidophilic cell type adenoma），又称许特莱细胞腺瘤（文末彩插图10-11B）。

2. **非典型腺瘤**（atypical adenoma）瘤细胞丰富，生长较活跃，有轻度非典型增生，可见核分裂像。瘤细胞排列成巢片状或条索，很少形成完整滤泡，间质少，但无包膜和血管侵犯。

甲状腺腺瘤易与结节性甲状腺肿的单发结节混淆，两者区别见表10-2。

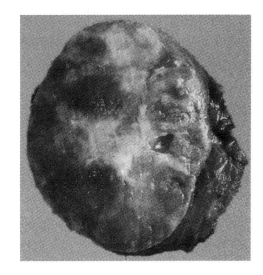

图 10-10　甲状腺腺瘤（肉眼观）
包膜完整，切面实性，暗红，继发出血、坏死、囊性变、纤维化及钙化

表 10-2　甲状腺腺瘤与结节性甲状腺肿的鉴别

	甲状腺腺瘤	结节性甲状腺肿
结节	多为单发，有包膜	少有包膜
镜下病变	组织结构比较一致	滤泡大小不一致
临床表现	压迫周围组织	无周围甲状腺组织压迫症状

（二）甲状腺癌

甲状腺癌（thyroid carcinoma）是由甲状腺滤泡上皮或滤泡旁细胞发生的恶性肿瘤，约占所有恶性肿瘤的1.3%以下，占癌症死亡病例的0.4%，女性明显多于男性，任何年龄均可发生，40～50岁多见，病程相对较长。多数甲状腺癌患者甲状腺功能正常，仅少数引起内分泌紊乱，甲状腺功能亢进或低下。甲状腺癌组织学上主要有以下四种类型：

1. **乳头状癌**（papillary adenocarcinoma）为甲状腺癌中最常见类型，占甲状腺癌的60%，青少年女性多见，约为男性3倍，生长缓慢，局部淋巴结转移较早，但与生存率无关，此癌恶性度低，预后好，十年生存率达80%。提示预后的因素有：瘤体大、侵犯至甲状腺外、血管侵犯、远处转移等。

肉眼观，肿物呈圆形，常为单个，直径2～3cm，无完整包膜，与周围组织界限不清，切面灰白色或灰棕色，质硬，常伴有出血、坏死、纤维化和钙化（图10-12）。

镜下观，癌细胞大多数排列成乳头状结构，乳头分支多，乳头中心有纤维血管间质，癌细胞呈立方形或柱状，核呈透明或毛玻璃样，无核仁，可见核沟或核内包涵体。间质中常见呈同心层状结构的钙化小体，称砂粒体（psammoma body）（文末彩插图10-13），有助于诊断。当癌直径小于等于1cm，称"微小癌"（microcarcinoma），临床上又称"隐匿性癌"（occult carcinoma）。

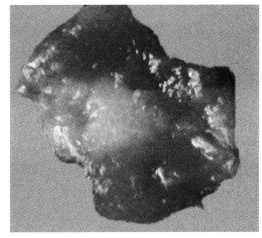

图 10-12　甲状腺乳头状癌（肉眼观）
肿物为单个，无完整包膜，与周围组织界限不清，切面灰白色或灰棕色，质硬，常伴有出血、坏死、纤维化和钙化

2. **滤泡癌**（follicular adenocarcinoma） 占甲状腺癌的 15%～20%，多见于 40 岁以上的女性，恶性程度比乳头状癌高，早期易血道转移，多转移到肺、骨和肝。

肉眼观，结节状，无或有不完整包膜，切面灰白色，质软。

镜下观，癌细胞排列成滤泡、巢索及梁状。高分化者难与腺瘤区别，需根据癌细胞是否侵犯被膜、血管和神经来确定诊断。如癌细胞由嗜酸性细胞构成，则称为嗜酸性细胞癌。

3. **髓样癌**（medullary carcinoma） 是甲状腺滤泡旁细胞（C 细胞）发生的癌，又称 C 细胞癌（C-cell carcinoma），占甲状腺癌的 5%～10%，属 APUD 瘤。恶性程度高，多发于 40～60 岁以上女性，部分为家族性常染色体显性遗传。90% 肿瘤产生降钙素，导致严重腹泻和低血钙，有的还同时分泌多种其他激素，如前列腺素、ACTH 等，引起异位激素综合征。

肉眼观，肿瘤直径 1～11cm，可有假包膜，单发或多发结节，质实而软，切面灰白色或黄褐色。

镜下观，癌细胞呈圆形、多边形或梭形，排列成实体片巢状或乳头状、滤泡状。间质常见本癌的特征性病变即大量淀粉样物质沉积，免疫组化染色显示：降钙素（calcitonin）阳性、甲状腺球蛋白（thyroglobulin）阴性。而乳头状癌、滤泡癌和未分化癌降钙素阴性、甲状腺球蛋白阳性，这一点可用于鉴别诊断。

4. **未分化癌**（undifferentiated carcinoma） 约占甲状腺癌的 5%～10%。多发于 50 岁以上女性。生长快，高度恶性，浸润和转移发生早，预后差。

肉眼观，肿瘤体积较大，与周围组织界限不清，切面灰白色，质硬，常有出血、坏死。

镜下观，瘤细胞形态多样，核分裂像多见，可分为小细胞型、梭形细胞型、巨细胞型及混合型。核分裂象多见。

问题与思考

能引起甲状腺肿大的疾病有哪些？

第二节 糖尿病

糖尿病（diabetes mellitus）是由于体内胰岛素相对或绝对不足及靶细胞对胰岛素敏感性降低，或胰岛素本身存在结构上的缺陷而引起的碳水化合物、脂肪和蛋白质代谢紊乱的一种慢性代谢性疾病，主要特点是血糖升高。临床上主要表现为多饮、多食、多尿和体重减轻（即"三多一少"），晚期可导致一些组织或器官发生形态结构改变和功能障碍，并发酮症酸中毒、肢体坏疽、多发性神经炎、失明和肾衰竭等并发症。多见于中老年。部分患者有家族史。本病发病率日益增高，已成为世界性的常见病和多发病。

【分类、病因及发病机制】

糖尿病一般分为原发性糖尿病（primary diabetes）和继发性糖尿病（secondary diabetes）两大类。继发性糖尿病由胰腺的炎症、肿瘤、手术或其他损伤或其他内分泌腺疾病（如嗜铬细胞瘤、甲状腺功能亢进症）造成胰岛内分泌功能不足所导致。原发性糖尿病（日常俗称的糖尿病）最常见，根据其遗传特征及是否依赖胰岛素又分为以下两型：

1. **胰岛素依赖型糖尿病** 多见于青少年，又称 1 型糖尿病或幼年型糖尿病，约占糖尿病的 5%～10%。起病急，病情重，进展快，"三多一少"症状明显，胰岛 B 细胞受损严重，细胞数目明显减少，胰岛素分泌绝对不足，血中胰岛素降低，易出现酮症，治疗依赖胰岛素。目前认为此型是在遗传易感性的基础上，病毒感染或化学毒物等诱发的针对胰岛 B 细胞的自身免疫性疾病，胰岛 B 细胞受到严重破坏。

2. **非胰岛素依赖型糖尿病** 多见于成年，又称 2 型糖尿病或成年型糖尿病，常在 40 岁以后发病，肥胖者多见,约占糖尿病的 90% ~ 95%。起病缓慢,病情较轻,发展较慢。胰岛 B 细胞数目正常或轻度减少,血中胰岛素正常、增多或降低,血清中无胰岛细胞抗体,且无其他自身免疫性反应的表现,不易出现酮症,一般不依赖胰岛素治疗。本型病因、发病机制不清楚,一般认为与肥胖有关的胰岛素相对不足及组织对胰岛素不敏感所致。其中,肥胖是本型发生的重要因素,患者 85% 以上明显肥胖,只要减少进食、降低体重,血糖可下降,疾病就可得到控制。

【病理变化】

1. 胰岛病变 不同类型、不同时期病变不同。主要为胰岛的退行性病变。非特异性胰岛炎,胰岛及其周围有大量淋巴细胞浸润,1 型糖尿病早期为非特异性胰岛炎,继而胰岛 B 细胞颗粒脱失、空泡变性、坏死、消失,胰岛变小、数目减少,纤维组织增生、玻璃样变性;2 型糖尿病早期病变不明显,后期 B 细胞减少,常见胰岛淀粉样变性。

2. 血管病变 血管的病变最具有特征性,病变可累及大、中、小动脉和毛细血管。①大、中动脉常发生动脉粥样硬化:较非糖尿病患者出现较早且较严重;②细、小动脉内皮细胞增生、基底膜增厚、血管壁增厚、玻璃样变性;有的血管壁发生纤维素样变性;有的可有血栓形成或管腔狭窄,导致血液供应障碍,导致相应组织或器官缺血、功能障碍和病变;③毛细血管基底膜弥漫增厚,血管壁通透性增加,血浆蛋白外渗,形成糖尿病性微血管病,是糖尿病性肾病、糖尿病视网膜病和糖尿病性神经疾病的发病基础。

3. 肾脏病变 常表现为:①肾体积增大:由于糖尿病早期肾血流量增加,肾小球滤过率增高,导致早期肾体积增大,通过治疗可恢复正常;②结节性肾小球硬化:肾小球系膜内有结节状玻璃样物质沉积,结节增大可使毛细血管腔阻塞;③弥漫性肾小球硬化:约见于 75% 的患者,玻璃样物质在肾小球弥漫沉积,肾小球基底膜普遍增厚,毛细血管腔变窄或完全闭塞,最终导致肾小球缺血和玻璃样变性;④肾小管 - 肾间质损坏:肾小管上皮细胞出现颗粒样和空泡样变性(退行性变),晚期肾小管萎缩;⑤血管损害:肾动脉及其主要分支发生动脉粥样硬化;肾小球入球小动脉和出球小动脉硬化;⑥急、慢性肾盂肾炎或伴有肾乳头坏死。

其中,结节性肾小球硬化、肾小动脉硬化和肾盂肾炎,三者合称为糖尿病性肾病,可导致肾病综合征和肾衰竭。

4. 视网膜病变 病变早期视网膜小静脉扩张和微小动脉瘤,继而渗出、水肿、微血栓形成、出血等非增生性视网膜病变;因血管病变,后期引起缺氧,刺激纤维组织增生,出现新生毛细血管等增生性视网膜病变,最后形成一团富含血管的结缔组织盖在视网膜和视乳头上,造成视力障碍和失明。称为糖尿病性视网膜病。另外,糖尿病易合并白内障。有效控制血糖水平可以显著降低眼部的并发症。

5. 神经系统病变 周围神经因血管病变而引起缺血性损伤或症状,引起感觉或运动障碍,如肢体疼痛、麻木、感觉丧失、肌肉麻痹等。

6. 其他组织或器官病变 可出现皮肤黄色瘤、肝脂肪变性和糖原沉积、骨质疏松、糖尿病性外阴炎及化脓性和真菌性感染。

【临床病理联系】

糖尿病患者典型症状为多饮、多食、多尿和消瘦。多尿是因血糖过高引起渗透性利尿;多饮是因多尿造成的水分丧失,血液渗透压增高,刺激下丘脑口渴中枢引起;多食是因机体不能充分利用糖,加之血糖过高刺激胰岛素分泌,使患者产生饥饿感和食欲亢进;由于糖代谢障碍使 ATP 减少及蛋白质分解亢进致负氮平衡、脂库减少导致消瘦。此外,因抗体生成减少,抵抗力降低,易发生感染性疾病。脂质代谢异常导致广泛动脉粥样硬化,引起冠状动脉粥样硬化性心脏病、脑血管意外、下肢坏疽和肾衰竭等并发症。胰岛素严重缺乏时,蛋白质、脂肪分解代谢增强而生成氨基酸和脂肪酸,脂肪酸在肝内氧化生成酮体,出现酮血症和酮尿症,导致酸中毒,发生糖尿病性昏迷。晚期患者常因心肌梗死、肾衰竭、脑血管病变及合并感染而死亡。

第三节　肾上腺疾病

一、肾上腺皮质功能亢进

肾上腺皮质分泌三大类激素，即盐皮质激素（mineralocorticoid）、糖皮质激素（glucocorticoid）和肾上腺雄激素（androgen）或雌激素（estrogen）。每种激素分泌过多时均可引起相应的临床综合征，但常见的有两种：①皮质醇增多症（hypercortisolism），又称 Cushing 综合征（Cushing syndrome）；②醛固酮增多症（hyperaldosteronism）。

（一）Cushing 综合征

由于长期分泌过多的糖皮质激素，促进蛋白质异化、脂肪沉积，表现为满月脸、向心性肥胖、高血压、皮肤紫纹、多毛、糖耐量降低、月经失调、性欲减退、骨质疏松、肌肉乏力等。本症成年人多于儿童，常见20～40岁，女性多于男性，约 2.5∶1。其病因及病变如下：

1. **垂体性**　由于垂体肿瘤或下丘脑功能紊乱，分泌过多的促肾上腺皮质激素（ACTH）或下丘脑分泌皮质激素释放因子（corticotropine releasing factor，CRF）过多，血清中 ACTH 增高。双肾上腺弥漫性中度肥大，重量可达 20g（正常约 8g），切面皮质厚度可超过 2mm。光镜下主要为网状带和束状带细胞增生。又称为垂体性 Cushing 综合征。

2. **肾上腺性**　由于肾上腺功能性肿瘤或增生，分泌大量皮质醇，导致血中 ACTH 降低。肉眼观，双肾上腺增生并显著肥大，可超过 50g。光镜下，主要为网状带及束状带细胞弥漫增生，束状带细胞可呈结节状增生。

3. **异位性**　为异位分泌的 ACTH 引起。最常见的原因为小细胞肺癌，其他有恶性胸腺瘤、胰岛细胞瘤等，血内 ACTH 增高。

4. **医源性**　长期大量使用糖皮质激素引起，患者垂体-肾上腺皮质轴受抑制可致肾上腺萎缩。

（二）醛固酮增多症

醛固酮增多症（hyperaldosteronism）分为原发性和继发性二种。①原发性醛固酮增多症（primary aldosteronism）：大多数由功能性肾上腺肿瘤引起，少数为肾上腺皮质增生所致，临床主要表现为高钠血症、低钾血症及高血压，血清中肾素降低，这是由于钠潴留使血容量增多，抑制肾素的释放。光镜下主要为球状带细胞增生，少数也可杂有束状带细胞；②继发性醛固酮增多症（secondary aldosteronism）：系指各种疾病（或肾上腺皮质以外的因素）引起肾素—血管紧张素分泌过多，刺激球状带细胞增生而引起继发性醛固酮分泌增多的疾病。

二、肾上腺皮质功能低下

肾上腺皮质功能低下（hypoadrenalism）分为急、慢性二类：①急性肾上腺皮质功能低下（acute adrenocortical insufficiency）：主要原因是皮质大片出血或坏死、血栓形成或栓塞、重症感染或应急反应及长期使用皮质激素治疗后突然停药等。临床表现为血压下降、休克、昏迷等症状，少数严重者可致死。②慢性肾上腺皮质功能低下（chronic adrenocortical insufficiency）又称 Addison 病。少见，主要病因为双肾上腺结核和特发性肾上腺萎缩，极少数为肿瘤转移和其他原因，双肾上腺皮质严重破坏（约 90% 以上），主要临床表现为皮肤和黏膜及瘢痕处黑色素沉着增多、低血糖、低血压、食欲缺乏、肌力低下、易疲劳、体重减轻等。黑色素沉着增多是由于肾上腺皮质激素减少，促使具有黑色素细胞刺激活性的垂体 ACTH 及 β-LPH 分泌增加，促进黑色素细胞合成过多的黑色素之故。

特发性肾上腺萎缩（idiopathic adrenal atrophy）又称自身免疫性肾上腺炎（autoimmune adrenalitis），是一种自身免疫性疾病，多见于青年女性，患者血中常有抗肾上腺皮质细胞线粒体和微粒体抗体，往往和其他自身免疫性疾病并存。双肾上腺高度萎缩、皮质菲薄，内有大量淋巴细胞和浆细胞浸润。

三、肾上腺肿瘤

1. **肾上腺皮质腺瘤**　肾上腺皮质腺瘤（adrenocortical adenoma）是肾上腺皮质细胞发生的一种良性肿瘤，分为无功能性和功能性两种，女性多于男性，约2∶1，且儿童多见。肉眼观：肿瘤一般较小，常为单发性，直径约1～5cm，重5～10g，大者可达1000g，多有完整包膜，切面实性，金黄色或棕黄色，可见出血或小囊变区，偶有钙化（图10-14）；光镜下：主要由富含类脂质的透明细胞构成（少数瘤细胞胞质含类脂质少，可为嗜酸性），瘤细胞与正常皮质细胞相似，核较小，瘤细胞排列成团，由富含毛细血管的少量间质分隔（文末彩插图10-15）。大多数皮质腺瘤是非功能性，少数为功能性，可引起醛固酮增多症或Cushing综合征。

图10-14　肾上腺皮质腺瘤（肉眼观）
肿瘤切面实性，金黄色，有包膜，界限清楚

皮质腺瘤与灶性结节状皮质增生的区别：前者常为单侧单发有包膜，对周围组织有压迫现象；后者常为双侧多发，直径一般在1cm以下，多见于高血压患者。有时二者很难区别，有人将直径超过1cm以上者归入腺瘤。

2. **肾上腺皮质腺癌**　皮质腺癌多为功能性，常表现为女性男性化及肾上腺功能亢进，易发生局部浸润和转移，如果有淋巴道和血道播散，一般平均存活期为2年。

3. **肾上腺髓质肿瘤**　肾上腺髓质来自神经嵴，可发生神经母细胞瘤、神经节细胞瘤和嗜铬细胞瘤。现仅以临床病理联系较为密切的嗜铬细胞瘤为例介绍如下：

嗜铬细胞瘤（phenochromocytoma）由肾上腺髓质嗜铬细胞（chromaffin cell）发生的一种少见的肿瘤，又称肾上腺内副神经节瘤（intra adrenal paraganglioma），90%来自肾上腺髓质，余下10%左右发生在肾上腺髓质以外的器官或组织内。本瘤多见于20～50岁，性别无差异。嗜铬细胞瘤临床上均可伴儿茶酚胺的异常分泌，并可产生相应的症状，表现为间歇性或持续性高血压、头痛、出汗、心动过速、心悸、基础代谢率升高和高血糖等，甚至可出现心力衰竭、肾功能衰竭、脑血管意外和猝死。肉眼观：常为单侧单发，右侧多于左侧，肿瘤大小不一，从数毫克至数千克重，直径一般在2～6cm，平均重约100g，可有完整包膜，切面灰白或粉红色，经Zenker或Helly固定液（含重铬酸盐）固定后显棕黄或棕黑色，常有出血、坏死、钙化及囊性变；光镜下：瘤细胞为大多角形细胞，少数为梭形或柱状细胞，并有一定程度的多形性，可出现瘤巨细胞，瘤细胞质内可见大量嗜铬颗粒，瘤细胞呈索、团状排列，间质为血窦（文末彩插图 10-16）；电镜下，胞质内含有被界膜包绕的、具有一定电子密度的神经内分泌颗粒。良、恶性嗜铬细胞瘤在细胞形态学上很难鉴别，有时恶性者异型性不明显，而良性者可出现明显的异型性或多核瘤巨细胞，甚至包膜浸润或侵入血管亦不能诊断恶性。只有广泛浸润邻近脏器、组织或发生转移才能确诊为恶性。

免疫组织化学标记嗜铬蛋白 A（chromogranin protein A，CgA）和神经微丝（neurofilament，NF）蛋白表达阳性对嗜铬细胞瘤的诊断具有一定价值。

（马秀梅）

学习小结

甲状腺肿分为弥漫性非毒性甲状腺肿和毒性甲状腺肿，前者是由于一些原因使甲状腺素分泌不足，促甲状腺激素分泌增多导致甲状腺肿大，缺碘和高碘均能引起前者，一般不伴有甲状腺功能异常；后者指血中甲状腺素过多并作用于全身各组织引起的临床综合征，临床上统称甲状腺功能亢进，简称"甲亢"。与自身免疫有关。

甲状腺炎是指由病原微生物、各种理化因素和自身免疫反应等引起的甲状腺炎性病变。主要有急性、亚急性和慢性三种。

甲状腺乳头状癌为甲状腺癌中最常见类型。

糖尿病是由于胰岛素绝对不足或者相对不足及靶细胞对胰岛素敏感性降低，或胰岛素本身存在结构上的缺陷而引起的碳水化合物、脂肪和蛋白质代谢紊乱的一种慢性代谢性疾病。主要特点是血糖升高和糖尿，其中血管的病变最具有特征性，是引起糖尿病性肾病、糖尿病视网膜病和糖尿病性神经疾病的发病基础，临床上主要表现为多饮、多食、多尿和体重减轻（即"三多一少"）。

皮质醇增多症和醛固酮增多症是肾上腺皮质功能亢进的两种主要类型。

嗜铬细胞瘤由肾上腺髓质嗜铬细胞发生的一种少见的肿瘤，又称肾上腺内副神经节瘤。

复习参考题

1. 弥漫性非毒性甲状腺肿的有哪些病因及病理变化？

2. 试述弥漫性毒性甲状腺肿的病理变化和主要临床表现。

3. 试述弥漫性非毒性甲状腺肿与弥漫性毒性甲状腺肿的异同。

4. 糖尿病血管病变有何病理变化？

5. 比较 1 型糖尿病与 2 型糖尿病的异同。

第十一章　传　染　病

11

传染病（infection disease）是由各种病原微生物经一定的传播途径进入易感机体所引起的具有传染性的一类疾病，在一定条件下可引起局部或广泛流行。传染病在人群中发生或流行必须具备传染源、传播途径和易感人群三个基本环节。病原微生物通过一定的传播途径和方式侵入机体，并往往定位于一定的部位，引起炎症性病变。近年来随着人类社会的发展，社会教育水平的提高，卫生条件、生活习惯的改变，以及病原微生物检测技术的进展和有效抗生素的应用，传染病的疾病谱发生了重要的改变。有的传染病已经被消灭如天花，有些接近消灭如麻风、脊髓灰质炎等。但同时又有许多传染病死灰复燃，其发生率上升或有上升趋势，如梅毒、淋病、结核病等，而且又出现一些新的传染病如艾滋病、埃博拉出血热（Ebola hemorrhagic fever，EHF）、禽流感和严重急性呼吸道综合征（severe acute respiratory syndrome，SARS）、军团病和莱姆病等。

本章主要介绍结核病、伤寒、细菌性痢疾、肾综合征出血热、流行性脑脊髓膜炎、流行性乙型脑炎、血吸虫病。

第一节　结核病

结核病（tuberculosis）是由结核分枝杆菌引起的一种常见的慢性肉芽肿病。典型病变常表现为结核结节形成并伴有不同程度的干酪样坏死。全身各组织、器官均可发生，但以肺结核最为多见。近年来随着艾滋病的流行和耐药菌株的出现，结核病的发病率有逐渐上升的趋势。全球现有结核患者 2000 万。如不控制，今后 10 年还将有 9000 万人发病。中国结核病患者数位居世界第二。因此世界卫生组织已将结核病作为重点的传染病之一。

【病因及发病机制】

结核病的病原菌是结核分枝杆菌（mycobacterium tuberculosis），对人体有致病作用的菌型主要是人型和牛型。结核分枝杆菌无侵袭性酶，也不产生内、外毒素，其致病因素与菌体所含的成分有关。菌体中的脂质与结核分枝杆菌的毒力和形成特征性病变有关；菌体中的蛋白质具有抗原性，可使机体产生变态反应；菌体中的多糖作为半抗原参与免疫反应。脂质与糖、蛋白质结合成为糖脂（索状因子）和糖肽脂（蜡质 D）。索状因子对组织和细胞有强烈的损伤作用；蜡质 D 能引起宿主对结核分枝杆菌产生剧烈的变态反应，还能抑制吞噬细胞的吞噬体与溶酶体融合，使结核分枝杆菌能在吞噬细胞中长期生存；糖脂及糖肽脂类物质还可刺激 T 淋巴细胞和巨噬细胞增殖，形成典型的结核性肉芽肿病变。

结核病主要经呼吸道传播，空洞型肺结核患者是主要传染源，患者从呼吸道排出大量带菌微滴（尤其是直径 <5μm 的微滴易达肺泡，其致病性最强），健康人吸入这些带菌微滴即可造成感染，也可因食入带菌的食物，包括含菌牛奶等经消化道感染，少数经皮肤伤口感染。

结核分枝杆菌数量和毒力的大小以及机体的反应性（主要是免疫力和变态反应）在本病的发病机制中起重要作用。人对结核分枝杆菌的自然免疫力较弱，在初次感染结核分枝杆菌后的两周，如感染的菌量大、毒力强，则细菌往往在局部繁殖，并可扩散到全身，甚至引起死亡。人对结核分枝杆菌的免疫力主要是感染后的获得性免疫，这种免疫是以细胞免疫为主，即机体受到结核分枝杆菌抗原刺激后，T 淋巴细胞转化为致敏淋巴细胞。当再次接受抗原刺激时，可很快分裂、增殖，并释放各种淋巴因子，如巨噬细胞趋化因子、巨噬细胞集聚因子、巨噬细胞移动抑制因子和巨噬细胞激活因子等。在这些淋巴因子的作用下，巨噬细胞向感染部位聚集并演变形成结核性肉芽肿。它既可杀灭结核分枝杆菌，又可使病变局限。机体对结核分枝杆菌产生特异的细胞免疫一般需要 30～50 天时间。这种特异的细胞免疫在临床上表现为皮肤结核菌素试验阳性，具体过程见图 11-1。

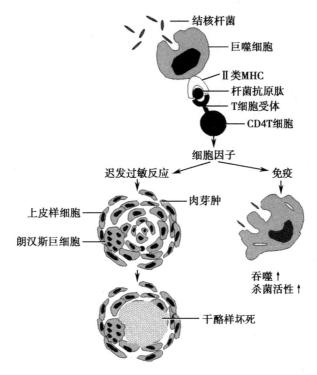

图 11-1　结核杆菌引起的免疫反应和变态反应

　　总之,免疫反应与变态反应(Ⅳ型)贯穿于结核病始终,两者的彼此消长取决于结核分枝杆菌的数量、毒力的大小及机体抵抗力等因素。变态反应的出现提示机体已获得免疫力,对病原菌有抵抗力,且变态反应同时伴随干酪样坏死,试图破坏和杀灭结核分枝杆菌。当菌量少、毒力弱、机体抵抗力强时,以免疫反应占优势,病变局限,疾病向好转、痊愈方向发展;反之,则以变态反应为主,病变扩散,疾病向恶化方向进展。其基本病变与机体免疫状态之间的关系见表11-1。

表 11-1　结核病的基本病变与机体的免疫状态

病理变化	机体状态		结核分枝杆菌		病变特征
	免疫力	变态反应	菌量	毒力	
渗出为主	低	较强	多	强	浆液或浆液纤维蛋白性炎
增生为主	较强	较弱	少	较低	结核结节
坏死为主	低	强	多	强	干酪样坏死

相关链接

　　结核菌素试验(tuberculin test)又称为芒图试验或 PPD 试验,是基于Ⅳ型超敏反应原理的一种皮肤试验,用来检测机体有无感染过结核分枝杆菌,对诊断活动性结核病和测定机体细胞免疫功能有参考意义。

　　阳性反应表明机体对结核分枝杆菌有变态反应,过去曾感染过结核,但不表示有病,因接种过卡介苗的人也呈阳性反应。强阳性反应(注射部位反应较强烈或硬节直径超过 1.5cm 以上)则表明可能有活动性感染,应进一步检查是否有结核病。阴性反应表明无结核分枝杆菌感染,但应考虑以下情况:如受试者处于原发感染早期,尚未产生变态反应,或正患严重结核病,机体已丧失反应能力,或受试者正患其他传染病,在此类情况下,均可暂时出现阴性反应。结核菌素试验可为接种卡介苗及测定免疫效果提供依据。

【基本病理变化】

结核病的基本病变为炎症,常呈慢性经过,可形成具有特征性的肉芽肿性病变。由于侵入体内的菌量、毒力以及机体反应性的不同,其病变复杂,可呈现不同的病变类型。

(一)以渗出为主的病变

当感染的菌量多、毒力强及机体的免疫力低和变态反应明显时,常出现渗出性病变。多发生在结核性炎症的早期或恶化进展时,表现为浆液性或浆液纤维素性炎。局部组织小血管扩张充血,浆液和纤维蛋白渗出,严重时有大量红细胞漏出。早期局部中性粒细胞浸润,很快代之以淋巴细胞和巨噬细胞,巨噬细胞可吞噬结核分枝杆菌。在渗出性病变中可查到结核分枝杆菌。此型好发于肺、浆膜、滑膜、脑膜等处。当机体抵抗力强或治疗及时,渗出性病变可完全吸收而不留痕迹,但亦可转化为增生性病变或坏死性病变。

(二)以增生为主的病变

当感染的细菌量少、毒力低或机体免疫力强时,病变则以增生为主,形成具有诊断价值的结核结节。其表现为活化的巨噬细胞对结核分枝杆菌有很强的吞噬、消化能力,在杀灭细菌的过程中,由于结核分枝杆菌的作用,巨噬细胞转变为梭形或多角形、胞质丰富、呈淡染伊红色、境界不清、连接成片的上皮样细胞,其核呈圆或卵圆形,染色质少,甚至可呈空泡状,核内有 1~2 个核仁。上皮样细胞可转变为朗汉斯巨细胞(langhans giant cell),后者体积大,直径可达 300μm,胞质丰富,细胞核十几个到几十个不等,常排列在细胞质周围呈花环状、马蹄形或密集在胞体一端。核的形态与上皮样细胞核相似。朗汉斯巨细胞可由多个上皮样细胞互相融合或一个细胞核分裂而胞质不分裂而成。在结核病时,这种由上皮样细胞、朗汉斯巨细胞以及外周致敏的 T 淋巴细胞和成纤维细胞等常聚集成结节状,构成结核性肉芽肿(tuberculous granuloma),又称结核结节(tubercle),为结核病的特征性病变,具有诊断价值。当有较强的变态反应时,结核结节中央可发生干酪样坏死,形成典型的结核结节(文末彩插图 11-2)。单个结核结节非常小,直径约 0.1mm,肉眼和 X 线片不易看到,几个结节融合成较大结节时,肉眼才能见到。这种融合结节为灰白色、粟粒大小、境界清楚的病灶,有干酪样坏死时略显微黄,可微隆起于器官表面。

增生性病变如进一步好转,则上皮样细胞可转变为成纤维细胞,病灶周围结缔组织增生,结核结节纤维化。

(三)以坏死为主的病变

当结核分枝杆菌数量多、毒力强、机体抵抗力低下或变态反应强烈时,上述以渗出为主或以增生为主的病变均可继发干酪样坏死。干酪样坏死镜下显示为红染无结构的颗粒状物。这是由于结核分枝杆菌菌体成分所形成的索状因子和蜡质 D 等对组织和细胞的损伤作用或变态反应,导致组织坏死;这些物质还可抑制溶酶体酶的活性,使坏死组织不被溶解,因而使结核病灶中的干酪样坏死表现出特有的凝固状态。结核坏死灶由于含脂质较多肉眼多呈淡黄色、均匀细腻,质地较实,状似奶酪,故称干酪样坏死。干酪样坏死对结核病病理诊断具有一定的意义。干酪样坏死中含有数量不等的结核分枝杆菌,可长期以休眠的形式生存。干酪样坏死灶可出现钙化或骨化,周围纤维组织增生,继而形成纤维包裹,病变可长期稳定。在某些因素作用下,干酪样坏死灶亦可出现液化,液化的物质可成为结核分枝杆菌的培养基,使其大量繁殖,导致病变渗出、扩大。当病灶与外界相通(如位于肺脏、肾脏等)时,液化坏死物质可经肺支气管及肾输尿管排出,形成空洞,并成为结核病的重要传染源,也是造成结核病恶化进展的原因。

结核病上述渗出、坏死和增生三种病变往往同时存在而以某一种病变为主,并且三种病变可以互相转化。

【基本病理变化的转化规律】

结核病的发展和结局取决于机体抵抗力和结核分枝杆菌致病力之间的矛盾关系。在机体抵抗力增强时,结核分枝杆菌被抑制、杀灭,病变转向愈合;反之,则转向恶化。

（一）转向愈合

1. 吸收消散 为渗出性病变的主要愈合方式,渗出物经淋巴道吸收而使病灶缩小或消散。X线检查可见边缘模糊、密度不均、呈云絮状的渗出性病变的阴影逐渐缩小或被分割成小片,以致完全消失,临床上称为吸收好转期。微小的干酪样坏死灶及小范围的增生性病变也有吸收消散或缩小的可能。

2. 纤维化、钙化 较大的结核性肉芽肿病灶、未被完全吸收的渗出性病变及较小的干酪样坏死灶等均可通过机化、纤维化而愈合;较大的干酪样坏死灶难以全部纤维化,则在病灶周围发生纤维性包裹,继而中央的干酪样坏死物逐渐干燥,并有钙盐沉积而发生钙化。被包裹或发生钙化的干酪样坏死灶中,尚可有少量结核分枝杆菌残留,当机体免疫力降低时,病变可复发进展。X线检查,可见纤维化病灶呈边缘清楚、密度增高的条索状阴影;钙化灶为密度甚高、边缘清晰的阴影。临床上称为硬结钙化期。

（二）转向恶化

1. 浸润进展 疾病恶化时,在原有病灶的周围发生渗出性病变和干酪样坏死,病灶范围日渐扩大。X线检查显示原有病灶周围出现模糊的絮状阴影,如有干酪样坏死出现,则阴影密度增高。临床上称为浸润进展期。

2. 溶解播散 当病变恶化时,干酪样坏死物可发生液化,液化的坏死物可通过自然管道(如支气管、输尿管等)排出,致局部形成空洞;另一方面内有大量结核分枝杆菌的排出物可通过自然管道播散到其他部位,形成新的结核病灶。X线检查,可见病灶阴影密度深浅不一,出现透亮区及大小不等的新的播散病灶阴影。临床上称为溶解播散期。此外,液化灶内的结核分枝杆菌还可通过淋巴管和血道播散到全身,引起多处结核病灶。

理论与实践

————————————————————————————————

典型的结核结节及干酪样坏死是病理学诊断结核病的主要依据,对一些不典型的结核病变目前有以下辅助诊断方法:抗酸染色在油镜下找到结核分枝杆菌,一般呈红染的两端钝圆稍弯曲的杆状,有时呈串珠状;免疫组织化学如抗CD68抗体可帮助区分类上皮细胞与上皮来源细胞,有助于确认肉芽肿结构,但对于结核病的诊断价值有限;针对结核分枝杆菌(MTB)特异抗原的抗体可在组织切片中显示MTB蛋白的表达,对结核病的诊断有帮助。实时荧光定量PCR技术对MTB特异序列IS6110检测,对于结核病诊断的敏感度和特异度较高,可用于鉴别诊断结核病与非结核分枝杆菌病。核酸杂交技术可检测多个基因位点,由于非结核分枝杆菌种类繁多,治疗方案不同,因此该技术在分枝杆菌菌种鉴定中具有独特优势。高分辨熔解曲线技术可检测单碱基差异也可应用于分枝杆菌菌种鉴定及耐药结核病的诊断。

一、肺结核病

结核分枝杆菌大多通过呼吸道播散,因此结核病中以肺结核病最为常见,占全身各器官结核病的90%左右。由于机体对初次感染和再次感染结核分枝杆菌的反应性不同,因而肺部病变的发生、发展也不相同,通常将其分为原发性肺结核病和继发性肺结核病两大类。

（一）原发性肺结核病

原发性肺结核病(primary pulmonary tuberculosis)是指机体第一次感染结核分枝杆菌所引起的肺结核病。多见于儿童,也可见于未感染过结核分枝杆菌的青少年和成人。免疫功能严重受抑制的成年人由于丧失对结核分枝杆菌的免疫力,可多次发生原发性肺结核病。

【病理变化】

原发性肺结核病的病理特征是形成原发综合征(primary complex)。结核分枝杆菌随空气吸入而到达通气良好的支气管系统的末端,所以病变常最先出现于肺叶的边缘区,即靠近胸膜处,通常只有一个,偶见两个或两个以上,以右肺上叶下部或下叶上部为多见,称原发病灶。病灶开始为渗出性,继之中央部位发生干酪样坏死。原发病灶呈圆形或椭圆形炎性实变灶(Ghon灶),直径多在1~1.5cm,色灰黄。由于是初次感染,机体缺乏对结核分枝杆菌的特异性免疫力,病变很快由渗出转为变质,细菌得以繁殖,并迅速侵入局部引流淋巴管,到达所属肺门或纵隔淋巴结,引起结核性淋巴管炎和淋巴结炎,后者表现为淋巴结肿大和干酪样坏死。肺的原发病灶、结核性淋巴管炎和肺门淋巴结结核三者合称为原发综合征,为原发性肺结核病的特征性病变(图11-3)。X线呈哑铃状阴影。原发性肺结核病临床症状和体征多不明显。

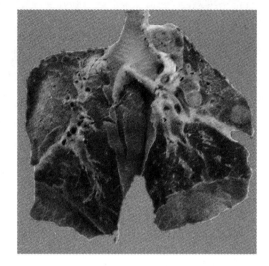

图11-3 肺结核病原发综合征

【病变的转归】

1. **愈合** 绝大多数的原发性肺结核病随着机体对结核分枝杆菌的特异性免疫逐渐增强而自然痊愈,病灶可完全吸收或纤维化,较大的坏死灶则纤维包裹或钙化。

2. **恶化** 少数患儿由于营养不良或同时患有其他疾病(如百日咳、麻疹、肺炎等)使机体免疫力低下,病情可恶化,表现为局部病灶扩大并通过淋巴道、血道或支气管播散。此时临床上出现较明显的中毒症状如发热、盗汗、食欲减退、消瘦等。

(1)淋巴道播散:肺门淋巴结的结核分枝杆菌,可沿淋巴管蔓延到气管、支气管及颈、纵隔等淋巴结,也可逆流至腹膜后及肠系膜淋巴结。初期淋巴结肿大,结核性肉芽肿形成,随后发生干酪样坏死,肿大淋巴结互相粘连成肿块。病变经适当治疗可痊愈。严重者干酪样坏死灶液化,并穿破局部皮肤,形成经久不愈的窦道。

(2)血道播散:肺部或淋巴结的干酪样坏死可侵蚀邻近血管壁,结核分枝杆菌侵入血流;或由淋巴道经胸导管入血。血道播散可引起以下两型结核:①全身粟粒性结核病,当机体免疫力很差,短期内大量结核分枝杆菌侵入肺静脉及其分支,可出现急性全身粟粒性结核病,其病理特点是全身多器官如肺、肝、肾、脾和脑膜、腹膜等密布大小一致、灰白色、粟粒大小的结核病灶。由于同时有结核性败血症,所以患儿病情危重,有明显的中毒症状,如高热、寒战、烦躁、衰竭、神志不清等。②肺粟粒性结核病,有时结核病变播散仅局限于肺内,是由于淋巴结中的干酪样坏死灶液化后破入附近的静脉系统(如无名静脉、颈内静脉等),结核分枝杆菌则由右心经肺动脉播散至两肺,其播散病灶的形态与全身粟粒性结核病相同。

(3)支气管播散:原发综合征病灶的干酪样坏死扩大和液化后可侵入附近支气管,结核分枝杆菌经支气管播散于肺内,可形成大叶性或小叶性的干酪性肺炎。支气管播散在原发性肺结核病较少见。

(二)继发性肺结核病

继发性肺结核病(secondary pulmonary tuberculosis)是指机体再次感染结核分枝杆菌所引起的肺结核病。多见于成年人,其感染分为内源性再感染和外源性感染,一般以内源性再感染为主,当机体抵抗力降低时,体内原有病灶中的结核分枝杆菌再次活化而引起新的结核病变。

由于继发性肺结核是再次感染,发生在已有一定免疫力的个体,故有以下病变特点:①病变多开始于肺尖,这是由于机体直立位时该处动脉压低,局部肺组织缺血,抵抗力较低,结核分枝杆菌易于在该处繁殖而发病;②由于患者免疫力较强,病变往往以增生为主,形成结核性肉芽肿;③病变在肺内主要通过支气管播散；④病程较长，随着机体免疫力和变态反应的消长，病情时好时坏；⑤病变复杂多样，呈增生、渗出、坏死交织及新旧病变混杂。

继发性肺结核病根据其病理变化特点及病程经过，分为以下几个类型：

1. 局灶型肺结核（focal pulmonary tuberculosis） 为继发性肺结核的早期相对静止的病变。多位于右肺尖，大小为 0.5 ~ 1cm，境界清楚，有纤维包裹。镜下病变以增生为主，中央可有干酪样坏死。病灶最后大多形成纤维化、纤维包裹或钙化。患者多无自觉症状，往往在体检时经 X 线检查发现肺尖部单个或多个境界清楚的结节状阴影。极少数患者可因免疫力下降而发展为浸润型肺结核。属非活动性结核病。

2. 浸润型肺结核（infiltrative pulmonary tuberculosis） 是继发性肺结核病中最常见的类型，可由局灶型肺结核发展而来，少数病例也可一开始即为本型结核。病变多位于肺尖或锁骨下区，最初以渗出为主，病灶中央有不同程度的干酪样坏死。X 线显示病变部有边缘模糊的云絮状阴影。如患者免疫力下降或治疗不及时则恶化，表现为病灶扩大、干酪样坏死大量出现。液化的干酪样坏死可侵蚀邻近的支气管并排出，在局部形成急性空洞。X 线显示在锁骨下区边缘模糊的不规则阴影中出现透亮区。浸润型肺结核属活动性结核病，患者常有低热、乏力、盗汗、咳嗽和咯血等症状。浸润型肺结核如及早发现，合理治疗，渗出性病变可部分或完全吸收；增生、坏死性病变则可通过纤维化、包裹和钙化而痊愈。急性空洞经过适当治疗后，洞壁肉芽组织增生，填满洞腔而愈合；也可通过洞腔塌陷，最后形成瘢痕而愈合。空洞如经久不愈，则可发展为慢性纤维空洞型肺结核。

3. 慢性纤维空洞型肺结核（chronic fibro-cavernouspulmonary tuberculosis） 此型多在浸润型肺结核急性空洞的基础上经久不愈发展而来，为成人慢性肺结核常见的类型。病理改变有两个明显特征：一是厚壁空洞形成；二是空洞内的干酪样坏死液化物不断通过支气管在肺内播散，形成新旧不一、大小不等、病变类型不同的病灶（病灶越往下越新鲜），广泛破坏肺组织，最终使肺组织发生纤维化。厚壁空洞可为一个或多个，多位于肺上叶，腔大、壁厚，外形不规则，厚度可达 1.0cm。镜下洞壁分三层：内层为干酪样坏死物，其中有大量结核分枝杆菌；中层为结核性肉芽组织；外层为纤维结缔组织（图 11-4）。如洞内壁有较大血管被侵蚀，可引起大咯血，患者可因吸入大量血液而窒息死亡。由于慢性空洞长期与支气管相通，不断排菌，故此型属开放性肺结核，是结核病重要的传染源。患者可因自身咳出含菌痰液发生喉结核，咽下含菌痰液可引起肠结核。严重的慢性纤维空洞型肺结核由于肺组织大量破坏，纤维组织广泛增生，后期由于肺动脉高压而引起肺源性心脏病。

近年来，由于广泛采用多药联合抗结核治疗及增加抵抗力的措施，较小的厚壁空洞经适当治疗后可通过纤维组织增生、瘢痕形成而愈合（闭合性愈合）。如空洞较大，内壁坏死物质脱落净化，洞壁结核性肉芽组织逐渐变成纤维瘢痕组织，由邻近的支气管上皮增生覆盖洞壁内面，此时空洞虽仍然存在，但已无菌，称开放性愈合。

4. 干酪性肺炎（caseous pneumonia） 较少见，或因浸润型肺结核患者抵抗力降低，对结核分枝杆菌的变态反应过强时，病灶急剧恶化、进展，出现大片干酪样坏死所致；或由急、慢性空洞内的结核分枝杆菌经支气管播散所致。肉眼可见整个肺叶或肺叶大部肿大实变，切面呈黄色干酪样，常可见急性空洞。镜下肺组织广泛干酪样坏死，肺泡腔内有大量浆液纤维素性渗出物。按病变范围可分为小叶性和大叶性干酪性肺炎。本型病情危重，中毒症状明显，病死率高，故有"百日痨"或"奔马痨"之称。

5. 结核球 又称结核瘤（tuberculoma），是直径 2 ~ 5cm、有纤维包裹的孤立的境界清楚的干酪样坏死灶（图 11-5）。结核球多位于肺上叶靠胸膜处，一般为单个。它的形成可由单个或多个干酪样坏死灶融合经纤维包裹而成；也可因结核空洞引流支气管阻塞，其内的干酪样坏死物无法排出所致。结核球是相对静止的病灶，常无临床症状，X 线片上有时与肺癌鉴别较困难。结核球的纤维包膜虽然可以防止结核分枝杆菌的进一步播散，但也同时阻止了抗结核药的作用。当机体免疫力下降时，病灶还可恶化，干酪样坏死灶液化、扩大，纤维包膜破溃，造成播散。临床上多采取手术切除。

图 11-4　慢性纤维空洞型肺结核

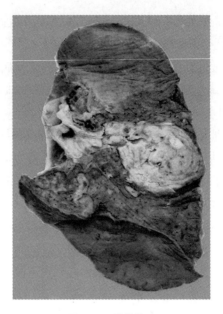

图 11-5　肺结核球

6. 结核性胸膜炎（tuberculous pleuritis）　是结核分枝杆菌累及胸膜所致，多见于儿童或青年人。病变的严重程度和范围与感染的菌量、机体的变态反应程度有关。按病变性质可分干性和湿性两种，以湿性结核性胸膜炎为常见。

（1）湿性结核性胸膜炎：又称渗出性结核性胸膜炎，多由肺内的原发病灶或肺门淋巴结病灶中的结核分枝杆菌播散至胸膜引发机体变态反应所致，常形成渗出性病变。一般累及病变肺的同侧胸膜，渗出物主要为浆液，并有少量纤维素，形成胸腔积液。如纤维素渗出过多，未被溶解吸收的纤维素可被机化，造成胸膜壁、脏两层粘连和增厚，严重时可致胸腔闭锁。

（2）干性结核性胸膜炎：又称增生性结核性胸膜炎，多为胸膜下结核病灶直接蔓延到胸膜所致。病变以增生为主，很少有胸腔积液。病变往往呈局限性，常位于肺尖或肺内病灶邻近的胸膜。当呼吸活动时，患处有针刺样痛。在深呼吸或咳嗽时疼痛加重。一般可通过纤维化而痊愈，常使局部胸膜增厚、粘连。

原发性肺结核与继发性肺结核在许多方面有不同的特征，其主要区别见表 11-2。

表 11-2　原发性和继发性肺结核病比较

	原发性肺结核	继发性肺结核
结核分枝杆菌感染	初次	再次
好发人群	儿童	成人
对结核分枝杆菌的免疫力或过敏性	先无，病程中发生	有
病理特征	原发综合征	病变多样，新旧病灶并存，较局限于肺尖部
起始病灶	上叶下部、下叶上部近胸膜处	肺尖部
病变性质	以渗出和坏死为主	以增生和坏死为主
主要播撒途径	多为淋巴道或血道	多为支气管
病程	短、大多自愈	长，波动性，需治疗

问题与思考

结核病的病因、传播途径、发病机制、基本病理变化及转化规律是什么？

第一,消除传染源:及早发现结核患者,尽快作出正确诊断,并积极合理地进行治疗,杀灭结核分枝杆菌,消除传染源,彻底治愈结核病,是切断结核病传染流行最重要的措施,也是预防结核病的关键所在;第二,切断传染途径:每个人都应该养成良好的卫生习惯,特别是肺结核患者,不要随地吐痰,要注意消毒灭菌,与健康人隔离;第三,增强人体免疫力,保持乐观情绪,合理营养,适当进行体育锻炼,对于增强体质、预防结核分枝杆菌感染和发病有很大好处。不吸烟、不饮酒、不过度劳累,保持健康的体魄,都有利于预防结核病的发生。新生儿接种卡介苗可使人体产生抵抗结核分枝杆菌感染的免疫力,可避免或减少结核病的发生,尤其是结核性脑膜炎、粟粒型肺结核等重症结核病的发生。

二、肺外器官结核病

肺外器官的结核病除消化道及皮肤结核可源于直接感染外,其余多为原发性肺结核病经血道或淋巴道播散所致,以淋巴结、骨、关节、肾、肾上腺、脑膜、生殖系统器官为常见。

(一)肠结核病

肠结核病(intestinal tuberculosis)可分原发性和继发性两型。原发性者很少见,常发生于小儿。一般由饮用带有结核分枝杆菌的牛奶或乳制品所致。可形成与肺原发综合征相似的肠原发综合征(肠的原发性结核性溃疡、结核性淋巴管炎和肠系膜淋巴结结核)。绝大多数肠结核病继发于活动性空洞型肺结核病,因反复咽下含结核分枝杆菌的痰液所引起。

病变大多(约85%)发生在回盲部,其他肠段少见。依其病变特点不同分两型。

1. **溃疡型** 此型多见。结核分枝杆菌侵入肠壁淋巴组织并通过淋巴管蔓延,形成结核结节,随后发生干酪样坏死并融合、破溃形成黏膜溃疡。由于肠壁淋巴管分布呈环形,因而溃疡长径多与肠纵轴垂直。溃疡常有多个,一般较浅,边缘不整齐,溃疡底部为干酪样坏死及结核性肉芽组织,可达肌层。溃疡愈合后由于瘢痕形成和纤维收缩而致肠腔狭窄。后期纤维化可致粘连。临床上表现有腹痛、腹泻与便秘交替及营养不良等(图11-6)。

图11-6 肠结核(溃疡型)

2. **增生型** 较少见。以肠壁大量结核性肉芽组织形成和纤维组织显著增生为主要病变特征(图11-7)。肠壁高度肥厚,肠腔狭窄。黏膜面可有浅溃疡或息肉形成。临床上表现为慢性不完全低位肠梗阻。右下腹可触及肿块,故需与肠癌相鉴别。

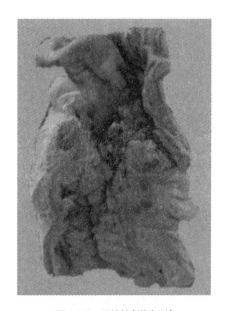

图11-7 肠结核(增生型)

（二）结核性脑膜炎

结核性脑膜炎（tuberculosis meningitis）多见于儿童，成人较少。由原发性肺结核病经血道播散而来。在儿童往往是肺原发综合征血型播散的结果，故常为全身粟粒性结核病的一部分。在成人，除肺结核血道播散外，也见于肺外结核病（泌尿生殖道、骨关节结核病）血道播散至脑膜而发病。部分病例也可为脑实质结核的干酪样坏死液化、破溃至脑膜的结果。

病变以脑底部（如脑桥、脚间池、视神经交叉等处）的软脑膜、蛛网膜以及蛛网膜下腔最为严重。可见蛛网膜混浊、增厚，偶见细小的灰白色结核结节，蛛网膜下腔积聚大量炎性渗出物，呈灰黄色，混浊而黏稠。镜下见，渗出物内主要有纤维素、巨噬细胞、淋巴细胞，而中性粒细胞一般少见，常有干酪样坏死，典型结核结节少见。病变严重者可累及脑皮质而引起脑膜脑炎。病程较长者则可发生闭塞性血管内膜炎，从而引起多发性脑软化。当渗出物压迫、损害颅底脑神经（视神经、动眼神经等）时，则引起相应的脑神经损害症状。渗出物机化后可使蛛网膜下腔阻塞，影响脑脊液循环，尤其是第四脑室正中孔和外侧孔阻塞，可引起脑积水。

（三）结核性腹膜炎

结核性腹膜炎（tuberculosis peritonitis）多见于青少年。多由腹腔内结核病灶（尤其是溃疡型肠结核病、肠系膜淋巴结结核或结核性输卵管炎）直接蔓延所致，而由腹膜外结核病灶经血道播散至腹膜者少见。根据病理特征可分干性和湿性两型。共同的特点为腹膜上密布无数灰黄色或灰白色结核结节。湿性结核性腹膜炎以大量结核性渗出引起腹水为特征，腹水呈草黄色或血性。干性结核性腹膜炎可因大量纤维素性渗出物机化而引起腹腔脏器的广泛粘连，有时因肠管粘连可出现肠梗阻症状，腹部触诊时常可扪及柔韧感的肿块。

（四）泌尿生殖系统结核病

1. 泌尿系统结核　多由肾结核病（tuberculosis of the kidney）开始，常为单侧性，结核分枝杆菌主要由原发性肺结核病经血道播散而来。病变大多起始于皮质和髓质交界处或肾乳头内，最初为局灶性结核病变，继而病灶扩大且发展为干酪样坏死，一方面向皮质扩展，另一方面坏死物破入肾盂，液化排出，形成空洞。随着干酪样坏死扩大，肾组织广泛破坏，肾内可有多个空洞形成，最后可使肾仅剩一空壳，肾功能丧失（图 11-8）。由于干酪样坏死物随尿排出，尿液中含有大量结核分枝杆菌，致使输尿管、膀胱相继受累。也可逆行至对侧输尿管和肾。由于输尿管黏膜破坏，纤维组织增生，可致管腔狭窄，甚至阻塞。肾实质血管破坏时可有血尿；大量干酪样坏死物液化排出时可形成"脓尿"，并常伴有尿频、尿急和尿痛等膀胱刺激征。

2. 生殖系统结核病　男性生殖系统结核病与泌尿系统结核病有密切关系，结核分枝杆菌可使前列腺和精囊感染，并可蔓延至输精管、附睾等处。血源感染偶见。病变器官有结核结节和干酪样坏死形成。附睾结核是男性不育的重要原因之一。

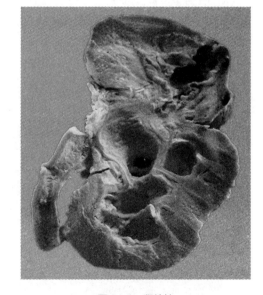

图 11-8　肾结核
肾组织发生干酪样坏死，坏死物脱落形成结核性空洞

女性生殖系统结核多由血道或淋巴道播散而来，也可由邻近器官的结核病蔓延而来。以输卵管结核最多见，为女性不育的原因之一，其次是子宫内膜和卵巢结核。

（五）骨与关节结核病

骨关节结核多由血源播散所致，多见于儿童和青少年。

1. **骨结核** 多侵犯脊椎骨、指骨及长骨骨骺（股骨下端和胫骨上端）等处。病变常始于松质骨及红骨髓，然后上下扩展，以后可发展为干酪样坏死型或增生型（图 11-9）。按病变性质分为两型：①干酪样坏死型，以骨质破坏形成干酪样坏死及死骨形成为特征，坏死液化后可在骨旁出现结核性脓肿，由于这种"脓肿"实际上是干酪样坏死，局部并无红、痛、热，故称为"冷脓肿"；②增生型，以形成结核性肉芽组织为主要特征，较上型少见。脊椎结核在骨结核中最常见，多见于第 10 胸椎至第 2 腰椎。病变起自椎体，常发生干酪样坏死，随后破坏椎间盘和邻近椎体。由于病变椎体不能负重而发生塌陷，引起脊椎后突畸形（驼背），严重者可压迫脊髓引起截瘫。

2. **关节结核** 多继发于骨结核，以髋、膝、踝、肘等关节受累为多见。病变通常开始于骨骺或干骺端，后累及附近关节软骨和滑膜。病变处软骨破坏，肉芽组织增生，骨膜增厚，结核结节形成，纤维素渗出，有时可有关节鼠（为渗出的纤维素长期相互撞击形成的圆形或卵圆形白色瓜子样小体）形成。炎症波及周围软组织可使关节明显肿胀。病变愈复后，由于关节腔内纤维组织增生，致使关节强直，失去运动功能。

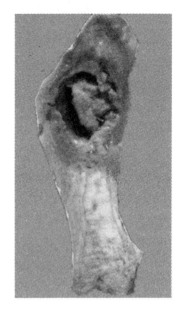

图 11-9 骨结核
病变处骨组织发生干酪样坏死，形成死骨

（六）淋巴结结核病

淋巴结结核病（tuberculosis of the lymph node）多见于儿童和青年，以颈部、支气管、肠系膜淋巴结多见。颈部淋巴结结核的结核分枝杆菌多来自肺结核原发病灶中的肺门淋巴结，也可来自口腔、咽喉的结核病灶。病变淋巴结内有结核结节形成和干酪样坏死。淋巴结逐渐肿大，当炎症累及淋巴结周围组织时，则淋巴结彼此粘连，形成较大的包块。

问题与思考

肺外器官结核病的病理特点有哪些？

相关链接

截至 2014 年，153 个国家向世界卫生组织（WHO）提供了有关结核病耐药性的数据。WHO 估计，2014 年有 48 万新发的耐多药结核（MDR-TB）病例，19 万人死于 MDR 结核。世界范围内，新发感染 MDR 结核病的比例为 3.3%，20% 是既往治疗病例。东欧和中亚国家比例最高。但是，根据 MDR 结核在普通人群中的发病率，南非应该是高负担国家。印度、中国和俄罗斯估计有最高数目的 MDR 结核，三个国家的 MDR 结核病例超过全球的 50%。虽然全球 MDR 结核负担在 2008—2013 年未改变，但检测到的利福平耐药病例在 2009—2013 年在几个国家中（如中国、印度、巴基斯坦、尼日利亚、南非、印度尼西亚、孟加拉国和刚果）增加。

第二节　伤寒

伤寒（typhoid fever）是由伤寒杆菌引起的一种急性传染病。病变特点为全身单核 - 巨噬细胞系统增生，尤以回肠末段集合淋巴小结和孤立淋巴小结、肠系膜淋巴结处最为明显。临床主要表现为伤寒流行季节和地区患者有持续性高热(40~41℃)为时1~2周以上,并出现特殊中毒面容,相对缓脉,皮肤玫瑰疹,肝脾大,外周血象白细胞数低下,嗜酸性粒细胞和中性粒细胞减少,骨髓象中有伤寒细胞,有时可出现肠出血、肠穿孔等严重并发症。

【病因及传播途径】

伤寒杆菌为革兰氏阴性菌,属沙门菌属中的D族,所产生的强烈内毒素是致病的重要因素。伤寒杆菌含有菌体"O"抗原、鞭毛"H"抗原和表面"Vi"抗原,都能使人体产生相应抗体,其中以"O"和"H"抗原性较强。故可用于血清凝集试验(肥达反应,Widal reaction)来测定血清中的抗体增高,可作为临床诊断伤寒的依据之一。

相关链接

肥达反应,又称伤寒杆菌凝集试验,是用已知伤寒杆菌的H(鞭毛)和O(菌体)以及甲型(A)与乙型(B)副伤寒沙门菌的标准液与患者血清做凝集试验,测定患者血清中各种相应抗体的凝集效价,用于伤寒、副伤寒的辅助诊断或用于流行病学调查的免疫凝集实验。肥达反应迄今仍然是临床诊断伤寒的重要实验室指标,但近年来,随着轻症和亚临床病例增多,肥达反应的阳性率有下降趋势,故细菌、便、血培养阳性对确诊伤寒尤为重要。肥达反应出现假阴性的情况主要有年老体弱,免疫功能缺陷,早期使用大剂量抗生素,早期使用肾上腺皮质激素,伤寒杆菌L型变异,重笃伤寒。由此可见,绝不能单凭肥达反应阳性而诊断伤寒或因阴性而排除伤寒。在应用标准抗原情况下,肥达反应仍对伤寒有一定的诊断意义,尤其是无条件做血培养的地区,反复多次检测肥达反应可提高阳性率。

伤寒患者和带菌者为本病的传染源。病菌随粪便和尿排出体外,污染食物、水源,经消化道感染,水源被污染是本病最重要的传播途径,常可引起暴发流行。苍蝇在本病传播上起媒介作用。本病全年均可发生,以夏秋两季最多。人体对伤寒杆菌易感性强,患者多为青壮年,近年来幼儿及儿童的发病率呈相对增加趋势。病后可获得比较稳固的免疫力,很少再被感染。

【发病机制】

伤寒杆菌随食物和饮水进入消化道后,如菌量较少,一般可被胃酸杀灭;在机体抵抗力低下或消化功能失调时,未被杀灭的细菌进入肠腔,通过小肠黏膜上皮细胞侵入肠壁淋巴组织,然后沿淋巴管到达肠系膜淋巴结,并在其中生长繁殖。部分伤寒杆菌经胸导管进入血液,引起菌血症,并很快进入肝、脾、骨髓和淋巴组织等处进行繁殖。此时临床上无明显症状,称为潜伏期,此期10天左右。此后进入单核-巨噬细胞系统的病菌及其释放的毒素再次进入血液,引起败血症和毒血症,出现全身中毒症状和各器官的病理性改变,回肠下段淋巴组织明显增生肿胀,此即发病的第1周,血液细菌培养呈阳性;第2~3周伤寒杆菌在胆囊内生长繁殖达到一定数量,再次进入回肠,使已经致敏的肠黏膜淋巴组织坏死、脱落并形成溃疡。此段时间粪便细菌培养呈阳性。随着机体免疫力的逐渐增强,血中的抗体不断上升,一般在发病的第2周以后肥达反应呈阳性。第4周,机体免疫力增强,血液和脏器内的细菌逐渐被吞噬消灭,全身中毒症状减轻,溃疡逐渐愈合,病变开始痊愈。

【病理变化与临床病理联系】

伤寒是主要累及全身单核-巨噬细胞系统的急性增生性炎症。增生的巨噬细胞体积大,吞噬功能十分活跃,胞质内可见被吞噬的伤寒杆菌、红细胞、淋巴细胞和坏死的细胞碎片,这种增生的巨噬细胞是伤寒的特征性细胞,称为"伤寒细胞"(文末彩插图11-10)。伤寒细胞常聚集成团,形成小结,称为伤寒小结或伤寒肉芽肿,是伤寒的特征性病变,在病理学上具有重要的诊断价值。伤寒杆菌引起的炎症反应的特点是在病灶内一般没有中性粒细胞浸润。

（一）肠道病变

肠壁淋巴组织以回肠下段集合淋巴小结和孤立淋巴小结的病变最为常见和显著。按其病变的发展过程可以分为四期，每期约一周。

1. **髓样肿胀期**　发病的第一周。肉眼观，肠壁充血水肿，淋巴组织明显增生、肿胀，突出于黏膜表面，呈圆形或椭圆形，质软，表面凹凸不平，状似脑回，故称为"髓样肿胀"（图 11-11）。镜下见，肠壁淋巴组织内伤寒细胞增生，形成伤寒肉芽肿。病变周围肠壁组织充血、水肿，有淋巴细胞及浆细胞浸润。

2. **坏死期**　发病的第二周，肿胀的淋巴组织中心部位发生小灶性坏死，周边及底部仍可见典型的伤寒肉芽肿。此期中毒症状明显，持续高热，皮肤出现玫瑰疹，血中抗体效价升高，肥达反应呈阳性。

3. **溃疡期**　发病的第三周。此期由于小的坏死灶互相融合，坏死组织溶解、脱落而形成溃疡，溃疡的外形与淋巴小结的分布及形态一致，呈圆形或椭圆形，溃疡的长径与肠管纵轴平行，此为肠伤寒溃疡的特点。孤立淋巴小结处的溃疡小而圆。溃疡较深，常达黏膜下层，严重者可穿透肌层和浆膜层，引起肠穿孔。此期的临床表现与坏死期大致相同，如果累及血管，则可引起肠出血。

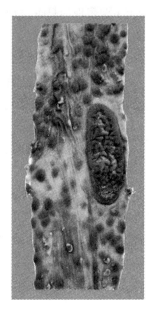

图 11-11　伤寒髓样肿胀期

4. **愈合期**　发病的第四周。坏死组织完全脱落，溃疡底部及边缘生长出肉芽组织逐渐将溃疡填平，最后由周围的肠黏膜上皮再生覆盖而愈合。由于病灶的长径与肠管纵轴相平行，故不会因为瘢痕收缩而引起肠管狭窄。此期患者体温下降，症状及体征逐渐消失。由于临床上早期抗生素的应用，目前临床上很难见到上述四期的典型病变。

（二）其他病变

肠系膜淋巴结、肝、脾及骨髓由于巨噬细胞增生活跃而致相应组织器官肿大。镜检可见伤寒肉芽肿和灶性坏死。心肌纤维高度水肿，也可有颗粒变性，甚至坏死；肾小管上皮细胞水肿；皮肤出现玫瑰疹；膈肌、腹直肌及股内收肌常发生凝固性坏死（亦称蜡样变性），临床上可出现肌痛和皮肤知觉过敏。胆囊的病变不明显，但是胆汁是伤寒杆菌良好的培养基，伤寒杆菌经血液到达胆囊，并在其中大量繁殖，再通过胆汁不断向肠道内排放。临床上患者虽然痊愈，但胆汁中的伤寒杆菌并没有完全被消灭，常常通过胆汁不断向肠道排菌，并通过粪便造成污染，在一定时期内仍是带菌者，有的患者甚至可成为慢性带菌者或终身带菌者，是伤寒的主要传染源。

伤寒患者可有肠穿孔、肠出血、支气管肺炎等并发症，如无并发症，一般经过一个月可以痊愈。慢性感染病例亦可累及关节、骨、脑膜及其他部位。

问题与思考

由伤寒引起的并发症和病变有哪几类？分别是什么？

第三节　细菌性痢疾

细菌性痢疾（bacillary dysentery），简称菌痢，是由痢疾杆菌引起的一种假膜性肠炎。病变多局限于直肠、乙状结肠，以大量纤维素渗出形成假膜为特征，假膜脱落伴有不规则浅表溃疡形成。全年均可能发病，但以夏秋季为多见。多为散发性，有时也可引起流行。儿童发病率较高，其次是青壮年，老年患者较少。临床上主要表现为腹痛、腹泻、里急后重、黏液脓血便，可伴有发热及全身毒血症状，严重者可出现感染性休克和（或）中毒性脑病。

【病因与发病机制】

痢疾杆菌为革兰氏阴性菌，依据其抗原结构不同分为四种，即福氏菌、鲍氏菌、宋内菌和志贺菌。四种杆菌均能产生内毒素，志贺菌还可产生强烈的外毒素。在我国引起痢疾的病原菌主要福氏和宋内痢疾杆菌。

细菌性痢疾患者和带菌者是本病的传染源。病原菌随粪便排出，直接或间接（苍蝇为媒介）污染水源、食物、食具、日常生活用品和手等，经口传染给健康人群。食物和饮食的污染有时可引起菌痢的爆发流行。

痢疾杆菌经口进入胃，大部分被胃酸杀灭，仅少部分进入肠道。痢疾杆菌进入人体后是否发病，主要取决于机体抵抗力的强弱、侵入细菌数量的多少和毒力的大小。痢疾杆菌侵入肠黏膜上皮后，首先在上皮细胞内大量繁殖，再经基底膜进入固有膜层，并在该处进一步繁殖，菌体裂解后释放出毒素，毒素被吸收入血引起全身中毒症状和肠黏膜炎症。

【病理变化及临床病理联系】

细菌性痢疾主要发生在大肠，尤以直肠和乙状结肠为重。病变严重者可波及整个结肠甚至回肠下端，很少累及肠道以外的组织。根据肠道炎症的特征和临床经过，可分为三种类型：

（一）急性细菌性痢疾

病变初期为肠黏膜的急性卡他性炎，随后为特征性假膜性炎和溃疡形成，最后愈合。表现为黏液分泌亢进，黏膜充血、水肿，中性粒细胞和巨噬细胞浸润。随病变发展，肠黏膜上皮坏死脱落，并有大量纤维素渗出。坏死组织与渗出的纤维素、红细胞、中性粒细胞及细菌一起凝集成假膜。假膜位于肠黏膜皱襞的顶端，起初呈糠皮状，随着病变范围的扩大可融合成片状。假膜一般为灰白色，如出血严重或被胆色素浸染时，假膜则分别呈暗红色或灰绿色（图 11-12）。发病后一周左右，在中性粒细胞崩解后释放的蛋白水解酶的作用下，假膜溶解、脱落，形成大小不等、形状不规则的浅表性"地图状"溃疡，溃疡仅局限于黏膜层，很少累及黏膜肌层。当溃疡趋向愈合时，黏膜上皮再生修复，不形成明显瘢痕，一般不引起肠狭窄。

图 11-12　细菌性痢疾
结肠黏膜有多处浅表溃疡

临床上，由于病变肠管蠕动亢进并有痉挛，引起阵发性腹痛、腹泻等症状。初期由于肠黏膜的急性卡他性炎症，排水样便和黏液便；后因假膜溶解、脱落及小血管损伤引起出血，则转为黏液脓血便；由于炎症刺激直肠壁内的神经末梢及肛门括约肌，患者表现出明显的里急后重、腹痛和腹泻等症状。病程一般 1～2 周，经适当治疗，大多数痊愈，很少发生肠出血、肠穿孔等，急性菌并发症，少数可转为慢性。

（二）慢性细菌性痢疾

菌痢病程持续超过两个月以上者称为慢性菌痢。多由急性菌痢转变而来，且多为福氏菌感染。肠道病变通常表现为此消彼长，肠壁黏膜原有的溃疡尚未愈合，又有新的溃疡形成，新旧病变常交替发生，同时存在。慢性溃疡较急性溃疡深，可达肌层，由于组织的损伤修复反复进行，慢性溃疡的边缘不规则，其边缘的肠黏膜常过度增生并形成息肉。由于肠壁反复损伤，一方面形成慢性溃疡，另一方面由肉芽组织进行修复并形成纤维瘢痕，使肠壁呈不规则增厚、变硬，甚至引起肠腔狭窄。

临床上可出现不同程度的肠道症状，如腹痛、腹胀、腹泻等，有时腹泻与便秘交替出现，大便常带有黏液或少量脓血。在急性发作期间,则可出现急性菌痢的症状称为慢性菌痢急性发作。有少数患者仅为痢疾杆菌的携带者,无明显的临床症状和体征,成为菌痢的传染源。

(三)中毒性细菌性痢疾

为细菌性痢疾中最严重的一型。多见于2~7岁儿童,成人少见。其特点是起病急,肠道病变和症状不明显,而全身中毒症状严重,可有嗜睡、昏迷及抽搐,迅速发生循环和呼吸衰竭,发病后数小时内可出现中毒性休克或呼吸衰竭而死亡。常由毒力较低的福氏或宋内菌引起,而由毒力较强的志贺菌引起的反而少见。肠道病变一般表现为卡他性炎,有时肠壁集合和孤立淋巴小结滤泡增生肿大,而呈滤泡性肠炎改变。其发病机制尚不清楚,可能与特异性体质对细菌毒素发生强烈的过敏反应有关。

问题与思考

如何鉴别细菌性痢疾和阿米巴痢疾? 细菌性痢疾有哪几类分型? 分别是什么?

第四节　肾综合征出血热

肾综合征出血热(hemorrhagic fever with renal syndrome, HFRS)又称流行性出血热(epidemic hemorrhagic fever, EHF),是汉坦病毒属(Hanta-virus, HV)的各型病毒引起的,以鼠类为主要传染源的一种自然疫源性急性传染病。主要病理变化是全身小血管和毛细血管广泛性损害,临床上以发热、充血出血、低血压休克和急性肾损害为主要表现。本病的流行具有地区性、季节性和发病年龄较集中的特点。多发生在地势低洼、潮湿、近水、多草和成片的荒草地带,在森林、山丘、丘陵地带及城市也有发生;冬季常为发病高峰季节,其他季节多为散发;任何年龄和性别均可发生,但以从事野外工作,男性青壮年最为多见。我国是本病流行高发区,发病率逐年增高。

【病因与发病机制】

肾综合征出血热的病原体是汉坦病毒,属布尼亚病病毒科(Bunyaviridae),为负性单链RNA病毒。鼠类(如黑线姬鼠、大林姬鼠、褐家鼠等)是主要的自然宿主和传染源。我国以黑线姬鼠和褐家鼠为主要宿主动物和传染源。林区以大林姬鼠为主。传播途径主要由带有病毒的鼠类排泄物(尿、粪、唾液等)污染易感人群的皮肤伤口而感染;也可通过吸入被污染的尘埃,或食入被污染的食物、水等而发病;病毒亦可经垂直传播而致病。肾综合征出血热的发病机制尚未完全清楚,研究结果显示,汉坦病毒侵入机体首先造成病毒血症,一方面病毒直接破坏感染细胞结构和功能,另一方面病毒感染诱发机体的免疫应答和各种细胞因子的释放,导致机体组织损伤。

【基本病理变化】

肾综合征出血热的病理变化以小血管和肾脏最为明显,其次为心、肝、脑等脏器。其基本病变是小血管(包括小动脉、小静脉和毛细血管)的广泛性损害,尤其以毛细血管的病变最为突出。

小血管的主要变化有:①血管明显扩张、充血和淤血;②内皮细胞肿胀、变性、坏死,管壁纤维蛋白样坏死,微血栓形成;③血管壁通透性增高、脆性增加引起广泛性水肿和出血;④严重者可引起弥散性血管内凝血。小血管的病变及病毒的毒性作用还可使各器官实质细胞发生变性、坏死以及小梗死灶形成。病变组织炎症反应比较轻微,间质内可见少量的淋巴细胞和单核细胞浸润。

【各器官病理变化】

肾综合征出血热的病变在肾、心、垂体及肾上腺等器官最为突出。肾上腺髓质、脑垂体前叶的出血及右心房、右心耳内膜下大片出血常恒定出现,是本病最典型的病理变化,可作为病理诊断的主要依据。

1. **肾脏损害** 肉眼观,肾脏体积增大,质软,髓质呈暗红色,髓放线条纹消失,部分病例可见小的楔形坏死灶;皮质因贫血呈苍白色,与髓质对照分明。肾盂黏膜有不同程度的出血,严重者出血可波及整个肾盏、肾盂甚至输尿管上段的黏膜。镜下见,肾髓质常明显充血、出血,尤以近皮髓质交界处最为显著,严重者可见肾髓质组织淹没在大片的出血灶中。肾小管肿胀、受挤压而变形。肾小管上皮细胞变性坏死,管腔内可见蛋白管型。重症患者在肾局部出现凝固性坏死灶。肾间质有轻微的炎症反应,一般仅在肾盂黏膜下有少量单核细胞和淋巴细胞浸润。

2. **垂体和肾上腺病变** 垂体病变主要发生在腺垂体,肾上腺病变则以皮质网状带变化最为明显。病变部位除有广泛的充血、出血、微血栓形成外,重者可见大片的凝固性坏死。

3. **心脏病变** 肉眼观,心脏重量明显增加(可达500g左右),心壁各层组织均可见点状出血,尤以右心房和右心耳内膜下的大片状出血为特点。镜下可见心肌纤维不同程度的变性、坏死,间质水肿、炎性细胞浸润以及小血管内微血栓形成等改变。

4. **其他器官病变** 肝的病变主要表现为肝窦扩张充血,肝细胞水肿和脂肪变性,肝小叶的中央可出现小的凝固性坏死灶;胃、肠黏膜有大片状出血;肺组织可见明显的充血、水肿乃至出血;球结膜、眼球周围组织常因液体渗出而出现水肿;肾周围组织可因水肿而呈胶冻样;皮肤、黏膜等处常有点状甚至大片的出血;脑组织也可出现水肿、出血、微血栓形成及神经细胞变性等病变。

问题与思考

肾综合征出血热最典型病理变化是什么?

【临床病理联系】

临床上以全身皮肤及各器官的广泛性小血管损害为病理学基础,典型病程可分为发热期、低血压休克期、少尿期、多尿期和恢复期五期经过。

1. **发热** 由于病毒血症,患者可出现持续发热,以稽留热和弛张热多见,发病后1~2天体温达到高峰,热程多数3~7天。并伴全身中毒症状,表现为头痛、腰痛、眼眶痛"三痛"及醉酒面容。

2. **毛细血管损害征** 主要表现为充血、出血和渗出水肿征。皮肤充血潮红主要表现为"三红"即颜面、颈、胸皮肤充血潮红,重者可呈"酒醉貌"。全身广泛性出血是本病的突出表现之一,黏膜出血多见于软腭,呈针尖样出血点,眼结膜呈片状出血。皮肤出血多见于腋下及胸背部,常呈搔抓样、条索点状瘀点。少数患者有鼻出血、咯血、黑便或血尿。渗出水肿征主要表现为球结膜水肿,部分患者出现眼睑和面部水肿,通常称之为"三肿"。

3. **休克** 多在发病后的第4~6天出现。热退病重是本期的重要特点。主要表现为面色苍白、心慌、多汗、脉搏细速、血压下降,严重者发生休克(主要是中毒性、低血容量性休克)。血压降低和休克与以下因素有关:①血管扩张使血管容积增加,血浆外渗、出血使血容量急剧减少;②病毒的毒性作用、DIC的发生、垂体和肾上腺的病变使升压物质产生减少;③心肌收缩力降低。

4. **急性肾衰竭** 少尿和随后出现的多尿均是急性肾衰竭的表现,一方面是由于肾脏本身的病变所致,另一方面则是休克的重要反应之一。患者多在发病后第8天左右进入少尿期,一般持续4天左右,主要表现为少尿、无尿、氮质血症,此期患者常因尿毒症、代谢性酸中毒而死亡。少尿与肾小球损害、肾间质出血、水肿、血压下降等因素有关。随后在发病后的12天左右,如果患者度过少尿期则进入多尿期,此期持续时间较长,12~14天。

临床上,多数患者可痊愈,极少数患者可因休克、急性肾衰竭、肺和脑水肿、心功能不全及继发感染而死亡。

第九届肾综合征出血热、汉坦病毒肺综合征（HPS）及汉坦病毒国际会议提出了针对汉坦病毒感染两种新的干预措施，芬兰赫尔辛基大学使用一种缓激肽受体拮抗药艾替班特，成功救治了 1 例由 PUUV（普马拉病毒）感染引起的严重肾综合征出血热（HFRS）病患，美国石溪大学总结分析 mTOR 信号通路受 ANDV（安第斯病毒）感染的影响后认为，作为 mTOR 通路的抑制剂雷帕霉素有望改善淋巴系统回流，从而减轻 HPS 中肺水肿的程度。

第五节　流行性脑脊髓膜炎

流行性脑脊髓膜炎（epidemic cerebrospinal meningitis）简称流脑，是由脑膜炎双球菌引起的急性化脓性脑脊髓膜炎。好发于儿童及青少年，多为散发性，但在冬春季可引起流行。临床上表现为高热、寒战、头痛、呕吐、颈项强直及皮肤瘀点等，严重者可出现中毒性休克。

【病因及发病机制】

脑膜炎双球菌具有荚膜，可抵抗体内白细胞的吞噬作用，并能产生内毒素。人是本菌唯一天然宿主，在体内、外易自溶而死亡。脑膜炎双球菌存在于患者和带菌者的鼻咽部，主要经咳嗽、打喷嚏借飞沫经呼吸道传播。病菌进入上呼吸道后，大多数受感染者只引起局限性的上呼吸道炎症而不发病，成为带菌者。只有少数人（2%～3%）由于机体抵抗力低下，细菌从上呼吸道黏膜侵入血流并生长繁殖，引起短暂的败血症，再进一步到达脑脊膜引起化脓性炎症。细菌可在蛛网膜下腔的脑脊液中迅速繁殖、播散，脑膜炎症一般呈弥漫分布。

【病理变化】

肉眼观，脑脊髓膜血管高度扩张、充血，蛛网膜下腔充满灰黄色脓性渗出物，脑沟内尤为明显。脑沟、脑回因脓性渗出物覆盖而模糊不清（图 11-13）。以大脑额叶、顶叶面最为明显。脓性渗出物可累及大脑凸面矢状窦附近或脑底部视神经交叉及邻近各池（如交叉池、脚间池）。由于渗出物阻塞，致脑脊液循环障碍，脑室扩张并有混浊液体。镜下见，蛛网膜下腔增宽，其内含有大量中性粒细胞、少量单核细胞、淋巴细胞和纤维素，血管高度扩张充血（文末彩插图 11-14）。用革兰氏染色，在细胞内外均可找到致病菌。脑实质一般不受累，邻近的脑皮质可有轻度水肿，小血管周围可见少量中性粒细胞浸润。严重者由于内毒素的弥漫作用可使神经元发生不同程度的变性，称脑膜脑炎。

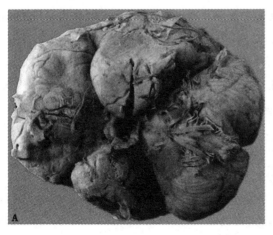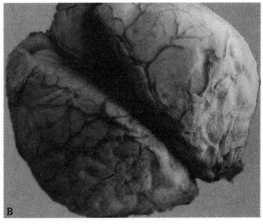

图 11-13　流行性脑脊髓膜炎（大体标本）

【临床病理联系】

1. 颅内压升高 患者表现为剧烈头痛、喷射性呕吐、视乳头水肿、小儿前囟饱满等。这是由于脑膜血管充血，蛛网膜下腔渗出物堆积，蛛网膜颗粒因脓性渗出物阻塞而影响脑脊液吸收所致。如伴有脑水肿，则颅内压升高更明显，严重时可致脑疝，甚至死亡。

2. 脑膜刺激征 表现为颈项强直或屈髋伸膝征（Kernig 征）阳性。当炎症累及脊髓神经根周围的蛛网膜及软脑膜，使脊神经根在通过椎间孔处受压，当颈部或背部肌肉运动时牵拉脊神经产生疼痛，因而颈部肌肉发生保护性痉挛而呈僵硬状态，称为颈项强直。在婴幼儿，常因发生腰背部肌肉保护性痉挛而呈"角弓反张"体征。当做屈髋伸膝试验时，因坐骨神经受到牵拉，引起腰神经根压痛的表现，即为屈髋伸膝征（Kernig 征）阳性。

3. 脑脊液的变化 脑脊液压力增大。早期脑脊液澄清，随后因蛛网膜下腔有大量脓性渗出物而呈混浊脓样，含大量脓细胞，蛋白增多，糖含量减少，涂片或细菌培养可查见病原菌。

4. 脑神经麻痹 基底部脑膜炎可累及Ⅲ、Ⅳ、Ⅴ、Ⅵ、Ⅶ对脑神经，引起相应的神经麻痹症状。

5. 败血症 由于脑膜炎双球菌侵入血流引起败血症，患者表现为高热、寒战及皮肤瘀点等。皮肤瘀点是因细菌栓塞末梢血管或细菌毒素对血管壁的损伤所致。用瘀点处的血液直接涂片，有 80% 病例可找到脑膜炎双球菌。

【结局与并发症】

由于抗生素的滥用，在全球范围内出现脑膜炎双球菌对磺胺类药物耐药情况。目前在医疗条件比较完善的地方，流脑死亡率仍达到 5%～10%，少数患者因治疗不当或不及时，病变可由急性转为慢性，并可发生以下后遗症：①脑积水，由于蛛网膜下腔渗出物的机化，致脑膜粘连，脑脊液循环障碍所致；②脑神经受损麻痹，如耳聋、视力障碍、斜视及面神经麻痹等；③脑底部脉管炎致管腔阻塞而引起相应部位的脑缺血性梗死；④局限性粘连性蛛网膜炎。

问题与思考

流行性脑脊髓膜炎的传染源及传播途径是什么？

相关链接

我国面临着错综复杂的脑膜炎奈瑟菌（Neisseria meningitidis，Nm）疾病流行趋势，中国健康人群的鼻咽部流脑菌株携带以 A 群和 B 群为主的血清群。如今，针对 Nm 的 A、C、Y 和 W135 血清型均已有了有效疫苗，而针对 B 群 Nm 的疫苗的研究也在进一步发展和完善。另外，ACYW135 四价 MPV（meningococcal polysaccharide vaccine，流行性脑膜炎多糖疫苗）具有 A＋C 群 MPV 不可替代的全面保护力，但是，我国人群普遍对 Y 群和 W135 群易感和国家计划免疫疫苗不能预防 Y 群和 W135 群的感染之间存在矛盾。

通过疫苗接种使流脑得到有效预防和控制指日可待。此外，密切的流行病学监测和基因分型研究，对控制我国流脑暴发流行、疫苗设计和评价同样具有重要意义。

理论与实践

流脑根据病情进展分为普通型和暴发型，后者又分为休克型、脑膜脑炎型和混合型。暴发性流脑，起病急骤，病情危重，多见于儿童。休克型短期内即出现周围循环衰竭、休克及皮肤、黏膜的广泛性出血点和瘀斑。同时双侧肾上腺严重出血，肾上腺皮质功能衰竭（称为沃 - 弗综合征）。沃 - 弗综合征发病特点：

儿童,冬春季发病,起病急,以高热起病。以败血症为主要表现,然后出现血压下降,休克及全身广泛瘀点、瘀斑等症状。一般在起病24小时内死亡。其发生机制是因内毒素导致DIC。暴发性脑膜脑炎为脑膜炎波及软脑膜下的脑实质,可引起严重脑膜水肿,若抢救不及时,可危及生命。

普通型流脑中成人A群流脑首选青霉素,严重者及时选用抗菌谱广、抗菌活性强的第三代头孢菌素,如头孢曲松或头孢噻肟。而暴发型流脑治疗目前主要采用分型综合治疗。休克型治疗重点是补充血容量,适当应用血管活性药物,改善微循环,早期使用肝素,控制感染。混合型为流脑死亡的主要类型,抢救应按休克和颅内高压症状出现的顺序综合分析,抓住重点,采取综合措施。如以休克为主,重点纠正休克,尽快补充血容量,见血压回升时开始应用甘露醇等脱水剂,采用"快补慢脱"方法补液。如以颅内高压突出,应以控制脑水肿为主,宣"快脱慢补",适当控制输液量。脑膜脑炎型抢救重点是应用脱水剂,解除颅内高压,防止脑疝、中枢性呼吸衰竭的发生。

第六节　流行性乙型脑炎

流行性乙型脑炎(epidemic encephalitis B)简称乙脑,是由乙型脑炎病毒感染引起的以脑实质变质性病变为主的急性传染病。本病首先发生于日本,且在夏秋季流行,又称日本夏季脑炎。因与冬季发生的甲型昏睡型脑炎不同,故又称为乙型脑炎。经蚊传播,猪是本病主要传染源。本病起病急,发展快,病情重,死亡率高,部分患者可留有后遗症。临床主要表现为高热、抽搐、嗜睡、昏迷、病理反射、脑膜刺激征等。儿童发病率较成人高,尤其以10岁以下儿童多见,约占乙型脑炎的50%~70%。近年来由于儿童和青少年广泛接种乙脑疫苗,发病率已有较大的下降。

【病因与发病机制】

乙型脑炎病毒为嗜神经性RNA病毒,为有膜RNA病毒。传染源为乙脑患者和中间宿主(家禽、家畜,主要为猪),传播媒介为蚊子,在我国主要是三节吻库蚊。带病毒的蚊子叮人时,病毒侵入人体,先在局部血管的内皮细胞中及全身单核-巨噬细胞系统繁殖,然后侵入血流引起短暂性的病毒血症。如机体免疫力强,血-脑屏障正常,病毒则不易进入脑组织致病,仅成为短暂的病毒血症,进而成为隐性感染。但在免疫功能低下时,血-脑屏障功能不健全者,病毒则可侵入中枢神经系统而致病。由于受感染神经细胞表面有膜抗原存在,从而激发体液免疫和细胞免疫,导致损伤和病变的发生。

【病理变化】

病变主要发生在脑脊髓实质,以大脑皮质、基底核、视丘最为严重;小脑皮质、脑桥及延髓次之;脊髓病变最轻,常仅限于颈段脊髓。

肉眼观,脑膜血管扩张、充血,脑水肿明显,脑回宽,脑沟窄;切面在皮质深层、基底核、视丘等部位可见粟粒大小的半透明状软化灶,界限清楚、呈弥漫性或灶性分布。

镜下见:①血管变化和炎症反应:脑实质血管明显扩张充血,血管周围间隙增宽,脑组织水肿,有时可见环状出血。出现以淋巴细胞为主的炎性细胞围绕血管周围间隙形成袖套状浸润,即血管套(文末彩插图11-15)。②神经细胞变性、坏死:由于病毒在神经细胞内生长繁殖并破坏其功能及结构所致,表现为神经细胞肿胀,尼氏小体消失,胞质出现空泡、核偏位等。严重时神经细胞可发生核固缩、溶解、消失。在变性、坏死的神经细胞周围,常有增生的少突胶质细胞围绕,称为卫星现象。小胶质细胞、中性粒细胞侵入变性坏死的神经细胞内,称为嗜神经细胞现象(文末彩插图11-16)。③软化灶形成:局灶性神经组织坏死、液化,形成染色较浅,质地疏松,边界清楚的镂空筛网状病灶,称为筛状软化灶(文末彩插图11-17)。对乙型脑炎的诊断具有一定的特征性意义。病灶呈圆形或卵圆形,边界清楚,分布广泛,除大脑(顶叶、额叶、海马回)皮质灰、白质交界处外,丘脑、中脑等处也颇常见。软化灶可被吸收,由增生的胶质细胞取代而形成胶质瘢痕。关于软化灶发生的机制至今尚未能肯定,除病毒或免疫反应对神经组织可能造成的损害外,病灶的局灶性分布提示,局部循环障碍可能也是造成软化灶的一个因素。④胶质细胞增生:小胶质细胞呈弥漫性和结节状增生,可形成小胶质细胞结节(文末彩插图11-18),多位于小血管旁或坏死的神经细胞附近。星形胶质细胞增生和胶质瘢痕形成。

【临床病理联系】

1. **颅内压增高** 由于脑实质血管的扩张、充血及脑水肿,引起颅内压升高,患者常出现头痛、呕吐。严重者可形成脑疝,如枕骨大孔疝,可使延髓呼吸中枢受压而死于中枢性呼吸衰竭。

2. **嗜睡、昏迷** 由于神经细胞的广泛变性、坏死,引起中枢神经系统功能障碍,患者可出现嗜睡、抽搐甚至昏迷等症状。

3. **脑膜炎症** 由于脑膜有不同程度的反应性炎症,临床上有脑膜刺激症状和脑脊液中细胞数增多的现象。

多数患者经治疗后可痊愈;重症患者,可出现语言障碍、痴呆、肢体瘫痪及因脑神经损伤所致的吞咽困难、中枢性面瘫等,这些表现经数月之后多能恢复正常。少数病例不能完全恢复而留下后遗症。更有甚者,可能因呼吸循环衰竭或并发小叶性肺炎而死亡。

问题与思考

流行性乙型脑炎镜下表现有哪些?

第七节 血吸虫病

血吸虫病(schistosomiasis)是由血吸虫寄生于人体引起的一种地方性寄生虫病。人类一般通过皮肤接触含尾蚴的疫水而感染。主要病变是由虫卵引起肝、肠的肉芽肿形成和纤维化。急性期患者有发热、腹痛、腹泻或脓血便,肝大与压痛等,血中嗜酸粒细胞显著增多。慢性期以肝脾大或慢性腹泻为主。晚期则以门静脉周围纤维化病变为主,可发展为肝硬化、巨脾和腹水等。有时可发生血吸虫病异位损害,如肺、脑等。目前公认寄生于人体的血吸虫主要有五种,即日本血吸虫(S.japonicum)、曼氏血吸虫(S.mansoni)、埃及血吸虫(S.haematobium)、间插血吸虫(S.intercalatum)和湄公血吸虫(S.mekongi)。在我国流行的血吸虫病是由于感染日本血吸虫所致。这是一种人畜共患的地方性寄生虫病,主要流行于长江流域及其江南的广大地区。

【病因及感染途径】

日本血吸虫雌雄异体,其生活史包括虫卵、毛蚴、母胞蚴、子胞蚴、尾蚴、童虫和成虫等发育阶段。在日本血吸虫的传播途径中,含有虫卵的粪便污染水源、钉螺内的滋生以及人体接触疫水是三个必备条件。人是终末宿主,钉螺是必需的唯一中间宿主。随患者或病畜的粪便排出的血吸虫卵进入水中,在适当条件下孵出毛蚴;毛蚴钻入中间宿主钉螺体内继续繁殖,经过母胞蚴和子胞蚴阶段后发育成大量尾蚴游于水中,如遇人或牛、马、羊、猪等终宿主,尾蚴可借其头腺分泌的溶组织酶和机械性运动钻入其皮肤或黏膜,脱去尾部变为童虫;童虫穿入小静脉和淋巴管到达右心,经肺循环进入体循环散布到全身各处,其中只有抵达肠系膜静脉者才能发育为成虫并大量产卵,其余皆在沿途死亡。虫卵随血流入肝,或逆流入肠壁,沉积于组织中引起病变。肠壁内成熟的虫卵可破坏肠黏膜而进入肠腔,并随粪便排出体外,再重演生活周期(图11-19)。从感染尾蚴到患者粪便内检出虫卵需一个月以上。

【基本病变及发病机制】

日本血吸虫的尾蚴、童虫、成虫和虫卵等均可引起病变,但以虫卵引起的病变危害性最大。

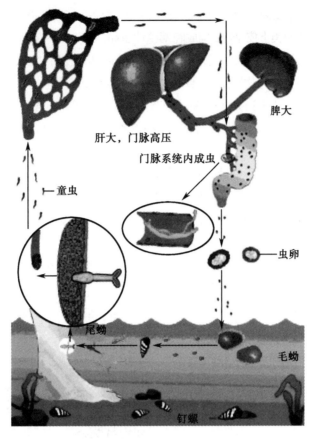

图 11-19　血吸虫生活史及其病理变化

1. 尾蚴及童虫引起的病变　尾蚴钻入皮肤引起尾蚴性皮炎,皮肤局部常出现奇痒的红色小丘疹,数日后可自然消退。镜下见,真皮充血、水肿及出血,起初有中性粒细胞及嗜酸性粒细胞浸润,以后主要为单核细胞浸润,称为尾蚴性皮炎,可能与 I 及 IV 型变态反应有关。童虫在体内穿行,可引起轻度血管炎和血管周围炎,以肺组织受损最为明显。表现为肺组织充血、水肿、点状出血及白细胞浸润,严重时可发生"出血性肺炎"。

2. 成虫引起的损害　主要为静脉内膜炎、静脉周围炎以及成虫的代谢产物、分泌排泄物等抗原刺激宿主产生相应抗体,形成免疫复合物引起Ⅲ型变态反应,患者可出现发热、嗜酸性粒细胞增多、贫血和肝脾大等症状。贫血可能与成虫吞食红细胞和由成虫引起的过敏反应及毒性作用有关。被吞食的红细胞在成虫体内经珠蛋白酶作用,血红蛋白分解产生一种黑褐色的血吸虫色素。后者主要被肝、脾增生的巨噬细胞所吞噬。死亡虫体周围组织坏死,大量嗜酸性粒细胞浸润,形成嗜酸性脓肿。

3. 虫卵引起的病变　是本病最严重的病变。虫卵主要沉着于乙状结肠、直肠和肝,也可沉积于回肠末段、阑尾、升结肠、肺、脑等处。未成熟虫卵因其内的毛蚴不成熟,无毒性分泌物,所致病变轻微。成熟虫卵内的毛蚴能分泌可溶性虫卵抗原(soluble egg antigens, SEA),病变早期 SEA 可刺激机体产生抗体,在虫卵周围形成免疫复合物,后期则主要通过致敏的 T 淋巴细胞介导的迟发型变态反应,引起特征性急性和慢性虫卵结节(血吸虫性肉芽肿)形成。

(1)急性虫卵结节:由成熟虫卵引起的一种急性坏死、渗出性病灶。肉眼观,呈灰黄色、粟粒至绿豆大的小结节,直径 0.5~4mm 大小。镜下见,结节中央常见多个成熟虫卵,卵壳薄,有折光性,表面附有放射状嗜酸性棒状体称 Hoeppli 现象(文末彩插图 11-20),是虫卵内毛蚴释放的可溶性虫卵抗原。虫卵周围见大量嗜酸性粒细胞聚集并发生坏死,形成嗜酸性脓肿(文末彩插图 11-21),其中可见菱形或多面形有折光性的蛋白性晶体,即 Charcot-Leyden 结晶。随后毛蚴死亡,脓肿周围出现肉芽组织增生,伴有大量嗜酸性粒细胞及少量巨噬细胞、淋巴细胞浸润。随着病变的发展,嗜酸性粒细胞逐渐被巨噬细胞、淋巴细胞代替,并出现围绕结节呈放射状排列的类上皮细胞,构成晚期急性虫卵结节。

（2）慢性虫卵结节:在晚期急性虫卵结节的基础上,结节内坏死物质被吸收,虫卵破裂或钙化,周围有许多类上皮细胞增生并出现多核异物巨细胞,伴有淋巴细胞浸润,其形态类似结核结节,故称为假结核结节,即为慢性虫卵结节（文末彩插图11-22）。最后结节内大量成纤维细胞增生,逐渐发生纤维化和玻璃样变,其中死亡、钙化的虫卵可长期存留,可作为血吸虫病诊断的重要病理依据。

【主要器官的病变及后果】

日本血吸虫主要寄生在肠系膜下静脉与直肠痔上静脉内。虫卵沉积于宿主肠壁黏膜下层,并可顺门静脉血流至肝内分支,故病变以肝与结肠最显著。

1. **结肠**　主要累及直肠、乙状结肠和降结肠。急性期:黏膜层或黏膜下层有许多急性虫卵结节,外观呈灰黄色细颗粒状或呈细小溃疡,为表浅处虫卵结节向肠腔穿破所致。肠黏膜充血水肿、片状出血,黏膜有浅表溃疡等。临床上可出现腹痛、腹泻和便血等痢疾样症状。慢性期:由于成虫不断排卵,反复沉着于肠壁,形成许多新旧不一的虫卵结节,最终因虫卵结节纤维化导致肠壁增厚变硬,导致肠息肉和结肠狭窄（图11-23）。严重时可发生肠梗阻或者癌变。

2. **肝脏**　虫卵引起的病变主要在汇管区,以左叶更为明显。急性期:肝脏轻度肿大,汇管区内有多数虫卵结节形成,使肝表面及切面呈粟粒状灰白色或灰黄色结节。镜下汇管区附近肝细胞受压萎缩,邻近的肝窦扩张充血,Kupffer细胞增生,并吞噬血吸虫色素。慢性期:尤其是重度感染的病例,以汇管区慢性虫卵结节和纤维化为特征,并使汇管区不断扩展,但肝小叶结构一般不遭破坏,不形成假小叶。

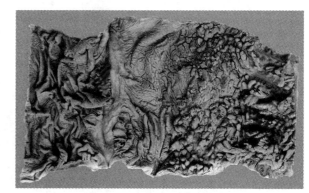

图11-23　慢性血吸虫病的结肠
可见肠壁增厚、变硬,肠腔狭窄,黏膜粗糙,有息肉和溃疡形成

肉眼观:肝体积缩小,变形、变硬,尤以肝左叶为甚。表面起伏不平,可见散在地图状浅沟纹将肝划分为若干大小不等、形态不规则的微隆起区。切面见大量增生的纤维组织沿门静脉分支呈树枝状分布,构成典型的血吸虫病肝纤维化,又称为干线型或管道型肝纤维化（pipestem hepatic fibrosis）（图11-24）。镜下见,汇管区有许多慢性虫卵结节沉积,并因显著纤维化而增宽,伴有慢性炎性细胞浸润。肝小叶本身破坏不严重,无明显假小叶形成。可与门脉性肝硬化相区别。由于虫卵较大不能进入肝窦,虫卵结节主要位于汇管区,大量增生的纤维组织和虫卵本身可压迫、阻塞肝内门静脉分支,并可伴血栓性静脉炎,易引起窦前性门脉高压,临床上较早出现腹水、巨脾及食管下段静脉曲张等体征,易破裂引起上消化道出血。而肝功能损害一般较轻。

3. **脾脏**　早期可轻度肿大,系因成虫代谢产物刺激单核-巨噬细胞增生所致。晚期主要是严重的门脉高压引起重度淤血性脾大,重量可达4000g以上。肉眼观,呈青紫色,被膜增厚,质地坚韧。切面暗红色,脾小梁增粗,脾小体萎缩,可见散在黄褐色含铁小结,偶见多数陈旧性梗死灶。镜下,脾窦高度扩张淤血,脾髓纤维化,中央动脉管壁增厚、玻璃样变。单核-巨噬细胞增生,并吞噬血吸虫色素。可出现巨脾,继发脾功能亢进症。

4. **肺**　肺是日本血吸虫常见的异位寄生部位

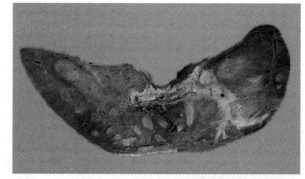

图11-24　血吸虫病肝硬化
肝脏体积变小、变硬,切面见灰白色的沿肝门静脉分支增生的纤维结缔组织

（门静脉系统以外的组织和器官中出现血吸虫成虫和虫卵,则称为异位寄生),常见于严重感染的早期病例。虫卵经门-腔静脉交通支至下腔静脉或肝静脉内产卵,再经右心进入肺,形成急性虫卵结节,周围肺泡出现炎性渗出物,肉眼及X线所见类似粟粒性肺结核。通常肺的病变轻微,一般无严重后果。

5. 脑 脑血吸虫病主要见于大脑顶叶,也可累及额叶及枕叶。表现为不同时期的虫卵结节形成和胶质增生。虫卵入脑途径说法不一,最有可能是肺的虫卵经肺静脉入左心,以栓子的形式到达脑。临床上可出现急性脑炎或局限性癫痫发作以及颅内压升高等症状。

6. 其他部位 严重感染病例,在肠系膜及腹膜后淋巴结、胃、胰、胆囊、皮肤、心包、肾、膀胱及子宫颈等处,偶见有少数血吸虫虫卵沉着。

相关链接

血吸虫病侏儒症(schistosoma dwarfism),若儿童长期反复重度感染血吸虫,将严重影响肝功能,以致某些激素不能被灭活,从而继发脑垂体功能抑制,垂体前叶及性腺等萎缩,可严重延缓儿童全身代谢和个体发育与生长,造成患者身材矮小,面容苍老,缺乏第二性征,无生殖能力,但智力一般不受影响。

问题与思考

1. 血吸虫病最严重的病变是由什么引起的?最显著的病变位于什么部位?
2. 日本血吸虫的主要寄生部位在哪里?脑血吸虫病变主要位于什么部位?

（庞丽娟）

学习小结

传染病的发生发展需具备传染源、传播途径和易感人群三个基本环节。传染病的病变本质为炎症,其中结核病是由结核分枝杆菌引起的以结核结节形成和干酪样坏死为病变特征的慢性增生性炎;伤寒是由伤寒杆菌引起的以伤寒小体形成为病变特征的急性增生性炎;细菌性痢疾是由痢疾杆菌引起的主要累及直肠和乙状结肠的假膜性炎;肾综合征出血热是由汉坦病毒引起的以全身毛细血管和小血管广泛损伤为病变特征的自然疫源性急性传染病;流行性脑脊髓膜炎是由脑膜炎双球菌引起的主要累及脑脊髓膜的急性化脓性炎;流行性乙型脑炎是由乙型脑炎病毒引起的主要累及脑实质的急性变质性炎;血吸虫病是由血吸虫引起的以肉芽肿形成和纤维化为病变特征的地方性寄生虫病。

复习参考题

1. 试述原发性肺结核与继发性肺结核的区别。

2. 一患者在结肠处发现溃疡,就本章所学知识请说出可能发生的疾病有哪些?各有何病理特点?

3. 简述继发性肺结核的病变类型及病变特点。

4. 试述流脑与乙脑的区别。

5. 伤寒和痢疾的传染源是什么?主要是什么?

6. 比较血吸虫性肝硬化与门脉性肝硬化有何不同。

第十二章　　性传播疾病

12

学习目标	
掌握	淋病、梅毒和艾滋病的病因和传播途径；尖锐湿疣、梅毒和艾滋病的病理变化；后天性梅毒的病程。
熟悉	淋病、尖锐湿疣和艾滋病临床病理联系。
了解	淋病、尖锐湿疣、梅毒和艾滋病的发病机制。

性传播性疾病（sexually transmitted diseases，STDs）是指能通过性行为或类似性行为传染的一组传染性疾病。此组疾病通过间接接触也可被感染。他们不仅在性器官上发生病变，还可以通过淋巴系统侵犯性器官所属的淋巴结、皮肤黏膜，甚至通过血行播散侵犯全身重要的组织、器官。人体对性传播性疾病没有终身免疫，即使治愈也有可能再次感染。本章仅介绍淋病、尖锐湿疣、梅毒和艾滋病。

相关链接

目前世界卫生组织规定的性传播疾病主要分为四级：①一级性病：艾滋病；②二级性病：梅毒、淋病、软下疳、性病性淋巴肉芽肿、腹股沟肉芽肿、非淋菌性尿道炎、性病性衣原体病、泌尿生殖道支原体病、滴虫性阴道炎、细菌性阴道炎、性病性阴道炎、性病性盆腔炎；③三级性病：尖锐湿疣、生殖器疱疹、阴部念珠菌病、传染性软疣、阴部单纯疱疹、加特纳菌阴道炎、性病性肝周炎、瑞特综合征、B群佐球菌病、乙型肝炎、疥疮、阴虱病、人巨细胞病毒病；④四级性病：梨形鞭毛虫病、弯曲杆菌病、阿米巴病、沙门氏菌病、志贺氏菌病。

第一节　淋病

淋病（gonorrhea）是由淋球菌感染引起的以泌尿生殖系统受累为主的急性化脓性炎症，是最常见的性传播性疾病，男女均可发病，多发生于15～30岁。

【病因、传播途径及发病机制】

1. **病因**　淋病的病原体是淋球菌，奈瑟菌属，为革兰氏阴性菌，无鞭毛无荚膜，也不形成芽胞。最怕干燥，在完全干燥的环境中1～2小时即死亡，但若附着于衣裤和被褥中，则能生存18～24小时，在厚层脓液或湿润的物体上可存活数天，在50℃仅能存活5分钟，适宜在潮湿、温度为35～36℃、含2.5%～5.0%二氧化碳的条件下生长，其生长的最适pH为7.0～7.5。淋球菌有自溶现象，离开人体后，自行溶解，"自杀身亡"，即使不自溶也会在短时间内失去传染性。淋球菌对常用的黏膜杀菌剂抵抗力很弱。

2. **传播途径**　人类是淋球菌唯一的自然宿主。成人的淋病几乎全部通过性交而传染。儿童可通过接触带有淋球菌污染的用品而间接感染。分娩时胎儿受淋病母亲产道分泌物污染，可出现新生儿眼结膜炎。

3. **发病机制**　淋球菌虽然具有内毒素，但与其毒力关系不大。淋球菌致病主要与菌体外膜的结构有密切关系，外膜的主要成分为膜蛋白、脂多糖和菌毛。淋球菌借助菌毛、膜蛋白Ⅱ和自身分泌的IgA1分解酶迅速与上皮细胞黏合，外膜蛋白Ⅰ转至上皮细胞膜内，然后直接侵入上皮细胞或刺激上皮细胞吞噬，在上皮细胞内淋球菌大量繁殖，导致细胞崩解，淋球菌扩散到固有层，并继续增殖，通过其内毒素、脂多糖、补体及IgM的协同作用，在该处引起炎症反应。

【病理变化和临床病理联系】

淋球菌仅侵袭人类，对柱状上皮和移行上皮有特别的亲和力，故主要侵犯泌尿生殖系统。基本病变为化脓性炎症。感染一般开始于男性的前尿道、女性尿道与子宫颈，以后上行扩散，导致泌尿、生殖系统各器官的病变。

1. **急性淋病**　受感染3日～5日，生殖道、尿道和尿道附属腺体出现的急性化脓性炎症。

肉眼观，尿道口、女性外阴及阴道口充血、水肿，并有脓性渗出物流出。

镜下观，黏膜血管扩张和充血、水肿、大量中性粒细胞浸润，伴溃疡形成。

临床上表现首先为局部疼痛、烧灼感及尿频、尿急、尿痛等急性尿道炎的症状。男性的病变可上行蔓延到后尿道，并波及前列腺、精囊和附睾。部分女性由于经期、流产等诱因作用，淋球菌可由子宫颈部进入子宫内引起子宫内膜炎，经输卵管口引起急性输卵管炎，甚至发展为输卵管积脓、弥漫性腹膜炎以及中毒性休克等严重后果。1%～3%的患者可经血行播散引起身体其他部位的病变，可表现为皮疹，还可发生心内膜炎、肺炎、脑膜炎等，严重者可发生淋球菌性败血症。

2. 慢性淋病 感染后如未经治疗或治疗不彻底，可逐渐转为慢性淋病，伴肉芽组织形成和纤维化，导致器官粘连。

第二节 尖锐湿疣

尖锐湿疣（condyloma acuminatum）是由人类乳头状瘤病毒（human papilloma virus，HPV）感染，并形成良性增生性疣状物的性传播性疾病。好发于20～40岁，主要累及生殖道黏膜，发病率逐年升高。研究表明尖锐湿疣与宫颈癌和外阴癌的发病有关，已引起广泛重视。

【病因、传播途径及发病机制】

1. 病因 人乳头状瘤病毒为嗜上皮性双链环状 DNA 病毒，抵抗力强，能耐受干燥并长期保存，加热或经甲醛溶液处理可灭活，有 140 多种亚型，依其致病性不同将其分为高危型、中危型和低危型，人是其唯一宿主。本病主要由低危型的 HPV6、11 和高危型的 HPV16、18 型感染所致。人乳头状瘤病毒具有组织特异性，三种鳞状上皮（皮肤、黏膜、化生的）对人类乳头瘤病毒感染均敏感，特别是对生殖道鳞状上皮有高度亲和性。

2. 传播途径 患者及无症状携带者是本病的主要传染源，主要通过性接触直接传染，也可通过接触带有病毒的污染物等非性接触发生间接感染，并且可以由生殖器部位自体接触传播到非生殖器部位。患有尖锐湿疣的妇女妊娠分娩时，可感染新生儿而发生喉头疣。

3. 发病机制 HPV 体外生存较差，其转录增殖须依赖所感染宿主，必须在感染细胞核内借助一些酶（如 DNA 多聚酶、胸腺激酶等）作用完成复制。早期 HPV 通过皮肤黏膜微小损伤侵入有增殖能力的基底细胞，进入细胞核，病毒整合到宿主染色体，随宿主细胞的 DNA 同步复制，病毒的复制诱导上皮增殖，并破坏了细胞固有的生长调控，引起表皮变厚，伴有棘层增生和一定程度的表皮角化，形成乳头状瘤，病毒主要集中在颗粒层中的细胞核内，在表皮的颗粒层出现挖空细胞（koilocyte）。病毒随表皮更新而排出体外，可造成自身接种传染或人与人之间的传染。病毒通过释放某些蛋白影响局部抗原呈递，导致病毒的免疫逃逸。

【病理变化和临床病理联系】

本病好发于潮湿温暖的黏膜和皮肤交界的部位。男性常见于阴茎冠状沟、龟头、系带、尿道口或肛门附近。女性多见于阴蒂、阴唇、会阴部及肛周。也可发生于身体的其他部位如腋窝等。尖锐湿疣的潜伏期长短不一，平均约3个月。

肉眼观，初期为散在小而尖的乳头，逐渐增大，颜色淡红或暗红，质地柔软湿润，表面不平，呈疣状颗粒，可相互融合形成鸡冠状或菜花状团块，顶端可因细菌感染而溃烂出血。

镜下观，呈乳头状瘤样增生，乳头表面覆盖鳞状上皮，角质层轻度增厚及角化不全，**棘层肥厚，棘细胞明显增生**，在棘细胞层或上部可见多少不等的挖空细胞，其特点为细胞体积较正常细胞大，胞质空泡状，细胞边缘常残存带状胞质，核大居中，圆形或椭圆形，深染，可见双核或多核，真皮层可见毛细血管及淋巴管扩张，大量慢性炎症细胞浸润（文末彩插图 12-1）。

临床上病变部位可伴有瘙痒、烧灼感。应用免疫组化法检测 HPV 抗原、用原位杂交或原位 PCR 技术检测 HPV DNA 有助于临床诊断。

第三节　梅毒

梅毒（syphilis）是由梅毒螺旋体（Treponemiapallidum，TP）感染引起的一种慢性、系统性的性传播性疾病，是人类独有的疾病，流行于世界各地。有先天性和后天性两型，病变早期累及皮肤和黏膜，晚期则累及全身各脏器，临床症状复杂。病程长且具有隐匿性为本病特点。

相关链接

螺旋体（Spirochaeta）是细长、柔软、弯曲呈螺旋状的运动活泼的原核单细胞生物。全长 3～500μm，不能通过细胞滤器，具有细菌细胞的所有内部结构（无鞭毛）。在生物学上的位置介于细菌与原虫之间，螺旋体广泛分布在自然界和动物体内。

【病因、传播途径及发病机制】

1. **病因**　梅毒螺旋体形似细密的弹簧，透明，一般染料不易着色，又称苍白螺旋体。体外生存力低，在干燥环境中和阳光直射下迅速死亡，100℃时立即死亡，但在 −10℃可生存 3 小时。对理化因素的抵抗力极弱，对青霉素、四环素、汞、砷、铋等药物敏感。梅毒螺旋体可通过完整的皮肤和黏膜进入体内。

2. **传播途径**　梅毒患者是唯一的传染源。先天性梅毒是由患病母亲血液经胎盘传染给胎儿所致。后天性梅毒主要通过性交传播，少数可因输血、接吻、医务人员不慎受感染等直接接触传播。近年来，通过肛门和直肠感染，梅毒在男性同性恋者中发病率增加。

3. **发病机制**　梅毒螺旋体无内、外毒素，至今对其致病机制仍不明。有专家认为与梅毒螺旋体含有的荚膜样物质、黏多糖酶和透明质酸酶有关。梅毒螺旋体进入人体后，经 2～4 周的潜伏期，在此期间，梅毒螺旋体在入侵部位大量繁殖，通过免疫反应引起侵入部位出现破溃，即硬性下疳（hard chancre）。但必须知道的是，梅毒螺旋体进入人体后，经数小时就可侵入附近淋巴结，2～3 日经血液循环播散全身，因此，早在硬性下疳出现之前就已发生全身感染及转移性病灶，所以潜伏期的患者或早期梅毒患者血液都具有传染性。由于局部免疫力的增强，硬性下疳经 3～8 周可自行消失。螺旋体在原发病灶大量繁殖后，可继续侵入附近的淋巴结，再经血液播散到全身其他组织和器官，出现梅毒疹和系统性损害如关节炎。在本病的较晚阶段，患者对该病原体的抗原发生细胞介导的迟发性变态反应，使病原所在部位形成肉芽肿（树胶样肿）。机体在感染梅毒后第 6 周血清出现梅毒螺旋体特异性抗体及非特异性抗体反应素（抗心磷脂抗体），有血清诊断价值，但可出现假阳性，应予注意。

【基本病理变化】

1. **闭塞性动脉内膜炎和小血管周围炎**　前者指小动脉内皮细胞和纤维细胞增生，管壁增厚、管腔狭窄甚至闭塞。后者表现为围血管性单核细胞、淋巴细胞和浆细胞浸润，浆细胞恒定出现是本病的特点之一（文末彩插图 12-2）。该病变可见于梅毒各期改变。

2. **树胶样肿（gumma）**　又称梅毒瘤（syphiloma），是类似结核结节的肉芽肿性病变。肉眼观，病灶灰白或微黄色，大小不等，从镜下才可见到至数厘米不等，质坚韧、有弹性、质地如树胶，故称树胶样肿，树胶样肿是梅毒的特征性病变。光镜下，病灶中央为凝固性坏死，类似干酪样坏死，但坏死不彻底，周围有较多淋巴细胞和浆细胞浸润以及增生纤维组织包绕，而上皮样细胞和朗汉斯巨细胞较少。树胶样肿后期可被吸收、纤维化，最后导致器官变形，但极少钙化。

树胶样肿可发生于任何器官，最常见于皮肤、黏膜、肝、骨和睾丸，仅见于第三期梅毒。

【病程分类】

1. 后天性梅毒　后天性梅毒按病程经过分为一、二和三期。一期和二期梅毒称早期梅毒，三期梅毒称晚期梅毒，因常累及内脏，故又称内脏梅毒。

（1）第一期梅毒：典型病变为硬性下疳。梅毒螺旋体在侵入人体后 2~3 周左右（潜伏期），在侵入局部发生炎症，先出现一个小红疹或丘疹，后为硬结，很快破溃形成无痛性表浅溃疡，直径 1~2cm，边缘稍隆起，边缘和底部质硬如软骨，故称硬性下疳，主要是与杜克雷嗜血杆菌引起的软性下疳相区别。硬性下疳无痛感，且溃疡表浅，容易被患者忽视，但其中含有梅毒螺旋体，具有传染性。病变常见于阴茎冠状沟、龟头、阴唇等外生殖器，也可发生于口唇、舌和肛周等处。光镜下，可见溃疡底部出现闭塞性动脉内膜炎及血管周围炎。

硬性下疳发生 1~2 周后，局部淋巴结肿大，硬而无痛感，为非特异性增生反应。由于患者产生的免疫反应，硬性下疳即使不加治疗，也可于 2~6 周后自行愈合，仅留浅表的瘢痕，肿大的局部淋巴结消退，临床上处于静止状态，进入第二潜伏期，但梅毒螺旋体仍继续繁殖。

（2）第二期梅毒：特点是皮肤、黏膜出现梅毒疹（syphilid）。在感染后 8~10 周，潜伏于体内的梅毒螺旋体又大量繁殖，大量进入血液循环，播散至全身，引起全身广泛性皮肤黏膜梅毒疹和全身非特异性淋巴结肿大。

肉眼观：一般可分为斑疹、丘疹及脓疱疹三型，其中脓疱疹较少见。皮肤初发时为淡红色，渐呈暗红色或古铜色，少量鳞屑附着，不痛、不痒、皮疹大小不一、数目较多、常对称分布、孤立而散在，密集不融合，无自觉症状。多发生于胸部、腹部、躯干侧面与背部。

镜下观：梅毒疹为大量淋巴细胞、浆细胞浸润形成的非特异性炎及闭塞性血管内膜炎和血管周围炎改变。病灶内可找到梅毒螺旋体，此期传染性强。

随机体免疫反应建立，梅毒疹可自行消退，进入无症状的潜伏状态，当机体抵抗力下降时，梅毒螺旋体再次进入血液循环，发生二期复发梅毒。以后随着机体免疫的消长，病情活动与潜伏交替。如此不断反复，几年后进入晚期梅毒。

（3）第三期梅毒：又称晚期梅毒或器官梅毒期，具有特征性的树胶样肿形成。常发生于感染后的 4~5 年，病变累及内脏，特别是心血管系统（80%~85%），其次为中枢神经系统（5%~10%），此外，肝、骨骼、睾丸等器官也常受累，实际上几乎所有器官都可发生。由于树胶样肿纤维化形成瘢痕、瘢痕收缩引起严重的器官组织破坏、变形和功能障碍。

心血管系统梅毒主要是梅毒性主动脉炎、主动脉瘤形成、主动脉瓣关闭不全、冠状动脉口狭窄或闭塞，可造成左心室异常肥大扩张。中枢神经系统梅毒主要累及脑脊髓膜、中枢神经血管、脑与脊髓实质，可以导致脑膜血管梅毒、脊髓痨和麻痹性痴呆。肝的树胶样肿可形成肝大结节性肝硬化，随着瘢痕收缩使肝变为分叶状，称分叶肝。骨梅毒主要累及颅骨、鼻骨、股骨及胸骨。如鼻骨受累时，常损坏鼻中隔致鼻梁塌陷，鼻孔向前，形成马鞍鼻。

以上所述是未经过任何治疗的典型变化，但是由于免疫差异与治疗的影响，临床表现差异较大，有的患者可以终身潜伏，有的仅有一期表现而无二期症状，或仅有三期梅毒症状。

2. 先天性梅毒　是因孕妇患有梅毒，胎儿在母体内通过胎盘而被感染，又称胎传梅毒。胎盘传播造成的感染时间在怀孕 4 个月以后。感染严重的胎儿可死于子宫内，引起晚期流产、死产或产后不久死亡，轻度感染可待发育到儿童期或青年期发病。在 2 岁以内发病称为早发性先天性梅毒，在 2 岁以后发病为晚发性梅毒。

张某,男,52 岁。因活动后心慌气短 1 年,近 3 个月加重入院。患者近 3 个月反复发生咳喘,夜间不能平卧,咳嗽,咳白色泡沫样痰。说话含混不清,易生气、激动。否认有遗传病史,10 年前有不洁性交史。入院查体:血压 120/60mmHg,主动脉听诊区闻及收缩期杂音及响亮的舒张期杂音,主动脉瓣膜区可触及震颤。双肺未闻及干、湿啰音。脑电图:轻度异常。实验室及辅助检查:血梅毒螺旋体特异性抗体测定阳性,快速血浆反应素试验(RPR):1:32,梅毒螺旋体血凝试验(TPHA)(+)。脑脊液:无色透明。

思考:

1. 患者可能的诊断是什么?

2. 试述其病因及传播途径。

3. 基本病理变化是什么?

第四节 艾滋病

艾滋病是获得性免疫缺陷综合征(acquired immunodeficiency syndrome,AIDS)的简称,是由人类免疫缺陷病毒(human immunodeficiency virus,HIV)感染导致的严重 T 淋巴细胞免疫缺陷伴机会性感染和继发性肿瘤为特点的一种可控的慢性进展性传染病。

相关链接

为了提高公众对艾滋病危害的认识,更有效地唤醒人们采取措施预防艾滋病的传播和蔓延,自 1981 年起,每年的 12 月 1 日为世界艾滋病日。同时,通过全球医务人员和各国政府的努力,各国对艾滋病正在进入"快速通道",接受治疗的艾滋病患者越来越多,艾滋病已经从一种致死性疾病变为一种可控的慢性病,2016 年多国非洲首脑誓言在 2030 年前终结在纳米比亚、非洲和世界各地的艾滋病流行。

【病因、传播途径及发病机制】

(一)病因

HIV 为单链 RNA 病毒,属逆转录病毒科,慢病毒属。HIV 根据血清学反应和病毒核酸序列测定可分为 HIV-Ⅰ 型和 HIV-Ⅱ 两型,世界各地 AIDS 主要由 HIV-Ⅰ 型引起,HIV-Ⅱ 在西非地区呈地方性流行。HIV-Ⅰ 又被分为 A-H 及 O 共 9 个亚型。

HIV-Ⅰ 病毒结构已清楚,呈圆形或椭圆形,病毒核心由两条 RNA 链、反转录酶和核心蛋白 p17 及 p24 构成,并由来自宿主细胞的脂质膜包被,膜上嵌有由病毒编码的糖蛋白,即外膜蛋白 gp120 与跨膜蛋白 gp41,二者在病毒感染宿主细胞过程中发挥重要作用。

(二)传播

1. 传染源　艾滋病患者及无症状 HIV 携带者是艾滋病的传染源。HIV 主要存在于宿主血液、精液、子宫和阴道分泌物及乳汁中。其他体液如唾液、尿液或眼泪中偶尔可分离出病毒,但迄今为止尚无证据表明能够传播本病。传染性最强的是临床无症状而血清 HIV 抗体阳性的感染者,其 HIV 分离率最高。无症状的感染者是艾滋病流行难以控制的重要原因。

2. **传播途径** 艾滋病主要通过以下途径传播：①性行为传播：同性恋、双性恋和异性恋均可造成传播，但目前经异性恋性传播已成为世界 HIV 流行的普遍规律；②通过输入被 HIV 污染的血或血液制品，使 HIV 直接进入体内引起感染；③通过污染的注射针头或医用器械等传播：静脉吸毒者常用一只未经消毒的注射器轮流使用，极易相互感染；④母婴垂直传播：感染 HIV 的孕妇生下的婴儿，30%～50% 也感染 HIV，母婴间传播也可发生于分娩时或产后哺乳过程中；⑤其他：器官移植、医务人员的职业性感染等。

3. **易感人群** 易感人群主要是指男性同性恋者、静脉吸毒成瘾者、血友病患者、接受输血及其他血制品者、与以上高危人群有接触者，任何年龄均易感染，发病以青壮年较多，发病年龄 80% 在 18～45 岁，即性生活较活跃的年龄段，近年来，女性感染者有上升趋势。西方和亚洲某些地区妇女 HIV 感染率较高，其出生胎儿受染率也高。

（三）发病机制

1. **HIV 主要感染辅助 T 淋巴细胞（CD4+T 淋巴细胞）** 当 HIV 进入人体后，通过嵌于病毒包膜上的 gp120 与 CD4+T 淋巴细胞上的 HIV 的主要受体 CD4 分子和作为共受体的趋化因子受体 CXCR4 的结合，进入 CD4+T 淋巴细胞，进入细胞后，病毒 RNA 链经反转录酶的作用在细胞内合成反义链 DNA，然后被运送至细胞核，在核内经多聚酶作用复制为双股 DNA，在整合酶作用下，与宿主基因组整合，整合后的环状病毒 DNA 称前病毒，此时病毒处于潜伏状态，经数月至数年的临床潜伏期，前病毒可被某些因子所激活而开始不断复制，在细胞膜上装配成新病毒并以芽生方式释放入血，释出后的病毒再侵犯其他靶细胞。病毒复制的同时可直接导致受感染 CD4+T 淋巴细胞破坏、溶解，经过一段时间，CD4+T 淋巴细胞进行性下降。因 CD4+T 细胞在免疫应答中起核心作用，故 CD4+T 淋巴细胞的减少可导致严重细胞免疫缺陷，同时其他免疫细胞功能也会不同程度受损，因而促进并发各种严重的机会性感染和肿瘤。

2. **HIV 感染组织中单核巨噬细胞** 因巨噬细胞表达低水平 CD4，另一方面也通过单核巨噬细胞吞噬作用，或经 Fc 受体介导的胞饮作用，而使有抗体包被的 HIV 进入单核巨噬细胞。HIV 可在巨噬细胞内大量复制，但通常储存于胞质内，单核巨噬细胞能抵抗 HIV 的致细胞病变作用，因而不会迅速死亡，反可成为 HIV 的存储场所，并在病毒扩散中起重要作用。其可携带病毒通过血脑屏障，引起中枢神经系统感染。

3. **HIV 感染淋巴结生发中心的滤泡树突细胞** 近年来的研究结果表明，IgG 型抗体包被的 HIV 可与淋巴结生发中心的滤泡树突细胞表达的 IgG Fc 受体结合进入细胞，并成为 HIV 的"储备池"。

综上所述，HIV 感染，导致机体严重免疫缺陷，构成了 AIDS 发病的中心环节，最终导致一系列顽固性机会感染和肿瘤的发生。

【病理变化】

主要病理变化有以下三方面：

1. **全身淋巴组织的变化** 早期，淋巴结肿大。光镜下，早期淋巴滤泡明显增生，髓质出现较多浆细胞，其病变类似于一般原因引起的反应性淋巴结炎。随着病变的发展，滤泡外层淋巴细胞减少或消失，小血管增生，生发中心被零落分割，副皮质区淋巴细胞减少，浆细胞浸润。晚期淋巴细胞几乎消失殆尽，仅残留少许巨噬细胞和浆细胞，呈现一片荒芜景象，有时特殊染色可见大量分枝杆菌、真菌等病原微生物。胸腺、消化道和脾脏淋巴组织萎缩，严重者仅残留网状支架。

2. **机会性感染** 多发机会性感染为本病特点之一。感染范围广泛，可累及各器官，以肺、中枢神经系统、消化道最常见。感染病原种类多，常见的病原体有病毒、细菌、真菌、原虫等。一般常有两种以上病原体混合感染。由于严重免疫缺陷，炎症反应往往较轻而不典型，如患肺结核时很少形成典型的结核结节，但病灶中结核分枝杆菌却甚多。70%～80% 患者可经历一次或多次肺孢子虫感染，在艾滋病因机会感染死亡的病例中，约一半死于肺孢子虫感染，对本病的诊断具有参考价值。中枢神经系统继发感染有播散性弓形虫或隐球菌感染所致的脑炎或脑膜炎、巨细胞病毒和乳头状瘤空泡病毒感染所致的进行性多灶性白质脑病。

3. 恶性肿瘤 由于患者免疫功能严重破坏及多种病原的感染，AIDS 患者常继发各种恶性肿瘤，其中最常见的是卡波西肉瘤（Kaposi 肉瘤）和非霍奇金淋巴瘤。

【临床病理联系】

HIV 感染后的潜伏期长，一般认为可经数月到十年甚至更长时间才发展为 AIDS。临床症状多种多样，根据世界卫生组织和美国疾病控制中心修订的 HIV 感染的临床分类，可分为三类：A 类，包括急性感染、无症状感染和持续性全身淋巴结肿大综合征；B 类，包括免疫功能低下时出现的 AIDS 相关综合征、继发细菌感染、病毒感染和发生淋巴瘤等；C 类，患者已有严重免疫缺陷，出现各种机会性感染、继发性肿瘤以及神经系统症状等 AIDS 表现。

AIDS 按病程可分为三个阶段：①初期或称急性期：感染 HIV 3～6 周后，常表现为全身疲乏无力、食欲减退、咽痛和发热等一些非特异症状，似流感。由于患者尚有较好的免疫能力，2～3 周后症状可自行缓解。②中期或称慢性期：机体的免疫功能与病毒之间处于相互抗衡阶段，在某些病例临床可无明显症状或出现明显的全身淋巴结肿大，常伴发热、乏力、皮疹等。③末期：机体免疫功能全面崩溃，患者有原因不明的持续性发热、乏力、消瘦、腹泻并出现明显的机会性感染及恶性肿瘤。

目前，对于艾滋病，主要采取抗逆转录病毒治疗，接受治疗的人数越来越多，而且儿童中艾滋病新发感染者数目继续下降。

（马秀梅）

学习小结

性传播性疾病是指能通过性行为或类似性行为传染的一组传染性疾病。他们不仅在性器官上发生病变，还可以通过淋巴系统侵犯性器官所属的淋巴结、皮肤黏膜，甚至通过血行播散侵犯全身重要的组织、器官。

淋病是由淋球菌引起的急性化脓性炎症。

尖锐湿疣是由人类乳头状瘤病毒引起的良性疣状增生物，可有局部瘙痒、烧灼痛。

梅毒是由梅毒螺旋体感染而引起的慢性传染病，早期病变主要累及皮肤和黏膜，晚期则累及全身各脏器。基本病变包括闭塞性动脉内膜炎及血管周围炎和树胶样肿。

艾滋病是由人类免疫缺陷病毒感染导致的严重 T 细胞免疫缺陷伴机会性感染和继发性肿瘤为特点的一种可控的慢性进展性传染病。

复习参考题

1. 急性淋病的病理变化有哪些？临床表现有哪些？

2. 尖锐湿疣的病理变化有哪些？

3. 梅毒的基本病理变化是什么？后天性梅毒的病程？

4. 什么是艾滋病？传播途径有哪些？主要病理变化有哪些？

第十三章　疾病概论

13

第一节 健康与疾病

健康与疾病是人类生命活动现象的对立统一体,至今尚无确切的定义。学习病理生理学,首先应掌握健康、亚健康与疾病的概念。

一、健康的概念

什么是健康?每个人对健康的理解不尽相同。健康是否就是没有疾病?或者健康就是躯体的健全?这些说法有一定道理,但是又不全面。正确地认识健康,要从心理、社会以及生物医学模式的角度加以考虑。

1946年世界卫生组织(WHO)对健康(health)的定义是:健康不仅是没有疾病和病痛,而且是躯体上、精神上和社会适应上处于完好的状态。躯体上的完好状态指躯体的结构、功能和代谢无任何异常现象;精神上的完好状态指人的情绪、心理、学习、记忆及思维等处于正常状态;社会适应上的完好状态指人的行为与社会道德规范相吻合,人际关系良好,在社会中承担合适的角色。

二、疾病的概念

疾病(disease)是机体在病因的损害作用下,由于自稳(homeostasis)调节紊乱而发生的异常生命活动过程,表现为机体功能、代谢和形态结构的异常变化,可出现临床症状和体征。

三、亚健康和其他相关概念

亚健康(sub-health)是指介于健康与疾病之间的一种生理功能低下的状态。也称为"前临床"状态。我国城市人口中约15%是健康人,15%患病,70%呈亚健康状态。处于亚健康状态时,主观有不适的感觉,但临床检测往往无异常,容易被忽视,继续发展可转化为疾病。当代医务工作者应当充分认识亚健康的危害性,重视疾病预防,促使亚健康向健康转化。

病理过程(pathological process)是指存在于不同疾病中共同的、成套的功能、代谢和形态结构的异常变化。病理过程可以以局部变化为主,如栓塞、梗死、炎症等;也可以以全身反应为主,例如发热、缺氧、酸碱平衡紊乱、休克等。病理过程不是疾病,但与疾病密切相关。同一病理过程可见于不同的疾病,如发热可见于肿瘤、心肌梗死、脑血管意外和一切感染性疾病;一种疾病可包含几种病理过程,如肺炎双球菌性肺炎可有炎症、发热、缺氧甚至休克等病理过程。

病理状态(pathological state)是指发展极慢的病理过程或病理过程的后果。病理过程可以在很长时间内(几年、几十年)无变化。例如皮肤烧伤(病理过程)治愈后可导致瘢痕形成(病理状态)。

第二节 病因学

病因学(etiology)主要研究疾病发生的原因和条件。病因学回答疾病"因何发生"的问题。

一、疾病发生的原因

疾病发生的原因(简称病因)是指能引起疾病并决定疾病特异性的因素。一般可分成以下几大类:

1. **生物因素**　是最常见的病因,各种病原微生物(如细菌、病毒、真菌、立克次体、衣原体、支原体、放线菌等)和寄生虫(如原虫、蠕虫等)等均可引起感染性疾病,其致病性取决于病原体侵入的数量、毒力、侵袭力和机体本身的状态。

2. **物理因素**　如机械暴力引起震荡、创伤和骨折;低温引起冻伤;局部高温引起烫伤、烧伤,环境温度过高引起热辐射病;电流可导致电击伤,电离辐射如 X 线可致放射病;气压降低可致高原病或高山病;气压升高能引起潜水员病等。

3. **化学因素**　如强酸、强碱、化学毒物(汞、砷、氰化物、有机农药等)、药物及动植物的毒性物质等,一般对器官有选择性损害作用,如链霉素有耳毒性和肾毒性,临床应慎用。化学因素的致病作用主要取决于毒物的浓度、剂量,也与机体代谢解毒的功能有关。

4. **营养因素**　氧气、水、蛋白质、碳水化合物、脂肪、维生素、无机盐及某些微量元素都是机体生命活动所必需的,其缺乏或过剩,均可引起相应的疾病。例如初到高原,吸入气氧分压低引起缺氧,水摄入不足可引起高渗性脱水,缺碘引起地方性甲状腺肿;而吸入高压氧,可导致氧中毒,水钠代谢障碍可导致水肿、水中毒等,碘摄入过多可出现高碘甲状腺肿。值得警惕的是,随着生活水平的提高和运动量的减少,营养过剩导致的肥胖症日趋增多。

5. **遗传因素**　指染色体或基因等遗传物质畸变或变异引起的疾病。染色体畸变包括染色体数目或结构的改变,如先天性愚型可导致先天性智力低下,发育迟缓;性染色体畸变则可导致两性畸形。基因突变包括点突变、缺失、插入或倒位等,可引起血友病、白化病等。此外,某些家族中具有易患某种疾病的素质,此种现象称为遗传易感性,与环境因素相互作用引起遗传易感性疾病,如原发性高血压、溃疡病、糖尿病、精神分裂症等。

6. **先天因素**　指损害胎儿发育的因素。由先天因素引起的疾病称为先天性疾病。例如早孕期感染风疹病毒可致先天性心脏病,孕期酗酒可导致胎儿酒精综合征,孕期吸烟可导致低出生体重儿、胎儿肺发育障碍等其他异常。先天性疾病有的可遗传,如先天性愚型;有的不遗传,如先天性心脏病。

7. **免疫因素**　正常免疫功能对于机体防御疾病有重要意义,但免疫反应过强、免疫缺陷或自身免疫反应均可对机体造成损害。免疫反应过强如异型输血、青霉素等过敏可导致过敏性休克;而系统性红斑狼疮、类风湿性关节炎等疾病是对自身抗原发生反应,属于自身免疫性疾病。免疫缺陷如 AIDS,HIV 感染,破坏了 T 淋巴细胞。

8. **社会、精神、心理因素**　如不良的人际关系、紧张的学习或工作、离婚、丧偶、突发的生活变故、紧张、焦虑、恐惧等可促进某些疾病如高血压、冠心病、溃疡病、神经官能症、抑郁症及某些肿瘤的发生。随着现代生活节奏的加快,社会、精神、心理因素在疾病发生中的作用越来越重要。

任何疾病都有病因,没有病因的疾病是不存在的,但有些疾病的病因目前尚不清楚。病因决定了疾病的特异性,如结核分枝杆菌只能引起结核病,而不会引起伤寒、痢疾和风湿病等;有病因存在也不一定发病,疾病发生与否取决于病因和机体自稳调节的力量对比。

二、疾病发生的条件

疾病发生的条件(condition)是指能够影响(促进或阻碍)疾病发生发展的因素,其中促进疾病发生发展的因素,称为诱因(precipitating factor)。

条件不是疾病必需的,但它可影响病因对机体的作用。有病因存在不一定发病,一般要看条件是否适合,即取决于机体的抵抗力、免疫力或对疾病易感性的强弱。例如,结核分枝杆菌是引起结核病必不可少的因素,在过度疲劳、营养不良或其他疾病导致机体防御功能低下时,少量的结核分枝杆菌入侵即可导致结核病;而身体状况良好、营养充足的人群,不易感染结核病。有条件存在,无病因时,相应疾病不会发生,如没有结核分枝杆菌就不可能发生结核病,因此说结核分枝杆菌是引起结核病的原因。但有些疾病只要有病因存在就可发生,不需要条件,如机械伤、烧伤。

此外,年龄、性别也可作为某些疾病发病的条件。例如小儿易患呼吸道和消化道传染病,男性易患动脉粥样硬化、胃癌、肺癌,女性易患癌症、甲状腺功能亢进、自身免疫性疾病。

原因或条件是针对具体疾病而言,同一因素对某种疾病是条件,对另一种疾病可能是病因,如营养不良是肺结核发生的条件,对于营养不良症则是发病的原因;寒冷是上呼吸道感染的条件,但又是冻伤的原因。在不同疾病中,原因和条件可以相互转化。

第三节　发病学

发病学(pathogenesis)是研究疾病发生、发展和转归的一般规律及其机制的科学。简言之,发病学回答疾病"如何发生、发展"。

一、疾病发生发展的一般规律

1. **自稳调节紊乱**　尽管机体内外环境因素不断变化,但机体通过神经和体液调节,维持功能和代谢的协调一致,此即自稳态,它是维持正常生命活动的先决条件。

疾病时,由于病因的损伤作用,使自稳调节的某一方面发生紊乱,引起相应的功能和代谢障碍。例如,某些病因所致的胰岛素绝对或相对不足、靶细胞对胰岛素敏感性降低,可引起糖尿病,出现血糖升高、脂肪和蛋白质代谢紊乱,进而并发动脉粥样硬化等。可见,自稳调节紊乱是疾病发生发展的基础。

2. **损伤与抗损伤**　原始病因可引起损伤变化,机体对损伤改变做出抗损伤反应,损伤与抗损伤这一对矛盾相互依存、贯穿疾病的始终,双方力量的对比决定疾病的发展方向。当损伤性变化占优势时,疾病就恶化;反之,病情趋向缓解。例如,创伤引起的组织破坏、血管破裂、出血属于损伤性变化,而外周血管的收缩属于抗损伤性变化,但抗损伤变化不是一成不变的,如外周血管的收缩虽然可以对抗出血,但却引起外周组织缺血。慢性缺氧引起红细胞数量增多,虽然能提高血液的携氧能力,改善组织供氧,但是可造成血液黏稠,血流速度减慢和心脏负担加重。因此有些变化可兼有损伤与抗损伤双重作用。

3. **因果转化**　因果转化是指原始病因作用机体所产生的结果,又可作为病因引起新的结果,依此类推,形成连锁反应,常可导致恶性循环,甚至死亡。例如,外伤→大出血→血容量锐减、血压下降→交感神经兴奋→小血管收缩→组织缺血缺氧→局部代谢产物及酸中毒等导致毛细血管扩张→大量血液淤积在微循环→回心血量进一步减少,心输出量下降→反复循环,病情逐步恶化。相反,如果能及时采取有效的止血、输血等措施即可防止病情的恶化。

因此,疾病过程中的变化是原始病因作用下出现的一系列连锁反应,抓住疾病发生发展的主导环节,打断恶性循环,阻止疾病的进一步发展。

4. **局部与整体**　在疾病过程中,局部与整体同样互相影响,互相制约。一方面任何疾病都有局部表现和全身反应,如肺结核病,病变主要在肺,可出现咳嗽、咳痰、胸痛,也伴有发热、盗汗、消瘦、心慌、乏力及血沉加快等全身反应。另一方面,有些局部变化是全身性疾病的表现,如糖尿病患者首诊的原因可能是局部皮肤溃烂经久不愈,女性慢性肾功能衰竭患者可能表现为月经量过多。

正确认识疾病过程中局部和整体的关系,绝对不能"头痛治头,足痛治足",这对于提高疾病诊断的准确性,采取正确的医疗措施具有重要意义。

二、疾病发生的基本机制

1. 神经机制　机体生命活动是在神经系统的调节下完成的。有的病因直接侵犯神经系统或通过神经反射引起神经功能紊乱。如破伤风杆菌作用于中枢神经系统，引起全身抽搐和交感神经功能亢进；有机磷农药中毒可致乙酰胆碱酯酶失活，使大量乙酰胆碱堆积于神经突触及神经-肌肉接头处，从而引起肌肉痉挛、出汗、流涎等表现。有的病因可通过神经反射，引起机体功能代谢异常，如长期的精神紧张、焦虑，可导致交感神经-肾上腺髓质系统兴奋，出现高血压。

2. 体液机制　体液是维持机体内环境稳定的重要因素。许多病因通过影响体液容量而导致疾病发生。例如，体液丢失可引起脱水或休克；体液过多可引起水中毒。体液中激素、细胞因子等体液因子（humoral factor）含量发生变化时可导致疾病的发生。例如，严重感染或创伤等可激活吞噬细胞，释放炎症介质，导致全身炎症反应综合征。体液因子通常通过内分泌（endocrine）、旁分泌（paracrine）及自分泌（autocrine）三种方式作用于靶细胞上的受体，发挥其致病作用。

在疾病发生中，神经机制和体液机制经常同时发挥作用，称为神经体液机制。

3. 细胞分子机制　细胞是生物体最基本的结构功能单位。近年来，随着细胞生物学的发展和人类基因组计划的完成，探讨疾病发生的机制已深入到细胞和分子（基因、蛋白质）水平。致病因子可影响细胞膜（膜受体、离子泵和离子通道等）、细胞器（线粒体、溶酶体、内质网等）、细胞骨架（微管、微丝等）、细胞核（染色质、核仁）等部位或影响细胞内外信号传递过程，导致细胞损害和疾病发生。例如，HIV感染可破坏T淋巴细胞，导致机体免疫功能缺陷；炎症反应时，组胺与血管内皮细胞膜相应受体结合，激活G蛋白和蛋白激酶C信号转导通路，引起细胞钙内流增加，细胞骨架的变化使内皮间缝隙增大，进而导致血管通透性增加。

第四节　疾病的转归

疾病的经过一般可分为四期：潜伏期、前驱期、临床症状明显期和转归期，在急性传染病中尤为明显。疾病的转归是疾病发展的趋势和结局，有康复和死亡两种形式。

（一）康复

康复（recovery）分为完全康复与不完全康复两种。完全康复亦称痊愈，是指疾病时所发生的损伤性变化完全消失，机体的自稳调节恢复正常。不完全康复是指疾病的损伤性变化得到了控制，主要症状、体征和行为异常已经消失，但由于体内的基本病理变化并未完全消失，如风湿性心脏病遗留的二尖瓣狭窄或关闭不全，尽管患者通过心率加快、心肌收缩力增强及心肌肥大等方式的代偿而维持相对正常的生活，但在某种原因或诱因的作用下，可导致心力衰竭的发生。

（二）死亡

死亡（death）是生命活动的终止，分生理性死亡和病理性死亡。病理性死亡通常见于重要生命器官严重损害，重度消耗性疾病以及心跳和呼吸骤停引起猝死等。

按照传统的观点，死亡是一个过程，可分为三期：

1. 濒死期　亦称临终状态，其特征是脑干以上的中枢神经处于深度抑制，患者意识模糊或消失，反应迟钝、血压下降、心跳微弱、呼吸减慢或出现周期性呼吸、大小便失禁。有些猝死患者心跳和呼吸骤停，因而没有濒死期。

2. 临床死亡期　此期延髓中枢神经处于深度抑制状态，其标志为呼吸停止、心跳停止、反射消失，但组织仍进行着微弱的代谢活动。临床死亡期一般持续6~8分钟。

3. 生物学死亡期 这是死亡的最后阶段。大脑及其他器官系统相继发生不可逆性变化，尽管个别组织和器官仍可有微弱的代谢活动。此期的标志是：出现尸冷、尸僵和尸斑等。法医常根据其程度的差异，判断死亡的时间。

问题与思考

临床死亡的诊断标准是什么？怎么判断死亡时间？

鉴于脑对机体各种复杂的生命活动起着联系、整合和调节的作用，是机体整体功能的灵魂和统帅，近年提出了脑死亡的概念。

脑死亡（brain death）是指全脑功能（包括大脑、间脑和脑干）的不可逆性永久性丧失，是机体整体功能的永久性停止。

脑死亡判断标准为：①不可逆性深昏迷和大脑无反应性；②自主呼吸停止；③瞳孔散大与固定；④脑神经反射消失；⑤脑电波消失；⑥脑血液循环完全停止（脑血管造影）。

脑死亡并不意味着各器官组织同时都发生死亡。在脑死亡以后一定时间内，有些器官、系统和某些组织、细胞还能继续进行功能活动。例如，当一个患者作为一个整体的功能停止后，如果继续借助呼吸、循环辅助装置，在一定时间内还可维持器官、组织低水平的血液循环，为器官移植手术提供良好的供体。

脑死亡概念的提出，为器官移植提供了最佳时机，同时也为终止抢救提供了合法的依据。因此脑死亡不论在理论上或在实践上，都有重要的意义。

相关链接

三种方法来推断死亡时间：尸僵、尸斑及尸温。尸僵一般于死后1～3小时开始出现。尸斑的出现也有一定的时间规律，死后血液循环停止，最快半小时后，最晚在死后4～10小时内出现。尸温的出现是因为大约每小时尸体会下降1℃。肌肉组织和环境的温度对尸体温度影响很大。胖人的尸温比瘦人的尸温降低得慢；温暖室内的尸温比寒冷室外的尸温降得慢。

植物人（vegetative patient）大脑皮层功能严重损害，患者处于不可逆的深昏迷状态，丧失意识活动，但可维持自主呼吸运动和心跳，此种状态称"植物状态"，处于此种状态的患者称"植物人"。

（三）临终关怀与安乐死

临终关怀（hospice care）是指为临终患者提供的全方位服务与照顾（包括医疗、护理、心理、社会等方面），让患者在安详、平静中接纳死亡。

安乐死（euthanasia）是指现代医学无法挽救面临死亡的患者，为解除其精神和躯体的极度痛苦，采用医学方法结束生命。安乐死已提出多年，由于涉及医学、社会学和伦理学等问题，因此，我国的立法尚未通过。

（桑　慧）

健康不仅是没有疾病和病痛，而且是躯体上、精神上和社会适应上处于完好的状态。疾病是机体在一定条件下，受损害因素作用后，由于自稳调节紊乱而发生的异常生命活动过程。病因是指能引起疾病并决定疾病特异性的因素。疾病的发生发展一般遵循自稳调节紊乱、损伤与抗损伤、因果转化及局部与整体的规律。疾病发生发展的基本机制包括神经机制、体液机制、细胞分子机制。疾病的转归有康复与死亡。康复包括完全康复与不完全康复。脑死亡是指全脑功能的不可逆性永久性丧失，它是机体作为整体功能停止的标志。

1. 什么是疾病？什么是健康？什么是亚健康状态？三者之间有何联系？

2. 试述脑死亡、植物人和植物状态之间的区别。

3. 试述疾病的病因、疾病发生的条件和诱因之间的关系。

4. 简述疾病和病理过程的关系。

14

第一节　正常水和电解质代谢

水是机体重要组成成分和生命活动的必需物质。体内的水和溶解于其中的电解质、低分子有机化合物以及蛋白质等构成了体液。人体的新陈代谢是在体液环境中进行的,体液的容量、分布、渗透压、pH 及电解质浓度在一定范围内保持相对稳定,对于维持正常的生命活动具有十分重要的意义。

一、体液的容量和分布

体液广泛分布于组织细胞内外,构成人体的内环境。分布于细胞内的液体称细胞内液(intracellular fluid, ICF);浸润在细胞周围的是组织间液,其与血浆共同构成细胞外液(extracellular fluid, ECF)。成人体液总量占体重的 60% 左右,其中细胞内液约占体重的 40%,细胞外液约占体重的 20%,细胞外液中的血浆约占体重的 5%,组织间液约占体重的 15%。体液的容量和分布因年龄、性别、胖瘦而不同。体液量随年龄增长占体重的比例逐渐减少;此外,人体各组织中的含水量也有很大区别,脂肪组织含水量较少,而肌肉组织含水量较多。

问题与思考

肥胖者和老年人对缺水较难耐受,为什么?

二、水平衡及水的生理功能

正常人每天水的摄入和排出处于动态平衡之中。水的来源途径有三个:即饮水、食物水和代谢水(糖、脂肪、蛋白质等营养物质在体内氧化生成的水)。机体排出水分的途径有四个,即皮肤(不感蒸发和显性汗)、肺(呼吸蒸发)、肾(尿)和消化道(粪)。在正常情况下,水的排出量基本上等于水的摄入量(图 14-1)。要维持水出入量的平衡,每天需水约 1500～2000ml,称日需要量。由于体内代谢产生的固体废物最少为 35g/d,其溶解度为 6～8g/dl,所以正常成人每天至少需排出 500ml 尿液才能清除体内的代谢废物。尿量视水的摄入和其他途径排水的多少而增减。

水是机体中含量最多的成分,是维持人体正常生理活动的重要营养物质之一。水的生理功能主要包括:①促进物质代谢:水是良好的溶剂,也是一切生化反应的场所,水本身也参与水解、水化和加水脱氧等重要反应;②调节体温:水的比热大,可以维持产热和散热的平衡,对体温调节起重要作用;③润滑作用:如泪液有助于眼球转动,唾液有利于吞咽,体腔内的液体减少脏器间摩擦等;④其他:细胞内部的一部分水以氢键的形式与蛋白质、磷脂等结合,发挥其复杂的生理功能。

三、电解质构成、分布及功能

1. 体液的电解质构成及分布　细胞内液和细胞外液电解质成分有很大的差异。组织间液和血浆同为细胞外液,其电解质的构成和数量上大致相等,阳离子主要是 Na^+,阴离子主要是 Cl^- 和 HCO_3^-,两者的主要区别在于血浆含有较高浓度的蛋白质。细胞内液中,K^+ 是重要的阳离子,主要阴离子是 HPO_4^{2-} 和蛋白质。各部分体液中阴、阳离子所带的正负电荷总数相等,体液呈电中性。

2. 电解质功能　机体的电解质分为有机电解质(如蛋白质)和无机电解质(即无机盐)两部分。有机电解质对于血管内外液体的交换和稳定血容量具有十分重要的作用。无机电解质的主要功能是维持体液

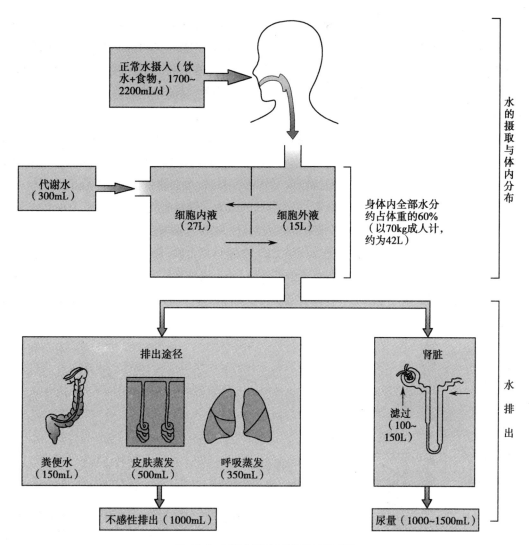

图 14-1　正常人每日水的摄入和排出量

的渗透压平衡和酸碱平衡；维持神经、肌肉和心肌等细胞的静息电位并参与其动作电位的形成；参与新陈代谢和生理功能活动。

四、体液的渗透压

体液的渗透压取决于溶质的分子或离子的数目。正常血浆渗透压在 280～310mmol/L 之间，在此范围内即等渗，低于此范围即低渗，高于此范围即高渗。90% 的细胞外液渗透压由 Na^+、Cl^- 和 HCO_3^- 产生的晶体渗透压构成，其余的 10% 由葡萄糖、氨基酸、蛋白质等产生的非晶体渗透压构成。血浆蛋白质产生的血浆胶体渗透压极小，但由于蛋白质不能自由通透毛细血管壁，因此在调节血管内外水平衡和维持正常的血容量方面具有重要意义。维持细胞内液渗透压的离子主要是含量最多的 K^+ 与 HPO_4^{2-}，尤其是 K^+。细胞内液的电解质若以 mmol/L 为单位计算，与细胞外液的渗透压基本相等。

五、体液及渗透压的调控

由于钠离子是细胞外液中数目最多的离子，因此细胞外液的渗透压主要取决于细胞外液钠离子的浓度，血清 Na^+ 浓度的正常范围是 130～150mmol/L。天然食物中含钠甚少，人体摄入的钠主要来自食盐。摄入的钠几乎全部由小肠吸收,大部分经肾随尿排出,小部分经汗液排出。摄入多,排出亦多;摄入少,排出亦少。正常情况下,排出和摄入的钠量几乎相等。水、钠代谢主要是通过神经-内分泌系统来调节的。

1. **渴感**　渴觉中枢位于下丘脑视上核侧面,与渗透压感受器邻近,并有部分重叠。血浆晶体渗透压升高和血容量减少,刺激渗透压感受器(osmoreceptor)和渴觉中枢,渴觉中枢兴奋后,反射性引起口渴的感觉,机体主动饮水而补充水的不足。

2. **抗利尿激素**　抗利尿激素(antidiuretic hormone,ADH)由下丘脑视上核和室旁核的神经元合成,并沿这些神经元的轴突下行到神经垂体储存。当机体内水不足或摄入较多的食盐而使细胞外液的渗透压升高时,渗透压感受器兴奋,刺激 ADH 的分泌。此外,非渗透性刺激,如血容量减少和血压的降低也可通过心房和胸腔大静脉处的容量感受器和颈动脉窦、主动脉弓的压力感受器而反射性地刺激 ADH 的分泌。其他因素,如精神紧张、疼痛、恶心以及血管紧张素Ⅱ等也能促使ADH分泌增多。

ADH 与肾远曲小管和集合管上皮细胞管周膜上的 V2 受体结合后,激活膜内的腺苷酸环化酶,促使环磷腺苷(cAMP)升高并进一步激活上皮细胞的蛋白激酶 A,使上皮细胞胞质囊泡中的水通道蛋白 2 磷酸化,使其镶嵌在管腔膜上,增加了上皮细胞对水的通透性,从而加强肾远曲小管和集合管对水的重吸收,减少水的排出,反之则抑制其合成及分泌(图 14-2)。

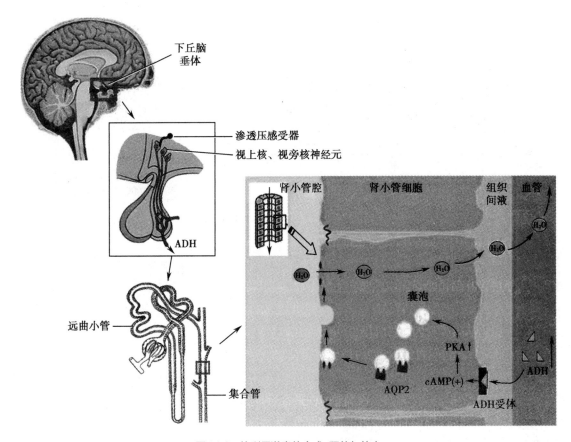

图 14-2　抗利尿激素的合成、释放与效应

相关链接

水通道蛋白(AQP)是一组构成水通道与水通透有关的细胞膜转运蛋白,广泛存在于动物、植物及微生物界。目前已经发现的有200余种 AQP 存在于不同的物种中,其中至少有13种 AQP 亚型存在于哺乳动物体内,每种 AQP 都有其特异性的组织分布。如AQP1位于近曲小管,对水的运输和通透发挥调节作用;AQP2、AQP3位于集合管,在肾脏浓缩机制中起重要作用。当 AQP2 发生功能缺陷时,将导致尿崩症。括

抗AQP3可产生利尿反应。

水通道的发现对于水代谢的研究有重要作用。对人类探索肾脏、心脏、肌肉和神经系统等方面的诸多疾病具有极其重要的意义。

3. 醛固酮　醛固酮(aldosterone)是肾上腺皮质球状带分泌的盐皮质激素,其主要作用是使肾远曲小管和集合管对Na^+的重吸收增加,同时促进K^+和H^+的排出。醛固酮的分泌主要受肾素-血管紧张素系统(rennin-angiotensin system)和血浆Na^+、K^+浓度调节。血容量减少、血压降低,交感神经兴奋,肾小球入球小动脉管壁牵张感受器受到刺激,促使近球细胞分泌肾素增多。肾素使血管紧张素原转变为血管紧张素Ⅰ,后者在转换酶和氨基肽酶的作用下,分别生成血管紧张素Ⅱ和血管紧张素Ⅲ,后两者均能使醛固酮分泌增多。血浆Na^+减少或K^+增多,可直接刺激肾上腺皮质球状带使醛固酮分泌增多。

4. 心房钠尿肽　心房钠尿肽(atrial natriuretic peptide, ANP)是一组由心房肌细胞合成的多肽,约由21～33个氨基酸组成。当心房扩张、血容量增加、血Na^+增高或血管紧张素Ⅱ增多时,将刺激心房肌细胞合成和释放ANP。ANP的主要作用是利尿、排钠和松弛血管平滑肌。

第二节　水、钠代谢紊乱

体内水的含量及电解质的成分和浓度是通过机体的自稳调节机制控制在一个相对稳定的、较窄的范围内,疾病和外界环境的剧烈变化常会引起水、电解质平衡的紊乱。临床上,水和电解质代谢紊乱常常在许多疾病过程中发生,甚至会危及患者生命。水、钠代谢紊乱是临床上最常见的水、电解质平衡紊乱。水、钠代谢紊乱往往是同时或相继发生,并且相互影响。

根据体液容量分类:

1. 体液容量减少(脱水)　高渗性脱水、低渗性脱水、等渗性脱水。

2. 体液容量过多(水过多)　水中毒、水肿、盐中毒。

根据血钠的浓度来分:

1. 低钠血症　低容量性低钠血症、高容量性低钠血症、等容量性低钠血症。

2. 高钠血症　低容量性高钠血症、高容量性高钠血症、等容量性高钠血症。

一、脱水

脱水(dehydration)是指体液容量明显减少。脱水常伴有血清钠和渗透压的变化,按细胞外液的渗透压不同,将脱水分为高渗性脱水、低渗性脱水和等渗性脱水三种类型。

(一)高渗性脱水

高渗性脱水(hypertonic dehydration)的主要特征是失水多于失钠,血清Na^+浓度>150mmol/L,血浆渗透压>310mmol/L,又称为低容量性高钠血症(hypovolemic hypernatremia)。

1. 原因和机制

(1)水摄入减少:①水源断绝;②不能饮水:进食或饮水困难,昏迷;③渴感障碍:某些脑部病变可损害渴觉中枢。一日不饮水,约失水1200ml(约为体重的2%)。婴儿一日不饮水,失水可达体重的10%。

(2)水丢失过多:通过四个途径丢失。①经呼吸道失水:任何原因引起的过度通气(如癔症和代谢性酸中毒等)都会使呼吸道黏膜不感蒸发加强;②经皮肤失水:高热、大量出汗和甲状腺功能亢进时,均可通过皮肤丢失大量低渗液体;③经肾失水:因ADH产生和释放不足,或肾远曲小管和集合管对ADH反应缺乏,引起尿崩症时肾排出大量低渗性尿液。大剂量频繁静脉输注甘露醇、高渗葡萄糖等溶液,可引起渗透性利尿而排水过多;④经胃肠道丢失:呕吐、腹泻及消化道引流等可导致等渗或含钠量低的消化液丢失。

2. 对机体的影响

(1)口渴:由于细胞外液高渗,刺激渴觉中枢(渴感障碍者除外)产生渴感,机体主动饮水,从而增加体液容量,降低血浆渗透压。但在衰弱的患者和老年人,口渴反应可不明显。

(2)尿的变化:除尿崩症和渗透性利尿外,细胞外液渗透压升高,可刺激渗透压感受器引起 ADH 分泌增加,加强了肾小管对水的重吸收,因而尿量减少、尿比重增高。早期由于血容量变化不明显,醛固酮分泌可不增多,尿中仍有钠排出,其浓度还可因尿浓缩而增高。一般在晚期和重症病例,可因血容量减少引起醛固酮分泌增加,而减少尿钠的排出,尿钠含量减少。

(3)细胞内液向细胞外液转移:由于细胞外液高渗,可使渗透压相对较低的细胞内液向细胞外转移,这有助于增加细胞外液,但同时也引起细胞脱水致使细胞皱缩。

(4)中枢神经系统功能紊乱:严重高渗性脱水的患者,由于细胞外液高渗,脑细胞严重脱水,可引起一系列中枢神经系统功能障碍,如嗜睡、肌肉抽搐、昏迷,甚至死亡。脑体积因脱水而显著缩小,使颅骨与脑皮质之间的血管张力增大,可致静脉破裂而出现局部脑出血和蛛网膜下腔出血。

(5)脱水热:严重的病例,由于从皮肤蒸发的水分减少,机体散热受到影响,从而导致体温升高,尤其是婴幼儿体温调节机制不完善,因而容易发生脱水热。

3. 防治原则

(1)防治原发病。

(2)补充水分:不能经口进食者可由静脉滴入 5% ~ 10% 葡萄糖溶液。

(3)适当补钠:高渗性脱水时患者虽然血钠浓度高,但体内总钠是减少的,故在治疗过程,待缺水情况得到一定程度纠正后,应补充一定量的含钠溶液,以免细胞外液转为低渗。

(二)低渗性脱水

低渗性脱水(hypotonic dehydration)的主要特征是失钠多于失水,血清 Na^+ 浓度 <130mmol/L,血浆渗透压 <280mmol/L,又称为低容量性低钠血症(hypovolemic hyponatremia)。

1. 原因和机制

(1)大量体液丢失而只补充水分:因呕吐,腹泻,大量出汗,大面积烧伤,大量液体在第三间隙积聚,如胸膜炎形成大量胸腔积液;腹膜炎、胰腺炎形成大量腹水等原因丢失大量液体,若只补充水分则可造成细胞外液低渗。

(2)肾脏失钠:①长期连续使用排钠性利尿剂,如噻嗪类、呋塞米、依他尼酸等,这些利尿剂能抑制肾小管对 Na^+ 的重吸收,使钠从尿中大量丢失;② Addison 病:肾上腺分泌醛固酮减少,肾小管对钠的重吸收减少;③肾实质性疾病:如慢性间质性肾疾患可使髓质正常间质结构破坏,使肾髓质不能维持正常的浓度梯度和髓袢升支功能受损等,均可使 Na^+ 随尿液排出增加。

2. 对机体的影响

(1)易发生休克:低渗性脱水的主要特点是细胞外液低渗,水可从细胞外液向渗透压相对较高的细胞内转移,导致细胞外液量进一步减少;同时由于血浆渗透压降低,不能刺激渴觉中枢,患者不主动饮水;早期细胞外液渗透压降低又抑制 ADH 分泌,尿量不减少,因此低渗性脱水患者易出现低血容量性休克,表现为直立性眩晕、血压下降、四肢厥冷、脉搏细速等症状。

问题与思考

为什么低渗性脱水比高渗性脱水更易发生休克?

（2）有明显的脱水征：由于细胞外液量减少，血容量减少，血液浓缩，血浆胶体渗透压升高，组织间液进入血管内补充血容量，使组织间液显著减少，患者皮肤弹性减退，眼窝凹陷，婴幼儿表现为囟门凹陷等，出现脱水体征。

（3）渴感不明显：由于细胞外液渗透压降低，渴觉中枢兴奋性降低，故机体虽缺水，但却不思饮。

（4）尿的变化：由于细胞外液渗透压降低，抑制渗透压感受器，使 ADH 分泌减少，远曲小管和集合管对水的重吸收也相应减少，因此患者早期尿量一般不减少。但严重脱水时，血容量严重减少，刺激 ADH 释放增多，可出现少尿。如低渗性脱水是由于肾外原因引起的，因渗透压降低，可引起醛固酮分泌增多，故尿钠减少（<10mmol/L）；如低渗性脱水是由肾失钠所致，肾脏不能重吸收钠离子，则患者尿钠含量增多。

3. 防治原则

（1）防治原发病。

（2）补充等渗液：原则上给予等渗液以恢复细胞外液容量，如出现休克，要按休克的处理方式积极抢救。

（三）等渗性脱水

等渗性脱水（isotonic dehydration）的主要特征是指水和钠等比例丢失，体液容量减少，血清 Na^+ 浓度维持在 130~150mmol/L，血浆渗透压维持在 280~310mmol/L。

1. 原因和机制 任何等渗性液体的大量丢失所造成的血容量减少，短期内均属等渗性脱水，可见于呕吐、腹泻、大面积烧伤、大量抽放胸腹水、麻痹性肠梗阻大量体液潴留于肠腔等。

2. 对机体的影响 等渗性脱水主要丢失细胞外液，血容量及组织间液均减少，但由于细胞内外液渗透压无差异，故细胞内液量变化不大。如细胞外液量减少到一定程度，可刺激 ADH 和醛固酮分泌增多，肾重吸收水和钠增多，使细胞外液得以补充。等渗性脱水如果未得到及时治疗，经皮肤的不感性蒸发和通过呼吸道丢失低渗性液体，可转变为高渗性脱水。等渗性脱水如果处理不当，只补充水分而未补充钠盐，则可转变为低渗性脱水（表 14-1）。

表 14-1　三型脱水比较

	高渗性脱水	低渗性脱水	等渗性脱水
原因	失水>失钠	失水<失钠	水、钠等比丢失
血清钠浓度	>150mmol/L	<130mmol/L	130~150mmol/L
血浆渗透压	>310mmol/L	<280mmol/L	280~310mmol/L
丢失体液部分	细胞内外液均丢失 细胞内液丢失更明显	细胞外液丢失为主细胞内液增多	细胞外液丢失为主 细胞内液变化不大
对机体的影响	口渴、尿少、脱水热脑出血	脱水体征、休克、脑细胞水肿	口渴、尿少、休克、脱水体征等症状均不明显
治疗	补水为主，适当补钠	补充生理盐水或高渗透盐水	补充偏低渗的氯化钠溶液

3. 防治原则

（1）防治原发病。

（2）补充液体：以补充渗透压为等渗液的 1/2~2/3 的液体为宜。

二、体液容量增加

体液容量增多可根据血钠变化和增多的体液分布分为高容量性低钠血症（水中毒）、高容量性高钠血症（盐中毒）、正常血钠性组织间液过多（水肿），现分述如下。

（一）水中毒

水中毒（water intoxication）的特点是体液容量增多，血清 Na^+ 浓度<130mmol/L，血浆渗透压<280mmol/L，但体内钠总量正常或增多，又称为高容量性低钠血症（hypervolemic hyponatremia）。

1. 原因和机制

（1）水的摄入过多：如用无盐水灌肠、肠道吸收水分过多、精神性饮水过量和持续性大量饮水等。另外，当过多过快输入含盐少或不含盐的液体，超过肾脏的排水能力时，也可发生水中毒。

（2）水排出减少：多见于急、慢性肾功能衰竭少尿期患者被输入过多液体时，或者由于 ADH 分泌异常增多。

2. 对机体的影响

（1）细胞外液增多：由于水潴留导致细胞外液增多，血液稀释，血钠浓度下降，渗透压降低。

（2）细胞内水肿：细胞外液低渗，水自细胞外向细胞内转移，造成细胞内水肿，严重者将影响器官功能。

（3）中枢神经系统功能异常：急性重度水中毒由于脑细胞的肿胀和脑组织水肿使颅内压增高，可引起头痛、恶心、呕吐、记忆力减退、淡漠、神志混乱、失语、嗜睡，视神经乳头水肿等，严重时可因枕骨大孔疝或小脑幕裂孔疝而导致呼吸和心跳停止。轻度或慢性病例，症状常不明显，多被原发病所掩盖，一般当血 Na^+ 浓度降低至 120mmol/L 以下时，才出现较明显的症状。

3. 防治原则

（1）防治原发病。严格控制水的摄入，促进水排出，减轻脑水肿。

（2）利尿剂使用：对于急性重症水中毒患者，静脉输注甘露醇、山梨醇等渗透性利尿剂，或者呋塞米等强效利尿剂。

（二）盐中毒

盐中毒是由于钠摄入过多或排出减少，血钠增高，体液容量增加，又称为高容量性高钠血症（hypervolemic hypernatremia）。

1. 原因和机制

（1）原发性钠潴留：原发性醛固酮和 Cushing 综合征（皮质醇增多症）患者，由于醛固酮持续分泌增多，钠离子重吸收增多，血钠升高。

（2）医源性盐摄入过多：过多输入高渗盐溶液，或治疗过程中过多输入含钠溶液。

2. 对机体的影响　　细胞外液高渗，水由细胞内转向细胞外，导致细胞脱水，可引起中枢神经系统功能障碍。

3. 防治原则　　防治原发病，肾功能正常可用强效利尿剂以排出过多的钠，如肾功能低下患者或对利尿剂反应差者，可用高渗葡萄糖溶液进行腹膜透析，但需密切监测血浆电解质水平，以免透析过度。注意观察患者的精神和神经症状。

（三）水肿

具体请见第十五章。

第三节　钾代谢紊乱

一、钾的正常代谢和功能

钾是体内重要的阳离子之一。正常成人体内总含钾量为 50～55mmol/kg，其中 98% 存在于细胞内，2% 存在于细胞外液。细胞内钾浓度可达 160mmol/L，血清钾浓度为 3.5～5.5mmol/L。

（一）钾的吸收与排泄

人体钾的来源全靠食物获得。天然食物含钾比较丰富，食物中的钾大部分在小肠吸收。90% 的钾经肾随尿排出，其余由消化道和汗液排出体外。排钾量与摄入量相关，即多吃多排，少吃少排，不吃也排，说明肾虽有保钾能力，但不如保钠能力强。

（二）钾的生理功能

1. 维持静息膜电位在静息状态下，细胞膜对钾离子具有较高的通透性，膜内外钾离子浓度差决定了静息膜电位的高低，从而影响神经肌肉组织的兴奋性。

2. 维持细胞新陈代谢如糖原和蛋白质合成时均需要钾离子的存在。

3. 调节细胞内外的渗透压和酸碱平衡钾离子是细胞内数目最多的阳离子，细胞内渗透压主要取决于钾离子的浓度。机体可通过 H^+-K^+ 在细胞内外的交换调节酸碱平衡。

（三）钾平衡的调节

钾的摄入和排出处于动态平衡，以保持血浆钾浓度在正常范围内。机体可通过以下几条途径维持血浆钾的平衡：①通过细胞膜 Na^+-K^+ 泵，改变钾在细胞内外液的分布，如胰岛素、儿茶酚胺等通过增强 Na^+-K^+-ATP 酶活性，促进钾进入细胞内；②通过细胞内外的 H^+-K^+ 交换，影响细胞内外液钾的分布，酸中毒时常伴有高钾血症，碱中毒时常出现低钾血症；③通过肾小管上皮细胞内外跨膜电位的改变影响其排钾量；④通过醛固酮和远曲小管及集合管内原尿的流速，调节肾排钾量；⑤通过结肠排钾及出汗形式。

二、钾代谢障碍

按血清钾浓度的高低，钾代谢紊乱分为低钾血症和高钾血症两大类。

（一）低钾血症

血清钾浓度低于 3.5mmol/L 称为低钾血症（hypokalemia）。多数情况下，低钾血症常伴有缺钾。

1. 原因和机制

（1）钾摄入不足：在正常饮食条件下，一般不会发生低钾血症。只有在长期不能正常进食的情况下，如消化道梗阻、昏迷、神经性厌食及胃肠道术后禁食时才可能发生。

（2）钾丢失过多：这是低钾血症最常见的原因。

1）经肾失钾：这是成人失钾的最重要的原因。①应用利尿剂：呋塞米和噻嗪类利尿剂，其机制是通过抑制髓袢升支粗段及远曲小管起始部对钠、氯的重吸收而产生利尿作用，由此导致远曲小管内的钠增多，K^+ 和 Na^+ 交换增多，从而排钾增多；渗透性利尿剂如甘露醇等，其机制是通过使远曲小管中尿流量增多、流速增快，导致尿钾排出增多；②盐皮质激素过多：见于原发性和继发性醛固酮增多症等，促进肾脏排钾；③各种肾疾患：肾间质性疾病如肾盂肾炎时，由于钠水重吸收障碍使远端肾小管液流速增加，导致肾排钾增多；急性肾功能衰竭多尿期，由于原尿中溶质增多产生渗透性利尿作用，使肾排钾增多；④肾小管性酸中毒：I型（远曲小管性）酸中毒，由于远曲小管泌 H^+ 障碍，导致 K^+ 和 Na^+ 交换增加，尿钾排出增多；II型（近端小管性）酸中毒，是一种多原因引起的以近端小管重吸收多种物质障碍为特征的综合征，表现 K^+ 重吸收障碍而出现低钾血症；⑤镁缺失：使肾小管上皮细胞 Na^+-K^+-ATP 酶失活，钾重吸收障碍，导致钾丢失过多。

2）经消化道失钾：严重呕吐、腹泻、胃肠减压、肠瘘等患者，钾随消化液丢失。发生机制是：①消化液含钾量较血浆高，故消化液丧失必然丢失大量钾；②大量丢失消化液可致血容量减少，引起醛固酮分泌增加，肾排钾增多。

3）经皮肤失钾：大量出汗可丢失较多的钾。

（3）细胞外钾转入细胞内：当细胞外液钾较多地转入细胞内时，可引起低钾血症。常见的原因有：

1）碱中毒：碱中毒时，细胞外液 H^+ 浓度下降，H^+ 从细胞内溢出细胞外进行调节，为维持电中性，细胞外 K^+ 进入细胞内，血清钾下降；肾小管上皮细胞也发生此种离子交换，致使管腔膜侧 H^+ 和 Na^+ 交换减弱，而 K^+ 和 Na^+ 交换增强，尿钾排出增多。

2）糖原合成增多：如使用大剂量胰岛素治疗糖尿病时，血清钾随葡萄糖大量进入细胞内以合成糖原，血清钾浓度降低。

3）β-肾上腺素能受体活性增强：如β-受体激动剂肾上腺素、沙丁胺醇等可通过 cAMP 机制激活 Na^+-K^+ 泵，促进细胞外钾内移。

4）某些毒物中毒：如钡中毒、粗制棉籽油中毒（主要毒素为棉酚），由于钾通道被阻滞，使 K^+ 外流减少。

5）低钾性家族性周期性瘫痪：该病系常染色体显性遗传病，发作时出现麻痹和骨骼肌瘫痪，不经治疗可在 6～24 小时自行缓解。发作时细胞外液钾进入细胞内，血浆钾急剧减少。导致肌肉麻痹的机制可能是骨骼肌膜上电压依赖性钙通道的基因位点突变，使 Ca^{2+} 内流受阻，肌肉兴奋 - 收缩耦联障碍。

2. 对机体的影响　低钾血症对机体的影响取决于血 K^+ 降低的程度、速度和持续时间。一般情况下，血钾越低对机体影响越大。慢性失钾的患者往往临床症状不明显。

（1）对神经肌肉的影响

1）急性低钾血症：细胞外液钾浓度降低，细胞内液钾浓度不变，细胞内、外钾浓度差增大，钾离子外流增多，使细胞膜静息电位（Em）负值加大，静息电位（Em）- 阈电位（Et）间距离加大，使可兴奋细胞对兴奋刺激的敏感性降低，因而兴奋性降低（图 14-3）。急性低钾血症发生在不同组织细胞有不同表现：①中枢神经系统：轻症患者表现为精神萎靡、表情淡漠，重症患者可出现反应迟钝，嗜睡甚至昏迷；②骨骼肌：下肢无力，软瘫，严重时可因呼吸肌麻痹而导致死亡，这常常是低钾血症导致患者死亡的主要原因。此外，钾对骨骼肌的供血有调节作用，严重低钾血症可使骨骼肌血管收缩，引起肌肉痉挛、缺血性坏死和横纹肌溶解；③胃肠道平滑肌：轻者表现为食欲缺乏、腹胀、恶心、呕吐，严重者可发生麻痹性肠梗阻。

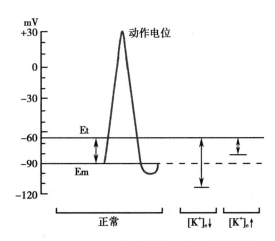

图 14-3　细胞外液钾浓度对神经肌肉兴奋性的影响

2）慢性低钾血症：细胞外液钾浓度降低缓慢，并能通过细胞内钾逸出得到补充，神经肌肉兴奋性降低不明显，故临床症状不明显。

（2）对心脏的影响：低钾血症可引起心律失常，轻者多为房性或室性早搏、窦性心动过速，严重者出现室性或室上性心动过速甚至心室纤颤。

1）对心肌生理特性影响：具体表现为：①心肌兴奋性增高：低钾血症时，由于心肌细胞膜对 K^+ 的通透性降低，细胞内 K^+ 外流减少，导致心肌细胞膜静息膜电位的绝对值减少，静息电位 - 阈电位间距离缩短，心肌兴奋性增高；②心肌自律性增高：低钾血症时，心肌细胞膜对 K^+ 的通透性降低，使自律细胞在舒张期自动去极化时 Na^+ 内向电流相对加速，自动去极化速度加快，引起心肌自律性增高；③心肌传导性降低：低钾血症时，心肌细胞膜静息膜电位的绝对值减少，去极化时钠内流速度减慢，故动作电位 0 期去极化速度减慢，幅度减少，心肌传导性降低；④心肌收缩性改变：急性低钾血症时，K^+ 对 Ca^{2+} 内流的抑制作用减弱，使复极化 2 期 Ca^{2+} 内流加速，使心肌兴奋 - 收缩耦联增强，心肌收缩性升高。严重慢性低钾血症时，因细胞内缺钾，引起心肌细胞发生变性和坏死，使心肌收缩性减弱。

2）心电图变化：典型的表现有（图 14-4）：① P-R 间期延长；② QRS 综合波增宽；③ S-T 段压低，T 波压低，出现明显的 U 波。

问题与思考

低钾血症时，心电图改变的机制？

（3）对肾功能的影响：低钾血症时，肾损害主要表现为髓质集合管上皮细胞的肿胀、增生等，重者可波

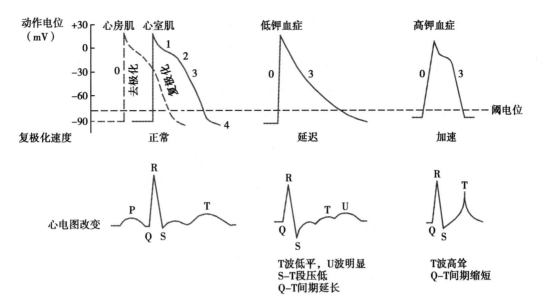

图 14-4　高钾血症及低钾血症对心肌细胞动作电位及心电图的影响

及各段肾小管,甚至肾小球,出现间质性肾炎样表现。功能上主要表现为尿浓缩功能障碍,出现多尿和低比重尿,其发生机制是:①远曲小管和集合管上皮细胞受损,cAMP 生成不足,对 ADH 的反应性降低;②髓袢升支粗段对 NaCl 的重吸收障碍,妨碍了肾髓质渗透压梯度的形成而影响了对水的重吸收。

（4）对酸碱平衡的影响:①代谢性碱中毒:低钾血症时,细胞内 K^+ 外移,细胞外液 H^+ 移入细胞内,致细胞外液 H^+ 浓度降低,造成细胞外液碱中毒;②反常性酸性尿:低钾血症时,肾小管上皮细胞内 K^+ 减少,使 K^+-Na^+ 交换减少,H^+-Na^+ 交换增强,H^+ 排出增多,尿液中 H^+ 增多,呈酸性。细胞外液碱中毒患者排出酸性尿,因此称为反常性酸性尿（paradoxical acidic urine）。

3. 防治原则

（1）防治原发病。

（2）补钾:对严重低钾血症或出现明显的并发症,如心律失常或肌肉瘫痪等,应及时补钾。其原则为:①尽量口服补钾。不能口服者或病情严重时,才考虑静脉滴注补钾;②见尿补钾。尿少时不宜补钾,每天尿量在 500ml 以上时才能静脉补钾;③控制剂量和速度。输入液钾浓度以 20～40mmol/L 为宜;每小时输入量为 10～20mmol;④补钾时观察心率、心律,定时测定血钾浓度。细胞内缺钾恢复较慢,往往需补钾 4～6 天,严重者需补钾 10～15 天以上。

（3）纠正水和其他电解质代谢紊乱。

（二）高钾血症

血清钾浓度高于 5.5mmol/L 称为高钾血症（hyperkalemia）。

1. 原因和机制

（1）肾排钾减少:这是高钾血症最主要的原因。常见于:

1）肾功能衰竭:急性肾功能衰竭少尿期、慢性肾功能衰竭晚期,因肾小球滤过率减少或肾小管排钾功能障碍,往往导致高钾血症,常是导致患者死亡的主要原因。

2）醛固酮分泌减少:各种遗传性或获得性的醛固酮分泌不足均可导致钾排出减少,血钾升高。如肾上腺皮质功能减退（Addison 病）等导致醛固酮绝对缺乏;某些肾疾病（如间质性肾炎）或某些药物（如吲哚美辛）等引起继发性醛固酮分泌不足。

3）长期应用潴钾利尿剂:螺内酯、氨苯蝶啶等能抑制远曲小管和集合管对 K^+ 的分泌和对 Na^+ 的吸收导致钾在体内潴留,故长期大量应用可引起高钾血症。

（2）钾摄入过多：主要见于处理不当，如经静脉输入过多钾盐或输入大量库存血时，尤其在肾功能低下时更易发生。

（3）细胞内钾转移到细胞外：钾从细胞内大量溢出，当超过了肾的排钾能力时，血钾浓度升高。常见于：

1）酸中毒：酸中毒时，细胞外液中的 H^+ 进入细胞内被缓冲，同时细胞内 K^+ 转到细胞外以维持电荷平衡，导致高钾血症；酸中毒还可使肾小管上皮细胞内 H^+ 浓度增加，进而使 H^+ 和 Na^+ 交换增加，Na^+ 和 K^+ 交换减少，尿钾排出减少，导致高钾血症。

2）溶血和组织坏死：见于血型不合的输血、挤压综合征等，细胞内钾大量释出而引起高钾血症。

3）高血糖合并胰岛素不足：见于糖尿病血糖增高，由于胰岛素缺乏可抑制 Na^+-K^+-ATP 酶活性，妨碍 K^+ 进入细胞内，导致血清钾浓度升高。

4）某些药物的使用：如 β 受体阻滞剂、洋地黄类药物中毒等通过干扰 Na^+-K^+-ATP 酶活性而妨碍细胞摄钾；肌肉松弛剂氯化琥珀碱可增大骨骼肌膜对 K^+ 通透性，使细胞内钾外溢，导致血钾升高。

5）缺氧：缺氧时细胞 ATP 生成不足，细胞膜上 Na^+-K^+ 泵运转障碍，使 Na^+ 在细胞内潴留，而细胞外 K^+ 不易进入细胞内。

6）高钾性家族性周期性瘫痪：是一种少见的常染色体显性遗传性疾病，发作时细胞内钾外移而引起血钾升高，并引起骨骼肌麻痹。

2. 对机体的影响　高钾血症对机体的影响主要表现为肌无力和心律失常。

（1）对神经肌肉的影响：高钾血症对骨骼肌的影响呈双向性。

1）急性轻度高钾血症：当血清钾 5.5～7.0mmol/L 时，临床上可出现四肢感觉异常、刺痛和轻度震颤等症状，但常被原发病症状所掩盖。其发生机制是：细胞外液钾浓度增高后，细胞内外 K^+ 浓度差变小，静息期细胞内钾外流减少，使细胞膜静息电位负值变小，静息电位 - 阈电位间距离变小，肌肉兴奋性增高（见图 14-3）。

2）急性重度高钾血症：当血清钾 7.0～9.0mmol/L 时，表现为肌肉软弱无力，甚至发生弛缓性麻痹。其发生机制是：细胞外液钾浓度急剧升高，细胞膜静息电位负值进一步变小，静息电位接近或等于阈电位时，肌肉细胞膜上的快钠通道失活而处于去极化阻滞状态，不能形成动作电位，不引起兴奋。

（2）对心脏的影响：高钾血症对心肌的毒性作用极强，重症高钾血症可以出现心室纤颤和心搏骤停，这是导致高钾血症患者死亡的主要原因。

1）对心肌生理特性影响：具体表现为：①心肌兴奋性变化：急性高钾血症对心肌细胞膜电位的影响与对骨骼肌细胞膜电位的影响基本相同。即心肌兴奋性出现先升高后降低的双向变化。急性轻度高钾血症时，心肌的兴奋性增高。急性重度高钾血症时，心肌兴奋性降低；②自律性降低：高钾血症时，心肌细胞膜对 K^+ 的通透性增高，复极化 4 期，细胞内 K^+ 外流速度加快，持续 Na^+ 内流相对缓慢，导致快反应自律细胞的 4 期自动除极化减慢，心肌自律性降低；③传导性降低：由于心肌细胞静息膜电位降低，膜上的快钠通道部分失活，0 期 Na^+ 内流减慢，导致 0 期去极化的速度减慢、幅度变小，心肌传导性下降。严重高钾血症时，可因严重传导阻滞和心肌兴奋性消失而发生心搏骤停；④收缩性减弱：高钾血症时，细胞外液 K^+ 浓度增高抑制了复极化 2 期时 Ca^{2+} 的内流，使心肌细胞内 Ca^{2+} 浓度降低，心肌兴奋 - 收缩耦联作用减弱，心肌收缩性降低。

2）心电图变化：典型的表现有（见图 14-4）：①P 波压低、增宽或消失、P-R 间期延长、QRS 综合波增宽；②T 波高耸狭窄，是高钾血症心电图变化的重要特点之一；③Q-T 间期缩短。

问题与思考

高钾血症时，心电图改变的机制？

（3）对酸碱平衡的影响：①代谢性酸中毒：高钾血症时，细胞外 K^+ 移到细胞内，细胞内液 H^+ 移出到细胞外，致细胞外液 H^+ 浓度升高，造成细胞外液酸中毒；②反常性碱性尿：高钾血症时，肾小管上皮细胞内 K^+ 浓度增高，使肾小管 K^+-Na^+ 交换增强，H^+-Na^+ 交换减弱，随尿液排出的 H^+ 减少，酸中毒患者排出碱性尿，称为反常性碱性尿（paradoxical alkaluria）。

3. 防治原则

（1）防治原发病。

（2）降低血钾含量：①促进 K^+ 移入细胞：如静脉注射胰岛素、葡萄糖，促进糖原合成，使钾进入细胞内，或输入碳酸氢钠提高血液 pH，促使钾向细胞内转移，而降低血钾浓度；②加速 K^+ 排出：口服或灌肠阳离子交换树脂，在胃肠道内通过 Na^+-K^+ 交换，加速排出 K^+。对于严重高钾血症患者，可用腹膜透析、血液透析等清除体内过多的钾。

（3）对抗高血钾的心肌毒性：注射葡萄糖酸钙或氯化钠溶液，拮抗高钾对心肌的毒性作用：Ca^{2+} 一方面能促使 Et 上移，使 Em-Et 间距离增加甚至恢复正常，恢复心肌的兴奋性；另一方面使复极化 2 期 Ca^{2+} 竞争性地内流增加，提高心肌的收缩性。应用钠盐后，细胞外液钠浓度增多，使 0 期去极化时 Na^+ 内流增加，0 期上升的速度加快、幅度增大，心肌传导性得以改善。

（杨金霞）

学习小结

体液广泛分布于细胞内外，构成人体的内环境。体液分为细胞内液和细胞外液，细胞外液由组织间液和血浆共同构成。当调节功能障碍或水、电解质代谢变化超过了机体的调节能力时，就会导致水和电解质代谢紊乱。

脱水是指体液容量明显减少。按细胞外液渗透压的不同，将脱水分为三种类型：高渗性脱水、低渗性脱水和等渗性脱水。高渗性脱水主要见于水摄入不足或水排出过多，对机体的影响主要表现为口渴、尿少、尿比重高、脑出血、脱水热等。低渗性脱水主要见于体液大量丢失后，只补充水，而未补充适当钠盐，对机体的影响主要表现为易发生休克、渴感不明显。等渗性脱水见于等渗液大量丢失，等渗性脱水如未及时治疗，可转变为高渗性脱水，如果处理不当，只补充水分而未补充钠盐，可转变为低渗性脱水。体液容量增多包括水中毒、盐中毒及水肿。钠水等比例增多可引起水肿，水增多的比例大于钠增多的比例时可引起水中毒，而钠增多的比例如大于水增多的比例则引起盐中毒。

血清钾浓度低于 3.5mmol/L 称为低钾血症；血清钾浓度高于 5.5mmol/L 称为高钾血症。钾的摄入量、钾的跨细胞转移以及钾的排泄影响钾的平衡。高钾血症和低钾血症都可导致骨骼肌无力/瘫痪和心律失常。

复习参考题

1. 机体是如何调节水、钠平衡的？

2. 比较低渗性脱水与高渗性脱水的异同。

3. 低钾血症和高钾血症对骨骼肌影响有

何异同？其机制如何？

4. 在低钾血症和高钾血症时，心肌兴奋性、自律性、传导性和收缩性有何异同？

15

体液酸碱度的相对恒定,是机体内环境稳定的一个重要组成部分。在生理条件下,尽管机体不断生成酸性或碱性的代谢产物,并经常摄取酸性或碱性食物,但通过血液缓冲系统、组织细胞、肺和肾的调节,动脉血 pH 值始终维持在 7.35 ~ 7.45 范围内,这一过程称为酸碱平衡(acid-base balance)。许多疾病可引起体内酸性或碱性负荷过度、严重不足和(或)调节机制障碍,破坏体内的酸碱稳态,即发生酸碱平衡紊乱(disturbance of acid-base balance),使病情更趋严重和复杂。因此,掌握酸碱平衡紊乱的发生机制,及时、准确地处理酸碱平衡紊乱,常常是治疗成败的关键。

根据血液 pH 值的高低,可将酸碱平衡紊乱分为两大类,pH 值降低称为酸中毒,pH 值升高称为碱中毒。由 HCO_3^- 浓度原发性降低或升高引起的酸碱平衡紊乱,称为代谢性酸中毒或代谢性碱中毒;由碳酸(H_2CO_3)浓度原发性增高或降低引起的酸碱平衡紊乱,称为呼吸性酸中毒或呼吸性碱中毒。

如患者发生单一酸碱平衡紊乱,称为单纯性酸碱平衡紊乱(simple acid-base disturbance),如果两种或两种以上的酸碱平衡紊乱同时存在,称为混合性酸碱平衡紊乱(mixed acid-base disturbance)。

第一节 酸碱平衡及其调节机制

一、酸碱的概念

在化学反应中,能释放出 H^+ 的化学物质称之为酸,例如 HCl、H_2SO_4、H_2CO_3、NH_4^+ 等;能接受 H^+ 的化学物质称之为碱,例如 HCO_3^-、NH_3、OH^- 等。酸释放出 H^+ 的同时会伴有一种碱性物质形成;同样,当碱接受 H^+ 的同时也必然会伴有酸性物质形成。因此,一种酸总是与相对应的碱形成一个共轭体系。

二、体内酸碱物质的来源

体内酸碱物质主要来自体内物质代谢,少量来自食物。普通膳食时,酸性物质的产生远多于碱性物质。

(一)酸的分类及来源

1. **挥发酸(volatile acid)** 即碳酸,是机体代谢活动产生最多的酸性物质。糖、脂肪和蛋白质在分解代谢过程中可产生大量 CO_2,CO_2 与水结合生成 H_2CO_3,H_2CO_3 是机体代谢过程中产生最多的酸性物质。H_2CO_3 可解离出 H^+,又可转变为水和 CO_2,CO_2 经肺排出体外,故被称为挥发酸。

正常成人在安静状态时每天可产生 300 ~ 400L 的 CO_2,如果全部与水结合成 H_2CO_3,则可释放出 15mol H^+;运动时产生的 CO_2 显著增加。

2. **固定酸(fixed acid)** 指不能经肺呼出,而只能经肾随尿排出的酸性物质,亦被称为非挥发酸(nonvolatile acid),主要包括:蛋白质分解代谢产生的磷酸、硫酸与尿酸;糖酵解产生的甘油酸、丙酮酸及乳酸;脂肪代谢产生的 β-羟丁酸、乙酰乙酸等。此外,机体还会摄入一些酸性食物或药物(如水杨酸、氯化铵),是体液酸性物质的另一来源。

成人每日由固定酸产生的 H^+ 较少,约 50 ~ 100mmol。

(二)碱的来源

主要来源于所摄入食物(如蔬菜、瓜果)中含有的枸橼酸钠、苹果酸钠和草酸钠等有机酸盐;其次来源于体内物质代谢产生的碱性物质,如氨基酸脱氨基所生成的氨,但这种氨经肝脏代谢后生成尿素,正常时对体液酸碱度影响不大。

三、机体对酸碱平衡的调节

正常情况下,机体不断产生和摄取酸或碱性物质,但动脉血 pH 值始终维持在 7.35～7.45 范围内,机体自动调节体内酸碱物质相对稳定的过程即为酸碱平衡的调节。

(一)血液缓冲系统的调节

所谓缓冲系统是由弱酸和共轭碱所组成的具有缓冲碱或酸能力的混合溶液(亦叫缓冲对)。血液中的缓冲系统,由血浆和红细胞内缓冲系统所组成。血浆缓冲系统由碳酸氢盐缓冲系统(H_2CO_3/HCO_3^-)、磷酸盐缓冲系统($H_2PO_4^-/HPO_4^{2-}$)、血浆蛋白缓冲系统(HPr/Pr^-)组成;红细胞内则由血红蛋白缓冲系统(HHb/Hb^-)、氧合血红蛋白($HHbO_2/HbO_2$)缓冲系统组成(表 15-1)。在这些缓冲系统中,碳酸氢盐缓冲系统最重要,其特点包括:①缓冲能力强,是细胞外液含量最多的缓冲系统,占血液缓冲总量的 1/2 以上;②缓冲潜力大,通过肺和肾对 H_2CO_3 和 HCO_3^- 的调节使缓冲物质易于补充和排出;③可以缓冲所有的固定酸,但不能缓冲挥发酸。挥发酸的缓冲主要靠非碳酸氢盐缓冲系统,特别是 Hb 及 HbO_2 缓冲。通过缓冲体系,可将强酸转变成弱酸(H_2CO_3),将强碱转变成弱碱(HCO_3^-)。

表 15-1 全血的缓冲系统组成

缓冲酸	缓冲碱
H_2CO_3	$H^+ + HCO_3^-$
$H_2PO_4^-$	$H^+ + HPO_4^{2-}$
HPr	$H^+ + Pr^-$
HHb	$H^+ + Hb^-$
$HHbO_2$	$H^+ + HbO_2^-$

(二)肺的调节作用

通过调节呼吸运动的频率和幅度,改变 CO_2 的排出量,调节血浆 H_2CO_3 浓度,使血液 pH 处于相对稳定状态。当 $PaCO_2$ 或 H^+ 增高时,通过中枢和外周化学感受器,使延髓呼吸中枢兴奋,呼吸加深加快,CO_2 呼出增多,血浆 H_2CO_3 浓度随之降低;反之,当 $PaCO_2$ 或 H^+ 降低时,呼吸变浅变慢,CO_2 呼出量减少,血浆 H_2CO_3 浓度相应增高。这种调节的特点是启动较快,数分钟内即可启动,12～24 小时可达到代偿高峰。但是这种调节是有限度的,持续深快呼吸,会使呼吸肌疲劳,最终肺通气量降低。

(三)组织细胞的调节作用

组织细胞的调节作用主要是通过离子交换完成的,如 H^+-K^+、H^+-Na^+、Na^+-K^+ 交换以维持电中性。当酸中毒时,细胞外液 H^+ 浓度增加,H^+ 转移入细胞内,而细胞内的 K^+ 或 Na^+ 移向细胞外;反之,当碱中毒时,H^+ 由细胞内移出,而细胞外 K^+ 或 Na^+ 移入细胞内,所以酸中毒时,往往伴有高血钾,碱中毒时可伴有低血钾。Cl^- 是可以自由交换的阴离子,当 HCO_3^- 升高时,它的排出只能由 $Cl^--HCO_3^-$ 交换来完成。

(四)肾的调节作用

肾脏主要通过肾小管上皮细胞排泌 H^+、NH_3 及重吸收 $NaHCO_3$ 等过程来调节血浆中的 HCO_3^- 含量,从而维持 HCO_3^-/H_2CO_3 的比值。其作用特点为反应较慢,数小时后发挥作用,3～5 天达到高峰,但作用持久,有很强的排酸保碱效能。

生理状态下,$NaHCO_3$ 能自由通过肾小球,在原尿中的含量与血浆相同,其中近曲小管重吸收的 $NaHCO_3$ 占 85%～90%,远端肾小管重吸收的占 10%～15%,随终尿排出体外的仅占 0.1%,几乎无 $NaHCO_3$ 的丢失。

1. 近曲小管重吸收 HCO_3^- 近曲小管上皮细胞内的 CO_2 和 H_2O,在碳酸酐酶的催化下可结合生成 H_2CO_3,H_2CO_3 可部分解离出 H^+ 和 HCO_3^-,其中 H^+ 可通过管腔膜上的 Na^+-H^+ 反向转运体与管腔滤液中的 Na^+ 相互交换,因两者交换转运的方向相反,故称 H^+-Na^+ 反向转运,它是一种继发性主动转运。此时,进入

细胞的 Na^+ 与 H_2CO_3 解离出的 HCO_3^- 结合为 $NaHCO_3$,由基侧膜 $Na^+\text{-}HCO_3^-$ 载体同向重吸收入血,其结果是小管上皮细胞每向管腔分泌 1mol H^+,则在血浆内同时增加 1mol HCO_3^-。被泌入小管腔的 H^+ 和滤液中的 HCO_3^- 结合生成 H_2CO_3,然后经碳酸酐酶的催化生成 CO_2 和 H_2O,CO_2 再弥散入小管上皮细胞,H_2O 随尿排出体外(图 15-1 左)。

2. 远曲小管和集合管泌 H^+ 和重吸收 HCO_3^- 远曲小管和集合管主要依靠闰细胞管腔膜 $H^+\text{-}ATP$ 酶的泌 H^+ 作用,进入管腔的 H^+ 使碱性的 Na_2HPO_4 转变为酸性的 NaH_2PO_4,引起磷酸盐酸化,随尿排出体外;同时在基侧膜以 $Cl^-\text{-}HCO_3^-$ 交换方式重吸收 HCO_3^-(图 15-1 右)。泌到管腔的 H^+ 将管腔滤液中的 HPO_4^{2-} 变成 $H_2PO_4^-$,使滤液酸化,称为远端酸化作用。当尿液 pH 降至 4.8 时,滤液中的磷酸盐几乎全部转变为 $H_2PO_4^-$,不能发挥缓冲作用,因此其缓冲作用较为有限。

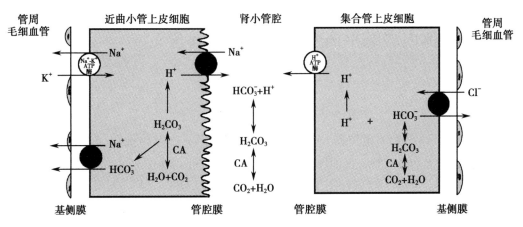

图 15-1　近曲小管和集合管泌 H^+、重吸收 HCO_3^- 过程示意图
○表示主动转运;●表示继发性主动转运;CA: 碳酸酐酶

3. NH_4^+ 的排泄 NH_4^+ 的生成与排出具有 pH 依赖性,随着酸中毒的加重排出量增多。近曲小管上皮细胞是产 NH_4^+ 的主要场所,在线粒体内谷氨酰胺酶水解谷氨酰胺生成谷氨酸,谷氨酸进一步分解产生 NH_3 和 α-酮戊二酸,α-酮戊二酸进而分解生成 HCO_3^-,在基侧膜 $Na^+\text{-}HCO_3^-$ 同向转运进入血液循环。NH_3 为脂溶性,生成后可弥散入肾小管管腔,与肾小管上皮细胞分泌的 H^+ 结合生成 NH_4^+,NH_3 也可以与细胞内碳酸解离的 H^+ 结合成 NH_4^+,通过 $NH_4^+\text{-}Na^+$ 交换进入肾小管管腔,NH_4^+ 为水溶性,不易通过细胞膜返回细胞内,以氯化铵的形式由尿排出体外(图 15-2)。由于谷氨酰胺酶的活性受血浆 pH 的影响,酸中毒越严重,该酶的活性越高,NH_4^+ 的排泄就越多。

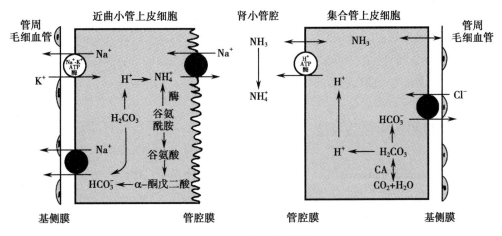

图 15-2　尿铵形成示意图

远端小管和集合管上皮细胞内谷氨酰胺酶水解谷氨酰胺生成 NH_3，由于膜对 NH_4^+ 的通透性较低，NH_3 扩散入小管液，与分泌的 H^+ 结合形成 NH_4^+，并随尿排出体外（见图15-2）。

此外肝脏可以通过合成尿素清除 NH_3 调节酸碱平衡，慢性酸中毒时骨骼的钙盐分解有利于对 H^+ 的缓冲。

上述四个调节因素共同维持体内的酸碱平衡：血液缓冲系统反应最为迅速，但缓冲作用不能持久，仅维持10分钟左右；肺的调节作用效能大而且迅速，30分钟时达代偿最高峰，但仅对 CO_2 有调节作用，不能缓冲固定酸；细胞的缓冲作用通常需 3～4 小时后才发挥作用，并且常可引起血钾浓度的改变；肾脏的调节作用发挥较慢，常在 12～24 小时才发挥作用，3～5 天达高峰，但调节能力强大而且作用持久，对保留 HCO_3^- 及排出固定酸有重要作用。

第二节　反映体内酸碱平衡变化的指标及其含义

一、血液 pH 值

溶液的酸碱度取决于所含 H^+ 的浓度，pH 是 H^+ 浓度的负对数值。pH 值越低，表明 H^+ 浓度越高。正常人动脉血 pH 值为 7.35～7.45，静脉血 pH 值稍低。pH < 7.35 为酸中毒；pH > 7.45 为碱中毒。

根据 Henderson-Hasselbalch 方程式：$pH = pKa + \log[HCO_3^-]/[H_2CO_3]$

其中 pKa 为碳酸电离常数的负对数，其值为 6.1，血浆 HCO_3^- 浓度为 24mmol/L，H_2CO_3 浓度 = $PaCO_2 × \alpha$（溶解系数）= 40 × 0.3 = 1.2，代入公式：$pH = 6.1 + \log(24/1.2) = 6.1 + \log(20/1) = 6.1 + 1.3 = 7.4$。

需强调指出的是：①血浆的 HCO_3^-/H_2CO_3 缓冲系统非常重要，不仅其比值直接决定 pH 值大小，而且可通过肺排出 CO_2 和肾脏重吸收 HCO_3^- 来维持 20:1 的比值，发挥其巨大的缓冲作用；② HCO_3^- 为反映肾脏调节的代谢性因素，其原发性增加或减少，提示机体发生了代谢性碱中毒或酸中毒，继发性增减则见于呼吸性酸中毒或呼吸性碱中毒；③ $PaCO_2$ 为反映肺调节的呼吸性因素，其原发性增加或减少，提示机体发生了呼吸性酸中毒或碱中毒，继发性增减则见于代谢性碱中毒或酸中毒；④ pH < 7.35 为失代偿性酸中毒，pH > 7.45 为失代偿性碱中毒，pH 值在正常范围内，可以表示酸碱平衡正常、完全代偿性酸中毒或碱中毒（$[HCO_3^-]$ 和 $[H_2CO_3]$ 的数值虽已发生改变，但两者的比例仍为 20:1）和混合性酸碱平衡紊乱。

二、动脉血二氧化碳分压

动脉血二氧化碳分压（$PaCO_2$）指物理溶解在动脉血浆中的 CO_2 所产生的张力。正常值为 33～46mmHg，平均值为 40mmHg（5.32kPa）。它是反映呼吸性酸碱平衡紊乱的重要指标。$PaCO_2$ > 46mmHg，反映 CO_2 积蓄过多（肺通气不足），见于呼吸性酸中毒或代偿后的代谢性碱中毒；$PaCO_2$ < 33mmHg，反映 CO_2 排出过多（肺通气过度），见于呼吸性碱中毒或代偿后的代谢性酸中毒。

三、标准碳酸氢盐和实际碳酸氢盐

标准碳酸氢盐（standard bicarbonate，SB）是指全血在标准条件下（即在 38℃、血红蛋白完全氧合和 $PaCO_2$ 40mmHg）所测得的血浆 HCO_3^- 含量。正常值为 22～27mmol/L，平均为 24mmol/L。SB 排除了呼吸因素的影响，是反映代谢性酸碱平衡紊乱的指标。

实际碳酸氢盐（actual bicarbonate，AB）是指隔绝空气的血液标本，在实际 PCO_2 和血氧饱和度条件下测得

的血浆 HCO_3^- 浓度。SB 和 AB 的差值反映了呼吸因素对酸碱平衡的影响。正常 SB＝AB；AB＜SB，见于呼吸性碱中毒；AB＞SB，见于呼吸性酸中毒；两者均减低，表明代谢性酸中毒；两者均升高，表明代谢性碱中毒。

四、缓冲碱

缓冲碱（buffer base，BB）是指血液中所有起缓冲作用的阴离子的总和，包括 HCO_3^-、Hb^- 和 Pr^- 等。全血 BB 不受呼吸因素的影响，为反映代谢因素的指标。正常值为 45～52mmol/L，代谢性酸中毒时，BB 减少；代谢性碱中毒时，BB 升高。

五、碱剩余

碱剩余（base excess，BE）指在标准条件下，用酸或碱将 1L 全血或血浆滴定到 pH 7.4 时所用的酸或碱的量，一般用 mmol/L 表示。正常值为（0±3）mmol/L。它是反映代谢性酸碱紊乱的指标。如需用酸性物质滴定，说明是碱剩余，用正值（＋BE）表示，常见于代谢性碱中毒；如需用碱性物质滴定，则说明是碱缺乏，用负值（－BE）表示，常见于代谢性酸中毒。

六、阴离子间隙

阴离子间隙（anion gap，AG）是指血浆中未测定阴离子（UA）与未测定阳离子（UC）的差值，即 AG＝UA－UC。UA 包括 Pr^-、HPO_4^{2-}、SO_4^{2-} 和有机酸根离子；UC 包括 K^+、Ca^{2+}、Mg^{2+}。已知血浆中可测定的阳离子 Na^+ 浓度为 140mmol/L；可测定的阴离子 Cl^- 和 HCO_3^- 的浓度分别为 104mmol/L 和 24mmol/L，依据血浆阴阳离子总当量数必须相等的电中性原则，可得出 $AG＝UA－UC＝[Na^+]-([Cl^-]+[HCO_3^-])$，故 AG 的正常值为（12±2）mmol/L（图 15-3）。AG 值升高常意味着血液中未测定的阴离子增多，即酸根离子增多，对于判断代谢性酸中毒有一定意义。

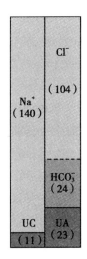

图 15-3　血浆阴离子间隙示意图

第三节　单纯性酸碱平衡紊乱

一、代谢性酸中毒

代谢性酸中毒（metabolic acidosis）是以细胞外液 H^+ 增加或 HCO_3^- 原发性减少，血液 pH 值趋于减少为特征的酸碱平衡紊乱。

（一）原因和机制

根据 AG 值的变化，代谢性酸中毒分为两类：AG 增高型代谢性酸中毒和 AG 正常型代谢性酸中毒。

1. **AG 增高型代谢性酸中毒**　其特点是 AG 升高，HCO_3^- 减少，血氯正常。

（1）固定酸产生过多：①乳酸酸中毒：例如休克、肺部疾患（肺水肿、肺炎）、心力衰竭、严重贫血等，因组织缺氧，糖酵解增强，乳酸产生增加而发生。此外，严重肝病由于乳酸利用障碍亦可造成血浆乳酸增多；②酮症酸中毒：常见于糖尿病、饥饿、长期发热和酒精中毒等，由于葡萄糖利用减少或体内糖原耗尽，脂肪大量分解，酮体增多，超过了外周组织氧化利用能力及肾脏的排出能力时，酮体中的乙酰乙酸和 β- 羟丁酸等酸性较强的物质积聚,引起酸中毒。

(2)酸性物质摄入过多:摄入大量阿司匹林(乙酰水杨酸)在体内可转变成水杨酸。

(3)酸性物质排出障碍:急、慢性肾衰竭晚期,肾小球滤过率极度降低,使硫酸根、磷酸根等不能经肾排出。

2. AG 正常型代谢性酸中毒 其特点是 AG 正常,HCO_3^- 减少,血氯升高。

(1)含氯成酸性药物摄入过多:例如,氯化铵、盐酸精氨酸等摄入过多后,造成体内 H^+ 和 Cl^- 增多。

(2)碱性物质丧失或消耗过多

1)消化道 HCO_3^- 丢失过多:严重腹泻、肠瘘、十二指肠引流等引起消化液中的 HCO_3^- 大量丢失。

2)大量使用碳酸酐酶抑制剂:乙酰唑胺抑制碳酸酐酶活性,使 H_2CO_3 生成减少,肾小管泌 H^+ 及 HCO_3^- 重吸收减少。

3)醛固酮分泌不足:醛固酮可促进远曲肾小管泌 H^+、K^+ 和重吸收 Na^+。由于醛固酮分泌减少,肾小管重吸收的 Na^+ 减少,致使 HCO_3^- 从尿中丢失。

4)轻中度肾功能衰竭:在急、慢性肾衰早期,肾小球滤过率 > 25%,硫酸根、磷酸根等不至于发生潴留,此时只是肾小管泌 H^+ 和排 NH_4^+ 能力减退。

5)肾小管性酸中毒:Ⅰ型(远端小管性)酸中毒是肾远曲小管泌 H^+ 功能障碍,导致 H^+ 在体内积聚,血浆 HCO_3^- 浓度进行性下降;Ⅱ型(近端小管性)酸中毒由于 H^+-Na^+ 转运体功能障碍,碳酸酐酶活性降低,使 HCO_3^- 在近端小管重吸收减少,大量 HCO_3^- 随尿排出,尿液呈碱性。

6)高钾血症:细胞内 H^+ 与细胞外 K^+ 交换,细胞外 H^+ 增加,HCO_3^- 消耗过多;同时肾小管排 K^+ 增多、排 H^+ 减少,结果导致代谢性酸中毒。

(二)机体的代偿调节

1. 血液的缓冲 增多的 H^+ 迅速被缓冲系统中的 $NaHCO_3$ 和非碳酸氢盐缓冲碱所缓冲,结果生成 H_2CO_3 增多,H_2CO_3 可分解出 CO_2 由肺排出。

2. 呼吸的调节 由于血液 pH 值降低可刺激外周化学感受器,反射性兴奋呼吸中枢,导致呼吸加深加快,CO_2 排出增多,以保持 $[HCO_3^-]/[H_2CO_3]$ 的正常比值。

3. 细胞内缓冲 当细胞外液 H^+ 增多时,H^+ 进入细胞,由细胞内缓冲体系进行中和。同时,细胞内 K^+ 出细胞,使血浆中 K^+ 含量升高。

4. 肾脏的调节 肾外原因引起的代谢性酸中毒,肾小管上皮细胞中的碳酸酐酶和谷氨酰胺酶活性增高,泌 H^+ 和泌 NH_4^+ 增加,重吸收及重新生成的 HCO_3^- 增多。

此外,慢性酸中毒还可使骨骼中骨盐溶解,参与 H^+ 的缓冲,可引起骨质脱钙等病理表现。

代谢性酸中毒特征为血浆 SB、AB、BB 均降低,BE 负值增大和 $PaCO_2$ 继发性降低。

(三)对机体的影响

代谢性酸中毒主要引起心血管系统和中枢神经系统的功能障碍。

1. 心血管系统 酸中毒对心血管系统影响很大,严重时可出现微循环障碍,导致 DIC、心力衰竭及心律失常的发生。

(1)血管对儿茶酚胺的反应性降低:酸中毒可降低血管平滑肌对儿茶酚胺的反应性,使小血管扩张。休克时,毛细血管前括约肌对儿茶酚胺的反应性降低更明显,微循环淤血,回心血量减少,血压下降等,导致休克加重。

(2)心肌收缩力减弱:酸中毒时,H^+ 影响胞外 Ca^{2+} 内流,H^+ 增多可竞争性抑制 Ca^{2+} 与心肌肌钙蛋白结合,并使肌浆网和 Ca^{2+} 的亲和力增强而释放 Ca^{2+} 减少,从而心肌的兴奋 - 收缩耦联障碍;酸中毒时,心肌能量代谢发生障碍。这些因素可使心肌收缩功能障碍,心排出量降低。

(3)心律失常:酸中毒时,H^+ 进入细胞内,细胞内 K^+ 外逸,同时肾小管泌 H^+ 增多而排 K^+ 减少,导致高血钾症。严重的高钾血症可导致心肌兴奋性降低和传导阻滞,造成致死性心律失常如心室纤颤、心搏骤停。

2. 中枢神经系统 主要表现为抑制,患者可有疲乏、感觉迟钝、嗜睡甚至神志不清、昏迷。这是由于酸中毒时生物氧化酶类活性受到抑制,ATP 生成减少,造成脑细胞能量供应不足、功能障碍;同时酸中毒时脑组织谷氨酸脱羧酶活性增强,抑制性神经递质(γ-氨基丁酸)生成增多。

3. 骨骼系统 慢性代谢性酸中毒时,尤其是慢性肾功能衰竭患者由于骨骼中的钙盐释放,影响骨骼发育,延迟小儿生长,严重者甚至可发生肾性佝偻病和纤维素性骨炎;成人则发生骨软化症。

（四）防治原则

1. 预防和治疗原发病 积极治疗原发病,是防治代谢性酸中毒的基本原则和关键。

2. 碱性药物的应用 代谢性酸中毒患者治疗的主要措施是给予碱性药物,首选药物是碳酸氢钠,一般在血气监护下分次补碱,补碱量宜小不宜大。

3. 积极纠正水和电解质紊乱 注意纠正低血钾和低血钙。如严重腹泻导致的酸中毒,由于细胞内 K^+ 外流,掩盖了低钾血症,补碱纠正酸中毒后,K^+ 返回细胞内,故可出现低血钾。在酸性条件下,结合钙可离解为 Ca^{2+} 与血浆蛋白,故酸中毒时游离钙增多,酸中毒纠正后游离钙明显减少,有时可出现手脚抽搐。

二、呼吸性酸中毒

呼吸性酸中毒(respiratory acidosis)是 CO_2 排出障碍或吸入过多引起的血浆 H_2CO_3 原发性增多、pH 降低为特征的酸碱平衡紊乱。

（一）原因和机制

1. CO_2 排出障碍

（1）呼吸中枢抑制:见于颅脑损伤、脑炎、脑血管意外、全身麻醉过深、镇静剂过量(巴比妥类、吗啡等)或酒精中毒等。

（2）呼吸肌麻痹:见于急性脊髓灰质炎、脊神经根炎、重症肌无力、有机磷中毒、脊髓高位损伤、重症低钾或高钾血症等,呼吸动力减弱。

（3）气道阻塞:喉头痉挛和水肿、溺水、异物堵塞气管,常造成急性呼吸性酸中毒。而慢性阻塞性肺部疾患(COPD)、支气管哮喘等则是慢性呼吸性酸中毒的常见原因。

（4）胸部病变:胸部外伤、胸腔积液、气胸及胸廓畸形等。

（5）严重肺疾患:如急性呼吸窘迫综合征、肺炎、肺气肿、肺水肿等,均可严重影响肺通气功能。

（6）呼吸机使用不当:见于通气量调节偏低或过小。

2. CO_2 吸入过多 较少见,见于在通风不良的环境(如山洞中)作业,空气中 CO_2 含量过高,导致机体吸入 CO_2 过多。

（二）分类

呼吸性酸中毒按病程可分为两类:急性呼吸性酸中毒和慢性呼吸性酸中毒。

（三）机体的代偿调节

呼吸性酸中毒是由于通气功能障碍或吸入气中 CO_2 浓度过高,因此,呼吸系统难以发挥代偿作用。呼吸性酸中毒时 H_2CO_3 浓度增高,血浆中非碳酸氢盐缓冲系统可缓冲 H_2CO_3,但血浆中的非碳酸氢盐缓冲系统含量较低,故其缓冲能力有限。因此,呼吸性酸中毒时,机体主要通过细胞内外离子交换和细胞内缓冲调节以及肾的代偿调节。

1. 细胞内外离子交换和细胞内缓冲 这是急性呼吸性酸中毒的主要代偿方式。体内 CO_2 潴留使血液中 H_2CO_3 不断升高,后者可解离为 HCO_3^- 和 H^+,H^+ 与细胞内 K^+ 交换,由细胞内蛋白质所缓冲;解离产生的 HCO_3^- 起一定代偿作用。同时,潴留的 CO_2 弥散进入红细胞,在碳酸酐酶作用下与 H_2O 结合形成 H_2CO_3,然

后解离为 HCO_3^- 和 H^+，H^+ 被 Hb^- 缓冲，而 HCO_3^- 释放入血，等量的 Cl^- 则由血浆进入红细胞。缓冲的结果可使血浆 K^+ 升高，Cl^- 降低。但这种离子交换和缓冲非常有限，因此，急性呼吸性酸中毒往往是失代偿的。

2. 肾脏的调节 这是慢性呼吸性酸中毒的主要代偿方式。当 $PaCO_2$ 和 H^+ 浓度升高 24 小时后，肾小管上皮细胞内碳酸酐酶和线粒体中谷氨酰胺酶活性增高，促使肾小管上皮细胞泌 H^+ 和 NH_4^+，重吸收及新生成 $NaHCO_3$ 增多。这种调节需 $3 \sim 5$ 天才能完成，而急性呼吸性酸中毒时因为 $PaCO_2$ 和血浆 H_2CO_3 浓度骤然升高，肾脏来不及发挥其代偿作用，因此，急性呼吸性酸中毒往往是失代偿的。

呼吸性酸中毒特点为 $PaCO_2$ 原发性增高，pH 降低。机体调节后，继发性 AB、SB、BB 升高，BE 正值增大，AB > SB。

（四）对机体的影响

呼吸性酸中毒对心血管系统的影响与代谢性酸中毒相似。但是呼吸性酸中毒，尤其是严重的急性呼吸性酸中毒患者，其中枢神经系统功能紊乱较代谢性酸中毒时更为明显，其发生机制如下：

1. CO_2 直接舒张血管 脑血管壁上无 α 受体，高浓度 CO_2 能直接引起脑血管扩张，使脑血流增加、颅内压增高，甚至脑水肿。因此，常引起持续性头痛，尤以夜间和晨起时为甚。

2. CO_2 呈脂溶性 因 CO_2 呈脂溶性，易通过血脑屏障，HCO_3^- 为水溶性，其通过血脑屏障的速度较慢，导致脑脊液和脑组织的 pH 值下降比血浆更明显。换言之，中枢神经系统的酸中毒程度超过其他组织。患者可出现持续头痛、恶心、呕吐、视神经乳头水肿及抽搐。严重失代偿的呼吸性酸中毒可发生二氧化碳麻醉，患者嗜睡，甚至昏迷。

（五）防治原则

积极治疗原发病，尽快改善通气功能，是防治呼吸性酸中毒的关键。改善肺通气的措施包括去除呼吸道异物、化痰、抗菌消炎、气管插管或气管切开等。不宜单纯给高浓度氧，因血氧浓度迅速提高会解除缺氧对呼吸的兴奋作用，造成呼吸抑制。

慎用碱性药物，因其只能暂时减轻碳酸血症，且它与酸中和生成的 CO_2 往往因通气功能障碍而不能有效排出，反而会加重呼吸性酸中毒。慢性呼吸性酸中毒使用机械通气时，切忌过快使 $PaCO_2$ 下降到正常水平，因肾脏保碱，HCO_3^- 代偿性增加，如 $PaCO_2$ 迅速下降，则发生代谢性碱中毒；同时避免过度通气，以防患者发生呼吸性碱中毒。

三、代谢性碱中毒

代谢性碱中毒（metabolic alkalosis）是以细胞外液 HCO_3^- 原发性增多和（或）H^+ 减少，而引起的以血浆 HCO_3^- 浓度升高、pH 增加为特征的酸碱平衡紊乱。

（一）原因和机制

1. 胃液丢失过多 为代谢性碱中毒最常见原因。正常胃黏膜壁细胞在分泌盐酸至胃腔的同时，伴有 HCO_3^- 返回血浆中。含 H^+ 的胃液随食糜进入肠腔后，刺激肠黏膜上皮细胞和胰腺向肠腔分泌大量的 HCO_3^-，中和进入肠腔的 H^+，同时生成的 H^+ 返回血液，中和来自于胃黏膜壁细胞的 HCO_3^-。严重呕吐、长期胃液引流、幽门梗阻等病因，胃酸丢失，使肠液 HCO_3^- 得不到中和而被重吸收入血，致血中 HCO_3^- 增高。加上频繁呕吐使胃液中 Cl^-、K^+ 丢失，继而导致低氯性碱中毒和低钾性碱中毒；循环血量减少引起的醛固酮分泌增多，加重了碱中毒。

2. 经肾丢失 使用利尿剂和醛固酮分泌增加是造成肾丢失 H^+ 过多的常见原因。

（1）应用利尿剂：使用髓袢利尿剂（呋塞米）时，抑制了髓袢升支对 Na^+、Cl^- 和水的重吸收，小管液中 Na^+ 含量增高，促进远端小管和集合管 Na^+-H^+、Na^+-K^+ 交换，Na^+、HCO_3^- 重吸收和 H^+ 排泌增多，以及因丧失大量含 Cl^- 的细胞外液形成低氯性碱中毒。

（2）肾上腺皮质激素过多：细胞外液容量减少可继发醛固酮分泌增多；肾上腺皮质增生或肿瘤可引起原发性肾上腺皮质激素分泌增多，血液中醛固酮或皮质醇含量升高，醛固酮促进肾远曲小管泌 H^+、泌 K^+ 增加，重吸收 HCO_3^- 增加，导致代谢性碱中毒发生，皮质醇也有盐皮质激素活性。

3. 碱性物质摄入过多 常为医源性，见于消化道溃疡病患者服用过多的 $NaHCO_3$；或矫正代谢性酸中毒时滴注过多的 $NaHCO_3$；摄入乳酸钠、乙酸钠或大量输入含柠檬酸盐抗凝的库存血，这些物质在体内代谢可产生 HCO_3^-。

4. 低钾血症 使用排钾性利尿剂（如呋塞米或噻嗪类）或类固醇、腹泻或醛固酮增多症等，均可引起低钾血症。此时，细胞内的 K^+ 外释，细胞外 H^+ 内移以维持电中性，结果导致细胞外碱中毒和细胞内酸中毒；肾远曲小管 K^+-Na^+ 交换减少，H^+-Na^+ 交换增强，HCO_3^- 重吸收或生成增多，导致碱中毒。

5. 低氯血症 胃液大量丧失、利尿剂（噻嗪类和呋塞米等）均可引起低氯血症，导致髓袢升支对 Na^+ 重吸收减少，远端小管和集合管 Na^+-H^+ 交换增加，H^+ 排泌、HCO_3^- 重吸收增多，引起低氯性碱中毒。

（二）分类

目前通常按给予生理盐水后代谢性碱中毒能否得到纠正而将其分为两类：

1. 盐水反应性碱中毒 主要见于呕吐、胃液吸引及应用利尿剂时，由于伴随细胞外液减少及有效循环血量不足，常有低钾和低氯存在，而影响肾排出 HCO_3^- 能力，使碱中毒得以维持，给予等张或半张的盐水来扩充细胞外液，补充 Cl^- 能促进过多的 HCO_3^- 经肾排出使碱中毒得到纠正。

2. 盐水抵抗性碱中毒 常见于全身性水肿、原发性醛固醇增多症、严重低血钾及 Cushing 综合征等，维持因素是盐皮质激素的直接作用和低 K^+，这种碱中毒患者给予盐水没有治疗效果。

（三）机体的代偿调节

1. 血液的缓冲 大多数缓冲系统中碱性成分远多于酸性成分，故血液对碱中毒的缓冲能力较弱。

2. 肺的代偿 调节 pH 值升高和 H^+ 降低，通过外周或中枢化学感受器抑制呼吸中枢，导致呼吸变浅变慢，CO_2 排出减少，血浆 H_2CO_3 增多。但是，这种代偿是有限的，$PaCO_2$ 继发性上升的代偿极限是 55mmHg。

3. 细胞内外离子交换 细胞外液 H^+ 浓度降低时，细胞内 H^+ 外移，细胞外 K^+ 内移，故碱中毒时常伴有低钾血症。

4. 肾的代偿 调节血 pH 值增高抑制肾小管上皮细胞内碳酸酐酶和谷氨酰胺酶活性，肾小管分泌 H^+ 和 NH_4^+ 减少，对 $NaHCO_3$ 重吸收减少而排出增多，尿液呈碱性。应注意的是在低氯、低钾和醛固酮分泌增多所致的代谢性碱中毒时，因肾泌 H^+ 增多，尿呈酸性。

代谢性碱中毒时，血浆中 SB、AB、BB 增高，BE 正值增大，pH 升高，同时由于呼吸代偿，AB > SB，$PaCO_2$ 继发性升高。

（四）对机体的影响

轻度代谢性碱中毒患者通常无症状，严重者可出现明显功能代谢变化。

1. 神经肌肉的兴奋性增高 代谢性碱中毒时，神经肌肉的兴奋性增高，表现为腱反射亢进、四肢麻木、震颤及手足搐搦等，急性代谢性碱中毒时，血清总钙量可无变化，但游离钙减少。

2. 氧解离曲线左移 碱中毒时，氧与血红蛋白的亲和力增强，氧解离曲线左移，引起组织缺氧。

3. 低钾血症 碱中毒时，细胞外液 H^+ 浓度降低，细胞内 H^+ 逸出而细胞外 K^+ 内移；同时肾小管上皮细胞排 H^+ 减少，排 K^+ 增多，故导致低钾血症。低钾血症和碱中毒常互为因果关系。

4. 中枢神经系统功能改变 严重代谢性碱中毒时，患者常出现烦躁不安、精神错乱、谵妄甚至昏迷。这是由于碱中毒可使氧解离曲线左移，氧合血红蛋白不易释放氧，造成脑组织缺氧；pH 值升高使 γ- 氨基丁酸转氨酶活性升高，导致抑制性神经递质（γ- 氨基丁酸）含量减少。

（五）防治原则

1. 积极治疗原发病。

2. 纠正碱中毒盐水反应性代谢性碱中毒可适当地输入生理盐水；对于盐水抵抗性碱中毒，可给予醛固酮拮抗剂和碳酸酐酶抑制剂。严重代谢性碱中毒可直接给予酸进行治疗，可用盐酸稀释液、盐酸精氨酸和盐酸赖氨酸治疗。

3. 纠正电解质紊乱低钾血症时应及时地补充 KCl；对游离钙减少的患者可补充 $CaCl_2$，补氯可促进 HCO_3^-排出。

四、呼吸性碱中毒

呼吸性碱中毒（respiratory alkalosis）是指通气过度，CO_2 排出过多引起的血浆 H_2CO_3 浓度原发性减少，pH增加为特征的酸碱平衡紊乱。

（一）原因和机制

1. **低氧血症和肺疾患** 肺炎、肺水肿等外呼吸障碍及吸入气氧分压过低，因 PaO_2 降低而引起通气过度。

2. **机体代谢亢进** 高热、甲亢时，由于体温过高和机体分解代谢亢进产生的酸性物质等，引起呼吸中枢兴奋，通气过度。

3. **药物刺激** 呼吸中枢如大剂量应用水杨酸或含氨盐类的药物时，可直接兴奋呼吸中枢。

4. **中枢神经系统疾患或精神障碍** 颅脑损伤、脑炎、脑膜脑炎及脑血管意外等均能导致呼吸中枢兴奋性增强。癔症发作时，常出现精神性通气过度。

5. **呼吸机使用不当** 常因人工辅助呼吸持续时间过长，呼吸过频过深。

6. **其他** 革兰氏阴性菌败血症和肝硬化等也常引起过度通气。

（二）分类

呼吸性碱中毒按发病时间分为急性呼吸性碱中毒和慢性呼吸性碱中毒。

1. **急性呼吸性碱中毒** 见于人工呼吸机使用不当引起的过度通气，高热、癔病和低氧血症，$PaCO_2$ 在24 小时内急剧下降而导致 pH 升高。

2. **慢性呼吸性碱中毒** 常见于慢性颅脑疾病、肺部疾患、肝脏疾患兴奋呼吸中枢，引起的持续的 $PaCO_2$下降超过 24 小时而导致 pH 升高。

（三）机体的代偿调节

1. **细胞内外离子交换和细胞内缓冲** 这是急性呼吸性碱中毒的主要代偿方式。此时，细胞内的 H^+ 和Cl^- 分别与细胞外的 K^+ 和 HCO_3^- 交换；血浆中的 HCO_3^- 转移至红细胞内，被血红蛋白缓冲系统缓冲。进入血浆的 H^+ 来自细胞内缓冲物（如 HHb、$HHbO_2$、细胞内蛋白质和磷酸盐等），也可来自细胞代谢产生的乳酸，因为碱中毒可影响血红蛋白释放氧，从而造成细胞缺氧和糖酵解增强。一般 $PaCO_2$ 每下降 10mmHg，血浆 HCO_3^- 浓度降低 2mmol/L。

2. **肾脏的调节** 这是慢性呼吸性碱中毒的主要代偿方式，主要表现为肾小管上皮细胞泌 H^+ 和泌 NH_4^+减少，结果 $NaHCO_3$ 重吸收减少而随尿排出增多，因此，血浆中 HCO_3^- 代偿性降低。慢性呼吸性碱中毒时，由于肾的代偿调节和细胞内缓冲，$PaCO_2$ 平均每降低 10mmHg，血浆 HCO_3^- 浓度下降 5mmol/L，从而有效地避免了细胞外液 pH 值发生大幅度变动。

呼吸性碱中毒时，血浆中 $PaCO_2$ 下降，AB＜SB；经肾脏代偿调节后，AB、SB、BB 均减少，BE 负值增大。

（四）对机体的影响

呼吸性碱中毒比代谢性碱中毒更易出现眩晕，四肢及口唇发麻、刺痛，手足搐搦，严重者意识障碍及抽搐等。抽搐与碱中毒时血浆游离钙减少、神经肌肉兴奋性增高有关。

神经系统功能障碍，除与碱中毒能使血红蛋白氧解离曲线左移导致组织供氧不足有关外，还与脑血流量减少有关，因为低碳酸血症可引起脑血管收缩。据报道 $PaCO_2$ 下降 20mmHg 脑血流量可减少 35%～40%。

患者可因脑缺氧出现头痛、头晕、意识不清甚至昏迷。此外,呼吸性碱中毒时可因细胞内外离子交换和肾排钾增加而发生低钾血症。

(五)防治原则

积极处理原发病,去除引起通气过度的原因。

对急性呼吸性碱中毒可吸入含 $5\%CO_2$ 的混合气体或嘱患者反复屏气,或用纸袋扣于患者口鼻上使其反复吸回呼出的 CO_2 以维持血浆 H_2CO_3 浓度,症状即可迅速得到控制。后种方法不宜长时间使用,因为它进一步加重缺氧。

对精神性通气过度患者可酌情使用镇静剂。有手足搐搦者可静脉注射葡萄糖酸钙进行治疗。

第四节 混合性酸碱平衡紊乱

混合性酸碱平衡紊乱是指在多种原因的作用下,同一患者同时出现两种或三种酸碱平衡紊乱类型的状况。主要类型如下:

一、双重性酸碱平衡紊乱

两种酸中毒或两种碱中毒合并存在,使 pH 向同一方向移动的情况称为酸碱一致性或相加性酸碱平衡紊乱。如呼吸性酸中毒合并代谢性酸中毒、呼吸性碱中毒合并代谢性碱中毒;如果是一种酸中毒与一种碱中毒合并存在,使 pH 向相反方向移动,称为酸碱混合性或相消性酸碱平衡紊乱。如呼吸性酸中毒合并代谢性碱中毒、代谢性酸中毒合并呼吸性碱中毒、代谢性酸中毒合并代谢性碱中毒。

(一)呼吸性酸中毒合并代谢性酸中毒

1. **原因** 临床上见于:①心跳呼吸骤停;②急性肺水肿;③慢性阻塞性肺疾患伴严重缺氧;④已累及心肌和呼吸肌的重度低钾血症;⑤药物及一氧化碳中毒等。

2. **特点** 呼吸性和代谢性双重因素均往酸性方面发展,以致 HCO_3^- 减少时呼吸不能代偿,$PaCO_2$ 增多时肾不能代偿,呈严重失代偿状态,此时,$PaCO_2$ 升高,血浆 HCO_3^- 减少,血浆 pH 显著降低,SB、AB、BB 均下降,AB>SB,血清 K^+ 浓度升高。

(二)代谢性碱中毒合并呼吸性碱中毒

1. **原因** 机械通气过度、低氧血症、败血症、颅脑外伤、妊娠中毒症等是导致呼吸性碱中毒的病因;在此基础上出现剧烈呕吐、胃肠引流、大量输入库存血或频繁应用利尿药等,是合并代谢性碱中毒的病因。

2. **特点** 因呼吸性和代谢性因素指标均朝碱性方面变化,$PaCO_2$ 降低,血浆 HCO_3^- 浓度升高,两者之间不能相互代偿,呈严重失代偿,预后都极差。血气指标 SB、AB、BB 均升高,AB<SB,$PaCO_2$ 降低,pH 明显升高,血浆 K^+ 浓度降低。

(三)呼吸性酸中毒合并代谢性碱中毒

1. **原因** 常见于慢性阻塞性肺疾患或慢性肺源性心脏病,在通气尚未改善前,因滥用碱性药物($NaHCO_3$)、过急过度地进行人工通气或大量应用利尿剂等所致。

2. **特点** 呼吸性与代谢性双重因素使血浆 pH 移动方向相反,故血浆 $PaCO_2$ 和血浆 HCO_3^- 浓度均升高,而且升高的程度均已超出彼此正常代偿范围,AB、SB、BB 均升高,BE 正值加大,pH 取决于两种紊乱的严重程度,可以降低,也可以升高,或者完全正常。

(四)代谢性酸中毒合并呼吸性碱中毒

1. **原因** 可见于:①糖尿病、肾功能衰竭或感染性休克及心肺疾病等危重患者伴有发热或机械通气过度;②慢性肝病,高血氨,并发肾功能衰竭;③水杨酸或乳酸盐中毒,有机酸(水杨酸、酮体、乳酸)生成增多,水杨酸盐刺激呼吸中枢,可发生典型的代谢性酸中毒合并呼吸性碱中毒的混合性酸碱失衡。

2. 特点　HCO_3^- 和 $PaCO_2$ 均显著降低,两者不能相互代偿,均小于代偿的最低值,pH 变动不大,甚至可在正常范围。

(五)代谢性酸中毒合并代谢性碱中毒

1. 原因　以肾功能衰竭或糖尿病伴剧烈呕吐、严重胃肠炎伴呕吐、腹泻伴低钾血症、脱水等为常见。

2. 特点　引起血浆 HCO_3^- 升高和降低的原因同时存在,并相互抵消,故血浆 pH 与 HCO_3^- 可在正常范围内,$PaCO_2$ 正常、略高或略低。若 AG 增大型代谢性酸中毒合并代谢性碱中毒,则测量 AG 值具有重要的诊断意义。

二、三重性酸碱平衡紊乱

由于呼吸性酸中毒和呼吸性碱中毒不可能同时发生于同一患者,故这种酸碱平衡紊乱只有以下两种类型。

1. 呼吸性酸中毒合并 AG 增高性代谢性酸中毒和代谢性碱中毒　特点:$PaCO_2$ 明显增高,AG > 16mmol/L,HCO_3^- 一般升高,Cl^- 显著下降。

2. 呼吸性碱中毒合并 AG 增高型代谢性酸中毒和代谢性碱中毒　特点:$PaCO_2$ 降低,AG > 16mmol/L,HCO_3^- 升高或降低,Cl^- 一般降低。

总之,酸碱平衡紊乱复杂多变,应在充分掌握原发病情的基础上,结合实验室检查的结果,通过综合分析,合理判断,以便作出正确结论。

第五节　判断酸碱平衡紊乱的基本思路和方法

临床上酸碱平衡紊乱是复杂多变的。随着病情发展、机体代偿调节和治疗措施的影响,原有的酸碱平衡紊乱或被纠正或演变转化为另一种酸碱平衡紊乱。在临床工作中,应根据患者的病因、病史、临床表现和体征,判断是否发生了酸碱平衡紊乱及其类型。血气检测结果是判断酸碱平衡紊乱类型的决定性依据,依据 HCO_3^-、$PaCO_2$ 和 pH 值的大小来判断酸碱平衡紊乱的性质及严重程度。测定血清电解质可提供有价值的参考资料,计算 AG 值则有助于区分代谢性酸中毒的类型及诊断混合性酸碱平衡紊乱。最后,可以从代偿调节规律(代偿调节的方向性、代偿预计值和限度)来进一步分析判断单纯性或混合性酸碱平衡紊乱。

一、根据 pH 值的变化判断酸碱平衡紊乱的性质及程度

在单纯性酸碱紊乱中,pH 升高一定是碱中毒,pH 降低一定是酸中毒;在混合性酸碱平衡紊乱中,pH 升高或降低是由占优势的一方决定的,而不能否定另一方的变化,如 pH 升高时可能同时存在呼吸性酸中毒或代谢性酸中毒。但当 pH 正常时,有三种可能性:①没有酸碱平衡紊乱;②完全代偿性的酸中毒或碱中毒;③混合性酸碱平衡紊乱,即同时存在程度相当的酸中毒和碱中毒。三个变量皆正常一般为无酸碱平衡紊乱;pH 正常而另两个变量异常者(即[HCO_3^-]/[H_2CO_3]的绝对值改变)肯定为酸碱平衡紊乱。

二、根据原发病判断酸碱平衡紊乱的类型

原发性 HCO_3^- 减少或增多是代谢性酸中毒或代谢性碱中毒的特征;原发性 H_2CO_3 减少或增多是呼吸

性碱中毒或呼吸性酸中毒的特征。由此从病史判断出原发因素是判断代谢性或呼吸性酸碱紊乱的重要依据。如一患者出现[HCO_3^-]↑/[H_2CO_3]↑，pH 正常，这可能是代偿后代谢性碱中毒，也可能是代偿后呼吸性酸中毒。若病史中有"获碱"或"失酸"的病因发生，则[HCO_3^-]升高是原发性变化，[H_2CO_3]增加是继发性的代偿反应，此患者即为代偿后代谢性碱中毒；若病史中仅有通气障碍的病因，则[H_2CO_3]升高为原发性改变，此患者即为代偿后呼吸性酸中毒。

三、根据代偿情况判定是单纯性或混合性酸碱平衡紊乱

机体对酸碱平衡紊乱代偿性调节有一定的方向性、代偿预测值和代偿限值。符合此代偿调节规律者为单纯性酸碱紊乱，不符合者为混合性酸碱平衡紊乱。

1. 变量"继发性"改变的方向性　当确定某一变量为原发性改变时，另一变量的改变在理论上假定为"继发性"改变，改变方向若与原发性改变方向一致者有可能是单纯性酸碱平衡紊乱（确定还须看此值与预测值和代偿限值关系）。尽管两大变量表现出方向一致性变化，但"继发性"变量的变化与预测值不符或不超过代偿的限值，即可确定为混合性酸碱平衡紊乱。若"继发性"变量改变方向与代偿调节的方向相反，则确定为混合性酸碱平衡紊乱。

2. 代偿调节的预测值和代偿限值　在机体酸碱紊乱时，若两变量呈相反性变化，一定是混合性酸碱平衡紊乱；变动方向相同时，则需进一步区分。变动符合代偿规律升降者为单纯性酸碱平衡紊乱，不相符而变动"过度"或"不足"者则可能是混合性酸碱平衡紊乱。根据经验公式计算代偿预测值，以帮助对酸碱平衡紊乱的诊断（表15-2）。

表15-2　常用单纯性酸碱紊乱的预计代偿公式

原发失衡	原发性变化	继发性变化	预计代偿公式	代偿时间	代偿极限
代谢性酸中毒	HCO_3^- ↓	PCO_2 ↓	ΔPCO_2 ↓ $= 1.2 \Delta HCO_3^- \pm 2$	12～24小时	10mmHg
代谢性碱中毒	HCO_3^- ↑	PCO_2 ↑	ΔPCO_2 ↑ $= 0.7 \Delta HCO_3^- \pm 5$	12～24小时	55mmHg
呼吸性酸中毒	H_2CO_3 ↑	HCO_3^- ↑			
急性			ΔHCO_3^- ↑ $= 0.1 \Delta PCO_2 \pm 1.5$	几分钟	30mmol/L
慢性			ΔHCO_3^- ↑ $= 0.35 \Delta PCO_2 \pm 3$	3～5天	42～45mmol/L
呼吸性碱中毒	H_2CO_3 ↓	HCO_3^- ↓			
急性			ΔHCO_3^- ↓ $= 0.2 \Delta PCO_2 \pm 2.5$	几分钟	18mmol/L
慢性			ΔHCO_3^- ↓ $= 0.5 \Delta PCO_2 \pm 2.5$	3～5天	12～15mmol/L

四、根据 AG 值判断代谢性酸中毒及混合性酸碱平衡紊乱

AG 是区分代谢性酸中毒类型的标志，也是判断单纯性酸碱平衡紊乱或混合性酸碱平衡紊乱的重要指标。病情较为复杂的患者，计算 AG 值能将潜在的代谢性酸中毒显露出来。

（桑　慧）

学习小结

正常动脉血的 pH 值总是保持在 7.35～7.45 之间，这种相对稳定是靠血液缓冲系统、组织细胞、肺、肾调节共同维持的。在病理情况下，酸、碱在体内增多或减少，超出机体代偿能力，或调节机制障碍，造成机体酸碱度稳态的破坏，称酸碱平衡紊乱。反应酸碱的指标包括 pH、动脉血二氧化碳分压、标准碳酸氢盐和实际碳酸氢盐、缓冲碱、碱剩余、阴离子间隙。

在临床上，患者不但可以有单纯性酸碱平衡紊乱，还可以发生混合性酸碱平衡紊乱。

单纯性酸碱平衡紊乱有四种基本类型：代谢性酸中毒、代谢性碱中毒、呼吸性酸中毒和呼吸性碱中毒。机体代偿变化与原发变化方向一致，维持碳酸氢根与碳酸的比值。

混合性酸碱平衡紊乱包括双重性酸碱平衡紊乱和三重性酸碱平衡紊乱。

根据原发病、pH、代偿情况以及 AG 值，综合判断酸碱平衡紊乱类型。

复习参考题

1. 简述代谢性酸中毒时肾脏的代偿调节作用。

2. 试述代谢性酸中毒对心血管系统的影响。

3. 简述代谢性碱中毒对机体的影响。

4. 简述呼吸性酸中毒时中枢神经系统的改变。

5. 简述代谢性碱中毒时肺脏代偿调节作用。

6. 某癔病患者发病 1 小时后，血气指标如下：pH 7.52，$PaCO_2$ 24mmHg，HCO_3^- 24mmol/L，BE −2mmol/L。呼吸浅慢，手足抽搐。患者发生了何种酸碱紊乱？依据是什么？

第十六章　水　　肿

16

学习目标	
掌握	水肿的概念及发病机制。
熟悉	水肿的常见类型；水肿对机体的影响。
了解	水肿防治的病理生理基础。

第一节 水肿的概念和分类

水肿(edema)指液体在组织间隙或者体腔内过多积聚。水肿不是独立的疾病,而是一种见于多种疾病的病理过程。如果水肿发生在一些体腔内,如腹腔、胸腔、心包、脑室等,又被称为积水(hydrops)。

按发病原因水肿分为心性水肿、肾性水肿、肝性水肿、炎性水肿、淋巴性水肿、营养不良性水肿等;按发生器官组织水肿分为脑水肿、肺水肿、皮下水肿、角膜水肿、喉水肿等;按波及范围水肿分为全身性水肿和局部性水肿。全身性水肿包括心性水肿、肾性水肿、肝性水肿、营养不良性水肿等;局部性水肿包括炎性水肿、淋巴性水肿等。

第二节 水肿的发病机制

水肿的发病机制包括血管内外液体交换失衡导致的组织液生成增多和体内外液体交换失衡导致的体内钠水潴留。

一、血管内外液体交换失衡导致组织液生成增多

正常情况下组织液的生成和回流保持着动态平衡,而这种平衡的维持依赖于血管和组织间隙之间正常的液体交换以及正常的淋巴回流。血管和组织间隙之间的液体交换受血管内外多种力量调控,包括毛细血管血压、血浆胶体渗透压、组织间隙流体静压和组织液胶体渗透压,其中毛细血管血压和组织液胶体渗透压促进血管内液体向组织间隙内转移;而血浆胶体渗透压则促进组织间隙内液体向血管内转移。组织间隙流体静压情况不同,在皮下组织中为负值(低于大气压),促进组织液生成;而在肌肉等组织中为正值,阻碍组织液生成。由于毛细血管血压从动脉端向静脉端逐渐降低,在毛细血管动脉端,驱使液体进入组织间隙的力量大于吸引液体回流毛细血管的力量,导致组织液生成;相反,在静脉端,由于毛细血管血压较低,促进液体向血管内移动的力量占优势,组织液回流入血。通常情况下,组织液在动脉端的生成略大于静脉端的回流,剩余的组织液进入淋巴系统形成淋巴液,最终被送回循环系统,以维持组织液生成与回流之间的平衡(图16-1)。

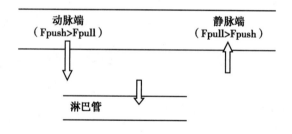

图16-1 组织液的生成与回流示意图

上述调控血管内外液体交换力量的改变及淋巴回流障碍可导致组织液生成过多,滞留在组织间隙内而形成水肿,具体机制包括:

1. **毛细血管血压增高** 毛细血管血压增高,驱使更多血管内液体转移至组织间隙内,导致组织液生成增多,当超过淋巴系统的代偿限度时,即可引起水肿。临床上毛细血管血压增高通常由各种原因引起的静脉压增高所致,如右心衰竭时体循环回流受阻,导致静脉压和毛细血管血压增高,引起全身性水肿;静脉血栓、静脉瓣膜受损等也可阻碍局部静脉回流,增高静脉压而引起水肿。此外,一些炎性介质所致的微循环血管扩张、充血,也可使毛细血管血压增高,促进炎性水肿的发生。

2. **血浆胶体渗透压降低** 血浆胶体渗透压由血浆蛋白质产生,其中白蛋白在血浆中含量高,是决定血浆胶体渗透压的主要蛋白。当血浆白蛋白含量减少时,血浆胶体渗透压下降,导致组织液滞留于组织间隙内而发生水肿。临床上导致血浆白蛋白含量降低的常见原因包括:①合成障碍:白蛋白由肝脏合成,约

占肝脏合成蛋白总量的50%。肝硬化等肝脏疾病可导致白蛋白合成显著降低,进而引发肝性水肿。营养不良时,外源性蛋白质摄入不足,导致体内氨基酸缺乏及白蛋白合成减少;②丢失过多:肾病综合征时由于肾小球滤过膜受损,大量血浆白蛋白随尿液丧失;③蛋白质分解代谢增强:大面积烧伤时,机体处于高代谢状态,可呈负氮平衡,导致血浆胶体渗透压降低;恶性肿瘤、慢性感染等慢性消耗性疾病也可因负氮平衡而导致水肿发生。

3. 微血管壁通透性增强 正常情况下,只有微量蛋白质能通过毛细血管壁进入组织间隙,因此组织间液胶体渗透压远低于血浆胶体渗透压。在炎症、外伤、烧伤、过敏反应等情况下,微血管壁可在直接损害下或在组胺、缓激肽等炎症介质的作用下通透性增高,血浆蛋白从毛细血管壁和微静脉壁滤出,进入组织间隙,使组织液的胶体渗透压升高,导致组织液回流受阻,形成水肿。

4. 淋巴回流受阻 淋巴系统不仅能将正常血管内外液体交换所致的剩余组织液送回循环系统,而且在组织液生成异常增多时也能发挥强大的代偿回流作用。此外,淋巴管壁通透性较大,淋巴系统可回收从血管漏出的及细胞代谢产生的一些蛋白质,维持组织液胶体渗透压恒定。由于淋巴系统具有重要的抗水肿能力,通常只有当组织液生成增多超出淋巴系统的代偿能力时,水肿才会发生。恶性肿瘤侵入淋巴管、淋巴结手术切除、丝虫感染等原因可引起淋巴管阻塞,导致剩余组织液无法被送回循环系统而引起水肿。此外,淋巴管被堵后,毛细血管滤出的蛋白质在组织间隙内积聚,引起组织液胶体渗透压增加,促进了水肿的发生。

二、体内外液体交换失衡导致体内钠水潴留

正常人体液总量是相对恒定的,这种恒定的维持主要依赖肾脏的正常功能。肾脏通过肾小球滤过和肾小管重吸收调节钠水排泄。通常情况下,肾小球滤过液进入近曲小管后约有65%~70%的钠水被重吸收入血,这种现象被称为球-管平衡。球-管平衡有利于保证肾脏钠水排泄不会因肾小球滤过率的变化而发生大幅度波动。反之,当球-管失衡时,可能引起钠水潴留,导致水肿发生。远曲小管和集合管对钠水的吸收主要受醛固酮和抗利尿激素的调控,当体内这些激素含量增多的时候,也可导致钠水潴留。

(一)肾小球滤过率下降

在一些致病因素作用下,肾小球的滤过率降低,而肾小管的重吸收却未相应减少,钠水排泄受阻。

1. 肾小球病变 急性肾小球肾炎时,血管内皮细胞、系膜细胞增生以及炎性细胞浸润,导致肾小球毛细血管腔狭窄或闭塞,肾小球滤过减少;慢性肾小球肾炎进展到后期时,肾单位大量破坏,肾小球滤过面积减少。

2. 肾血流量减少 充血性心力衰竭、肾病综合征时,有效循环血量下降,肾血流量减少。有效循环血量减少可激活交感-肾上腺髓质系统及肾素-血管紧张素系统,释放儿茶酚胺和血管紧张素Ⅱ等缩血管物质,引起肾血管收缩,以致肾血流量进一步减少。

(二)近曲小管重吸收钠水增多

近曲小管对钠水的重吸收异常增多也可引起球-管失衡及钠水潴留。

1. 心房钠尿肽(atrial natriuretic peptide,ANP)分泌减少 心房钠尿肽主要由心房肌细胞产生和释放,其刺激因素包括心房牵张、血容量增加、交感神经系统兴奋、血钠浓度升高及血管紧张素Ⅱ、内皮素等缩血管物质。在一些病理状态下,如心房内血容量明显减少时,心房感受器受到的牵拉刺激减弱,心房肌细胞合成、分泌心房钠尿肽减少,近曲小管对钠水的重吸收增加。

2. 肾小球滤过分数(filtration fraction,FF)增加 肾小球滤过率与肾血浆流量的比值称为滤过分数。正常情况下,滤过分数约为20%,即约20%肾血浆流量经肾小球滤过。充血性心力衰竭或肾病综合征时,有效循环血量减少,肾血流量随之下降;在儿茶酚胺、血管紧张素Ⅱ等缩血管物质作用下,出球小动脉的收缩

比入球小动脉明显，肾小球滤过率降低幅度低于肾血浆流量，滤过分数增加。此时，由于相对较多的无蛋白滤液被滤出，血液流入肾小管周围毛细血管后，血浆胶体渗透压增高，同时流体静压下降，导致近曲小管重吸收钠水增加。

（三）远曲小管和集合管重吸收钠水增多

远曲小管和集合管对钠水的重吸收主要受醛固酮和抗利尿激素调节。

1. 醛固酮（aldosterone）增多 醛固酮分泌增多的主要原因为肾素-血管紧张素-醛固酮系统激活。肾素由肾脏球旁细胞合成并分泌，其感受器是位于入球小动脉壁牵张感受器和致密斑。充血性心力衰竭、肾病综合征及肝硬化腹水等原因导致肾血流量减少，肾血管灌注压降低，入球小动脉壁受牵拉的程度减弱，刺激肾素分泌。另外，肾血流量减少等原因导致肾小球滤过率降低时，流经致密斑的钠含量减少，也可刺激球旁细胞分泌肾素。肾素可促进血管紧张素Ⅱ的生成，后者刺激肾上腺皮质合成和释放醛固酮。严重肝功能障碍时，肝细胞对醛固酮的灭活减弱，也可使血中醛固酮含量增高。

2. 抗利尿激素（antidiuretic hormone，ADH）增多 抗利尿激素的主要刺激因素为细胞外液渗透压升高和有效循环血量下降。有效循环血量减少时，左心房和胸腔大血管容量感受器感受到的刺激减弱，抗利尿激素分泌增加。抗利尿激素的产生也受肾素-血管紧张素-醛固酮系统影响。血管紧张素Ⅱ可直接刺激抗利尿激素分泌和释放；同时，醛固酮通过促进肾小管对钠进行重吸收，升高血浆渗透压，间接诱导抗利尿激素分泌和释放。

以上是水肿的基本发病机制。临床上水肿的发生通常是多种机制共同作用的结果。

第三节　常见的水肿类型

一、心性水肿

心性水肿（cardiac edema）指右心衰竭引起的过多液体在组织间隙和腹腔、胸腔等体腔中积聚。心性水肿的发病机制主要与体循环淤血引起的毛细血管血压增高及球管失衡导致的钠水潴留有关。

1. 毛细血管血压增高 右心衰竭时，心排出量降低，右心室舒张末期压力增高，血液淤滞在静脉系统中，使体循环静脉压和毛细血管血压增高。同时有效循环血量下降刺激交感-肾上腺髓质系统释放儿茶酚胺，引起微循环痉挛收缩，进一步升高毛细血管血压。由于毛细血管血压受重力影响，因此在身体的低垂部位，静脉回流阻力更大，毛细血管血压升高更明显，水肿出现较早，这种现象被称为体位性水肿（dependent edema）。

2. 球-管失衡导致钠水潴留 右心衰竭时，体循环淤血使有效循环血量减少，肾血流量随之减少，肾小球滤过率下降。另外，由于交感-肾上腺髓质系统和肾素-血管紧张素系统激活，释放大量缩血管物质，引起肾血管收缩，加重肾缺血。肾素-血管紧张素系统过度激活，导致血中醛固酮含量增多；如同时发生心源性肝硬化，肝功能受损，肝细胞对醛固酮的灭活减少，可进一步提高血中醛固酮水平。有效循环血量减少、血管紧张素增多等因素刺激抗利尿激素合成与分泌。醛固酮和抗利尿激素的增多促进远曲小管和集合管对钠水重吸收增强。

3. 血浆胶体渗透压降低 右心衰竭时，多种因素可导致血浆胶体渗透压降低：①长期肝淤血导致肝功能障碍，蛋白质合成受损；②胃肠道淤血水肿，蛋白质的摄入和吸收障碍；③胸腔积液、腹水形成，蛋白质丢失增加；④钠水潴留，血浆蛋白浓度稀释性降低。

4. 淋巴回流障碍 右心衰竭时，静脉系统淤血，压力增高，淋巴液进入静脉系统的阻力增大，淋巴系统无法发挥代偿作用。

二、肾性水肿

肾性水肿(renal edema)指肾脏疾病引起的全身性水肿,分为肾病性水肿和肾炎性水肿两大类。

1. 肾病性水肿(nephrotic edema) 通常由肾病综合征引起。血浆胶体渗透压降低是肾病性水肿的主要发病机制。

(1)血浆胶体渗透压下降:肾病综合征时,肾小球滤过膜屏障功能受损,大量血浆蛋白进入超滤液,形成蛋白尿,导致血浆蛋白丢失。严重时,蛋白质丢失速度远超过肝脏代偿合成速度,引起低蛋白血症和血浆胶体渗透压降低,更多液体进入组织间隙,发生水肿。

(2)继发性钠水潴留:肾病性水肿时,体液大量积聚在组织间隙,有效循环血量减少,可激活肾素-血管紧张素-醛固酮系统及诱导抗利尿激素分泌,远曲小管和集合管钠水重吸收增强,加重水肿。

2. 肾炎性水肿(nephritic edema) 通常由肾小球肾炎引起的水肿称为肾炎性水肿。肾炎性水肿的主要发病机制为球-管失衡所致的钠水潴留,即肾小球滤过率明显下降而肾小管的重吸收功能正常或增强。

(1)肾小球滤过率降低:急性肾小球肾炎时,肾小球血管内皮细胞和间质细胞肿胀增生,炎性细胞浸润,导致肾小球毛细血管腔狭窄或闭塞,肾血流量减少,肾小球滤过降低;慢性肾小球肾炎时,肾单位大量破坏导致肾小球滤过面积减少,肾小球滤过率下降。

(2)肾小管重吸收功能正常或增强:肾小球肾炎时,患者肾小管重吸收功能基本正常,导致钠水潴留及少尿。部分患者可由于流经致密斑钠含量降低,激活肾素-血管紧张素-醛固酮系统,使钠水重吸收增强,加重钠水潴留。

其他因素:高血压、毛细血管通透性增强等因素也与肾炎性水肿的发病有关。

三、肝性水肿

肝性水肿(hepatic edema)指严重的肝脏疾病引起的水肿。肝性水肿最常见的原因是肝硬化,以腹腔积水多见。肝性水肿的发生机制与门静脉高压、血浆胶体渗透压降低及钠水潴留等因素有关。

1. 门静脉高压 门静脉高压时,肝血窦内压升高,肝脏淋巴液生成增加,当超过淋巴系统的代偿能力时,淋巴液可从肝包膜直接漏入腹腔而形成腹水。门静脉高压可导致肠系膜静脉回流障碍,毛细血管血压升高,促使液体进入组织间隙并流进腹腔,形成腹水。

2. 血浆胶体渗透压降低 肝硬化时,肝脏合成白蛋白功能障碍,导致血浆胶体渗透压降低。另外,胃肠道黏膜淤血水肿损害蛋白质吸收、腹水形成以致蛋白质丢失等因素,也进一步降低血浆蛋白浓度及胶体渗透压。

3. 钠水潴留 肝硬化时,由于血管床扩张及腹水形成等因素,有效循环血量减少,肾小球滤过率降低而醛固酮和抗利尿激素分泌增加,导致球-管失衡。

四、肺水肿

肺水肿(pulmonary edema)指过多的液体积聚在肺组织间隙和(或)肺泡腔。根据发病原因,肺水肿分为心源性肺水肿和非心源性肺水肿两种类型。心源性肺水肿通常指左心衰竭引起的肺水肿,而非心源性肺水肿主要由急性肺损伤所致。其他因素,如急性肾衰竭、颅脑损伤等亦可引起非心源性肺水肿。

1. 肺毛细血管血压增高 左心衰竭时,心排出量降低,心室舒张末期压力增加,肺静脉回流受阻,以致肺静脉和肺毛细血管压力增高,液体进入肺间质及肺泡内,发生肺水肿。此外,缺氧、休克等引起的肺血管收缩、纵隔肿瘤压迫肺静脉和左心房、大量输血输液等原因均可导致肺静脉压和肺毛细血管压升高。

2. 肺毛细血管壁通透性增强 主要见于一些非心源性肺水肿。创伤、感染、失血、缺氧、中毒等因素引起急性肺损伤时，局部炎症介质释放，如组胺、激肽等，导致肺毛细血管壁通透性增强，血浆蛋白进入肺间质，诱发肺间质水肿。肺泡表面活性物质合成减少等因素将进一步导致肺泡受损，诱发肺泡水肿。

五、脑水肿

脑水肿（brain edema）指液体过多积聚在脑组织间隙和脑细胞内。脑水肿引起脑体积增大、重量增加，严重时可导致颅内高压及脑疝，危及生命。脑水肿包括以下几种类型：

1. 血管源性脑水肿（vasogenic brain edema） 血管源性脑水肿是临床上最常见的一种类型脑水肿，多因脑肿瘤、脑外伤、脑血管意外、脑脓肿等引起。致病因素可直接损伤毛细血管，也可释放组胺、激肽、5-羟色胺等炎症介质，使脑内毛细血管的通透性增高，血浆蛋白漏出血管外，进入组织间隙。此类水肿的特点是水肿液含有较高浓度血浆蛋白，主要发生部位为脑白质。

2. 细胞中毒性脑水肿（cytotoxic brain edema） 主要由脑缺血、缺氧及水中毒导致。缺血、缺氧时，脑细胞能量代谢障碍，ATP 生成减少，导致细胞膜 Na^+-K^+-ATP 酶功能障碍，细胞外钠离子内流，细胞内渗透压升高，水从细胞外进入细胞内。水中毒时，由于细胞外液渗透压降低而容量增多，水移向渗透压相对较高的细胞内。细胞中毒性脑水肿并不伴有脑血管损伤，水肿液通常不含蛋白质。

3. 间质性脑水肿（interstitial brain edema） 多见于阻塞性脑室积水。肿瘤压迫和炎性增生等原因导致脑脊液回流通路受阻，脑脊液在脑室中积聚，压力增加，使脑室管膜通透性增加及破裂，脑脊液溢入周围白质间质内。这类水肿的主要特点是脑室积水，室管膜扩张，脑室周围白质水肿。

第四节　水肿的特点及对机体的影响

一、水肿的特点

1. 水肿液的性状 除蛋白质以外，水肿液成分基本与血浆相同。根据蛋白质含量，水肿液可以分为漏出液和渗出液。漏出液的特点是蛋白质的含量少于 2.5g/dl，比重低于 1.015，细胞数少于 500/100ml；渗出液的蛋白质含量可达 3～5g/dl，比重大于 1.018，有时可见较多炎性细胞，多因毛细血管通透性增强引起。

2. 水肿组织的皮肤特点 皮下肿胀是全身性水肿和一些局部水肿的重要体征。当过多液体积聚于皮下组织时，局部皮肤肿胀，弹性差，皱纹变浅，颜色苍白，用手指按压可见凹陷，即凹陷性水肿（pitting edema），又称为显性水肿（frank edema）。通常情况下，在显性水肿发生以前，组织间隙内液体已经增多，但由于组织间隙中的透明质酸、胶原及黏多糖等胶体网状物对液体有强大的吸附能力，液体因与这些物质呈凝胶态结合而无法自由移动，此时按压水肿部位皮肤时，不会出现凹陷；而当增多的液体超过胶体网状物的吸附能力时，形成游离液体，即出现显性水肿。临床上把已有组织间液明显增多，且体重增加，但无明显的皮肤凹陷体征，称为隐性水肿（recessive edema）。

3. 水肿的分布特点 部分水肿通常局限于单个器官或组织内，如肺水肿分布在肺间质和（或）肺泡内，脑水肿则可分布在脑间质、脑细胞或脑室内。一些全身性水肿则可累及到机体的多个部位。心性水肿主要由毛细血管血压增高所致，而毛细血管血压受重力影响，因此心性水肿通常首先出现于身体低垂部位的皮下组织，以足踝和胫前区显著，久卧患者则以骶部更加明显；严重右心衰竭时，患者则可出现胸腔积液和腹水。肾性水肿时，水肿液因不受重力影响，通常首先积聚于皮下组织疏松部位，如眼睑和面部，之后随着水肿加重而逐渐扩展至全身。肝性水肿时,由于局部血流动力学特点,水肿往往首先表现为腹水,严重时可出现下肢水肿及胸腔积液。

二、水肿对机体的影响

水肿时,组织间隙或体腔内过多积聚的液体常对组织、器官产生压迫,导致组织或器官出现功能障碍。而当水肿液进入肺泡或某些细胞后,如脑细胞,相应器官功能障碍将明显加重。水肿对机体的具体影响则与水肿类型及部位有关。肢体水肿时,患者有不适感,如累及到关节,患者运动可受限;腹水时,患者通常有明显的腹胀感;胸腔积液时,由于胸廓顺应性降低、膈肌受压及肺容量减少等因素,患者通常出现呼吸困难。一些特殊部位的水肿则可带来更严重的后果,甚至危及生命。急性喉水肿时患者可因呼吸道阻塞而窒息;脑水肿时患者可因出现脑疝而导致心跳、呼吸停止;肺水肿时,由于气体交换障碍,患者可出现呼吸衰竭。水肿在组织水平上可导致细胞营养障碍,主要原因为细胞和毛细血管间的距离因过量液体积聚而增大,增加了营养物质的弥散距离。在极少情况下,水肿具有一定抗损伤作用,如炎性水肿时,水肿液具有稀释毒素、运送补体和抗体等作用。

第五节　水肿防治的病理生理基础

1. 防治原发病。
2. 对于脑水肿、肺水肿、喉水肿,应采取紧急措施减轻水肿对生命的威胁。
3. 应用利尿剂促进体内钠水排出。
4. 对于低白蛋白血症引起的水肿,可静脉补充白蛋白以提高血浆胶体渗透压。
5. 对于淋巴性水肿及局部静脉阻塞引起的水肿,可应用弹力袖(或袜)提高组织间液流体静压,减少血管内液体向组织间隙移动。

（赵成海）

学习小结

水肿是临床上常见的一种病理过程,是各种原因导致的液体过度积聚于组织间隙或体腔。水肿发生机制包括血管内外液体交换失衡导致的组织液生成过多和体内外液体交换失衡导致的钠水潴留,前者可由毛细血管血压升高、血浆胶体渗透压降低、毛细血管通透性增高及淋巴回流受阻等因素引起;后者则主要由球－管失衡所致,即肾小球滤过率降低和(或)肾小管重吸收增强。

复习参考题

1. 水肿的概念是什么?
2. 导致血管内外液体交换失衡的因素有哪些?
3. 心性水肿的发病机制是什么?

第十七章　发　热

17

学习目标	
掌握	发热的概念、发病机制、时相和临床表现。
熟悉	发热的病因、机体代谢功能变化和处理原则。
了解	发热的生物学意义。

第一节 概述

一、发热的概念

生理状态下,正常成人的体温相对恒定,维持在37℃左右。所谓发热(fever)是指在致热原的作用下,因体温调节中枢的调定点上移而引起的调节性体温升高,通常超过正常体温0.5℃。

发热是存在于感染性疾病、自身免疫性疾病和恶性肿瘤等疾病中的常见的病理过程,发热不仅是疾病发生的重要信号,而且对于判断病情进展、评价疗效和预后有重要的参考价值。

二、发热与过热的区别

在临床体温升高超过正常值0.5℃,不仅可见于发热,还可见于运动等生理过程和过热(hyperthermia)的病理过程中(图17-1)。生理性体温升高,常发生于剧烈运动(机体产热过多所致)、月经前期(与孕激素分泌增多有关)和心理性应激时,但是这类体温升高会随生理过程的结束而恢复正常。过热与发热则属于病理性体温升高,过热是由于体温调节中枢功能失调或热效应器官功能障碍,引起的非调节性的被动性体温升高。此时体温调定点仍处于正常水平,但体温高于调定点的水平。主要见于:①产热过多:如癫痫大发作剧烈抽搐、甲状腺功能亢进等;②散热障碍:如先天性汗腺缺陷症、皮肤广泛鱼鳞病及中暑(环境温度过高妨碍散热)等;③体温调节中枢功能障碍:如下丘脑损伤,造成的体温调节中枢丧失调节能力。而发热则是由于致热原的作用、调定点的上移,体温调节中枢在高水平上对产热和散热进行调节,此时的体温与上移的调定点相适应,因此是属于调节性的体温升高。发热与过热的区别见表17-1。

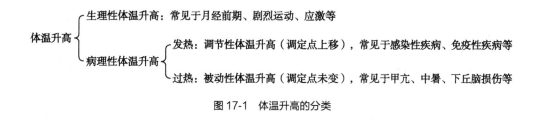

图 17-1 体温升高的分类

表 17-1 发热与过热的区别

	发热	过热
病因	有致热原	无致热原;产热过多、散热障碍及体温调节中枢功能障碍所致
发病机制	调定点上移;体温与上移的调定点一致;属于调节性体温升高	调定点未变;体温超过调定点水平;属于非调节性被动性体温升高
效应	体温高,一般低于41℃	体温高,可超过41℃
处理	对抗致热原;不急于退热(小儿高热和有基础病者除外)	物理降温;及时退热

第二节 发热的原因和发病机制

发热的发生机制比较复杂,其详细机制目前尚不十分清楚,但其基本的环节可大致分为三步:首先发热激活物作用于产内生致热原细胞,使其产生和释放内生致热原;其次内生致热原作用于体温调节中枢,在中枢发热介质的介导下,使体温调定点上移;最后体温调节中枢调节机体的产热增加和散热减少,从而引起体温升高到与调定点相适应的水平。

一、发热激活物

具有致热性或含致热成分,并在体内以一定方式作用于体温调节中枢引起发热反应的物质统称为致热原。凡能激活体内的产内生致热原细胞产生和释放内生致热原,进而引起体温升高的物质则称为发热激活物(pyrogenic activator),它包括外致热原和某些体内产物。

(一)外致热原

来自体外的发热激活物称为外致热原(exogenous pyrogen)。各种微生物如细菌、病毒、真菌、螺旋体、疟原虫裂殖子及其代谢产物等均为常见的外致热原。

1. 革兰氏阳性细菌 主要有肺炎球菌、金黄色葡萄球菌、溶血性链球菌、白喉杆菌等。此类细菌感染是常见的发热原因。其致热物质包括全菌体、菌体碎片及释放的外毒素等。

2. 革兰氏阴性细菌 以大肠杆菌、伤寒杆菌、淋球菌、脑膜炎球菌等为典型菌群。其所含有的致热物质为全菌体、细胞壁中的肽聚糖和内毒素,其中内毒素的主要成分为脂多糖(lipopolysaccharide,LPS),由O-特异侧链、核心多糖和脂质A三个部分组成,脂质A是致热的主要成分。内毒素是最常见的外致热原,其耐热性强(需160℃干热2小时方可灭活),临床上输血、输液过程中出现的发热反应,常可能是内毒素污染的结果。

3. 病毒 常见的有流感病毒、冠状病毒、麻疹病毒或柯萨奇病毒等。其致热性主要源于全病毒体和其所含有的血细胞凝集素。

4. 其他微生物 支原体、立克次体、螺旋体、真菌、寄生虫等也都具有致热性。

(二)体内产物

1. 抗原-抗体复合物 用牛血清白蛋白致敏家兔,再用特异性抗原攻击,能引起家兔发热反应,其循环血中出现了内生致热原。但牛血清白蛋白对正常家兔无致热作用。表明抗原-抗体复合物可能是发热激活物。许多自身免疫性疾病如系统性红斑狼疮、类风湿性关节炎等有发热的特征,可能与抗原-抗体复合物具有致热性有关。研究证实抗原-抗体复合物对产内生致热原细胞有激活作用。

2. 类固醇 体内某些类固醇代谢产物,如睾酮的中间代谢产物本胆烷醇酮与人的白细胞共同孵育,可诱生内生致热原,可能与人体某些不明原因的周期性发热有关。

3. 某些致炎物 尿酸结晶、硅酸结晶等具有致热性。坏死组织引起的无菌性炎症灶及其渗出液中也含有发热激活物,可引起发热。如心肌、脾、肺等梗死或大手术后等导致的机体组织大量破坏常引起发热。

二、内生致热原

在发热激活物的作用下,体内某些细胞产生和释放的能引起体温升高的物质,称为内生致热原(endogenous pyrogen,EP)。

(一)产内生致热原细胞

能够产生和释放内生致热原的细胞包括单核细胞、巨噬细胞、内皮细胞、淋巴细胞、星状细胞及肿瘤细胞等,被称之为产内生致热原细胞。发热激活物可通过Toll样受体或T细胞受体两种激活方式激活产内生致热原细胞,后者促使内生致热原的合成和释放入血。

(二)内生致热原的种类与特性

内生致热原是一组不耐热的小分子蛋白质,它们大多属于细胞因子。常见的内生致热原主要有以下几类:

1. **白细胞介素 -1（interleukin-1，IL-1）** 主要来源于单核 - 巨噬细胞，其次为内皮细胞、成纤维细胞、星形胶质细胞等，是一种分子量为 17kD 的多肽类不耐热的物质，可分为 IL-1α 和 IL-1β 两种亚型，通过作用于相应的受体而产生致热效应。IL-1 的致热性很强，给实验动物（家兔、大鼠）静脉注射微量 IL-1 就可引起典型的发热反应，且并不因注射的次数而产生耐受性。其致热作用可被水杨酸类药物阻断。

2. **肿瘤坏死因子（tumor necrosis factor，TNF）** 是由巨噬细胞等分泌的一种小分子蛋白质，其两种分子亚型 TNF-α 和 TNF-β 具有相似的致热活性。TNF-α 主要由单核 - 巨噬细胞分泌，分子量为 17kD；TNF-β 主要由活化的 T 淋巴细胞分泌，分子量为 25kD。TNF 不耐热，家兔、大鼠等动物静脉注射 TNF 可引起明显的发热反应，可被环加氧酶抑制剂布洛芬阻断。

3. **干扰素（interferon，IFN）** 是由 T 淋巴细胞、成纤维细胞、NK 细胞等分泌的一种具有抗病毒、抗肿瘤作用的糖蛋白，是细胞对病毒感染的反应产物，可能是病毒引起发热的重要内生致热原。IFN 有多种亚型，与发热有关的是 IFN-α 和 IFN-γ，其分子量为 15～17kD。与 IL-1 和 TNF 不同的是，IFN 反复注射可产生耐受性。

4. **白细胞介素 -6（interleukin-6，IL-6）** 是由单核 - 巨噬细胞、淋巴细胞、内皮细胞和成纤维细胞等分泌的细胞因子，分子量为 21kD，内毒素、病毒、IL-1、TNF、血小板生长因子等均可诱导其产生和释放，但其致热作用较 IL-1 和 TNF 弱。

此外，巨噬细胞炎症蛋白 -1、白细胞介素 -8 等细胞因子也能引起发热，也属于常见的内生致热原。

三、致热信号传入中枢

目前认为，血液循环中的内生致热原进入体温调节中枢的途径主要有以下三条：

1. **通过下丘脑终板血管器（organum vasculosumlaminae terminalis，OVLT）** OVLT 位于第三脑室壁的视上隐窝上方，紧邻视前区 - 下丘脑前部（preoptic anterior hypothalamus，POAH）的体温调节中枢。此处的毛细血管属有孔毛细血管，内生致热原可由此入脑。但也有研究认为，内生致热原并不直接进入脑内，而是作用于此处的巨噬细胞和神经胶质细胞，产生新的发热介质，通过发热介质将致热原的信息传入体温调节中枢（图 17-2）。

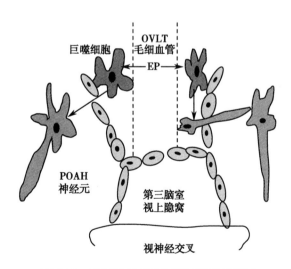

图 17-2　OVLT 区内生致热原作用部位示意图

2. **通过血 - 脑脊液屏障** 血 - 脑脊液屏障的毛细血管床部位存在着蛋白质分子的可饱和转运机制。推测其可将相应的内生致热原特异性地直接转运入脑。内生致热原还有可能从脉络丛渗入或易化扩散转运入脑，通过脑脊液循环分布到 POAH 的神经元。此外，当颅脑发生炎症或损伤时，可因血脑屏障通透性的增高,使内生致热原大量转运入脑,引起发热。

3. **通过迷走神经** 胸、腹腔的致热信号还可能通过迷走神经传入中枢神经系统。因肝迷走神经节旁神经上有 IL-1 受体,肝脏的 Kupffer 细胞也是产生 IL-1 等这类因子的主要细胞,因此内生致热原可通过刺激肝迷走神经将信息传入中枢;反之,切除膈下迷走神经(或切断迷走神经肝支)后腹腔注射 IL-1 或静脉注射 LPS 不再引起发热。详细机制还有待今后进一步研究证实。

四、发热中枢调节介质

POAH 含有温度敏感神经元,是基本的体温调节中枢,主要参与体温的正向调节;脑的中杏仁核,腹中隔区和弓状核主要参与发热时的体温负向调节。当致热信号传入中枢后,启动体温正负调节机制,一方面使体温上升,另一方面限制体温过度升高,正负调节综合作用决定了调节点上移的水平及发热的幅度和时程。

大量研究表明,无论以何种方式入脑的内生致热原均不是引起体温调定点上移的最终物质,引起发热都存在一定的潜伏期,这意味着存在中间环节。研究证实内生致热原可能通过引起体温调节中枢释放的某种介质,引起体温调定点的变化。能介导内生致热原调节体温调定点的介质称之为发热中枢调节介质,根据其调节效能的不同分为正调节介质和负调节介质。

(一)正调节介质

1. **前列腺素 E(prostaglandin E, PGE)** PGE 是重要的发热中枢正调节介质。研究发现:引起发热时,脑脊液内 PGE 含量明显增加;将 PGE 注入动物脑室内可引起明显的发热反应,其体温升高的潜伏期比内生致热原性发热短,其致热敏感点在 POAH;PGE 合成抑制剂如阿司匹林、布洛芬等不仅对 IL-10、IFN 或 TNF 引起的发热有解热作用,而且也降低了脑脊液内 PGE 含量;静脉注射 LPS 可诱导血管周围的小胶质细胞和脑膜的巨噬细胞表达环氧合酶,促进 PGE_2 的合成和释放,后者作用于紧邻的温度敏感神经元,引起调定点升高。这些研究结果说明 PGE 是重要的发热中枢正调节介质。

2. **环磷酸腺苷(cyclic adenosine monophosphate, cAMP)** 支持 cAMP 作为更接近终末环节的发热介质的实验依据包括:在实验动物(猫、兔、鼠)脑室内注入外源性 cAMP(如二丁酰 cAMP)可迅速导致发热,且潜伏期比内生致热原性发热明显缩短;静脉注射内生致热原引起家兔发热时,脑脊液中 cAMP 浓度明显增高,而环境高温引起的体温升高则不伴有脑脊液内 cAMP 增多;注射磷酸二酯酶抑制物茶碱(可减少 cAMP 分解)使脑内 cAMP 浓度升高的同时,可增强内生致热原性发热;注射磷酸二酯酶激活物烟酸(可加速 cAMP 分解)则在降低 cAMP 浓度的同时,减弱内生致热原性发热。表明 cAMP 是重要的发热中枢调节介质。

3. **Na^+/Ca^{2+} 比值** 动物实验的研究表明,在致热原引起发热时,脑组织局部 Na^+/Ca^{2+} 比值增高。给动物脑室内灌注 Na^+ 溶液可使体温很快升高,灌注 Ca^{2+} 则使体温很快下降;脑室内灌注降钙剂(如 EGTA)也可引起体温升高。表明 Na^+/Ca^{2+} 比值改变在发热机制中可能发挥重要的中介作用。

研究发现,用降钙剂 EGTA 灌注家兔侧脑室引起发热,脑脊液中 cAMP 含量常明显增高,预先用 $CaCl_2$ 阻断 EGAT 的致热作用,则可使脑脊液中 cAMP 降低。推测多种致热原引起发热的一个重要途径可能是"内生致热原→下丘脑 Na^+/Ca^{2+}↑→cAMP↑→调定点上移"。

4. **促肾上腺皮质激素释放激素(corticotrophin releasing hormone, CRH)** 中枢注入 CRH 可引起动物脑温和结肠温度明显上升;有些内生致热原如 IL-1β 引起的发热可被 CRH 抗体或 CRH 受体阻断剂所阻断,但不受环氧合酶抑制剂的影响,表明室旁核和杏仁核神经元分泌的 CRH 可能介导 IL-1β 引起的发热反应。但 IL-1α 引起的发热则不通过 CRH,提示不同内生致热原引起的发热在脑内可能存在不完全相同的通路和机制。此外,在发热的动物脑室内注射 CRH 又可使已升高的体温下降,提示 CRH 可能是一种双向调节介质。

5. **一氧化氮**（nitric oxide，NO） NO 作为一种新型的神经递质，广泛分布于中枢神经系统，在大脑皮层、小脑、海马及下丘脑视上核、室旁核、OVLT 和 POAH 等部位均含有一氧化氮合酶。研究发现，发热时，NO 可能通过作用于 POAH、OVLT 等部位介导体温上升，还可能通过刺激棕色脂肪组织的代谢活动导致产热增加，或抑制发热时负调节介质的合成与释放。

（二）负调节介质

无论临床患者还是实验动物，发热时体温升高很少超过 41℃，通常达不到 42℃。发热时体温上升的高度被限制在一定范围内的现象称为热限（febrile ceiling）。热限是机体重要的自我保护和自稳机制，对于防止体温无限上升具有极其重要的意义。发热时，内生致热原在发热中枢正调节介质的介导下使体温调定点上移，引起体温上升的同时，负调节中枢也被激活，产生拮抗体温升高的负调节介质。

1. **精氨酸加压素**（arginine vasopressin，AVP） 又称血管加压素、抗利尿激素，是由下丘脑神经元合成储存于神经垂体的肽类激素。给动物脑内微量注射 AVP 可降低 LPS、EP、PGE 等诱导的发热反应。发热时在下丘脑腹中隔区的神经终端有 AVP 的释放，阻断 AVP 的释放则引起持续的发热或增强致热原的致热效应。AVP 的解热效应依据环境温度有所不同，在 25℃，加强散热为主，在 4℃，减少产热为主。

2. **α- 黑素细胞刺激素**（α-melanocyte stimulating hormone，α-MSH） 是由腺垂体分泌的多肽激素，具有极强的解热作用，其解热作用与增强散热有关。EP 诱导的发热脑室中隔区 α-MSH 含量升高；给家兔使用 α-MSH 解热时，可使兔耳朵皮肤温度增高，说明散热增强。内源性 α-MSH 可限制发热的高度和持续时间。若预先给家兔注射 α-MSH 抗血清，再以 IL-1 致热时，因内源性 α-MSH 的降热作用被阻断，故可使发热效应明显增强，发热时间显著延长。

3. **脂皮质蛋白 -1**（lipocortin-1） 又称为膜联蛋白 A1（annexin A1），是一种钙依赖性磷脂结合蛋白，在体内分布十分广泛，但主要存在于脑、肺等器官中。向大鼠中枢内注射重组的脂皮质蛋白 -1，可明显抑制 IL-1、IL-6、IL-8、CRH 诱导的发热反应；糖皮质激素发挥解热作用依赖于脑内脂皮质蛋白 -1 的释放。表明脂皮质蛋白 -1 可能是一种体温调节中枢的负调节介质。

总之，发热的发生是通过来自体内外的发热激活物作用于单核 - 巨噬细胞等产 EP 细胞，引起 IL-1 等 EP 的产生和释放，经血液循环到达 POAH 和 OVLT 附近，引起 PGE 等中枢正调节介质的释放，后者相继作用于相应的温敏神经元，引起调定点上移，致体温调节中枢的冷敏神经元的兴奋性高于热敏神经元，结果产热增加散热减少，将体温升高至与调定点相适应的水平；而在体温上升的同时，MAN 等负调节中枢也被激活，通过 AVP 等负调节介质限制了调定点的过度上移及体温的上升。正负调节相互作用的结果决定了体温上升的水平（图 17-3）。

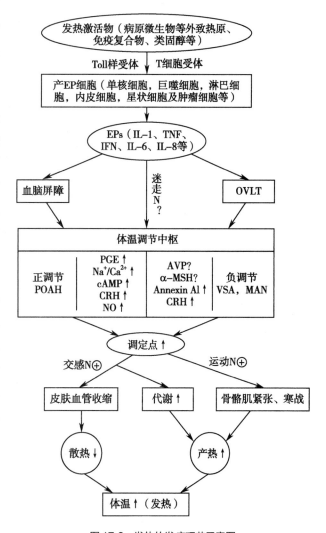

图 17-3 发热的发病环节示意图

第三节　发热的时相及热代谢特点

一、发热程度

发热程度的划分标准依据不同部位的体温而不同。以口腔温度为例,发热程度可划分为:低热 37.3~38℃、中等热 38.1~39℃、高热 39.1~41℃、超高热 41℃及以上;以腋窝温度为例,发热程度可划分为:低热型(<38℃)、中热型(38.1~39℃)、高热型(39.1~40℃)、超高热型(>40℃)。若直肠温度持续升高超过 41℃,可引起永久性的脑损伤,高热持续在 42℃以上 2~4 小时常导致休克等严重并发症。

二、发热的时相

发热的临床经过一般可分为三个时相:体温上升期、高热持续期、体温下降期。

(一) 体温上升期

是指体温调定点上移以后,体温中枢传出神经系统传出信息,调节产热增加、散热减少,体温升至与新的调定点一致的水平的过程。快者约几小时或一昼夜就达高峰,慢者需几天才达高峰。

1. **热代谢特点**　产热增加,散热减少,产热大于散热,体温升高。

2. **临床表现**　恶寒甚至寒战、皮肤苍白,可出现"鸡皮疙瘩"。

3. **机制**　因调定点上移,正常体温转变为"冷刺激",中枢迅速对这种"冷"信息产生反应而发出调节指令,一方面兴奋交感神经,引起皮肤血管收缩和血流减少,导致皮肤温度降低,散热减少;皮肤温度的下降刺激体表的冷感受器,信息传入中枢使患者产生畏寒感觉(其实此时机体的核心温度已经开始上升),因立毛肌收缩,皮肤出现"鸡皮疙瘩";另一方面兴奋下丘脑寒战中枢,冲动经红核脊髓束和网状脊髓束至脊髓前角运动神经元,引起骨骼肌紧张和不随意的节律性收缩(即寒战),此时由于屈肌和伸肌同时收缩,肢体不发生屈伸运动,不表现为做外功,但产热率较高,是此期产热的主要来源。加之脂肪组织氧化增强和机体代谢率升高,均可使产热增加。结果呈现产热大于散热,体温逐步升高的特点。

(二) 高温持续期

又称高峰期或稽留期,当体温升高到与新的调定点一致的水平时,便不再继续上升,而是在高水平上波动。此期持续时间的长短依不同的疾病而不同,短者数小时(如疟疾),长者可达 1 周以上(如伤寒)。

1. **热代谢特点**　产热和散热在较高水平上保持相对平衡。

2. **临床表现**　患者自觉酷热,皮肤颜色发红、口唇干燥。

3. **机制**　由于此期体温已与调定点相适应,畏寒、寒战等反应停止,并开始出现散热反应。此时体温调节中枢是在较高的水平上调节产热和散热,患者中心体温已达到或略高于体温调定点新水平,皮肤血管扩张、血流量增加,散热增加,皮肤温度上升,皮肤发红,患者自觉酷热。此外,由于皮肤温度升高,水分蒸发增多,所以患者口唇、皮肤干燥。

(三) 体温下降期

又称为退热期,由于发热激活物、内生致热原及发热中枢调节介质的消除或得到控制,体温调节中枢的调定点返回到正常水平,机体出现明显的散热反应。退热期持续几小时或一昼夜(骤退),甚至几天(渐退)。

1. **热代谢特点**　散热增强,产热减少,体温开始下降,逐渐恢复到与正常体温调定点相适应的水平。

2. **临床表现**　体温下降,皮肤潮红、出汗或大汗,严重者出现脱水或休克。

3. **机制**　调定点回落到正常后,由于体温高于调定点,POAH 的温敏神经元发放频率增加,通过调节作用使交感神经的紧张性活动降低,皮肤血管进一步扩张,散热增强,产热减少,体温开始下降,逐渐恢复到正常水平。由于高体温及皮肤温度感受器传来的热信息对发汗中枢的刺激,汗腺分泌增加,患者大量出汗。发热的三个时相及热代谢特点、临床表现的比较见表17-2。

表17-2 发热的时相及热代谢特点

分期	特点	临床表现
体温上升期(寒战期)	体温<调定点,调定点上移,体温升至与上移的调定点相适应的水平,产热增加,产热>散热	皮肤苍白,恶寒,寒战,"鸡皮"
高温持续期(高峰期)	体温=调定点,体温在高水平波动,产热与散热在高水平保持平衡	皮肤发红,口唇皮肤干燥,自觉酷热
体温下降期(退热期)	体温>调定点,调定点回降至正常水平,体温下降直至与回降的调定点相适应,散热增加,产热<散热,	皮肤潮湿,大量出汗,严重者可发生脱水

第四节 发热时机体代谢与功能变化

发热时机体可出现多种代谢与功能变化,除了导致发热的原发病所引起的各种变化外,体温的升高、内生致热原及体温调节效应均可引起机体一系列的代谢和功能变化。

一、物质代谢变化

体温升高时物质代谢加快。体温升高1℃,基础代谢率约升高13%。这种增加一方面是致热原的直接作用,另一方面是体温升高本身的作用。发热患者的物质消耗明显增多,如果持久发热,可导致体重下降。

1. **蛋白质代谢** 发热时体内蛋白质分解代谢增强,尿氮增多。若不能及时补充蛋白质,将可产生负氮平衡。分解代谢的旺盛引起组织的明显消耗,常表现为肌肉消瘦,同时也为肝脏提供大量的游离氨基酸,用于急性期反应蛋白的合成和组织修复。

2. **糖与脂肪代谢** 发热时由于能耗的增加,糖与脂肪的分解增强,致热原也可直接导致糖原和脂肪大量分解,血糖升高,血游离脂肪酸浓度也升高。糖原贮备减少,无氧酵解加强,组织内大量乳酸生成,尤以寒战时为甚。

3. **水盐代谢** 体温上升期及高温持续期,尿量减少,特别是高温持续期经呼吸道与皮肤水的蒸发量明显加大,在体温下降期,机体大量出汗和尿量的恢复,丢失大量水分和钠、氯、钾等电解质,严重者可引起脱水。

4. **维生素代谢** 发热尤其是长期发热患者,由于糖、脂肪和蛋白质分解代谢增强,各种维生素特别是水溶性维生素的消耗明显增多。

二、功能改变

1. **心血管系统** 体温升高1℃,心率平均增加18次/分。发热时的心率增快可能与交感-肾上腺髓质系统兴奋和体温升高刺激窦房结有关。心率增加可使心排出量增加,这有利于向代谢旺盛的发热机体供应更多的氧和代谢底物,但同时心脏的负荷也加重。原有心功能不全的患者,发热可能成为心力衰竭的诱因,特别是有些发热激活物(如内毒素)、内生致热原(如TNF)又可直接造成心肌和血管功能的损害,加重心功能不全。

2. **呼吸系统**　发热时，体温升高可刺激呼吸中枢对 CO_2 的敏感性，代谢的加强、酸性代谢产物的增多，促使呼吸加快，一方面增加了呼吸道散发的热量，另一方面也成为引起呼吸性碱中毒的潜在病因。

3. **消化系统**　发热时交感神经的兴奋使消化液分泌减少、胃肠蠕动减慢，导致食欲减退、厌食、恶心等。内生致热原也可通过对下丘脑前列腺素的诱导而引起厌食、恶心。由于食物在胃肠道停滞，发热患者常出现腹胀、便秘。由于唾液分泌减少，则出现口干、口腔异味等。

4. **中枢神经系统**　发热患者多有如头痛、头晕、嗜睡等不同程度的中枢神经系统症状，严重者可出现谵妄和幻觉等，这些症状可能与致热原的作用有关。幼儿高热时易出现全身或局部肌肉抽搐，称为高热惊厥。多在高热 24 小时内出现，约占儿童期惊厥的 30%，并且约 1/3 患儿可出现智力滞后、癫痫等。其发生机制不详，可能与高热时代谢率升高引起脑细胞缺氧及致热原和高热作用于神经元，引起异常放电等因素有关。另有报道，高热惊厥可在部分家族表现为单一基因的常染色体显性遗传。

第五节　发热的生物学意义和处理原则

一、生物学意义

发热的生物学意义不仅限于体温升高本身，还有发热激活物和内生致热原对其他靶细胞的生物学效应。总的来说，发热对机体防御功能的影响有利有弊，中等程度的发热有利于提高机体的防御功能，包括抗感染能力的增强、急性期蛋白的合成增多、白细胞计数的增高等急性期反应，而高热就有可能产生不利影响。

1. **适度发热增强机体防御功能**　发热时免疫系统整体功能增强的主要原因在于：①一定程度的体温升高可增强吞噬细胞的吞噬活力；②来源于产 EP 细胞的大量内生致热原（如 IL-1、IL-6、TNF、IFN 等）本身就是免疫调控因子，除导致发热外，还分别具有抑制或杀灭肿瘤细胞，促进 T、B 淋巴细胞增殖和分化，诱导细胞毒淋巴细胞生成，增强天然杀伤细胞活力，提高吞噬细胞杀菌活性等作用。一定程度的发热有利于机体抵抗感染、清除致病因素。此外，有研究表明体温的升高对肿瘤生长有一定的影响。当体温升高到 41℃左右时，正常细胞尚可耐受，而肿瘤细胞生长则受到抑制甚至可被部分灭活。发热疗法成为肿瘤的综合治疗的方法之一。

2. **高热或持续发热对机体的损害作用**　发热时机体处于一种明显的分解代谢旺盛的状态，持续高热必定引起机体能量物质过度消耗，脏器的功能负荷加重。特别是存在某些基础疾病的基础上，发热可能成为诱发相关脏器衰竭的诱因，如发热诱发高血压性心脏病患者心力衰竭的发生。持续高热可能造成免疫系统的功能紊乱。孕妇发热则是导致胎儿发育障碍、畸形的一个重要因素。发热持续时间过长或体温过高可导致脱水、谵妄和高热惊厥等危重情况。有些发热激活物、内生致热原及中枢性发热介质对细胞具有直接毒性作用。

二、处理原则

发热是多种疾病所共有的病理过程，除去病因外，对发热本身的治疗应针对病情，权衡利弊。

（一）针对发热病因进行治疗

解热本身不能使疾病康复。对中度（体温 38.5℃）或中度以下不太持久的发热患者，在疾病未得到确诊和有效治疗前，不要急于解热，以免掩盖病情、延误诊断和抑制机体的免疫功能。对于感染性因素导致的发热，当抗感染显效时，随着感染灶的消退，便出现退热。

（二）针对下列情况应及时解热

1. 体温过高者　体温＞39℃以上，引起患者明显不适，包括头痛、意识障碍或儿童发热惊厥。

2. 有基础病变者　尤其是有心肌梗死或心肌劳损者，发热可加重心脏负荷；恶性肿瘤患者，持续发热将加重机体消耗。

3. 妊娠期妇女　除发热有致畸的危险外，还会进一步加重心脏负担，有诱发心衰的可能。

（三）选用适宜的解热措施

1. 物理降温　主要有冰敷（冷湿敷）或酒精擦浴以促进散热。当体温过高时，特别是既往有高热惊厥史的发热患儿，头部局部的物理降温有助于保护大脑。

2. 针对发热机制中心环节　可针对下列发热环节采取解热措施：①干扰或阻止内生致热原的合成和释放，如类固醇解热药糖皮质激素类；②阻断或拮抗发热介质的作用，如化学解热药水杨酸盐类。

（四）加强护理

对发热患者，尤其是高热或持久发热的患者，应注意水、电解质和酸碱平衡，补足水分，预防脱水；保证充足易消化的营养食物，包括维生素；密切监护心血管功能；在退热期或用解热药致大量排汗时，要防止休克的发生。

（江　瑛）

学习小结

病理性的体温升高包括发热和过热，二者的病因和发生机制截然不同。所谓发热是指在致热原的作用下，因体温调节中枢的调定点上移而引起的调节性体温升高超过了正常体温0.5℃。发热是多种疾病常见的病理过程，是在来自体内外的发热激活物的作用下，激活单核－巨噬细胞等产内生致热原细胞产生和释放内生致热原，后者经过血液循环到达体温调节中枢，在发热中枢调节介质的介导下，使体温调定点上移，进而引起机体产热增加、散热减少，最终体温升高到与调定点相适应的水平。而在体温上升的同时，负调节中枢也被激活，通过负调节介质限制了体温的过度上升。正负调节相互作用的结果决定了体温上升的水平。发热的过程通常经历体温上升期、高温持续期和体温下降期三个时相，每个时相都具有不同的热代谢特点。发热时可引起机体一系列代谢和功能的改变，一定程度的发热有利于机体抵抗感染、增强防御功能，但体温过高、持续时间过长，则会对机体造成损伤作用，应及时采取解热措施。

复习参考题

1. 何为发热？与过热有何区别？

2. 主要的发热激活物有哪些？内生致热原（EP）有哪些？发热中枢调节介质有哪些？

3. 内生致热原引起体温调节中枢调定点上移的机制是什么？

4. 发热过程可分为哪几个时相？每个时相的热代谢有何特点？为什么？

第十八章　缺　氧

18

学习目标	
掌握	缺氧的概念、原因机制及血氧变化特点。
熟悉	缺氧时机体的功能代谢变化。
了解	缺氧防治的病理生理基础。

第一节　缺氧的概念和常用的血氧指标

缺氧(hypoxia)指因组织氧供应不足或氧利用障碍,导致机体代谢、功能及形态结构出现异常的病理过程。氧是维持人生命活动所必需的物质,健康成人安静状态下每分钟需氧量约为250ml,而人体内氧的储存量约为1500ml,因此如果呼吸、心跳停止,数分钟内患者就可能因缺氧而死亡。

氧通过外呼吸进入血液,与血红蛋白结合后随血液循环被送达全身各处。因此,临床上常用一些血氧指标来反映和判断缺氧的程度及类型。常用的血氧指标包括血氧分压、血氧容量、血氧含量、血红蛋白氧饱和度等。

1. **血氧分压**(partial pressure of oxygen, PO_2)　指以物理状态溶解在血液中的氧所产生的张力。正常人动脉血氧分压(PaO_2)约为100mmHg,主要取决于吸入气的氧分压(PiO_2)和外呼吸功能。静脉血氧分压(PvO_2)约为40mmHg,主要取决于组织细胞摄氧和用氧能力。

2. **血氧容量**(oxygen binding capacity in blood, CO_2max)　指在PO_2为150mmHg,温度为38℃时,100ml血液中血红蛋白为氧充分饱和时最大携氧量。CO_2max是血液携氧能力的反映,主要取决于血液中血红蛋白的含量及血红蛋白与氧的结合能力。由于成人每100ml血液约含15g血红蛋白,而在完全被氧饱和状态下每克血红蛋白能结合氧1.34ml,因此CO_2max正常值约为20ml/dl。

3. **血氧含量**(oxygen content in blood, CO_2)　指100ml血液实际的携氧量,包括血液中血红蛋白结合的氧量和物理溶解的氧量。当PaO_2为100mmHg时,溶解的氧量仅为0.3ml/dl,因此CO_2主要指100ml血液中血红蛋白结合的氧量。CO_2受PO_2及CO_2max的影响。正常动脉血氧含量(CaO_2)约19ml/dl,静脉血氧含量(CvO_2)约14ml/dl,两者之间的差值,即动-静脉血氧含量差(CaO_2-CvO_2),反映组织对氧的摄取及利用能力,正常值为5ml/dl。

4. **血红蛋白氧饱和度**(oxygen saturation of Hb, SO_2)　指与氧结合的血红蛋白占总血红蛋白百分数,简称氧饱和度。SO_2=(CO_2-溶解的氧量)/CO_2max×100%。正常动脉血氧饱和度(SaO_2)约95%~98%,静脉血氧饱和度(SvO_2)约70%~75%。SO_2主要受PO_2影响。在一定范围内,SO_2随PO_2的增加而提高,两者之间的关系可用氧合血红蛋白解离曲线(简称氧离曲线)来表示(图18-1)。

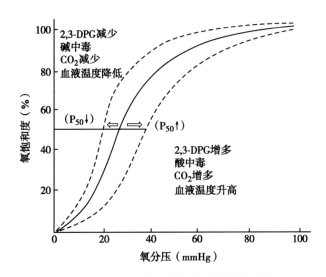

图18-1　氧合血红蛋白解离曲线及其影响因素

P_{50}是指SO_2达到50%时的PO_2,正常值约为26~27mmHg。P_{50}是反映血红蛋白与氧亲和力的指标。P_{50}增大时,表示要达到50% SO_2需要更高的PO_2,说明血红蛋白与氧亲和力下降,此时氧解离曲线右移;P_{50}减小时,说明血红蛋白与氧亲和力升高,氧解离曲线左移。

血液 pH 值降低、PCO_2 升高、红细胞内 2, 3- 二磷酸甘油酸（2, 3-DPG）含量增多及体温升高时，氧解离曲线右移，P_{50} 增大；反之，氧解离曲线左移，P_{50} 变小。

第二节　缺氧的类型、原因和发病机制

外界氧进入体内并被组织细胞利用涉及多个环节，包括外呼吸、血红蛋白结合氧、循环系统运输氧及组织细胞摄取利用氧，上述任一个环节发生障碍，均可导致机体缺氧。根据环节不同，缺氧被分为低张性缺氧、血液性缺氧、循环性缺氧和组织性缺氧等四种类型。

一、低张性缺氧

低张性缺氧（hypotonic hypoxia）指以 PaO_2 明显降低为特征的缺氧，又称乏氧性缺氧（hypoxic hypoxia）。当 PaO_2 低于 60mmHg 时，SaO_2 随 PaO_2 降低而迅速下降。

（一）原因

1. **PiO_2 低**　多见于海拔 3000m 以上高原、高山及高空，或通风不良的矿井、坑道及洞穴内，这些地方空气稀薄，以致 PiO_2 降低，肺泡气氧分压（P_AO_2）也随之降低，进入血液的氧减少。这种由于 PiO_2 过低引起的缺氧也被称为大气性缺氧（atmospheric hypoxia）。

2. **外呼吸功能障碍**　临床上低张性缺氧多由外呼吸功能障碍所致。常见于限制性或阻塞性通气不足、弥散障碍及部分肺泡通气血流比例失调。这种类型的缺氧又被称为呼吸性缺氧（respiratory hypoxia）。

3. **静脉血掺杂入动脉血**　如先天性心脏病法洛四联症，室间隔缺损，同时伴有肺动脉狭窄或肺动脉高压，以致右心室的压力高于左心室，右心室内未经氧合的静脉血可经室间隔缺损掺入左心室动脉血中，导致体循环 PaO_2 降低。

（二）机制及血氧变化特点

低张性缺氧时，由于 PaO_2 降低，导致动脉血中氧与血红蛋白结合减少，SaO_2 和 CaO_2 均下降。急性低张性缺氧时，由于毛细血管平均 PO_2 下降，致使毛细血管与组织细胞间氧分压差减小，单位容量血液向组织弥散的氧量减少，所以 CaO_2-CvO_2 减小，组织摄取的氧量减少；慢性低张性缺氧时，由于细胞对氧的摄取利用能力增强及毛细血管增生等因素，细胞从单位容量血液中获取的氧有时无明显减少，CaO_2-CvO_2 可无明显变化。急性低张性缺氧时，因血红蛋白无明显变化，CO_2max 一般是正常的；而慢性缺氧时，由于促红细胞生成素（erythropoietin, EPO）增多，导致血红蛋白代偿性增多而使 CO_2max 有所增加。

正常情况下，毛细血管血液中脱氧血红蛋白的平均浓度为 2.6g/dl。低张性缺氧时，毛细血管血液中氧合血红蛋白减少，脱氧血红蛋白浓度则增加。当毛细血管血液中脱氧血红蛋白平均浓度超过 5g/dl 时，患者皮肤与黏膜可呈青紫色，这种现象称为发绀（cyanosis）。

二、血液性缺氧

血液性缺氧（hemic hypoxia）指由于血红蛋白含量减少或性质改变，致血液携氧能力下降或结合的氧难以释放导致的缺氧。血液性缺氧患者由于 PaO_2 正常，又被称为等张性缺氧（isotonic hypoxia）。

（一）原因

1. **贫血**　贫血时，由于血红蛋白含量下降，血液携氧减少，组织供氧不足。这种类型的缺氧又被称为贫血性缺氧（anemic hypoxia）。

2. 一氧化碳中毒　一氧化碳（CO）可与血液中血红蛋白结合形成碳氧血红蛋白（HbCO），从而使血红蛋白失去携氧的能力。尽管 CO 与血红蛋白结合速率约为氧与血红蛋白结合速率的 1/10，但 HbCO 解离速率约为氧合血红蛋白的 1/2100，所以 CO 与血红蛋白的亲和力约为氧与血红蛋白亲和力的 210 多倍。当吸入气中有 0.1% 的 CO 时，血液中约有 50% 的血红蛋白因与 CO 结合而失去携氧能力。此外，当 CO 与血红蛋白分子中一个血红素结合后，将增加其余血色素与所结合氧的亲和力，致使氧难以释放。CO 还能通过抑制红细胞内糖酵解，减少 2,3-DPG 生成，促使氧离曲线左移，加重组织缺氧。

3. 高铁血红蛋白血症（methemoglobinemia）　通常指血红蛋白分子中的二价铁离子，在亚硝酸盐、硝基苯、苯胺等作用下，被氧化成三价铁离子，形成高铁血红蛋白，从而失去携带氧的能力，导致组织缺氧。生理条件下，由于血液中还原剂的作用，高铁血红蛋白含量通常不超过总血红蛋白的 1%。当食用大量腌菜后，肠道细菌可将食物中硝酸盐还原为亚硝酸盐，后者吸收入血导致高铁血红蛋白血症，患者皮肤与黏膜呈咖啡色或类似发绀的颜色，称为肠源性发绀（enterogenous cyanosis）。高铁血红蛋白也可增加血红蛋白与氧的亲和力，导致氧离曲线左移，加重缺氧。

4. 血红蛋白与氧亲和力异常增强　输入大量库存血时，由于血液中 2,3-DPG 含量低，氧离曲线左移；输入大量碱性液体时，也会引起氧离曲线左移。

（二）机制及血氧变化特点

血液性缺氧时，因患者外呼吸功能正常，故 PaO_2 及 SaO_2 正常。贫血、CO 中毒及高铁血红蛋白血症时，能够结合氧的血红蛋白数量减少，CO_2max 降低，CaO_2 随之下降；血液流经毛细血管时，尽管动脉端 PO_2 正常，但由于 CO_2 降低，随着氧向组织细胞弥散，毛细血管内 PO_2 迅速降低，致使整个毛细血管平均 PO_2 低于正常，单位容量血液向组织弥散的氧量减少，CaO_2-CvO_2 低于正常。血红蛋白与氧亲和力异常增强时，CO_2max 和 CaO_2 基本正常，但由于氧释放减少，CaO_2-CvO_2 低于正常。

不同原因引起的血液性缺氧常呈现独特的皮肤黏膜颜色。严重贫血患者面色苍白；CO 中毒患者皮肤、黏膜呈樱桃红色；高铁血红蛋白血症患者皮肤、黏膜则呈咖啡色或类似发绀的颜色。

三、循环性缺氧

循环性缺氧（circulator hypoxia）指由于有效循环血量减少致使组织细胞供氧量减少而引起的缺氧，又称低动力性缺氧（hypokinetic hypoxia）。

（一）原因

1. 组织缺血　这种类型的缺氧也被称为缺血性缺氧（ischemic hypoxia）。左心衰竭时，心排出量减少可造成全身组织供血不足；低血容量性休克早期，微循环由于痉挛收缩可出现严重缺血；动脉血栓形成、动脉炎或动脉粥样硬化等原因造成的动脉狭窄或阻塞，可导致所支配的组织、器官供血不足。

2. 组织淤血　这种类型的缺氧亦被称为淤血性缺氧（congestive hypoxia），见于右心衰竭及休克的中晚期等。右心衰竭时，右心室舒张末期压力升高，导致静脉系统血液回流受阻，血液瘀滞于毛细血管和静脉系统，有效循环血量降低，组织细胞血液灌流减少。休克发展到中晚期后，微循环扩张、血液流变学改变等因素导致血液瘀滞在容量血管中，有效循环血量降低。

（二）机制及血氧变化特点

循环性缺氧时，在患者外呼吸功能未受累及时，PaO_2 及 SaO_2 正常。由于血红蛋白含量正常，因而 CO_2max 正常，CaO_2 正常。缺血或淤血时，血流缓慢，血液流经毛细血管的时间延长，细胞从单位容量血液中摄取的氧增多，因而 CvO_2 明显降低，CaO_2-CvO_2 增大。然而由于血流缓慢，组织细胞在单位时间内获得的氧仍低于正常水平。

血流缓慢导致毛细血管内更多的血红蛋白将结合的氧释出，脱氧血红蛋白浓度升高，故循环性缺氧的患者可有发绀。

四、组织性缺氧

组织性缺氧（histogenous hypoxia）指由组织细胞利用氧障碍而引起能量产生不足，又称氧利用障碍性缺氧（dysoxidative hypoxia）。

（一）原因

1. 组织中毒 氰化物、硫化物、砷化物等毒性物质可抑制氧化磷酸化过程中一些重要酶类，干扰甚至中断呼吸链，导致氧利用障碍，ATP 合成减少。例如，氰化物可与氧化型细胞色素氧化酶的 Fe^{3+} 结合，阻碍 Fe^{3+} 被还原为 Fe^{2+}，即阻断氧化型细胞色素氧化酶向还原型细胞色素氧化酶转化。

2. 线粒体损伤 氧的利用发生在线粒体内。活性氧、细菌毒素、细胞钙超载及放射线照射等因素可损害线粒体结构及功能，导致细胞生物氧化障碍，ATP 产生减少。

3. 维生素缺乏 维生素 B_1 是丙酮酸脱氢酶的辅酶成分；维生素 B_2 是黄素梅的辅酶成分；维生素 PP 是辅酶 I 和辅酶 II 的组成成分，当这些维生素严重缺乏时，可明显妨碍氧化磷酸化过程，引起组织用氧障碍。

（二）机制及血氧变化特点

组织性缺氧时由于外呼吸功能未受影响，且血红蛋白浓度正常，PaO_2、SaO_2、CO_2max 和 CaO_2 均正常。由于组织细胞利用氧障碍，氧的摄入减少，以致 PvO_2 和 CvO_2 升高，CaO_2-CvO_2 降低。此时，由于毛细血管脱氧血红蛋白浓度低于正常，更多的血红蛋白仍然与氧结合，因此患者皮肤与黏膜可呈鲜红色。

在临床疾病发展过程中，可能同时或相继发生两种或两种以上类型的缺氧，即混合性缺氧。如左心衰竭患者，不仅可发生循环性缺氧，还可因肺淤血水肿发生低张性缺氧。各型缺氧的血氧变化特点见表 18-1。

表 18-1 各型缺氧的血氧变化

缺氧类型	PaO_2	SaO_2	CO_2max	CaO_2	CaO_2-CvO_2
低张性缺氧	↓	↓	N	↓	↓ 或 N
血液性缺氧	N	N	↓ 或 N	↓ 或 N	↓
循环性缺氧	N	N	N	N	↑
组织性缺氧	N	N	N	N	↓

注：↑：升高；↓：降低；N：正常

第三节　缺氧时机体的功能和代谢变化

缺氧时机体的功能和代谢变化包括两方面：一方面，机体会出现一些代偿适应性反应，减轻缺氧对机体所造成的伤害；另一方面，缺氧可引起细胞、组织甚至器官功能障碍，甚至结构破坏。急性缺氧时，机体来不及充分发挥代偿作用，机体功能和代谢障碍以损伤表现为主；而慢性缺氧时，由于机体的一系列代偿适应性反应，缺氧对机体的损伤性影响在一定的时间内可不明显。以下以低张性缺氧为例，阐述缺氧对机体一些主要系统的影响。

一、呼吸系统

1. 肺通气量增大 PaO_2 低于 60mmHg 时可刺激位于颈动脉体和主动脉体的外周化学感受器，反射性地引起呼吸加深、加快,肺的通气量增加。肺的通气量增加是急性低张性缺氧重要的代偿性反应,具有一定的代偿意义:①升高 P_AO_2,进而提高 PaO_2;②胸廓运动的增强使胸内负压增大,使回心血量增加,进而增加心排出量,有利于氧的摄取和运输。

低张性缺氧所引起的肺通气增加随着缺氧的持续而发生变化。例如,人刚到达 4000m 高原时,肺通气量比在海平面约增加 65%。几天后,肺通气量可增加数倍。但久居高原后,肺通气量逐渐下降,仅比正常水平略高。缺氧早期,肺通气增加使二氧化碳排出过多,引起低碳酸血症和呼吸性碱中毒,对呼吸中枢有抑制作用,因而肺通气增加受到限制。数天后,肾脏代偿性地排出 HCO_3^-,消除呼吸性碱中毒及对呼吸中枢的抑制作用,此时肺通气量增加显著。但久居高原后,外周化学感受器对缺氧的敏感性降低,肺通气量近乎降至正常水平。肺通气增加将显著提高呼吸肌的耗氧量,每增加 1L 通气量,呼吸肌耗氧增加 0.5ml,因此长期呼吸运动增强是对机体不利的。

2. 高原性肺水肿 高原肺水肿指患者登上高原后 1~4 天内发生急性肺水肿,出现胸闷、咳嗽、血性泡沫痰、呼吸困难、皮肤黏膜发绀、头痛,甚至神志不清等一系列临床表现。高原肺水肿的发生机制可能与急性缺氧所致的肺血管收缩及肺毛细血管通透性增强有关。肺血管收缩引起毛细血管血压增高及肺毛细血管通透性增强引起的血浆蛋白外漏,均可促进血管内的水分转移至肺间质或肺泡内。

3. 中枢性呼吸衰竭 PaO_2 低于 30mmHg 时,可直接导致呼吸中枢抑制,发生中枢性呼吸衰竭。此时,缺氧对呼吸中枢的抑制作用超过其对外周化学感受器的兴奋作用,肺通气量显著下降。同时,呼吸节律往往发生一些异常变化,出现周期性呼吸。

二、循环系统

1. 心脏功能改变 急性轻度缺氧时,交感 - 肾上腺髓质系统兴奋,心率加快和心肌收缩性增强;同时呼吸运动增强导致胸腔负压增加,使回心血量增加,可提高心排出量。重度缺氧时,由于心肌能量代谢障碍,心率和心肌收缩性均下降,心排出量降低;同时可出现严重的心律失常。

2. 血流重新分布 交感 - 肾上腺髓质系统兴奋,儿茶酚胺释放,引起皮肤及部分腹腔器官的血管收缩,血流明显减少。心脑血管受儿茶酚胺影响较小,相反在局部代谢产物乳酸、腺苷等作用下扩张,血流增加。心脑血流增加对于保证这些生命重要器官在缺氧条件下的氧供是有利的。

3. 肺血管收缩 交感 - 肾上腺髓质系统兴奋,儿茶酚胺可通过肺血管 α- 肾上腺素受体引起肺血管收缩;缺氧可引起血管紧张素Ⅱ、内皮素和血栓素 A_2 等多种缩血管活性物质释放;此外,缺氧能诱发血管平滑肌细胞 Ca^{2+} 内流,引起肺血管收缩。

肺血管收缩在一定程度上有利于维持肺泡通气与血流的适当比例,使流经这部分肺泡的血液维持较高的 PaO_2。然而慢性缺氧及局部代谢形成的酸中毒可引起肺小动脉壁发生器质性变化,如无肌型血管肌化、平滑肌细胞和成纤维细胞增生等,导致管腔变窄,管壁顺应性降低,最终形成持久的肺动脉高压。肺动脉高压加重右心室后负荷,可引起右心室肥大,甚至右心衰竭。

4. 毛细血管增生 慢性缺氧时,血管内皮生长因子(VEGF)表达增多,脑、心脏及骨骼肌等器官组织毛细血管增生,密度增大,有利于组织细胞从血液系统获得更多的氧。

三、血液系统

1. 红细胞增多 高原地区居民红细胞数量和血红蛋白含量要显著高于平原地区居民,其机制与 EPO 产生增多有关。慢性缺氧时,肾脏合成和释放 EPO 增多,促进红细胞增殖和成熟,并加速血红蛋白的合成。红细胞和血红蛋白增多可提高血液携氧能力，但同时可导致血液黏滞度增高，引起循环障碍，甚至血栓形成。

2. 2,3-DPG 增多　2,3-DPG 是红细胞内糖酵解过程的中间产物。缺氧时，红细胞内糖酵解增强，2,3-DPG 释放增多，导致氧离曲线右移，血红蛋白与氧亲和力降低，有助于组织细胞处氧的释放，但同时也可能阻碍肺泡-毛细血管处血红蛋白与氧的结合，使 CaO_2 进一步下降。

四、中枢神经系统

脑是一个对氧高度依赖的器官，其耗氧量约为总耗氧量的 23%，因此脑对缺氧十分敏感，完全缺氧后数分钟脑组织即可出现不可逆性损伤。急性缺氧时，患者临床表现明显，可出现头痛，同时思维、记忆、判断、运动协调等能力出现障碍甚至丧失，亦可伴有情绪改变。缺氧严重时，患者可出现精神错乱、意识丧失甚至死亡。慢性缺氧患者临床表现通常较缓和，包括易疲劳、注意力不集中、嗜睡及精神抑郁等症状。缺氧时，患者脑细胞可发生显著的形态学变化，如脑细胞肿胀、变性、甚至坏死等。

缺氧所致的中枢神经系统功能障碍主要与脑水肿和脑细胞受损有关，相关机制包括：①缺氧引起脑血管扩张，脑血流量增加，毛细血管血压升高，组织液生成增多；②缺氧代谢产物可增加毛细血管通透性；③ATP 合成减少，脑细胞 Na^+-K^+-ATP 酶功能障碍，钠离子和水内流，导致脑细胞水肿；④钙超载、活性氧产生、溶酶体酶释放等原因，均可导致脑细胞功能障碍。

五、组织细胞

（一）代偿适应性变化

慢性缺氧时，组织细胞可通过提高氧利用能力、增强无氧糖酵解、增加载氧蛋白及降低代谢率等方式进行适应。

1. 组织细胞利用氧的能力增强　慢性缺氧时，细胞内线粒体的数目增多，膜的表面积增大；同时呼吸链中细胞色素氧化酶、琥珀酸脱氢酶等含量增多，活性增强。这些变化使细胞的内呼吸功能增强，有助于组织细胞对氧的利用。

2. 糖酵解增强　缺氧时，ATP 产生减少，ATP/ADP 比值下降，导致磷酸果糖激酶活性增强。磷酸果糖激酶是糖酵解过程中的限速酶，其活性增强可增加糖酵解，对于补偿能量不足有一定的意义。然而，糖酵解可导致乳酸产生过多，发生代谢性酸中毒。

3. 载氧蛋白增加　慢性缺氧不仅可引起血红蛋白表达增加，还可诱导其他一些载氧蛋白的表达，如骨骼肌中的肌红蛋白、脑组织中的脑红蛋白。胞红蛋白也是一种载氧蛋白，存在多种组织细胞中。这些载氧蛋白的增加可提高机体氧的储存量。

4. 低代谢状态　缺氧可降低机体的代谢率，抑制细胞糖、蛋白质合成代谢和离子泵功能，细胞耗能减少，从而有利于机体在缺氧环境中生存。

（二）损伤性变化

缺氧对细胞的损伤主要包括细胞膜、线粒体和溶酶体损伤等三方面。

1. 细胞膜的损伤　细胞膜是细胞缺氧较早发生损伤的部位，表现为细胞膜离子泵功能障碍、细胞膜通透性增强、细胞膜受体功能障碍等。

（1）钠离子内流：缺氧时 ATP 产生减少，使 Na^+-K^+-ATP 酶供能不足，无法维持细胞内外钠离子浓度梯度；同时由于酸中毒导致细胞膜通透性增强，更多的钠离子进入细胞内。细胞内渗透压的升高促进更多的水进入细胞内，细胞肿胀。

（2）钾离子外流：同样由于 Na^+-K^+-ATP 酶功能不足及细胞膜通透性增强，更多的钾离子从细胞内转移至细胞外。一方面，可能导致细胞外液钾离子浓度升高；另一方面，细胞内由于缺钾，将导致蛋白质等合成代谢障碍，酶的生成减少。

（3）钙离子超载：缺氧时，细胞膜通透性增高，钠钙交换增强，更多的细胞外钙离子进入细胞内；同时，ATP 合成减少抑制细胞膜和肌浆网钙泵功能，导致钙离子外流和被肌浆网摄取障碍，最终使胞质钙离子浓度增高。钙离子增多可激活磷脂酶，使细胞膜及细胞器膜磷脂分解，导致细胞膜及线粒体、溶酶体等细胞器功能障碍；钙离子还可激活一些钙离子依赖的蛋白酶，如黄嘌呤脱氢酶，导致自由基合成增加，加重细胞的损伤。

2. 线粒体的损伤 缺氧损伤线粒体的机制包括氧化应激、细胞内钙超载及对线粒体结构的直接破坏。缺氧时，活性氧产生及释放增多，可通过脂质过氧化损坏线粒体膜；细胞内钙超载除可通过激活磷脂酶、促进活性氧合成等因素损伤线粒体外，还可以进入并沉积在线粒体内，与线粒体内磷酸化合物形成难溶的磷酸钙，影响氧化磷酸化过程；严重缺氧时，线粒体可出现明显结构损伤，表现为线粒体肿胀、嵴断裂、线粒体膜破裂和基质外溢等。线粒体功能及结构受损后，直接影响线粒体对氧的利用，使氧化磷酸化等过程出现严重障碍，ATP 生成显著减少。

3. 溶酶体的损伤 缺氧时，活性氧的脂质过氧化和钙超载对磷脂酶激活，均可引起溶酶体膜磷脂破坏，降低溶酶体膜的稳定性，导致其通透性增高，甚至破裂，进而引起大量蛋白水解酶逸出溶酶体，造成广泛的组织细胞损伤。

第四节　缺氧防治的病理生理基础

一、病因学治疗

去除致病原因是治疗缺氧的重要方面。例如，改善和提高肺的外呼吸功能；积极对先天性心脏病患者进行手术治疗；积极治疗贫血，提高患者红细胞数量和血红蛋白浓度；使用还原剂还原高铁血红蛋白使其转化为正常的血红蛋白；休克时，进行扩容以提高患者有效循环血量；心衰时，改善心肌舒缩功能，提高心排出量；组织中毒时，及时解毒。

二、氧疗

吸氧是缺氧治疗的最基本的方法，对低张性缺氧的效果最好。低张性缺氧时，氧疗可提高患者 PaO_2 和 CaO_2，增加对组织的供氧量。由于外呼吸障碍导致的低张性缺氧常伴有二氧化碳潴留，后者对呼吸中枢具有抑制作用，因此对于这样的患者缺氧不易过快纠正，采用低浓度、低流量给氧原则，将 PaO_2 提高至 $50 \sim 60mmHg$ 即可，以保持轻度缺氧对肺通气的刺激作用。

氧疗对于其他几种类型的缺氧也有一定效果。血液性缺氧、循环性缺氧和组织性缺氧患者 PaO_2 和 SaO_2 均正常，吸氧虽然可提高 PaO_2，但血红蛋白结合的氧却增加不明显。尽管如此，但吸氧在一定程度上可增加血液中溶解的氧，对于增加组织细胞供氧有一定作用。一氧化碳中毒时，采用高压氧治疗，增加血液中溶解的氧，有利于氧与一氧化碳竞争结合血红蛋白。

PiO_2 过高可引起氧中毒（oxygen intoxication），患者可能出现组织细胞损伤及器官功能障碍。氧中毒的发生取决于 PiO_2 而不是氧浓度。当 PiO_2 增高时，PaO_2 随之升高，进而导致血液与组织细胞之间的氧分压差增大，氧的弥散速度加快，组织细胞可因获得过多氧而发生中毒。氧中毒时细胞受损的机制可能与活性氧的过量产生有关。氧中毒的临床表现分为两种类型：肺型与脑型。肺型氧中毒患者临床表现以咳嗽、呼吸困难、胸骨后疼痛为主；而脑型氧中毒则以视、听觉障碍、恶心、抽搐、昏迷等临床表现为主。

（赵成海）

学习小结

缺氧是临床上常见的一种病理过程，主要由组织细胞供氧减少或用氧障碍所致。常见的缺氧类型包括低张性缺氧、血液性缺氧、循环性缺氧和组织性缺氧。低张性缺氧主要由外呼吸障碍及吸入气氧分压过低所引起，以动脉血氧分压降低为主要特征；血液性缺氧主要由血红蛋白数量减少或性质改变引起，以血液携氧能力降低为主要特征；循环性缺氧主要由全身性或局部性有效循环血量减少引起，动-静脉氧含量差增大为主要特征；组织性缺氧则主要由线粒体内氧化磷酸化障碍引起，以静脉血氧含量升高为主要特征。缺氧时，呼吸系统、循环系统、血液系统、中枢神经系统及组织细胞等发生一系列代偿适应性变化和损伤性变化。

复习参考题

1. 缺氧的概念是什么？缺氧类型有哪些？

2. 各型缺氧的血氧变化特点分别是什么？

3. 一氧化碳中毒的机制是什么？

第十九章　应　激

19

学习目标

掌握	应激、全身适应综合征、热休克蛋白、应激性疾病概念；应激的基本过程；应激时的神经内分泌反应、应激性溃疡的发生机制。
熟悉	应激的分类；急性期反应蛋白的来源、种类、生物学功能；热休克蛋白的功能和表达调控；应激时机体的物质代谢变化和各系统功能变化。
了解	应激原的概念及其分类；应激的生物学意义和防治原则。

第一节　概述

应激(stress),又称应激反应(stress response),是指机体在各种内外环境因素刺激下所出现的全身性的非特异性适应反应。任何躯体的或心理的刺激,只要达到一定的强度,除了引起与刺激直接相关的特异性变化外,还可以引起一组与刺激因素无直接关系的全身非特异性反应,主要表现为以交感神经兴奋和垂体-肾上腺皮质分泌增多为主的一系列神经内分泌反应,由此引起机体的功能和代谢改变。

能引起应激反应的各种刺激因素,就叫作应激原(stressor)。应激原的种类繁多,大致可分为三大类。①外环境因素:如感染、中毒、缺氧、创伤、烧伤、高低温、电离辐射、噪声、强光、电击等;②内环境因素:如营养失衡、异常免疫反应、遗传性缺陷、神经内分泌因素等;③社会心理因素:包括职业竞争、工作压力、精神刺激、人际关系的复杂性、突发的生活事件等。不同个体对同一种应激原存在不同的敏感性,因而相同的应激原可在不同个体一起不同程度的应激反应。

根据应激原的种类、作用的时间和强度,应激可分为以下几种。

(1)躯体性应激和心理性应激:前者主要由内外环境因素引起,后者主要由社会和心理因素引起。一些应激原既可导致躯体应激,也可导致心理应激,如严重创伤和长期慢性疾病除了躯体的功能代谢障碍和结构损害,由此导致患者对残疾、治疗和预后的焦虑,引发心理性应激。

(2)急性应激和慢性应激:前者由急性应激原引起如突发的自然灾害、急性创伤、严重感染等,后者由应激原长时间作用所致。急性应激可诱发心源性猝死、急性梗死以及精神障碍等,慢性应激可导致消瘦、乏力、精神倦怠等,并可引发神经官能症、消化性溃疡病、高血压等慢性疾病。

(3)生理性应激和病理性应激:适度应激可促进体内的物质代谢和调动器官的储备功能,有利于机体在不同的环境中维持自身稳态,提高机体的认知、判断和应对各种事件的能力,故也称良性应激(benign stress)。过强的应激可导致器官功能障碍和代谢紊乱,进而导致心身疾病,甚至死亡,故也称劣性应激(malignant stress)。

第二节　应激反应的基本过程

多数应激反应在应激原消失后机体恢复自身稳态。劣性应激原持续作用于机体,应激表现为动态的连续反应过程,最终导致内环境紊乱和疾病,甚至死亡,称为全身适应综合征(general adaptation syndrome,GAS)。此过程分三个阶段(表19-1)。

表19-1　全身适应综合征

分期	特征	意义
警觉期	反应出现迅速,持续时间短,以交感-肾上腺髓质兴奋为主	机体处于最佳动员状态,保护防御机制的快速动员期
抵抗期	交感-肾上腺髓质反应逐渐减弱,肾上腺皮质激素分泌逐渐增多	机体的防御储备能力逐渐被消耗
衰竭期	再度出现警告反应期的症状,肾上腺皮质激素分泌持续增高,出现明显的内环境紊乱	机体抵抗能力耗竭

1. **警觉期**　此期在应激原作用于机体后迅速出现,持续时间短,为机体保护防御机制的快速动员期。主要以交感-肾上腺髓质系统兴奋为主,表现为大量儿茶酚胺分泌,血管收缩,血压上升,心跳加快。警觉反应使机体处于最佳动员状态,有利于机体增强抵抗或逃避损伤的能力。

2. **抵抗期**　警觉期后进入该期,是应激原持续作用后机体的抵抗或适应阶段。此时,交感-肾上腺髓质反应逐渐减弱,而表现出以肾上腺皮质激素分泌增多为主的适应反应,主要表现为机体代谢率升高,炎症、免疫反应减弱,胸腺和淋巴组织缩小。机体增强了适应抵抗能力,但也消耗了防御贮备能力,对其他应激原的抵抗力下降。

3. **衰竭期** 应激反应持续存在,强烈的有害刺激将耗竭机体的抵抗能力,可再度出现警觉期的症状。肾上腺皮质激素持续升高,但激素受体的数量和亲和力下降,机体内环境明显失衡,应激反应的负效应陆续出现,应激相关的疾病,器官功能衰退甚至休克、死亡。

上述三个阶段并不一定都依次出现,多数应激只引起第一、第二期的变化,只有少数严重应激反应才进入第三期。

第三节　应激反应的基本表现

一、应激的神经内分泌反应

应激的基本反应为一系列的神经内分泌改变,主要包括蓝斑 - 交感 - 肾上腺髓质系统和下丘脑 - 垂体 - 肾上腺皮质激素系统的强烈兴奋(图 19-1)。

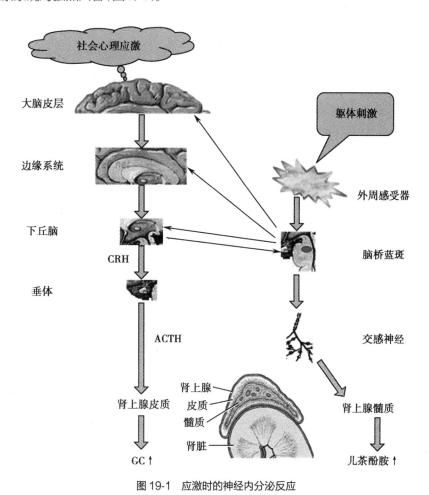

图 19-1　应激时的神经内分泌反应

（一）蓝斑 - 交感 - 肾上腺髓质系统

1. **结构基础** 该系统中枢整合部位主要位于脑桥蓝斑。蓝斑是应激时最敏感的脑区,应激时蓝斑投射区的去甲肾上腺素水平升高。蓝斑的上行纤维投射到大脑边缘系统,与应激时情绪变化、学习记忆和行为改变有关;下行纤维投射到脊髓侧角,引起交感 - 肾上腺髓质反应和儿茶酚胺的分泌。

2. **基本效应** 包括中枢效应和外周效应两方面。

（1）中枢效应：引起兴奋、紧张、焦虑及恐惧等一系列情绪反应，与去甲肾上腺素的释放有关。

（2）外周效应：主要表现为儿茶酚胺（血浆肾上腺素和去甲肾上腺素）浓度迅速增高。交感神经兴奋主要释放去甲肾上腺素，应激时可升高 10～45 倍；肾上腺髓质兴奋主要释放肾上腺素，应激时可升高 4～6 倍。

3. **意义**

（1）积极意义：主要参与调控机体对应激的急性反应，介导一系列的代谢和心血管代偿变化。主要表现在以下四个方面：①促进糖原分解与脂肪动员，升高血糖和提高血浆中游离脂肪酸水平，满足应激时机体组织对能力供应增加的要求；②儿茶酚胺可引起心率加快、心收缩力加强和外周阻力增加，从而提高心输出量和维持血压；皮肤、腹腔脏器血管收缩，脑血管口径无明显改变，冠状动脉扩张，导致血液重新分布，以保证重要脏器的血液供应；③对呼吸系统的影响：儿茶酚胺可引起支气管扩张，增加肺的通气量，使机体供氧增加；④抑制胰岛素分泌，促进促肾上腺皮质激素、糖皮质激素、生长激素、促红细胞生成素及甲状腺素等激素的分泌，且各激素间的协同作用加强。

（2）不利影响：①能量消耗过多，脂质过氧化增强引起自由基损伤；②心肌耗氧量增加，血压升高；③腹腔脏器缺血，引发应激性溃疡、酸中毒等内环境紊乱；④儿茶酚胺促使血管痉挛和血小板聚集，增加了血栓形成的可能性。

（二）下丘脑-垂体-肾上腺皮质激素系统

1. **结构基础** 下丘脑-垂体-肾上腺皮质激素系统（hypothalamic-pituitary-adrenal cortex system，HPA）的中枢位点在下丘脑的室旁核（PVN）和腺垂体，外周参与效应的是肾上腺皮质。下丘脑的室旁核上行纤维投射到大脑边缘系统的杏仁复合体、海马结构及边缘皮层；下行纤维主要通过调控腺垂体和肾上腺皮质，将神经信号转换为激素信号。应激时，下丘脑室旁核细胞分泌的促肾上腺皮质激素释放激素（corticotrophin releasing hormone，CRH）进入腺垂体，刺激促肾上腺皮质激素（adrenocorticotrophin，ACTH）的释放，后者作用于肾上腺皮质，促进糖皮质激素（glucocorticoid，GC）的分泌。

2. **基本效应** 包括中枢效应和外周效应两方面。

（1）中枢效应：通常认为，适量的 CRH 增多可使机体兴奋或有愉快感，促进机体的适应反应；但大量的 CRH，特别是慢性应激时 CRH 的持续增加则造成机体适应机制的障碍，可出现抑郁、焦虑及厌食等情绪行为改变。CRH 还可促进蓝斑中去甲肾上腺素能神经元的活性，使 HPA 轴对蓝斑-交感-肾上腺髓质系统也产生影响。

（2）外周效应：主要由血中 GC 浓度升高引起。糖皮质激素可显著提高机体对损害性刺激的耐受力，是保证机体在恶劣条件下生存的至关重要的因素。动物实验表明：去除肾上腺后，动物对应激刺激的耐受力显著减弱，一旦受到强烈刺激则容易衰竭、死亡。如果及时补充足量的外源性糖皮质激素，则可使动物恢复抗损害的能力。

3. **意义**

（1）积极意义：HPA 轴适当兴奋对机体具有显著的防御意义。①促进蛋白质分解和糖异生，提高血糖水平，保证能量供应；②提高心血管系统对儿茶酚胺的敏感性；③稳定溶酶体膜，防治溶酶体膜的外溢，减轻组织损伤；④抑制多种炎症介质的释放，如白三烯、前列腺素、5-羟色胺等，因而具有抗炎作用，能够保护应激机体的组织细胞。

（2）不利影响：慢性应激时糖皮质激素的大量分泌会对机体产生损伤作用。①抑制免疫、炎症反应，削弱机体的抵抗力，使机体遭受感染的潜在危险性增大；②抑制组织的再生能力，使创伤的修复、愈合受阻；③抑制生长激素分泌，造成生长发育的迟缓，并常伴有一些行为上的异常，如抑郁、异食癖；④抑制性腺轴，引起性功能减退或月经不调；⑤抑制甲状腺轴，导致 T_4 转化为 T_3 受阻；⑥引起物质代谢异常，导致血糖增高、血脂增高、胰岛素抵抗等。

（三）其他激素

应激反应时，交感－肾上腺髓质系统和下丘脑－垂体－肾上腺皮质系统的兴奋还影响机体的其他神经内分泌活动，如促进胰高血糖素、抗利尿激素、β-内啡肽、醛固酮等分泌；抑制胰岛素、生长激素、促甲状腺素释放激素、促甲状腺素等分泌。

二、急性期反应

（一）急性期反应与急性期反应蛋白

急性期反应（acute phase response, APR）是指感染、烧伤、创伤、大手术等应激原诱发机体在短时间内（数小时至数天）产生的一种快速的防御反应。主要表现为体温升高、血糖升高、负氮平衡以及血浆中某些蛋白质浓度迅速升高。

急性期反应过程中，血浆中某些蛋白质浓度迅速升高，这些蛋白质称为急性期反应蛋白（acute phase protein, APP）。APP主要由肝细胞合成，少数由单核细胞、内皮细胞和成纤维细胞等合成。另外，有少数蛋白在急性期反应时减少，称为负急性期反应蛋白，如白蛋白、前白蛋白、运铁蛋白等。

（二）急性期反应蛋白的生物学功能

APP种类较多，生物学功能广泛，总体来看APP提高了机体的防御能力，其功能概括起来大致包括以下几个方面：

1. **抑制蛋白酶活性**　创伤、感染等引起应激时，体内增多的蛋白水解酶可引起组织的损害。多种APP为蛋白酶抑制物，例如 α_1-抗胰蛋白酶、α_1-抗糜蛋白酶、C1酯酶抑制因子、α_2-抗纤溶酶等，这些蛋白酶抑制物可抑制蛋白酶的激活，减轻或避免蛋白酶对组织的过度损伤。

2. **参与凝血与纤溶**　凝血酶原和纤维蛋白原可在组织损伤早期促进凝血，纤维蛋白在炎症区组织间隙形成网状结构，有利于阻止病原微生物及毒性物质的扩散。增加的纤溶酶原在凝血后期能促进纤溶系统的激活，有利于纤维蛋白的溶解。

3. **清除异物和坏死组织**　C反应蛋白（C-reactive protein, CRP）可以增强巨噬细胞的功能、激活补体经典途径、抑制血小板磷脂酶、减少炎症介质释放、与细菌细胞壁结合，发挥抗体样调理作用等。由于在各种炎症性疾病中常见CRP蛋白迅速升高，且其升高程度与炎症、组织损伤的程度呈正相关，因此临床上常将C反应蛋白作为炎症性疾病活动的指标。

4. **其他作用**　铜蓝蛋白（ceruloplasmin）可以活化超氧化物歧化酶，后者有清除氧自由基、减少组织损伤的作用。结合珠蛋白、铜蓝蛋白、血红素结合蛋白等可与相应的物质结合，避免过多的游离血红素、Cu^{2+}对机体的危害，并可调节它们在体内的代谢过程和生理功能。

三、细胞应激反应

在不同应激原的作用下，生物细胞可出现某些与损伤因素性质有关的特异性反应以及与因素无关的非特异反应，统称细胞应激（cell stress）。

（一）热休克蛋白概念和分类

最早发现的细胞应激反应是热休克反应（heat shock response），是指生物体在应激原特别是热刺激作用下所表现出的以基因表达改变和热休克蛋白生成增多为特征的反应。热休克反应过程中合成的蛋白质称为热休克蛋白（heat shock protein, HSP）。HSP是一个大家族，根据HSP相对分子量的大小，主要有HSP110、HSP90、HSP70、HSP60和小分子HSP等，其中与应激关系最为密切的是HSP70家族。HSP包括结构性HSP和诱生性HSP，其中大多数HSP是细胞的结构蛋白。

（二）热休克蛋白的功能

1. 结构性 HSP　细胞固有的结构蛋白，其基本功能是帮助新生的蛋白质进行正确的折叠、移位、维持以及降解，因此被称为"分子伴娘"（molecular chaperone）。

2. 诱生性 HSP　细胞应激反应时生成，其基本功能与应激时受损蛋白质的修复或移除有关，保护细胞免受严重损伤，加速修复。

（三）HSP 的基本结构与表达调控

HSP 是生物体中广泛存在的一组高度保守的细胞内蛋白质。HSP 的 N 端为一具有 ATP 酶活性的高度保守序列，C 端为一相对可变的基质识别序列。C 端基质的识别序列可以与受损蛋白质的疏水结构区结合（未受损蛋白质疏水结构区不暴露），并释放出游离的热休克转录因子（heat shock transcription factor, HSTF），游离 HSTF 聚合成三聚体，可与热休克基因 5′ 端的诱导型启动子（热休克元件）相互作用，启动热休克基因的转录，诱导 HSP 的合成。

第四节　应激的生物学意义

一、代谢变化

由于儿茶酚胺、糖皮质激素、胰高血糖素等促进分解代谢的激素分泌增多，而胰岛素分泌相对不足且组织细胞对胰岛素抵抗，因此，应激时代谢变化总的特点是分解增加，合成减少，代谢率升高。①糖代谢：应激时糖原分解和糖原异生明显增强，患者血糖升高，称为应激性高血糖或应激性糖尿；②脂肪代谢：应激时脂肪的动员和分解加强，血中游离脂肪酸和酮体增加。同时组织对脂肪酸的利用增加，严重创伤后，机体所消耗的能量有 75% ~ 95% 来自脂肪的氧化；③蛋白质代谢：应激时，蛋白质分解代谢增强，血浆中氨基酸水平升高，尿氮排出增加，出现负氮平衡。

上述这些代谢变化的防御意义在于为机体应付"紧急情况"提供足够的能量。但如持续时间长，则患者可因消耗过多而致消瘦和体重减轻。负氮平衡还可使患者发生贫血、创面愈合迟缓和抵抗力降低等不良后果。

二、应激时机体的各系统功能变化

1. 心血管系统的变化　心血管系统在应激时的反应主要是由交感 - 肾上腺髓质系统介导。应激时，交感 - 肾上腺髓质系统兴奋所引起的心率加快、心肌收缩力加强以及血液的重新分布等变化，有利于提高心输出量、维持血压、保证心脑的血液供应，因而有十分重要的防御代偿意义。

然而，过度的脑力工作负荷、持续紧张、长期精神刺激、烦恼、焦虑等可使心理长期处于紧张状态，交感 - 肾上腺髓质系统过度兴奋可导致儿茶酚胺的分泌增多引起小血管收缩，外周阻力增大，且糖皮质激素持续升高能增加血管平滑肌细胞对儿茶酚胺的敏感性，从而促进高血压的发生和发展。交感激活引起的急性期反应可使血液黏度和凝固性升高，糖皮质激素可升高血液中胆固醇水平，促进血管损伤部位的血栓形成，引起急性心肌缺血缺氧，甚至心肌梗死。在冠脉和心肌已有病变的基础上，应激还可引起心肌电活动异常，降低心室纤颤的阈值，诱发心律失常，特别是诱发致死性的心室纤颤，导致心源性猝死。

2. 消化系统的变化　应激时，消化系统功能障碍者较为常见，如食欲减退、慢性和反复发作的腹痛、腹胀、肠鸣音亢进、便秘或腹泻等。

除了消化道功能性的改变外，应激时消化道最重要的病理变化是应激性溃疡。应激时由于交感 - 肾上腺髓质的强烈兴奋,使胃肠血管收缩、血流量减少、胃肠黏膜缺血、为黏液蛋白分泌减少,出现胃黏膜糜烂、溃疡、出血,严重时可导致穿孔和大出血。应激性溃疡的发生是机体神经内分泌功能失调、胃黏膜屏障保护功能减弱以及胃黏膜损伤因素作用加强等多因素综合作用的结果。

3. 免疫功能的变化　急性应激反应时,外周血吞噬细胞数目增多,活性增加和急性期蛋白升高,机体的非特异性免疫反应增强。但持续强烈的应激反应反而使免疫功能抑制,这主要是由于儿茶酚胺和糖皮质激素对免疫功能有抑制作用。

4. 血液系统的变化　急性应激时,由于急性期反应蛋白增加等因素,外周血白细胞数目增多、血小板数目增多且黏附性增强,全血和血浆黏度增高,红细胞沉降率增快,使血液凝固性和纤维蛋白溶解活性增强,有利于应激时抗感染、抗损伤、抗出血,但也容易促进血栓形成,发生弥散内血管内凝血。慢性应激常因单核巨噬细胞对红细胞破坏加速而发生贫血。

5. 中枢神经系统的变化　儿茶酚胺可提高中枢神经系统的兴奋性,使机体警觉性提高,反应更加灵敏,但儿茶酚胺过度升高则会产生焦虑、害怕或愤怒等情绪反应。HPA轴的适度兴奋有助于维持良好的认知学习能力和良好的情绪,而过度兴奋或不足则可引起抑郁、厌食,甚至自杀倾向。

应激时中枢神经系统的多巴胺能神经元、5-HT 能神经元、γ- 氨基丁酸能神经元以及脑内阿片肽能神经元等都有相应的变化,并参与应激时的神经精神反应。

6. 泌尿生殖系统的变化　交感 - 肾上腺髓质系统兴奋和肾素 - 血管紧张素 - 醛固酮系统激活,引起肾血管收缩,导致肾小球滤过率下降,从而使得尿量减少;由于醛固酮及抗利尿激素的分泌增加,肾小管上皮细胞重吸收水、钠增加,尿量进一步减少。

另外,应激时还可以导致生殖系统发生变化,例如女性月经紊乱或闭经、哺乳期妇女泌乳停止或乳汁减少等。

第五节　应激与疾病

应激作为一种全身综合性反应,使机体能迅速适应变化的内外环境,产生保护性作用。但在不良应激状态下,可引起机体功能代谢障碍和组织结构损害,直接导致或间接诱发多种疾病。约 75% ~ 90% 的人类疾病与应激有关。由应激引起的疾病称为应激性疾病(stress disease),如应激性溃疡(stress ulcer)。由应激诱发或加重的疾病称为应激相关疾病(stress related illnesses),如冠心病、原发性高血压病、溃疡性结肠炎、神经性呕吐等。

一、应激性溃疡

应激性溃疡(stress ulcer)是指机体在遭受严重应激,如严重创伤、大手术、重病等情况下,出现胃、十二指肠黏膜的急性损伤,主要表现为糜烂、溃疡、出血、穿孔等。临床上重伤重病时,应激性溃疡发病率比较高,估计在 75% ~ 100%。应激性溃疡导致的大出血,其发生率不超过 5%,但病死率可高达 50%。

应激性溃疡的发病机制主要和以下几个因素有关:

1. 黏膜缺血　这是应激性溃疡形成的最基本条件。由于应激时儿茶酚胺增多,胃黏膜血管发生痉挛性收缩,引起黏膜缺血。黏膜缺血可直接引起黏膜上皮细胞变性、坏死、脱落形成溃疡。

2. 胃腔内 H^+ 向黏膜内的反向弥散　这是应激性溃疡形成的必要条件。由于胃黏膜屏障受损,胃腔内 H^+ 顺浓度差进入黏膜,而黏膜内血流量又少,不能将进入的 H^+ 中和(或)及时运走,使 H^+ 在黏膜内聚集而造成损伤。

3. **糖皮质激素增多**　应激时大量分泌的糖皮质激素可抑制黏膜上皮细胞合成蛋白质，使细胞再生能力下降，溃疡修复减慢，黏膜屏障作用的重建受阻。糖皮质激素和ACTH还可抑制胃黏液的合成分泌，也使黏膜屏障作用减弱。

4. **前列腺素合成减少**　前列腺素对胃黏膜细胞有保护作用，它可加强黏膜细胞合成黏液，抑制胃酸、胃蛋白酶的分泌。应激时由于胃黏膜缺血，导致黏膜上皮前列腺素合成减少，对黏膜的保护减弱，溃疡易于发生。

5. **其他因素**　应激时全身与局部的酸中毒使胃黏膜细胞HCO_3^-减少，黏膜上皮中和H^+能力下降；应激时β-内啡肽释放增多，目前认为β-内啡肽可能参与应激性溃疡的发病，因为使用阿片受体的拮抗剂纳洛酮，可防止应激性溃疡的发生；一些严重应激时，大量内毒素进入血液，造成胃黏膜微循环障碍，使胃黏膜屏障作用减弱；十二指肠至胃的反流增加，反流液中含有胆汁酸盐，胰酶及溶血磷脂酰胆碱，它们可破坏胃黏膜上皮细胞的正常结构和功能，使屏障作用减弱。

应激性溃疡的发病，总的来说是胃黏膜屏障保护作用减弱与组织损伤性因素增加共同作用的结果。

二、应激与冠心病

临床上$3/1 \sim 1/2$的冠心病患者发病前有不同程度的应激，各种强烈应激刺激特别是情绪心理应激，如亲人去世、死亡威胁、突发灾祸、严重创伤、剧烈疼痛等是促发心绞痛、心肌梗死、心源性猝死的主要诱因，称为"触发器"。

冠心病主要由冠状动脉粥样硬化引起心肌缺血性疾病。应激时：①交感-肾上腺髓质系统兴奋和肾素-血管紧张素-醛固酮系统激活，使心输出量和血容量增加，外周阻力增大，导致血压升高，促进动脉粥样硬化的发生。②儿茶酚胺、糖皮质激素、生长激素、胰岛血糖素等激素分泌增加，其强烈的脂肪分解作用，使血脂水平上升。如果应激原持续存在或反复作用，那么血脂将维持在较高水平，这样将有利于动脉粥样硬化的形成。③应激时由于儿茶酚胺、胰高血糖素、糖皮质激素等有促进糖原分解和糖异生的作用，加上胰岛素分泌受抑制，机体降血糖能力下降，因此，血糖浓度上升，也促进了动脉粥样硬化的发生。

在原有冠状动脉病变的基础上，由于交感-肾上腺髓质系统过度兴奋、儿茶酚胺水平升高，一方面心肌耗氧量增加，且β受体兴奋引起冠状动脉痉挛，交感神经兴奋引起的急性期反应，血液黏滞度增加、凝固性增高，促进血栓形成，影响心肌微循环，导致心肌缺血缺氧；另一方面，儿茶酚胺在氧化过程中可产生氧自由基并引发脂质过氧化使心肌膜结构受损，功能障碍，同时儿茶酚胺刺激β受体使Ca^{2+}跨膜内流增加，形成钙超载、导致肌原纤维过度收缩，断裂，最终引起心绞痛、心肌梗死。同时β受体兴奋使心室纤颤的阈值降低，引起心律失常甚至心源性猝死。

三、应激与原发性高血压病

多数学者认为，高血压的发生是遗传因素和环境因素长期作用的结果。应激通过以下因素引起血压升高：

1. **高级神经活动紊乱**　机体长期在不良应激刺激（如噪声、失业、工作紧张，人际关系不良等）作用下，使大脑皮层兴奋与抑制过程失调，从而在心血管交感中枢形成稳定的病理兴奋灶，并通过各种神经内分泌途径使外周小动脉收缩，阻力增加，血压上升。

2. **交感-肾上腺髓质系统兴奋**　交感-肾上腺髓质系统兴奋可通过以下几个途径导致血压升高：①心率加快，心肌收缩力增强，心排出量增加；②周围小血管收缩，外周阻力加大；③静脉回心血量增加，心排出量增加。

3. 肾素-血管紧张素-醛固酮系统激活 应激时,由于交感-肾上腺髓质系统兴奋,可激活肾素-血管紧张素-醛固酮系统。其中血管紧张素有下列作用:①收缩全身小动脉,使外周阻力加大;②收缩静脉,使回心血量增加,心排出量相应增加;③增强交感缩血管中枢的紧张性活动;④促进肾小管重吸收水钠,扩大血容量,因此血管紧张素有显著的升压效应。醛固酮参与升高血压与下列因素有关:①增加钠水潴留,增加循环血量;②使血管壁对儿茶酚胺的敏感性增加;③钠水潴留使细胞内 Na^+ 增多,进而通过 Na^+-Ca^{2+} 交换,使细胞内 Ca^{2+} 增多,血管收缩加强。

4. 抗利尿激素 应激特别是剧烈疼痛、情绪紧张等刺激可使抗利尿激素分泌增多。抗利尿激素可收缩动脉平滑肌细胞,增加外周阻力,使血压上升。

此外,情绪心理应激可使高血压的遗传易感因素激活,促进高血压的发生。

第六节 应激性损伤的防治原则

一、消除应激原

应激性损伤是由应激原引起的,要防治应激性损伤首先要避免过于强烈的或过于持久的应激原作用于人体,例如:改善生活或工作环境,避免不良情绪和有害的精神刺激,避免过度而持久的精神紧张,避免各种意外的躯体性的严重伤害等。

二、积极治疗应激性损伤

日常生活中有些应激原可以预防,但有些则无法回避,例如:亲人去世,意外事故等,前者要注重心理疏导,后者应及时有效地处理那些伴有强烈应激反应的疾病或病理过程如烧伤、骨折、休克等,尽可能降低应激反应的强度,以减轻应激性损伤。

已引起明显的应激性损伤时可采用药物进行治疗。例如用肾上腺素能阻滞剂来控制应激引起的心血管不良反应,α 阻滞剂可控制血压升高,β 阻滞剂可降低心率,降低心肌耗氧量,阻止脂质过氧化反应,因此可防治应激引起的心肌损伤;应激性溃疡可使用抗酸和组胺受体阻滞剂治疗;对于应激诱导的自身免疫性疾患可使用免疫调节治疗;情绪应激出现的失眠、焦虑等可使用安定类药物;生物反馈疗法、松弛疗法在防治情绪性应激方面有良好的效果。应激引起机体严重消耗如:大面积烧伤、严重的创伤时,应及时补充营养物质(蛋白质、糖类等)。

此外,应加强身体锻炼(体育运动、冷水浴、冬泳、日光浴等),增强体质以提高对各种不良应激的抵抗力。近年来,许多研究发现,多种植物具有减缓应激性损伤的作用,如:银杏叶、人参、黄芪等,其中银杏叶提取物的主要活性成分黄酮类和苦内酯具有清除自由基、抗氧化和影响神经递质释放等广泛的生物学效应,可有效提高机体的适应能力。

(唐 群)

应激是机体在各种内外环境因素刺激下所出现的全身性的非特异性适应反应。应激反应的基本过程可分为三期：警觉期、抵抗期和衰竭期。应激反应的基本表现主要包括应激的神经内分泌反应、急性期反应、细胞应激反应。应激引起的神经内分泌改变主要为蓝斑-交感-肾上腺髓质系统和下丘脑-垂体-肾上腺皮质轴的强烈兴奋。急性期反应蛋白尤其是 C 反应蛋白是临床上检测炎症性疾病活动的常用指标。热休克反应是最早发现的细胞应激反应，热休克蛋白具有分子伴娘的作用。应激可以引起包括应激性溃疡、冠心病、原发性高血压病在内的多种疾病的产生。应激性损伤的防治原则主要包括消除应激原和积极治疗应激性损伤。

1. 全身适应综合征分为几期？各有什么特点？

2. 应激时有哪些主要的神经内分泌变化？

其各自基本效应如何？

3. 何谓应激性溃疡，应激性溃疡的发生机制是怎样的？

20

学习目标	
掌握	细胞凋亡的概念和调控机制。
熟悉	细胞凋亡异常与疾病。
了解	细胞凋亡在相关疾病防治中的意义。

第一节　概述

人体构成单位的基本是细胞，通过分裂、增殖、分化和凋亡等方式调整机体各器官和组织中细胞的数量和功能，以维持机体的生理功能以及应对致病因素。其中增殖和分裂可提升细胞数量，而凋亡则主要是清除受损和突变的细胞。增殖、分裂、分化以及凋亡等过程的启动信号众多，调控机制和因素复杂，若其中某些环节发生障碍，则可导致机体在细胞、组织和器官层级出现代谢、功能和结构的异常，是各种疾病的发生基础。

细胞凋亡（apoptosis）是细胞死亡的一种形式，其原义是指"树叶或花瓣凋零脱落"，在生物学方面是指多种死亡信号或因素触发细胞内自身死亡控制程序，导致细胞死亡，属于程序性细胞死亡（programmed cell death，PCD）的范畴。从历史发展的角度来看，1965 年，在阻断鼠门静脉血流的动物实验中，通过光镜和电子显微镜发现肝实质细胞收缩变小，胞内染色质凝集浓缩，细胞脱落后被巨噬细胞吞噬消化，但其周围组织并未有炎细胞浸润等炎症反应现象发生，认为是坏死之外一种新的细胞死亡形式。在总结遗传学、病理学、免疫学等诸多学科研究成果的基础上，在 1972 年首次提出细胞凋亡的命名，属于一种形态学概念，并逐渐发现其相关的形态学特征、生物化学变化，尤其是模式生物线虫介入凋亡研究领域，对凋亡信号转导通路及相关调控基因和酶学作用的特点有了系统认知，目前细胞凋亡研究已经渗透到生命科学和医学的各个领域。值得说明的是，在严格意义上，程序性细胞死亡多指生物机体发育过程中的严格程序中预设的死亡过程，是一个发育学的概念，如蝌蚪的尾部脱落和人类胎儿趾形成过程中趾间蹼状物的消失，其细胞死亡多属生理意义范畴，而细胞凋亡多指病理情况下引发的细胞程序性死亡的形态学描述，由于相关学科迅猛发展，目前两者在应用时区别不大，可认为有同等含义而交互使用。

细胞凋亡在疾病发生机制与过程中扮演不同重要角色，也在诸多机体生理过程中体现其重要调控意义。就细胞凋亡总的生物学意义而言，主要体现为以下几个方面：①调控机体细胞群体新陈代谢，维持机体内环境的稳定。机体内环境通过机体细胞群体的新陈代谢来维持稳态，脏器组织的衰老细胞通过细胞凋亡被清除，并且与细胞分裂、增殖相配合来维持总体或各脏器组织细胞数量的动态平衡与功能稳定。如肠道或骨细胞每小时有近 10 亿细胞凋亡，其中肠道细胞凋亡每年数十千克，红细胞与白细胞等多种血细胞也会定期凋亡。反之，若脏器组织细胞凋亡不足，则可能是疾病发生的基础，如白血病，其表现为幼稚白细胞凋亡不足而增殖过度。②生长发育调控。细胞凋亡参与机体发育过程与机制调控。如人胚胎和蝌蚪变态发育过程中尾部脱落属于细胞凋亡现象，而在胎儿指和趾形成及脑组织发育过程中，间蹼状物组织细胞和部分脑神经系统细胞按不同发育阶段触发预设细胞死亡程序，将约 50% 的"多余"相应组织细胞凋亡去除，形成分开的五指（趾）以及胎脑，其中凋亡和消失细胞数量巨大，因此有学者把细胞凋亡喻为"胚胎发育雕刻刀"。③机体主动防御反应和免疫耐受形成。在免疫防御方面，机体免疫细胞如细胞毒 T 细胞攻击靶细胞，比如肿瘤细胞等，其主要攻击机制是通过释放凋亡信号分子和触发肿瘤细胞凋亡受体从而诱发其凋亡是机体免疫防御反应重要环节。在某些被病毒感染的细胞，机体可发挥凋亡积极防御功能，如细胞可通过凋亡形式死亡，避免病毒复制与传播，或者某些诱癌因素作用于细胞时，也可通过凋亡而终止细胞癌变进程。在胸腺的 T 细胞发育过程中，凡是接触到机体自身抗原的 T 细胞群体均出现凋亡，是机体自身免疫耐受的形成基础。

因此，细胞凋亡对机体内环境及组织和脏器组织细胞群体稳定、胚胎发育、形态发生、机体免疫防御反应和免疫耐受形成意义重大，贯穿生物发育、生长和衰老的各个阶段，且由于是程序性细胞死亡，可避免细胞坏死引发炎性损伤和细胞群体新陈代谢更大的能耗需求。

一、细胞凋亡形态学特征

细胞凋亡与坏死同属形态学范畴，但细胞凋亡结局是被吞噬且无明显炎症反应，不像坏死一样容易被观察到。在光镜下，组织中凋亡细胞多呈圆形，细胞核染色深且染色质聚集成团，如病毒性肝炎形成的嗜酸性小体、缺血形成的肝腺体细胞和肾小管上皮细胞核固缩等细胞凋亡现象。进一步在电子显微镜下观察细胞凋亡，发现其细胞超微结构变化有阶段性特点，在凋亡开始可见细胞体积变小固缩，细胞膜表面绒毛消失，线粒体、核糖体等细胞器聚集，细胞质脱水浓缩，胞膜空泡化，整个细胞结构变得紧密，继而核固缩明显，染色质边集和浓缩，多以新月状附着于核膜周边，密度较均一，最后出现出芽现象，胞膜内陷包裹细胞器、核碎片或细胞质等细胞内容物脱落，最后形成凋亡小体。凋亡小体的结局是被巨噬细胞等细胞吞噬，在胞内降解而清除。在电镜观察中，发现凋亡细胞膜结构基本完整，可防止细胞内容物释放，避免引起凋亡细胞周围出现炎症反应。

二、细胞凋亡主要生化变化

由于模式动物线虫和细胞学凋亡模型在细胞凋亡研究领域中的应用，逐渐阐明细胞凋亡生化改变，其中标志性的改变是出现片段化 DNA。

1. 凋亡细胞出现片段化 DNA 主要是指凋亡细胞染色体的 DNA 降解为不同长度的 DNA 片段，其长度约为 180～200bp 的整数倍，在琼脂糖凝胶电泳条带中呈梯状图谱，是细胞凋亡特异性和标志性生化改变，也常常作为建立细胞凋亡检测方法的生化基础。其中改变的机制是凋亡时内源性核酸内切酶活化，该酶作用位点处于核小体与核小体连接部位的特定核酸序列，可将 DNA 链切断，因为每个核小体上 DNA 链长度是 180～200bp，细胞凋亡片段化 DNA 包含不同数目核小体上 DNA 链，即不同长度寡聚核小体片段，其长度即为 180～200bp 的整数倍。此外，对于坏死细胞而言，其 DNA 降解是无规律和随机的，产生的 DNA 片段长度没有梯度和倍数关系，电泳结果表现为弥漫连续条带图谱。

2. 凋亡调控基因及其相应蛋白激活 细胞凋亡过程中，需要多种大分子物质调控其发生过程，包括激活新基因而合成凋亡调控蛋白，控制凋亡发生与发展过程，如半胱天冬酶（caspase）和组织型转谷氨酰胺酶等可以介导凋亡小体的形成，内源性核酸内切酶的活化可以引发片段化 DNA。

三、细胞凋亡与坏死的区别

细胞凋亡与坏死都是细胞死亡形式，其中坏死指致病因素引起机体局部细胞发死亡，细胞层面出现细胞膜性结构（含细胞膜、细胞器膜等）崩解，自身溶酶体内容物泄漏，导致组织自溶和消化，并引起急性炎症发生。因此两者在多个方面区别显著，具体见表20-1。

表20-1 细胞凋亡与细胞坏死的区别

项目	坏死	凋亡
诱因	强烈病理性作用	生理性因素或病理性作用
性质	非特异性的被动事件	特异性程序控制的主动事件
时机	随机发生	非随机发生
细胞形态	肿胀、膜结构破坏、溶解	皱缩，核固缩、染色质边集胞膜及细胞器相对完整
生化过程	无新蛋白合成的被动过程	新蛋白合成的主动过程
能量代谢	不耗能	耗能
基因控制	无	有

项目	坏死	凋亡
DNA 降解	DNA 弥散性降解	180～200bp 倍数片段化 DNA
DNA 电泳	弥漫连续条带图谱	呈梯状条带"DNA Ladder"
凋亡小体	无	有
炎症反应	局部炎症反应(溶酶体破裂)	局部无炎症反应(溶酶体相对完整)
结局	再生与修复	凋亡小体被吞噬

相关链接

凋亡与自噬

自噬(autophagy)是一种细胞保守的自我降解模式,在细胞受损时,溶酶体可将细胞器和大分子物质降解而再利用,相当于"自我吞噬",以希腊语"自(auto)食(phagy)"命名,是坏死、凋亡之外另一种细胞死亡形式。在正常生理情况下,一定基础水平的自噬可维持细胞稳态,并且与机体生长发育、衰老、细胞分化、免疫反应密切相关,在多种疾病发生机制中发挥重要作用,如恶性肿瘤、心、脑血管疾病等。自噬也称为Ⅱ型程序性细胞死亡,两者之间调控复杂,还可交互作用,有共同激活信号、调节基因和交叉调控的信号通路。在细胞死亡调控方面,自噬具有双重特性,一定程度和部分细胞自噬可保护其他细胞免受有害刺激,结局是有细胞存活,若自噬严重,则可诱导凋亡,或者与凋亡协同作用导致更多细胞死亡。

第二节 细胞凋亡过程与调控机制

一、细胞凋亡基本过程

细胞凋亡发生是一个连续的过程,涉及凋亡诱导信号的触发,信号转导和基因调控以及凋亡相关酶介导的后续生化反应,可以根据基本反应内容和特点分为以下三个阶段:①诱导期:是凋亡诱导因素启动阶段,主要是肿瘤坏死因子(tumor necrosis factor,TNF)、病毒、射线和氧自由基等凋亡诱导因素触发不同信号通路启动细胞凋亡;②效应期:主要是细胞凋亡的信号转导和执行阶段,包括凋亡信号转导、凋亡相关基因活化以及凋亡调控与效应蛋白合成,如:死亡受体途径和线粒体途径的凋亡信号通路、caspase 与内源性核酸内切酶活化等;③降解与吞噬期:包括片段化 DNA 和凋亡小体的形成以及吞噬细胞吞噬凋亡小体等。

二、细胞凋亡的因素与调控机制

(一)细胞凋亡信号与因素

1. **生理性凋亡信号与因素** 在机体生理过程调控的范畴中,许多生物信号和因素可以触发凋亡,如糖皮质激素可引发淋巴细胞凋亡,甲状腺素可促使蝌蚪变态发育中尾部的脱落,神经兴奋性递质谷氨酰胺可引发脑皮质神经元细胞凋亡。此外,某些激素水平的生理性波动也可以引起细胞凋亡,如垂体产生低水平的促肾上腺皮质激素可导致肾上腺皮质细胞凋亡,而发育中产生的生长激素则可抑制细胞凋亡。

2. **病理性凋亡信号与因素** ①诱发凋亡的信号与因素:诸多细胞毒性因素都会诱导细胞凋亡,如缺血、缺氧、再灌注产生的氧自由基、TNF、化疗药物等生物和化学毒素、病毒、射线等。某些状态如营养缺乏或心肌功能负荷过大等均可引起凋亡,如免疫细胞释放的细胞因子如 TNF 可诱导多种癌细胞凋亡。②抑制凋亡的信号与因素：某些致癌或诱癌化学物（如含苯化合物）、免疫抑制剂（如 6- 巯基嘌呤）以及某些病毒（如 EB）可抑制凋亡，引起凋亡不足而增殖过度的疾病，如白血病、鼻咽癌、肝癌等。

（二）细胞凋亡调控的主要信号转导通路

细胞凋亡信号与因素可通过多个信号通络将凋亡信息转导从而激活细胞凋亡，目前主要是外源性死亡受体途径信号转导通路和内源性线粒体途径信号转导通路，具体见图 20-1。

1. 死亡受体途径信号转导通路　在细胞外的死亡信号，如 TNF-α 等多种细胞因子和 Fas/L 凋亡信号，通过细胞膜上受体将死亡信息传至胞内，触发细胞凋亡。目前有多种胞膜死亡受体，如 Fas（也称 CD95 或 Apo1）、TNF-R1（也称 p55 或 CD120a）和 TRAIL-R1、TRAIL-R2 以及神经生长因子受体，主要分为 Fas 与 Fas/L、TNF-R 途径以及 TRAIL 途径。以 Fas 与 Fas/L 途径为例介绍死亡受体途径信号转导通路。

Fas 属 I 型转膜蛋白，受体在活化的 T、B 淋巴细胞、NK 细胞中高水平表达，以免疫系统的表达最丰富，在心、肝、肺、肾等器官的成纤维细胞、内皮细胞和上皮细胞也表达丰富。Fas/L 是 Fas 的配体，局限分布于活化的 T 淋巴细胞，Fas/L 单体无凋亡活性，其三聚体可活化 Fas 触发凋亡。Fas 与 Fas/L 途径在生理性凋亡过程中起重要调控意义，并且与免疫系统疾病和多种恶性肿瘤发病机制密切相关。在 Fas 与 Fas/L 途径中，膜表面死亡受体 Fas 与 Fas/L 三聚体结合，可活化其受体胞质区的死亡域（death domain, DD）完成凋亡信息跨膜传递，而 DD 可募集适配体 FADD（fas- associated death domain, FADD）和 FAF-1（fas-associated factor-1, FAF-1）等衔接蛋白，其中 FADD 中含有 DED（death effecter domain, DED）可与 procaspase-8 形成死亡诱导信号复合物 DISC（death-inducing signaling complex, DISC）。酶原形式的 procaspase-8 被富集于 DISC 局部，其具有弱催化活性可促进自我剪辑和活化的发生，将活化的 caspase-8 释放至胞质，启动 caspase 酶催化反应的级联体系，如梯次活化 caspase-3、6、7 等，参与多种凋亡任务的执行而形成细胞凋亡结局。此外，活化的 caspase-8 还可活化 Bcl-2 家族中 Bid（binding interface database, Bid），降解出截短的 Bid 促进凋亡分子而作用于线粒体，可提高线粒体膜的通透性，使细胞色素 C（cytochrome c, Cyto-C）释放而引起线粒体途径信号转导通路活化，使两个凋亡主要的信号通路得以互联沟通，提示凋亡各个信号转导通路沟通具有网络性和调节的复杂性。

2. 线粒体途径信号转导通路　许多非死亡受体依赖的凋亡诱导信号和因素，如缺血、缺氧、感染、射线、病毒、细胞因子和生长因子水平低下等病理性因素，大多通过氧化应激等方式产生氧自由基和细胞内钙超载等模式，作用于线粒体膜上的通透性转换孔而增大其开放特性，表现为线粒体跨膜电位下降和膜通透性增加，其结果为线粒体释放大量细胞凋亡启动因子，如凋亡诱导因子（apoptosis inducing factor, AIF）、凋亡蛋白酶激活因子（apoptosis protease activating facor-1, Apaf-1）和细胞色素 C 等，在胞质内分别启动下游的凋亡程序：①细胞色素 C 作用：在 dATP 存在的条件下，细胞色素 C 与凋亡蛋白酶激活因子（Apaf-1）相结合，促

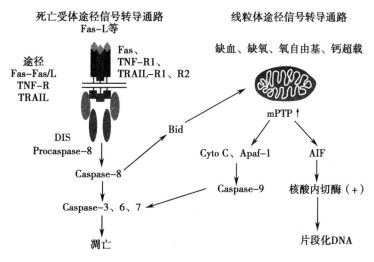

图 20-1　细胞凋亡的死亡受体途径和线粒体途径信号转导通路

使 Apaf-1 蛋白构象改变而暴露 CARD（caspase activation and recruitment domain）结构域，酶原形式 procaspase-9 可与 CARD 结合成凋亡复合体而激活，激活的 caspase-9 则依次活化 caspase-3、6、7，其效应表现在细胞骨架蛋白和 DNA 修复调节因子异常，同时也活化 Bcl-2 家族成员，其最终结果是 DNA 修复功能丧失而激活内源性核酸内切酶活化，导致片段化 DNA 形成。②凋亡诱导因子（AIF）作用：AIF 促进线粒体释放细胞色素 C 入胞质，通过其后续作用迅速激活内源性核酸内切酶，加快细胞凋亡进程。

上述两个途径包含了大部分凋亡诱导信号与因素启动的信号转导通路，而且受体的类型众多，是重要的凋亡信号转导途径。目前研究还关注另一类内质网应激介导的信号转导途径，是源于内质网某些蛋白分子过度累积和钙超载等因素，其活化的关键环节是 caspase-12。

（三）细胞凋亡调控相关基因

在凋亡发生的各个阶段中，存在有抑制凋亡、促进凋亡以及抑制和促进双向调节的基因存在，以保证凋亡进程的顺利完成。

1. Bcl-2 家族　Bcl-2 家族主要包括两类性质不同的成员：①抑制凋亡基因：如 Bcl-2 和 Bcl-XL 等抗凋亡基因；②促进凋亡基因：如 Bax 和 Bak 等。其中 Bcl-2/Bak 两者分别代表抑制凋亡与促进凋亡平衡关系，两个蛋白之间比例关系可决定凋亡是否发生。其中 Bcl-2（即 B 细胞淋巴瘤/白血病 -2 基因）是一种癌基因，是第一个被确认的抗凋亡基因，分布于细胞的膜性结构上，如核膜、细胞膜内表面、线粒体外膜与内质网膜，在多种肿瘤细胞中高水平表达，正常的上皮细胞、神经细胞、造血细胞和淋巴细胞有表达，但肝、肺和肾组织细胞中低水平表达。尤其在白血病细胞等肿瘤细胞中，Bcl-2 均为高水平表达，提示 Bcl-2 抗凋亡而导致增殖过度是肿瘤的重要发生机制，并且阻断放射线与化疗药物诱发的肿瘤细胞凋亡，也是导致肿瘤耐药和预后不佳的因素。此外，通过基因转染技术使造血细胞过度表达 Bcl-2，可抵抗糖皮质激素诱发的凋亡。Bcl-2 抗凋亡的主要机制为：①直接的抗氧化效应；②抑制同家族成员的 Bax 和 Bak 活性；③维持与稳定线粒体膜通透性，抑制 AIF 和细胞色素 C 等凋亡启动因子释放；④维持细胞内外钙稳态；⑤抑制凋亡控制与效应酶 caspase 活性。

2. 野生型 p53 基因（wtp53）　野生型 p53 基因是最先发现的抑癌基因，具有促进细胞凋亡和抑制细胞增殖的调控效应。wtp53 基因编码的 P53 蛋白是一种负调控因子，在细胞周期 G1/S 期交界处发挥检查点的作用，若发现染色体 DNA 出现损伤，则通过 CKI 和细胞周期蛋白依赖激酶抑制剂（CDI）引起 G1 期阻滞，并激活细胞 DNA 修复程序，一旦修复失败，P53 蛋白可通过死亡受体途径或线粒体途径介导细胞凋亡发生，避免 DNA 损伤引起细胞癌变，以此机制防止癌症发生，因此 wtp53 基因被称为"分子警察"。若 p53 基因突变为 mutp53 基因，则其细胞凋亡功能缺失，易导致癌症发生，迄今为止，肿瘤组织中突变率最高的抑癌基因就是 p53 基因。

3. 凋亡双向调节基因　以癌基因 c-myc 为例说明，其既可以介导细胞增殖效应，也可以介导细胞凋亡过程。c-myc 基因编码的蛋白发挥何种调控效应取决于诱导信号和细胞所处微环境，若生长因子充足则介导细胞增殖，而生长因子消退则诱导凋亡，提示癌基因 c-myc 是细胞增殖与凋亡的调控交汇点，是细胞凋亡与增殖相互配合而稳定机体细胞数量与功能的生物学基础。

（四）细胞凋亡调控与执行相关酶

在细胞凋亡信号转导通路介导下，多种凋亡相关酶参与了过程调控与凋亡执行，主要有 caspase、内源性核酸内切酶以及组织型转谷氨酰胺酶等。

1. caspase　caspase 酶系列至少包含 caspase1～caspase14 14 个成员，是一组具有高度特异性水解作用的蛋白酶，活性中心均富含有半胱氨酸，其剪切蛋白位点位于天冬氨酸之后，通常以无活性或低活性的酶原形式（procaspase）存在。caspase 酶系列主要分为两大类：①启动型 caspase：是凋亡信号转导中起触发级联效应的关键酶，如 caspase8～10，其中 procaspase8 自我催化激活为 caspase8 后，可激活效应型 caspase 而进入凋亡的具体执行与实施环节；②效应型 caspase：主要包括 caspase3、6、7，具体参与细胞结构的解体、凋亡小体形成和染色体 DNA 片段化降解过程。目前研究表明, 凋亡中 caspase 功能主要有: ①对凋亡抑制蛋白(如抗凋亡蛋白 Bcl-2)的灭活; ②直接作用于细胞结构而发生解体, 如作用于核膜而导致染色质浓缩和染色质边集; ③参与细胞骨架相关蛋白的分解; ④染色体降解为片段化 DNA; ⑤参与凋亡执行与效应环节, 与凋亡的细胞固缩、胞膜空泡化以及凋亡小体形成密切相关。

2. 内源性核酸内切酶 细胞核内的内源性核酸内切酶通常以酶原形式存在, 其中大多是 Ca^{2+}/Mg^{2+} 依赖酶。染色体 DNA 在活化的核酸内切酶作用下形成片段化 DNA, 电泳可形成 DNA 梯状条带, 是判断细胞凋亡发生的特征性生化指标。

3. 组织型转谷氨酰胺酶 是转谷氨酰胺酶家族成员之一, 主要与凋亡小体形成关系密切。

(五) 凋亡细胞被吞噬细胞识别与吞噬

细胞凋亡的结局是形成凋亡小体, 其相对完整的膜结构是为防止细胞内物质释放引发的二次损伤, 如溶酶体内容物外泄导致炎症反应, 或者核小体释放引发的自身免疫反应和损伤。凋亡小体最终要被吞噬细胞或周围正常细胞(如上皮细胞)识别而吞噬, 完成凋亡的最后阶段。目前研究发现至少有三种巨噬细胞受体参与吞噬过程: ①吞噬细胞凝集素: 与凋亡细胞表面暴露的单糖结合而识别而介导吞噬; ②血小板反应蛋白可介导巨噬细胞上的 victronectin 受体参与吞噬; ③磷脂酰丝氨酸受体识别凋亡细胞膜内层磷脂酰丝氨酸而介导吞噬。

相关链接

<hr>

线虫与细胞凋亡

秀丽隐杆线虫(*Caenorhabditis elegans*, C.elegans)是现代生命科学发展中最重要的模式生物之一, 虫体为雌雄同体, 寿命约 3 天, 可像体外培养的细胞一样建立线虫株或系, 在 -80℃冰箱或液氮保存并复苏用于实验, 且易饲养、繁殖和操作观察。就细胞凋亡而言, 线虫总共有 1090 个细胞, 在其一生中有 131 个细胞以固定位置和时间进行发育与凋亡。这使研究者可精确针对活体线虫单个细胞进行发育学与遗传学研究, 尤其可深入到分子水平进行研究, 如可采用基因克隆和遗传突变等技术手段进行凋亡的基因调控以及信号转导等研究。由于凋亡等细胞程序性控制的基因调控机制的保守性, 在低等生物的秀丽线虫和高等动物的人具有很大的相似性, 如 eg1、ced9、ced4 与 ced3 等基因, 主要调控线虫细胞凋亡的激活阶段, 其功能与结构与人类凋亡调控相关因素 Bcl-2 家族和凋亡执行系列酶 caspase 类似, 从而精确地阐述了细胞凋亡基因调控和信号转导通路和途径以及发生机制。三位科学家(Sydney Brenner、H. Robert Horvitz 和 John E. Sulston)主要以秀丽线虫凋亡分子机制研究为基础, 阐明器官发育以及细胞程序性细胞死亡(细胞凋亡)遗传调控分子机理, 并以此获得 2002 年诺贝尔生理医学奖。

第三节 细胞凋亡异常与疾病

细胞凋亡与增殖相互调控可维持机体平衡和正常生理功能, 而且适度凋亡可保证机体正常发育和生长、维持内环境稳定以及发挥其积极防御功能。若凋亡不足或过度, 则容易出现机体结构、代谢与机能异常从而导致疾病发生, 且涉及疾病种类众多。

一、细胞凋亡不足与疾病

以肿瘤、自身免疫性疾病和病毒感染性疾病为例说明细胞凋亡不足引发疾病的基本发病机制。

1. **凋亡调控信号异常**　TNF 和 Fas 等促凋亡信号降低,而 EGF 等生长因子抑凋亡信号升高,其结果是细胞凋亡抑制而增殖过度,如乳腺癌的发生。

2. **凋亡相关信号转导通路的障碍**　在乳腺癌、肝癌和白血病恶性肿瘤中,死亡受体与线粒体介导凋亡信号通路异常,最常见为 Fas 分子表达降低,与肿瘤的发生发展密切相关。对于自身免疫性疾病的系统性红斑狼疮而言,其 T、B 淋巴细胞也因 Fas 分子突变或表达缺陷而凋亡不足,对自身组织反应的免疫细胞清除不足,打破自身免疫耐受机制而致病。

3. **细胞凋亡调控相关基因表达异常**　通常表现为抑制凋亡基因(如 *Bcl-2*)过度表达而诱导凋亡基因(如野生型 *p53*)突变或缺失:①抑制凋亡基因 *Bcl-2* 水平升高:多见于白血病、肝癌、肺癌、结肠癌、前列腺癌、B 淋巴细胞瘤以及系统性红斑狼疮等,而且 EB 病毒可以上调 *Bcl-2* 水平,是鼻咽癌的重要发生机制。②诱导凋亡野生型 *p53* 基因突变或缺失:如肺癌等肿瘤中出现 *p53* 基因突变概率达 50% 以上,导致凋亡相关信号转导通路的障碍,促进肿瘤发生。

4. **执行凋亡相关酶活性异常**　主要是指 caspase 和核酸内切酶异常,如多种癌细胞中 caspase 活性降低而凋亡不足,而化疗药物手霉素可激活 caspase 活性而诱导甲状腺癌和乳腺癌细胞的凋亡。

二、细胞凋亡过度与疾病

HIV 病毒感染引起的 AIDS(艾滋病)、心血管疾病(如冠心病)以及神经退行性病变(如阿尔茨海默病和帕金森病)都属细胞凋亡过度性疾病,其中缺血、缺氧和缺血 - 再灌注损伤可导致冠心病的心肌凋亡过度而引起心力衰竭,而阿尔茨海默病则与 β- 淀粉样物质活化 *p53* 并通过 Fas 介导神经元细胞大量凋亡。以下以 AIDS 发生机制为例,说明过度细胞凋亡在其中的作用。

1. **过度表达的糖蛋白 gp[120] 诱导淋巴细胞凋亡**　HIV 病毒胞膜上大量糖蛋白 gp[120] 蛋白是淋巴细胞 CD4[+] 分子的配体,两者可特异性结合,并进一步活化线粒体途径的凋亡信号通路。此外,gp[120] 蛋白等病毒蛋白还可导致淋巴细胞出现 G2 期阻滞而引发凋亡。

2. HIV 感染的 CD4[+] 淋巴细胞可上调 *Fas* 基因表达,通过死亡受体途径介导淋巴细胞凋亡。

3. **细胞因子分泌增多**　HIV 感染巨噬细胞可促进分泌 TNF、IL-4 和 IL-10 等细胞因子,可直接和(或)间接引发 HIV 感染的 CD4[+] 淋巴细胞凋亡,主要诱发凋亡途径如下:①死亡受体途径凋亡信号通路活化;②产生的氧自由基可活化线粒体途径和内质网应激凋亡信号通路。

4. **Tat 蛋白增多**　CD4[+] 淋巴细胞感染 HIV 后可产生反式激活蛋白(trans-activator, Tat),通过提高胞内氧自由基水平和细胞表面 Fas 受体表达而促进细胞凋亡。

5. **合胞体形成促进凋亡**　CD4[+] 淋巴细胞感染 HIV 后,多形成多核巨细胞或合胞体而容易发生凋亡和解体。

6. 在慢性感染阶段,CD4[+] 淋巴细胞感染 HIV 后,可作为效应细胞诱导未感染的 CD4[+] 淋巴细胞发生凋亡。

7. 淋巴细胞感染 HIV 后,可使生长因子合成减少而促进凋亡。

此外,还有一些疾病有细胞凋亡不足与凋亡过度并存情况存在,以动脉粥样硬化为例,表现为血管平滑肌细胞凋亡不足而过度增殖,血管内皮细胞则凋亡过度。

第四节　细胞凋亡在疾病防治中的意义

在疾病防治中合理调控细胞凋亡,可以利于疾病治疗而获得良好的预后。但要遵循以下原则:

1. **合理使用凋亡诱导信号治疗** 在肿瘤治疗中,适量放射线照射或给予外源性 TNF 以及化疗药物,可诱导肿瘤细胞凋亡,避免肿瘤细胞坏死引发的全身炎症反应。

2. **细胞凋亡信号转导通路的调控** ①死亡受体途径凋亡通路激活:如阿霉素可上调肿瘤细胞表达 Fas 受体,启动死亡受体途径导致肿瘤细胞凋亡;②线粒体途径凋亡通路抑制:环胞霉素 A 可抑制线粒体介导的凋亡通路,可用于阿尔茨海默病的防治。

3. **针对细胞凋亡相关基因的调节** ①针对肿瘤细胞,转染野生型 *p53* 可诱导其细胞凋亡;②癌细胞导入反义 *Bcl-2* 寡核苷酸,可抑制癌细胞 *Bcl-2* 过表达,除可诱导癌细胞凋亡外,还提高癌细胞对化疗的敏感性。

4. **调控细胞凋亡相关执行酶** ①白血病细胞转染 caspase 酶基因可诱导凋亡;②在心肌缺血 - 再灌注时,若抑制 caspase 酶活性,可减少心肌细胞凋亡;③在阿尔茨海默病治疗中,含锌药物通过抑制内源性核酸内切酶激活,可拮抗神经元细胞的凋亡。

（邝晓聪）

学习小结

细胞凋亡(apoptosis)是多种死亡信号或因素触发细胞内自身死亡控制程序,引起程序性细胞死亡。以细胞固缩、染色质边集、浓缩和出芽现象等形态学改变为特征,其结局是凋亡小体形成并被巨噬细胞吞噬,无炎症反应,并且与机体组织细胞新陈代谢与稳定维持内环境、发育和免疫耐受和防御密切相关。

细胞凋亡可由生理性和病理性因素引发,通过外源性死亡受体途径和内源性线粒体途径信号转导通路活化,使凋亡相关调控基因,包括抑制、促进和双向调节基因等激活,并通过半胱天冬酶(caspase)与内源性核酸内切酶等大分子物质活化等执行凋亡程序,最终引起片段化 DNA 和凋亡小体等凋亡结局。

凋亡不足、过度或凋亡不足与过度并存的紊乱均可引起如癌症、自身免疫病、AIDS、动脉粥样硬化等疾病,在治疗中可针对凋亡环节进行调控,恢复机体细胞内环境稳态。

复习参考题

1. 请在光镜与电镜两个层面描述细胞凋亡的形态学改变?

2. 请简要阐述细胞凋亡与细胞坏死的区别。

3. 请简述片段化 DNA 形成的原理。

4. 请简述细胞凋亡调控的主要信号转导通路。

5. 请举例简要说明细胞凋亡异常和疾病关系。

第二十一章 休 克

21

第一节　概述

休克（shock）原意为打击或震荡，是机体受到强烈损伤因子作用后发生的一种危急状态，是临床各科常见的严重威胁生命的病理过程。休克死亡率较高，发病机制复杂，到目前为止尚未完全阐明，一直受到医学界的高度重视。

人们对休克认识经历了从现象到本质的认识过程。1731 年法国医生 Le Dran 首次将法语 secousseuc 一词描述创伤引起的危重临床状态译成英语 shock 并应用于医学，医学界对休克的认识和研究已有 200 多年的历史。

1895 年，Warren 从临床角度认识休克，将休克描述为"面色苍白或发绀、四肢湿冷、脉搏细速、脉压变小、尿量减少及神志淡漠等"。后来，Crile 补充了低血压这一重要体征。这是从临床表现对休克的症状及体征做出的生动描述，至今对休克的临床诊断仍有重要指导意义。

在第一、二次世界大战期间，大量伤员死于休克，医学界对休克的发病机制进行较系统、深入的研究，当时认为休克是急性外周循环衰竭所致，其关键是血管运动中枢麻痹和小动脉血管扩张而引起的血压下降，主张使用血管收缩药物治疗休克。但临床实践表明，有些患者长时间大剂量使用缩血管药物后，病情不但没有好转，反而恶化，甚至因严重少尿、无尿死于休克肾。

20 世纪 60 年代，Lillehei 等通过大量动物实验研究发现，各种原因引起的休克，都有一个共同的发病环节，即有效循环血量减少，器官血液灌注不足，造成细胞损害，进而引起器官功能障碍，从而提出了休克的微循环学说。该学说认为，休克发病的关键环节不是血压，而是血流，其机制是由于交感 - 肾上腺髓质系统强烈兴奋引起的。特别是失血、失液性休克早期阶段，由于机体的代偿作用，血压可维持在正常范围，但微循环灌流量减少。根据这一学说，临床上治疗休克的措施发生了根本性改变，一改过去大量使用肾上腺素等升压药的常规，把补充血容量提到了首位，在充分扩容基础上，适当使用血管活性药物，甚至血管扩张药改善微循环，使休克的抢救成功率大大提高。

从 20 世纪 80 年代以来，休克的研究热点从低血容量性休克转向感染性休克，发现其发生发展与许多促炎和抗炎体液因子有关，开始从细胞、亚细胞及分子水平研究休克的发病机制，并研究这些体液因子对微循环、细胞、器官和系统的影响。

目前认为，休克是指机体在各种强烈有害因子作用后出现的以组织微循环有效灌流量急剧减少为主要特征的急性血液循环障碍，由此导致组织细胞、各重要器官的功能代谢和形态结构损伤的全身性病理过程。

第二节　休克的病因与分类

一、休克的病因

（一）失血和失液

1. **失血**　大量失血可引起失血性休克（hemorrhagic shock），常见外伤出血、上消化道出血、宫外孕破裂及产后大出血等。休克的发生取决于失血量和失血速度。一般情况下，15 分钟内失血量少于全血量的 10% 时，机体可通过自身代偿使血压和组织灌流量保持正常；若失血量超过全血量的 20%，超出机体的代偿能力时，即可引起休克；若失血量超过总血量的 50%，可迅速导致死亡。

2. **失液**　剧烈呕吐、腹泻、肠梗阻及大汗淋漓等也可导致体液大量丢失，引起血容量和有效循环血量大量减少而引起休克。

（二）烧伤

大面积烧伤可引起烧伤性休克（burn shock），其早期发生与疼痛及低血容量有关，晚期若继发感染，可发展为感染性休克（infectious shock）。

（三）创伤

各种严重的创伤可导致创伤性休克（traumatic shock）。在战争、自然灾害和意外事故中多见，休克的发生与疼痛和失血有关。

（四）感染

严重感染如细菌、病毒、霉菌、立克次体等均可引起感染性休克。特别是革兰氏阴性细菌感染时，细菌内毒素（主要成分脂多糖）起着非常重要的作用。静脉内注射内毒素可复制内毒素性休克的模型。感染性休克常伴有败血症，故又称为败血症性休克（septic shock）。

（五）过敏

注射某些药物（如青霉素）、疫苗或血清制剂，甚至食用某些食物、接触某些物品（如花粉）后，可致过敏体质的人发生 I 型超敏反应，导致过敏性休克（anaphylactic shock）。其发病机制与组胺、缓激肽大量释放入血，造成血管平滑肌舒张、血管床容积增大和毛细血管通透性增加。

（六）急性心力衰竭

大面积急性心肌梗死、急性心肌炎、严重心律失常等心脏病变和心包填塞、肺栓塞、张力性气胸等心外阻塞性病变，造成心输出量急剧减少，有效循环血量和组织灌流量显著降低，称为心源性休克（cardiogenic shock）。

（七）强烈的神经刺激

剧烈疼痛、高位脊髓损伤或麻醉、中枢镇静药过量等均可抑制交感缩血管功能，引起血管扩张，外周阻力降低，回心血量减少，血压下降，称为神经源性休克（neurogenic shock）。此类休克预后一般较好，常不需治疗而自愈。

二、休克的分类

休克有多种分类方法，至今尚未统一。常见的分类方法：

（一）按病因分类

是最常用的分类方法。可分为失血性休克、失液性休克、烧伤性休克、创伤性休克、感染性休克、过敏性休克、心源性休克和神经源性休克等，有利于针对病因及时抢救治疗。

（二）按起始环节分类

机体有效循环血量的维持是由三个因素决定的：①足够的血容量；②正常的血管舒缩功能；③正常的心泵功能。因此，血容量减少、血管床容量增加，心泵功能障碍是休克的三个起始环节。据此，可将休克分成三类：

1. **低血容量性休克（hypovolemic shock）**　是指机体血容量减少而引起的休克，如失血、失液、烧伤、创伤等。由于血容量减少导致静脉回流不足，进而引起心输出量减少和血压下降。低血容量性休克的典型临床表现为：中心静脉压、心输出量及动脉血压降低，而外周阻力增高，即三低一高。

2. **血管源性休克（vasogenic shock）**　是指外周血管扩张，血管床容量增加，血液淤滞在微循环内，导致有效循环血量急剧减少引起的休克，如感染性休克、过敏性休克和神经源性休克。正常时机体 20% 的毛细血管轮流开放就足以维持细胞功能和代谢需要，微循环中 80% 的毛细血管处于关闭状态，毛细血管的血量仅占总量的 6% 左右。如果全部开放，仅肝脏毛细血管就可以容纳总血流量。过敏性休克时，大量舒张血管的体液因子（如组胺、激肽、补体等）作用于微循环，使后微动脉扩张，血液淤滞于微循环内，同时血管壁通透性增强,血浆大量外渗。感染性休克的发生发展与血管床容积急骤增加有关。神经源性休克是由于剧烈疼痛、麻醉和损伤抑制交感缩血管功能,引起血管扩张和血压降低。血管源性休克也称分布异常性休克(maldistributive shock)。

3. 心源性休克(cardiogenic shock) 是指由于急性心泵功能障碍使心排出量急剧减少,有效循环血量下降而引起的休克。常见的原因有:心脏本身病变,如急性心肌梗死、心外科手术、心肌缺血 - 再灌注损伤、心肌炎、心肌病、瓣膜性心脏病和其他心脏疾病的晚期等;心脏外部的原因引起,如急性心脏压塞、张力性气胸等;也可由心脏射血受阻引起,如肺血管栓塞、肺动脉高压等。心源性休克发病急骤,死亡率高,预后较差。

(三)按血流动力学特点分类

休克按血流动力学特点,即心排出量和外周阻力的关系可分为:

1. 低排 - 高阻型休克(低动力型休克) 临床最常见的类型,其血流动力学特点为心排出量降低,外周血管阻力高,脉压减小。由于皮肤血管收缩,面色苍白,血流减少使皮肤温度降低,故又称为"冷休克",多见于低血容量性休克和心源性休克。

2. 高排 - 低阻型休克(高动力型休克) 此型较少见,其血流动力学特点是心排出量增高,外周阻力低,脉压增大。由于皮肤血管扩张,血流相对增多,皮肤温度增高,故又称为"暖休克",常见于感染性休克的早期阶段。

3. 低排 - 低阻型休克 其血流动力学特点为心排出量和外周阻力均降低,是各种休克的失代偿表现,常见于各型休克的晚期阶段。

第三节　休克的分期和发病机制

尽管各类休克的病因和起始环节不同,但有效循环血量减少造成的微循环障碍是多数休克发生的共同基础。微循环指微动脉与微静脉之间的微血管内的血液循环,是血液和组织之间进行物质代谢交换的基本结构和功能单位。典型的微循环由微动脉、后微动脉、毛细血管前括约肌、真毛细血管、直捷通路、动 - 静脉吻合支和微静脉构成。微循环受神经和体液双重调节,神经体液因素对不同血管作用不同。

以典型的失血性休克为例,根据血流动力学和微循环变化的规律,休克的过程可分为三个时期。

一、休克代偿期

休克代偿期(compensatory stage)是休克发生早期阶段,又称为休克早期、休克 I 期或缺血性缺氧期(ischemic anoxia phase)。

(一)微循环变化特点

休克早期,皮肤和内脏的微动脉、后微动脉、毛细血管前括约肌、微静脉和小静脉发生持续收缩或痉挛。其中微动脉、后微动脉和毛细血管前括约肌收缩更显著,致使大量真毛细血管关闭,营养通路的血流量减少,主要经直捷通路回流。此外,部分血液经动静脉吻合支直接回流入小静脉。此期微循环变化特点是:少灌少流、灌少于流甚至无灌流,组织微循环呈缺血缺氧状态。

(二)微循环变化的机制

1. 交感 - 肾上腺髓质系统兴奋 是微循环持续收缩或痉挛的始动因素。现已证明不同类型的休克,都可导致交感神经兴奋,血中儿茶酚胺含量比正常高几十倍甚至上百倍。儿茶酚胺与血管壁的 α 受体结合,引起外周血管收缩,相对于微静脉,微动脉、后微动脉、毛细血管前括约肌对儿茶酚胺的敏感性更高,因此毛细血管前阻力增加更明显,大量真毛细血管网关闭,微循环缺血缺氧;儿茶酚胺与β受体结合,使动-静脉吻合支开放,造成微循环非营养性血流增多,加重组织缺血缺氧程度。

2. 其他体液因子的释放 低血容量、交感神经兴奋及儿茶酚胺大量释放等,刺激机体产生大量体液因子,如血管紧张素Ⅱ(AngⅡ)、抗利尿激素(ADH)、血栓素A₂(TXA₂)、内皮素(ET)、白三烯类(LTs)物质等均有缩血管作用,致使组织器官微循环灌流量减少。

(三)微循环变化的代偿意义

休克早期,微循环变化对维持动脉血压和保证重要脏器的血供有一定的代偿意义。

1. 动脉血压的维持 本期动脉血压不降低或略有下降。其机制是:①回心血量增加:由于静脉系统属于容量血管,当交感-肾上腺髓质系统兴奋时,儿茶酚胺等缩血管物质使毛细血管后微静脉、小静脉收缩,静脉容量减少,加之肝脾储血库收缩,释放血液于外周,回心血量快速而短暂的增加,起到了"自身输血"的作用,是休克早期增加回心血量的"第一道防线"。同时,由于微动脉、后微动脉和毛细血管前括约肌对儿茶酚胺的敏感性高,使毛细血管前阻力大于后阻力,毛细血管内流体静压降低,组织液由组织间隙大量进入微血管内,起到了"自身输液"的作用,是休克早期增加回心血量的"第二道防线"。②心输出量增加:休克早期,由于交感神经兴奋、儿茶酚胺释放增多以及静脉回流增加,可是心率加快、心肌收缩力增强,心输出量增加。③外周阻力增高:交感神经兴奋和儿茶酚胺增多使全身小动脉痉挛收缩,导致外周阻力增加,血压回升。

2. 血液重新分布 不同器官的血管对儿茶酚胺反应不均一,如皮肤、腹腔脏器和骨骼肌的血管α受体密度高,对儿茶酚胺敏感性高,收缩明显;脑血管α受体密度较低,因此收缩不很明显;而冠状动脉则以β受体为主,激活时引起冠状动脉舒张。因此,微循环反应的不均一性有利于保证心、脑等重要脏器的血液供应,对机体具有重要的代偿意义。

(四)临床表现

患者表现为面色苍白、四肢湿冷、心率加快、脉搏细速、尿量减少、烦躁不安,临床上结合病史可考虑休克早期的诊断。该期血压可骤降(大失血),也可略降,甚至正常或略偏高,但脉压明显缩小,因此脉压减小比血压下降更具有诊断意义(图21-1)。

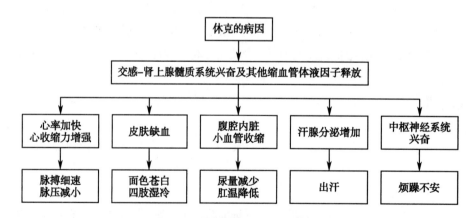

图21-1 休克代偿期的主要临床表现

此期为休克的可逆期,如能尽早消除动因,及时补充血容量,恢复足够的有效循环血量,可防止向休克期发展。若休克病因持续存在,患者也未得到及时有效救治,则病情继续发展,进入到休克进展期。

二、休克进展期

休克进展期(progressive stage of shock)也称为休克中期、休克Ⅱ期或淤血性缺氧期(stagnant anoxia phase)。

（一）微循环变化特点

休克代偿期持续一定时间，微动脉收缩减轻，后微动脉、毛细血管前括约肌由痉挛转为舒张，血液不再局限于直捷通路，而是通过开放的毛细血管前括约肌大量涌入真毛细血管网，此时，微静脉和小静脉仍保持收缩，微血管壁通透性增加，血浆外渗，血液浓缩，血流阻力加大，使毛细血管后阻力大于前阻力。此期微循环变化特点是：多灌少流，灌多于流，组织微循环呈淤血性缺氧状态。

（二）微循环变化的机制

1. **酸中毒** 长期微血管收缩、微循环缺血使组织氧分压下降，CO_2 排出障碍，葡萄糖无氧酵解功能增强，大量乳酸堆积，血液中 H^+ 浓度随之增高，导致酸中毒发生。此时交感-肾上腺髓质系统仍持续兴奋，血中儿茶酚胺浓度进一步增高，但酸中毒使血管平滑肌对儿茶酚胺的反应性降低，尤其以微循环的动脉端更加明显。因此，微循环动脉端由收缩转向舒张，而静脉端仍保持收缩状态。

2. **局部扩血管物质增多** 持续缺血、缺氧和酸中毒等可刺激肥大细胞释放过多的组胺；ATP分解增加，造成腺苷在局部堆积；细胞分解破坏后大量释放 K^+；激肽释放酶激活后可使激肽类物质增多，这些物质都可造成血管扩张和毛细血管通透性增加。当发生感染性休克或其他休克引起肠源性内毒素或细菌移位入血时，诱导型一氧化氮合酶（iNOS）表达明显增加，产生一氧化氮（NO）可引起持续性血管扩张，血压下降。

3. **内毒素的作用** 除感染性休克直接造成血液中内毒素增多外，其他类型休克肠道菌群产生的内毒素也可通过缺血的肠黏膜吸收入血引起肠源性内毒素血症。内毒素可与血液中的白细胞发生反应，使之产生并释放扩血管的多肽类活性物质；内毒素还可损伤血管内皮细胞，并激活凝血因子或补体系统，引起血管扩张、血管壁通透性增加。

4. **血液流变学的变化** 由于缺氧、酸中毒和感染等因素，激活炎细胞并释放大量炎症介质和细胞表面黏附分子，致使白细胞边集、附壁、黏附于血管内皮细胞上，加大了毛细血管的后阻力；同时，血浆外渗、血液浓缩、红细胞聚集以及血小板黏附聚集等，造成微循环内血流变慢，血液泥化、淤滞，甚至血流停止。

5. **其他体液因子作用** 内源性阿片肽（EOP）抑制心血管中枢和交感神经纤维，使心输出量减少、血管扩张、血压下降；肿瘤坏死因子（TNF）、白介素-1（IL-1）、白三烯（LT）和血小板活化因子（PAF）等促进白细胞黏附于微静脉内，使毛细血管后阻力增加，阻碍微循环内血液流出；另外，TXA_2 可促进血小板黏附、聚集及微血栓形成。

（三）微循环变化促使恶性循环的发生

此期小动脉、微动脉扩张，外周阻力降低，真毛细血管网大量开放，血液淤滞在肠、肝和肺等器官，使"自身输血"作用停止；有效循环血量锐减，静脉充盈不良，回心血量减少，导致心输出量降低及血压进行性下降，组织血液灌流量进一步下降，组织缺氧日趋严重，形成恶性循环。同时，由于血液发生浓缩，血液黏滞度升高，毛细血管后阻力增大，血管内流体静压升高，不但"自身输液"作用丧失，反而有血浆外渗到组织间隙。此外，组胺、激肽、前列腺素E和心肌抑制因子（MDF）等作用，使毛细血管壁通透性增高，血浆外渗更多；微淋巴管重吸收及转运功能出现障碍，漏出的液体和蛋白回吸收困难，加之酸性代谢产物及溶酶体酶的作用，使组织间质胶原蛋白的亲水性增加，组织间水分被封闭于组织间隙，进一步使有效循环血量减少。

由于回心血量减少，心输出量降低，使血压进行性下降，当收缩压低于70mmHg时，脑组织的血液灌流难以保证，当收缩压低于60mmHg时，肾小球滤过率显著降低，肾小管重吸收功能出现障碍，甚至发生急性肾衰；当收缩压低于50mmHg时，冠状动脉血液灌注减少，心肌因缺氧发生严重的病理变化，甚至出现心力衰竭，进一步恶化病情。

（四）临床表现

因回心血量及心输出量减少，血压进行性下降，心搏无力，心音低钝，脉搏细速，患者表情淡漠甚至神志不清,静脉塌陷,中心静脉压降低,皮肤发绀,甚至出现花斑,肾血流量严重不足,出现少尿甚至无尿(图21-2)。如不及时抢救,则可发展到休克难治期。

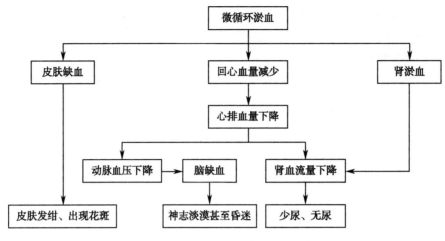

图 21-2　休克进展期的主要临床表现

三、休克难治期

休克难治期(refractory stage)又称休克晚期、休克Ⅲ期或微循环衰竭期(microcirculatory failure stage),是休克发展的晚期阶段。

（一）微循环变化特点

微循环严重淤滞,导致微血管平滑肌麻痹,对任何血管活性物质失去反应,出现麻痹性扩张,并可发生弥散性血管内凝血(DIC)及重要器官功能障碍,甚至发生多系统器官功能衰竭。此期微循环的变化特点是:不灌不流,血流停止。

（二）微循环凝血的主要机制

休克难治期微循环淤血不断发展,凝血系统被激活,通过多种途径导致DIC发生,机制如下:

1. **血液流变学变化**　微循环淤血、缺氧,局部组胺、激肽、腺苷和乳酸堆积,毛细血管扩张、通透性增加,血浆渗出,血液浓缩,血流速度变慢,血液处于高凝状态。

2. **凝血系统激活**　缺氧和酸中毒损伤毛细血管内皮细胞,胶原暴露,激活内源性凝血系统;感染、创伤、烧伤等使组织大量破坏,组织因子释放进入血液循环,启动外源性凝血系统。

3. **促凝物质增多**　休克病因和休克本身对机体是一种强烈的刺激,引起机体的应激反应,使血液中血小板和凝血因子增加,血小板黏附、聚集能力增强,促进血栓形成。

4. **TXA$_2$-PGI$_2$平衡失调**　TXA$_2$主要由活化的血小板产生,具有促进血小板聚集和收缩小血管的作用;PGI$_2$由完整的内皮细胞生成,具有抑制血小板聚集和扩张小血管的作用。休克难治期,血小板被激活,内皮细胞受损,导致TXA$_2$生成增多而PGI$_2$生成减少,二者平衡失调,从而促进DIC发生。

5. **单核-巨噬细胞系统功能降低**　由于病因作用及血液灌流量减少,单核-巨噬细胞系统功能降低,不能及时清除激活的凝血因子和已经形成的纤维蛋白,也促进DIC形成。

（三）微循环衰竭的后果

微循环凝血及微血栓形成,导致全身组织器官的持续低灌流;持续缺氧和酸中毒导致内环境严重紊乱,特别是溶酶体酶的释放,以及细胞因子、活性氧的大量产生,导致重要器官的细胞发生严重甚至不可逆性损伤,严重时可导致多器官功能障碍或衰竭,病情迅速恶化甚至死亡。

（四）临床表现

出现进行性顽固性低血压，甚至测不到，采用升压药也难以使血压回升；心音低弱，脉搏细弱而频速，中心静脉压下降；浅表静脉严重萎陷，出现循环衰竭。若并发 DIC，可出现出血、贫血、皮下瘀斑等典型临床表现。各重要器官功能障碍，可出现呼吸困难、少尿或无尿、意识模糊甚至昏迷等。

第四节　休克时机体的功能和代谢变化

一、休克时细胞代谢障碍和细胞损伤

（一）细胞代谢障碍

1. **物质代谢紊乱**　休克时，由于应激反应，分解代谢加强，血糖和游离脂肪酸增多。由于供氧减少，糖酵解增强，脂肪和蛋白分解增加、合成减少，表现为一过性的高血糖，血中游离脂肪酸和酮体增多；蛋白分解增加，血清尿素氮含量增高，尿氮排出增多，表现为负氮平衡。部分患者还可出现高代谢状态，这与休克状态下代谢活动重新调整，如儿茶酚胺、糖皮质激素分泌增多，而胰岛素分泌减少等有关。

2. **能量不足、钠泵失灵**　缺氧情况下，1 分子葡萄糖经糖酵解只产生 2 分子 ATP，而经三羧酸循环可产生 36（38）分子 ATP。ATP 不足，细胞膜上的钠泵转运失灵，细胞内 Na^+ 增多，而细胞外 K^+ 增多，导致细胞水肿和高钾血症。同时，钙泵失灵导致 Ca^{2+} 内流增加，胞质 Ca^{2+} 浓度增高，激活磷脂酶，使膜磷脂分解，引起细胞膜和细胞质膜的损伤，同时可激活 Ca^{2+} 依赖性激酶，促进自由基生成，加重细胞损伤。

3. **局部酸中毒**　缺氧时糖酵解增强，丙酮酸不能氧化，进而转变为乳酸，肝脏也不能充分摄取乳酸转变为葡萄糖，高乳酸血症是造成局部酸中毒的主要原因。另外，组织灌流障碍，CO_2 不能及时清除，也加重了局部酸中毒。

（二）细胞损伤

1. **细胞膜的变化**　细胞膜是休克时最早发生损伤的部位。缺氧、ATP 不足、酸中毒、高血钾、溶酶体酶、氧自由基、细胞因子及炎症介质等，都可造成细胞膜损伤，导致细胞膜上离子泵功能障碍或通透性增加，使 K^+ 外流而 Na^+、Ca^{2+} 内流，造成细胞水肿、跨膜电位下降等。

2. **线粒体的变化**　线粒体是休克时最先发生变化的细胞器。表现为不同程度肿胀、嵴崩解消失、线粒体膜完整性破坏，最后导致线粒体崩解。线粒体损伤造成呼吸链障碍，ATP 合成减少，细胞能量生成严重不足；线粒体损伤还可启动细胞凋亡。

3. **溶酶体的变化**　缺氧、酸中毒等损伤溶酶体膜，使其通透性增高，发生肿胀甚至空泡化而释放溶酶体酶，引起细胞自溶；亦可激活激肽系统、纤溶系统，促进组胺释放，导致血浆外渗、血液浓缩，促使血小板黏附聚集和 DIC 发生。休克时由于胰腺缺血缺氧，胰腺外分泌细胞的溶酶体破裂，溶酶体酶大量释放，其中的酸性蛋白酶可水解胰腺结构蛋白，形成心肌抑制因子（MDF），直接抑制心肌收缩。

4. **细胞凋亡**　休克时，缺血缺氧、酸中毒、代谢障碍、能量生成减少、溶酶体酶释放、炎症介质产生等均可激活细胞的凋亡基因，发生细胞凋亡。细胞凋亡是休克时细胞损伤的表现形式之一，组织中有较多数量的细胞通过此种方式死亡，可导致器官功能障碍或衰竭。

二、休克时器官功能的改变

（一）肾功能的变化

休克时肾脏是最易受损害的器官。各种类型的休克常伴发急性肾功能不全，严重时发生肾功能衰竭，称为休克肾（shock kidney），主要表现为少尿或无尿、氮质血症、高钾血症和代谢性酸中毒。尿量是休克最敏感的指标之一，能反映肾脏血液灌流情况。尿量减少是低血容量性休克最早的症状，一般每小时尿量<20ml，提示肾及内脏微循环灌注不足。

休克早期多表现为功能性肾功能衰竭。由于肾入球小动脉收缩，肾血流量减少，肾小球滤过率降低，肾小管上皮细胞并未发生器质性损害，在醛固酮和抗利尿激素的作用下，肾小管对钠、水重吸收作用增强，表现为尿少及内环境紊乱。休克持续时间较长，持续的肾缺血或肾毒素可导致急性肾小管坏死（acute tubular necrosis，ATN）。此时即使恢复肾血液灌流，肾功能也不能在短时间内恢复，只有在肾小管上皮再生修复后，肾功能才能恢复，称为器质性肾功能衰竭。患者除严重少尿或无尿外，还有明显氮质血症、高钾血症和代谢性酸中毒。

（二）肺功能的变化

休克早期，由于创伤、出血和感染等因素刺激呼吸中枢，使呼吸加深加快，通气过度，可出现低碳酸血症甚至发生呼吸性碱中毒。休克进一步发展，交感 - 肾上腺髓质系统兴奋及其他缩血管物质的作用使肺血管阻力显著升高。休克晚期，在患者尿量、血压、脉搏平稳之后，仍可出现进行性缺氧和呼吸困难，导致低氧血症性呼吸功能衰竭，称为休克肺（shock lung）。临床表现为呼吸困难进行性加重，动脉血氧分压、血氧含量降低，明显发绀，可出现呼吸性酸中毒，肺部可闻及干、湿性啰音。休克肺是休克患者死亡的重要原因之一，约占 1/3 休克死亡患者。休克肺的主要形态学特征为：间质性肺水肿、肺泡水肿、局部肺不张、充血、出血、微血栓及肺泡透明膜形成。急性弥漫性肺泡毛细血管壁损伤是休克肺发病的中心环节。

（三）胃肠道功能的变化

胃肠道也是休克时易受损害的器官之一。临床主要表现为腹痛、消化不良、呕血和便血等。胃肠黏膜损伤的主要机制为：①休克早期有效循环血量减少，由于血液重新分配，导致胃肠道缺血，造成黏膜的变性、坏死及通透性增加；②休克进程中，胃肠道黏膜微循环淤血、微血栓形成及出血等，使黏膜水肿、糜烂甚至溃疡发生；③休克时，胃肠道处于应激状态，轻者导致糜烂，重者出现多发性应激性溃疡。

（四）肝功能的变化

休克引起肝功能障碍常继发于肺、肾功能障碍之后，有时也可最先发生。休克早期表现为肝细胞水肿、脂肪变性。进一步进展出现肝细胞坏死、再生，Kupffer 细胞增生及其他炎细胞浸润。由于肝代偿能力强，休克早期即使肝有形态学改变，生化指标仍可正常。休克晚期主要表现为黄疸和肝功能不全，其发生机制为：①失血、创伤和重度感染等引起肝血流减少，肝细胞缺血缺氧，致使肝细胞线粒体功能损伤，氧化磷酸化功能障碍，能量产生减少；②各种损伤因素可降低肠道屏障功能，肠源性毒素和细菌入血，一方面直接或通过激活 Kupffer 细胞介导引起肝细胞损害；另一方面通过单核 - 巨噬细胞释放的炎性介质，如 TNF-α、IL-1 等造成肝组织损伤或灌流障碍。

（五）心功能的变化

心源性休克早期即存在原发性心功能障碍。非心源性休克早期，由于机体的代偿作用，能够维持冠状动脉的血流量，心功能一般不会出现明显障碍。但随着休克的进一步发展，血压进行性降低，也会并发心脏泵血功能障碍，使心输出量减少，甚至出现急性心力衰竭。其机制主要与下列因素有关：①休克时交感神经兴奋，心率加快，使冠状动脉的血流量减少而导致心肌供血不足；同时，心肌收缩力增强，心肌耗氧量增加，从而加重了心肌缺血缺氧；②休克时常出现代谢性酸中毒和高钾血症，增多的 H^+ 影响心肌兴奋 - 收缩耦联而使心肌收缩力减弱；高血钾易导致严重的心律失常；③心肌微血管内形成 DIC，发生局灶性心肌坏死，致使心肌收缩力减弱；④胰腺缺血坏死是，产生心肌抑制因子，强烈抑制心肌收缩；⑤细菌毒素对心肌的直接损伤作用。

（六）脑功能的变化

休克早期，由于血液重新分布及脑循环的自身调节作用，可保证脑的血液供应，仅表现为应激引起的烦躁不安。随着休克的发展,当平均动脉血压低于50mmHg或脑循环出现DIC时,脑组织出现缺血、缺氧,能量代谢障碍,酸性代谢产物的堆积,细胞膜钠泵功能受损,细胞内外离子转运发生紊乱,引起一系列的神经功能损害。患者可出现神志淡漠、神志不清神志昏迷。脑组织缺血、缺氧、酸中毒等造成血管壁通透性增高,引起脑水肿,进而出现颅内高压,甚至形成脑疝。脑疝时延髓生命中枢受压,可导致患者死亡。

(七)凝血 - 纤溶系统功能的变化

休克患者常有凝血 - 抗凝血平衡紊乱,并可发生DIC。开始时血液凝固性高,通常不易察觉而漏诊;而后由于凝血因子大量消耗,发生继发性纤溶亢进,患者可有较为明显的出血或出血倾向。血液检查可见血小板计数降低,凝血时间、凝血酶原时间和部分凝血活酶时间延长,纤维蛋白原减少,并有纤维蛋白(原)降解产物存在。

(八)免疫系统功能的变化

休克时免疫器官(脾、胸腺、淋巴结)内出现巨噬细胞增生,中性粒细胞浸润,淋巴细胞变性、坏死和凋亡等改变。在休克早期,免疫系统被激活,患者血浆中补体C3a和C5a升高。C3a和C5a均可增加微血管壁通透性,激活白细胞和组织细胞。此外,革兰氏阴性细菌产生的内毒素作为抗原可与血浆中抗体形成的免疫复合物,后者激活补体,产生过敏毒素等一系列血管活性物质。免疫复合物可沉积在多个器官微循环血管内皮细胞上,吸引、活化白细胞,释放多种炎症介质及细胞因子,损伤邻近的组织和细胞,从而产生各系统器官的非特异性炎症,导致器官功能障碍。在休克晚期,由于IL-4、IL-10和IL-13等抗炎介质的大量表达,免疫系统处于全面抑制状态,中性粒细胞的吞噬和杀菌功能下降,单核巨噬细胞功能受抑制,辅助性T细胞/抑制性T细胞比例降低,B淋巴细胞分泌抗体能力减弱,感染容易扩散或引起新的感染。

第五节　休克防治的病理生理基础

休克的防治应针对病因和发病学环节,采取综合措施,维持生命器官的微循环灌流和防止细胞损害,努力恢复各器官系统功能,切断它们之间可能存在的恶性循环。

一、病因学防治

积极处理引起休克的原发病,如止血、补液和输血、镇痛、治疗创伤、控制感染、抗过敏、强心等。

二、发病学防治

(一)改善微循环

微循环障碍,组织灌流严重不足,是休克发生、发展的主要发病环节。因此改善和恢复微循环灌流,是治疗休克的关键所在。主要措施包括输液、补充血容量、纠正酸碱平衡紊乱、合理选用血管活性药物等。

1. 扩充血容量　各种休克发病的共同基础是有效循环血量绝对或相对不足,微循环灌流量减少。除心源性休克外,补充血容量是提高心输出量和改善组织灌流的根本措施。休克代偿期要强调尽早和尽快输液,提高微循环灌流量,防止休克进程加重。休克进展期输液的原则是"需多少,补多少"。由于微循环淤血及血浆外渗,补液量应大于失液量。感染性休克和过敏性休克,虽然无明显的体液丢失,但血管床容量扩大,有效循环血量相对不足,也应根据实际需要补充血容量。在扩容过程中,要正确估计补液的总量,量需而入。动态地观察静脉充盈程度、血压、脉搏和尿量等指标,作为检测输液量是否足够的参考指标。有条件时动态监测中心静脉压(ventral venous pressure, CVP)和肺动脉楔压(pulmonary artery wedge pressure,

PAWP）。若 CVP 和 PAWP 低于正常，说明血容量不足；若两者超过正常，说明补液过多。在补充血容量的时候，还需考虑血液流变学的变化，根据血细胞比容决定输血和输液的比例，正确选择全血、胶体或晶体溶液，使血细胞比容控制在 35%～40% 为宜。

2. 纠正酸中毒　休克时的缺氧引起的乳酸堆积或肾功能衰竭可导致代谢性酸中毒。酸中毒可加重微循环障碍，抑制心肌收缩、促进 DIC 和高钾血症，降低血管对儿茶酚胺的反应性、影响血管活性药物的治疗效果，对机体的危害很大，因此，必须根据酸中毒的程度，及时补碱纠酸。

3. 合理使用血管活性药物　选用血管活性药物的目的是提高组织微循环的血液灌流量。血管活性药物分为缩血管药和扩血管药物。对于低排高阻型休克和休克代偿期患者，应在充分扩容的基础上，使用扩血管药物以提高组织的血液灌流量。对于过敏性休克和神经源性休克、高排低阻型感染性休克和休克进展期的患者，应使用缩血管药物以升高血压，保证心脑重要器官的血液灌流。

（二）改善细胞代谢、减轻细胞损伤

休克时的细胞损伤可以是原发性的，也可继发微循环障碍之后。改善微循环是防止或减轻细胞损伤的根本措施。也可采用葡萄糖、胰岛素及钾液等改善细胞能量代谢，稳定溶酶体膜，或采用自由基清除剂、钙拮抗剂等减轻细胞损伤。

（三）抑制过度炎症反应

应用炎症介质阻断剂或拮抗剂可阻断过度炎症反应对机体的有害作用，如 TNF-α、IL-1 等单克隆抗体、糖皮质激素、非类固醇抗炎药、纳洛酮、超氧化物歧化酶等。

（四）防止器官功能障碍与衰竭

应预防 DIC 及重要器官功能衰竭，一旦出现，除采取一般的治疗措施外，还应针对不同器官衰竭采取不同的治疗措施。如发生休克肾时，应尽早利尿和透析；发生休克肺时，应正压给氧，改善呼吸功能；发生急性心力衰竭时，应减少或停止补液，同时采取强心、利尿措施，适当降低前后负荷。

（唐　群）

学习小结

休克是机体对有效循环血量减少的反应，是组织微循环灌流不足引起的功能代谢和结构损伤的病理过程。失血、失液、烧伤、创伤、感染、过敏、心力衰竭、神经刺激等都可以引起。血容量减少、血管床容量扩大、心输出量减少是休克的三个始动环节。休克的基本发病环节是微循环血液灌流障碍。根据微循环变化特点，休克可分为代偿期、进展期和难治期。代偿期表现为微循环缺血、动脉血压维持和全身血流重新分布。进展期表现微循环淤血、组织灌流量进一步减少，促使恶性循环的发生。难治期微循环严重淤滞，可出现 DIC 及多器官系统功能障碍和衰竭。休克时肾脏是最易受损害的器官，尿量减少是低血容量性休克最早的症状。休克肺是导致休克患者死亡的重要原因，以动脉血氧分压进行性下降为特征。在休克的防治上，尽早去除病因，充分扩容的基础上，纠正酸中毒，合理使用血管活性药物，减轻组织、细胞损伤，防止多器官功能障碍和衰竭的发生。

复习参考题

1. 什么是休克？休克各期微循环变化特点是什么？

2. 休克早期机体如何代偿？

3. 休克进展期微循环淤血的机制？

第二十二章　弥散性血管内凝血

22

第一节 概述

一、概念

弥散性血管内凝血(disseminated intravascular coagulation,DIC)是一种临床常见的凝血、抗凝血及纤维蛋白溶解系统平衡紊乱所致的基本病理过程。DIC 的发生是由于某些致病因素首先激活凝血因子和血小板,使凝血酶增加,在微血管内形成广泛的微血栓,并相继出现消耗性凝血功能障碍和继发性纤溶系统功能亢进。发生 DIC 的患者临床上主要表现为出血、休克、器官功能障碍和微血管病性溶血性贫血。

二、凝血、抗凝血、纤维蛋白溶解系统及其功能

(一) 凝血系统及凝血过程

体内凝血系统主要由多种凝血因子组成,生理状态下以无活性状态存在,被激活后可发生连续的酶促反应,激活整个凝血系统引发血液凝固反应。

血液凝固是凝血因子按一定顺序激活,最终使纤维蛋白原转变为纤维蛋白的过程,可分为凝血酶原激活物的形成、凝血酶形成、纤维蛋白形成三个基本步骤,根据凝血酶原激活物形成始动途径和参与因子的不同,可将凝血分为内源性凝血和外源性凝血两条途径。内源性凝血途径主要是由凝血因子XII活化而启动;外源性凝血途径是由损伤组织释放组织因子(tissue factor,TF,即凝血因子Ⅲ)进入血液而启动。内、外源性凝血系统的激活途径见图22-1。

除此外,XIIa 还可以激活血浆激肽释放酶原(PK),使其分解为激肽释放酶,进而激活激肽系统。

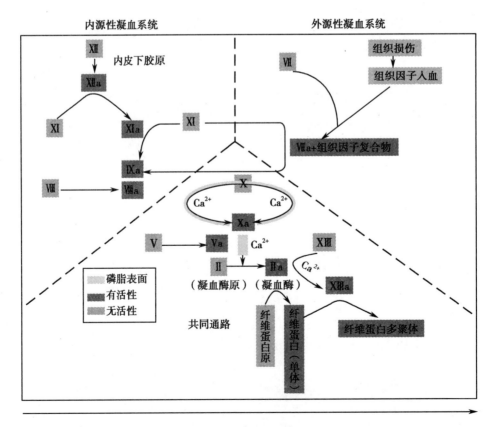

图 22-1 正常凝血过程及途径

（二）抗凝血系统及其功能

参与抗凝作用的成分可以分为体液抗凝和非特异性细胞抗凝两部分。

1. 体液抗凝系统

（1）蛋白 C 系统：蛋白 C 系统由肝脏合成的蛋白 C、蛋白 S，血管内皮细胞产生的血栓调节蛋白（thrombomodulin，TM）及位于内皮细胞表面的蛋白 C 受体构成。该系统是在凝血过程发生后、凝血酶（IIa）生成的情况下激活的。当凝血发生后，蛋白 C 与凝血酶在 Ca^{2+} 的参与下与内皮细胞表面的蛋白 C 受体结合，进而与血栓调节蛋白结合，这样的结合导致凝血酶活性大大降低，因此纤维蛋白单体形成减少，抵抗凝血过程的进一步进行；另外，蛋白 C、凝血酶及血栓调节蛋白在内皮细胞表面借助于蛋白 C 受体所形成的复合物可以使蛋白 C 活化，活化后的蛋白 C 可与血浆中游离的蛋白 S 结合，在蛋白 S 的辅助下，促使 Va 或 $VIIIa$ 从膜磷脂脱落而丧失活性。除此外，活化的蛋白 C 还可阻止 Va 与 Xa 的结合、降低 Xa 的活性；刺激血管内皮细胞释放组织型纤溶酶原激活物、增强纤溶活性。因此蛋白 C 系统的主要功能是防止凝血过程的延续。

（2）血浆抗凝因子：血浆抗凝因子包括数种溶解于血浆的蛋白成分。

1）组织因子途径抑制物（tissue factor pathway inhibitor，TFPI），又称为组织抑制物，主要由血管内皮细胞合成释放入血。血浆中的 TFPI 主要与脂蛋白结合随血运行。除此外，肺、肝、肾、胎盘组织及恶性肿瘤细胞也可产生 TFPI。TFPI 的主要作用是在 Ca^{2+} 的参与下灭活 Xa、抑制 $VIIa$ 的活性。

2）丝氨酸蛋白酶抑制物及肝素：人类血浆中至少含有 7 种丝氨酸蛋白酶凝血因子的抑制物，统称为丝氨酸蛋白酶抑制物。其中最主要的代表为抗凝血酶 III（antithrombin III，AT-III）。AT-III 在肝素的辅助下，可以 1∶1 的方式结合并综合凝血酶的活性，也可以一直 Xa、IXa、XIa 及 $XIIIa$ 的活性。需要提出的是，AT-III 单独作用较弱，但与肝素结合后期抗凝作用可增强 2000 倍以上，这也是肝素作为抗凝剂广泛使用的机制所在。

2. 非特异性细胞抗凝　细胞抗凝系统主要包括单核/巨噬细胞和肝细胞。单核/巨噬细胞可吞噬血液中出现的组织因子、免疫复合物及内毒素等促凝物质，也可活化凝血因子、纤溶酶及形成的凝血的中间复合物等，参与抗凝过程；肝细胞则能摄取并灭活已经活化的凝血因子。

（三）纤维蛋白溶解系统及其功能

纤维蛋白溶解系统，简称纤溶系统，是由纤溶酶原、纤溶酶、纤溶酶原激活物和纤溶抑制物组成，其功能活动的产物是使凝血过程中形成的纤维蛋白降解、形成纤维蛋白降解产物。从纤溶酶激活到纤维蛋白溶解大致分为两个阶段：第一个阶段是纤溶酶的激活，第二个阶段是纤维蛋白的降解。

1. 纤溶酶原的激活

（1）外激活途径：由组织型纤溶酶原激活物（tissue plasminogen activators，t-PA）或尿激酶型纤溶酶原激活物（u-PA）将纤溶酶原激活为纤溶酶。

（2）内激活途径：凝血过程中被激活的 $XIIa$、XIa、IIa 均可激活纤溶酶原，所以，随着凝血过程的激活，纤溶过程也相继被激活。

2. 纤维蛋白的降解　纤溶酶既可以降解纤维蛋白，也可以降解纤维蛋白原，产物为纤维蛋白（原）降解产物（fibrin/fibrinogen degradation product，FDP）。

正常时，凝血系统一旦被激活，抗凝和纤溶系统也被相继激活，这样既可以有效止血，又可以防止凝血的扩大化，保证血液的正常流动。因此，当机体抗凝或纤溶系统功能异常时，可发生凝血与抗凝血平衡紊乱，产生出血或血栓形成倾向。

第二节 弥散性血管内凝血发生的原因和机制

一、弥散性血管内凝血的发生原因

可导致 DIC 发生的疾病有很多，常见的疾病有严重感染、恶性肿瘤、组织损伤、产科疾病、血液系统疾病等，其中临床上以感染性疾病最为多见（表 22-1）。

表 22-1 DIC 的常见病因

分类	主要疾病
严重感染（31%～43%）	革兰氏阴性或阳性细菌引起的败血症、脓毒血症，急性或亚急性病毒性肝炎，流行性出血热，严重的病毒性心肌炎等
恶性肿瘤（24%～34%）	恶性淋巴瘤，白血病，转移性癌，肉瘤
产科合并症（4%～12%）	羊水栓塞，宫内死胎，胎盘早剥，子宫破裂
严重的创伤、大手术（1%～5%）	大面积烧伤，挤压综合征，严重软组织创伤，涉及体外循环的心肺手术
全身性危重病况（1%～5%）	休克，急性坏死性胰腺炎，异型输血

二、弥散性血管内凝血的发病机制

DIC 的发生与体内凝血系统过度激活有关。下列机制可使凝血系统激活，导致 DIC 的发生：

（一）组织损伤、组织因子入血，启动外源性凝血系统

机体各种组织细胞中都含有 TF，TF 是一种跨膜糖蛋白，血管壁外膜平滑肌细胞、成纤维细胞、皮肤外层的表皮细胞，以及肝、脾、肾等器官的纤维囊、肾小球上皮细胞、脑皮质、心肌细胞、肺泡巨噬细胞、胃肠道壁、部分生殖泌尿道和子宫内膜基质细胞中恒定表达 TF。严重创伤、烧伤、外科大手术、急性和亚急性肝细胞坏死、恶性肿瘤和实质脏器坏死、产科意外等原因造成大量的组织细胞损伤、坏死情况下，则有大量 TF 释放入血，启动外源性凝血系统。

（二）血管内皮细胞损伤，凝血和抗凝血功能平衡紊乱

严重感染、内毒素、免疫复合物及缺氧/酸中毒等达到一定强度时都可以损伤血管内皮细胞，引起以下变化。

1. 受损血管壁上的细胞释放组织因子，启动外源性凝血过程。

2. 血管内皮细胞受损使其下携带负电荷的胶原纤维暴露，可激活凝血因子Ⅻ，启动内源性凝血过程。

3. 血管内皮细胞分泌 TFPI、AT-Ⅲ、血栓调节蛋白（TM）减少，使抗凝力量减弱。

4. 血管内皮受损后，大量血小板黏附到胶原上而引发血小板的黏附、聚集和释放反应，加剧凝血反应。

（三）血细胞大量破坏，激活和促进凝血过程

1. **红细胞大量破坏** 由于异型输血、疟疾及自身免疫病等原因导致溶血时，引起红细胞大量破坏。红细胞破坏释放的 ADP 具有很强的促进血小板黏附、聚集和释放作用；另外，红细胞溶解后释放的膜内磷脂可浓缩和局限凝血因子，产生凝血反应。

2. **白细胞大量破坏** 中性粒细胞和单核细胞中含有促凝物质，其作用类似 TF，被称为组织凝血活酶样物质。内毒素能刺激上述细胞合成并释放这种促凝物质。严重内毒素感染时，粒细胞释放出大量组织凝血活酶样物质可激活外源性凝血系统而引起 DIC。另外，急性早幼粒细胞白血病患者，在化疗、放疗后会有大量白细胞被破坏，其所释放的组织凝血活酶样物质可激活凝血系统。

3. **血小板的激活** 血小板的激活、黏附及聚集在内毒素、免疫复合物、凝血酶等均可激活血小板。激活的血小板可与纤维蛋白原结合,促使更多的血小板聚集。当聚集的血小板发生损伤时可释放多种血小板因子促进血液凝固。在 DIC 发生发展中,血小板的促凝作用多为继发性作用。

(四)促凝物质入血,激活和促进凝血发生

一定量的羊水、转移入血的癌细胞、脂肪滴或某些具有生物学功能的大分子物质(抗原-抗体复合物、细菌)进入血液可以通过表面接触而激活XII,从而启动内源性凝血过程;另外,像动物的毒素、蛇毒、蛋白水解酶等进入血液主要通过直接促使凝血酶原变为凝血酶而激活凝血系统;急性坏死性胰腺炎发生时,大量的胰蛋白酶进入血液也可直接激活凝血酶原转变为凝血酶,导致 DIC 发生。响尾蛇的蛇毒直接使纤维蛋白原转化为纤维蛋白;抗原抗体复合物能通过直接激活凝血因子XII、损伤血管内皮细胞和血小板而激活和促进凝血发生(图 22-2)。

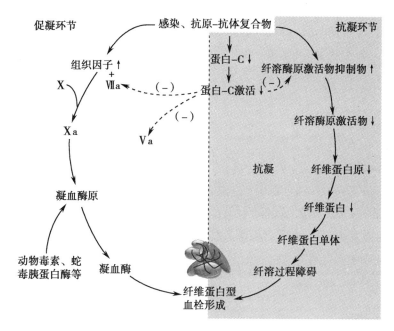

图 22-2　各种因素对促凝和抗凝环节的影响

第三节　影响弥散性血管内凝血发生和发展的因素

在某些基础疾病及凝血触发因素存在的情况下,DIC 是否发生或 DIC 发生发展的轻重缓急程度尚与机体内凝血和抗凝血平衡的基础状态有关。

一、血液高凝状态

妊娠第三周开始,孕妇血液中血小板\纤维蛋白原、凝血酶原及凝血因子(Ⅴ、Ⅶ、Ⅷ、Ⅸ、Ⅹ)的含量均逐渐增多,同时血浆中出现较多可溶性纤维蛋白复合物。在分娩前血小板黏附和聚集的性能显著增强。与此同时,血浆中抗凝物质如抗凝血酶Ⅲ、组织型纤溶酶原激活物等减少,而胎盘产生的纤溶酶原抑制物却增多,所以,总体纤溶系统活力有所减弱。随着妊娠时间的增加,血液渐趋高凝状态,尤以妊娠末期最为明显。因此,当合并产科意外(胎盘早剥、宫内死胎、盐水栓塞)时很容易发生 DIC。

引起血液高凝状态的另一个重要原因是严重的酸中毒。严重的酸中毒,引起内皮细胞损伤,启动凝血系统;另一方面,由于酸中毒时血液 pH 降低,使凝血因子的酶活性升高、肝素的抗凝活性减弱,血液中的抗凝能力显著减弱。此外,酸中毒还使血小板的聚集性加强,这些均可促进 DIC 的发生发展。

二、单核 - 巨噬细胞系统功能受损

单核 - 巨噬细胞系统具有吞噬功能,可吞噬和清除进入循环血液中的凝血酶、纤维蛋白原及其他促凝;同时也可清除纤溶酶、纤维蛋白降解产物及凝血和纤溶激活过程中所生成的凝血酶原激活物、凝血酶、纤维蛋白和纤维蛋白降解产物等。当其吞噬功能严重障碍或是由于过度吞噬大量坏死组织、细菌及其毒素等使其功能"封闭"时,则可促进 DIC 的发生。细菌学家 Shwartzman Gregory 曾报道给家兔静脉注射内毒素,24 小时后再次注射,家兔则因休克和出血死亡。随后的尸检发现各重要脏器的微血管中有大量纤维蛋白微血栓形成、多部位脏器发生出血性坏死,被称为全身性 Shwartzman 反应。全身性 Shwartzman 应的发生机制为:首次注射内毒素使单核 - 巨噬细胞因为吞噬内毒素而被"封闭";第二次注射后,由于内毒素具有激活凝血因子、促进血小板聚集的作用,而此时单核 - 巨噬细胞吞噬和清除凝血因子的能力降低,因而易起 DIC 的发生。

三、肝功能严重障碍

除合成主要的凝血因子(I、II、V、VII、VIII、XI、X)外,体内的一些抗凝物资(蛋白 C、蛋白 S、AT-III)以及纤溶酶原也可在肝脏合成。由肝脏所产生的抗凝物质活性约占全部血浆抗凝活性的 75% 左右。另外,具有活性的凝血因子(IXa、Xa、XIa 等)也主要在肝脏灭活。当肝功能出现严重障碍时,可使凝血、抗凝血及纤溶之间的平衡发生紊乱:在促凝因素影响下易发生 DIC;当凝血物质生成显著减少时,使凝血能力降低而易发生出血倾向。

四、微循环障碍

当各种原因造成微循环严重障碍时,血流的淤滞容易使血细胞,特别是血小板黏附、聚集而容易发生凝血。除此外还会使局部被激活的凝血因子和凝血生成的纤维蛋白聚合物不能被及时稀释、冲走,再加上大量血细胞,特别是血小板黏附在血管壁,相互聚集而活化,发生促凝作用。另外,血流淤滞还可造成局部严重的缺血、缺氧和酸中毒,使血管内皮细胞损伤而激活凝血过程。

在不同疾病中,影响 DIC 发生、发展的几个主要因素可以是某一因素起主要作用,也可以是几个因素综合发挥作用。如妊娠后期发生 DIC 时,妊娠后期血液的高凝状态是引发 DIC 的主要条件;而休克并发 DIC 时,休克引起的微循环障碍,肝脏因严重缺血而清除和解毒功能严重降低,休克病因引起的强烈应激和休克时并发的代谢性酸中毒使机体血液处于高凝状态,这些因素综合作用而使休克时易合并 DIC。

第四节 DIC 的临床经过和机体的机能代谢变化

一、DIC 的分型与分期

(一)DIC 的分型
1. 临床上依据病情的进展速度将 DIC 分为急性、亚急性和慢性三种类型。
(1)急性 DIC:起病急剧,常在数小时至一两天内发病。病情凶险、进展快,有严重的出血症状,大多

可很快引起严重休克和重要脏器功能衰竭，是致患者死亡的直接原因。急性DIC常由严重创伤、感染和产科意外引起。

（2）亚急性DIC：症状常在数天到数周出现，病程较缓慢，主要因广泛的微血栓栓塞而造成脏器功能衰竭。亚急性DIC多因急性白血病、恶性肿瘤播散、宫内死胎滞留等引起。

（3）慢性DIC：起病缓慢，病程可达数月到数年。主要表现为高凝期引起的栓塞症状，或有皮肤、脏器小出血引起的瘀点、瘀斑等，易与原发疾病症状相混淆而难以发现。多由慢性肝病、胶原病、海绵状血管瘤等引起。

2. 临床上依据机体的反应状况，将DIC分为失代偿型、代偿型和过度代偿型三种类型。

（1）失代偿型：多见于急性DIC。机体凝血因子和血小板的消耗超过生成和释放的速度，机体来不及进行代偿。实验室检查常见血小板和纤维蛋白原等凝血因子明显减少。

（2）代偿型：多见于慢性DIC。凝血因子和血小板消耗与代偿性生成之间呈平衡状态。实验室检查无明显异常。患者临床表现不明显，或仅有轻度出血和血栓形成症状，易被忽视。

（3）过度代偿型：多见于慢性DIC后期或急性DIC恢复期。机体代偿功能较好，凝血因子和血小板生成可超过其消耗的速度。可出现纤维蛋白原等凝血因子暂时性升高，但血小板活化产物、凝血因子激活标志物和纤溶相关降解产物仍高于正常。患者出血及栓塞症状不明显。

（二）DIC分期

DIC是一个动态进展的病理生理过程，即便是同一个患者，如果出于DIC的不同发展阶段，其凝血与抗凝血平衡紊乱的特征也可能大不相同。典型的DIC病程可分为三个时期：

1. **高凝期** 高凝期是DIC的初发阶段，突出的变化是血液凝固性升高，导致广泛的微血栓形成。DIC形成的微血栓主要是纤维蛋白血栓和少量凝集的血小板，常发生在真毛细血管和微静脉中，因此处血管口径小、血流速度慢所致。此期持续时间短、发展快。在急性DIC时，这一期形成的症状不明显，常被原发病的症状所遮盖，易被忽视而漏诊。在亚急性和慢性DIC中，广泛的微血栓栓塞所造成的脏器功能障碍则成为疾病的主要症状。实验室检查血液凝固性增高。

2. **消耗性低凝期** 高凝期因广泛的微血栓形成，使血液中血小板和各种凝血因子，特别是纤维蛋白原，凝血酶原、凝血因子Ⅴ、Ⅷ、Ⅹ等凝血物质显著减少，引起血液凝固性降低。随着凝血激活，纤维蛋白溶解系统继发性激活，此时也伴有一定的纤溶发生，血液凝固性明显降低。所以常有皮肤、黏膜和脏器出血的表现。但因此时体内凝血物质仅是量的减少，血液中仍存在着一定量的血小板和凝血因子，故如体内激活凝血的病因继续存在，仍会不断地发生凝血，形成微血栓。实验室检查可见血小板和凝血因子减少。

3. **继发性纤溶亢进期** 凝血过程中产生的大量凝血酶及激活的凝血因子Ⅻa，还有在凝血因子Ⅻ激活过程中生成的激肽释放酶，这些物质均可以激活纤溶酶原，从而激活纤溶系统。所以在DIC发生过程中，随着凝血激活，纤溶系统也逐渐被激活。而且纤溶系统激活后大量的纤维蛋白降解产物FDP还具有较强的抗凝作用（见图22-2），故凝血功能严重障碍。该期患者大多有程度不等的出血症状。

二、DIC时机体的主要功能代谢变化

因病因、病情严重程度、所波及的范围和进展速度不仅相同，DIC对机体的影响也不完全相同。慢性、局部性DIC，对机体常无明显的影响，也不出现典型的临床症状，只有借助实验室检查或尸检才能被发现。严重的、急性、全身性DIC则会导致机体各个器官功能发生变化、出现各种临床症状，对机体造成严重影响。这些临床症状以微血管中广泛微血栓形成和出血最为突出。

（一）出血

出血是DIC最常见的临床表现，往往也是DIC最早被发现的临床表现。据统计有80%左右的DIC患

者在发病初期存在程度不同的出血表现。DIC的出血常表现为多部位同时出血,如皮肤瘀斑、紫癜、注射针孔部位发生大片皮下瘀斑、手术切口部位出血不止等,严重者还可出现呕血、咯血、尿血或子宫腔出血不止,且这种出血难以用原发疾病解释。出血常比较突然,用一般止血药治疗无效。

DIC导致出血的可能机制有:

1. 凝血物质大量消耗 由于凝血系统被广泛激活,造成大量的纤维蛋白原、凝血酶原、凝血因子和血小板等凝血物质消耗性减少,使凝血过程障碍,导致出血。

2. 继发性纤溶系统激活 DIC发生过程中,随着凝血系统被激活,纤溶系统相继被激活,生成大量纤溶酶。在水解纤维蛋白的同时,纤溶酶还能水解纤维蛋白原、凝血酶原、凝血因子V、Ⅶ等,使这些凝血因子进一步减少,纤溶继发激活加重了凝血障碍,使出血加重。

3. FDP的生成 纤溶过程被激活,水解纤维蛋白和纤维蛋白原,生成的一些小分子多肽统称为FDP(图22-3),FDP有较强的抗凝作用。其中Fx、Fy碎片具有抑制凝血酶活性作用,特别是Fx碎片能与凝血过程中生成的纤维蛋白单体聚合形成可溶性复合物,从而抑制了纤维蛋白多聚体形成;FDP碎片可直接抑制纤维蛋白单体的相互聚集;FE和Fy碎片有抗凝血酶作用;大部分FDP碎片均能抑制血小板黏附和聚集,并能加强组胺和激肽提高毛细血管通透性的作用。因此,FDP大量生成,通过强烈的抗凝作用进一步加重出血。

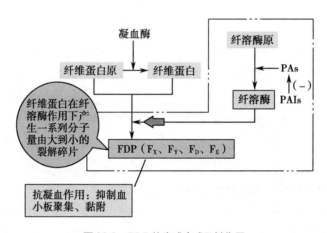

图22-3 FDP的生成合成及其作用

此外,DIC时的微血栓堵塞微循环;引起的休克造成微循环紊乱;灌流量急剧减少都会引起微循环血管缺血、缺氧、酸中毒,使微血管受损,通透性增高,也是造成DIC出血的原因之一

(二)器官功能障碍

DIC时,由于全身微血管内大量微血栓形成,阻塞局部微循环,进而引起器官功能障碍。常发生微血栓的有肺、肾、肾上腺、肝、心、脑、胃肠道等脏器。微血栓导致相应脏器的微循环血管阻塞,脏器微循环灌流减少。广泛、持久的微血栓栓塞造成脏器微循环灌流显著减少,可引起脏器局灶性缺血坏死、脏器功能衰竭。肾脏发生严重微血栓栓塞时,能引起缺血性肾皮质坏死,而导致急性肾功能衰竭,临床出现少尿、蛋白尿、血尿等症状。肺脏的广泛微血栓栓塞,可引起急性肺动脉高压、肺出血、呼吸困难等症状,发生急性呼吸功能衰竭和右心功能障碍。最常受累的内分泌腺为垂体和肾上腺。垂体微血栓栓塞可引起垂体出血、坏死,发生垂体功能衰竭,也被称为席汉综合征。肾上腺微血栓栓塞常引起肾上腺皮质出血坏死,可发生急性肾上腺功能衰竭,也称为华-佛综合征。由于DIC发病的范围和程度有很大差异,轻者仅出现个别脏器功能障碍,严重者则可引起一个或多个脏器功能衰竭(同时发生两个或两个以上器官系统的功能衰竭,成为多器官功能紊乱综合征——MODS),甚至造成死亡。

(三)休克

DIC和休克可互为因果。休克时可发生DIC,急性严重DIC又常引起休克。DIC时休克的发生率在

30%～70%。休克的本质为重要脏器微循环灌流量急剧降低。

DIC可通过下列几个方面引起休克的发生：

1. 回心血量减少　DIC时大量微血栓栓塞微循环血管，不仅造成组织细胞缺血、缺氧，同时使回心血量明显减少。

2. 血容量减少　DIC引起的出血使总血容量减少。

3. 心功能障碍　若微血栓累及冠状动脉微血管，使心肌供血减少，或者严重感染引起的DIC中细菌内毒素对心脏功能有直接抑制作用，均造成心功能障碍。

4. 循环血管异常扩张　凝血和纤溶激活过程又相继激活激肽和补体系统，产生大量血管活性物质（激肽、组胺等）具有强烈扩血管和增加血管通透性作用；纤溶激活生成的FDP还具有提高组胺和激肽扩张微血管的作用。

（四）贫血

患者的外周血涂片上，常可发现一些形态特殊的变形红细胞，外形呈新月形、盔甲形、星形、三角形、不规则形等，统称为裂体细胞。凝血被激活生成的纤维蛋白除形成微血栓外，也能相互交错联结在微血管中形成纤维蛋白丝、纤维蛋白网，特别在DIC早期，微血管中纤维蛋白丝、网较多，当红细胞随血流快速流经微血管中这些纤维蛋白丝网时，被撞击、切割或粘挂在纤维蛋白丝上，不断受到血流冲击，或红细胞在激活凝血酶血流推动下快速通过纤维蛋白网时受到挤压、牵扯等机械力，最终使红细胞变形、破裂形成裂体细胞（图22-4、图22-5）。这些裂体细胞因变形能力显著降低，脆性增高，在血流的冲击、碰撞下容易破裂，发生溶血。将这种因微血管发生病理变化而导致红细胞破裂引起的贫血，称为微血管病性溶血性贫血（microangiopathic hemolytic anemia，MHA）。这种病理改变常发生于慢性DIC及部分亚急性DIC。

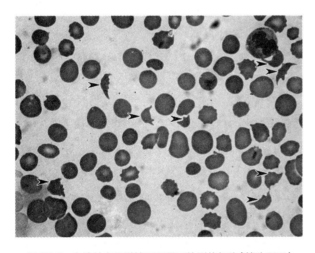

图22-4　血涂片在显微镜下所显示的裂体细胞（箭头所示）

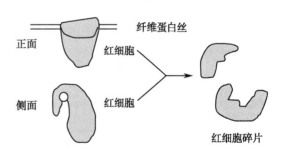

图22-5　裂体细胞的形成机制示意图

第五节　常用弥散性血管内凝血实验室诊断指标

一、检查凝血物质消耗的实验

（一）血小板计数

由于DIC发病过程中形成大量微血栓，使血小板大量消耗，同时原发病产生的毒物也可造成血小板损伤，所以DIC发病中常伴有血小板明显减少，血小板计数低于$100×10^9$/L（10万/μl）或进行性降低，即对诊断 DIC 有意义。

（二）纤维蛋白原含量测定

DIC 发病中，大量的微血栓形成和继发性纤溶激活过程都造成纤维蛋白原减少，一般认为纤维蛋白原含量少于 150mg/dl（肝病时少于 120mg/dl）对 DIC 诊断有意义。急性 DIC 患者大多可检出有纤维蛋白原含量减少或进行性下降。

（三）血浆凝血酶原时间测定

将兔脑浸出液和 Ca^{2+} 加入待测血浆后血浆发生凝固所需的时间称为血浆凝血酶原时间。血浆凝血酶原时间（plasma prothrombin time，PT）主要反映外源性凝血是否正常。检测时常用正常人血浆作标准对照，如被检患者血浆凝血酶原时间超过正常对照 3 秒以上，则判定为 PT 延长，该指标对诊断 DIC 有参考价值。临床上将血小板计数、纤维蛋白原含量测定和凝血酶原时间测定三项指标作为 DIC 诊断的筛选试验。如这三项试验结果均异常时可结合临床症状诊断 DIC，否则需选择下列实验室检查。

二、纤溶活性的实验室检查指标

（一）凝血酶时间测定

将被检血浆中加入标准凝血酶溶液后，血浆凝血所需时间称为凝血酶时间（thrombin clotting time，TT）。TT 是反映体内抗凝物质变化的指标。如果被检血浆较正常对照延长超过 3 秒则为延长。

（二）纤维蛋白降解产物（FDP）定量检查

因 FDP 中的 FD、FE、Fx 和 Fy 片段均含有纤维蛋白原的抗原决定簇，能与抗纤维蛋白原血清发生特异性抗原抗体反应，故可用免疫方法直接测定血清中 FDP 含量。FDP 增高是体内纤溶亢进的标志。当滴定效价 >1∶16（血清中 FDP 含量超过 20mg/L）时，对 DIC 纤溶亢进的诊断具有意义。

（三）鱼精蛋白副凝试验

FDP 中的 Fx、Fy 片段（尤其是 Fx 片段）可与纤维蛋白单体形成可溶性的复合物，从而阻止了稳定的纤维蛋白多聚体生成。将鱼精蛋白加入含有这种 Fx 片段与纤维蛋白单体复合物的血浆中后，由于鱼精蛋白可与 Fx 片段结合，从而使 Fx 片段和纤维蛋白单体分开，纤维蛋白单体便可在凝血因子ⅩⅢa 和 Ca^{2+} 的催化下，形成稳固的纤维蛋白多聚体，使血浆凝固。此种无需给血浆加凝血酶即能发生血浆凝固的现象称为副凝集。因 Fx 片段是纤维蛋白降解的中间产物，还能被纤溶酶进一步水解，最终生成 FD 和 FE。因此，纤溶过程增强早期，由于血浆中所含的 Fx 较多，此时鱼精蛋白副凝试验（plasma protamine paracoagulation test，3P 试验）阳性。而当纤溶进入晚期时，血浆中 Fx 已进一步被水解而生成纤溶过程的终产物，此时 3P 试验常为阴性。也就是说，3P 试验阳性表示血浆中含有 FDP，即患者处于纤溶亢进过程，然而，3P 试验阴性，只表示血浆中无 Fx，但并不能排除血浆中含有 FDP 中的终产物。

检查纤溶活性的试验，常被称为 DIC 的确诊试验，其阳性结果对诊断 DIC 有重要价值。

（四）D-二聚体检查

纤维蛋白被纤溶酶水解后，产物以多聚体形式存在，而纤维蛋白原被纤溶酶水解后，其产物则多是单体形式。D-二聚体是纤溶酶分解纤维蛋白的产物。一般情况下，纤维蛋白比纤维蛋白原更易被纤溶酶水解，所以当发生 DIC 时，血中 FDP 增加，通常说明血中产生大量纤维蛋白。又因为只有当纤维蛋白原被凝血酶水解为纤维蛋白后，纤溶酶才能水解纤维蛋白产生 D-二聚体，所以，D-二聚体是反映继发性纤溶亢进的指标。另外，临床上某些特殊情况下，譬如：一些富含纤溶酶原激活物的器官（子宫、卵巢、前列腺等）因手术、损伤等原因导致原发性纤溶亢进时，因无凝血酶激活过程，纤维蛋白的量并未增加，故此时虽然血中 FDP 增高，但 D-二聚体并不增高。

三、微血管溶血的检查

显微镜下对外周血涂片中红细胞形态进行观察。如能发现破碎红细胞数超过红细胞总数 2% 时,对诊断 DIC 有重要参考价值。

第六节　弥散性血管内凝血防治的病理生理基础

对 DIC 的防治,应采取综合防治措施,主要原则如下:

一、病因学治疗

如积极有效地控制感染和败血症、及时清除子宫内容物(残留胎盘、宫内死胎等)、加强支持疗法等,对 DIC 的防治起着决定性作用,某些轻型 DIC 去除病因后可以恢复。

二、发病学治疗

(一)改善微循环,尽快纠正微循环障碍
可用血管活性药物解除微循环血管痉挛;补充血容量以降低血黏度等措施促进已聚集的血小板和红细胞的散开和解聚。

(二)抗凝治疗
可用于 DIC 的高凝血期和消耗性低凝血期。临床上常用肝素。肝素可与抗凝血酶Ⅲ组成复合物,从而加速对凝血酶、Ⅸa、Ⅹa、Ⅺa、Ⅻa 等的灭活。肝素适用于诊断明确、微循环阻塞或出血症状进行性加重患者。在 DIC 后期,以纤溶亢进为主的出血不宜应用或慎用肝素。

(三)重新建立凝血、抗凝血和纤溶间的动态平衡
在抗凝治疗使血液已肝素化时,可以输注新鲜全血或血浆,血小板明显减少者可输注血小板悬液,使凝血和纤溶间恢复新的平衡。

(四)抗纤溶治疗
临床抗纤溶治疗的原则是:DIC 早期禁用;消耗性低凝期可在抗凝治疗的基础上使用小剂量抗纤溶药,不宜单独使用;继发性纤溶亢进期为主的出血者,可单独抗纤溶治疗,加输纤维蛋白原,抗纤溶药能对纤溶酶原激活物产生竞争性抑制从而降低纤溶活性,常用的有 6- 氨基己酸、对羧基苄胺和氨甲环酸等。

(李夏青)

DIC 是机体凝血系统被广泛激活后，体内凝血和抗凝血功能失衡的病理过程。严重感 DIC 是机体凝血系统被广泛激活后，体内凝血和抗凝血功能失衡的病理过程。严重感染、恶性肿瘤、组织损伤、产科疾病、血液系统疾病等均可引起 DIC 的发生。上述病因可通过向血液中释放组织因子、促凝物质及损伤血管内皮细胞和破坏血细胞激活内、外源性凝血机制，引起血液高凝状态。凝血过程的激活继而造成消耗性低凝及继发性纤溶亢进状态，临床表现为出血、休克、脏器功能障碍和微血管病性溶血性贫血。DIC 的发生还受单核－巨噬细胞系统功能、肝功能、微循环状态和血液高凝等因素的影响。检查凝血物质消耗的试验和检查纤溶活性的试验能协助诊断 DIC。

复习参考题

1. 严重感染为何易引起 DIC？

2. 哪些疾病容易诱发 DIC，其机制是什么？

3. DIC 可分为几期？各期有哪些主要临床表现和实验室检查特点？

4. 试述 DIC 与休克之间的相互关系及其机制。

第二十三章 缺血-再灌注损伤

23

近年来的临床观察和动物实验研究发现，在某些情况下，缺血组织器官进行血液再灌注后可发生更严重功能结构障碍，甚至出现不可逆的损伤性变化。这种缺血的组织器官恢复血液灌注后，细胞功能代谢及结构的损伤不但没有恢复，反而进一步加重的病理现象称为缺血 - 再灌注损伤（ischemia-reperfusion injury，IRI），又称为再灌注损伤。缺血 - 再灌注损伤是临床纠正器官缺血治疗中可能出现的病理过程或合并症。

人们对于缺血 - 再灌注损伤的发现起始 20 世纪 50 年代。1955 年，Sewell 等在观察狗冠状动脉结扎术后的心功能变化时发现：如突然解除结扎、恢复血流，部分动物立即发生心室纤颤而死亡。1960 年，Jennings 第一次提出心肌缺血 - 再灌注损伤的概念，即在心肌缺血恢复血流后，缺血心肌的损伤反而加重。1967 年，Bulkley 和 Hutchins 发现冠脉搭桥血管再通后的患者发生心肌细胞反常性坏死。此后发现几乎所有的器官都可能发生缺血再灌注损伤。在临床中，休克时微循环的疏通、冠状动脉痉挛的缓解、心脑血管栓塞再通（经皮腔内冠脉血管成形术 -PTCA）、心肺手术体外循环后和心搏骤停后心肺脑复苏、断肢再植、器官移植血供恢复等都可能发生再灌注损伤。

第一节 缺血 - 再灌注损伤的原因和条件

一、原因

凡在组织器官缺血后能够使血液恢复再灌注的因素都有可能成为缺血 - 再灌注损伤的发生原因。常见的原因包括：

1. 组织器官缺血后快速恢复血液供应，例如：休克后微循环的疏通、冠状动脉痉挛的缓解、心搏骤停后的心、脑、肺的等。

2. 某些新的医疗技术的应用：例如：冠状动脉搭桥术、溶栓疗法、经皮腔内冠脉血管成形术等。

3. 其他：断肢再植、皮肤或器官移植、体外条件下的心脏外科手术等。

二、条件

并非所有缺血的组织器官在恢复血液灌注后都会发生缺血 - 再灌注损伤，缺血器官组织自身的解剖结构和代谢特点以及血液恢复再灌注的状态对缺血 - 再灌注损伤的发生密切相关，例如：

1. **缺血时间** 缺血时间长短与再灌注损伤的发生与否密切相关。一般认为缺血时间短不易发生再灌注损伤，而缺血时间长则容易发生。但是，缺血时间过长时组织器官则进入不可逆损伤期，此时恢复血流再灌注可无任何反应。例如：阻断大鼠左冠状动脉不超过 2 分钟或超过 20 分钟时，恢复血流后心律失常较少发生。但缺血时间在 5～10 分钟时，恢复血流后心律失常的发生率很高。研究表明，不同动物、不同的器官发生再灌注损伤所需的缺血时间长短不一样，小动物相对较短，大动物则相对较长。

2. **器官需氧程度** 代谢旺盛、需氧程度高的组织器官（如心、脑等）易发生缺血 - 再灌注损伤。

3. **再灌注时的条件** 低压、低温（25℃）、低 pH 值、低钠、低钙液灌流，可缓解或减轻心肌再灌注损伤，促进心功能迅速恢复。反之，再灌注时所采用的高压（快速输液等）、高温、高钠、高钙液灌注可诱发或加重再灌注损伤。

4. **侧支循环建立的难易** 如果器官组织缺血后易于建立侧支循环，则由于缺血时间缩短和缺血程度减轻，不易发生再灌注损伤；反之则否。

第二节　缺血 - 再灌注损伤的发生机制

缺血 - 再灌注损伤的发生发展涵盖两个过程的损伤机制，前者是缺血阶段组织损伤的发生，其机制主要与缺血缺氧所引起的有氧代谢障碍，ATP 产生减少及局部酸性代谢产物堆积所致的代谢性酸中毒有关；而后者主要发生在再灌注阶段，也是本章主要阐述的重点内容。再灌注损伤的发生十分复杂，尚未完全阐明。目前认为主要与氧自由基生成增多、钙超载、白细胞激活及血管内皮受损有关。

一、自由基的作用

（一）自由基的定义及其生理作用

1. 自由基（free radicals，FRs）　化学结构上，自由基是指外层轨道上带有不配对电子的原子、原子团或分子的总称。因其含有未配对的电子，故化学性质极为活泼，易于获得或失去电子而对其他物质起氧化或还原作用。自由基主要包括：①氧自由基（oxygen free radical，OFR）：系由氧诱发的自由基，包括超氧阴离子（$O_2^-\cdot$）、超氧自由基（$O_2\cdot$）、羟自由基（$OH\cdot$）②脂性自由基：是氧自由基与多聚不饱和脂肪酸作用后生成的中间代谢产物，如烷自由基（$L\cdot$）、烷氧自由基（$LO\cdot$）、烷过氧自由基（$LOO\cdot$）等；③其他：如一氧化氮自由基（$NO\cdot$），是由精氨酸在一氧化氮合成酶（nitric oxide synthase，NOS）的催化下产生的，实质上是一种气体自由基。再如氯自由基（$Cl\cdot$）、甲基自由基（$CH_3\cdot$）等。

常与自由基相提并论的另外一个名称：活性氧（reactive oxygen species，ROS）是指一类由氧形成的、化学性质非常活泼的含氧代谢中间物质，包括氧自由基和非自由基物质，如上述的各种氧自由基、单线态氧（$^1O_2$）和过氧化氢（H_2O_2）。单线态氧是一种激发态氧，易氧化不饱和脂肪酸；H_2O_2 氧化能力很强，易接受一个电子生成 $OH\cdot$。

2. 自由基的代谢　在生理情况下，进入细胞内的氧（O_2）通常是在线粒体中癌细胞色素氧化酶的作用下通过 4 个电子（4e-）和 4 个氢原子（4H+）相继传递转换为 H_2O，同时产生 ATP。在这个电子传递过程中，大约有 1% ~ 2% 的氧可先接受一个电子生成超氧阴离子、接受 1 个电子生成 H_2O_2、先后接受三个电子生成 $OH\cdot$，后者是毒性最强的氧自由基。但在生理情况下，细胞内还存在各种自由基清除系统（发挥抗氧化功能），二者之间形成动态平衡（图 23-1）。因此，细胞内产生的少量氧自由基对机体不会造成有害影响。然而，在病理情况下，当活性氧生成过多或机体抗氧化能力下降时，就可引发氧化应激反应而导致细胞损伤甚至细胞死亡。

（二）缺血 - 再灌注时氧自由基生成增多的机制

研究发现：缺血 - 再灌注过程中，氧自由基生成明显增多，主要与以下因素有关：

1. 黄嘌呤氧化酶形成增多　黄嘌呤氧化酶（xanthine oxidase，XO）的前身为黄嘌呤脱氢酶（xanthine dehydrogenase，XD），主要存在于毛细血管内皮细胞内，二者为同工酶，但 XO 为 Ca^{2+} 依赖性蛋白酶。正常情况下，90% 以 XD 的形式存在，XO 仅占 10%。当组织缺血时，由于 ATP 含量减少使钙泵功能障碍，细胞内 Ca^{2+} 增多激活 Ca^{2+} 依赖性蛋白酶，促使大量 XD 转变为 XO；与此同时，由于 ATP 分解增加，生成大量次黄嘌呤堆积在组织中。再灌注时，大量 O_2 随血流进入缺血组织，于是在 XO 作用及 O_2 的参与下，次黄嘌呤依次生成黄嘌呤和尿酸，在此过程中释放出大量电子，并以 O_2 为电子接受体，形成大量超氧阴离子和 H_2O_2（图 23-2）。H_2O_2 在金属离子参与下可形成 $OH\cdot$，因此，再灌注时由于黄嘌呤氧化酶的大量增加，组织细胞内超氧阴离子、H_2O_2、$OH\cdot$ 等活性氧可大量增加。

2. 中性粒细胞呼吸爆发　组织发生缺血性损伤时，由于局部趋化因子的作用，吸引白细胞从血管内游出、浸润于损伤局部，但由于 O_2 的供应缺乏，并不能有效发挥其吞噬作用。再灌注时，组织重新获得 O_2

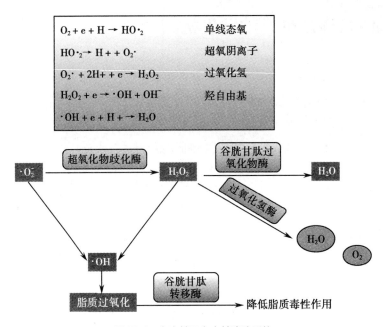

$$O_2 + e + H \rightarrow HO\cdot_2 \qquad 单线态氧$$
$$HO\cdot_2 \rightarrow H^+ + O_2^{\cdot} \qquad 超氧阴离子$$
$$O_2^{\cdot} + 2H^+ + e \rightarrow H_2O_2 \qquad 过氧化氢$$
$$H_2O_2 + e \rightarrow \cdot OH + OH^- \qquad 羟自由基$$
$$\cdot OH + e + H^+ \rightarrow H_2O$$

图 23-1　自由基及自由基清除系统

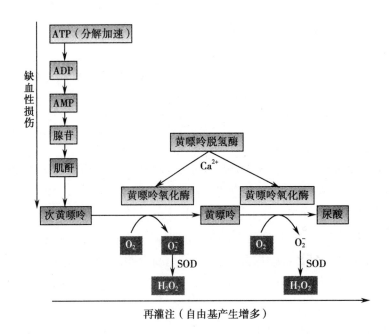

图 23-2　缺血 - 再灌注过程中黄嘌呤参与自由基的生成

供应,此时中性粒细胞摄取和消耗氧量显著增加、功能显著增强。中性粒细胞进行吞噬时伴耗氧量显著增加的现象称为呼吸爆发(respiratory burst)或氧爆发(oxygen burst)。生理条件下,中性粒细胞所摄取 O_2 的 70% ~ 90% 在 NADPH 氧化酶和 NADH 氧化酶的催化下,接受电子形成氧自由基,因此,呼吸爆发可使氧自由基产生增加,并以此杀灭病原微生物(图 23-3)。

3. 线粒体内氧代谢出现单电子还原　缺血缺氧时,ATP 生成减少、钙泵功能障碍,导致胞质内 Ca^{2+} 增加,由此,Ca^{2+} 进入线粒体增多,使线粒体功能受损,细胞色素氧化酶系统功能失调以致再灌注时进入线粒体的氧经单电子还原生成的氧自由基增多。有学者认为 Ca^{2+} 进入线粒体增多还可使含 Mn^{2+} 的超氧化而物歧化酶(SOD)发生超氧化而含量减少、清除氧自由基的能力下降,进而使细胞内氧自由基含量增加。

4. 儿茶酚胺氧化清除增加　各种应激(包括器官组织的缺血、缺氧)条件下,交感 - 肾上腺髓质系统可分泌大量的儿茶酚胺。儿茶酚胺一方面具有重要的代偿调节作用,但另一方面,过多的儿茶酚胺特别是它

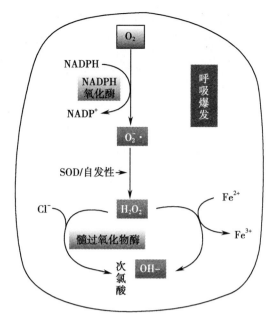

图 23-3　中性粒细胞吞噬耗氧(呼吸爆发)产生自由基示意图

的氧化产物,往往又成为对机体的有害因素。缺血 - 再灌注时,由于血流及氧供的回复,血循环中大量的儿茶酚胺类物质需要在肝脏进行氧化清除。大量的异丙肾上腺素、去甲肾上腺素、肾上腺素的氧化产物均能引起细胞损伤。儿茶酚胺的氧化能产生具有细胞毒性的氧自由基。

(三)自由基对组织细胞的损伤作用

自由基对机体的损伤主要呈现两个特点:①自由基一旦生成,自由基参与的反应系统能生成新的自由基,形成连锁反应;②自由基主要通过其显著的氧化作用对细胞造成直接损伤。缺血再灌注时,自由基可对组织细胞的各种结构造成损伤,主要表现在:

1. **生物膜损伤**　细胞膜和细胞器膜是以脂质为基架,这些脂质多为不饱和脂肪酸,其结构中含有共价结合的氢键,后者是自由基主要攻击的部位。受自由基攻击的膜脂质发生膜脂质过氧化(lipid peroxidation)反应。膜脂质过氧化的结果:①破坏细胞膜正常结构:生物膜内的多价不饱和脂肪酸减少,使膜的液态性、流动性降低及通透性增加,导致细胞外 Ca^{2+} 内流增加;②膜脂过氧化使膜脂质之间形成交联和聚合,间接抑制镶嵌于膜脂质上的膜蛋白功能,例如:钙泵、钠泵及 Na^+-Ca^{2+} 交换蛋白的功能等,使细胞内 Na^+、Ca^{2+} 浓度升高,造成细胞肿胀和钙超载。此外,膜的液态性降低和膜成分改变可影响信号转导分子在膜内的移动,抑制膜受体、G 蛋白与效应器的耦联,造成细胞信号转导功能障碍;③减少 ATP 生成:线粒体膜富含磷脂,自由基使线粒体膜脂质过氧化,导致线粒体功能抑制,ATP 生成减少,加重细胞能量代谢障碍(图 23-4)。

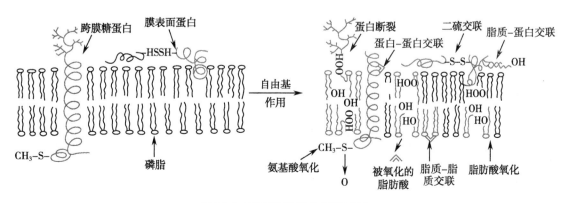

图 23-4　膜脂质过氧化及对膜的损伤

2. 蛋白质功能抑制 自由基可促使细胞膜及胞质内结构蛋白和酶的氨基酸残基氧化和巯基发生氧化，并借助于氨基酸残基之间的作用，或促使蛋白质之间二硫键的形成，加上膜脂质过氧化，使胞质与胞质内蛋白质与蛋白质之间、脂质及蛋白之间发生交联和聚合；蛋白质或酶的巯基氧化改变了蛋白质或酶的空间构型，因此其功能受到影响。在自由基作用下，膜离子通道蛋白的抑制与膜磷脂微环境的改变，共同导致跨膜离子梯度异常。肌浆网钙泵活性丧失导致钙调节功能异常。在心肌组织由此可发生肌纤维蛋白损伤，导致心肌收缩力受到抑制。

3. 核酸及染色体破坏 自由基，尤其是 OH• 可使核酸碱基羟化或 DNA 断裂，从而引起染色体畸变或细胞死亡。

4. 诱导炎性因子产生 膜磷脂中的多价不饱和脂肪酸在过氧化降解的过程中所产生的一些产物可激活磷脂酶 C、磷脂酶 D，使膜磷脂进一步分解，产生具有生物活性的花生四烯酸类的中间代谢产物，并形成大量脂质自由基。这些生物活性物质，如前列腺素（PGs）、血栓素 A_2（TXA_2）、白三烯（LTs）等多为炎性因子，可进一步促进再灌注损伤。

二、钙超载

正常情况下，细胞外液钙浓度约为细胞内液的 1 万倍。这种高浓度差的维持主要取决于 Na^+-Ca^{2+} 交换系统和细胞膜离子泵。各种原因引起的细胞内钙含量异常增多并导致细胞结构损伤和功能代谢障碍的现象称为钙超载（calcium overload）。在缺血 - 再灌注损伤的组织中，均可见到细胞内 Ca^{2+} 浓度明显增高，形成钙超载。细胞内 Ca^{2+} 浓度往往与细胞受损程度呈正相关，严重者可造成细胞死亡。

（一）缺血 - 再灌注时钙超载发生的机制

缺血 - 再灌注时，钙超载的发生机制十分复杂，尚未充分阐明。但研究表明，钙超载主要发生在再灌注期，其可能的机制主要与再灌注是钙内流增加、而外流减少有关。

1. Na^+-Ca^{2+} 交换增强导致钙内流异常增多 正常情况下，细胞内外 Na^+-Ca^{2+} 交换对维持细胞内较低游离钙 Ca^{2+} 浓度起着重要作用，通常以 3 个 Na^+ 交换 1 个 Ca^{2+} 的比例对细胞内外的 Na^+、Ca^{2+} 进行对向交换转运，交换的结果是将细胞内的 Ca^{2+} 转运至胞外（称为 Na^+-Ca^{2+} 的正向转运）。在缺血 - 再灌注损伤时，Ca^{2+} 的内流受到局部多种因素的作用而明显增多，例如：

（1）细胞内 Na^+ 增加：缺血使细胞内 ATP 生成减少，导致钠泵活性降低、细胞内 Na^+ 含量增高；再灌注时，细胞恢复氧和能量的供应，细胞内高 Na + 浓度激活钠泵外，同时还直接激活 Na^+-Ca^{2+} 交换蛋白，后者以反向转运的方式将 Na^+ 转运至细胞外，同时将大量 Ca^{2+} 运入胞内，出现钙超载。

（2）细胞内 H^+ 增加：缺血缺氧时，由于无氧酵解使 H^+ 增多，局部出现代谢性酸中毒。再灌注时，血流将组织间液中的 H^+ 冲走，使细胞内外形成跨膜 H + 浓度梯度，并激活 Na^+-H^+ 交换蛋白，以 1∶1 的比例促使细胞内 H^+ 的排出及 Na^+ 的进入。而细胞内 Na^+ 增加则可间接激活 Na^+-Ca^{2+} 交换蛋白，使 Ca^{2+} 进入细胞增多（称为 Na^+-Ca^{2+} 反向交换），造成钙超载。

（3）细胞内蛋白激酶 C（PKC）活化：缺血 - 再灌注时，儿茶酚胺释放增加，作用 α_1 肾上腺素能受体，从而激活 G 蛋白 - 磷脂酶 C（PLC）介导的细胞信号转导通路，使磷脂酰肌醇分解，生成三磷酸肌醇（IP3）和二酰甘油（DG）。IP3 促进细胞内肌浆网释放 Ca^{2+}；DG 则可激活 PKC，促进 Na^+-H^+ 交换，继而间接激活 Na^+-Ca^{2+} 交换，使胞质 Ca^{2+} 浓度升高、钙超载（图 23-5）。

2. 细胞膜通透性增高使 Ca^{2+} 内流增多 由于再灌注时自由基的大量生成使膜脂质发生过氧化，损伤生物膜结构；生物膜的氧化分解产物可激活磷脂酶，促使膜磷脂降解，使细胞膜的通透性显著增加，细胞外液 Ca^{2+} 顺浓度梯度大量进入细胞，形成钙超载。

3. 儿茶酚胺增多使 Ca^{2+} 通道开放及磷脂酶 C 激活 缺血时，内源性儿茶酚胺释放增多，一方面通过激

活肾上腺素能 β 受体促使细胞膜上 L 型钙通道开放,使 Ca^{2+} 内流增加;另一方面通过激活 α 受体使磷脂酶 C 活化,产生三磷酸肌醇(IP3),导致内质网或肌浆网上钙通道开放,使细胞内钙库释放钙增加,最终形成钙超载(图 23-6)。

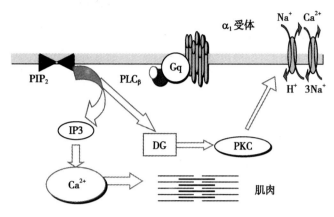

图 23-5　肌醇磷脂及 PKC 对胞内 Ca^{2+} 的作用

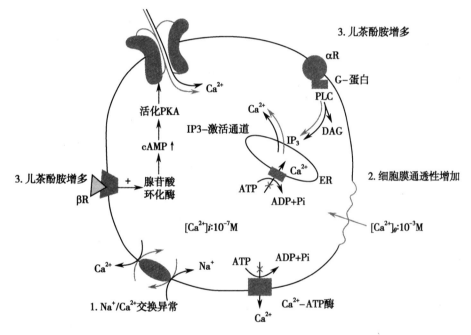

图 23-6　缺血 - 再灌注损伤时钙超载的机制

(二)钙超载引起再灌注损伤的机制

1. **导致线粒体功能障碍**　缺血 - 再灌注时细胞内 Ca^{2+} 超载,激活线粒体膜上的钙泵,使胞质内 Ca^{2+} 大量向线粒体转移。这不仅使 ATP 的消耗增加,而且由于进入线粒体的 Ca^{2+} 与磷酸根结合,形成不溶性磷酸钙,沉积于线粒体。干扰线粒体的产能过程,使 ATP 生成减少,导致线粒体的功能障碍。

2. **破坏细胞(器)膜**　细胞内 Ca^{2+} 浓度升高可激活多种磷脂酶,促进膜磷脂水解,引起细胞膜和细胞(器)膜损伤。膜磷脂降解产生的 LTs 和 TXA_2 等多种生物活性物质,可加重细胞损伤。此外,细胞内 Ca^{2+} 浓度升高,可激活 Ca^{2+} 依赖性蛋白酶,促进细胞膜和结构蛋白的分解。

3. **促进氧自由基生成**　钙超载使 Ca^{2+} 依赖性蛋白酶活性增高,促使 XD 大量转变为 XO,从而促进氧自由基生成,造成组织细胞损害。这也表明自由基与钙超载可相互促进,加重组织损伤。

4. **加重酸中毒**　细胞内 Ca^{2+} 浓度升高可激活某些 ATP 酶,导致细胞高能磷酸盐水解释放出大量 H^+,加重细胞内酸中毒。

由此可见，细胞内钙超载是缺血-再灌注损伤的另一个重要的发病学因素和环节。

三、白细胞的作用

近年来的研究表明，白细胞聚集和激活介导的微血管损伤在缺血-再灌注损伤的发病中起重要作用。动物实验研究发现，组织缺血一段时间后再恢复血流，部分缺血区并不能得到充分的血液灌注，这种现象称为无复流现象（no-reflow phenomenon），是再灌注损伤加重的重要影响因素。无复流现象可见于心、脑、肾、骨骼肌等组织器官缺血后再灌注时。白细胞聚集、激活及其致炎性细胞因子释放，引起微血管床及血液流变学改变是产生无复流现象的病理生理学基础。

（一）缺血-再灌注时白细胞聚集和激活的机制

目前认为缺血-再灌注时白细胞聚集并和激活的机制主要有：

1. 趋化因子的作用　缺血缺氧及再灌注时可由于组织损伤崩解所产生的生物活性物质（白三烯、血小板活化因子、补体碎片和激肽等）的化学趋化作用，使中性粒细胞大量聚集于缺血区的组织。

2. 炎症介质作用　大部分炎症介质对中性粒细胞皆有趋化作用。另外，聚集在缺血区的中性粒细胞本身也可释放具有趋化作用的炎症介质（白介素等）使更多的白细胞聚集和浸润。

3. 黏附分子的作用　再灌注期，血管内皮细胞可释放多种黏附分子，包括整合素、选择素、细胞间黏附分子、血管细胞黏附分子及血小板内皮细胞黏附分子等，进一步促进中性粒细胞黏附与聚集。

（二）白细胞介导再灌注损伤的机制

1. 白细胞激活引起微血管损伤　激活的中性粒细胞通过黏附因子的介导与血管内皮细胞之间相互作用是造成微血管损伤的决定因素。微血管的损伤可以表现在以下几方面：

（1）微血管通透性改变：实验表明，缺血及再灌注时微血管通透性的增高可能与白细胞释放的某些炎性介质有关。微血管通透性增高可引发组织水肿、导致血液浓缩，有助于形成无复流现象。

（2）微血管口径改变：缺血及再灌注时，损伤的血管内皮细胞肿胀，可造成管腔狭窄，阻碍血流灌流。此外还与花生四烯酸的代谢产物前列环素（PGI_2）与血栓素 A_2（TXA_2）之间的失衡密切有关。因缺血缺氧血管内皮细胞受损而致 PGI_2 生成减少，血小板释放 TXA_2 增加，使血管收缩和血小板聚集，促使血栓形成和血管堵塞，有助于无复流现象的发生，加重组织损伤。

（3）微血管内血液流变学的改变：正常情况下，血管内皮细胞与血流中的中性粒细胞相互排斥，以保证微血管中血液的灌流。实验表明，白细胞的流变学和形态学特点与微血管血流阻塞有密切关系。与红细胞相比，白细胞体积大，变形能力弱，在黏附分子参与下容易黏附在血管内皮细胞上，极易嵌顿、堵塞微血管，加之组织水肿、内皮损伤、血小板黏附和微血栓形成等，更容易形成无复流，加重组织损伤。

2. 白细胞激活引起细胞损伤　激活的中性粒细胞及损伤的血管内皮细胞可释放大量的致炎物质及多种活性酶，例如：氧自由基、蛋白酶、溶酶体酶和胶原酶等，即改变了自身的结构和功能，同时也造成了组织细胞的损伤。

总之，缺血-再灌注损伤的发生机制尚未彻底阐明，目前认为可能是上述三种机制相互影响、共同作用的结果。此外，细胞代谢障碍和能量代谢紊乱也可能参与或促进缺血-再灌注损伤的发生。

第三节　缺血-再灌注损伤时机体的功能及代谢变化

心、脑是临床上最常发生缺血-再灌注损伤的器官，也是研究得最多的器官组织，尤其是心肌缺血-再灌注损伤时机体所发生的功能及代谢变化已经被接受。

一、心脏缺血-再灌注损伤的变化

（一）心功能变化

1. 心肌顿抑　在再灌注恢复血流一定时间内（数小时至数周内）心肌出现的可逆性收缩功能降低，这种现象被称为心肌顿抑（myocardial stunning）。心肌顿抑持续的时间与再灌注前心肌缺血的时间长短有关，往往缺血时间越长，心肌顿抑持续的时间越久。心肌顿抑的发生机制主要与活性氧、钙超载和白细胞激活有关。心肌顿抑主要表现为心排出量降低。一般认为，心肌顿抑是再灌注损伤的表现，也有人认为是一种对心肌的保护作用，它可减少心肌耗氧量限制心肌坏死。

2. 再灌注性心律失常　心脏在缺血-再灌注过程中出现的心律失常，称之为再灌注性心律失常（reperfusion arrhythmia），其中以室性心律失常最为常见，例如：如室性心动过速和心室颤动。临床上常在解除冠状动脉痉挛及溶栓治疗后出现再灌注性心律失常，其发生率多达80%。再灌注性心律失常的发生率与再灌注前缺血时间长短有关。缺血时间过短，心肌损伤不明显，心肌电生理可无明显异常；缺血时间过长，心肌丧失电活动，也不易出现再灌注性心律失常。此外，心律失常的发生还与电解质紊乱等因素有关。再灌注心律失常发生的基础是缺血-再灌注时心肌电生理特性的改变。缺血-再灌注时，心肌电生理特性出现改变是多因素作用的结果，如自由基和钙超载造成的心肌损伤、ATP减少使ATP敏感性钾通道激活等均可改变心肌电生理特性。

（二）心肌代谢变化

缺血时，心肌细胞内ATP、磷酸肌酸含量迅速降低，同时，ADP、AMP及其降解产物核苷、碱基含量升高。如缺血损伤轻，心肌获得氧和代谢底物供应后，心肌高能磷酸化合物含量可较快恢复正常。如缺血时间较长，再灌注后心肌高能磷酸化合物含量不仅不回升，反而进一步降低。这是因为缺血-再灌注时自由基和钙超载等造成线粒体损伤，加之再灌注时ADP、AMP等这些合成ATP的底物被血流冲洗而降低，造成合成高能磷酸化合物的底物不足。

（三）心肌超微结构变化

再灌注损伤时，心肌超微结构的变化较单纯心肌缺血时进一步加重，表现为细胞膜破坏，线粒体肿胀、嵴断裂、溶解、空泡形成，基质内磷酸钙沉积形成的致密颗粒增多，肌原纤维断裂、节段性溶解和出现收缩带。再灌注还可造成不可逆性损伤，出现心肌出血、坏死。

二、脑缺血-再灌注损伤的变化

脑对缺氧最敏感，它的活动主要依靠葡萄糖有氧代谢提供能量，因此，一旦缺血时间较长即可引起不可逆性损伤。

（一）脑细胞代谢的变化

脑缺血可导致能量代谢障碍，短时间内神经细胞ATP水平降低，乳酸含量增加。缺血时，cAMP增加，cGMP减少，再灌注后上述变化更加明显。由于cAMP上升可导致磷脂酶激活，使磷脂降解，游离脂肪酸增多，缺血-再灌注时，自由基产生增多并与游离脂肪酸作用，使过氧化脂质生成增多，损伤生物膜。动物实验发现，脑缺血-再灌注损伤时，兴奋性神经递质（谷氨酸和天冬氨酸）降低，抑制性神经递质（丙氨酸、γ-氨基丁酸、甘氨酸）则增加。因此，脑缺血时，脑细胞生物电发生改变，脑电图出现病理性慢波，缺血一定时间后再灌注，慢波持续并加重。

（二）组织学变化

脑缺血-再灌注损伤时，最明显的组织学变化是脑水肿和脑细胞坏死，其发生机制主要是脑细胞膜脂质过氧化使膜的结构破坏和钠泵功能障碍。

三、其他器官缺血 - 再灌注损伤的变化

小肠缺血 - 再灌注损伤：肠缺血时会引发间质水肿，再灌注后，肠管出现以黏膜损伤的组织学特征，表现为广泛的上皮与绒毛分离，上皮坏死，中性粒细胞浸润，固有层破坏，出血及溃疡形成。除广泛地影响肠道吸收外，还导致黏膜屏障的通透性增高，出现全身炎症反应。

肾缺血 - 再灌注损伤：主要表现为再灌注阶段出现血清肌酐明显增高，可造成急性肾衰竭或导致肾移植失败。

此外，其他组织器官也可发生缺血 - 再灌注损伤，出现组织细胞结构损伤和代谢功能障碍，其发生与自由基、钙超载和白细胞激活等因素作用有关。

第四节　缺血 - 再灌注损伤防治的病理生理基础

一、减轻缺血性损伤，控制再灌注条件

防治再灌注损伤的基础是减轻缺血性损伤。应针对缺血原因，采取有效措施，在再灌注损伤发生的缺血时间以前，尽早恢复血流，避免再灌注损伤的发生。再灌注时应采用低温度、低压力、低流量、低 pH 值、低钠及低钙液灌注，以减轻再灌注损伤。低温则可降低缺血器官或组织的代谢，减少耗氧量；低压、低流灌注可减少氧自由基生成，减轻组织水肿；低 pH 值可减轻细胞内液碱化抑制磷脂酶和蛋白酶对细胞的分解，减轻 Na^+-H^+ 交换的过度激活；低钙可减轻因钙超载所致的细胞损伤；低钠有助于减少心肌内钠积聚，减轻细胞肿胀。

二、改善缺血组织的代谢

缺血时有氧氧化减弱、无氧酵解增强；再灌注时能量代谢所需的底物被冲走，因此损伤组织或器官 ATP 合成减少。补充外源性 ATP 可穿过细胞膜直接供能，又可与细胞膜表面的 ATP 受体结合，使细胞膜蛋白磷酸化，有利于细胞膜功能恢复。针对缺血 - 再灌注时线粒体氧化磷酸化功能障碍，可补充氢醌和细胞色素 C 等物质，有利于线粒体的能量代谢，延长缺血组织可逆性改变的时限。实验证明，细胞色素 C 可增加线粒体中 ADP 的磷酸化；醌类化合物可加速电子传递或将电子直接传递给氢。此外，纠正酸中毒可改善缺血组织代谢，减轻再灌注损伤。

三、清除自由基

机体对抗自由基损伤的防护系统主要有两大类：低分子自由基清除剂和酶性清除剂。

（一）低分子自由基清除剂

1. 存在于细胞脂质部分的自由基清除剂　如维生素 E 和维生素 A 等。

2. 存在于细胞内外水相中的自由基清除剂　如半胱氨酸、维生素 C、还原型谷胱甘肽和还原型辅酶 Ⅱ 等。

上述的自由基清除剂，通过提供电子使自由基还原，达到清除体内的自由基和活性氧的目的。

（二）酶性清除剂

1. 过氧化氢酶及过氧化物酶可清除 H_2O_2，抑制高毒性 OH· 的产生。

2. 超氧化物歧化酶（superoxide dismutase，SOD）是一种金属蛋白，可歧化超氧阴离子生成 H_2O_2。SOD 的重要作用在于清除超氧阴离子，从而保护细胞不受毒性氧自由基的损伤。

四、减轻钙超载

在再灌注前或再灌注即刻应用钙拮抗剂，可抑制再灌注时细胞内钙超载，维持细胞的钙稳态，减轻再灌注损伤。近来研究表明，应 Na^+-Ca^{2+} 交换及 Na^+-H^+ 交换的抑制剂可以有效地防止钙超载的发生。

五、其他

采用某些内、外源性细胞膜保护剂如牛磺酸、金属硫蛋白等，可增强细胞对内环境紊乱的耐受力而对细胞起到保护作用。腺苷可解除微血管痉挛，减轻血小板聚集，对心肌具有保护作用。采用中性粒细胞抗血清或抗粒细胞代谢产物抑制粒细胞激活，可明显地缩小心肌梗死范围。目前，有学者还提出提高体内热休克蛋白的水平对抗再灌注损伤的发生，已受到越来越多人的关注。近年来研究表明，缺血预处理（ischemic preconditioning，I-Pre-C）及缺血后处理（ischemic postconditioning，I-Post-C）对缺血 - 再灌注损伤均有一定的防治作用，充分调动机体内源性保护机制。此保护作用具有器官普遍性。

案例 23-1

患者，男，54 岁，因胸闷、大汗 1 小时入急诊病房。查体：血压 65/40mmHg，意识淡漠，心率患者，男，54 岁，因胸闷、大汗 1 小时入急诊病房。查体：血压 65/40mmHg，意识淡漠，心率 37 次 / 分，律齐。既往有高血压病史 10 年，否认冠心病史。心电图示Ⅲ度房室传导阻滞。给予阿托品、多巴胺、低分子右旋糖酐等进行扩冠治疗。入院上午 10 时用尿激酶静脉溶栓。10 时 40 分出现阵发性心室颤动（室颤），立即给予除颤，至 11 时 20 分反复发生室性心动过速、室颤，共除颤 6 次，同时给予利多卡因、小剂量异丙肾上腺素后心律转为窦性，血压平稳，意识清楚。冠状动脉造影证实：右冠状动脉上段 85% 狭窄，中段 78% 狭窄。

思考：

1. 上述病例在溶栓后为什么出现严重的心律失常？
2. 缺血后再灌注可能造成更为严重的损伤吗？

相关链接

心肌顿抑与心肌冬眠

心肌顿抑是指心肌短暂缺血后，心肌形态和超微结构正常，但心功能和心肌代谢异常却长时间持续存在的状态。此时局部心肌血流正常或几乎正常，但"缺血心肌血流恢复与机械功能恢复不匹配"。心肌冬眠是指由于冠状动脉血流减少和（或）心肌需氧量增加，而引起静息时左室功能持久性减退，是"心肌血流与机械功能低匹配"的现象，这多发生在冠脉搭桥手术前后，是一种心肌的保护性机制。其主要特征是血流减少不严重但持续时间长的供氧量减少时，心肌通过主动调节机制降低心功能，进而降低缺血心肌对代谢底物的需求量。当冠脉血供改善或心肌需氧量降低达到供需平衡时，心肌可部分或全部完全恢复。

（李夏青）

在缺血之后恢复血流后组织损伤反而加重、甚至发生不可逆性损伤的现象称为缺血 - 再灌注损伤。引起缺血 - 再灌注损伤原因是组织器官缺血一定时间后恢复血液供应：一些新的医疗技术应用、体外循环下心脏手术、心搏骤停后心、肺、脑复苏、断肢再植和器官移植等。影响因素与组织缺血时间、侧支循环、对氧的需求程度、再灌注的条件有关。

目前缺血 - 再灌注损伤的发生机制与自由基、钙超载、白细胞的作用密切相关。缺血 - 再灌注可导致心肌损伤的变化以及脑的损伤变化。通过一些措施改善缺血 - 再灌注损伤，包括消除缺血原因、控制再灌注条件、改善缺血组织代谢、清除自由基、减轻钙超载、抑制中性粒细胞活性、应用细胞保护剂、缺血预处理、缺血后处理等。

复习参考题

1. 什么情况下易出现再灌注损伤？

2. 解释无复流现象与心肌顿抑。

3. 如何在临床上防治各脏器缺血 - 再灌注损伤的发生？

4. 根据缺血 - 再灌注损伤的发病学特点，预防和治疗哪个更为重要？为什么？

5. 缺血 - 再灌注损伤中自由基、钙超载、白细胞之间是否有联系？它们是否相互促进共同导致组织细胞损伤的？为什么？

6. 正常情况下机体是否可产生氧自由基？对组织细胞可否造成损伤？为什么缺血 - 再灌注损伤时氧自由基可对组织造成损伤？

第二十四章　心功能不全

24

第二十四章　心功能不全

第一节　概述

心脏的泵血功能包括收缩期射血和舒张期充盈。生理条件下,心脏的泵血功能能够广泛适应机体的代谢需求,表现为心输出量(cardiac output, CO)可随机体代谢率的增强而增加。在各种致病因素的作用下,心脏的收缩和(或)舒张功能发生障碍,使心输出量绝对或相对不足,不能充分满足机体代谢需要的病理过程或综合征称为心力衰竭(heart failure)。

心功能不全(cardiac insufficiency)包括心脏泵血功能受损后的完全代偿阶段直至失代偿的全过程。在泵血功能发生障碍的早期,机体能够通过心脏本身的代偿机制以及心外的代偿措施,使心输出量保持在正常范围,患者无明显的临床症状和体征,此为心功能不全的代偿阶段。心力衰竭一般是指心功能不全的晚期,即失代偿阶段,此时,心排出量减少、肺循环和体循环淤血,患者表现出明显的症状和体征。心功能不全和心力衰竭在本质上是相同的,但在程度上有所区别。

心力衰竭呈慢性经过时,由于心输出量和静脉回流量不相适应,导致钠、水潴留和血容量增多,使静脉淤血及组织间液增多,出现明显组织水肿,心腔通常扩大,称为充血性心力衰竭(congestive heart failure)。

第二节　心力衰竭的病因、诱因和分类

一、病因

心力衰竭的根本问题是心脏泵血功能下降。引起心脏泵血功能下降的原因主要包括心肌收缩和(或)舒张功能障碍、心脏负荷长期过重和心室充盈受限。

(一)原发性心肌舒缩功能障碍

一般把由心肌本身的结构和代谢发生损害引起心肌舒缩功能障碍所导致的心力衰竭称为心肌衰竭(myocardial failure)。

1. 心肌病变　常见于心肌炎、心肌病、严重心肌梗死等弥漫性心肌病变。各种病因,如病毒、细菌、毒性物质、严重持续的缺血等可直接导致心肌细胞的变性、坏死和纤维化。由于心肌结构的完整性遭到破坏,使心肌收缩的物质基础受到损害,导致心肌舒缩功能原发性降低。

2. 心肌代谢障碍　常见于糖尿病、冠心病、肺心病、严重贫血等,由于心肌缺血、缺氧、维生素 B_1 缺乏使 ATP 生成减少、心肌能量代谢障碍,久之还可合并结构异常,导致心肌舒缩功能障碍。

(二)心脏负荷长期过重

1. 压力负荷过重(pressure overload)　压力负荷又称后负荷(afterload),是指心肌收缩时所承受的阻力负荷。左心室压力负荷过重见于高血压、主动脉缩窄、主动脉瓣狭窄等;右心室压力负荷过重见于肺动脉高压、肺动脉瓣狭窄、肺栓塞和慢性阻塞性肺部疾病等。

2. 容量负荷过重(volume overload)　容量负荷又称前负荷(preload),是指心脏收缩前所承受的负荷。左心室前负荷过重见于主动脉瓣或二尖瓣关闭不全;右心室前负荷过重见于肺动脉瓣或三尖瓣关闭不全,室间隔或房间隔缺损伴有左向右分流及高动力循环状态(如甲状腺功能亢进、贫血、动-静脉瘘等)。

心脏负荷过重时,并不能立即引起心力衰竭。通常机体先通过心肌肥大、心腔扩大等进行功能和结构上的代偿,这种代偿可使心输出量在相当长的时期内维持在正常的范围内,以保证机体正常代谢需求,而只有在长期过度负荷超过心脏的代偿能力时,才能导致心力衰竭。

在 20 世纪 80 年代前,心瓣膜疾病是导致心力衰竭的首要因素。目前,冠心病和高血压已成为心力衰竭的主要病因。

（三）心室充盈受限

见于缩窄性心包炎、心包填塞等心包疾病。因心脏活动受限，心室充盈不良而导致心输出量下降。

二、诱因

虽然各种病因可导致心功能不全，但是，许多慢性心功能不全的患者可通过机体的多种代偿措施，使心功能维持在相对正常状态而不表现出明显的心力衰竭症状和体征。而只有在某些因素作用下，心脏负荷加重，才发生心力衰竭。临床上把可在心力衰竭基本病因的基础上诱发心力衰竭的这些因素称为心力衰竭的诱因。

1. **感染**　各种感染尤其是呼吸道感染是诱发心力衰竭的重要因素。感染发热时，机体代谢增加，加重心脏负荷；心率加快，使心肌耗氧量增加，心室舒张期缩短，冠脉灌流量减少，心肌缺血缺氧；感染时内毒素可直接损伤心肌细胞；尤其是肺部感染，因肺通气换气功能障碍，可进一步加重心肌缺氧，同时肺血管阻力升高，加重右心负荷。

2. **酸碱平衡及电解质代谢紊乱**　酸中毒和高钾血症可直接或间接影响心肌舒缩功能，同时造成心律失常，诱发心力衰竭的发生。

3. **心律失常**　心律失常是心力衰竭的常见诱因，尤其以心房纤颤、室性心动过速、室性纤颤等快速型心律失常为多见。心率加快，舒张期缩短，既可导致心室充盈不足，射血功能障碍，又可导致冠脉血流不足，心肌缺血缺氧；心率加快还可使心肌耗氧量增加，加剧心肌缺氧。

4. **妊娠与分娩**　妊娠期血容量增多，可比妊娠前增加20%，使机体处于高动力循环状态，使心脏负荷加重。分娩时由于精神紧张和疼痛的刺激，使交感 - 肾上腺髓质系统兴奋，回心血量增多，容量负荷增加，外周小血管收缩，心脏压力负荷也加重，加上心率加快使心肌耗氧量增加、冠脉血流不足，导致心力衰竭的发生。

5. **其他诱因**　治疗不当可能引发心衰，如不恰当停用利尿药物或降血压药等。另外，洋地黄中毒，过多、过快输液也会诱发心力衰竭的产生，这在老年或有心脏基础疾病的患者身上尤其应该重视。

劳累、紧张、情绪激动、精神压力过大、环境和气候的变化等也可诱发心力衰竭。

三、分类

（一）按心力衰竭起病及病程发展速度分类

1. **急性心力衰竭**　发病急骤，心输出量在短时间内急剧减少，机体来不及充分发挥代偿功能，动脉血压进行性降低，常伴有心源性休克。常见于急性心肌梗死、严重心肌炎，也可由慢性心衰演变而来。

2. **慢性心力衰竭**　临床常见，发病缓慢，病程较长，多经过较长的代偿期后发生，心输出量逐渐下降，伴有水、钠潴留及静脉淤血、水肿，常表现为充血性心力衰竭。常见于高血压性心肌病、风湿性心脏病和肺源性心脏病等。

（二）按心排出量高低分

1. **低排出量性心力衰竭**（low-output heart failure）　心输出量绝对下降，低于一般人群的正常水平。见于冠心病、高血压性心肌病、风湿性心脏病、心肌病等。

2. **高排出量性心力衰竭**（high-output heart failure）　心输出量相对下降，即心输出量较心力衰竭发生前有所下降，但其值仍属于正常水平，或高于正常水平，故称为高排出量性心力衰竭。见于甲状腺功能亢进、严重贫血、脚气病和动 - 静脉瘘等高动力循环状态患者。其主要原因是心力衰竭发生前，机体即处于高动力循环状态，导致血容量增大，静脉回流增加，心脏过度充盈，心输出量相应增加。

（三）按发病的部位分

1. 左心衰竭 主要由于左心室受损或负荷过重，导致左室泵血功能下降。临床主要表现为在心输出量下降的基础上，出现肺淤血和肺水肿。多见于冠心病、高血压病、主动脉瓣狭窄或关闭不全、二尖瓣关闭不全等。

2. 右心衰竭 主要由于右心室受损或负荷过重，导致右室泵血功能下降，不能将体循环回流的血液充分排至肺循环，右心室压力增加，临床主要表现为体静脉淤血。主要见于肺源性心脏病、三尖瓣闭锁不全、肺动脉瓣狭窄等，也常继发于左心衰。

3. 全心衰竭 全心衰竭是临床上常见的一类心力衰竭。如果病变同时累及两心室，此时两心室泵血功能均受损，即全心衰竭，见于心肌炎、心肌病或严重贫血等。全心衰竭也可以继发于一侧心力衰竭，如左心衰竭导致肺循环淤血、肺循环阻力增加，最终合并发生右心衰竭。

（四）按心肌收缩／舒张功能障碍分

1. 收缩性心力衰竭（systolic heart failure） 指各种原因导致心肌收缩功能下降，使心脏泵血量减少，临床上大多数心力衰竭属于此类型，常见于冠心病、心肌病和心肌炎等。临床表现为心脏扩大和射血分数降低。

2. 舒张性心力衰竭（diastolic heart failure） 由于心室顺应性降低、舒张功能受损和充盈受限所引起，常见于高血压伴左室肥厚、肥厚型心肌病、缩窄性心包炎等。临床特点是心肌显著肥厚，射血分数正常和左室舒张期充盈减少。

收缩性心力衰竭是临床最常见的形式，舒张性心力衰竭常与收缩性心力衰竭同时存在，亦可单独出现。

第三节　心力衰竭的发生机制

心力衰竭的发病机制较为复杂，目前尚未完全阐明。无论是何种原因引起的心力衰竭，还是心力衰竭的不同发展阶段，其基本机制都是心脏收缩和（或）舒张功能障碍，导致心脏的射血不能满足机体的需要。

一、心肌收缩性减弱

原发或继发的心肌收缩性下降，是绝大多数心力衰竭发生的基础，其直接后果是心输出量减少。引起心肌收缩性下降的基本机制是：①与心肌收缩有关的蛋白（收缩蛋白、调节蛋白）被破坏；②心肌能量代谢紊乱；③心肌兴奋-收缩耦联障碍（图 24-1）。

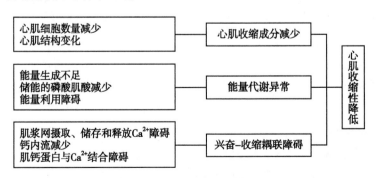

图 24-1　心肌收缩性下降机制

（一）心肌细胞数量减少和结构改变

1. 心肌细胞数量减少 心肌细胞死亡包括坏死和凋亡两种形式。当严重的心肌缺血缺氧、心肌炎、感染、中毒以及心肌病发生时，心肌纤维变性、坏死，使心肌收缩蛋白大量破坏，必然引起心肌的收缩性减弱而发生心力衰竭。另外,心肌细胞凋亡在心力衰竭发生过程中也起着重要作用,一些病理因素如氧化应激、心脏负荷增加、细胞因子刺激、缺血缺氧、神经-内分泌失调等都可诱导心肌细胞凋亡。

2. 心肌结构变化 在细胞水平,过度肥大的心肌组织中,肌原纤维生长远远超过线粒体生长,导致心肌细胞能量供应不足;心肌细胞明显增大的细胞核对邻近肌原纤维挤压推移,导致肌原纤维排列紊乱,心肌收缩性降低。在组织水平,因细胞外基质纤维增生与降解的平衡严重失调,心肌间质胶原纤维含量增加,心肌肌原纤维的比例进行性降低,心肌收缩成分相对减少,收缩性明显降低。

(二)心肌能量代谢障碍

心肌的收缩活动是主动耗能过程,Ca^{2+} 的转运和肌丝滑行等都需要能量。因此,心肌能量代谢的任何环节发生障碍,均可导致心肌收缩性减弱。

1. 能量生成障碍 缺血、缺氧、贫血可引起有氧氧化障碍而使 ATP 生成减少;维生素 B_1 缺乏导致丙酮酸氧化脱羧障碍,也可使 ATP 生成减少,最终心肌收缩性减弱。另外,心肌肥大时,毛细血管的数量增加不足,导致供氧障碍;线粒体含量也相对不足,加上氧化磷酸化水平降低,导致能量产生减少。

2. 能量储备减少 心肌组织的能量以 ATP 和磷酸肌酸(creatine phosphate, CP)两种形式存在,CP 是主要的储能形式。在磷酸肌酸激酶催化下,可将高能磷酸键由 ATP 转移到肌酸,以 CP 形式由线粒体转移至胞质贮存。随着心肌肥大的发展,磷酸肌酸激酶同工型发生转换,使磷酸肌酸激酶活性下降,CP 含量明显减少,心肌能量储备减少。

3. 能量利用障碍 在肥大的心肌组织中,肌球蛋白 ATP 酶活性降低,不能正常利用 ATP,心肌收缩力下降。

(三)兴奋-收缩耦联障碍

Ca^{2+} 的正常转运是心肌兴奋-收缩耦联的关键。各种原因造成 Ca^{2+} 的转运和分布失常,均可导致心肌兴奋-收缩耦联障碍,继而导致心肌收缩性减弱。

1. 肌浆网摄取、储存和释放 Ca^{2+} 障碍 在心力衰竭和肥大心肌中,心肌缺血、缺氧,ATP 供能减少,使肌浆网 Ca^{2+}-ATP 酶的活性降低,致使在复极化时,肌浆网摄取和贮存 Ca^{2+} 量均减少,故心肌兴奋时,肌浆网向胞质中释放 Ca^{2+} 减少。在肌浆网释放 Ca^{2+} 减少的同时,线粒体摄取 Ca^{2+} 增多,生物氧化过程发生障碍,导致能量生成不足。另外,酸中毒时,因 Ca^{2+} 与肌浆网中钙储存蛋白结合牢固,不易解离,使肌浆网对 Ca^{2+} 的释放减少。

2. 胞外的 Ca^{2+} 内流障碍 β 肾上腺素能受体兴奋引起心肌细胞膜上的 L 型钙通道开放,Ca^{2+} 内流。心力衰竭时,虽然血中的儿茶酚胺增高,但心肌中的去甲肾上腺素由于合成减少及消耗增多导致含量却减少,而且由于过度肥大的心肌 β 肾上腺素能受体密度相对减少、对去甲肾上腺素的敏感性降低而使作用减弱,导致 Ca^{2+} 内流减少。此外,由于细胞外液的 K^+ 与 Ca^{2+} 在心肌细胞膜上具有竞争作用,高钾血症时,K^+ 阻止 Ca^{2+} 内流。

3. 肌钙蛋白与 Ca^{2+} 结合障碍 当心肌缺血、缺氧导致 ATP 生成不足和酸中毒时,由于 H^+ 与 Ca^{2+} 具有竞争性与肌钙蛋白结合的特性,Ca^{2+} 无法与肌钙蛋白充分结合;同时,酸中毒引起的 Ca^{2+} 内流减少、肌浆网对 Ca^{2+} 亲和力增强及干扰心肌能量代谢,导致心肌收缩力下降。

相关链接

肥大心肌的不平衡生长方式

心肌肥大是心脏维持心功能的重要代偿方式,但过度肥大的心肌可因其不平衡生长而使心肌收缩性减弱而发生衰竭,其机制是:①肥大心肌交感神经分布密度下降,加上去甲肾上腺素合成减少,消耗增多,导致心肌收缩性减弱;②肥大心肌线粒体数量相对减少,且线粒体氧化磷酸化水平下降,导致能量生成不足;③肥大心肌毛细血管数量增加不足,心肌缺血缺氧;④肥大心肌的肌球蛋白ATP酶活性下降,心肌能量利用障碍;⑤肥大心肌胞膜面积相对减少,胞外Ca^{2+}内流相对减少。

二、心室舒张功能障碍

心输出量不仅取决于心肌的收缩性,还受心室舒张功能的影响,如果心室舒张功能障碍,心室则得不到足够血液充盈,心输出量必然下降而发生心力衰竭。心肌舒张功能障碍可能与以下机制有关(图24-2)。

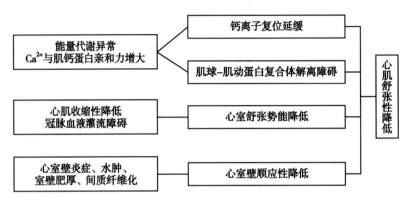

图24-2 心肌舒张性下降机制

1. **钙离子复位延缓** 心力衰竭时,由于心肌能量供应不足,使肌浆网和心肌细胞膜上的Ca^{2+}泵功能降低,心肌复极化时胞质内的Ca^{2+}浓度不能迅速恢复至"舒张阈值",即Ca^{2+}复位延缓,Ca^{2+}与肌钙蛋白仍处于结合状态,从而使心肌舒张功能降低。

2. **肌球-肌动蛋白复合体解离障碍** 肌球-肌动蛋白复合体解离是心肌收缩终止与心肌舒张开始的前提。完成这过程,需要Ca^{2+}与肌钙蛋白快速解离,如前所述,心力衰竭时ATP提供不足以及Ca^{2+}与肌钙蛋白亲和力增大,均导致肌球-肌动蛋白复合体解离困难,从而影响心室的舒张和充盈。

3. **心室舒张势能减少** 正常情况下,心室收缩末期由于心肌几何结构的改变可产生一种促进心室复位的舒张势能,即心室收缩越好,这种势能就越大,对心室舒张越有力。因此,心肌收缩力下降,心脏收缩期的几何构型变化不大,则可使舒张势能减少,心室不能充分舒张。

4. **心室顺应性下降** 心室顺应性(ventricular compliance)是指心室在单位压力变化下所产生的容积改变(dV/dp)。一般而言,心室顺应性越好,僵硬度越低;顺应性越差,僵硬度越高(图24-3)。心肌肥大引起的心室增厚、心肌炎、纤维化及心包填塞都可使心室顺应性降低,心室扩张充盈受限,导致心输出量减少。

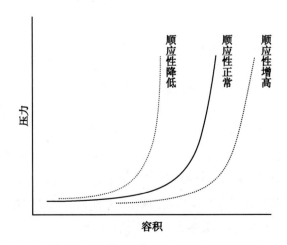

图24-3 心室舒张末期压力-容积(P-V)曲线

三、心室各部舒缩活动不协调

正常心脏各部如左 - 右心之间、房 - 室之间、心室本身各区域的舒缩活动处于高度协调的工作状态。各种类型的心律失常或冠心病、心肌炎导致病变呈区域性分布,均可破坏心脏各部舒缩活动的协调性,引起心脏泵血功能紊乱,致使心输出量下降而发生心力衰竭。

第四节　心力衰竭时机体的代偿反应

当心力衰竭发生时,机体可通过代偿反应来防止心输出量进一步下降。机体代偿反应包括完全代偿、不完全代偿和失代偿三个阶段,其强度与心力衰竭是否发生、发生速度以及严重程度密切相关。

急性心力衰竭发生时,由于机体的代偿反应不能及时启动,患者常在短时间内即可出现严重的心力衰竭状态。反之,慢性心力衰竭发生时,机体的代偿反应充分发挥,可使患者在相当长的时间内(长达数年甚至更久)可以维持相对正常的生命活动。

机体代偿反应分为心脏本身的代偿和心外代偿两部分,而这两部分基本上都是在神经体液的调控下进行的(图24-4)。

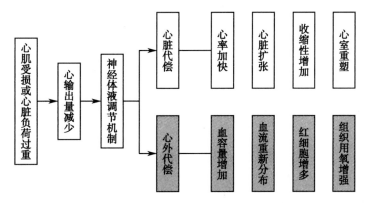

图24-4　心功能不全时机体的代偿机制

一、神经体液调节机制的代偿性激活

心脏泵血功能受损时,心输出量减少可通过多种途径激活内源性神经 - 体液调节机制。其中最为重要的是交感 - 肾上腺髓质系统和肾素 - 血管紧张素 - 醛固酮系统。激活的这些神经体液因子可以引起心脏本身以及心外组织器官的一系列代偿适应性变化,既有迅速启动的功能性代偿,又有缓慢持久的结构性代偿,对于维持心脏泵血功能、血流动力学稳态和重要器官的血流灌注起着十分重要的作用。

1. **交感 - 肾上腺髓质系统激活**　心输出量的降低可反射性地引起交感神经系统兴奋。心衰患者血中去甲肾上腺素浓度增加,可使心率加快,心肌收缩力加强及外周血管收缩,导致心输出量增加,并维持血压。

2. **肾素 - 血管紧张素 - 醛固酮系统激活**　心衰时肾血流灌注减低及肾小球旁器中 β_1 交感受体的刺激可激活肾素 - 血管紧张素 - 醛固酮系统。患者血浆肾素活性、血管紧张素 II 及醛固醇水平均升高。血管紧张素 II 升高对外周血管具有收缩作用,并与去甲肾上腺素有协同作用。另外,血管紧张素 II 还能促进肾上腺腺皮质产生和释放醛固酮,引起水钠潴留。

3. **其他体液因子**　心衰时心房钠尿肽、抗利尿激素、肿瘤坏死因子、内皮素和一氧化氮等分泌增加。

心房钠尿肽可产生扩张血管、排钠和利尿及抑制肾素和醛固酮作用，B型钠尿肽（BNP）是临床诊断心衰和评估预后的重要指标。抗利尿激素可增加水的重吸收，引起细胞外液潴留，以及外周围血管收缩。这些体液因子在不同程度上参与了心功能不全的代偿。

这些神经体液因子在心功能不全的最初阶段，对机体是起到代偿和保护的作用，可维持机体的心输出量和血压，保证重要脏器的血流灌注。但长期、持久的兴奋和激活反而加重心肌损伤，促使心脏泵血功能降低及心力衰竭的发生。如，长期过度地激活交感神经，外周血管阻力增加会加重心脏后负荷；血管紧张素Ⅱ可直接促进心肌细胞肥大，导致心室重塑；醛固酮可促进心脏胶原合成，也可导致心室重塑。

二、心脏本身的代偿反应

心脏本身的代偿反应方式包括心率加快、心脏紧张源性扩张、心肌收缩力增强和心肌肥大。

1. **心率加快**　心衰时心输出量减少可反射性地使交感神经系统兴奋性增高，使心率加快，这是一种快速的功能性代偿反应。在一定的范围内，心率加快可提高心输出量，并可通过提高舒张压，促进冠脉的血液灌流。但这种代偿方式有限，当心率过快时（成年人大于180次/分），因心肌耗氧量增加、舒张期缩短及心脏充盈不足，心输出量反而减少。

2. **心脏紧张源性扩张**　Frank-Starling定律认为，在一定范围内，心肌收缩力与心脏前负荷（心肌纤维初长度）呈正比。当心功能不全时，心输出量下降，导致心室舒张末期容积增加，前负荷增加，导致心肌纤维初长度增大，故心肌收缩力增强，有助于增加心输出量。这是急性心力衰竭时的一种重要代偿方式。这种伴有心肌收缩力增强的心腔扩大称为紧张源性扩张（tonogenic dilation）。但此种代偿能力是有限的，当心室舒张期末压力过大时，肌节长度超过最适长度时，心肌收缩力反而下降，这种伴有心肌收缩力降低的心腔扩大称为肌源性扩张（myogenic dilation），是一种失代偿状态。

3. **心肌收缩性增强**　心肌收缩性是指心脏不依赖于前、后负荷而改变其力学活动的一种内在特性。心肌收缩性主要受神经-体液因素的调节，如交感神经、儿茶酚胺等。当心输出量减少时，交感神经兴奋，从而使血中儿茶酚胺浓度增加，通过激活β-肾上腺素受体等发挥心肌正性变力作用。

4. **心室重塑**　心室重塑是心室长期容量或压力负荷增加时，通过改变细胞的结构、代谢和功能而发生的慢性代偿性反应，最主要的体现是心肌肥大。

心肌肥大（myocardial hypertrophy）是指心肌细胞体积增大，重量增加，临床上又称为心室肥厚（ventricular hypertrophy）。心肌肥大是对室壁应力增加产生的适应性变化，是慢性心功能不全时的重要代偿方式。心肌肥大同时还伴有细胞表型的变化、非心肌细胞增殖和细胞外基质的变化。一定程度的心肌肥大可增强心肌收缩力，提高心输出量，具有代偿意义，过度的心肌肥大可因缺氧、能量代谢障碍、心肌收缩性减弱而失代偿。

根据心室舒张末期容量及心室厚度的变化，心肌肥大可分为两种：离心性肥大（eccentric hypertrophy）和向心性肥大（concentric hypertrophy）。离心性肥大：多由心脏长期容量负荷过度，使心室舒张末容量增加，室壁应力增加，肌节呈串联性增生所致。此时，心室腔扩大，室壁稍厚。向心性肥大：多由心脏长期压力负荷过度，使收缩期室壁应力增加，肌节呈并联性增生所致。此时，心腔容积稍大或正常，室壁增厚。

三、心脏以外的代偿

心力衰竭时，除上述心脏本身及神经-体液代偿机制外，为适应心力衰竭时血流动力学的变化，机体还通过以下环节进行代偿和适应性变化。

1. **血容量增加**　慢性心功能不全时，血容量增加是其主要代偿方式之一。由肾小球滤过率降低和肾小管重吸收增加引发的钠水潴留所致。血容量增加,有利于提高心输出量和维持动脉血压,但长期过度的血容量增加可加重心脏负担,使心输出量下降。

2. 全身血流重分布　心功能不全时,交感-肾上腺髓质系统兴奋可通过外周血管选择性收缩而导致血流重新分布,其中肾、皮肤和内脏器官血管收缩明显,血流量显著减少,而心、脑血管不收缩。血流重新分布既有利于维持动脉血压,又有利于保障心、脑等重要器官的供血。但外周血管长期收缩,也会导致心脏后负荷增大,心输出量下降。

3. 红细胞增多　心功能不全时可引起循环性缺氧,而缺氧可刺激肾合成和分泌促红细胞生成素增加,促进骨髓造血功能,使红细胞数增加,有利于改善周围组织的供氧。但红细胞过多,可增大血液黏滞性,加重心脏负荷。

4. 组织细胞利用氧的能力增强　心功能不全时,周围组织供氧不足,组织细胞可发生一系列代谢、功能与结构的改变,以使细胞利用氧的能力增强,改善缺氧状态。如慢性心力衰竭时,细胞线粒体中呼吸链酶的活性增强,而且线粒体的数量也增多,所以组织利用氧的能力也增强。

第五节　心力衰竭临床表现的病理生理基础

心力衰竭时,由于心脏泵血功能降低,不能将回心血液完全排出,导致心输出量减少,各器官组织血液灌流不足,缺血、缺氧,同时静脉回流受阻,发生淤血和水肿。患者明显的临床症状和体征均由心输出量减少、肺循环淤血、体循环淤血所致(图24-5)。

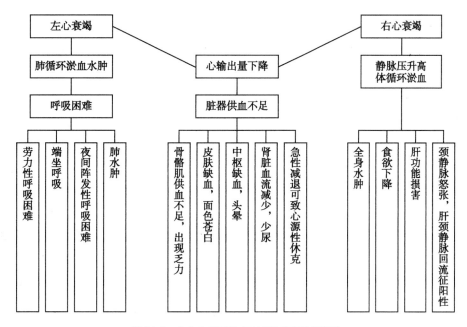

图 24-5　心力衰竭时临床表现的病理生理基础

一、心输出量不足

(一)心脏泵血功能降低

心力衰竭是心脏泵血功能障碍所致的心输出量绝对或相对不足。心功能降低是心力衰竭时最根本的变化。

1. **心输出量和心脏指数降低**　心输出量（cardiac output，CO）是反映心泵功能的重要指标之一，成人正常值为 3.5～5.5L/min。因受体表面积影响大，临床常采用心脏指数（cardiac index，CI）。心脏指数是指单位体表面积的每分心输出量，成人正常值为 2.5～3.5L/（min·m²）。

2. **射血分数降低**　射血分数（ejection fraction，EF）是指每搏输出量与心室舒张末期容积之比值，是反映心室收缩功能的常用指标，正常值为 0.56～0.78。心力衰竭时，因每搏心输出量减少，结果心室舒张末期容积增大，导致射血分数降低。

3. **肺动脉楔压升高**　肺动脉楔压反映的是左心房压和左心室舒张末期压，在左心衰竭时明显升高。

4. **中心静脉压升高**　中心静脉压（central venous pressure，CVP）反映的是左心房压和左心室舒张末期压，在右心衰竭或输液过多过快超过心脏容量负荷最大限度时升高。

（二）动脉血压的变化

当急性心肌梗死等原因引起急性心力衰竭时，由于心输出量原发性急剧减少，动脉血压在早期即进行性降低，严重者导致心源性休克。当心力衰竭呈慢性经过时，由于血容量增加、外周血管收缩和心率加快等代偿反应的发挥，可将动脉血压维持在正常范围。

（三）器官血流量重新分配

心功能不全时，交感-肾上腺髓质系统兴奋可通过外周血管选择性收缩而导致器官血流重新分配。心力衰竭较轻时，心、脑血流量可维持在正常范围，而肾、皮肤、骨骼肌及其他内脏血流量明显减少。当心力衰竭发展到严重阶段，心、脑血流量也减少。

心输出量减少、器官血流的重新分配可导致部分器官血液灌注不足，临床出现一系列症状和体征。骨骼肌血流量减少，患者易疲劳，对体力活动的耐受力降低，是心力衰竭的早期症状之一；皮肤血流量减少，表现为皮肤苍白、皮肤温度降低；如果合并缺氧，可出现发绀；肾血流量减少，患者尿量减少、钠水潴留；心衰严重时，脑供血不足可引起头晕、头痛、失眠、记忆力减退、烦躁不安等表现。

二、肺循环淤血

肺循环淤血主要见于左心衰竭患者，严重者可出现肺水肿。肺淤血和肺水肿的主要表现为呼吸困难。

（一）呼吸困难

呼吸困难（dyspnea）是指患者主观感到呼吸费力或"喘不过气"的感觉，并伴有呼吸幅度、频率等的变化。其发生的基本机制是①肺淤血和肺水肿时，肺的顺应性降低，患者为保证正常通气量而使呼吸肌做功增加，因而感到呼吸费力；②肺淤血和肺水肿时，常伴有支气管黏膜淤血、水肿，呼吸道阻力增大，患者感到呼吸费力；③肺淤血和肺水肿时，肺的顺应性降低，患者需用力吸气，过度牵拉牵张感受器，引起肺扩张反射，使呼吸变浅变快。④肺间质水肿时，刺激肺牵张感受器，反射性引起浅快呼吸。

1. **劳力性呼吸困难（dyspnea on exertion）**　是左心衰竭的最早表现之一，其特征是患者在体力活动后出现呼吸困难，休息后可缓解。

其发生机制为：①体力活动时，回心血量增多，肺淤血加重；②体力活动时，心率加快，心室舒张期变短，左心室充盈受限，加重肺淤血；③体力活动时，机体对氧的需求量增加，但衰竭的左心不能提供与之相适应的心输出量，导致机体缺氧，呼吸中枢受到刺激，出现呼吸困难。

2. **夜间阵发性呼吸困难（paroxysmal nocturnal dyspnea）**　是左心衰竭的特征性表现，患者入睡后因呼吸困难而突然惊醒、坐起、咳嗽、喘气，症状随坐起后逐渐缓解。

其发生机制：①平卧位入睡后下半身静脉血回流增多，且下肢水肿液吸收入血液循环，使肺淤血、水肿加重；②平卧位时，膈肌上移，胸腔容积变小，肺活量下降；③入睡后迷走神经兴奋性相对增高，支气管痉挛，气道阻力增大；④入睡后中枢神经系统敏感性降低，只有当肺淤血较为严重，氧分压降低到一定程度时方足以刺激呼吸中枢,使通气增强,患者也随之被憋醒,出现咳嗽、气促等症状。

3. 端坐呼吸(orthopnea) 是指患者为了减轻呼吸困难被迫采取端坐位或半卧位的状态。这是心衰更为严重的表现。

其发生机制为:①端坐时,血液由于重力作用,部分转移至下半身,使回心血量减少,从而减轻肺淤血;②端坐时,膈肌位置相对下移,胸腔容积相对增大,肺活量增加,减轻呼吸困难;③端坐时可减轻下半身水肿液吸收入血,减轻肺淤血。

(二)肺水肿

肺水肿(pulmonary edema)是指过多的液体在肺组织间隙和肺泡内积聚的现象。重症急性心力衰竭时,由于肺毛细血管内压力升高,使毛细血管壁通透性增大,血浆渗出到肺间质和肺泡而引起急性肺水肿。患者表现为端坐呼吸、发绀、气促、咳嗽、咳粉红色泡沫痰等,听诊双肺可闻及中、小水泡音。

三、体循环淤血

体循环淤血见于右心衰竭及全心衰竭,主要表现为颈静脉充盈或怒张、肝脾大及肝功能障碍、水肿及胸腹水的形成等。

1. 静脉淤血和静脉压升高 由于右心衰竭,静脉回流障碍,使体循环静脉系统有大量血液淤积,充盈过度,同时,交感神经兴奋引起小静脉收缩,导致静脉压升高。临床上表现为颈静脉怒张、肝颈静脉反流征阳性等。

2. 水肿 全身性水肿是全心衰竭,特别是右心衰竭的主要表现之一,习惯上又称心性水肿。心性水肿最早出现在身体的下垂部位。严重者水肿可波及全身,并可出现胸腔积水、腹腔积水和心包积水。水钠潴留和毛细血管压的升高是心性水肿最主要的发病机制。

3. 肝大压痛和肝功能异常 肝大是右心衰竭的早期表现之一。由于右房压升高和下腔静脉回流受阻,肝静脉压升高,肝小叶中央区淤血,肝窦扩张,导致肝大。肝大,肝包膜受到牵张,触诊时有明显压痛。肝淤血时间长,可因缺氧导致肝细胞变性坏死,肝功能异常。长期慢性肝淤血可引起肝脏纤维化,造成心源性肝硬化,肝功能进一步恶化。

4. 胃肠功能改变 体循环静脉压升高,导致胃肠道淤血,可出现食欲缺乏、腹胀、恶心、呕吐等。

第六节 心力衰竭防治的病理生理基础

随着对心力衰竭发生机制的深入认识,其治疗模式也随之发生了相应的变化,从治标为主发展为标本兼治。治疗方式从改善血流动力学紊乱、缓解症状、提高生活质量为主,转变为采取长期的修复性策略,主要针对心肌本身的结构改变和心室重塑的发生机制,其目的是希望恢复衰竭心脏组织的生物学功能。

一、防治原发病,消除诱因

去除原发病是防治心力衰竭的根本措施,例如,冠脉搭桥术或放置支架,恢复心肌组织供血,对冠心病治疗已发挥了很好效果。风湿性心脏病、先天性心脏病患者,做瓣膜置换或修补术,去除对心脏损害的原始病因。高血压、糖尿病等慢性疾病目前是心力衰竭重要病因,科学合理使用降压药、降糖药,戒烟,纠正血脂异常,限制饮酒和控制肥胖等,可使心力衰竭的发生率明显降低。

在心功能不全患者的代偿阶段,避免诱因发生是一个非常重要的环节。例如,增强抵抗力,注意身体精神的放松,合理补液、纠正电解质和酸碱平衡紊乱等。

二、干预心室重塑

现已认识到神经-体液系统的功能紊乱对于心室重塑和心力衰竭的发生和发展起着非常重要的作用,因此,阻断其作用是治疗心力衰竭的关键。血管紧张素转换酶抑制剂(angiotensin converting enzyme inhibitor,ACEI)、血管紧张素Ⅱ受体阻断剂可抑制循环系统和心脏局部的肾素-血管紧张素作用,不仅能延缓心室重塑的发展,并能一定程度上逆转已改建的心肌。β-肾上腺素能受体阻滞剂可通过阻断去甲肾上腺素相应作用,阻止交感神经对衰竭心肌的不良刺激,对改善慢性心力衰竭患者的心脏功能、提高生存质量和降低患者的病死率也发挥积极作用。

三、减轻心脏的前后负荷

1. **调整前负荷** 对前负荷过高者,应限制钠盐摄入,科学合理的使用利尿剂不仅可通过降低前负荷而减轻水肿和淤血症状,也可改善心脏的泵血功能。应用扩张静脉血管的药物如硝酸甘油等可减少回心血量。慎重掌握输液的速度和总量,通过测定中心静脉压可作为输液时的重要参考指标之一。

2. **降低心脏后负荷** 使用 ACEI 可降低外周阻力,降低心脏后负荷和心肌耗氧量;可适当、合理选用动脉血管扩张药降低心脏后负荷,使心肌耗氧量降低和心输出量提高;对同时伴有心室充盈压过高的心输出量降低患者,可同时应用扩张动脉和静脉的药物如硝普钠等降低心脏的前后负荷,改善心脏功能。

四、改善心肌的舒缩功能

对于因心肌收缩性减弱所致的心力衰竭,可选用正性肌力药物如洋地黄类药物来提高心肌收缩性,增加心输出量,进而缓解静脉淤血;对于因心肌舒张功能障碍所致的心力衰竭,也可合理选用钙拮抗剂,通过减少胞质内 Ca^{2+} 浓度,改善心肌的舒缩性能。

五、改善心肌细胞的代谢

增加心肌的氧和能源物质供应,促进心肌细胞能量生成,是治疗心力衰竭的一项基本原则。如能量合剂、葡萄糖、氯化钾、肌苷等可能具有改善心肌代谢的作用。吸氧可提高氧分压和血浆内溶解的氧量,改善组织的供氧。近年提出增强心肌对丙酮酸的氧化能力及改善线粒体功能,既能改善心肌细胞能量代谢,又可维持细胞内 H^+ 稳态、减少氧自由基产生。

六、其他措施

1. **控制水肿** 适当限制钠盐摄入,合理使用利尿药物。

2. **纠正水、电解质和酸碱平衡紊乱** 对心力衰竭患者,在强心、利尿、减轻前后负荷的同时,还要对水、电解质和酸碱平衡紊乱进行纠正。

3. **护理措施** 避免感染等诱因,预防心衰发生;注意合理休息,减轻心脏负担;注意心理护理,避免过度紧张诱发急性心衰;合理饮食,其原则为低钠、低热量、清淡易消化,足量维生素、碳水化合物、无机盐,适量脂肪,禁烟、酒。合理用药,避免出现低钾、低钠、洋地黄中毒等。

患者，女，65 岁。风湿性心脏病史 15 年。近日感冒后出现胸闷、气促、夜间不能平卧，腹胀，双下肢水肿。查体：R 36 次 / 分，P 130 次 / 分，BP 110/80mmHg，重病容，半坐卧位，颈静脉怒张，肝颈静脉回流征阳性。双肺可闻及湿性啰音。心界向两侧扩大。肝大，肋下 5cm，有压痛。

思考：

1. 患者出现了什么病理过程？都有哪些临床表现？

2. 试述该患者的发病原因及机制？

（谢 兰）

学习小结

在致病因素作用下，心脏泵血功能降低，导致心输出量绝对或相对减少，以致不能满足机体组织细胞代谢需要的病理过程称为心力衰竭。

在心功能不全早期，机体可通过心率增快、心脏紧张源性扩张、心肌肥大等心脏本身的代偿以及血容量增加、血流重分布和组织利用氧能力增强等心外代偿措施来维持循环稳态。当这种长时间调节代偿作用导致心室重塑，心肌结构和功能发生病理性变化，心脏的泵血功能进行性降低，出现循环稳态紊乱，患者出现相应临床症状，发展到心功能不全失代偿期 - 心力衰竭。心泵功能障碍本质就是心肌舒缩性能障碍，其机制主要包括心肌结构破坏、能量代谢异常和兴奋 - 收缩耦联障碍。

防治原发病及消除诱因、调节神经 - 体液系统失衡及干预心室重塑、减轻心脏的前后负荷、改善心肌的收缩和舒张性能、改善心肌的能量代谢等是治疗心力衰竭的基本原则。

复习参考题

1. 什么叫心功能不全、心力衰竭、充血性心力衰竭？

2. 心力衰竭的病因和诱因各自有哪些？

3. 什么是高排出量性心力衰竭？

4. 分析心力衰竭时，心肌收缩功能、舒张功能降低的机制。

5. 列举心力衰竭时心内、心外代偿反应。

6. 肺循环淤血的临床表现有哪些？

7. 试述三种呼吸困难的概念及其产生的病理生理学机制。

8. 体循环淤血的临床表现有哪些？

第二十五章　呼吸功能不全

25

学习目标	
掌握	呼吸衰竭的定义、分类和病因及发病机制。
熟悉	呼吸衰竭时机体的主要器官机能和代谢变化。
了解	呼吸衰竭防治的病理生理基础。

第一节　呼吸衰竭定义与分类

一、呼吸衰竭定义

人的呼吸主要包括内呼吸与外呼吸,其中外呼吸是空气与血液之间气体交换过程,即体内血液二氧化碳外排至空气,空气氧气则进入血液,通常将此气体交换模式称为"呼吸"(即外呼吸),其中调控环节主要包括:呼吸中枢、支配呼吸肌神经、呼吸肌、胸廓、胸膜、气道和肺等部分。在各种临床致病原因作用下,外呼吸过程某些部分或调控环节出现障碍,干扰气体交换过程,使机体出现系列功能、代谢变化的临床综合征,则称为呼吸功能不全。呼吸功能不全发展到严重阶段就是呼吸衰竭(respiratory failure),其严格定义是静息状态下动脉氧分压(PaO_2)降低($<8kPa$,60mmHg),伴或不伴动脉CO_2分压($PaCO_2$)升高($>6.6kPa$,50mmHg)。需要说明的是,在正常的静息状态下,年龄和海拔高度可以影响成人PaO_2水平,具体计算公式如下:$PaO_2 = (100 - 0.33 × 年龄) + 5mmHg$,公式适用于20岁以上成人。因此,临床常用的呼吸衰竭判定标准为:①机体处于静息状态且周围大气构成正常;②外呼吸功能障碍时,血气指标中PaO_2低于60mmHg(8.0kPa)或不伴/和$PaCO_2$高于50mmHg(6.67kPa)。

二、呼吸衰竭的分类

呼吸衰竭以发病机制、病变部位以及$PaCO_2$变化特点来分类,具体见表25-1,而临床诊断常以低氧血症型(Ⅰ型)和高碳酸血症型(Ⅱ型)来进行呼吸衰竭分类。

表25-1　呼吸衰竭的分类

分类标准	呼吸衰竭类型
$PaCO_2$变化	①低氧血症型(Ⅰ型):单纯$PaO_2<60mmHg$ 　$PaCO_2$正常或偏低 ②高碳酸血症型(Ⅱ型):$PaO_2<60mmHg$ 　同时伴有$PaCO_2>50mmHg$
发病机制	①通气性呼吸衰竭 ②换气性呼吸衰竭
原发病变部位	①中枢性呼吸衰竭 ②外周性呼吸衰竭
病程进展	①急性呼吸衰竭 ②慢性呼吸衰竭

第二节　呼吸衰竭的病因和发病机制

在静息状态下,正常成年人每分钟代谢耗氧约250ml,产生约二氧化碳200ml,外呼吸则可以完成血液与外界空气之间气体交换,使每分钟弥散入血液O_2量和由血液排出体外CO_2量达到动态平衡,以满足机体代谢供氧需求和维持内环境稳定。外呼吸主要包括肺通气和肺换气两个基本环节,其中紊乱表现在PaO_2降低和(或)$PaCO_2$升高,是外呼吸功能障碍特征性临床表现。因此,在呼吸衰竭发病机制研究中,将外呼吸功能障碍分为通气功能障碍和换气功能障碍,其中通气功能障碍包含限制性和阻塞性通气障碍;而换气功能障碍则包括弥散障碍、肺泡通气与血流比例失调和解剖分流增加,具体见图25-1。

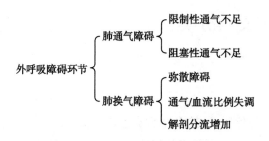

图 25-1　外呼吸环节与呼吸衰竭发生机制

一、通气功能障碍

静息状态下,正常成年人每次呼吸的通气量(潮气量)平均为 500ml,平均呼吸频率为 12 次 / 分,以此计算出每分钟总通气量约 6L/min。通气量包括无效腔通气量与肺泡通气量,其中无效腔通气量不参与血液间气体交换,即约 30% 气体滞留于各级气管,不到达肺泡,而肺泡通气量则是进入肺泡直接参与气体交换的气体量,约占通气量的 70%。各种病因引起通气功能障碍的关键是肺泡通气量减少,包括吸气时肺泡扩张受限或气道阻塞等原因,例如呼吸动力减弱导致呼吸频率和潮气量降低,或者是胸廓与肺的弹性阻力以及气道阻力增大导致潮气量减少。因此,呼吸衰竭机制中通气障碍可为两个类型,分别是限制性通气不足与阻塞性通气不足。

(一)限制性通气不足

限制性通气不足是指肺泡扩张受限而引起的肺泡通气不足,主要是源于呼吸动力及其调控功能减弱,或者是胸廓和肺的扩张受阻。根据外呼吸构成环节与调控机制,可知限制性通气不足主要原因如下:

1. 呼吸肌运动障碍　肺通气动力不足,肺泡扩张受限,导致限制性通气不足。在临床上,引起呼吸肌运动障碍的病变主要有:①呼吸中枢损伤或抑制,如颅脑外伤、脑梗或脑出血等脑血管意外损伤到呼吸中枢,或者镇静剂或麻醉剂使用过量而抑制呼吸中枢;②呼吸肌病变或麻痹,可见于支配呼吸肌神经异常或呼吸肌病变,如重症肌无力、破伤风、脊髓灰质炎、有机磷中毒等。此外,慢性阻塞性肺疾病还可导致呼吸肌疲劳。

2. 胸廓顺应性降低　严重的胸廓畸形、胸膜纤维化等患者可限制其胸部的扩张,阻碍呼吸运动,表现为顺应性降低。

3. 肺的顺应性降低　在呼吸时肺泡扩张受限,多见于肺纤维化、肺不张、肺水肿、肺实变、肺叶切除、硅沉着病等情况,其主要机制是肺泡表面活性物质减少,肺的顺应性降低,限制肺泡扩张。在正常生理情况下,肺泡表面活性物质可使肺泡的表面张力降低,扩张肺泡而实现呼吸通气,若出现肺水肿、过度通气以及炎性渗出等病理改变,则大量消耗、稀释和破坏肺泡表面活性物质。尤其是新生儿呼吸窘迫综合征、成人呼吸窘迫综合征等患者,肺泡表面活性物质合成与分泌严重不足而导致呼吸衰竭。

4. 气胸和胸腔积液　胸腔内气体与液体压迫肺部,限制吸气时肺扩张。

(二)阻塞性通气不足

呼吸时,气体分子之间以及气体分子与气道之间摩擦产生气道阻力,其大小受气道内径大小、气流速度、气流形式等因素影响。平静呼吸时,80% 以上气道阻力产生于直径大于 2cm 细支气管以上气道。阻塞性通气不足就是气道狭窄或阻塞使气道阻力增加,所导致的通气障碍引起呼吸衰竭。因此,导致阻塞性通气不足病理状态主要见于以下情况:①气道病变,口径变小:管壁收缩痉挛、肿胀、纤维增生均使气道口径变小,如哮喘和慢性支气管炎等;②气道受压,口径变小:气管外肿瘤和肿大淋巴结压迫,使气道口径变小而增加阻力;③气道阻塞,口径变小:在病理状态下,气管内黏液、渗出物、异物、肿瘤科阻塞气道;④气道变形,气流异常:气道变形如气管腔狭窄或管腔不规则等,可将呼吸气流形式由平流变为涡流,增大气道阻力。综上所述,阻塞性通气不足的本质均是气道变形、受压或阻塞,表现为气道口径变小,气流异常。临床上常根据气道阻塞的解剖部位不同,分为中央性气道阻塞和外周性气道阻塞。

1. 中央性气道阻塞 中央性气道阻塞是指气管分叉处以上的气道阻塞,又分为胸外段和胸内段气道阻塞,其中原因与发生机制如下:①胸外阻塞:多见于喉头水肿、声带麻痹、喉癌,在吸气时,气道内压小于大气压,加重胸外气道阻塞;而呼气时则相反,气道内压大于大气压,可使胸外阻塞减轻,临床表现的特点为吸气性呼吸困难;②胸内阻塞:多见于肿瘤、气管异物,还有气管外肿物压迫,如甲状腺与纵隔肿瘤等,吸气时,胸膜腔内压降低,胸腔负压增大,表现为气道内压大于胸膜腔内压,胸内阻塞程度减轻,呼气时胸膜腔内压升高,气道受压,使阻塞加重。临床的特点为呼气性呼吸困难;见图25-2。

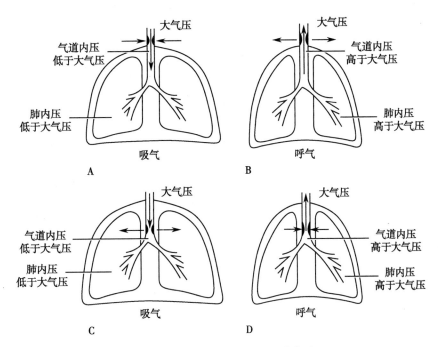

图25-2 中央气道阻塞与呼吸困难类型

A:胸外阻塞吸气时,呼气时气道内压低于大气压,吸气性呼吸困难;B:胸外阻塞呼气时:呼气时气道内压高于大气压,呼吸困难缓解;C:胸内阻塞吸气时,气道内压低于大气压,呼吸困难缓解;D:胸内阻塞呼气时,气道内压高于大气压,引起呼气性呼吸困难

2. 外周性气道阻塞 外周性气道阻塞是指内径小于2mm细支气管阻塞,也称为小气道阻塞。外周小气道组织学与生理特点为:①气管壁薄,无软骨支撑;②气道管径随呼气与吸气过程改变;③小气道与管周围肺泡呈紧密相接。鉴于此,外周性气道阻塞的患者主要表现为呼气性呼吸困难,其主要发生原因与机制为:小气到管壁增厚管腔变小、分泌物分泌增加、肺泡壁损坏而降低细支气管的牵引力等,均可引起外周气道阻力增加,引起小气道阻塞,如慢性阻塞性肺疾病患者,此时吸气时由于胸膜腔内压降低,小气道尚可保持开放和通气状态,在呼气时,胸膜腔内压增高而使小气道而受压提早闭合,表现为等压点上移,临床多表现为呼气性呼吸困难,其结果是气体难以呼出而潴留于肺泡,主要引起 CO_2 潴留,导致高碳酸血症,常引起Ⅱ型呼吸衰竭。此外,严重哮喘时,细支气管痉挛导致小气道管径明显缩小乃至闭合,使外周气道阻力急剧增加,可引起急性呼吸衰竭。

（三）通气功能障碍的血气变化特点

通气功能障碍主要为肺泡有效通气不足,表现为吸入 O_2 不足而 CO_2 排出障碍,即氧分压下降,$PaO_2 < 60mmHg$,二氧化碳分压升高,$PaCO_2 > 50mmHg$,多引起Ⅱ型呼吸衰竭,为高碳酸血症型呼吸衰竭。

二、肺换气功能障碍

肺换气是指肺泡与肺毛细血管血液之间气体交换过程,肺泡空气中氧顺分压差,通过肺泡上皮与毛细血管内皮细胞等肺泡-毛细血管膜(呼吸膜),弥散到肺泡毛细血管,而静脉血中二氧化碳则向肺泡弥散,整个肺换气过程约 0.3 秒就达到气体扩散平衡,即肺泡毛细血管血氧分压升高至 100mmHg 左右,二氧化碳分压则急剧降低,肺部静脉血变成了动脉血。一般肺泡血液流经肺毛细血管的时间约 0.7 秒,正常血液流经肺毛细血管全长约 1/3 时,肺换气过程基本完成。因此,肺换气功能障碍机制包括弥散障碍、肺泡通气与血流比例失调以及解剖分流增加等环节。

(一)弥散障碍

弥散障碍是指肺泡气体与血液的 O_2 和 CO_2 通过呼吸膜交换的过程障碍。主要是呼吸膜出现异常,表现为呼吸膜面积减少和呼吸膜增厚。

1. 弥散膜面积减少 正常成人肺泡总面积约为 $60 \sim 100m^2$,平静呼吸时只需 $35 \sim 40m^2$ 面积的肺泡参与气体交换,有较大肺换气面积储备量,利于气体弥散。因此,只有当呼吸膜面积减少一半以上时,才可能因弥散膜面积过少而发生换气障碍。呼吸膜面积减少常见于肺叶切除,肺实变、肺不张以及严重肺水肿等。

2. 弥散膜厚度增加 呼吸膜由肺泡上皮、毛细血管内皮及两者共有的基膜以及肺泡表面液层、表面活性物质层等构成,见图 25-3。若出现肺水肿、肺间质纤维化、肺透明膜形成,可以使呼吸膜厚度增加,导致弥散距离增加而影响气体弥散。

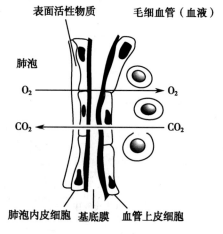

图 25-3 呼吸膜基本结构

3. 弥散障碍的血气变化特点 在肺泡气体交换中,氧的弥散速度慢,弥散能力仅为二氧化碳的 1/20,易发生弥散障碍;而 CO_2 弥散速度快和能力强,可迅速排出,不易受影响。因此,单纯弥散障碍导致 I 型呼吸衰竭,主要表现为 $PaO_2 \downarrow$,$PaO_2 < 60mmHg$,$PaCO_2$ 正常或降低。

(二)肺泡通气与血流比例失调

肺泡总通气量与血流量以及两者配合协调,是保证有效换气重要因素之一。正常人在静息状态下,平均肺泡通气量(VA)为 4L/min,平均肺血流量(Q)为 5L/min,通气血流(VA/Q)比值为 0.8。由于体位关系,正常人肺各部分通气与血流比值的分布也不都是 0.8,VA/Q 比率的变动范围约为 $0.6 \sim 3$。直立位时,肺泡的通气量和血流量都呈自上而下递增变化规律,由于重力对血流影响更大,肺尖与肺底部的血流量差别更大,表现为各部肺泡的 V/Q 比值自上而下递减,平均为 0.8。若肺部的肺泡通气与血流量两者异常发生于同一部位,如肺叶切除、大叶性肺炎灰色肝变期患者,则健康部分肺可适当增加通气与血流比例来代偿。临床上大多数呼吸系统疾病所引起肺泡通气和血流量变化偏离正常比例,导致部分肺泡 V/Q 比值增高或降低,且 VA/Q 比值的变动范围大,引起总肺泡通气血流比例严重失调,以低效率换气而导致呼吸衰竭,是呼吸衰竭发生最常见最重要的机制。目前认为 VA/Q 比例失调主要有以下两种基本形式,见图 25-4。

1. 部分肺泡通气不足引起 VA/Q 比值降低 呼吸系统病变,如支气管哮喘、慢性支气管炎以及阻塞性肺气肿等慢性阻塞性肺疾病引起气道阻塞或狭窄性病变,还导致胸廓与肺顺应性降低,且在肺各个部分病变程度轻重不一,因此肺泡通气减少程度分布也是严重不均。因此,部分肺泡因阻塞性或限制性通气障碍而引起严重通气不足,而该处肺泡血流量未明显减少,VA/Q 比值下降明显,导致流经该部分肺泡静脉血未得到充分氧合,在掺入动脉血后引起血氧明显降低,以静脉血掺杂称之,又称功能性分流。此外,肺部炎症出也会导致功能性分流发生,如在大叶性肺炎的红色肝样变期时,大量炎性渗出物填塞肺泡,肺泡通气量显著减少,而肺泡毛细血管充血扩张,血流反而有所增加,导致 VA/Q 比值明显下降,血液流过病变肺泡时获取氧气明显减少,导致机体缺氧,通气减少甚至引起排出 CO_2 显著减少,导致高碳酸血症。

2. 部分肺泡血流不足引起 VA/Q 比值升高　肺动脉分支栓塞、肺部炎症、肺部 DIC 以及肺毛细血管大量破坏等病变,使该部分肺泡的血液流量明显减少,但肺泡通气基本良好,导致 VA/Q 比值明显升高,该部分肺泡的气体未能充分进入血液,类似于无效通气,称为无效腔样通气。在正常人也有真正的无效腔通气,其无效腔通气量约为潮气量的 30%,但严重肺疾患时,该比例可高达 60%~70%。因此,无效腔样通气时,肺泡毛细血管血流量相对或绝对减少,使肺泡的气体得不到充分利用,而且还可让无效腔样通气部位多余的血液转入健康肺泡毛细血管,引起血流量过大,反而引起健康部分肺泡的 VA/Q 比值降低,加重了整个肺的气体交换障碍程度。

3. VA/Q 比例失调的血气变化特点　一般情况下,无论是部分肺泡通气不足,还是部分肺泡血流不足,基本表现为换气障碍,血气特点主要为 PaO_2 降低,以严重缺氧的临床表现为主。对于血中 CO_2 水平而言,可以通过呼吸频率加快等方式来代偿维持 $PaCO_2$ 正常,甚至可因代偿过度而降低,多属于 I 型呼吸衰竭。若 VA/Q 比例严重失调,通气与换气严重障碍,导致健康部分肺泡代偿不足,O_2 吸入不足而 CO_2 排出障碍,引起 PaO_2 降低和 $PaCO_2$ 升高,属于 II 型呼吸衰竭。

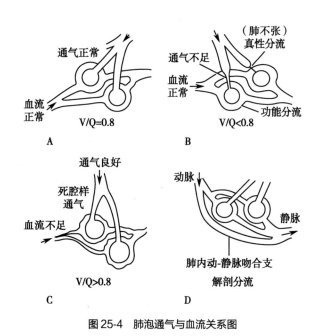

图 25-4　肺泡通气与血流关系图

(三)解剖分流增加

正常情况下,右心泵出部分肺静脉性质的动脉血不流经肺泡氧合,而经支气管静脉和肺内动 - 静脉吻合支直接流入肺静脉,还有在心内经最小静脉直接分流至左心,此类分流量约占心输出量的 2%~3%。该部分静脉性质的血液未经氧合即流入体循环动脉血中,称为真性分流(真性静脉血掺杂)。支气管扩张症以及先天性肺血管畸形肺动静脉瘘等疾患,可有肺内动 – 静脉短路开放和肺动脉与静脉直接相通形成短路,均使解剖分流量增加,通过静脉血掺杂增多而导致呼吸衰竭。此外,肺实变、肺不张等情况下,肺泡完全不通气但仍有血流,即 V/Q=0,也被认为是一种真性分流。因此,可以认为肺实变、肺不张是功能性分流的极端情况,但由于真性分流肺泡完全不通气,所以吸氧后 PaO_2 变化不大,氧疗无效,而功能性分流氧疗后可提高血氧分压。

第三节 呼吸衰竭时机体的主要机能和代谢变化

一、酸碱平衡紊乱

1. **呼吸性酸中毒** 由于限制性和阻塞性通气不足,或者出现严重通气血流比值失调,在引起低氧血症时,也导致 CO_2 排出受阻, CO_2 大量潴留,血浆 H_2CO_3 水平原发性增加,出现高碳酸血症,见于 II 型呼衰。

2. **代谢性酸中毒** 呼吸衰竭时低氧血症使组织细胞无氧代谢加强,产生大量的乳酸等酸性代谢产物,消耗体内 HCO_3^-,使 HCO_3^- 水平原发性减少。此外,肺部感染或休克等引起呼吸衰竭的原发病或病理过程,也可以引起代谢性酸中毒。

3. **呼吸性碱中毒** 多见于急性肺损伤患者,在低氧血症时,缺氧可刺激化学感受器,活化呼吸中枢而造成肺过度通气,导致二氧化碳排出过多,使 $PaCO_2$ 明显下降,引发呼吸性碱中毒。

二、呼吸系统变化

1. **低氧血症和高碳酸血症对呼吸中枢的影响**

(1)低氧血症对呼吸中枢的影响:PaO_2 在降低至 $30 \sim 60$ mmHg 范围内,可刺激颈动脉体主动脉体化学感受器,使呼吸中枢兴奋,可增强呼吸运动;当 $PaO_2 < 30$ mmHg,出现严重缺氧,可直接抑制呼吸中枢,抑制呼吸运动。

(2)高碳酸血症对呼吸中枢的影响:短时间内 $PaCO_2$ 升高至 $50 \sim 80$ mmHg 范围内,可通过刺激中枢化学感受器直接兴奋呼吸中枢;当 $PaCO_2 > 80$ mmHg 时,可直接抑制呼吸中枢,导致呼吸运动障碍。特别注意的是,在此状况下,机体靠低 PaO_2 刺激血管化学感受器以维持微弱呼吸运动,临床只能给予 30% 低浓度、低流量($1 \sim 2$ L/min)的持续给氧,使 PaO_2 上升不超过 60 mmHg,以避免低氧刺激中枢的调节消失,防止致呼吸暂停。

(3)不同原因所致呼吸衰竭对呼吸运动形式影响:主要分两大类:①中枢性呼吸衰竭,呼吸浅而慢,节律紊乱,表现为呈潮式、间歇、抽泣样、叹气样呼吸等形式。②外周性呼吸衰竭,浅而快的呼吸,多见于肺顺应性降低、限制性通气障碍的肺部疾病。此外,阻塞性通气障碍的疾患引起呈吸气或呼气式呼吸困难,需要增强呼吸运动来实现。

2. **急性呼吸窘迫综合征与呼吸衰竭** 急性呼吸窘迫综合征(acute respiratory distress syndrome,ARDS)是由肺泡-毛细血管膜损伤为主引起的急性呼吸衰竭。主要病理特征为弥漫性呼吸膜损伤,主要表现为严重肺水肿与出血、肺不张、透明膜形成、微血栓形成,临床上主要表现为进行性呼吸困难和顽固性低氧血症。主要病因有常见于休克、创伤、败血症等疾病。其引起呼吸衰竭的主要机制有:①通气不足与通气血流比值减少:肺水肿、肺不张使肺顺应性降低,可引起限制性通气障碍,而支气管痉挛和气道内黏液阻塞还可导致阻塞性通气障碍,其中肺不张和气道阻塞还可导致患处的肺泡通气血流比值减少;②呼吸膜增厚与弥散面积减少:由于肺水肿与透明膜形成可引起呼吸膜增厚,而肺不张则引起弥散面积减少;③无效腔样通气增加:微血栓形成或肺血管收缩,可造成无效腔样通气增加。

血气变化特点:急性呼吸窘迫综合征早期可有过度通气,表现为 PaO_2 降低,而 $PaCO_2$ 可正常,或 $PaCO_2$ 下降时出现呼吸性碱中毒;而急性呼吸窘迫综合征晚期或病情严重时,肺部病变广泛,通气障碍难以代偿,肺总通气量降低,可导致 $PaCO_2$ 升高。

3. **慢性阻塞性肺部疾患与呼吸衰竭** 慢性阻塞性肺疾患(chronic obstructive pulmonary disease,COPD)是常见的慢性呼吸系统疾病,多由慢性支气管炎和肺气肿引起,晚期可引起呼吸衰竭、心力衰竭(肺源性心脏病)。其病理改变特征是长期慢性支气管炎引起细支气管管壁增厚与管腔狭窄,气道分泌物增多而阻塞管腔,增大气道阻力,病情进展还引起肺气肿,其病变多发生于管径小于 2cm 的小气道中。COPD 导致呼吸衰竭的机制如下:①阻塞性通气障碍:细支气管管壁增厚与管腔狭窄,气道分泌物容易阻塞;②限制性通气障碍:肺组织增生与纤维化导致顺应性降低,肺泡 II 型上皮细胞受损,肺泡表面活性物减少,肺泡扩张受限;③弥散功能障碍:肺气肿与慢性炎性增生可导致肺泡膜增厚及弥散面积减少;④肺泡通气血流比值失调:气道阻塞引起肺泡低通气,主要为功能性分流增加。

三、中枢神经系统变化

1. **低氧血症对中枢神经系统的影响** 分三个程度:① $PaO_2 < 60mmHg$,出现智力和视力减退;② PaO_2 为 $40 \sim 50mmHg$,出现神经精神症状;③ $PaO_2 < 20mmHg$,出现神经细胞不可逆损伤。

2. **高碳酸血症** 多见于急性的 CO_2 潴留状况,对中枢神经系统影响分两个程度:①轻度高碳酸血症,$PaCO_2 > 50mmHg$,表现为脑血管扩张,可出现头痛、头晕、烦躁;②重度高碳酸血症,$PaCO_2 > 80mmHg$,被称为"CO_2 麻醉",表现为头痛、头晕、烦躁不安、言语不清,严重时精神错乱、嗜睡、抽搐、昏迷等。

3. **肺性脑病** 呼吸衰竭中缺氧与高碳酸血症对脑血管和脑细胞的损伤,引起中枢神经系统功能障碍,称为肺性脑病。

（1）脑水肿与脑细胞水肿:①缺氧、高碳酸血症以及酸中毒,使脑血管扩张、通透性增加,导致脑水肿;②缺氧时 ATP 产生减少,脑细胞膜钾-钠泵活性降低,胞内 Na^+ 泵出障碍导致胞内 Na^+ 过多,使细胞外水进入胞内,引起脑细胞水肿。③脑充血、水肿使颅内压升高,反之压迫脑血管加重缺氧,形成恶性循环,严重时导致脑疝形成。

（2）中枢神经系统抑制:缺氧、高碳酸血症、酸中毒可降低脑脊液 pH 降低,可增加抑制性神经递质 γ-氨基丁酸（γ-GABA）。此外,酸中毒还可激活磷脂酶和导致溶酶体酶释放,损伤脑细胞。

四、循环系统变化

1. **低氧血症和高碳酸血症对心血管系统的影响** 依据 PaO_2 降低与 $PaCO_2$ 增高的程度,分为轻、中、重等三种不同程度:①轻、中度 PaO_2 降低与 $PaCO_2$ 增高:兴奋心血管中枢,表现为心率增快与心收缩力增强,外周血管收缩、静脉回流增多;②重度 PaO_2 降低与 $PaCO_2$ 增高:抑制心血管中枢,导致血压降低与心收缩力减弱。此外还有肺血管除外的机体血管扩张。

2. **肺源性心脏病（pulmonary heart disease,PHD）** 慢性阻塞性肺疾患等慢性器质性病变可引起呼吸衰竭,还可继发右心肥大和心力衰竭,称为肺源性心脏病。主要发生机制如下:

（1）肺泡 O_2 降低和 CO_2 升高,酸中毒引起血中 H^+ 升高,导致肺小动脉收缩而形成功能性肺动脉高压。

（2）缺氧引起肺小动脉长期收缩,促进平滑肌细胞及成纤维细胞增生,刺激胶原蛋白及弹性蛋白合成增加,导致肺血管壁增厚、硬化、管腔狭窄,最后形成器质性肺动脉高压。

（3）若出现肺小动脉炎、肺栓塞以及 DIC,通过破坏肺血管床而形成肺动脉高压。

（4）长期缺氧,红细胞代偿性增高,血流阻力增大,引起肺动脉高压。

上述因素均可增加肺动脉高压,直接导致右心后负荷增加,而且缺氧和酸中毒还可损伤心肌,以上因素长期反复作用则引起右心衰竭。

五、肾功能变化

呼吸衰竭时,肾功能变化主要表现为功能性急性肾功能衰竭,其基本机制是缺氧、酸中毒引起交感神经兴奋,肾血管收缩,导致肾小球滤过率降低。临床表现可有氮质血症和少尿以及尿蛋白、红细胞、白细胞和管型等。

六、胃肠变化

呼吸衰竭时,缺氧与酸中毒引起交感神经兴奋,胃肠出现胃肠血管收缩和黏膜缺血,而且 CO_2 潴留可使碳酸酐酶活性增高,胃酸分泌增多,可引发胃溃疡。若出现休克及 DIC,使胃肠黏膜缺血加重,常导致胃、肠出血与溃疡发生。

第四节　呼吸衰竭防治的病理生理基础

1. 治疗原发病与消除病因。
2. 纠正缺氧,改善通气,保持呼吸道通畅。
3. 呼吸衰竭患者氧疗原则,主要有两种情况:①I型呼吸衰竭(低氧血症型呼吸衰竭),给予较高浓度氧以提高 PaO_2 水平,尽快高于 60mmHg;②II型呼吸衰竭(高碳酸血症型呼吸衰竭),给予低浓度氧(氧浓度<30%),且低流量(1~2L/min)、持续或间断给氧,维持 PaO_2 在 60mmHg 左右,避免血氧突然升高而导致呼吸抑制。
4. 纠正水、电解质及酸碱平衡紊乱,维持机体内环境稳定。
5. 保护心、脑、肾等重要器官功能,防止严重并发症。

相关链接

体外膜肺氧合技术与呼吸衰竭

体外膜氧合(extracorporeal membrane oxygenation, ECMO),也称体外膜肺,在呼吸衰竭的救治中,除了采用呼吸机等机械通气手段治疗之外,ECMO 是重要体外心、肺辅助技术。在 1975 年就用于救治新生儿重度呼吸衰竭,近年广泛用于重症患者救治中心、肺功能支持。ECMO 核心模块是人工心脏(血液动力泵)和人工肺(氧合器),本质是人工心肺机。其主要通过把静脉血引出体外,血液动力泵的驱动下,在体外膜肺进行气体交换,吸入氧气并排出二氧化碳,替代人体肺部完成气体交换任务,其中血液动力泵也可同样承担心的泵血功能,是重症患者心肺得到休息,为抢救和后续治疗赢得时机。

案例 25-1

患者男性,65 岁,因反复咳嗽,咳痰 25 余年,气促 6 年,双下肢水肿 3 天入院。患者 25 年前开始反复咳嗽,咳黄色浓痰,有时伴气喘。反复发作且冬季容易发。6 年前开始出现气促、心悸,多见于较重体力活动时,休息后缓解;病情逐年加重,轻体力活动也出现气促。3 天前因感冒、发烧,咳嗽咳痰加重,痰黄稠难咳,气喘加重,心悸,双下肢水肿,急诊入院,入院当日出现神志不清。既往史,嗜烟 30 多年,每天吸烟 40 支左右。

体检:T 38.8°C,P 105 次/分,R 26 次/分,BP 140/85mmHg。颈静脉怒张,肝颈征阳性。桶状胸,叩诊过清音,肺下界下移,两肺呼吸音减弱,呼气延长,双肺多处闻及干啰音,左下肺湿啰音。心率 105 次/分,律齐,三尖瓣听诊区可闻及收缩期柔和的吹风样杂音,肝右肋下 2.5cm 可触及。实验室检查：血常规为血红蛋白 160g/L，红细胞 $5.10×10^{12}$/L，白细胞 $12.6×10^9$/L。血细胞分类：中性粒细胞为 82%，淋巴细胞为 12%，血小板 $160×10^9$/L；血钠 145mmol/L，血钾 3.9mmol/L，血糖 5.8mmol/L，血尿素氮 8.3mmol/L，血肌酐 120mmol/L。肝功能：ALT 80U/L，AST 76U/L，总蛋白 69g/L，白蛋白 43g/L，球蛋白 25g/L。胸片提示：肺透亮度增高与肺纹理粗乱，横膈下降，平 12 后肋，左下肺野见糊状阴影，右下肺动脉干扩张。血气分析：pH 7.31，$PaCO_2$ 75mmHg，PaO_2 42mmHg，HCO_3^- 38mmol/L，SB 为 HCO_3^- 26mmol/L。

思考：

1. 请阐述该患者发生呼吸衰竭发生的机制。

2. 根据血气分析结果分析该患者发生哪一类型呼吸衰竭，并说明氧疗的方法与病理生理学基础。

3. 请阐述该患者发生肺源性心脏病的机制。

（邝晓聪）

学习小结

呼吸衰竭是指各种临床致病原因的作用于外呼吸气体交换环节，使机体出现系列功能、代谢变化的临床综合征，具体表现为静息状态下动脉氧分压（PaO_2）降低（<8kPa，60mmHg），伴有或不伴有动脉 CO_2 分压（$PaCO_2$）升高（>6.6kPa，50mmHg）。临床常以低氧血症型（I型）和高碳酸血症型（II型）来进行呼吸衰竭分类。

呼吸衰竭发生机制主要分为通气障碍、换气障碍以及解剖分流增加等三个方面，简要归纳如下：

1. 通气障碍　分为限制性通气不足与阻塞性通气不足，血气变化特点是：PO_2 降低与 PCO_2 升高。

2. 换气障碍　主要分为弥散障碍与通气血流比值失调，弥散障碍血气变化特点是 PO_2 降低与 PCO_2 不升高，主要有两种情况：弥散面积减少和弥散距离增加。通气血流比值失调血气变化特点是 PaO_2 降低，$PaCO_2$ 降低或正常，严重时 $PaCO_2$ 升高。也有两种情况：功能性分流（VA/Q<0.8）和无效腔样通气（VA/Q>0.8）。

3. 解剖分流增加　如支气管扩张患者，肺内动 - 静脉吻合开放增加，属于真性分流，即血氧明显降低，与功能性分流比较，吸氧治疗无改善。

在呼吸衰竭引起的机体改变中，两型呼吸衰竭均引起缺氧，导致代谢性酸中毒，其 I 型呼吸衰竭还可引起呼吸性碱中毒，II 型呼吸衰竭可引起呼吸性酸中毒。在神经系统与循环系统，呼吸衰竭可引起肺性脑病与肺源性心脏病。

复习参考题

1. 呼吸衰竭分哪几种类型？

2. 阻塞性通气不足中阻塞部位不同出现的呼吸困难形式有何不同？为什么？

3. 请简述肺泡通气 / 血流比例失调的表现形式及其病理生理意义。

4. 呼吸衰竭时会出现哪些类型的酸碱平衡紊乱，为什么？

5. 请阐述 I 型与 II 型呼衰不同氧疗模式的病理生理学基础。

第二十六章　肝　性　脑　病

26

学习目标	
掌握	肝性脑病的概念和发病机制。
熟悉	肝性脑病的诱因和防治的病理生理基础。
了解	肝性脑病的病因、分类与分期。

第一节　概述

肝脏是人体最大的代谢器官,并接受来自门静脉和肝动脉的双重血液供应,具有调节营养物质的代谢、分泌、合成、生物转化(解毒与灭活)及免疫调控等重要的生理功能。各种肝损伤因素致肝细胞(包括肝实质细胞和 kupffer 细胞)发生严重破坏,使肝脏的代谢、分泌、合成、解毒与免疫功能发生严重障碍,机体出现黄疸、低蛋白血症、出血、继发性感染、肾功能障碍、脑病等一系列临床综合征,称之为肝功能不全(hepatic insufficiency)。肝功能不全的晚期称为肝功能衰竭(hepatic failure),以肝肾综合征和肝性脑病为主要特征。

肝性脑病(hepatic encephalopathy, HE),也称肝性昏迷(hepatic coma),是指排除其他已知脑疾病前提下,继发于肝功能紊乱的一系列严重的神经精神综合征。其主要特征是可逆性人格改变、智力减弱、意识障碍、不可逆性昏迷甚至死亡。肝性昏迷是肝性脑病的最后阶段,也是肝功能衰竭的终末表现。肝性脑病的临床分期及特点见表 26-1。

表 26-1　肝性脑病的分期与临床特点

分期	主要临床特点
前驱期	轻度知觉障碍、欣快或焦虑、精神集中时间缩短,应答尚准确,反应迟钝;可出现扑翼样震颤
昏迷前期	症状加重,嗜睡、淡漠、轻度时空感知障碍、言语不清、明显人格障碍及行为异常;伴扑翼样震颤
昏睡期	明显的精神错乱、时间及空间定向障碍、健忘症、言语混乱,昏睡但能唤醒;伴扑翼样震颤
昏迷期	昏迷不能唤醒,对疼痛刺激无反应,无扑翼样震颤

相关链接

扑翼样震颤(asterixis)是肝性脑病患者常见的一个阳性体征。检查方法:嘱患者将两臂平举,当手指分开时,如患者出现两上肢向外偏斜,腕和掌指关节有快速而不规则的阵发性鸟翼拍击样的屈伸动作,即为扑翼样震颤体征阳性。扑翼样震颤是肢体张力增高的无意识活动,与肝性脑病患者脑内的多巴胺不足或被假性神经递质取代有关。

第二节　肝性脑病的病因与分类

肝性脑病的主要病因为两类:一类是肝细胞损伤,生物转化(解毒与灭活)功能障碍:多见于重型病毒性肝炎、化学物质中毒引起的急性或亚急性肝坏死以及肝癌的晚期患者,起病急骤,出现躁动、谵妄以至昏迷,因大量肝细胞急剧破坏,清除机体毒性产物与灭活活性物质的功能障碍,导致血中毒物水平迅速升高而干扰中枢神经系统,也被称为内源性肝性脑病;另一类是门-体分流导致毒性和活性物质未经过肝脏直接进入体循环:多见于门脉高压的肝硬化患者,起病与病情进展较缓慢,由于实施的门-体静脉分流术或因门-体分流侧支循环的形成,可使毒物不经过肝脏解毒而直接进入体循环作用于中枢神经系统而引起神经精神症状,也被称为外源性肝性脑病。

依据 1998 年维也纳第 11 届世界胃肠病学大会的定义,将肝性脑病分为三种类型(表 26-2)。

表 26-2　肝性脑病的分类

分类	特点
A 型(Acute 急性)肝性脑病	急性肝衰竭相关的肝性脑病
B 型(Bypass 旁路)肝性脑病	门体旁路相关且无明确肝细胞损伤的肝性脑病
C 型(Cirrhosis 肝硬化)肝性脑病(发作性、持续性、轻微性三种亚型)	肝硬化伴门脉高压或门体分流的肝性脑病

第三节 肝性脑病的发病机制

肝性脑病的发病机制至今尚不完全清楚。目前认为肝性脑病的发生主要是由于物质代谢障碍和毒性物质引起的脑组织代谢和功能障碍,引起星形胶质细胞受损和脑水肿等继发性神经病理学改变。大量的动物实验和临床研究的结果逐步形成了氨中毒学说、假性神经递质学说、血浆氨基酸失衡学说、γ-氨基丁酸学说等多种学说,用于阐释肝性脑病的发病机制和指导临床的治疗工作。现分述如下。

一、氨中毒学说

在近半个世纪的研究中,氨中毒学说在肝性脑病的发病机制中占据核心地位。临床研究表明,约70%左右的肝性脑病患者出现血氨升高现象,若患者大量摄入蛋白质或动物试验中给予氯化铵,其提高血氨水平的后果是可诱发肝性脑病,并伴有星形胶质细胞功能受损,后者直接影响神经元的功能及神经递质的代谢,并参与肝性脑病的发生发展。反之,经治疗降低血氨后,病情则好转,表明肝性脑病的发生与血氨升高之间有明显的因果关系。氨中毒学说认为肝性脑病的发生主要是由于血氨水平增高,氨通过血脑屏障进入脑内,引起脑的代谢和功能障碍。

(一)血氨的调控

正常人氨的生成和清除保持着动态平衡,血氨浓度一般不超过 $59\mu mol/L$,血氨水平的调控与其来源和去路密切相关。

1. **血氨来源** 主要有以下几个来源:①肠道产氨入血:正常情况下,每天肠内产生的氨约为 4g,主要源于食物中蛋白质消化分解产生的氨基酸以及由血液弥散入肠道的尿素,经肠内细菌产生的氨基酸氧化酶和尿素酶的催化产生氨。肠道中氨吸收入血主要受肠道内 pH 影响,肠内环境一般为碱性,以 NH_3 分子状态存在,其脂溶性好且易吸收入血,在肝经鸟氨酸循环解毒;若肠内环境偏酸性且 pH 小于 6 时,则以 NH_4^+ 离子状态存在,不易为肠道吸收,随粪便排出体外。②肾小管上皮细胞产氨入血:在肾小管上皮细胞,谷氨酰胺经谷氨酰胺酶水解产生 NH_3,后者一部分扩散到肾小管腔内与 H^+ 结合形成 NH_4^+ 而随尿排出,其余部分氨弥散入血。③肌肉产氨以及物质代谢中生成的氨:主要为肌肉组织中腺苷酸分解产氨以及氨基酸代谢过程中脱氨基产氨,不是血氨的主要来源。

2. **血氨去路与清除** 氨清除方式主要有两种:①氨在肝脏经鸟氨酸循环合成尿素:这是机体清除氨的最主要代谢途径。肠道等处源的氨入血,经门静脉进入肝脏,通过鸟氨酸循环形成 1mol 尿素,可清除 2mol 的氨和消耗 4mol ATP,其中大部分生成的尿素经肾滤过而随尿排泄,少部分尿素进入"肠肝循环"。弥散入肠腔的尿素在肠道细菌尿素酶的作用下又可形成氨。②氨转化反应:在肌肉、肝、脑及肾等组织细胞内,少部分氨与 α-酮戊二酸结合,可转化为谷氨酸以及谷氨酰胺,以清除血氨。

(二)血氨升高的原因与机制

肝性脑病患者的血氨可增高到正常人的 2~3 倍,而且神经精神症状严重程度常与血氨增高呈正相关。血氨水平的升高不外乎氨的生成增多和(或)氨的清除不足。而肝功能严重受损时,鸟氨酸循环障碍,尿素合成减少,是肝性脑病血氨水平升高的主要因素之一。

1. **血氨清除不足** 主要有以下四个方面:①肝功能受损,鸟氨酸循环障碍,尿素合成与氨清除减少:肝细胞损伤引起细胞代谢障碍以及 ATP 减少,肝内鸟氨酸循环相关的酶系统受损以及所需底物的缺乏,致使尿素合成能力降低与氨清除不足,导致血氨升高;②门-体侧支循环形成,血氨清除减少:肝硬化患者,门脉高压引起的门-体静脉侧支循环形成或门-体静脉吻合术后,由肠道大量吸收入血的氨,不经门静脉入肝解毒而直接进入体循环,致血氨升高;③肌肉组织代谢消耗氨减少:肝硬化伴肌肉萎缩患者,其萎缩的肌肉对氨的转化效应降低；④肾排氨降低：肝功能障碍伴有碱中毒，肾小管上皮细胞分泌氢减少，致肾小管腔内的 NH_3 难以形成 NH_4^+，表现为 NH_4^+ 排泄减少，肾小管上皮 NH_3 弥散入血增多。

2. 血氨产生增多　机体的产氨多源于肠道蛋白质分解与尿素肠肝循环，而氨的吸收则与肠道 pH 和尿液 pH 相关。①肝硬化伴有消化道淤血，可使肠道细菌繁殖活跃，细菌释放的氨基酸氧化酶及尿素酶的量与活性增多，使肠道内蛋白质等含氮物质分解而产氨增加；②肠道内蛋白质等含氮物质的潴留：肝硬化门脉高压患者，易发生上消化道出血以及消化功能的紊乱引起的食物消化、吸收及排空延迟，均可导致肠道内蛋白质等含氮物质增多，尤其是在高蛋白饮食之后，肠道细菌酶分解蛋白质等含氮物质而致产氨增加，而且肠道的碱性环境也利于氨的吸收；③"肠肝循环"中尿素弥散入肠腔增加；肝硬化晚期合并肾功能衰竭，肾排泄尿素减少，弥散至肠腔的尿素增加，经肠道细菌尿素酶的作用产氨增加；④肌肉产氨增加：肝性脑病早期可有躁动等表现，肌肉活动增强，可使腺苷酸分解产氨增加。

（三）血氨升高对脑的毒性作用及其机制

肝功能障碍不仅是引起血氨升高，肝性脑病患者出现的神经精神症状，则提示血中毒性物质氨可能进入脑内而引发其毒性效应。生理状况下，血氨绝大部分以 NH_4^+ 形式存在，而 NH_3 仅为 1% 左右，二者存在动态平衡，其比例与血液的 pH 值有关，若 PH＞6.0 时，血中 NH_3 比例则会明显增加。对于血脑屏障而言，NH_4^+ 难以通过，而 NH_3 脂溶强，容易透过血脑屏障进入脑内。肝性脑病患者，血氨升高，相应 NH_3 增多，尤其是碱中毒发生时，患者血液 pH 上升，NH_4^+ 比例减少，NH_3 比例增加，可促使更多的 NH_3 进入脑内的数量。鉴于肝性脑病患者晚期多表现为意识障碍与昏迷等神经系统的抑制症状，提示氨入脑并可能干扰神经细胞的能量代谢和功能。

1. 干扰脑细胞的能量代谢　脑内糖原贮存极少，正常脑功能的活动，其能量来源主要依靠葡萄糖的有氧氧化。生理状态下脑组织内少量的氨与 α-酮戊二酸结合，可在谷氨酸脱氢酶的催化作用下形成谷氨酸，而谷氨酸进一步在谷氨酰胺合成酶的催化下，与氨结合形成兴奋性神经递质谷氨酰胺。当血氨增多时，氨通过血脑屏障，干扰神经细胞的三羧酸循环过程，使 ATP 的产生减少而消耗增多，导致脑细胞各种代谢和功能所需的能量严重不足，难以维持中枢神经系统的兴奋活动。具体环节如下：①抑制丙酮酸脱氢酶的活性：脑组织内高水平氨可抑制丙酮酸的氧化脱羧过程，致 NADH 和乙酰辅酶 A 生成减少，三羧酸循环停滞，ATP 产生减少；②抑制 α-酮戊二酸脱氢酶（α-ketoglutarate dehydrogenase, α-KGDH）活性：脑组织氨水平升高，可抑制 α-KGDH 活性，使 α-酮戊二酸生成琥珀酸减少；氨与 α-酮戊二酸的结合形成谷氨酸时大量消耗 α-酮戊二酸；血中 α-酮戊二酸难以通过血脑屏障，不能及时补充脑内消耗的 α-酮戊二酸；从而干扰三羧酸循环过程的正常进行，减少 ATP 生成；③大量消耗还原型辅酶（NADH）：在氨与 α-酮戊二酸结合形成谷氨酸的过程中，同时大量消耗 NADH，并妨碍呼吸链中的递氢过程而导致 ATP 生成减少；④大量消耗 ATP：氨与谷氨酸形成谷氨酰胺的反应是耗能过程，可消耗大量 ATP；Na^+-K^+-ATP 酶的活化消耗 ATP；⑤肝性脑病晚期，脑内葡萄糖代谢率明显降低，脑组织的糖酵解增强，乳酸堆积，ATP 生成减少。详见图 26-1。

2. 促使脑内谷氨酸与乙酰胆碱等兴奋递质减少，谷氨酰胺与 γ-氨基丁酸（γ-aminobutyric acid, GABA）等抑制递质增多，神经传递障碍　正常人脑内兴奋性神经递质与抑制性神经递质保持平衡。脑内氨水平升高则直接影响脑内神经递质的水平及传递，研究证实神经传递障碍所起的作用要强于且早于能量代谢障碍。氨能影响谷氨酸能、γ-氨基丁酸能等神经元的活性，干扰神经递质间的相互平衡，使脑内兴奋性递质减少，抑制性递质增多，导致嗜睡与昏迷等中枢神经系统的抑制效应。具体环节如下：①神经递质谷氨酸减少，谷氨酰胺增加：脑内氨与 α-酮戊二酸结合生成谷氨酸，而由于脑组织氨水平过高，谷氨酸又与氨结合而生成谷氨酰胺，最终结果是兴奋性递质谷氨酸减少，而抑制性递质谷氨酰胺增加；②兴奋递质乙酰胆碱减少：脑内氨水平升高，可抑制丙酮酸脱氢酶活性，抑制了丙酮酸氧化脱羧过程，使神经细胞内乙酰辅酶 A 生成减少，导致合成兴奋性递质乙酰胆碱的原料减少；③抑制递质 γ-氨基丁酸增多：脑内高浓度氨可抑制 γ-氨基丁酸转氨酶的活性，阻碍 GABA 转化为琥珀酸，导致脑内 GABA 的含量增加。

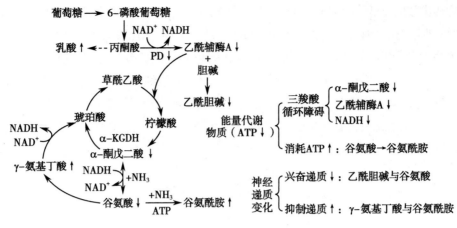

图 26-1　氨对脑细胞能量代谢与神经递质影响

3. 氨对神经细胞膜的抑制作用　脑内过多的氨可直接抑制神经细胞膜上的 Na^+-K^+-ATP 酶活性,而且 $NH4^+$ 还与 K^+ 竞争进入细胞内,可通过影响 Na^+、K^+ 在神经细胞膜内、外的分布而抑制神经系统兴奋及传导。

二、假性神经递质学说

血氨升高虽与肝性脑病的发生有密切关系,但也有部分肝性脑病患者经降低血氨治疗,脑病症状并未减轻或好转。提示氨中毒并非是引起肝性脑病的唯一机制。肝性脑病的假性神经递质学说的提出依据"脑干网状结构是维持意识的基础"的基本观点,它认为当肝功能严重受损或门 - 体分流形成时,维持脑干网状结构上行激动系统唤醒功能的神经递质多巴胺和去甲肾上腺素被结构相似但生理效应极弱的假性神经递质即苯乙醇胺和羟苯乙醇胺所取代,致使上行激动系统的功能减弱,大脑皮层从兴奋转入抑制状态,甚至昏迷。

(一)假性神经递质增多

肠道中的蛋白质可水解为支链氨基酸与芳香族氨基酸,其中苯丙氨酸和酪氨酸等芳香族氨基酸经肠道细菌脱羧酶的作用,生成的产物苯乙胺和酪胺可吸收入血经门静脉入肝,在肝单胺氧化酶的作用下,被氧化分解而解毒。在肝功能衰竭患者由于其单胺氧化酶活性降低,肝分解清除苯乙胺和酪胺的能力不足,尤其是门脉高压时,肠道淤血以及消化吸收功能紊乱,则导致肠道蛋白质经细菌所分解产生的苯乙胺和酪胺明显增多,加之门脉高压可通过门 - 体分流直接进入体循环,导致苯乙胺和酪胺大量入血,苯乙胺和酪胺可通过血脑屏障进入脑内,在神经细胞 β- 羟化酶的作用下分别生成苯乙醇胺和羟苯乙醇胺,两者结构与神经递质去甲肾上腺素和多巴胺的结构相似,但生理效应远弱于正常神经递质,约为正常神经递质效应的 1/50,故称之为假性神经递质(false　neurotransmitter)。见图 26-2。

(二)假性神经递质的中枢神经系统毒性作用

中枢神经系统的脑干网状结构可维持大脑皮质的兴奋性和觉醒,其中非特异性投射系统上行神经纤维属于肾上腺素能神经元,甲肾上腺素和多巴胺是其主要的神经递质,而黑质、纹状体等大脑基底核核团神经元的功能维持也与去甲肾上腺素和多巴胺密切相关。由于脑组织中假性神经递质苯乙醇胺和羟苯乙醇胺的结构与正常递质去甲肾上腺素和多巴胺很相似,当苯乙醇胺和羟苯乙醇胺在神经突触聚集到较高浓度时,则可竞争性地与相应受体结合并被肾上腺素能神经元摄取、贮存和释放,但由于其生理功能远弱于正常神经递质,最终导致神经兴奋冲动及传导障碍。对于脑干网状结构而言,去甲肾上腺素和多巴胺被苯乙醇胺和羟苯乙醇胺竞争性抑制,神经系统的兴奋冲动难以传导至大脑皮层,因而出现意识障碍、昏迷等神经系统的抑制性临床表现。而增多的假性递质由于干扰黑质与纹状体的基底核核团神经元的兴奋与传导功能,可能与肝性脑病患者的扑翼样震颤和锥体外系失调有关。

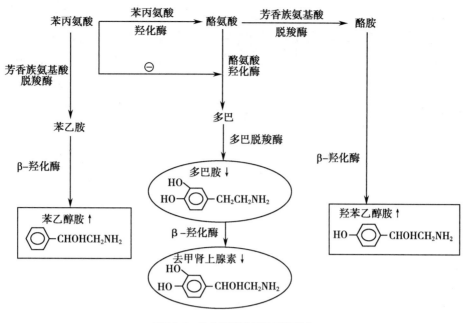

图 26-2　脑内假性神经递质的形成

三、血浆氨基酸失衡学说

假性神经递质学说将芳香族氨基酸代谢紊乱与肝性脑病的发生机制联系了起来,进一步的研究发现肝性脑病患者血中芳香族氨基酸(aromatic amino acids, AAA)与支链氨基酸(branched-chain amino acids, BCAA)的异常变化。血浆氨基酸失衡学说认为:肝性脑病患者血浆氨基酸的失衡主要表现为芳香族氨基酸增多,而支链氨基酸减少,BCAA/AAA之间比值可由正常的3~3.5下降到0.6~1.20。血中氨基酸的失平衡一方面促使脑内产生大量假性神经递质,另一方面抑制正常神经递质的产生,最终导致昏迷。

(一)血浆支链氨基酸和芳香族氨基酸比值降低

肝性脑病患者血浆BCAA/AAA之间比值的降低,主要是因为血中支链氨基酸(亮氨酸、异亮氨酸、缬氨酸)含量减少,而芳香族氨基酸(苯丙氨酸、酪氨酸、色氨酸)含量增多的缘故。在肝功能衰竭时,肝脏灭活激素能力不足,对胰岛素和胰高血糖素的灭活效率的降低,尤其是胰高血糖素明显灭活不足,导致血中胰岛素/胰高血糖素比值降低,促使肌肉和肝脏的分解代谢增强。具体机制如下:①胰高血糖素水平的升高,促使蛋白分解代谢增强,致使大量的芳香族氨基酸由肝和肌肉释放入血;②肝脏分解代谢芳香族氨基酸的功能障碍;③肝脏的糖异生作用障碍,使芳香族氨基酸转化为糖的能力降低,共同促使血芳香族氨基酸含量增高;④胰岛素水平的升高,促进了骨骼肌等组织对支链氨基酸的摄取和利用,致使血浆支链氨基酸水平降低。因此,BCAA/AAA的比值降低成为肝性脑病特征性的血浆氨基酸失衡变化。

(二)血浆氨基酸失衡对中枢神经系统的影响

生理情况下,芳香族氨基酸与支链氨基酸均为电中性氨基酸,两者经同一载体转运通过血脑屏障并被神经细胞所摄取。肝性脑病时,BCAA/AAA之间比值的降低,致使芳香族氨基酸竞争进入脑组织增多,特别是苯丙氨酸、酪氨酸、色氨酸。增多的苯丙氨酸一方面可抑制脑内酪氨酸羟化酶的活性,干扰脑内酪氨酸经羟化生成多巴的代谢过程,另一方面则促使酪氨酸在芳香族氨基酸脱羧酶的催化下生成酪胺,并进一步经β-羟化酶作用生成假性神经递质羟苯乙醇胺;再者脑内增多的苯丙氨酸还可在芳香族氨基酸脱羧酶的催化下生成苯乙胺,经β-羟化酶作用生成另一种假性神经递质苯乙醇胺。见图26-2。血浆氨基酸失衡的结果导致苯丙氨酸和酪氨酸生成正常神经递质多巴胺和去甲肾上腺素的代谢途径受阻,取而代之的是芳香族氨基酸入脑并代谢生成大量的假性神经递质，表明血浆氨基酸失衡学说是假性神经递质学说的进一步补充和发展，且芳香族氨基酸的异常增多是产生假性神经递质的根源。此外，芳香族氨基酸中的色氨酸也可经血脑屏障大量进入脑内，由羟化酶催化而生成5-羟色氨酸，再经脱羧酶的催化，最终生成5-羟色胺（5-hydroxytryptamine，5-HT）。5-羟色胺既是抑制性神经递质，也是一种假性神经递质，有双重抑制效应，可被肾上腺素能神经元摄取、贮存和释放，从而干扰正常递质去甲肾上腺素的作用。而且5-羟色胺也可抑制酪氨酸转变为多巴胺，进一步促进肝性脑病的发生。临床上给予肝性脑病患者静注高支链氨基酸比例的氨基酸葡萄糖混合液，可促使BCAA/AAA的比值恢复，缓解神经精神症状。

问题与思考

请分析假性神经递质学说与血浆氨基酸失衡的异同点。

四、γ-氨基丁酸学说

γ-氨基丁酸是中枢神经系统主要的抑制性神经递质，可通过与突触后神经元上的GABA-A受体（由GABA受体、苯二氮䓬类受体、巴比妥类受体和氯离子转运通道复合物构成）结合发挥作用。γ-氨基丁酸学说认为肝性脑病的发生发展与GABA能神经元抑制性活动增强密切相关。肠道细菌产生的GABA吸收入血后，一方面由于肝脏摄取和灭活GABA的能力降低，或门体分流导致GABA绕过肝直接入血，致使血液中GABA浓度升高；另一方面，由于内环境的紊乱，血脑屏障对GABA通透性升高，可能促使脑内GABA增多及GABA受体的数量明显增多。GABA-A受体复合物与相应配体（GABA、苯二氮䓬类、巴比妥类）的结合，可引起氯离子通道开放，增加氯离子内流，从而发挥神经传导抑制作用。而脑内氨的增多可诱导突触间隙GABA水平增高，降低星形胶质细胞GABA的摄入并增强GABA的释放，增强GABA-A受体复合物与其配体的结合，可通过外周型苯二氮䓬受体诱导神经类固醇物质生成增多，从而变构调节GABA-A受体活性，进一步促进了肝性脑病的发生。

相关链接

肝功能不全患者应用地西泮和巴比妥类药物诱发肝性脑病的机制之一，就是地西泮和巴比妥类类镇静剂作为突触后神经元GABA受体复合物的配体之一，与GABA之间有协同性非竞争性结合相应受体的作用，当与相应的受体结合时，引起氯离子通道开放，增加氯离子内流，使神经细胞膜的静息电位处于超极化状态，从而引起超极化作用，发挥神经传导抑制作用。表现为GABA可以引起地西泮和巴比妥类镇静剂的催眠作用，地西泮和巴比妥类镇静剂又能增强GABA的抑制效应。

五、其他肝性脑病发病学说

许多神经毒质参与肝性脑病的发生发展。蛋氨酸经肠道细菌作用产生的硫醇、酪氨酸和酪胺经肠道细菌作用产生的酚类、短链脂肪酸等的水平都有一定程度的升高，可不同程度的抑制脑的能量代谢。并且氨、硫醇、酚类和短链脂肪酸之间存在协同毒性作用。

总之，肝性脑病的发病机制较为复杂，可能是各种因素综合作用的结果。氨中毒学说作为中心环节，可进一步加重血浆氨基酸的失衡、促进假性神经递质的形成、促使GABA/苯二氮䓬类受体复合物与其配体的结合和变构调节GABA/苯二氮䓬类受体活性，增强中枢的抑制作用。

第四节 肝性脑病发生的诱因

肝性脑病发生的诱因与神经毒质之间表现为协同作用,主要表现为加重脑神经毒质的生成与增强其中枢神经抑制效应,增强脑对毒物的敏感性以及增加血脑屏障通透性等方面。

1. **过量蛋白摄入** 慢性肝病伴有明显门 - 体分流的患者,若大量进食高蛋白食物,在肠道被细菌分解为氨和芳香族氨基酸等神经毒物增加,易诱发肝性脑病。

2. **出血** 肝硬化患者,若发生上消化道出血或外伤以及手术大出血等情况,其低血压与低血氧状态可增强脑细胞对神经毒物的敏感性。尤其是消化道出血,可在肠道细菌作用下生成大量氨以及其他神经毒物。

3. **便秘** 氨及其他毒性产物的产生和吸收增多。

4. **感染** 感染时机体分解代谢增强,可导致产生氨增多,其中肺部感染引起的缺氧,还可增加脑对神经毒物的敏感性。

5. **止痛、镇静、麻醉药使用不当** 肝功能衰竭使机体对药物代谢和清除不足,可增强神经毒物对大脑功能的抑制效应。

6. **碱中毒与低钾血症** 过度利尿或大量抽放腹水,可发生低钾性碱中毒,pH 的升高引起血中游离的氨含量增多,促使肝性脑病发生。

7. **肾功能衰竭** 肾功能衰竭使尿素排出减少,导致"肠肝循环"中尿素向肠道弥散量增加,可加重血氨增高的程度。此外,肾排泄代谢产物和毒性物质减少,也可干扰脑的功能。

8. **其他** 酒精、精神紧张以及硫醇、胺盐、脂肪酸等因素均可使血脑屏障通透性增加,促进神经毒物入脑。

第五节 肝性脑病防治的病理生理基础

依据肝性脑病的主要发病机制和诱因,制定以下防治原则:

(一)消除诱因

谨防诱因是预防肝功能障碍患者发生肝性脑病的关键环节,主要原则为:严格控制蛋白质摄入;减少组织蛋白的分解;防止上消化道大出血;防止便秘;纠正碱中毒;慎用止痛、镇静、麻醉等药物。

(二)降低血氨

限制蛋白饮食;口服乳果糖或醋酸灌肠,降低肠道 pH 值,减少肠道产氨和促进氨的排出;口服新霉素,抑制肠内细菌繁殖以减少产氨;应用门冬氨酸鸟氨酸制剂降血氨。

(三)增强正常神经递质的功能

1. **左旋多巴治疗** 左旋多巴易于通过血脑屏障进入中枢神经系统,在脑内转变成多巴胺和去甲肾上腺素,增加正常神经递质含量,竞争性抑制假性神经递质的作用,恢复正常的神经传导功能,促进苏醒。

2. **纠正血浆氨基酸失衡** 口服或静注以支链氨基酸为主的氨基酸混合液,以纠正血氨基酸的失衡,来改善肝性脑病症状。

3. 应用苯二氮䓬受体拮抗剂,试图阻断 GABA 的毒性作用。

(江 瑛)

肝性脑病也称肝性昏迷,是指排除其他已知脑疾病前提下,继发于肝功能紊乱的一系列严重的神经精神综合征,晚期发生不可逆性肝性昏迷甚至死亡。依据肝性脑病的主要临床表现,将肝性脑病分为四期。依据肝功能障碍的原因和性质将肝性脑病分为三种类型。肝性脑病的主要发病机制至今尚未完全阐明,目前认为肝性脑病的发生主要是由于物质代谢障碍和毒性物质引起的脑组织代谢和功能障碍,引起星形胶质细胞受损和脑水肿等继发性神经病理学改变。目前提出氨中毒学说、假性神经递质学说、血浆氨基酸失衡学说、γ-氨基丁酸学说等多种学说。氨中毒学说作为中心环节,可加重血浆氨基酸的失衡、促进假性神经递质的形成、促使 GABA/ 苯二氮䓬类受体复合物与其配体的结合和变构调节 GABA/ 苯二氮䓬类受体活性,进一步增强中枢的抑制作用。影响肝性脑病发生发展的因素包括可引起氨过度负荷、碱中毒和药物使用不当等因素,临床工作中谨防诱因、降低血氨、增强正常神经递质的功能是防治肝性脑病的关键环节。

1. 肝性脑病时,血氨升高的原因是什么?

2. 简述假性神经递质是如何产生的,并说明它们引起肝性脑病的机制。

3. 简述肝性脑病时,血浆氨基酸失衡的特点、原因及引起昏迷的机制。

4. 简述肝性脑病的诱因及机制。

第二十七章　肾功能不全

27

肾脏是人体重要的泌尿器官,通过泌尿完成诸多生理功能:排泄出体内代谢产物、废物、药物和毒物;调节水、电解质和酸碱平衡,维持血压,从而维持内环境稳定,对正常生命活动是非常重要的。同时肾脏还是重要的内分泌器官,能够产生肾素、促红细胞生成素、1, 25- 二羟基维生素 D_3、前列腺素和激肽等活性物质,并灭活某些激素如甲状旁腺激素和胃泌素等,因此,在心血管活动的调节、造血和骨代谢中起重要作用。

当各种致病因素损害到肾脏的功能,就会出现一系列肾泌尿及内分泌功能障碍的表现:多种代谢产物、废物、药物和毒物在体内蓄积,水、电解质和酸碱平衡紊乱,以及高血压、贫血、肾性骨营养不良、出血等临床表现,这一病理过程称作肾功能不全(renal insufficiency)或肾功能衰竭(renal failure)。

严格来说肾功能不全包括肾功能降低但未出现临床表现的代偿阶段直到出现明显临床表现失代偿的整个过程;而肾功能衰竭指肾功能不全的晚期失代偿阶段,出现了明显的临床表现。肾功能不全和肾功能衰竭只是程度上有差别,而实质上并无区别,所以临床上两个概念经常通用。

肾功能衰竭按照病程时长和发病急缓分为急性肾功能衰竭和慢性肾功能衰竭两类。急性肾功能衰竭若迁延不愈可转变为慢性肾功能衰竭,两者发展到晚期阶段会经历共同的过程——尿毒症(uremia)。

第一节　肾功能不全的基本发病环节

各种病因引起肾功能不全,均通过改变肾小球滤过功能、肾小管排泄和重吸收功能以及肾脏内分泌功能而产生。因此,肾功能不全的基本发病环节包括肾小球滤过功能障碍、肾小管功能障碍和肾内分泌功能障碍三个方面。

一、肾小球滤过功能障碍

肾小球滤过率(glomerular filtration rate, GFR)是反映肾脏滤过功能的重要指标。GFR 受到肾血流量、肾小球有效滤过压及肾小球滤过面积和滤过膜通透性等因素的影响,导致 GFR 降低的因素有:

1. **肾血流量减少**　当血容量减少、平均动脉压降低(＜60mmHg)或肾血管收缩时,肾脏血液灌流量显著减少,导致 GFR 随之降低,并可由于缺血缺氧而引起肾小管上皮细胞变性坏死,加速肾功能不全的发展。

2. **肾小球有效滤过压降低**　肾小球有效滤过压 = 肾小球毛细血管血压 −(肾小球囊内压 + 血浆胶体渗透压)。当大量失血、脱水等原因引起全身动脉压急剧下降时,肾小球毛细血管血压也随之下降;尿路梗阻,管型阻塞肾小管以及肾间质水肿压迫肾小管时,则会引起囊内压升高,上述原因都会导致肾小球有效滤过压降低,GFR 减少。血浆胶体渗透压的变化对肾小球有效滤过压没有明显影响,因为血浆胶体渗透压下降后,由于组织间液的生成增多,循环血量减少,进而通过肾素 - 血管紧张素系统使肾脏入球小动脉收缩而使肾小球毛细血管血压随之降低。

3. **肾小球滤过面积减少**　肾脏具有较大的代偿贮备功能,但当肾小球大量破坏时,可引起肾小球滤过面积极度减少,导致 GFR 显著降低,出现肾功能不全。

4. **肾小球滤过膜的通透性改变**　肾小球滤过膜由三层结构组成,分别为肾小球毛细血管内皮细胞、基底膜和肾小球囊脏层上皮细胞(足细胞)。肾小球滤过膜的通透性与膜结构的完整性和电荷屏障有关。当炎症、损伤和抗原 - 抗体复合物沉积于基底膜时,膜结构完整性破坏或其表面电荷降低可导致其通透性增加,这是引起蛋白尿和血尿的重要原因。

二、肾小管功能障碍

肾小管具有重吸收、分泌和排泄的功能。缺血、感染及毒物可引起肾小管上皮细胞变性和坏死,导致肾功能障碍。此外,体内醛固酮、抗利尿激素和心房钠尿肽的分泌异常,也可引起肾小管的功能改变。由于肾小管各段的结构和功能不同,故各段受损时所引起的功能障碍也不同。

1. **近曲小管功能障碍** 肾小球滤液中的水、葡萄糖、氨基酸、磷酸盐、重碳酸盐、蛋白质、钠、钾等物质绝大部分由近曲小管主动重吸收,因此,当近曲小管重吸收功能障碍时,可引起肾性糖尿、氨基酸尿、钠水潴留和肾小管性酸中毒。

2. **髓袢功能障碍** 髓袢升支粗段能主动重吸收 Cl^-,同时伴有 Na^+ 的被动重吸收,但对水的通透性低,因此形成肾髓质间质的高渗状态,这是原尿浓缩的重要生理基础。髓袢功能障碍导致肾髓质高渗状态破坏时,原尿浓缩发生障碍,可出现多尿、低渗尿或等渗尿。

3. **远曲小管和集合管功能障碍** 远曲小管在醛固酮的作用下,具有重吸收 Na^+ 和分泌 H^+、K^+ 和 NH_3 的功能,对电解质代谢和酸碱平衡调节起重要作用,其功能障碍可导致钠、钾代谢障碍和酸碱平衡紊乱。远曲小管和集合管在 ADH 的调节作用下,完成对尿的浓缩与稀释。集合管的功能障碍可引起肾性尿崩症。

三、肾脏内分泌功能障碍

1. **肾素 - 血管紧张素 - 醛固酮系统(renin-angiotensin-aldosterone system, RAAS)活性增强** 肾素是由肾脏近球细胞合成、贮存并分泌的糖蛋白。肾脏可通过 RAAS 参与调节血压和水钠代谢。某些肾脏疾病如肾小球肾炎、肾小动脉硬化症等,均可使肾素分泌增多,激活肾素 - 血管紧张素 - 醛固酮系统活性增强,从而引起肾性高血压,醛固酮分泌过多则可造成体内钠水潴留。

2. **促红细胞生成素(erythropoietin, EPO)减少** 肾脏皮质可产生促红细胞生成素,促进骨髓造血干细胞和原红细胞的分化和成熟,促进网织红细胞释放入血和加速血红蛋白合成等作用。肾实质破坏时其合成减少,可引起肾性贫血的发生。

3. **1, 25- 二羟基维生素 D_3(1, 25-$(OH)_2$-VD_3)生成减少** 1, 25-$(OH)_2$-VD_3 是维生素 D_3 的活化形式,肝细胞生成的 25-(OH)-VD_3 在肾皮质细胞线粒体中,经 1- 羟化酶羟化生成 1, 25-$(OH)_2$-VD_3。1, 25-$(OH)_2$-VD_3 能促进肠道对钙、磷的吸收、肾小管对磷的重吸收、成骨作用及骨钙动员。在慢性肾功能衰竭时,由于肾实质损害使其生成的 1, 25-$(OH)_2$-VD_3 减少,机体发生低钙血症,并诱发肾性骨营养不良。

4. **激肽释放酶 - 激肽 - 前列腺素系统(kallikrein-kinin-prostaglandin system, KKPGS)活性下降** 肾脏富含激肽释放酶,可形成激肽;肾髓质间质细胞可合成前列腺素 E_2、A_2 和 $F_{2\alpha}$,其中激肽、PGE_2 和 PGA_2 均具有扩张肾血管、降低外周阻力和促进排钠、排水的作用。发生慢性肾衰时,KKPGS 活性下降是肾性高血压的发病因素之一。

5. **甲状旁腺激素和胃泌素灭活减少** 肾脏可灭活甲状旁腺激素(parathyroid hormone, PTH)和胃泌素。PTH 具有溶骨和抑制肾脏排磷的作用。慢性肾衰时,由于肾脏灭活这两种激素减少,易发生肾性骨营养不良和消化性溃疡。

第二节 急性肾功能衰竭

急性肾功能衰竭(acute renal failure, ARF)是指各种原因引起肾脏泌尿功能急剧障碍(通常数小时至数天),从而使机体内环境出现严重紊乱的病理过程。临床表现有水中毒、氮质血症、高钾血症和代谢性酸中毒。多数患者伴有少尿（24小时尿量小于400ml）或无尿（24小时尿量小于100ml），即少尿型 ARF。少数患者尿量并不减少（24小时尿量保持在400~1000ml），但肾脏排泄功能障碍，氮质血症明显，称为非少尿型 ARF。无论少尿型或非少尿型，GFR 均显著降低，故 GFR 降低被认为是发生 ARF 的中心环节。

ARF 是一种常见临床危重症，其死亡率很高。还有一部分 ARF 患者是无症状的，其临床表现比较隐匿，主要依靠实验室诊断。若及时诊断并进行治疗，大多数 ARF 患者的肾脏功能可恢复正常。

一、急性肾功能衰竭的病因

肾脏属于腹膜后位器官，通过肾动脉接纳血液到肾小球毛细血管网进行滤过，利用肾盂输尿管形成尿液排出。根据其解剖学位置，将急性肾功能衰竭的原因分为肾前性、肾性和肾后性三大类。因此也将急性肾功能衰竭分为三类（表27-1）。

表27-1 急性肾功能衰竭的病因与分类

分类	机制	常见原因
肾前性 ARF	肾脏血液灌流量急剧下降	各种类型休克、严重脱水、心力衰竭、肾血管狭窄或栓塞等
肾性 ARF	肾实质损伤	缺血性或中毒性肾小管坏死、缺血性或炎症性肾小球损伤、炎症性或药物性肾间质损伤等
肾后性 ARF	尿路梗阻致原尿排出障碍，致肾小球有效滤过压降低	双侧尿路结石或肿瘤、盆腔肿瘤、前列腺肥大或前列腺癌等

（一）肾前性急性肾功能衰竭

各种原因引起的有效循环血量减少和肾血管强烈收缩，导致肾血流量显著降低所致的 ARF。常见于失血、失液、烧伤、创伤、感染等引起的休克早期，错用血管收缩药以及急性心力衰竭等原因。

（二）肾性急性肾功能衰竭

各种原因导致的肾实质发生器质性病变引起的 ARF。据报道，这些原因的比例分别为：肾缺血（50%）、肾毒物（35%）和其他（15%）。

1. **急性肾缺血** 早期对肾的影响是可逆性的，虽然 GFR 下降但肾小管功能尚属正常，肾脏并未发生器质性病变，一旦恢复血供肾小球滤过率可以恢复正常，故称功能性 ARF。若未及时治疗而发生持续肾缺血可引起肾小管坏死，此时就转变为器质性肾功能衰竭。

2. **肾毒物** 重金属（汞、砷、锑、铅等），药物（新霉素、卡那霉素、庆大霉素、多黏菌素、头孢霉素、四环素、磺胺类药物、造影剂），有机化合物（氯仿、四氯化碳、甲醇、酚、甲苯等），生物毒素（杀虫药、毒草、蛇毒、生鱼胆、蜂毒）和内源性肾毒物（肌红蛋白、血红蛋白及内毒素）等均可直接损害肾小管，引起肾小管上皮细胞变性坏死。

3. **其他** 肾疾病（如急性肾小球肾炎、急性肾盂肾炎），恶性高血压，两侧肾动脉血栓形成或栓塞，肾移植排斥反应亦可导致肾实质损坏。

（三）肾后性急性肾功能衰竭

指从肾盂到尿道口的尿路梗阻引起的 ARF，较为少见。常见于双侧尿路结石、盆腔肿瘤、前列腺肥大、前列腺癌、尿路损伤后炎症及水肿等引起的尿路梗阻。

肾前性病因最常见，病死率也高。早期预防和治疗可以降低病死率。

二、急性肾功能衰竭的发病机制

肾脏执行泌尿功能的最小单位是肾单位，其结构主要包括肾小球和肾小管。血浆在肾小球处滤过，滤过液在流经肾小管和集合管的过程中重吸收和分泌,最后形成尿液经肾盂、输尿管、膀胱和尿道排出。不同原因所致急性肾功能衰竭的机制不尽相同:肾血流量显著降低以及尿路梗阻在早期并无肾实质损害,由于肾小球有效滤过压下降导致 GFR 降低,可出现急性肾功能衰竭的临床表现。若及时恢复血流或解除梗阻,肾泌尿功能可很快恢复。若持续发展,则进展为肾实质损伤。各种肾实质的损伤是 GFR 下降的病理生理学基础,GFR 下降所致的少尿或无尿一贯被认为是急性肾功能衰竭发生的中心环节。这里主要讨论肾缺血、肾毒物等引起的肾性急性肾功能衰竭的发病机制(图 27-1)。

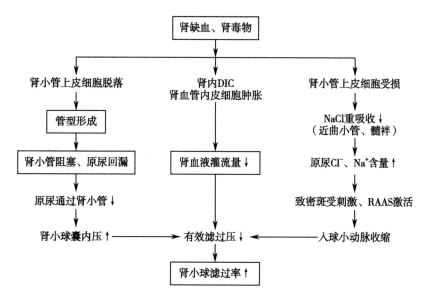

图 27-1　肾缺血、肾毒物引起的急性肾衰竭发病机制

(一)肾小球因素

1. 肾血流减少

(1)肾动脉灌注压下降:各种病因作用下,动脉血压低于 80mmHg 导致肾动脉灌注压降低时,肾脏血管失去自身调节,肾血流量不能保持恒定而出现下降,GFR 降低。

(2)肾血管收缩:①交感 - 肾上腺髓质系统兴奋,血中儿茶酚胺增多;②肾素 - 血管紧张素系统激活,血管紧张素Ⅱ水平升高;③激肽和 PGE_2 等扩血管物质合成减少。这些因素导致入球小动脉收缩,使有效滤过压和 GFR 降低。

(3)肾毛细血管内皮细胞肿胀:肾缺血使肾毛细血管内皮细胞膜上的"钠泵"失灵;肾缺血再灌注产生大量氧自由基,损伤血管内皮细胞。这些都能造成肾血管内皮细胞肿胀和管腔狭窄。

(4)肾血管内凝血:其发生与肾衰时血液流变学的变化有关,部分患者发生肾内弥散性血管内凝血,从而堵塞血管。

2. 肾小球病变　急性肾小球肾炎、狼疮性肾炎等,在病因作用下使得肾小球滤过膜受累,滤过面积减少,导致 GFR 降低。

(二)肾小管因素

1. 肾小管阻塞　肾小管坏死时上皮细胞脱落碎片、异型输血时产生的血红蛋白、挤压综合征时的肌红蛋白,均可在肾小管内形成各种管型,阻塞肾小管管腔,使原尿不易通过,引起少尿。同时,管腔内压升高,有效滤过压降低,导致 GFR 减少。

2. 原尿反流　在持续肾缺血和肾毒物作用下,肾小管上皮细胞坏死、脱落,原尿可经受损肾小管反流入周围肾间质。除直接造成尿量减少外,还引起肾间质水肿,压迫肾小管,造成管腔内压升高,使 GFR 减少,尿量进一步减少。

一般来说,各种病因除了部分直接导致少尿外,主要通过影响肾小球和肾小管进而影响到肾脏泌尿功能,发生少尿或无尿,从而出现一系列内环境紊乱的临床表现。

三、急性肾功能衰竭时的功能代谢变化

少尿型急性肾功能衰竭的发病过程可分为少尿期、多尿期和恢复期三个阶段。

(一)少尿期

为病情最危重阶段。此期尿量显著减少,内环境严重紊乱。一般持续几天至两周,持续越久,预后越差。

1. 尿变化 ①少尿(oliguria)或无尿:多数患者出现少尿(成人<400ml/24h)或无尿(成人<100ml/24h);②尿成分改变:低比重尿,常固定于1.018~1.020,系原尿浓缩稀释功能障碍所致;尿钠高,因肾小管对钠的重吸收障碍,致尿钠含量高;血尿、蛋白尿、管型尿:由于肾小球滤过障碍和肾小管受损,尿中可出现红细胞、白细胞、蛋白质等;尿沉渣检查可见透明、颗粒和细胞管型。

相关链接

成人正常尿量:1000~2000ml/24h。

成人尿常规正常范围:pH多在6.0~6.5;比重(SG)1.015~1.025;蛋白质(PRO)阴性0~80mg/24h尿;白细胞(WBC)阴性<5个/HP;红细胞(RBC)阴性<3个/HP。尿钠量:正常成人70~90mmol/24h。成人尿肌酐水平7~8mmol/d,内生肌酐清除率Ccr 80~120ml/min。

血肌酐Scr:男性44~132μmol/L,女性70~106μmol/L。血尿素(BU)1.78~7.14mmol/L,血尿素氮(BUN)3.56~14.28mmol/L。血尿酸:男性150~416μmol/L,女性89~357μmol/L。

功能性ARF,肾小管功能未受损,其少尿主要是由于GFR显著降低所致;而器质性ARF则同时有肾小球和肾小管功能障碍。功能性ARF与器质性ARF,不仅在少尿的发生机制上不同,而且尿液成分也有区别,主要治疗方法和预后也不同(表27-2)。

表27-2 功能性ARF与器质性ARF的区别

	功能性ARF	器质性ARF
尿比重	>1.020	<1.015
尿钠 mmol/L	<20	>40
尿蛋白	阴性或微量	+~++++
尿肌酐/血肌酐	>40	<20
主要治疗措施	补充血容量	严格控制补液量,量出而入
预后	早期治疗,预后较好	预后相对差,与实质损伤程度相关

2. 水中毒 因泌尿功能障碍、体内分解代谢所致内生水增多、摄入或输入水分过多等原因,导致体内水潴留并引起稀释性低钠血症和细胞水肿。严重时可出现心力衰竭、肺水肿和脑水肿。因此,在少尿期应严密控制补液速度和补液量。

3. 高钾血症 是ARF患者的最危险变化,常为少尿期致死原因。其主要发生原因包括:①尿量减少致钾排出减少;②组织损伤和激素水平变化等导致分解代谢增强,使细胞钾外逸;③酸中毒时,由于H^+-K^+交换,细胞内钾离子向细胞外转移;④输入库存血或食入含钾量高的食物或药物等。高钾血症可引起心脏

传导阻滞和心律失常,严重时可出现室颤或心搏骤停。

4. 代谢性酸中毒 其发生原因包括:① GFR 降低,使酸性代谢产物在体内蓄积;②肾小管泌 H^+ 和 NH_4^+ 能力降低,HCO_3^- 重吸收减少;③分解代谢增强,固定酸产生增多。酸中毒可抑制心血管系统和中枢神经系统,使呼吸加深加快,并促进高钾血症的发生。

5. 氮质血症 正常人的血清尿素氮为 3.56 ~ 14.28mmol/L。血中尿素、肌酐、尿酸等非蛋白氮(nonprotein nitrogen,NPN)含量显著升高,称氮质血症(azotemia)。其发生主要是由于肾脏排泄功能障碍和体内蛋白质分解增加(如感染、中毒、组织严重创伤等)所致。

(二)多尿期

尿量增加到 400ml/d 以上时,表示进入多尿期,病情趋于好转。此期尿量最多可达每日 3000ml 以上。出现多尿的机制是:①肾血流量和肾小球滤过功能逐渐恢复正常;②新生肾小管上皮细胞功能尚不完善,钠水重吸收功能仍低下;③肾间质水肿消退以及肾小管内管型被冲走,阻塞解除;④少尿期中潴留在血中的尿素等代谢产物经肾小球大量滤出,原尿溶质浓度增高,产生渗透性利尿。

多尿期早期,由于肾功能尚未彻底恢复,氮质血症、高钾血症和酸中毒并不能立即改善。后期,由于水和电解质大量排出,易发生脱水、低钾血症和低钠血症。多尿期一般持续 1 ~ 2 周,可进入恢复期。

(三)恢复期

尿量开始减少并逐渐恢复正常,血中非蛋白氮含量接近正常,水、电解质和酸碱平衡紊乱得到纠正。肾功能明显好转但还需数月至一年甚至更长时间才能完全恢复。少数患者由于肾小管上皮细胞和基底膜破坏严重,病情迁延不愈而转变为慢性肾功能衰竭。

非少尿型急性肾功能衰竭不出现少尿期,也无明显多尿期,肾内病变和临床表现较轻,病程较短,预后较好。其 24 小时尿量保持在 400 ~ 1000ml,由于肾脏排泄功能障碍,有氮质血症和内环境紊乱的临床表现。若延误治疗,可转变为少尿型,病情恶化。

四、急性肾功能衰竭防治的病理生理基础

1. 防治原发病 例如采取有效的抗休克措施,慎用对肾脏有损害的药物,解除尿路梗阻等。

2. 针对不同发病机制给予不同治疗措施 对功能性肾衰患者,积极补充血容量;对肾小管坏死者,少尿期要控制输液量。

3. 对症处理 积极处理高钾血症:①静注葡萄糖和胰岛素,促进细胞外钾进入细胞内;②静注葡萄糖酸钙,对抗高钾血症的心脏毒性作用;③严重高钾血症时,应用透析疗法,严格进行无菌操作。另外需纠正酸中毒、控制氮质血症、抗感染。多尿期要注意补充水、钠、钾和维生素等。恢复期注意加强营养。

4. 其他措施 注意患者的血压、心率、呼吸、神志状态、尿量等的变化。根据需要测内生肌酐清除率、血气分析,作尿常规等。限制蛋白质的摄入。

案例 27-1

患者,女,35 岁。不慎口服 10 余斤重的鲤鱼鱼胆 1 枚,恶心、呕吐、腹痛、腹泻,伴腰痛 5 日、黄疸 2 日入院,入院后尿量进行性减少。查体:皮肤、巩膜黄染。心、肺无异常发现,腹软,肝肋下 2cm,压触痛。实验室检查:血钾 5.0mmol/L,血糖 6.7mmol/L,血尿素氮(BUN)18.4mmol/L,血肌酐(Cr)158.6mol/L。诊断:鱼胆中毒、急性肾功能衰竭。

思考:该患者发生急性肾功能衰竭的可能机制。

第三节 慢性肾功能衰竭

慢性肾功能衰竭(chronic renal failure,CRF)指各种慢性肾脏疾病引起肾单位进行性破坏,健存肾单位逐渐减少,进而发生泌尿功能障碍和内分泌功能障碍,出现以各种代谢产物、废物和毒物的潴留,水、电解质和酸碱平衡紊乱,以及如肾性骨营养不良等某些内分泌功能异常为主要表现的病理过程。CRF发展呈渐进性,病程数月至数十年不等,结局常为尿毒症导致死亡。近年来,透析疗法的广泛使用极大的延长了患者生命,特别是肾移植的成功,从根本上治愈了CRF。

一、慢性肾功能衰竭的病因

凡能造成肾实质渐进性破坏的疾病,均可引起慢性肾功能衰竭。如慢性肾小球肾炎、慢性肾盂肾炎、肾结核、肾肿瘤、多囊肾、系统性红斑狼疮性肾炎、高血压性肾小动脉硬化、糖尿病肾小动脉硬化、结节性动脉周围炎、尿路结石、前列腺肥大造成的尿路慢性梗阻等。

在中国,慢性肾小球肾炎是慢性肾功能衰竭最常见原因,而继发性肾病在CRF中的作用越来越受到重视;在美国,糖尿病和高血压是慢性肾功能衰竭的首要原因。

二、慢性肾功能衰竭的发展过程

由于肾脏具有强大的代偿储备能力,各种病因导致的慢性肾功能衰竭的病程是缓慢而渐进的过程,通常分为四期(表27-3)。

表27-3 慢性肾功能衰竭的分期

分期	肾单位减少	内生肌酐清除率	氮质血症
代偿期	25%~50%	>30%	无
肾功能不全期	50%~70%	25%~30%	轻到中度
肾功能衰竭期	75%~90%	20%~25%	较重
尿毒症期	>90%	<20%	很严重

1. **肾储备功能降低期(代偿期)** 肾单位减少25%~50%,此期肾脏能维持内环境稳定,无临床症状,内生肌酐清除率在正常值的30%以上,血液生化指标无异常,但肾脏储备能力降低。在感染等诱因作用下,会出现内环境紊乱。

2. **肾功能不全期** 肾实质进一步受损,肾单位减少50%~70%,内生肌酐清除率降至正常的25%~30%,此时肾脏已不能维持内环境稳定,可出现多尿,夜尿,轻度氮质血症和贫血等。

3. **肾功能衰竭期** 肾单位减少75%~90%,内生肌酐清除率降至正常的20%~25%。泌尿功能障碍以及内分泌功能障碍的临床表现明显,并伴有部分尿毒症中毒的症状。

4. **尿毒症期** 肾单位减少90%以上,内生肌酐清除率降至正常的20%以下,有明显的水、电解质和酸碱平衡紊乱以及多系统功能障碍,并出现全身尿毒症中毒症状。

三、慢性肾功能衰竭的发病机制

各种慢性肾疾患病因可通过多种机制造成肾实质渐进性破坏。不过人们发现,即使CRF的主导病因已解除,病情依然进展。显然,原发病的作用已不是CRF的主要原因。慢性肾衰的发病机制,迄今未完全阐明,一般用以下四种主要学说进行解释。

1. 健存肾单位学说 慢性肾脏疾病时,肾单位不断破坏而丧失功能,肾功能只能由那些未受损的残余肾单位即健存肾单位来承担。随着疾病发展,肾单位不断遭受损害,当健存肾单位少到不足以维持正常的泌尿功能时,机体就出现内环境紊乱。

2. 肾小球过度滤过学说 该学说是健存肾单位学说的补充和发展。慢性肾脏疾病使肾单位不断遭受损害而丧失功能,肾功能只能由健存肾单位来承担。并且健存肾单位发生代偿性肥大,肾小球滤过功能和肾小管重吸收功能都增强,进行代偿。健存肾单位的血流动力学发生变化,形成肾小球高压力、高灌注和高滤过的"三高"状态,健存肾单位因过度滤过而逐渐肥厚、纤维化、硬化,最后也丧失功能。

3. 矫枉失衡学说 矫枉失衡是指机体产生的某种代偿机制,旨在维持某种溶质平衡,是一种适应性反应;但同时却对其他系统产生有害作用,导致机体内环境紊乱。例如,慢性肾衰时肾排磷减少,可致血磷增高而血钙降低,机体适应性发生甲状旁腺功能亢进。血液甲状旁腺激素(PTH)升高,早期通过抑制健存肾单位对磷的重吸收,增加磷的排泄,患者在很长一段时间内血磷是正常的,起"矫正"(代偿)的作用;晚期健存肾单位可因过度滤过、硬化而丧失功能,不能维持磷的充分排出,使血磷浓度升高。这时血液PTH继发持续性分泌增多,对机体其他生理功能可产生不良影响,如溶骨作用:造成骨钙骨磷释放、骨质疏松、骨软化等肾性骨营养不良的表现,出现"失衡"(失代偿)。

4. 肾小管 - 肾间质损伤学说 该学说强调肾小管间质在慢性肾功能衰竭中的作用。约20%的慢性肾功能衰竭系由肾小管 - 间质疾病所致,其主要病理变化为肾小管肥大或萎缩、间质炎症与纤维化,肾小管管腔内细胞显著增生、堆积、堵塞管腔,形成"无小管"肾小球,肾小球逐渐萎缩等,肾间质方面主要表现为血管床减少,肾小球内血管压力升高,导致小球硬化。

四、慢性肾功能衰竭引起的功能及代谢变化

(一)尿的变化

早期患者常出现多尿、夜尿的表现。

1. 多尿(polyuria) 成人24小时尿量超过2000ml称为多尿。多尿的机制:①原尿流速快:肾血流集中在健存肾单位,使其GFR增高,原尿生成增多,流经肾小管时流速增快,肾小管来不及充分重吸收;②渗透性利尿:健存肾单位滤出的原尿中溶质(如尿素)含量代偿性增高,产生渗透性利尿;③尿浓缩功能降低:肾髓质病变使髓质高渗环境形成受阻,尿液浓缩障碍。

2. 夜尿(nocturia) 正常成人白天尿量占2/3,夜晚尿量占1/3。CRF早期几乎全部患者都出现夜间尿量增多,与白天尿量接近,甚至超过白天尿量,称为夜尿。其发生机制不清,可能与肾单位夜以继日的工作有关。

3. 少尿 在CRF晚期,由于肾单位大量破坏,GFR极度减少,则出现少尿。

4. 尿比重改变 CRF早期肾浓缩功能降低而稀释功能正常,尿比重最高只能达到1.020,称为低比重尿或低渗尿。随病情加重,肾脏稀释功能亦障碍,使终尿渗透压接近于血浆,尿比重常固定在1.008~1.012之间,因接近血浆晶体渗透压,故称为等渗尿。

5. 尿成分变化 尿中出现蛋白质,红细胞、白细胞、各种管型等。

相关链接

肾脏浓缩稀释功能是维持机体内环境渗透压恒定的关键所在。因此,肾脏不仅可在机体水分相对过剩时(低渗状态)将多余水分排出体外,还可以在机体内水分相对缺乏时(高渗状态)减少水的排出,从而

保持水代谢平衡。当肾脏浓缩稀释功能减退时，尿比重的变动范围缩小，当尿的比重最高只能达到1.020时，称为低渗尿。如果不论体内水分多少，尿的比重都固定在1.010左右，即原尿的渗透压和血浆晶体渗透压相等（相当于300mmol/L）时，称为等渗尿。

尿液浓缩依赖于肾髓质间质由表及里逐渐递增的渗透梯度。

（二）水代谢障碍

CRF时，肾脏对钠水负荷的调节适应能力减退。当严格限制水摄入时，加之多尿，易发生脱水；水摄入过多，晚期GFR下降明显，可发生水潴留，引起肺水肿、脑水肿和心力衰竭。

（三）电解质代谢障碍

1. 钠代谢障碍 CRF时，肾脏对钠负荷的调节能力减弱，钠摄入过多，易造成钠水潴留，加重心脏负荷；过多限制钠盐摄入，加之渗透性利尿排钠增多，易引起低钠血症，导致细胞外液和血浆容量减少。

2. 钾代谢障碍 CRF早期，由于多尿，血钾浓度可长期维持正常。低钾血症见于多尿时钾摄食不足或丢失过多的情况；晚期也可发生高钾血症，与晚期尿量极度减少致排钾减少有关，另外组织分解加强或者严重酸中毒也可引起血钾升高。高钾血症和低钾血症均可影响神经肌肉和心脏，严重时可发生呼吸肌麻痹和心搏骤停。

3. 镁代谢障碍 镁主要由肾脏排出，早期大多能维持血镁正常，如果使用含镁药物过多，加之晚期尿量减少，可能造成高镁血症并出现神经肌肉及循环系统的症状。

4. 钙磷代谢障碍

（1）高磷血症：由于肾排磷增加，CRF患者可在很长时间内不发生血磷升高（见矫枉失衡学说）。但随着病情进展，健存肾单位过少血磷排出障碍与继发性PTH分泌增多产生的溶骨作用导致骨磷释放，使血磷显著升高。

（2）低钙血症：其原因有：①血液中钙磷浓度的乘积为一常数，血磷浓度升高，血钙浓度必然降低；②由于肾实质破坏，$1, 25\text{-}(OH)_2\text{-}D_3$生成不足，影响肠钙吸收；③血磷升高时，肠道磷酸根分泌增多，磷酸根在肠内与食物中的钙结台形成难溶解的磷酸钙，从而妨碍肠钙的吸收；④肾毒物损伤小肠黏膜，影响肠道钙吸收。

（四）代谢性酸中毒

晚期或严重的CRF因受损肾单位增多，肾脏泌H^+、泌NH_4^+和重吸收HCO_3^-障碍，酸性代谢产物堆积可发生代谢性酸中毒。酸中毒除对神经和心血管系统有抑制作用外，尚可影响体内许多代谢酶的活性，并使细胞内钾外逸和骨盐溶解。

（五）氮质血症

由于含氮的代谢终产物（如尿素、肌酐、尿酸等）的排泄障碍，CRF患者有不同程度的氮质血症。血肌酐和尿素氮浓度的变化在早期均不明显，晚期GFR下降明显时才出现明显变化，所以这两个指标都不是反映肾功能改变的敏感指标。临床上常采用内生肌酐清除率（内生肌酐清除率＝尿中肌酐浓度×每分钟尿量／血浆肌酐含量）来判断病情的严重程度，因为它与GFR的变化呈正相关。

（六）肾性高血压

由肾实质病变引起的高血压称为肾性高血压。CRF伴发高血压的机制有：

1. 钠水潴留 CRF时肾脏排钠功能降低，钠水潴留，引起血容量和心排出量增多，导致血压升高，称为钠依赖性高血压（sodium-dependent hypertension）。需限盐饮食。

2. 肾素分泌增多 慢性肾小球肾炎、肾动脉硬化症等引起的CRF，因肾缺血常有RAAS激活。血管紧张素Ⅱ可收缩小动脉，使外周阻力升高；醛固酮增多又可导致钠水潴留，因而引起血压升高。这种情况称为肾素依赖性高血压（renin-dependent hypertension）。需采用药物减轻RAAS活性。

3. 肾脏降压物质生成减少　肾单位大量破坏,其合成的 PGE₂、PGA₂、激肽等降压物质减少,也是引起肾性高血压的原因之一。

(七)肾性骨营养不良

肾性骨营养不良是 CRF,尤其是尿毒症的严重并发症。在儿童表现为肾性佝偻病,成人表现为骨质软化、纤维性骨炎、骨质疏松等。其发病机制包括:①高血磷、低血钙和继发性甲状旁腺功能亢进,PTH 溶骨作用明显;② 1,25-(OH)₂-D₃ 生成减少,致维生素 D₃ 活化障碍,影响钙吸收和骨盐沉积;③酸中毒,骨盐溶解,释放骨钙(图 27-2)。

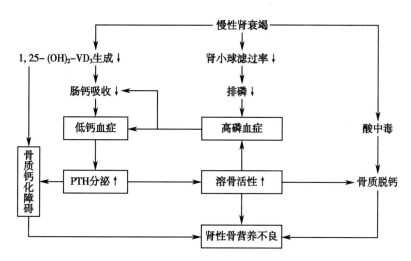

图 27-2　肾性骨营养不良的发生机制

(八)出血倾向

CRF 患者常伴有出血倾向,表现为皮下瘀斑、黏膜出血(如鼻出血)等。这主要是由于体内蓄积的毒性物质(如尿素、胍类、酚类化合物等)抑制血小板的功能所致。出血大多不严重。

(九)肾性贫血

肾性贫血是 CRF 患者最常见并发症,且贫血程度与肾功能损害程度往往一致。肾性贫血的发生机制为:①主要是由于肾脏产生的促红细胞生成素生成减少;②体内蓄积的毒性物质对骨髓造血功能的抑制;③毒性物质使红细胞脆性增加,易于溶血;④肾毒物可引起肠道对铁和蛋白等造血原料的消化吸收障碍;⑤出血使贫血加重。

第四节　尿毒症

一、尿毒症毒素

尿毒症是急慢性肾功能衰竭的终末期。除水、电解质、酸碱平衡紊乱和肾脏内分泌功能失调外,还出现内源性毒性物质蓄积而引起的一系列自身中毒症状,故称之为尿毒症(uremia)。尿毒症患者体内多系统多器官功能异常,并进行性衰竭,需靠透析或肾移植来维持生命。

研究发现,尿毒症患者血浆中有 200 多种物质水平升高,其中很多可引起尿毒症症状,故称之为尿毒症毒素。根据分子大小可以分为:①小分子毒素:分子量小于 500,如尿素、肌酐、胍类和胺类等;②中分子毒素:分子量在 500～5000 之间,如细胞和细菌的裂解产物等;③大分子毒素:主要为血中浓度异常升高的某些激素,如 PTH 和生长激素等。

二、尿毒症引起的功能代谢变化

尿毒症期,除上述水、电解质、酸碱平衡紊乱、贫血、出血倾向、高血压等进一步加重外,可出现各器官系统功能及代谢障碍所引起的临床表现。如中枢神经系统功能紊乱的表现(头痛、头昏、烦躁不安、理解力和记忆力减退、甚至尿毒症脑病);消化系统症状(食欲缺乏、厌食、恶心、呕吐或腹泻);心血管系统表现(充血性心力衰竭,心律失常,尿毒症心包炎);呼吸系统表现(酸中毒固有的深大呼吸,呼气有氨味,纤维素性胸膜炎);免疫功能障碍(以细胞免疫异常为主);皮肤表现(瘙痒、干燥、脱屑和颜色改变等,尿素随汗液排出可在皮肤形成尿素霜);糖、脂肪、蛋白质代谢障碍。

三、慢性肾功能衰竭与尿毒症防治的病理生理基础

1. **防治原发病** 积极治疗原发疾病、去除病因;消除能增加肾功能负担的诱因,如感染、外伤、大手术、肾毒性药物等,防止肾实质继续破坏。

2. **对症治疗** 抗纤维化治疗;使用 EPO 治疗肾性贫血;降低高血压;纠正高钾血症,监测血钾浓度,必要时监测心电图;纠正高磷低钙。

3. **透析疗法和肾移植** 采用透析疗法,可延长患者寿命。肾移植是目前治疗 CRF 和尿毒症最根本的方法。

4. **一般护理** 通过监测液体出入量,体重,尿量,血压等指标控制体液容量的变化。进行饮食指导(低蛋白、低磷、高热量、高必需氨基酸)。

5. **健康教育** 慢性肾功能衰竭是不可逆的,治疗是长期的。因此,要重视指导患者,掌握自我保健知识和不良行为的矫正,从而达到控制疾病、延缓病程进展的目的。

(谢 兰)

肾功能不全是指各种病因引起肾功能严重障碍，出现水、电解质和酸碱平衡紊乱，代谢废物及毒物在体内潴留，并伴有肾脏内分泌功能障碍的病理过程，分为急性肾功能衰竭和慢性肾功能衰竭。

急性肾功能衰竭是指各种病因引起双侧肾脏在短期内泌尿功能急剧降低，导致机体内环境严重紊乱的病理过程，可分为肾前性、肾性和肾后性急性肾功能衰竭。慢性肾功能衰竭的产生是由于肾单位进行性、不可逆破坏，使肾功能持续恶化所致，也是各种慢性肾脏疾病的共同转归，除了泌尿功能障碍外，还出现明显的内分泌功能紊乱，包括肾性高血压、贫血、出血和肾性骨营养不良等。

急、慢性肾功能衰竭发展到严重阶段，都可出现尿毒症，此时代谢产物及内源性毒物在体内大量蓄积，除存在水、电解质、酸碱平衡紊乱及内分泌功能失调外，还有代谢产物和内源性毒物在体内蓄积而引起的一系列自体中毒症状。

复习参考题

1. 什么叫肾功能不全、肾功能衰竭？

2. 急性肾功能衰竭的病因有哪些？

3. 试述急性肾功能衰竭少尿的发生机制。

4. 分析急性肾衰竭时少尿期机体的功能代谢变化。

5. 试述急性肾功能衰竭多尿期多尿的发生机制。

6. 分析慢性肾衰竭时机体的功能代谢变化。

7. 急性肾衰竭的多尿期与慢性肾衰竭的多尿有何异同？

附录一 临床诊断病理学基础

学习目标

掌握	病理学诊断方法的适用范围及局限性；活体组织检查申请单的要求；活检标本的取材注意事项；活检病理诊断报告的类型及常见病理误诊原因及避免误诊的原则。
熟悉	尸体剖检的概念、意义、程序、步骤及注意事项；临床病理讨论会的基本知识。
了解	诊断病理学常用技术。

诊断病理学(diagnostic pathology)是通过对活体组织、细胞病理学标本和尸体进行病理学检查，最后作出疾病病理学诊断的一门学科。其是病理学的一个大的分支，是为患者的医疗服务中不可或缺的重要组成部分。

第一节 诊断病理学的任务和内容

一、诊断病理学的任务

诊断病理学的任务是对有关疾病：①提出明确的病理诊断；②提供可能的病因学线索或证据；③提供有关的预后因素。随着电镜、组织化学、免疫组织化学及各种分子生物学技术的应用，目前能够为临床疾病提供更加精确的病理诊断。比如过去仅凭形态难以区分的小细胞恶性肿瘤，现在可以依据免疫组织化学和电镜等区分出小细胞未分化癌、淋巴瘤、胚胎性横纹肌肉瘤、神经母细胞瘤或 Ewing 瘤等。PCR 技术可对病变组织中的微生物(包括细菌和病毒等)进行检测，从而为临床提供可能的病因学线索，尤其是对病毒的检测，PCR 技术是最敏感和最快速的方法。而应用荧光原位杂交技术(flurescence in situ hybridization，FISH)可以检测乳腺癌的 *Her-2* 基因，*Her-2* 基因是判断乳腺癌预后的独立指标和乳腺癌治疗的靶点，为乳腺癌的预后评估和靶向治疗提供重要的依据。

二、病理诊断方法的适用范围及局限性

病理诊断方法包括：尸体剖检，简称尸检（autopsy）；活体组织病理学检查，简称活检（biopsy）；细胞病理学检查，简称细胞学检查（cytology）。

（一）尸检的适用范围和局限性

尸体剖检是对死者的遗体进行全面的病理学检查，包括法医尸检和疾病患者的病理尸检，后者适用的范围包括：①普通病理尸检，即因疾病死亡且死因不明患者的尸检；②涉及医、患争议的尸检。尸检的局限性：尸检虽然是目前明确死因的最重要的手段，但仍会由于当前医学水平以及尸检本身技术水平的限制，使少数病例尸检后仍然无法明确死因。

（二）活检的适用范围和局限性

活检的适用范围有：通过对手术切除、切取、钳取、刮取、细针穿刺等方法从患者活体获取病变组织进行病理组织学检查。通过活检，可明确疾病的病理诊断，作为指导治疗和判断预后的依据；手术中冷冻切片快速诊断，协助临床医师选择最佳的手术治疗方案；在疾病治疗过程中，定期活检可动态了解病变的发展和疗效的判断。活检的局限性在于活检标本可因为标本过于细小、破碎、固定不当、自溶、严重受挤压（变形）、被烧灼或送检标本不具有代表性而影响病理诊断，同时活检病理诊断的准确性还受到病变形态的复杂性及病理医师诊断水平的影响。

（三）细胞学检查的适用范围和局限性

细胞学检查的适用范围包括：脱落细胞检查、穿刺细胞检查、组织印片检查、刮取和刷取细胞学检查。细胞学检查具有对患者损伤小或无损伤、取材方便，可反复取材、价格便宜、诊断迅速、常常有较高的阳性率等优点，更适合于大规模的防癌普查。由于细胞学诊断主要观察细胞形态学变化而看不到组织结构变化，因此存在一定的局限性，主要有以下几个方面：①细胞学检查属于抽样性取材，因此取材标本制作不易过厚和过薄，否则可影响诊断；②取材标本看不到组织结构变化，影响诊断准确性；③脱落细胞易发生退变及受人为因素影响；④假阴性：即恶性肿瘤患者相关标本中未能查见恶性细胞，因此，细胞学检查阴性结果并不能否定临床医师的恶性肿瘤诊断，假阴性率一般为 10% 左右；⑤假阳性：即在非恶性肿瘤患者的有关标本中查见了"恶性肿瘤细胞"，假阳性率一般 ≤1%。因此，临床医师不应对细胞学报告与活体组织病理报告等同看待，在决定进行损害较大的治疗措施前应尽可能取得活检组织病理学检查结果的证实。

第二节 活体组织检查

一、病理检查申请单的要求

病理检查申请单是临床科室送达病理科的会诊单，是病理医师做出病理诊断必备的临床文字资料，是具有法律意义的文书档案。临床医师必须认真逐项填写申请单内的有关项目，并由该患者的本院主管医师签名后随同送检标本送往病理科。

（一）病理检查申请单各项填写要求和注意事项

1. 临床医师应亲自逐项填写申请单各项目 包括：①患者基本情况，即姓名、性别、年龄、送检单位（医院、科室）、床位、门诊号/住院号、送检日期、取材部位、标本数量等；②患者临床情况，即病史（症状和体征）、化验/影像学检查、手术（包括内镜检查）所见、既往病理学检查情况（包括原病理号和诊断）和临床诊断等。

2. 患者基本情况填写要求准确规范 患者的基本情况对病理医师进行病理诊断和鉴别诊断有重要的参考价值，有时甚至是主要诊断依据。如①性别：性别对肿瘤的诊断有一定的参考依据。如鼻咽部血管纤维瘤几乎均发生于青春期男性，而男性乳腺发育则性别是诊断的主要依据。②年龄：病理诊断，尤其是肿瘤病理诊断中，几乎每一种肿瘤都要考虑到其好发年龄，了解这一项可为病理诊断提供重要区别点，因此填写患者年龄要准确。③部位：一般来讲肿瘤都有其好发部位，了解发生部位可为诊断提供思路与线索，甚至有的肿瘤都有其特定的发生部位。比如血管球瘤主要发生在四肢末端，尤其是指（趾）甲下，其他部位（胃、子宫、骨等处）罕见。

3. 临床情况的填写应全面而有针对性 ①病史（包括症状和体征）：虽然病理诊断尤其是肿瘤病理诊断主要依靠形态学改变（显微镜下改变）作出诊断，但临床病史对诊断可提供一定的线索和诊断思路，有些病理诊断需结合临床表现才能作出，甚至有些疾病无病史作参考就不能作出病理诊断，国内外许多病理学家对没有病史的病理标本一概不下诊断。②化验及影像学检查：可为病理诊断提供参考依据。如临床怀疑肝癌病例应提供血 AFP 检查结果，怀疑葡萄胎则应提供血 hCG 是否有升高；B 超、X 线、CT、MRI 等则可提供肿瘤部位、形态、大小、囊实性、界限清楚与否、与周围结构关系，对病理诊断有重要意义。③手术所见及原有手术史：临床医师需描述肿瘤位置、大小、有无粘连浸润、转移等，必要时可以绘图标记；肿瘤有无包膜、有无破裂，如有囊性破裂，要描述内容物的颜色、性质等。对于原有手术史的患者一定写明原手术部位、时间及诊断。如对一个有肺部结节的患者却没有提到三年前曾经切除过大腿的肉瘤，这种疏忽可能导致肺部转移性肉瘤病理诊断的延误或误诊。④既往病理学检查情况（包括原病理号和诊断）：对于原有恶性肿瘤史的患者，特别是肿瘤在同一解剖位置，则应填写活检日期及原病理诊断。这一点非常重要，因为复发性肿瘤组织学上可能更不典型，需要结合原病理诊断进行综合分析和诊断。⑤部分专科标本送检应该详细填写相应专科临床资料：如系妇科标本，应填写末次月经日期、妊娠史、月经周期及经血量；如系乳房肿块，需填写授乳史；如系骨组织标本，除认真填写申请单相关项目外，应将术前影像学资料及诊断送病理科，因骨组织病变及肿瘤需临床、X 线及病理三者结合方能做出诊断。⑥临床诊断：临床医师一定要提供必要的病史、手术所见、化验室检查结果、相应的诊断与鉴别诊断，有经验的临床医师与病理诊断符合率较高，常为病理医师提供有价值的参考意见。

（二）凡有下列情况之一的，病理科不予接收申请单。

1. 申请单与相关标本未同时送达病理科。

2. 申请单中填写的内容与送检标本不符合。

3. 申请单中漏填重要项目。

4. 申请单内填写的字迹潦草不清。

二、活检标本的常见类型及取材注意事项

（一）常规活检标本的类型

常规活检的标本来源包括：①治疗性手术切除标本；②诊断性手术切除标本；③内镜活检标本；④手术刮出活检标本；⑤穿刺活检标本；⑥自然脱落排出标本。

（二）活检标本取材注意事项

如何正确采取病理标本是临床医师必须掌握的基本技能。无论哪种活检取材方式，其基本要求都是要求选取到主要病变组织，这样才能保证送检标本的质量，从而有利于病理医师进行准确诊断。

1. 取材部位的选择 ①钳取活检时定位要准确：对肿瘤组织来说，活检要有足够的深度，这样才能正确分析肿瘤和间质的相互关系。对溃疡性肿瘤要钳取溃疡周边组织，这样可避免瘤组织表面坏死和炎症，又可以看到瘤组织与正常组织的关系，有助于对肿瘤作出正确的病理诊断。病变组织越大，钳取的活

体组织应越多,因其可能存在形态变异,而且可能只有局部区域病变才有诊断意义。②诊断性手术切除标本:应尽量切取完整病变组织或病变中央(避开坏死处)组织。如淋巴结活检,特别是怀疑为恶性淋巴瘤或淋巴结转移癌时,要完整将淋巴结摘除送检,如怀疑为恶性淋巴瘤,最好选取颈部或腋窝淋巴结,尽量不取腹股沟等部位淋巴结,以避免炎性病变的干扰。

2. 取材方式的选择 各种取材方式如切除、切取、刮取、钳取、针吸等要灵活运用。如颈部淋巴结肿大,能够将肿大淋巴结完整切除送检最好,但如果颈部淋巴结肿大粘连成巨大肿块时,便只能进行部分切取送检,如果部分切取都有困难则考虑粗针穿刺活检。但粗针穿刺活检样本常体积小,会有一定的局限性,尤其是淋巴结穿刺活检对于淋巴瘤诊断会有明显局限性,可能因为病变分布不均匀、较难判断正常淋巴结结构是否存在、穿刺取得的组织有明显人工挤压假象而不能做出明确诊断。内镜活检标本也有体积小的特点,所取病变可能不具有代表性,部分内镜活检标本可能有明显人工挤压假象,因而常常需要于病变处多点取材。刮出活检标本应全部送检,刮出活检标本常会有不少血凝块,一般情况下应尽量少取血凝块制片,但宫内刮出物有时可在血凝块中发现胎盘绒毛。

3. 某些器官的取材时间要求 子宫内膜活检取材时间的选择颇为重要。如果要观察是否有排卵或黄体功能是否健全,要在月经前期取内膜活检,如果怀疑内膜不规则剥脱,则需要在行经 5~7 天后刮宫取内膜活检,以观察是否还有分泌反应的内膜存在。

4. 组织块不要过小及严重挤压 在内镜下取材时,钳取标本动作要轻巧,刀锋要锐利,否则可能造成组织挤压、组织或细胞结构不清而造成人工假象,致使诊断困难。

三、标本的固定

标本固定的目的在于防止组织腐败自溶、以便进行病理检查后续过程的处理。临床送来的病理标本大多数是固定后送来的,对临床送来的未固定标本病理科要及时处理,以免变性腐败影响检查。因此,临床医师和病理医师都应掌握对病理标本的固定要求。

1. 固定时间 原则上是越早越好,这样可使固定组织更接近于原有状态,最后制出的切片更能反映病变组织的真实改变。因为病变组织离体时间越久,细胞肿胀破裂、蛋白降解等改变越明显,使细胞结构破坏,而且离体组织是微生物繁殖的良好培养基,特别是产气菌,可进一步对组织细胞产生破坏作用。因此,手术标本或活检组织离体后应尽早固定,必要时可在较低温度下(4℃为宜)固定,从而使组织自溶降低至最低限度。

2. 固定液的选择及浓度 ①通常用的固定液是 10% 的甲醛(配制法 40% 甲醛原液 10ml 加蒸馏水 90ml)溶液,但最好用缓冲液处理配成的中性甲醛溶液(pH 7.2~7.4 的磷酸缓冲液为溶剂配制)来固定标本,可避免 10% 甲醛溶液固定产生的甲醛色素沉淀,而且有利于进一步的免疫组化及分子生物学的检测;②在特定条件下无其他固定液时,可用 80% 酒精固定小标本或组织涂片;③对一些需要做酶组织化学染色(如磷酸酶或脂酶)的标本应用丙酮溶液固定;4.2%~4% 戊二醛溶液则适用于做电镜检查的标本固定。

3. 固定液的量 固定组织时,为了保证标本能够充分的固定,应使用足量的固定液,固定液一般为组织块总体积的 10 倍以上。

4. 固定用器皿 ①固定标本的器皿一定要有盖,一方面可防止固定液挥发影响浓度,另一方面还可防止工作者受害;②要口大底平,防止挤压标本,方便病理医师对标本的存取(因标本固定后变硬);③容积相当,至少能容纳 10 倍于组织块的溶液。

5. 已固定标本不能冻存 因冰冻后水分在组织中可形成针状结晶,破坏组织和细胞的结构,影响病理诊断。

6. 需要新鲜组织进行病理检查的标本不能加任何固定液 肌肉活检或需要做酶组织化学、免疫荧光以及一些特殊标记免疫组织化学检查的活检标本；需要做术中冷冻切片检查的标本。要做特殊检查不需要固定的标本送检时需要临床与病理互相商议，做好送检标本各个环节的工作，以便及时尽快地送到病理科。

四、活检病理诊断报告

活体组织病理学诊断是病理医师应用病理学知识、相关技术和个人专业实践经验，在对送检标本进行病理学检查的同时，还需结合有关临床资料和其他临床检查，通过综合分析后，做出送检标本病变性质的判断和具体疾病的诊断。

活检病理诊断报告受到有关临床资料和其他临床检查的完整性、送检标本的代表性、病理学检查手段的局限性和疾病发展的阶段性等方面因素的影响，可分为以下四种基本类型：

Ⅰ类：检材部位、疾病名称、病变性质明确和基本明确的病理学诊断。如"急性出血、坏死性胰腺炎"，属于检材部位、疾病名称、病变性质明确病理诊断报告。"右腋下淋巴结肉芽肿性炎（但不能确定是由结核分枝杆菌、不典型分枝杆菌或真菌引起）"，属于仅能做出病变性质的基本判断，而不能做出疾病分类或疾病病因的准确判断。

Ⅱ类：不能完全肯定疾病名称、病变性质，或是对于拟诊的疾病名称、病变性质有所保留的病理学诊断意向，可在拟诊疾病/病变名称之前冠以诸如病变"符合为""考虑为""倾向为""提示为""可能为""疑为""不能排除"之类的词语，临床医生需要采取更多的手段明确疾病的最后诊断。

Ⅲ类：检材切片所显示的病变不足以诊断为某种疾病（即不能做出Ⅰ类或Ⅱ类病理学诊断），只能进行病变的形态描述。

Ⅳ类：送检标本因过于细小、破碎、固定不当、自溶、严重挤压变形、被烧灼、干涸等，无法做出病理学诊断。

五、常见病理误诊原因及避免误诊的原则

活检病理诊断由于其对临床诊断、治疗及预后判断均具有重要的指导作用，因此，临床对其诊断的准确性要求也越来越高，但病理诊断过程中，由于有关临床资料和其他临床检查的不完整、送检标本的代表性差、病理学检查手段的局限性和疾病发展的阶段性等方面因素的影响，也可能出现诊断错误。临床医师和病理医师都应熟悉病理误诊常见原因，掌握避免误诊的原则，从而降低病理误诊率。

（一）导致病理误诊的临床方面原因及避免误诊的原则

1. 临床资料不足或临床资料不确切　如骨肿瘤无充分的 X 线资料就难以诊断；神经内分泌肿瘤，如果临床不能提供准确的临床症状及相应的临床实验室检查结果，肿瘤的性质有时就很难确定。因此，临床医师提供准确、充分的临床资料，必要时病理医师要通过主动询问或查阅临床病历了解相应材料是避免病理误诊的重要环节。

2. 临床上取材不足或取材不当　临床医生必须保证送检材料完整、具有病变代表性。如恶性肿瘤取一块边缘反应性病变活检，常误诊为炎症。故临床医师对大的实体性病变活检取材时要多部位取材，避免取边缘反应性病变及坏死出血组织，要取中心部位实质性病变组织送检。临床医生不能及时送检新鲜标本，尽快固定标本。

3. 受临床诊断的误导　病理医师要重视临床资料，尊重临床诊断，但不能受临床资料或临床诊断的误导。如硬化性甲状腺炎，有时甲状腺外可有增生硬结节，临床上与癌相似，此时，如果根据临床的判断来诊断就可能误诊。另外诊断临床医生有争议的病理诊断，必要时复查切片和标本，确保诊断的准确性。

（二）引起病理误诊的病理方面原因及避免误诊的原则

1. 病理医师方面的原因 ①观察切片粗糙、不全面：病理切片观察要遵循先低倍扫全貌后选择高倍观察的原则，不要遗漏任何一张切片、一块组织，甚至一个视野的观察，否则就可能造成漏诊或误诊。②受到思维一时偏见的影响：有时听一个专题报告或看一篇新近文献或集中思考某个疾病或肿瘤时，看什么都似乎是这种疾病或肿瘤。病理医师在做诊断时必须防止思维的一时偏见。③知识及经验不足：作为病理医师，特别是经验不足、年资较低的病理医师，要注意不断提高自己的知识水平，总结经验及更新自己的知识，虚心求教他人，尽量避免误诊。④不虚心听取科室内同事或同道的不同意见，坚持己见。

2. 病理技术方面的原因 ①切片质量差，影响诊断：做好一张常规 HE 切片或冷冻切片是保证诊断的关键。切片质量不好，细胞结构不清或一些人工假象可以造成误诊。②技术差错，制片污染：如恶性肿瘤污染良性肿瘤组织，诊断时又核实不细致就可能造成误诊。因此，病理医师阅片时，特别是病理诊断与临床诊断不符合或恶性肿瘤病变只是一小块组织而与背景病变不符时要仔细检查核对有无技术差错而造成污染的可能。③不能开展特殊检查技术或新技术：有些病例必须进一步做特殊染色、免疫组化、电镜或其他特殊检查才能确诊，但限于条件或其他原因未能做进一步检查而导致误诊。

第三节 诊断病理学常用技术

一、电子显微镜技术

电子显微镜技术（electron microscopy）（简称电镜技术）是利用电子显微镜观察经特殊制备的样本微细结构与形态的技术，是病理学诊断和研究的基本技术之一。电子显微镜是通过电子束和电子透镜组合成的电子光学系统将微小物体放大成像，极大地提高了分辨率。电子显微镜有数种，如透射电镜、扫描电镜、超高压电镜、分析电镜等。一般病理诊断所用常为透射电镜。电镜的使用可以看清细胞膜和细胞质内的各种细胞器和细胞核的细微结构及其病理变化，并由此产生了超微病理学。

1. 电镜样本的制备 电镜样本的处理和超薄切片的制作技术比光镜制样更为精细和复杂，但基本过程是相似的，包括组织取材、固定、脱水、浸透、包埋、切片和染色等。以透射电镜样本制备为例，电镜样本制备的主要要求和特点是：①组织新鲜，取材准确：要求尽量在组织离体 5 分钟内完成取材并进行预固定，取材体积要在 1mm³ 以内，保证良好固定；②双重组织固定：先用 2.5% 戊二醛固定，再用 1% 锇酸固定；③组织包埋常用环氧树脂；④半薄切片定位：切片厚度 0.5～2μm，H&E 或甲苯胺蓝染色，光镜下进行组织定位；⑤超薄切片：切片厚度一般为 60～80nm；⑥重金属盐染色。常用醋酸铀或枸橼酸铅等。

2. 电镜技术的应用 电镜技术的应用领域非常广，在临床上可用于多种疾病亚细胞结构病变的观察和诊断，特别是肾小球疾病（附图 1-1）及肌病的诊断，以及一些疑难肿瘤的组织来源和细胞属性的判定，如一些去分化、低分化或多向分化肿瘤的诊断和鉴别诊断。最早关于细胞凋亡的形态学描述也源于电镜的观察。电镜技术也有其局限性，如样本取材少、制备较复杂、观察范围有限，在病理诊断中的应用需要结合组织学观察结果进行综合分析。

二、免疫组织化学

免疫组织化学（immuno-histochemistry）是利用抗原 - 抗体的特异性结合反应原理，以抗原或抗体来检测和定位组织中的待测物质（抗体或抗原）的一种技术方法。

1. 抗体的选择 ①抗体的类型：主要有两大类即多克隆抗体和单克隆抗体。前者是针对多个抗原决

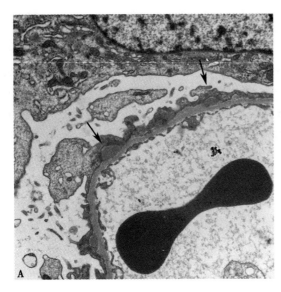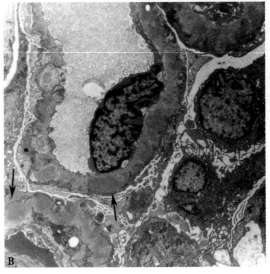

附图 1-1　肾小球电镜照片

A. 膜性肾病 I 期。电子致密沉积物沉积在上皮细胞下（箭头示沉积物，EM×10 000）。B. 膜性肾病III-Ⅳ期，大量电子致密沉积物沉积在毛细血管基底膜内（黑箭头示），少部分电子致密沉积物吸收性改变而呈虫蚀状（*示）

定簇的抗体，是产生抗体动物（如兔、羊、马等）的血清或免疫球蛋白（Ig）或某一 Ig 的组分（IgA、IgM、IgG）。单克隆抗体由单一克隆 B 淋巴细胞骨髓瘤细胞产生的抗单一表位的高度特异性抗体，可识别有限的抗原决定簇，其组成均匀，特异性强。②抗体的工作条件：有的抗体只能用于新鲜组织、冷冻组织或细胞涂片，而不能用于石蜡包埋组织切片的染色，如 CD103（黏膜内淋巴细胞）和 CD19（B 淋巴细胞）等。③抗体的保存条件：有的抗体要求保存温度是 4～8℃；也有少数抗体要求 −20℃保存；目前大多数抗体长期保存−20℃，短期保存温度 4～8℃。

2. 免疫组织化学染色方法　基本方法是将特异抗体与切片反应，然后根据标记物的要求以适当方法显示，如酶反应显色（文末彩插附图 1-2）、荧光激发（文末彩插附图 1-3）、铁蛋白和胶体金显示。染色方法按染色步骤可分为：①直接法，即将带有标记的抗体直接与抗原反应，然后检出；②间接法，即将针对抗原的第一抗体反应后以其抗抗体（第二抗体）结合，再检出，特点是经过了第二抗体放大效应。

3. 免疫组织化学技术的应用　随着大量商品化抗体出现、配套试剂盒的使用及方法学的不断完善，免疫组织化学染色已经成为病理诊断和研究中不可缺少的技术手段之一。用于：①各种蛋白质或肽类物质表达水平的检测；②细胞起源与分化的判定；③淋巴细胞的免疫表型分析；④内分泌系统肿瘤的功能分类；⑤细胞增殖、细胞周期和信号转导的研究；⑥肿瘤的预后判定以及指导临床对某些靶向治疗药物适用病例的筛选等。

三、原位杂交技术

原位杂交（in situ hybridization，ISH）是核酸分子杂交的一部分，是将组织化学与分子生物学技术相结合来检测和定位核酸的技术。用标记了已知序列的核苷酸片段作为探针（probe），通过杂交直接在组织切片、细胞涂片或培养细胞爬片上检测和定位某一特定的靶 DNA 或 RNA 的存在。其生物化学基础是 DNA 变性、复性和碱基配对结合。根据探针不同和待检测靶序列不同可分为 DNA-DNA 杂交、DNA-RNA 杂交和RNA-RNA 杂交三种类型。

1. 探针的选择和标记　用于原位杂交的探针有双链 cDNA 探针、单链 cDNA 探针以及合成的寡核苷酸探针等。一般而言，探针的长度以 50～300bp 为宜，用于染色体原位杂交的探针可为 1.2～1.5kb。探针标记物有放射性和非放射性之分。前者探针标记物有 H、35S 和 33P,尽管敏感性高,但是存在放射线污染及半衰期短,耗时长和成本高缺点,因此使用受限。后者因其性能稳定、操作简便、耗时短和成本低等优点而被广泛应用。双链 cDNA 探针的标记可用缺口平移法或随机引物法;单链 cDNA 探针可通过转录进行标记;合成的寡核苷酸探针可用 5′ 末端标记法。

2. 原位杂交的主要程序　常规石蜡包埋组织切片、冷冻组织切片、细胞涂片和培养细胞爬片均可作为原位杂交的实验材料。原位杂交的主要程序包括:杂交前准备、预处理、杂交、杂交后处理、清洗和杂交体的检测等。

3. 原位杂交技术的应用　原位杂交使用的是探针,遵循碱基互补配对的原则,与待检测的靶序列结合,是 DNA 或转录(mRNA)水平的检测,具有较高的敏感性和特异性,但也容易受到外界因素的影响。目前主要运用于:①细胞特异性 mRNA 转录的定位;②受感染的组织中病毒 DNA/RNA 的检测和定位,如人类乙型肝炎病毒 DNA 和巨细胞病毒 DNA 的检测;③癌基因、抑癌基因及各种功能基因在转录水平的表达及其变化的检测(文末彩插附图 1-4);④基因在染色体上的定位;⑤染色体变化的检测;⑥分裂间期细胞遗传学的研究等。

第四节　尸体剖检

一、概念及意义

1. 尸体剖检的概念　尸体剖检(简称尸检)是对死者的遗体进行病理解剖和系统的形态学分析,其中包括法医尸体解剖和疾病患者的尸体解剖。病理尸体剖检主要是针对疾病患者的尸体解剖。

2. 尸体剖检的意义　尸体剖检技术是一种病理学的基本研究方法。尸检的意义在于:①通过尸体剖检,观察病死者各器官的病理变化,找出其病变并判断死亡原因,从而检验临床诊断的准确性,提高诊治水平;②通过实施尸体剖检,为医学教育提供标本;③应用现代的研究方法,对尸体解剖材料进行深入研究,丰富病理学的同时,可为临床诊断、治疗及预防提供更多的实验依据;④剖检过程中能及时发现和确诊某些新发现的传染病、地方病、流行病和新发疾病;⑤尸体剖检还是解决医疗纠纷和法医案件的一种重要手段。因此,一个国家、地区尸检率的高低在一定程度上反映了其文明程度的高低。目前,我国的尸检率还不高,除了因医疗纠纷和法医案件必须进行的尸检外,真正为了明确死因、提高医疗质量的病理尸检非常少,尸检对患者的疾病演变过程、发病机制、临床病理联系和治疗的效果等提供详尽的信息,通过尸检结果分析和总结诊断、治疗中的经验教训是提高医疗水平最重要的一个手段,因此低尸检率不利于我国病理学和整个医学科学的发展,亟待立法和大力宣传尸检的重要意义。

二、尸检的程序和步骤

(一)提出尸检申请

尸检申请方包括:①根据临床需要由有关医院提出申请;②为解决医疗纠纷由医疗卫生行政部门提出申请,并征得死者家属或其所在单位负责人签字同意;③由公安或司法部门根据案情需要提出申请。

(二)尸检受理的条件要求

1. 尸检单位和人员资质　受理尸检部门应是具备独立尸检能力的医学院校的病理教研室、各级医院的病理科及经医政部门注册的病理学诊断中心。主持尸检人员应是接受过尸检训练,具有中级以上专业职称的病理医师或病理学教师,必要时邀请法医参与尸检。

2. **尸检场所**　应具备必要的解剖器械和消毒设备,应有解剖台及充足的供水和下水设备,并应对污水及污物有必要的消毒处理措施。

3. **尸检申请手续完备**　包括:①有申请或委托方当事人签名、负责人签名和加盖委托单位公章的尸检申请书或委托书,申请书须逐项认真填写(包括死者的临床资料要点和其他需要说明的情况);②死者的死亡证明;③死者亲属或代理人签署说明尸检有关事项的《死者亲属或代理人委托尸检知情同意书》(由受理尸检方制定),并确认尸检的术式、范围、尸检后遗体的处理、尸检报告及其发放等有关事项;④死者临床资料,包括就诊的现病史(症状、体征及有关检查资料)、既往史、家族史、传染病史、临床诊断及治疗过程等。

4. **尸体条件**　①临床医师确认患者生物学死亡 2 小时后方可进行尸检;②死者死亡超过 48 小时未经冷冻或冷冻超过 7 天者可不受理尸检。

(三)尸检的常规操作程序

尸检的常规操作程序依次为:①一般性检查,包括死亡征象检查和体表检查;②体腔剖开;③腹腔剖检;④胸腔剖检(包括心包腔剖检);⑤盆腔剖检;⑥颈部剖检;⑦体腔脏器取出;⑧体腔脏器的解离和肉眼检查;⑨脑和脊髓的剖检;⑩颈椎和骨髓剖检;⑪尸检后尸体修复。

(四)尸检标本的显微镜检查和取材

尸检的显微镜检查是最终做出正确病理诊断的重要步骤。显微镜检查的正确与否,在很大程度上取决于取材的正确与否。基本原则是取材要全面,又要有重点,所谓全面,就是对各脏器进行全面检查,所谓重点,就是在肉眼诊断基础上对病变部位要适当多取材。

(五)病理诊断报告

每一例尸体在解剖完毕后,在详细观察的基础上必须做出病理解剖诊断报告。病理解剖诊断报告应能显示整个病例的全貌,反映病例的主要疾病和次要疾病,亦能反映出原发性疾病和继发性疾病。

1. **病理尸检报告的基本内容**

(1)主要疾病(与死亡直接相关疾病)。

(2)继发疾病(与主要疾病密切相关的疾病)。

(3)伴发疾病(与主要疾病无密切关系的疾病)。

可酌情进行死因分析、小结和讨论,诊断术语力求与国际规范一致,并按各疾病的致死重要性和因果关系排序。

2. **病理尸检报告的发放**

(1)病理尸检报告书通常在尸检后 45 个工作日内发出。由于病变复杂或其他原因不能按时发出报告者,可酌情延迟发出并向委托方说明迟发原因。

(2)病理尸检报告书必须由主检人员签名后才能发出。

(3)尸检报告书应一式两份(正本和副本),两份报告具有同等效力。正本随其他尸检资料存档,报告书的副本发给尸检委托方。

(六)病理尸检总结

病理尸检诊断完成后,要对每例尸体剖检,特别是较复杂的病例或特殊和少见病例,结合文献加以总结和讨论。总结的内容除答复临床医师在尸体剖检前提出的问题以外,还应指出病例的特点,并做临床症状与病变联系的讨论。对某些死亡原因还应做必要的解释。这样就能加强尸体剖检的科学性和准确性,加强临床病理联系,对提高临床医师的诊断、治疗水平有极为重要的作用。同时提高病理医生的尸检诊断能力,提高业务水平。

三、尸体剖检的注意事项

尸体剖检并不是单纯的技术操作,其目的是要在尸检过程中发现病变,从而解决面临的病例是什么病,其死亡原因是什么。因此,就必须要求尸体解剖做到准确而又没有遗漏,这样才有利于做出病理诊断。在尸检的具体操作中应注意的事项有:

1. 有些相关联脏器,在未检查清楚各脏器间关系及病变前,不能将它们分离。有些病例在发现病变后,脏器也不能分离。

2. 各脏器作切面检查前,应先称其重量,否则流失血液后,重量就不真实准确。

3. 解剖者执刀及持剪均需稳定。刀切脏器或组织时应借助执刀之手的关节运动,不可用腕力。切脏器时,刀需沾水,以避免撕破或粘连组织。切时应自前向后拉,不可自上向下压,否则组织将被压裂或变形;应一刀切开,不可拉锯式切开,否则切面参差不齐。

4. 为利于检查和制作标本之用,检查脏器切面尽量不用水冲洗,以免改变脏器固有颜色,必要时可用拧干的湿布轻轻拭之。

5. 观察内膜不可用手拭擦,以免损伤内皮细胞或黏膜上皮。

第五节 临床病理讨论会的基本知识

一、目的和意义

临床病理讨论会(clinical pathological conference, CPC),始创于 20 世纪初的美国哈佛大学医学院,其形式为由临床医师和病理医师共同参加,对疑难疾病或有学术价值的尸检病例的临床表现及其病理检查结果进行综合分析、讨论。其目的在于汲取诊治教训,提高诊治水平,促进医学诊疗、科研及教育事业的发展。目前,已经成为世界各国医疗机构经常开展的一项学术性活动。

二、一般程序

讨论会前,由临床和病理医师共同按照一定的目的来选择病例。提供讨论的病例,一般应对疾病发生、发展过程有较完整而详细的临床诊疗记录、实验室检查资料和尸检结果。为使讨论比较深入,提前向参加者提供明确的经整理并能如实反映情况的病史摘要,提出讨论要求,便于临床和病理双方都进行认真、周密地准备。

讨论会通常由有较高威望的临床医师来主持,一般按以下程序进行。

1. **临床报告** 首先由该病例的医师报告病史及其他临床检查资料(包括出示 X 线片等),并做中心发言来分析症状、体征和鉴别诊断,提出临床诊断意见,对治疗处理提出建议或评估。然后,由与会临床医师自由发言,提出临床诊断意见,对治疗处理提出不同的诊断意见和质疑。

2. **病理报告** 由病理医师向与会者报告会前暂时保密的病理检查和病理诊断,出示病理标本(包括放映病理组织学改变的幻灯片等),解释病变与临床表现的关系并分析死因。

3. **临床病理讲座** 这是把讨论会真正引向深入的关键,通常由病理医师根据与会者的提问,对病理检查结果及病变与临床表现的关系作扩展性的说明,并可介绍一些较新的文献资料。与会医师可结合病理发现及该病例的临床表现,对该疾病的发生、发展、诊断、鉴别诊断、合理处置等各方面进行深入的讨论。

4. **主持者总结** 对本例的特征、所讨论问题在临床中的意义以及应吸取的经验教训等作扼要小结,给讨论会"画龙点睛"。

通过讨论会常期望获得以下效果：

1. 密切临床病理联系 通过对临床和病理检查的讨论，与会者既可了解病例患病的全部临床过程，又可重温与该病有关的病理学知识，使临床表现得到满意的病理解释，还可了解到一些新进展。尤其对于青年医师和实习医学生，能通过具体病例，对该病的临床和有关基础医学知识获得更好的教学效果。

2. 总结经验教训，提高医疗质量 讨论会上临床医师都力求"逻辑思维强、推理严谨，引据有力"地紧密联系病例的实际情况进行讨论。如临床的分析和诊断与最后的病理诊断相符合，则可使与会者从中学到正确分析病例的方法；反之，也可以通过回顾性分析、讨论，找出造成误诊的原因，总结经验或汲取有益的教训，以提高医疗诊治水平。

3. 促进学术交流，推动科学研究 临床医师能从不同角度有根据地提出各自的诊断依据，也往往对病理诊断提出咨询甚至异议，因此讨论会又常是学术争鸣的场所。通过讨论常能提出一些值得深入研究的新问题或新线索，促进和推动医学科学的发展。

在病理学教学中，也开展类似临床病理讨论会的教学活动，可促进学生复习所学病理学知识，加深形态学印象，体现病理学的桥梁作用，把病理知识与临床密切结合，培养学生独立思考和分析、解决问题的能力，为养成正确的临床思维方法打下良好的基础。其进行方式是：由教师提供要讨论病例的临床和病理资料，学生在详细阅读这些资料和讨论要求的基础上，将有关资料按系统或器官进行归类，确定病变在何系统，主要累及何器官，哪些病变是原发的，哪些病变是继发的或伴发的等，抓住重点、分清主次地做出临床诊断和病理诊断，进而分析疾病发生发展过程及各种有关因素的因果关系，找出引起死亡的直接原因。

三、实例示范

案例附录 1

病历摘要

患者男性，72岁，7天前走路时滑倒，左髋着地，剧痛，局部迅速肿胀，活动不能，被送往当地医院行皮牵引治疗，现疼痛加剧转入某骨科医院就诊。以"左股骨颈骨折"收入院。

入院体检：T 36.2℃，P 75/min，R 20/min，BP 135/75mmHg。神志清，合作，全身浅表淋巴结未见明显肿大，心肺未见异常，腹软，肝脾未扪及。骨科检查：左下肢外旋短缩畸形，左髋关节肿胀，压痛(+)，纵向叩击痛(+)，摩擦音(+)，异常活动(+)，左脚拇指活动自如，感觉及末梢血运存在。X线：左股骨颈骨折，骨折近端向上移位明显。

既往史：无手术及药物过敏史。

临床诊断：左股骨颈骨折，择期进行X线下闭式复位空心钉内固定术。

手术经过：患者麻醉用药在安全范围内，麻醉后生命体征平稳。于"C"型臂透视下行骨折手法整复，"C"型臂下见骨折对位良好，于股骨粗隆外侧穿直径4mm克氏针沿股骨距上方0.5cm向股骨头方向穿入。术中对位良好，于上方1cm处穿入细导针一枚。该患者于5分钟后突然剧咳，血压下降，继而呼吸困难，发绀，血压65/45mmHg，患者无自主呼吸，生命体征极其不稳，经抢救无效死亡。

有意义的尸检结果

体表检查：死者头部、颈部、腹部、脊柱、外生殖器和肛门均正常，左侧髋部皮肤表面可见两个钉孔，皮下有大片的淤血、肿胀。左股骨外侧：沿左侧髋部大片淤血的区域纵行切开，可见皮下和骨骼肌区域有陈旧性淤血块，深达股骨颈，可见骨折，附近无钉板及其他固定物。

体腔检查：左肺萎缩，肺与胸壁无粘连，左侧胸腔有700ml暗红色液体。心脏及大血管正常。腹腔和颅腔正常。

各脏器检查:

主动脉 肉眼可见大量的脂纹及纤维斑块。

心脏 重350g,左心室壁厚度1.8cm,右室壁厚度0.4cm。左冠状动脉前降支距入口2cm处可见动脉壁变硬,轻度狭窄。光镜下心肌间质轻度水肿、散在的心肌细胞肥大,左心室肌和左乳头肌的心肌细胞可见局灶性纤维化。左冠状动脉前降支管腔Ⅰ~Ⅱ级狭窄,冠状动脉内膜增厚,纤维帽下可见粉染无定形物质、胆固醇结晶、泡沫细胞和钙盐沉积。冠状动脉右旋支管壁无狭窄、无粥样硬化形成。

肺 左肺重600g(正常人325~480g),体积23cm×14cm×3.5cm,右肺重1000g(正常人360~570g),体积27cm×14cm×5.6cm。双肺布满黑色炭末。双侧肺脏质地柔软,左肺体积缩小。切面呈暗红色,挤压后有暗红色液体溢出,左右支气管和动脉无栓塞,左右肺组织无肿块、脓肿等病变。光镜见肺高度淤血,多处肺泡腔塌陷,肺泡腔内可见大量粉红色水肿液、散在分布的单核细胞和脱落的肺泡上皮细胞。局灶性肺泡壁增厚。肺血管腔内和肺泡壁毛细血管内可见较多的炎细胞。支气管黏膜上皮变薄或脱落。肺苏丹Ⅲ染色:肺组织血管腔、壁,肺毛细血管腔、壁内可见橘黄色的小滴,少量的呈片状分布;肺油红O染色:肺组织血管腔、壁,肺毛细血管腔、壁内有大量红染的小滴,有的呈片状分布。

肝 大体正常,光镜见肝淤血,肝窦高度扩张,肝小叶中央静脉周围的肝细胞内充满脂滴。

脾、胰腺和肾脏 大体正常,光镜下见高度淤血。

讨论题

1. 做出病理诊断并分析因果关系。

2. 用病理变化解释相应的临床症状。

3. 如没有做尸检,可以做出哪些临床诊断?

4. 患者死亡原因是什么?

案例附录 2

病历摘要

患者男性,61岁,退休1年。15年前无明确诱因出现全身乏力、恶心、呕吐、厌油腻,右上腹不适并有压痛入院治疗,诊断为乙型病毒性肝炎,治疗后症状减轻。有多年酗酒史,近半年腹部日渐增大,下肢水肿,鼻出血,牙龈出血甚至呕血多次。3天前呕血100ml,腹胀,嗜睡入院。

查体: 消瘦,恶病质状态。皮肤轻度黄染,后背皮肤可见两个蜘蛛痣,乳房轻度发育。腹部膨隆伴有移动性浊音,腹壁浅静脉怒张,肝触不清。

实验室检查: HbsAg(+),HBV-DNA(+),抗HBs-IgG(+),抗HBc-IgG、(+)。肝功能:ALT(丙氨酸氨基转移酶0~40u/L)127.8u/L,AST(谷草转氨酶0~40u/L)137.6u/L,GGT(谷氨酰转肽酶5~50u/L)140.7u/L,TP(总蛋白60~80g/L)58g/L,ALB(白蛋白35~55g/L)33.9g/L,TBIL(总胆红素3.4~20μmoL/L)39μmoL/L,DBIL(直接胆红素<7μmoL/L)7.7μmoL/L,IBIL(间接胆红素3.4~13.7μmoL/L)21.3μmoL/L。AFP(甲胎蛋白)(+)。

治疗经过: 入院后患者突然出现大呕血(血量达1000ml),便血,血压下降,脉细速,嗜睡,昏迷,经抢救无效死亡。

有意义的尸检结果

体表检查 男性,体长178cm,体重62kg,消瘦,营养差。皮肤轻度黄染,背部可见两处蜘蛛痣,胸腹壁多处暗紫色瘀斑,腹部膨隆,腹壁浅静脉怒张,双下肢凹陷性水肿,极度消瘦。口鼻内可见血性液体流出。

体腔检查 左右胸腔共有草黄色清亮液体700ml,腹腔有4000ml相同性质的液体。

各脏器检查

肝脏 体积缩小,重量750g,质地较硬,表面呈结节状,结节呈半球形,隆起于肝脏表面,大小不等。切面可见多数圆形结节,弥漫分布,结节周围可见灰白色条索包围。光镜下:肝细胞广泛气球样变,汇管区可见大量淋巴细胞浸润。小叶正常结构被破坏,增生的结缔组织将肝小叶重新分割包裹成大小不等的细胞团，中央静脉缺如或偏位。肝细胞索排列紊乱，胞质疏松，呈空泡样，部分胞质内可见较大圆形空泡将胞核挤向周边。局部区域可见肝细胞排列成巢状，体积增大，呈多角形，胞质深染，核明显增大，可见双核，多形核巨细胞，核仁明显。

脾脏 体积增大，重量增加为220g，被膜紧张，质地变硬，切面新鲜标本为紫红色，刀刮脾切面未见脾泥。光镜见脾窦扩张，充满大量红细胞。

食管、胃、肠 食管下段和胃底可见静脉怒张，隆起于黏膜表面，扭曲不整。食管下段静脉有小裂孔，食管内有血凝块。食管、胃肠在镜下均可见黏膜下血管扩张，内有较多红细胞。

脑 大体未见异常，镜下蛛网膜下腔增宽，脑组织内的血管周围 V-R 间隙增宽。

心脏 大体未见异常。切开心腔内可见灰红色松散的血凝块样物。光镜下未见异常。

肺 大体呈暗红色，挤压切面可见暗红色泡沫状液体流出。光镜见大量肺泡腔内可见粉红色水肿液，部分肺泡腔内可见心衰细胞。

讨论题

1. 请根据临床及病理资料给出病理诊断。

2. 本例的疾病发生发展过程是什么？会导致哪些结局？

3. 患者的下列症状和体征是如何产生的？简述其产生的机制。

（1）脾大、食欲不振、消化不良、腹水

（2）上消化道出血及腹壁静脉曲张

（3）蜘蛛痣

（4）双下肢凹陷性水肿

4. 患者的死因是什么？

（张 磊）

学习小结

病理诊断方法包括尸检、活检和细胞学检查。尸检是最基本的病理诊断方法，病理学就是在大量尸检的基础上逐步建立起来的，其最重要作用可以明确死因，并提高临床诊疗水平；活检是病理学最重要的诊断方法，尤其是肿瘤性疾病常需借助活检明确诊断；细胞学检查是病理学最实用的诊断方法，适合于大规模的防癌普查。随着电镜技术、免疫组织化学技术及原位杂交技术等在病理诊断中的应用，病理诊断不仅对疾病进行定性诊断，同时还对疾病的分类、指导治疗及预后估计等提供依据。临床病理讨论会不仅在临床广泛开展，对密切临床病理联系、总结临床经验、提高医疗质量以及促进学术交流、推动科学研究具有重要作用，而且在病理学教学中发挥重要的作用。

复习参考题

1. 简述病理申请单填写注意事项？

2. 活检病理诊断的类型有哪些？简述活检病理诊断的常见误诊原因及避免误诊的原则。

3. 临床病理讨论的目的和意义。

附录二 人体正常器官的重量及大小

脑

重量(包括蛛网膜及软脑膜):1300.0~1500.0g(男);1100.0~1300.0g(女)

大小:大脑矢状径:16.0~17.0cm(男);15.0~16.0cm(女)

　　　大脑冠状径:12.0~13.0cm

脊髓

重量:25.0~27.0g;长度:42.0~45.0cm

左右径:1.3~1.4cm(颈髓膨大部);1.0cm(胸髓);1.2cm(腰髓膨大部)

前后径:0.9cm(颈髓膨大部);0.8cm(胸髓);0.9cm(腰髓膨大部)

垂体

重量:0.1g(新生儿);0.6g(10~20岁);0.6g(20~70岁);0.8~1.1g(妊娠时)

大小:2.1cm×1.4cm×0.5cm

心脏

重量(284.0±50.0)g(男);258.0±49.0)g(女)

大小:12.0~14.0cm(长径);9.0~11.0cm(横径);6.0~7.0cm(前后径)

厚度:0.1~0.2cm(左右心房壁);0.9~1.2cm(左心室壁);0.2~0.3cm(右心室壁)

周径:11.0cm(三尖瓣);8.5cm(肺动脉瓣);10.0cm(二尖瓣);7.5cm(主动脉瓣)肺动脉周径(心脏上部):

8.0cm主动脉周径:7.4cm(心脏上部升主动脉);4.5~6.0cm(降主动脉);3.5~4.5cm(腹主动脉)

肺

重量:1000.0~1300.0g(男);800.0~1000.0g(女)

食管

长(自环状软骨至贲门):25.0cm

胃

长(自胃底至大弯下端):25.0~30.0cm

十二指肠

长:25.0cm

小肠

长:500.0~700.0cm

大肠

长:150.0cm

肝

重量：1154.0～1447.0g（男）；1029.0～1379.0g（女）

大小：25.8cm×15.2cm×5.8cm

肾

重量（单侧）：134.0～148.0g

大小：(11.0～12.0)cm×(4.0～6.0)cm×(3.0～4.0)cm

皮质厚度：0.5cm

脾

重量：140.0～180.0g

大小：(12.0～14.0)cm×(8.0～9.0)cm×(3.0～4.0)cm

胰腺

重量：80.8～116.6g

大小：(17.0～20.0)cm×(3.0～5.0)cm×(1.5～2.5)cm

子宫

重量：33.0～41.0g（未孕妇女）；102.0～117.0g（经产妇）

大小：(7.8～8.1)cm（长：宫底至宫颈外口）×(3.4～4.5)cm（宽：宫底处）×(1.8～2.7)cm（厚：宫底之下）（未孕妇女）；(8.7～9.4)cm×(5.4～6.1)cm×(3.2～3.6)cm（经产妇）

宫颈大小：(2.9～3.5)cm×2.5cm×(1.6～2)cm（未孕妇女）

甲状腺

重量：20.0～40.0g

大小：(5.0～7.0)cm×(3.0～4.0)cm×(1.5～2.5)cm

肾上腺

重量（单侧）：5.0～6.0g

大小：(4.0～5.0)cm×(2.5～3.5)cm×0.5cm

前列腺

重量：平均20.0g；15.0g（20～30岁）；20.0g（51～60岁）；30.0～40.0g（70～80岁）

大小：(1.4～2.3)cm×(2.3～3.4)cm×(3.2～4.7)cm

卵巢

重量（单侧）：5.0～7.0g（成年女子）

大小：4.0cm×3.0cm×1.0cm（成年女子）

（张 磊）

参考文献

<<<<<< 1　李玉林. 病理学. 第 8 版. 北京：人民卫生出版社，2013.

<<<<<< 2　陈杰，周桥. 病理学. 第 3 版. 北京：人民卫生出版社，2015.

<<<<<< 3　王恩华. 病理学. 第 3 版. 北京：高等教育出版社，2015.

<<<<<< 4　孙保存. 病理学. 第 2 版. 北京：北京大学医学出版社，2013.

<<<<<< 5　梁智勇. 病理学实习指导. 北京：人民卫生出版社，2017

<<<<<< 6　吴伟康，赵卫星. 病理学. 第 2 版. 北京：人民卫生出版社，2007.

<<<<<< 7　阮永华，赵卫星. 病理学. 第 3 版. 北京：人民卫生出版社，2013.

<<<<<< 8　刘彤华. 诊断病理学. 第 3 版. 北京：人民卫生出版社，2013.

<<<<<< 9　王伯沄，李玉松，黄高昇，等. 病理学技术. 北京：人民卫生出版社，2000.

<<<<<< 10　成令忠，钟翠平，蔡文琴. 现代组织学. 上海：上海科学技术出版社，2003.

<<<<<< 11　来茂德，申洪. 病理学. 北京：高等教育学出版社，2015.

<<<<<< 12　陈杰，李甘地. 病理学. 第 2 版. 北京：人民卫生出版社，2010.

<<<<<< 13　董卫国. 消化系统. 北京：人民卫生出版社，2015.

<<<<<< 14　Juan Rosai 著. 郑杰译. 阿克曼外科病理学. 第 10 版. 北京：北京大学医学出版社，2014.

<<<<<< 15　邹万忠. 肾活检病理学. 第 2 版. 北京：北京大学医学出版社，2009.

<<<<<< 16　李兰娟，任红. 传染病学. 第 8 版. 北京：人民卫生出版社，2013.

<<<<< 17　陈杰, 步宏. 临床病理学. 北京: 人民卫生出版社, 2015.

<<<<< 18　诸欣平, 苏川. 人体寄生虫学. 第 8 版. 北京: 人民卫生出版社, 2013.

<<<<< 19　彭瑞云, 王德文. 军事医学病理学. 第 8 版. 北京: 高等教育出版社, 2003.

<<<<< 20　葛均波, 徐永健. 内科学. 第 8 版. 北京: 人民卫生出版社, 2013.

<<<<< 21　蔡柏蔷, 李龙芸. 协和呼吸病学. 第 2 版. 北京: 中国协和医科大学出版社, 2015.

<<<<< 22　沈洪兵, 齐秀英. 流行病学. 第 8 版. 北京: 人民卫生出版社, 2013.

<<<<< 23　李梦东. 实用传染病学. 第 2 版. 北京: 人民卫生出版社, 1998.

<<<<< 24　王建枝, 殷莲华. 病理生理学. 第 8 版. 北京: 人民卫生出版社, 2013.

<<<<< 25　金惠铭, 王建枝. 病理生理学. 第 7 版. 北京: 人民卫生出版社, 2008.

<<<<< 26　李桂源. 病理生理学. 第 2 版. 北京: 人民卫生出版社, 2010.

<<<<< 27　王学江, 姜志胜. 病理生理学. 第 2 版. 北京: 人民卫生出版社, 2013.

<<<<< 28　钮唯真. 基础医学概论. 第 2 版. 北京: 科学出版社, 2016.

<<<<< 29　王建枝, 钱睿哲. 病理生理学. 第 3 版. 北京: 人民卫生出版社, 2015.

<<<<< 30　唐慧玲, 张忠, 宋维芳. 病理学与病理生理学. 北京: 北京大学医学出版社, 2013.

<<<<< 31　吴立玲. 病理生理学. 第 3 版. 北京: 北京大学出版社, 2013.

<<<<< 32　徐军全, 王蓬文. 病理学与病理生理学. 北京: 高等教育出版社, 2015.

<<<<< 33　吴立玲. 病理生理学. 第 3 版. 北京: 北京大学出版社, 2013.

<<<<< 34　徐玉东, 王建红. 人体解剖生理学. 北京: 人民卫生出版社, 2007.

<<<<< 35　王迪浔, 金惠铭. 人体病理生理学. 第 3 版. 北京: 人民卫生出版社, 2008.

<<<<< 36　邝晓聪. 病理生理学. 北京: 中国协和医科大学出版社, 2012.

<<<<< 37　中华医学会结核病学分会. 中国结核病病理学诊断专家共识. 中华结核和呼吸杂志. 2017, 40(6): 419-425.

<<<<<< 38　世界卫生组织. 自动实时核酸扩增技术同时快速检测结核和利福平耐药的政策声明: Xpert MTB/RIF 系统. 日内瓦, 世界卫生组织, 2011.

<<<<<< 39　Fletcher DM. 肿瘤组织病理诊断. 第3版. 回允中主译. 北京: 北京大学医学出版社, 2009.

<<<<<< 40　蔡昆. 流行性脑脊髓膜炎疫苗研究进展. 中国生物制品学杂志, 2015, 28(12): 1347-1352.

<<<<<< 41　张俊霞. 流行性脑脊髓膜炎特点、预防和临床治疗. 贵阳中医学院学报, 2013, 35(1): 245-247.

<<<<<< 42　Kumar V, Cotran RS. Robbins SL. Robbins Basic Pathology. 9th ed. Philadelphia: Elsevier Saunders, 2013.

<<<<<< 43　Kumar V, Abbas AK, Aster JC. Robbins Basic Pathology. 9th ed. Philadelphia: W.B. Saunders, 2012.

<<<<<< 44　Kumar V, Abbas AK, Aster JC. Robbins Pathologic Basis of Disease. 9th ed. Philadelphia: W.B. Saunder, 2011.

<<<<<< 45　Cotran RS, Kumar V, Collins T. Robbins Pathologic Basic of Disease. 8th ed. Philadelphia: W.B. Saunders, 2009: 1-49.

<<<<<< 46　Kumar V, Abbas AK, Fausto N, et al. Robbins Basic Pathology. 8th ed, Philadelphia: W.B. Saunders, 2007.

<<<<<< 47　Fenderson BA. Lippincott 's Review of Pathology. Philadelphia: Lippincott Williams and Wilkins, 2007.

<<<<<< 48　Emanuel Rubin. Rubin's Pathology Clinicopathologic Foundations of Medicine. 4th ed. Philadelphia: Lippincott Williams and Wilkins, 2005.

<<<<<< 49　Emanuel Rubin. Rubin's Pathology Clinic Pathologic Foundations of Medicine. 6th ed. Philadelphia: Lippincott Williams and Wilkins. 2011.

<<<<<< 50　Porth CM, Kunert MP. Pathophysiology, concepts of altered health states. 7th ed. Philadelphia: Lippincott Williams&Wilkins, 2004.

<<<<<< 51　Vaos G, Zavras N. Antioxidants in experimental ischemia-reperfusion injury of the testis: Where are we heading towards? World J Methodol. 2017(7): 37-45.

<<<<<< 52　Richard VJ, Murry CE, Jennings RB, et al. Oxygen-derived free radicals and postischemic myocardial reperfusion: therapeutic implications.

Fundam Clin Pharmacol, 1990(4): 85-103.

<<<<< 53   Jennings RB. Historical perspective on the pathology of myocardial ischemia/reperfusion injury. Circ Res, 2013(113): 428-438.

<<<<< 54   Colman RW, Robboy SJ, Minna JD. Disseminated intravascular coagulation(DIC): an approach. Am J Med, 1972(52): 679-689.

<<<<< 55   Boral BM, Williams DJ, Boral LI. Disseminated Intravascular Coagulation. Am J Clin Pathol, 2016(146): 670-680.

<<<<< 56   Dheda K, GumboT, Marrtens G. et al. The epide-miology, pathogenesis, transmission, diagnosis, and management of multidrug-resistant, extensively drug-resistant, and incurable tuberculosis. Lancet Respir Med. 2017(5): 2213-2600.

<<<<< 57   Feil EJ. The emergence and spread of dysentery[J]. Nature Genet, 2012(44): 964-965.

<<<<< 58   Marshall H, Wang B, Wesselingh S, et al. Control of invasive meningococcal disease: is it achievable? Int J Evid Based Healthc. 2016, 14(1): 3-14.

<<<<< 59   Yun SI, Lee YM. Japanese encephalitis: the virus and vaccines. Hum Vaccin Immunother. 2014, 10(2): 263-279.

<<<<< 60   Delahunt B, Srigley JR, Montironi R, et al. Advances in renal neoplasia: recommendations from the 2012 International Society of Urological Pathology Consensus Conference. Urology, 2014, 83(5): 969-974.

<<<<< 61   Krzysztof K, Jan N, Ali AG. pathogenesis of immunoglobulin a nephropathy: recent insight from genetic studies. Annu Rev Med, 2013, 64: 339-356.

<<<<< 62   Liang G, Weisenberger DJ. DNA methylation aberrancies as a guide for surveillance and treatment of human cancers. Epigenetics. 2017, 12(6): 416-432.

索 引

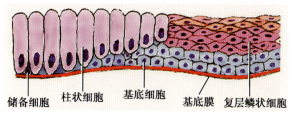

储备细胞　柱状细胞　基底细胞　基底膜　复层鳞状细胞

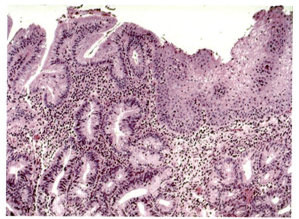

图1-3　柱状上皮的鳞状上皮化生

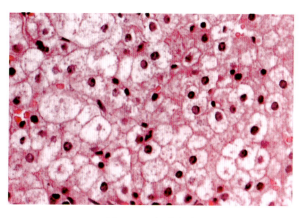

图1-4　肝细胞水肿

肝细胞肿胀变大,胞质疏松呈气球样,细胞核多居于细胞中央

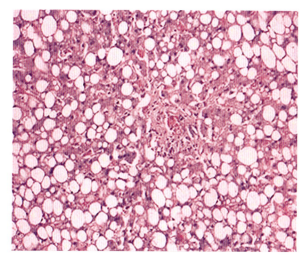

图1-5　肝细胞脂肪变性

肝细胞质中见大小不等的脂质空泡,部分细胞核被脂肪空泡推挤偏向细胞一侧

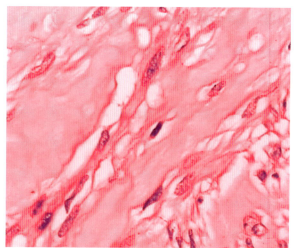

图1-6　结缔组织玻璃样变性

胶原纤维增粗,互相融合成均质的玻璃样物质,血管和纤维细胞明显减少

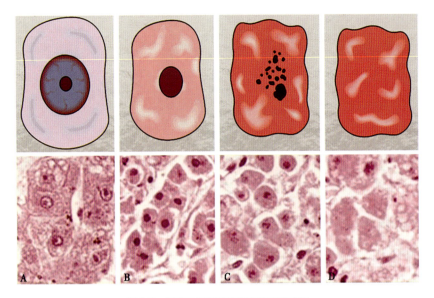

图 1-7　坏死时细胞核的形态变化模式图

A. 正常核；B. 核浓缩；C. 核碎裂；D. 核溶解

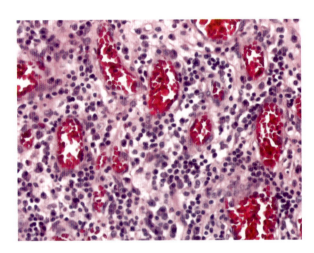

图 1-13　肉芽组织

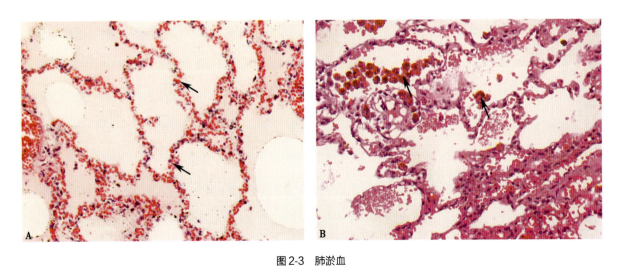

图 2-3　肺淤血

A. 肺淤血：肺泡壁毛细血管扩张、充血（箭头所示）；B. 慢性肺淤血：肺泡腔内可见心力衰竭细胞（箭头所示）

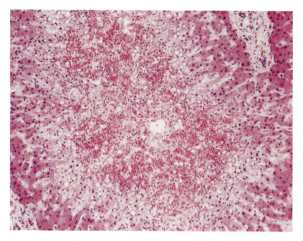

图 2-5 慢性肝淤血

中央静脉及周围肝血窦扩张淤血;周围肝细胞脂肪变性,细胞呈空泡状

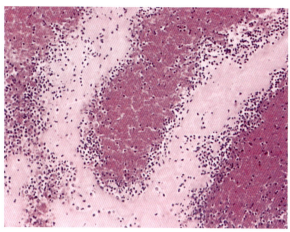

图 2-8 混合血栓

血小板小梁间纤维网内充满红细胞,呈红白相间的层状结构,血小板梁边缘可见中性粒细胞

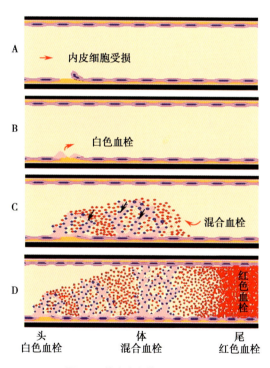

图 2-9 静脉内血栓形成示意图

A. 内皮受损,暴露内皮下胶原,血小板黏集形成白色血栓(静脉血栓的头部);B. 血小板继续黏集,形成珊瑚状小梁,小梁间形成纤维素网;C. 网眼中网罗大量红细胞,形成混合血栓(静脉血栓体部);D. 血管腔阻塞后,局部血流停滞致血液凝固,形成红色血栓(静脉血栓尾部)

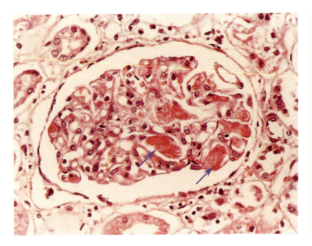

图2-10　透明血栓

透明血栓位于肾小球毛细血管内（箭头所示）

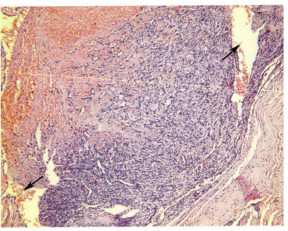

图2-11　血栓机化和再通

血栓被肉芽组织取代，其中可见重新有血流通过的小血管（箭头所示）

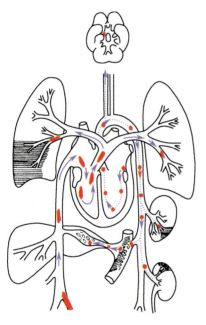

图2-12　栓子运行途径与栓塞模式

蓝色显示血流，红色显示栓子

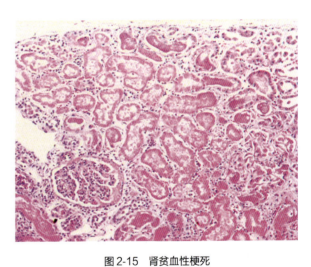

图2-15　肾贫血性梗死

镜下可见肾小管细胞质则均匀一致，组织结构轮廓尚保存，并见残存的肾小球

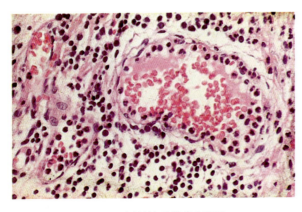

图3-5　中性粒细胞边集和附壁

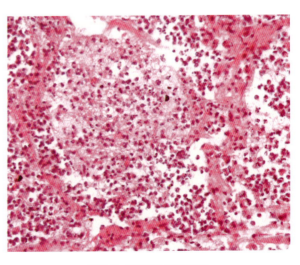

图3-9　肺组织纤维素性炎

肺泡腔内可见大量纤维素渗出，交织成网状，并见多量中性粒细胞

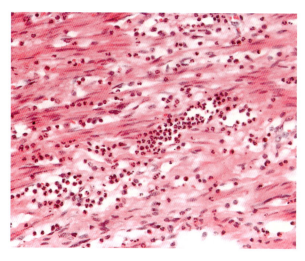

图3-13　肌组织蜂窝织炎

肌纤维间见大量中性粒细胞弥漫浸润

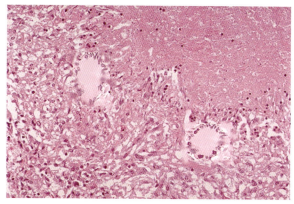

图3-14　结核性肉芽肿

肉芽肿右上角为干酪样坏死,其周围见类上皮细胞、朗汉斯巨细胞、淋巴细胞及成纤细胞

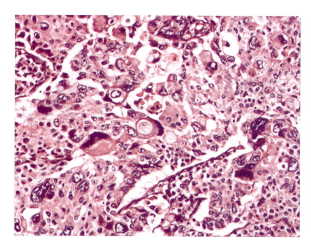

图4-3　恶性肿瘤细胞的多形性

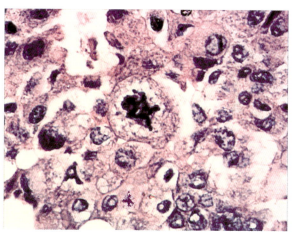

图4-4　病理性核分裂象

图中央见多极核分裂象,图下方见四极核分裂象

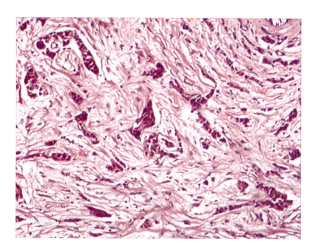

图4-6　恶性肿瘤浸润性生长

恶性肿瘤细胞呈条索状、树根样浸润于组织间隙内

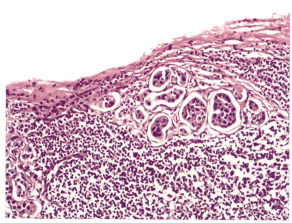

图4-7　淋巴结癌转移

淋巴结边缘窦内见几团癌细胞聚集

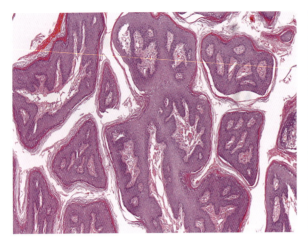

图 4-9　鳞状上皮乳头状瘤

乳头中央为纤维脉管轴心，表面被覆鳞状上皮样瘤细胞

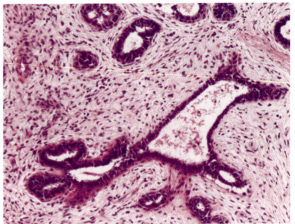

图 4-10　纤维腺瘤

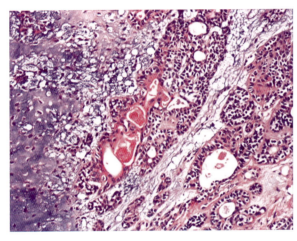

图 4-11　多形性腺瘤

瘤组织由腺体、黏液、角化上皮团及软骨样组织组成

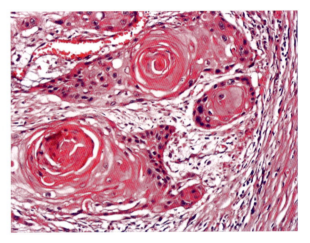

图 4-13　高分化鳞状细胞癌

癌巢与间质分界清楚，癌巢中央见红染的角化珠

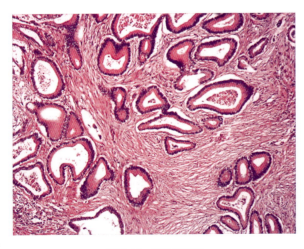

图 4-14　高分化腺癌

癌细胞排列成大小不一、形状不规则的腺样结构，浸润于肠壁内

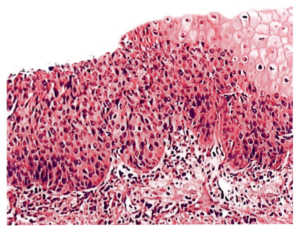

图 4-15　鳞状上皮非典型增生及原位癌

图右侧为中、重度非典型增生，图左侧为原位癌，基底膜完整

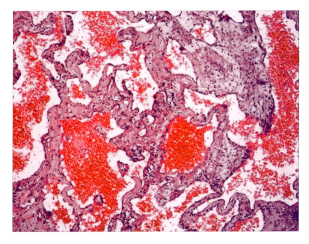

图 4-16　海绵状血管瘤

瘤组织由扩张的不规则的大血窦构成,其内充满多量红细胞

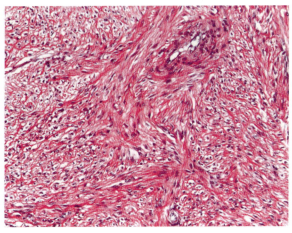

图 4-17　平滑肌瘤

瘤细胞排列成束状,互相编织,核呈长杆状

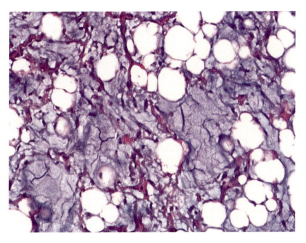

图 4-18　黏液样脂肪肉瘤

含大小不等脂肪空泡的瘤细胞,间质内大量黏液样基质及丰富的
树枝状血管

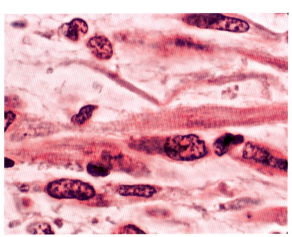

图 4-19　多形性横纹肌肉瘤

瘤细胞高度异型性,胞质丰富红染,并可见横纹

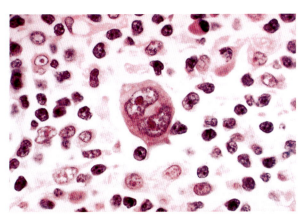

图 4-20　镜影细胞

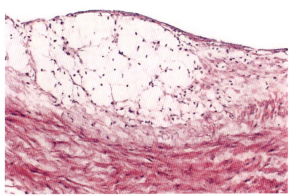

图 5-3　动脉粥样硬化脂纹之泡沫细胞

脂纹处内皮细胞下有大量泡沫细胞聚集

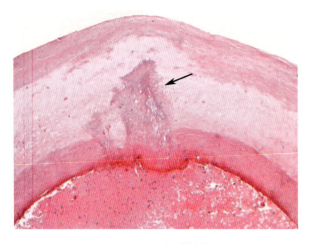

图5-5 主动脉粥样斑块

主动脉内膜灶性增厚,表层为纤维帽并发生玻璃样变,纤维帽下为一些泡沫细胞,深部为大量细胞外脂质、胆固醇结晶,↑为肉芽组织

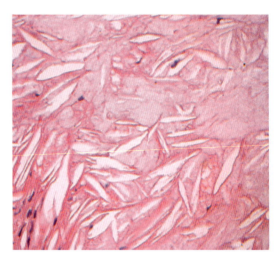

图5-6 粥样斑块的胆固醇结晶

胆固醇结晶 HE 染色呈针形或梭形空隙

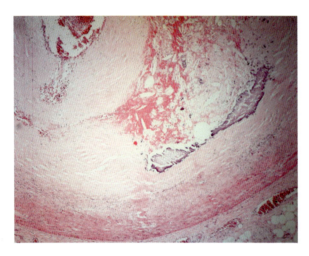

图5-7 冠状动脉粥样硬化斑块内出血、钙化

冠状动脉内膜显著不规则增厚,斑块表层为纤维帽,其下为坏死物质及胆固醇结晶,并可见钙盐沉积及斑块内出血

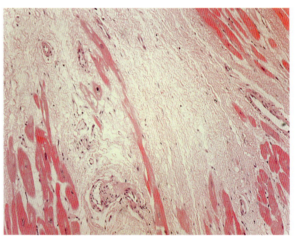

图5-12 心肌梗死、机化

心肌大部分梗死灶中可见肉芽组织增生,梗死区部分机化

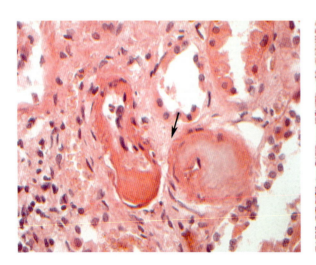

图5-14 高血压之肾细动脉硬化

肾小球入球细动脉(↑)玻璃样变性,表现为管壁增厚呈红染、均质状,管腔狭窄甚至闭塞

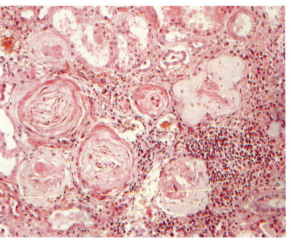

图5-15 高血压之肾细、小动脉硬化

肾小叶间动脉内膜增厚,中膜 SMCs 增生、肥大,胶原纤维和弹性纤维增多,为纤维性硬化

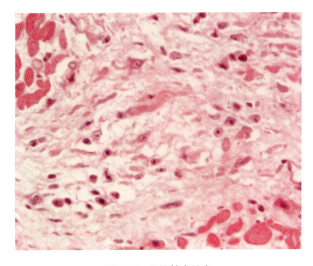

图 5-18　风湿性心肌炎

心肌细胞间质内可见聚集的风湿细胞形成的梭形风湿小体

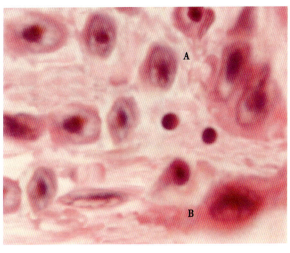

图 5-19　风湿细胞

风湿细胞核大，核膜清晰，染色质聚集于中央，横切面呈枭眼状（A），纵切面呈毛虫样（B）

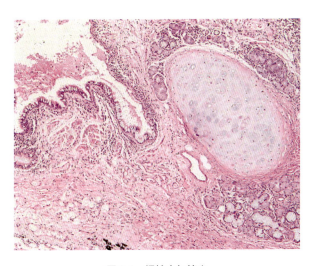

图 6-1　慢性支气管炎

支气管黏膜上皮出现较多杯状细胞，固有层及黏膜下层慢性炎细胞浸润，腺体增生

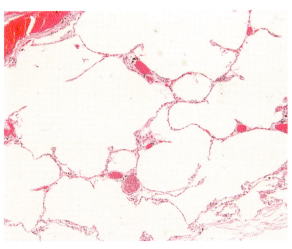

图 6-3　肺泡性肺气肿

肺泡明显扩张，肺泡间隔变窄、断裂融合形成较大的含气囊腔

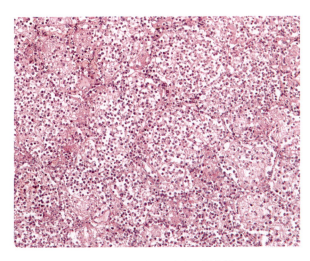

图 6-6　大叶性肺炎灰色肝样变期

肺泡腔内充满渗出的纤维素及中性粒细胞

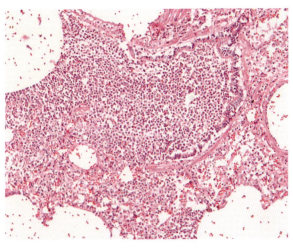

图 6-8　小叶性肺炎

支气管腔内充满以中性粒细胞为主的炎性渗出物，部分上皮脱落

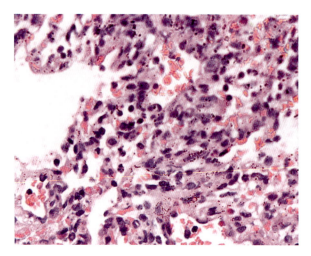

图6-9 病毒性肺炎

肺泡间隔增厚,肺泡上皮增生,可见病毒包涵体

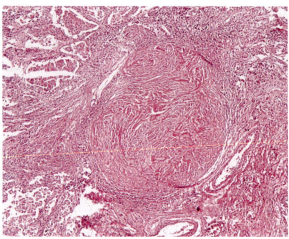

图6-11 硅肺

由玻璃样变的胶原纤维构成硅结节

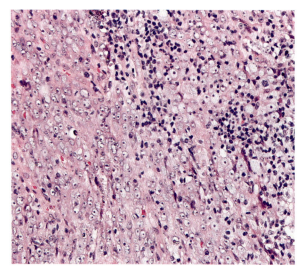

图6-12 鼻咽未分化型非角化性癌

癌细胞呈巢状,细胞境界不清,核空泡状,核仁明显

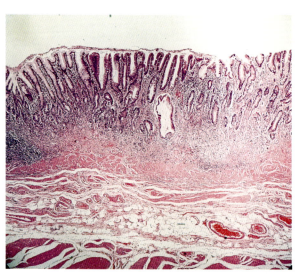

图7-2 慢性萎缩性胃炎

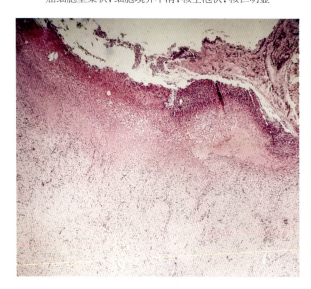

图7-5 胃溃疡

溃疡深达肌层,由内而外分为四层:①炎性渗出层;②坏死层;
③肉芽组织层;④瘢痕层

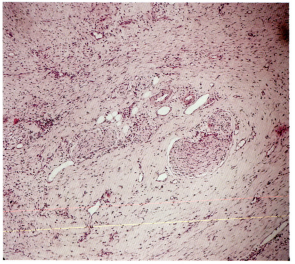

图7-6 胃溃疡底部神经纤维断端小球状增生

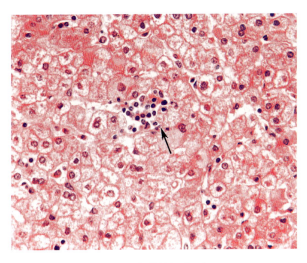

图 7-7　急性普通型肝炎
肝细胞水肿,箭头示点状坏死伴炎细胞浸润

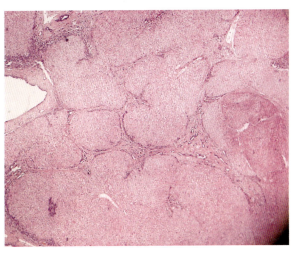

图 7-10　门脉性肝硬化

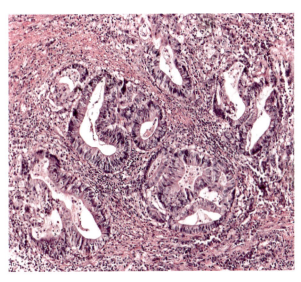

图 7-13　胃腺癌

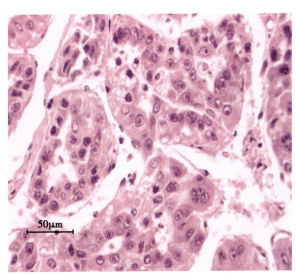

图 7-17　肝细胞癌

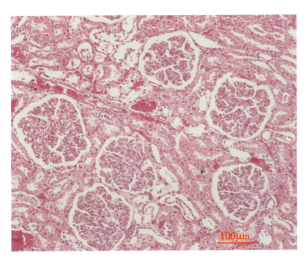

图 8-3　急性弥漫性毛细血管内增生性肾小球肾炎

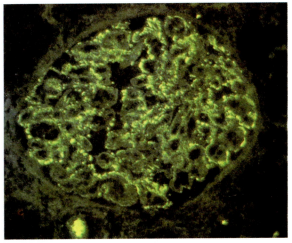

图 8-4　急性弥漫性毛细血管内增生性肾小球肾炎
免疫荧光补体 C3 沉积在肾小球内,呈颗粒状荧光

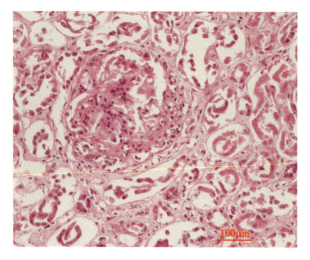

图 8-5　新月体性肾小球肾炎

肾小球球囊壁层上皮细胞，在毛细血管球周围形成新月形小体

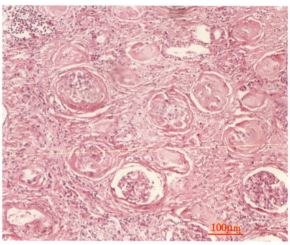

图 8-8　慢性硬化性肾小球肾炎（肾小球集中现象）

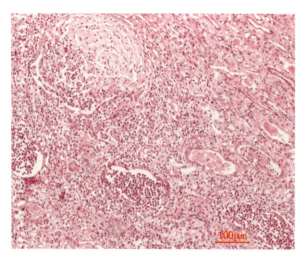

图 8-11　急性肾盂肾炎

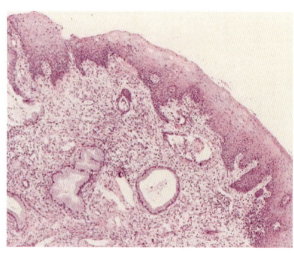

图 9-1　慢性子宫颈炎

子宫颈黏膜腺体增生扩大呈囊状，间质内可见淋巴细胞、浆细胞为主的慢性炎细胞浸润

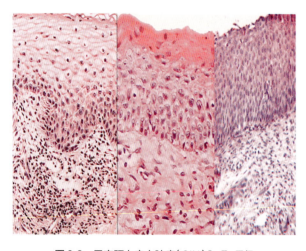

图 9-2　子宫颈上皮内肿瘤（CIN）Ⅰ、Ⅱ、Ⅲ级

Ⅰ级，异型细胞局限于上皮层下 1/3 区；Ⅱ级，异型细胞占上皮层下 1/3～2/3；Ⅲ级，异型细胞超过上皮全层的 2/3，但未突破基底膜

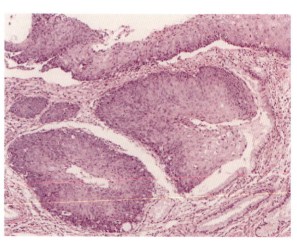

图 9-4　子宫颈原位癌累及腺体

异型细胞占据子宫颈上皮全层并累及腺体，但基底膜完整

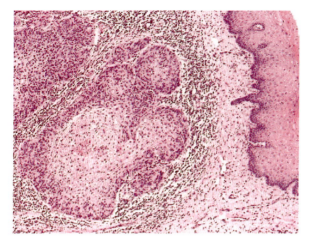

图 9-5 子宫颈鳞状细胞癌

癌组织浸润至子宫间质,癌巢内癌细胞具有仿鳞状上皮分层排列之趋势,异型性明显

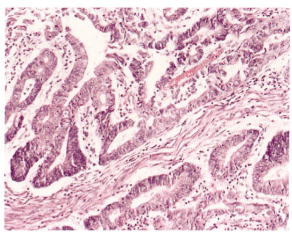

图 9-6 子宫内膜样腺癌

腺样结构异常增生,浸润子宫肌层,腺体排列紊乱,细胞异型性明显

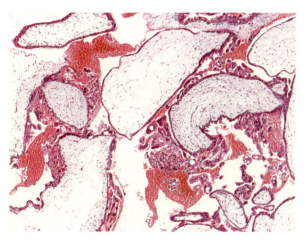

图 9-9 葡萄胎

胎盘绒毛明显肿大,间质水肿、间质内血管消失,滋养层细胞增生

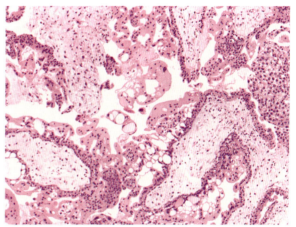

图 9-10 侵袭性葡萄胎

子宫肌壁可见水泡状绒毛或坏死的绒毛。滋养层细胞增生,异型性显著

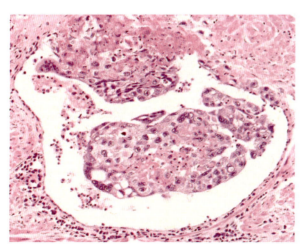

图 9-12 绒毛膜癌

肿瘤不形成绒毛结构,由增生的细胞滋养层细胞和合体滋养层细胞组成,细胞异型性明显,无间质血管,侵袭子宫肌层和血管,有明显出血和坏死

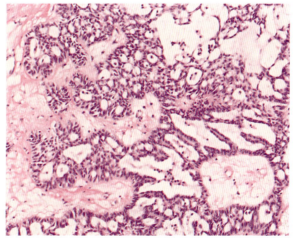

图 9-15 卵巢黏液性囊腺癌

癌细胞呈柱状,多层排列,有明显异型性,有复杂的乳头形成,向卵巢间质内浸润

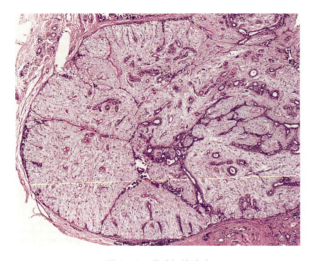

图 9-16 乳腺纤维腺瘤

肿瘤境界清楚，乳腺腺体和纤维间质增生，腺体受挤压呈裂隙状

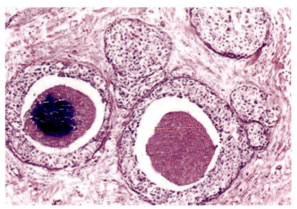

图 9-17 乳腺粉刺癌

导管内癌细胞呈实性排列，胞质嗜酸性，分化不等，大小不一，中央见大片坏死，局部钙化

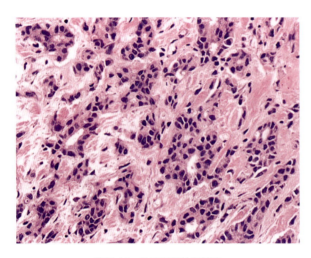

图 9-19 乳腺浸润性导管癌

癌组织呈成团索状分布，少量呈腺样结构，在间质内浸润生长，间质纤维组织增生

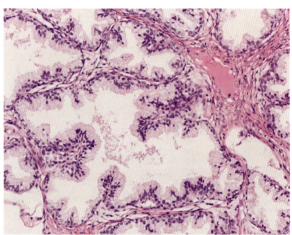

图 9-20 前列腺增生症

腺体数目明显增多，上皮细胞双层排列，腺腔扩张，间质增生

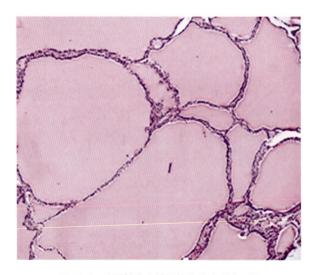

图 10-2 弥漫性非毒性甲状腺肿胶质贮积期

大部分滤泡腔扩张，上皮复旧变扁平，腔内充满胶质

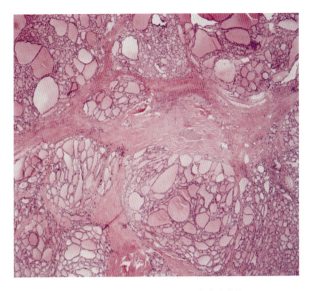

图10-4　弥漫性非毒性甲状腺肿结节期

甲状腺滤泡大小不等,并有纤维组织增生、间隔包绕形成大小不一的结节状病灶

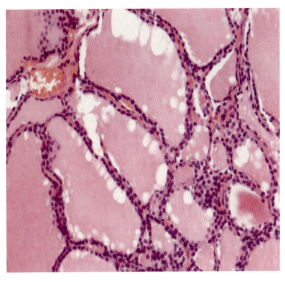

图10-6　弥漫性毒性甲状腺肿

滤泡上皮细胞增生,并有小滤泡形成,滤泡腔内胶质少而稀薄,靠近滤泡上皮处出现许多大小不等的吸收空泡,间质淋巴细胞浸润并可有淋巴滤泡形成

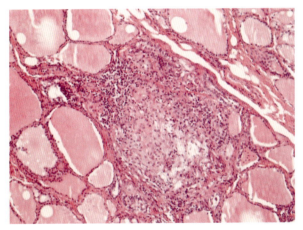

图10-7　亚急性甲状腺炎

病变呈灶性分布,可见吞噬胶质的异物巨细胞聚集形成的肉芽肿,肉芽肿中央有残留的胶质,并有大量炎细胞浸润,间质纤维化

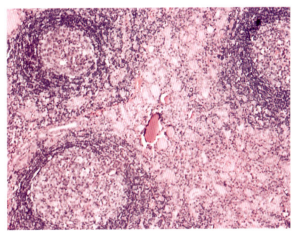

图10-9　慢性淋巴细胞性甲状腺炎

甲状腺滤泡萎缩,残留滤泡上皮嗜酸性变,淋巴细胞弥漫浸润,有淋巴滤泡形成

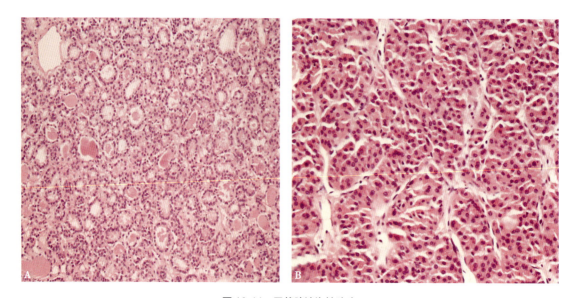

图 10-11　甲状腺滤泡性腺瘤

A. 滤泡小而一致,含少量胶质；B. 瘤细胞大而多角形,核中等大小,胞质丰富,嗜酸性,排列成巢或条索

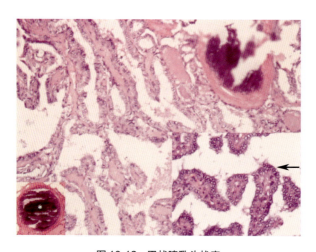

图 10-13　甲状腺乳头状癌

癌细胞排列成乳头状结构,乳头中心有纤维血管间质,癌细胞呈立方形或柱状,
核呈透明或毛玻璃样(↑),无核仁,可见核沟或核内包涵体,间质中见砂粒体(*)

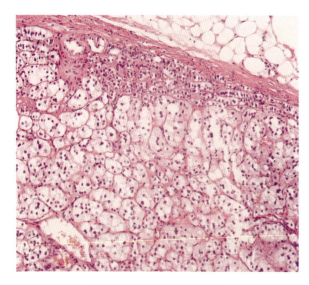

图 10-15　肾上腺皮质腺瘤

主要由富含类脂质的透明细胞构成,瘤细胞排列成团

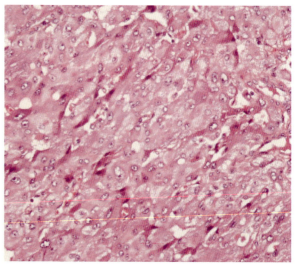

图 10-16　肾上腺嗜铬细胞瘤

瘤细胞为大多角形细胞,少数为梭形或柱状细胞,瘤细胞质丰富

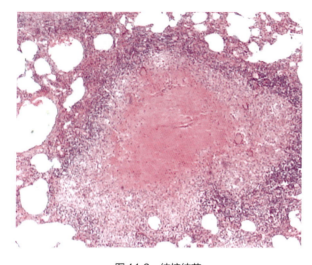

图 11-2　结核结节

结节中央为红染无结构的颗粒状干酪样坏死物,周围上皮样细胞和朗汉斯巨细胞围绕,外围是成纤维细胞和淋巴细胞

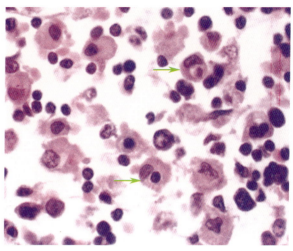

图 11-10　伤寒肉芽肿

箭头示伤寒细胞

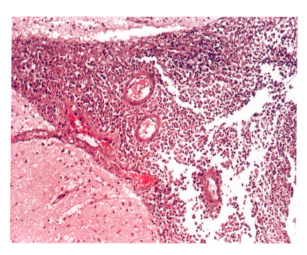

图 11-14　流行性脑脊髓膜炎

可见大量中性粒细胞、少量单核细胞、淋巴细胞和纤维素,血管高度扩张充血

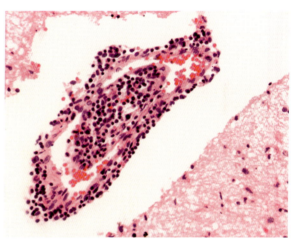

图 11-15　血管套现象

血管周围间隙增宽,出现以淋巴细胞为主的炎性细胞浸润,围绕血管周围间隙呈袖套状

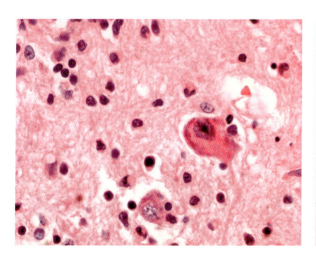

图 11-16　噬神经细胞现象

小胶质细胞、中性粒细胞侵入变性坏死的神经细胞内

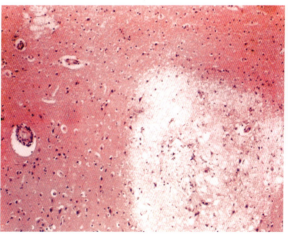

图 11-17　脑软化灶

局灶性神经组织坏死、液化,形成染色较浅,质地疏松,边界清楚的镂空筛网状病灶

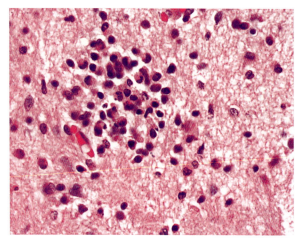

图 11-18　胶质结节
小胶质细胞呈弥漫性和结节状增生,可形成小胶质细胞结节

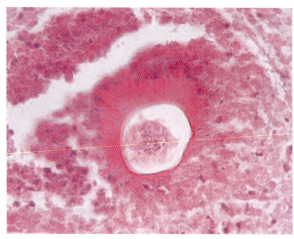

图 11-20　Hoeppli 现象
血吸虫卵壳周围呈放射状红染的抗原抗体复合物

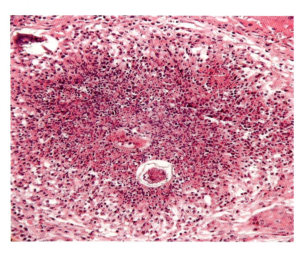

图 11-21　血吸虫卵引起的嗜酸性脓肿
结节内见成熟的血吸虫虫卵周围有大量变性、坏死的嗜酸性粒细胞聚集

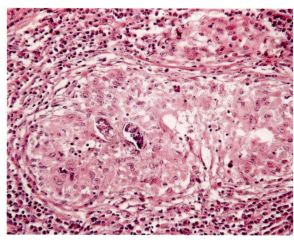

图 11-22　慢性肉芽肿性血吸虫卵结节
急性虫卵结节经过 10 天左右,虫卵内毛蚴死亡、分解及变性、坏死物质和嗜酸性粒细胞被清除、吸收或钙化,形成由血吸虫卵壳、上皮样细胞、异物巨细胞、淋巴细胞和成纤维细胞组成的结核样肉芽肿,故称之为假结核结节

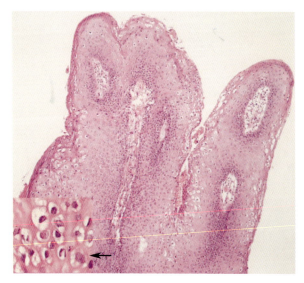

图 12-1　尖锐湿疣
鳞状上皮呈乳头状瘤样增生,可见挖空细胞(↑)

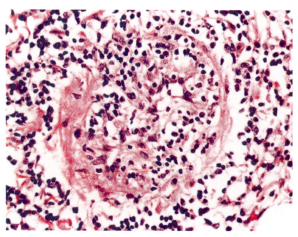

图 12-2　闭塞性动脉内膜炎
血管壁增厚,管腔闭塞,浆细胞、淋巴细胞围管性浸润

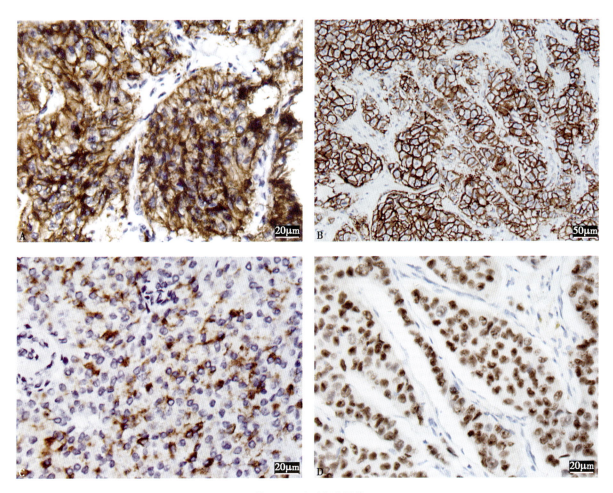

附图 1-2　免疫组化照片

A. 嗜铬细胞瘤 CD56 阳性表达,CD56 表达在肿瘤细胞膜和胞质中(HE×400); B. 浸润型乳腺导管癌 C-erbB-2 阳性表达,C-erbB-2 表达在肿瘤细胞膜上(HE×200); C. 嗜铬细胞瘤 CgA 阳性表达,CgA 表达在肿瘤细胞质中(HE×400); D. 乳腺浸润型小叶癌 ER 阳性表达,ER 表达在肿瘤细胞核中(HE×400)

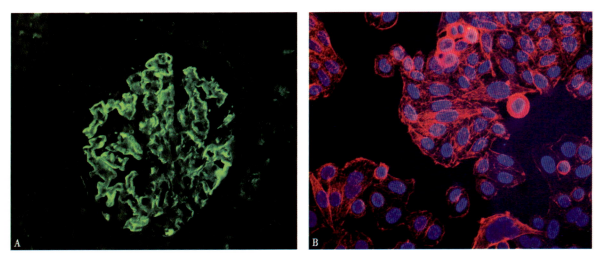

附图 1-3　免疫荧光照片

A. IgM 在膜性肾病肾小球上皮细胞下呈颗粒性沉积(IF×400)。B. 人系膜细胞 F-actin 的分布情况(TEXAS-RED 标记的鬼笔环肽特异性与 F-actin 竞争性结合,红色荧光标记 F-actin,紫色荧光为 DAPI 标记的细胞核,IF×400)

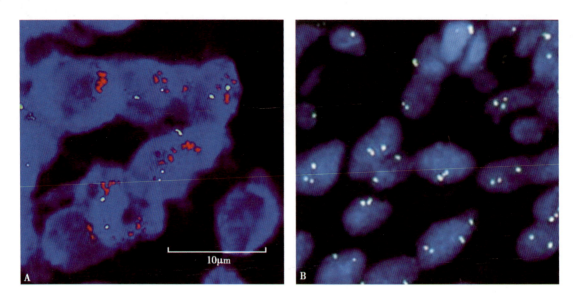

附图 1-4　原位杂交荧光照片

A. 乳腺癌 Her-2 探针（IF×400）; B. 滑膜肉瘤——SYT-SSX 融合基因探针（IF×400）